中国燃气行业年鉴

CHINA GAS INDUSTRY YEARBOOK

2013

中国城市燃气协会 主编

中国建筑工业出版社

图书在版编目（CIP）数据

中国燃气行业年鉴（2013）/中国城市燃气协会主编.
北京：中国建筑工业出版社，2013.10
 ISBN 978-7-112-15966-6

Ⅰ.①中… Ⅱ.①中… Ⅲ.①天然气工业—中国—2013—年鉴 Ⅳ.①F426.22-54

中国版本图书馆CIP数据核字（2013）第238482号

责任编辑：郑淮兵　马　彦
责任校对：肖　剑　赵　颖

中国燃气行业年鉴（2013）
CHINA GAS INDUSTRY YEARBOOK
中国城市燃气协会　主编
*
中国建筑工业出版社出版、发行（北京西郊百万庄）
各地新华书店、建筑书店经销
中新华文广告有限公司制版
北京盛通印刷股份有限公司印刷
*
开本：880×1230毫米　1/16　印张：38½　插页：30　字数：1120千字
2013年10月第一版　2013年10月第一次印刷
定价：480.00元
ISBN 978-7-112-15966-6
（24749）

版权所有　翻印必究
如有印装质量问题，可寄本社退换
（邮政编码　100037）

编委会

主　　任：王天锡　　中国城市燃气协会　　　　　　　　　　理事长
执行主任：李雅兰　　北京市燃气集团有限责任公司　　　　　　总经理
　　　　　黄　勇　　中国燃气控股有限公司　　　　　　　　　执行总裁
副 主 任：江小群　　住房和城乡建设部计划财务与外事司　　　副司长
　　　　　王以中　　上海市城乡建设和交通委员会　　　　　　巡视员
　　　　　张天华　　天津市燃气集团有限责任公司　　　　　　总经理
　　　　　吴永远　　重庆燃气集团有限责任公司　　　　　　　董事长、党委书记
　　　　　葛维昌　　上海燃气(集团)有限公司　　　　　　　　董事长
　　　　　张国辉　　沈阳市燃气总公司　　　　　　　　　　　总经理
　　　　　徐　强　　中国市政工程华北设计研究总院　　　　　院长
　　　　　王传栋　　华润燃气控股有限公司　　　　　　　　　董事长
　　　　　张叶生　　新奥能源控股有限公司　　　　　　　　　执行董事兼首席执行官
　　　　　韩继申　　新奥能源控股有限公司　　　　　　　　　总裁
　　　　　陈永坚　　香港中华煤气有限公司　　　　　　　　　常务董事兼行政总裁
　　　　　赵永起　　中石油昆仑燃气有限公司　　　　　　　　总经理、党委书记
　　　　　李　真　　深圳市燃气集团股份有限公司　　　　　　董事长、党委书记
　　　　　郝晓晨　　陕西燃气集团有限公司　　　　　　　　　董事、总经理、党委副书记
　　　　　焦　杨　　北京市燃气集团有限责任公司　　　　　　副总经理
　　　　　包德元　　中国城市燃气协会　　　　　　　　　　　副理事长
　　　　　乔武康　　广州燃气集团有限公司　　　　　　　　　总经理
　　　　　王　德　　西安华通新能源股份有限公司　　　　　　董事长、总经理
　　　　　范叔沙　　天信仪表集团有限公司　　　　　　　　　总裁
　　　　　迟国敬　　中国城市燃气协会　　　　　　　　　　　秘书长
委　　员：（排名不分先后）
　　　　　赵惠珍　　住房和城乡建设部计划财务与外事司统计处　处长
　　　　　贾朝茂　　成都城市燃气有限责任公司　　　　　　　董事长
　　　　　靳九让　　西安秦华天然气有限公司　　　　　　　　董事长、党委书记
　　　　　梁永祥　　长春燃气股份有限公司　　　　　　　　　总经理
　　　　　尹　祥　　佛山市燃气集团股份有限公司　　　　　　董事长、党委书记

洪　鸣	贵州燃气（集团）有限责任公司	董事长、总经理
黄友兴	贵州燃气（集团）有限责任公司	党委书记
黄友良	浙江苍南仪表厂	厂长
杨　斌	金卡高科技股份有限公司	董事长
郑　孚	辽宁思凯科技股份有限公司	董事长、总经理
李洪江	大连商品交易所工业品事业部	总监助理
冯文生	成都前锋电子仪器有限责任公司	常务副总经理
郑何康	上海市燃气行业协会	常务副秘书长
王维树	重庆市燃气行业协会	秘书长
王丽娟	辽宁省燃气协会	理事长兼秘书长
张少军	黑龙江省燃气协会	副秘书长
闫国起	河南省市政公用业协会城市燃气分会	理事长
薛希法	山东省燃气协会	秘书长
陈慧君	江苏省燃气热力协会	常务副秘书长
王莉莉	浙江省燃气协会	秘书长
王子娟	湖南省城市建设行业协会燃气分会	秘书长
白宝谦	陕西省城市燃气热力协会	理事长
彭　虎	四川省燃气协会	理事长
广　宏	贵州省燃气协会	常务秘书长
尚龙庆	青海省燃气协会	理事长

协办单位：中国燃气控股有限公司

《中国燃气行业年鉴》编辑部

顾　　问：李猷嘉
主　　编：冯　颖　聂　松
副 主 编：张永革　马长城　金　雷
编　　辑：郭巧洪　张　延　李长缨　赵　梅　徐和伟　孔祥娜　丁淑兰　连占英　廉伟方　马春荣
　　　　　朱龙岩　贾敬水　李桂芬　吴新生
封面设计：董振文

编辑说明

《中国燃气行业年鉴》是由中国城市燃气协会主办、《中国燃气行业年鉴》编辑部编辑出版，具有很强的文献性、政策性、科学性和指导性的实用工具书刊，是供国内外读者了解和研究中国燃气行业发展基本情况必备的综合性的大型文献，同时具有燃气行业编年史册的性质。《中国燃气行业年鉴》是年度连续出版物，每年编辑出版一期，其宗旨是全面、系统、准确地反映我国燃气行业基本情况的发展历程，为我国燃气行业的改革、开放和现代化建设服务。

经过编辑部近一年的选题、组稿、撰写、编辑等工作，《中国燃气行业年鉴（2013）》如期与读者见面了。本年鉴为总第二期，内容分十三篇，包括综述、行业发展、地方燃气发展、燃气论坛、企业风采、上市燃气企业、国际交流、统计数据、燃气行业大事记、燃气监管部门、政策法规、燃气器具装备索引、附录等，共112万字。本年鉴全面客观记录了2012～2013年燃气行业各方面新进展、新情况、新经验、新问题，是反映2012～2013年度中国燃气经济运行状况的一部资料性工具书。

《中国燃气行业年鉴（2013）》的编制正值"十二五"中期，为更好地为政府决策服务，为行业健康发展服务，为会员单位提供市场信息服务，我们将截止到"十二五"中期的重要文献、研究报告汇集到本部年鉴中。

《中国燃气行业年鉴（2013）》在编辑过程中，承蒙各省（区、市）燃气协会、有关人士及广大特约编辑、撰稿人的大力支持和帮助，谨致谢忱。希望广大读者继续对本年鉴提出宝贵意见及建议，以改进我们的工作。

编者的知识和专业水平有限，缺点和错误在所难免，欢迎各界读者和专家批评指正。

《中国燃气行业年鉴》编辑部

2013年10月

目 录

第一篇 综述

城镇燃气发展综述 002
全国城镇燃气发展"十二五"规划中期评估报告 026
全国重点省市天然气调研报告 033

第二篇 行业发展

冬季气源供应保障调研报告 050
中国液化石油气行业定位和发展方向 053
分布式能源在优化中国能源结构中的价值分析 068
2012～2013年城镇燃气新技术、新工艺和新产品推广应用综述 081
论城镇燃气企业培训开发体系的建立与人才培养 086
城市地下燃气管线安全管理及信息化建设调查报告 101

第三篇 地方燃气发展

北京市燃气发展综述 120
上海市燃气发展综述 123
重庆市燃气发展综述 135
辽宁省燃气发展综述 143
黑龙江省燃气发展综述 145
河南省燃气发展综述 147
山东省燃气发展综述 152
江苏省燃气发展综述 157
浙江省燃气发展综述 165
湖南省燃气发展综述 169
陕西省燃气发展综述 171
四川省燃气发展综述 173
贵州省燃气发展综述 179
青海地区天然气利用发展战略研究 185

第四篇　燃气论坛

- 国际领先燃气企业的发展战略启示 ... 188
- 中国船用LNG市场的发展前景 ... 196
- 中国煤制天然气现状与发展前景 ... 201
- 我国天然气输配技术的发展现状和趋势 ... 212
- 浅谈长输管道工程现场设计与施工配合 ... 216
- 构建完整性管理体系确保燃气供应 ... 222
- 城市燃气PE管道施工质量新评价方案 ... 232
- 以客户需求为导向的服务改善机会分析 ... 238
- 燃气用户户内安全标准体系的研究 ... 244
- 生物质气生产技术介绍 ... 256
- 低压燃气专用镀锌钢管滚压螺纹连接技术 ... 266
- 在线光学密度式热值检测方法在燃气热值检测中的应用 ... 271
- 直埋球阀在天然气管线中的应用 ... 275
- 国家标准《燃气服务导则》说明 ... 283
- 最新"两高"《关于办理盗窃刑事案件适用法律若干问题的解释》相关燃气部分的解读 ... 297

第五篇　企业风采

气融万物　惠泽万家
　　——北京市燃气集团有限责任公司2012年又取得丰硕成果 ... 302

上海燃气　让天更蓝
　　——上海燃气（集团）有限公司 ... 315

奉献光热　共创卓越
　　——重庆燃气集团股份有限公司 ... 316

社会尊重　客户信赖　成员幸福　股东共赢
　　——中国燃气控股有限公司 ... 317

外延式扩张与内涵式增长并举　不断延伸产业链发展
　　——华润燃气控股有限公司 ... 318

倡导清洁能源　改善生存环境　提升系统能效　创造客户价值
　　——新奥能源控股有限公司 ... 320

百五春秋基业为基石　廿一世纪实力助腾飞
　　——香港中华煤气集团及旗下品牌 ... 322

奉献能源　创造和谐
　　——中石油昆仑燃气有限公司 ... 328

有进有为　追求无限
　　——沈阳燃气集团有限公司助力全运，高擎"中兴"火炬 ... 330

立足安全保障　抢抓市场机遇　彰显持续发展
　　——深圳市燃气集团股份有限公司 ... 333

夯实安全服务基础　增强企业竞争实力
　　——成都城市燃气有限责任公司 ... 335

保障社会民生　提升环保质量　促进企业发展
　　——广州燃气集团有限公司 ... 336

以客为尊　安全可靠　诚信负责　追求卓越
　　——长春燃气股份有限公司 ... 338

厚德博怀　坚韧自强　团结进取
　　——贵州燃气集团有限责任公司 ... 339

汇聚清洁能源　共创美好明天
　　——佛山市燃气集团股份有限公司 ... 340

助力城市经济　点亮希望灯火
　　——西安秦华天然气有限公司 ... 341

完善设施　科技倡导　绿色无碳　服务百姓
　　——西安华通新能源股份有限公司 ... 342

以市场为导向　以技术为基础　多元化协调发展
　　——天信仪表集团有限公司 ... 343

品质如金　服务用心
　　——金卡高科技股份有限公司 ... 344

至精至诚　追求卓越
　　——浙江苍南仪表厂 ... 345

以客户需求为导向　实现创新驱动发展
　　——辽宁思凯科技股份有限公司 ... 346

构建期货交易平台　服务实体经济发展
　　——大连商品交易所 ... 348

市场核心　品牌发展　质量生命
　　——成都前锋电子仪器有限责任公司 ... 349

第六篇　上市燃气企业

北京市燃气集团有限责任公司 ... 352

上海燃气（集团）有限公司 ... 352

新奥能源控股有限公司（港交所：02688） ... 352

香港中华煤气有限公司（港交所：0003） ... 352

华润燃气控股有限公司（港交所：01193） ... 352

中国燃气控股有限公司（港交所：0384） ... 353

昆仑能源有限公司（港交所：00135） ... 353

中裕燃气控股有限公司（港交所：03633） ... 353
中国天伦燃气控股有限公司（港交所：01600） ... 353
陕西省天然气股份有限公司（深交所：002267） ... 353
深圳市燃气集团股份有限公司（上交所：601139） ... 354
长春燃气股份有限公司（上交所：600333） ... 354

第七篇　国际交流

国际五大燃气会展和组织概况 ... 358
欧洲环境下的法国燃气市场发展 ... 361
安全管理流程的发展：信息反馈分析法，人员和组织因素分析法，提高整体运营能力的模拟培训室的创建 ... 374
德国可再生能源生物质气并入天然气管网的前景及局限性 ... 385
日本新一代智能燃气流量计的研发和应用 ... 397

第八篇　统计数据

2012年全国各省、自治区、直辖市人工煤气统计资料 ... 410
2012年全国各省、自治区、直辖市天然气统计资料 ... 412
2012年全国各省、自治区、直辖市液化石油气统计资料 ... 414
2012年全国分省县城人工煤气统计资料 ... 416
2012年全国分省县城天然气统计资料 ... 417
2012年全国部分省县城液化石油气统计资料 ... 419
2012年液化石油气进口量统计 ... 421
2012年液化石油气进口金额统计 ... 423
2012年液化石油气进口平均单价统计 ... 425
2012年液化石油气出口量统计 ... 427
2012年液化石油气出口金额统计 ... 429
2012年液化石油气出口平均单价统计 ... 431
2012年液化石油气分省市出口量统计 ... 433
2012年液化石油气分省市出口金额统计 ... 434
2012年液化石油气分省市出口平均单价统计 ... 435
2012年液化天然气分省市进口数量统计 ... 436
2012年液化天然气分省市进口金额统计 ... 436
2012年液化天然气分省市进口平均单价统计 ... 436
2012年液化天然气分关口进口量统计 ... 437
2012年液化天然气分关口进口金额统计 ... 437
2012年液化天然气分关口进口平均单价统计 ... 437

2012年液化天然气进口量统计 ... 438
2012年液化天然气进口金额统计 ... 439
2012年液化天然气进口平均单价统计 ... 440
2012年气态天然气分省市出口量统计 ... 441
2012年气态天然气分省市出口金额统计 ... 441
2012年气态天然气分省市出口平均单价统计 ... 441
2012年气态天然气进口来源统计 ... 442
2012年气态天然气出口去向统计 ... 443
2012年气态天然气分关口进口统计 ... 443
国内主要城市（车用）CNG加气站价格统计 ... 444
国内压缩天然气井口价格统计 ... 445
"十二五"期间天然气管网重点项目统计 ... 446
"十二五"期间天然气区域管网项目统计 ... 447
"十二五"期间储气库重点项目统计 ... 455
"十二五"期间常规天然气开发重点项目统计 ... 456

第九篇　燃气行业大事记

2012年中国燃气行业大事记 ... 458
2013年中国燃气行业大事记 ... 463

第十篇　燃气监管部门

一、中华人民共和国国家发展和改革委员会 ... 468
二、中华人民共和国国家能源局 ... 471
三、中华人民共和国商务部 ... 472
四、中华人民共和国住房和城乡建设部 ... 475
五、中华人民共和国国务院法制办公室 ... 476
六、中华人民共和国国家安全生产监督管理局 ... 476
七、中华人民共和国国家质量监督检验检疫总局 ... 477

第十一篇　政策法规

国资委关于印发《关于国有企业改制重组中积极引入民间投资的指导意见》的通知 ... 480
国家能源局《关于鼓励和引导民间资本进一步扩大能源领域投资的实施意见》 ... 481
国家发展改革委员会《关于利用价格杠杆鼓励和引导民间投资发展的实施意见》 ... 484
国土资源部《关于加强页岩气资源勘查开采和监督管理有关工作的通知》 ... 486
国家质检总局《关于承压设备安全监察有关问题的通知》 ... 488

国务院安委会《关于深刻吸取近期事故教训进一步加强安全生产工作的通知》..................491

国务院法制办《关于起草涉及民间投资的法律文件草案听取行业协会（商会）和民营企业意见的通知》
....493

国家能源局关于《煤层气产业政策》的公告..................494

国务院批转发展改革委员会《关于2013年深化经济体制改革重点工作意见》的通知..................498

发展改革委《关于2013年深化经济体制改革重点工作的意见》..................498

国家税务总局《关于油气田企业开发煤层气页岩气增值税有关问题的公告》..................503

国务院《关于取消和下放一批行政审批项目等事项的决定》..................503

国家电网公司《关于做好分布式电源并网服务工作的意见》..................504

国家能源局《天然气分布式能源示范项目实施细则》（建议稿）..................506

国务院安委会《关于深入开展餐饮场所燃气安全专项治理的通知》..................511

国家安全监管总局等部门《关于全面推进全国工贸行业企业安全生产标准化建设的意见》..................515

国家发展改革委《关于调整天然气价格的通知》..................517

国家发展改革委关于印发《分布式发电管理暂行办法》的通知..................520

第十二篇　燃气器具装备索引

调压设备..................535

流量计..................539

管材、管件..................546

阀门..................552

检测仪器..................556

燃气软管..................562

燃气存储、运输专业设备..................565

燃气相关配套设备、配件..................569

第十三篇　附录

燃气服务导则..................580

中国城市燃气协会组织机构..................593

天然气常用单位换算表..................594

Contents

Chapter 1: Outline

Outline of Town Gas Development 002

The Medium-term Evaluation Report of National Town Gas Development in "12th Five-Year" Development Plan 026

The Research Report of Natural Gas in Domestic Key Provinces and Cities 033

Chapter 2: Development of the Industry

The Research Report of Gas Supply Security in Winter 050

China LPG Industry Positioning and Prospect 053

The Value Analysis of Distributed Energy in Optimizing China's Energy Structure 068

The Report of New Technology, New Process and New Products in Town Gas Industry from 2012 to 2013 081

The Discuss on Training and Human Resource Systems in Town Gas Enterprises 086

The Survey Report in Cities Underground Pipeline Safety Management and Information System Construction 101

Chapter 3: Regional Gas Industrial Development

Beijing City 120

Shanghai City 123

Chongqing City 135

Liaoning Province 143

Heilongjiang Province 145

Henan Province 147

Shandong Province 152

Jiangsu Province 157

Zhejiang Province 165

Hunan Province 169

Shanxi Province 171

Sichuan Province 173

Guizhou Province 179

Qinghai Province 185

Chapter 4: Gas Industry Forum

The Revelation of International Leading Gas Enterprises' Development Strategy 188
The Prospect of China's LNG-fuelled Ships Market 196
The Present Situation and Prospect of SNG from Coal in China 201
The Status and Trends of China's Natural Gas Distribution Technology 212
The Integration of Design and Construction with Long-distance Pipeline 216
Ensure Safe and Stable Operation by Implementation of Integrity Management 222
The New Assessment Program on Quality Control of PE Pipeline Construction 232
Customer Demand-oriented Service Analysis 238
The Research on Gas Safety Standard System for Indoor Users 244
The Introduction of Bio-gas Production Technology 256
Low-pressure Gas Galvanized Steel Rolling Thread Connection Technology 266
The Online Optical Density Value Detection Method in Gas Heating Value Detection 271
The Application of Direct Buried Ball Valve in Natural Gas Pipeline 275
The Illustration of "Specifications for City Gas Service" 283
The Interpretation of the Chapter regarding Gas of "The Law Applicable Interpretation of the Handling of Theft and Criminal Cases" 297

Chapter 5: Enterprises

Beijing Gas Group Co., Ltd. 302
Shanghai Gas (Group) Co., Ltd. 315
Chongqing Gas 316
China Gas Holdings Limited 317
China Resources Gas Group Limited 318
ENN Energy Holding Limited 320
The Hong Kong and China Gas Company Limited (Towngas) 322
Kunlun Energy Company Limited 328
Shenyang Gas Group 330
Shenzhen Gas Corporation Ltd. 333
Chengdu City Gas Co., Ltd. 335
Guangzhou Gas Group Co., Ltd. 336
Changchun Gas Group 338
Guizhou Gas (Group) Co., Ltd. 339
Foshan Gas 340
Poly Qin-Hwa 341
Xi'an Huatong New Energy Shares Co., Ltd. 342

Tancy Instrument Group Co.,Ltd. 343

Goldcard Hi-tech Co.,Ltd. 344

Zhejiang Cangnan Instrument Factory 345

Liaoning Scaler Technology Co., Ltd. 346

Dalian Commodity Exchange 348

Chengdu Chiffo Electronics Limited Corporation (Group) 349

Chapter 6: The Basic Situation of Listed Gas Enterprises

Beijing Gas Group Co., Ltd. 352

Shanghai Gas (Group) Co., Ltd. 352

ENN Energy Holding Limited 352

The Hong Kong and China Gas Company Limited (Towngas) 352

China Resources Gas Group Limited 352

China Gas Holdings Limited 353

Kunlun Energy Company Limited 353

ZhongYu Gas Holdings Limited 353

China Tian Lun Gas Holdings Limited 353

SHAANXI Provincial Natural Gas Co., Ltd. 353

Shenzhen Gas Corporation Ltd. 354

Changchun Gas Group 354

Chapter 7: International Issues

Top-5 International Events in Global Gas Industry 358

The Size of Market Zones in the Gas Market and European Context 361

Development of Safety Management Processes: Feedback, Analysis of Human and Organisational Factors, and Creation of a Simulator to Enhance Collective Competences in Operational Activities 374

Injection of Gases from Renewable Sources into the Gas Grid in Germany 385

Developing Advanced Metering 397

Chapter 8: Statistics

China's Coal Gas, Natural Gas and LPG Urban Statistics in 2012 410

China's Coal Gas, Natural Gas and LPG Rural Statistics in 2012 416

China's LPG Import Statistics in 2012 421

China's LPG Export Statistics in 2012 427

Provincial LPG Export Statistics in 2012 433

Provincial LNG Import Statistics in 2012 436

Interfaces'LNG Import Statistics in 2012 437

China's LNG Import Statistics in 2012 438

Provincial Gaseous LNG Export in 2012 441

China's Gaseous Natural Gas Import and Export Statistics in 2012 442

Interfaces'Gaseous Natural Gas Import Statistics in 2012 443

The Price Statistics of Domestic Key Cities' CNG for Vehicles 444

Domestic CNG Wellhead Price Statistics 445

Natural Gas Pipeline Network Key Projects'Statistics in "12th Five-Year" Development Plan 446

Natural Gas Pipeline Network Regional Projects'Statistics in "12th Five-Year" Development Plan 447

Gas Storage Key Projects'Statistics in "12th Five-Year" Development Plan 455

Conventional Natural Gas Development Key Projects'Statistics in "12th Five-Year" Development Plan 456

Chapter 9: Major Events

China's Gas Major Events from July 2012 to June 2013 458

Chapter 10: Regulatory Agencies

National Development and Reform Commission 468

National Energy Administration 471

Ministry of Commerce of the People's Republic of China 472

Ministry of Housing and Urban-Rural Development of the People's Republic of China 475

Legislative Affairs Office of the State Council P. R. China 476

State Administration of Work Safety 476

General Administration of Quality Supervision, Inspection and Quarantine of the People's Republic of China ... 477

Chapter 11: Policies and Regulations

The Notice of the State-owned Assets Supervision and Administration Commission of the State Council on
"State-owned Enterprise Restructuring Actively Introducing Private Investment Guidance" [2012] No. 80 480

The Notice of the National Energy Administration on "Encourage and Guide Private Capital Investment
in the Energy Sector" [2012] No. 179 481

The Notice of the National Development and Reform Commission on "Encourage and Guide Private
Investment by Using Price Leverage Method" [2012] No. 1906 484

The Notice of the Ministry of Land and Resources on "Strengthen the Exploration and Exploitation of Shale
Gas with Management and Supervision" [2012] No. 159 486

The Notice of the General Administration of Quality Supervision, Inspection and Quarantine of the
People's Republic of China on "Pressure Equipment Safety Supervision Relevant Issues" [2012] No. 32 488

The Notice of the Safety Committee of the State Council on "The Lessons Learned from Recent Accidents

in order to Strengthen Further Safety Production" [2012] No. 1 491
The Notice of the Legislative Affairs Office of the State Council on "Drafting Legal Documents with Involving Private Investment and Collection Opinions from Associations (Chambers of Commerce) and Private Enterprises" [2012] No. 24 493
The Notice of the National Energy Administration on "Coal-bed Methane Industry Policy" 494
The Notice of the National Development and Reform Commission Transferred by the State Council on "Opinions of Deepening Economic Reform and Relative Key Works in 2013" [2013] No.12 498
The Notice of the State Administration of Taxation on "The Tax Issues with Development of CBM and Shale Gas with Oil and Gas Companies" [2013] No. 27 503
The Decision of the State Council on Cancellation and Decentralization a Number of Administrative and Approval Projects 503
The Opinions of the State Grid Corporation of China on "Complete Distributed Power Grid Services Works" .. 504
The Suggestion of the National Energy Administration on "The Implementation Details of Natural Gas Distributed Energy Demonstration Projects" 506
The Notice of the Safety Committee of the State Council on "Carry out Gas Safety Management of Catering" 511
The Notice of the State Administration of Work Safety and Other Relative Agencies on Comprehensively Promote Safety Production Standardization in National Industry and Trade Sectors 515
The Notice of the National Development and Reform Commission on the Adjustment of Gas Prices 517
The Notice of the National Development and Reform Commission on "Interim Measures on Management of Distributed Generation" 520

Chapter 12: Gas Appliances and Equipments Index

Pressure Control Equipment 535
Meters 539
Pipe and Fittings 546
Valves 552
Inspection Equipments 556
Hoses 562
Storage and Transmission 565
Other Accessories 569

Chapter 13: Appendix

Specifications for City Gas Service 580
Organization Structure of China Gas Association 593
Natural Gas Units Conversion Tables 594

彩色专页索引

中国燃气控股有限公司	书签
深圳市燃气集团股份有限公司	彩页1
中国燃气控股有限公司	彩页2、3
华润燃气控股有限公司	彩页4、5
新奥能源控股有限公司	彩页6、7
中石油昆仑燃气有限公司	彩页8、9
香港中华煤气有限公司	彩页10、11
上海燃气(集团)有限公司	彩页12、13
重庆燃气集团有限责任公司	彩页14、15
沈阳市燃气总公司	彩页16、17
广州燃气集团有限公司	彩页18、19
西安华通新能源股份有限公司	彩页20、21
天信仪表集团有限公司	彩页22、23
成都城市燃气有限责任公司	彩页24、25
西安秦华天然气有限公司	彩页26、27
长春燃气股份有限公司	彩页28、29
佛山市燃气集团股份有限公司	彩页30、31
贵州燃气（集团）有限责任公司	彩页32、33
金卡高科技股份有限公司	彩页34、35
浙江苍南仪表厂	彩页36、37
辽宁思凯科技股份有限公司	彩页38、39
大连商品交易所	彩页40、41
深圳市东震实业有限公司	彩页42
天津庆成科技发展有限公司	彩页43
宁波市宇华电器有限公司	彩页44
常州诚功阀门有限公司	彩页45
余姚市河姆渡庆发实业有限公司	彩页46
北京埃德尔博珂工程技术有限公司	彩页47

重庆市山城燃气设备有限公司	彩页48
武汉市燃气热力集团有限公司	彩页49
曲靖市燃气集团有限公司	彩页50
上饶市大通燃气工程有限公司	彩页51
成都千嘉科技有限公司	彩页52
贵州森瑞管业有限公司	彩页53
上海信东仪器仪表有限公司	彩页54
浙江新大塑料管件有限公司	彩页55
成都前锋电子仪器有限责任公司	彩页56、57
四川森普管材股份有限公司	彩页58
河南新天科技股份有限公司	彩页59
深圳市燃气集团股份有限公司	彩页60
中国燃气控股有限公司	封底

中国燃气行业年鉴 2013
CHINA GAS INDUSTRY YEARBOOK

第一篇

综 述

城镇燃气发展综述

1 概述

城市燃气（Town Gas 或 City Gas）是指供城镇工业、商业、交通和居民生活用的燃料气（简称燃气）。它是城镇用能的重要组成部分，城市建设的重要基础设施之一。城市燃气工程是城市的"生命工程"，也是改善城镇大气环境，节能减排，降低温室气体排放量的一个重要举措。城镇燃气工程由气源、输配和应用三部分组成，各有其自身技术发展的规律，又有统一为城市建设服务的特点。但在世界城镇燃气200年来的发展过程中，纵向曾经历了由煤制气到油制气再到天然气的阶段；横向曾经历了由照明到炊事再到燃气工业的阶段。自20世纪后半叶起，由气源资源的经济性决定，世界各国均以天然气作为城镇燃气的主要来源。

当前，世界各国均以天然气到来前后作为城镇燃气发展的分界线。在天然气到来之前，城市燃气包括以煤或油为原料制取的人工煤气、液化石油气和矿井气等，建有自身需要的调峰设施。由于城市燃气的成本高，服务对象主要是居民生活、商业和少量的工业用户，对于居民住宅的供气条件，规范也有严格的要求。在天然气到来之后，天然气的供气系统则由天然气的开采与生产（上游）、长输管线（中游）和城市供配气系统（下游）以及城市燃气的应用等组成。天然气的供应靠管道等基础设施来实现，为保证天然气供应系统的经济性和可靠性，供气量有一定的经济规模，并应配置地区气库和其他调峰设施，服务对象则主要为工业、发电和比重较小的居民生活和商业用气。在我国北方的采暖地区，如有完善的调峰设施，也可发展天然气的采暖用户。天然气到来后的城镇供气，由于供气规模和对象的变化，与天然气到来之前有本质的区别，涉及的技术门类也十分广泛，局限于煤制气时期的经验，就容易被边缘化。只有当工业用户达到一定的规模，并形成一定规模的供气网络后，城市燃气系统才有一定的经济性，气价也成为项目成败的关键。因此，研究各种能源的替代关系也十分重要。发达国家在这方面的研究，或由国际燃气组织主持的所谓战略性研究的材料很多。天然气到来之后，不论上游、中游和下游，都面临着降低成本、扩大用气范围、技术上与国际接轨这三个问题。天然气到来之后，我国的城市燃气发生了质的飞跃，在完成向城市清洁能源战略转移中大大地向前迈进了一步，对改善城市因煤造成的大气污染和生态环境起到良好的作用，技术上也有更大的进步。

城市燃气属易燃、易爆和压力输送气体。在发展初期的煤制气，因一氧化碳的含量较高，属于有毒气体。根据各国的统计资料，在一个国家的供气网络中，城市的气管网的长度约占75%左右，单位燃气的配气成本高于长输管线。对于人口密集的城市地区，在一个大型的开口系统中输送易燃易爆气体，就必须有一系列的技术设施来保证，要研究住宅建筑使用燃气的通风排气条件，并不是所有建筑都能满足这些条件的。任何技术上或运行管理上的疏忽，均可能导致人民生命和财产的损失。当前，包括第三方所造成的燃气事故在内，性质上都是属于人为事故。因此安全问题十分重要。

自20世纪以来，以陕气进京为代表的天然气供应，拉开了发展我国城镇燃气新的序幕，已根本改变了我国城镇燃气发展的面貌。天然气的供气人口从2011年开始已超过2亿人。但是我国城镇燃气与其他发达国家一样，仍是多种气源、因地制宜、合理利用的格局，尤其是液化石油气在城市燃气中仍占半壁江山。煤制气和其他燃气仍占一定比例，符合世界城镇燃气的发展规律。值得注意的是，发达国家燃具中，电力燃具所占的比例不断上升。我国家用电器用具如微波炉、饮水机、电热水器、电饭煲等日益普及，单户用气量在逐渐降低，明显的例子是县城单户用气量高于城市。燃气的利用状况也增加了变化的因数，如天然气与太阳能利用的互补，与生物气利用的互补，以及新问题的不断发现与研究。

2 我国城镇燃气发展的实况

受传统统计方法的影响，我国城镇燃气的利用水平历来以民用炊事为主，用气化普及率表示，与国际上以气体燃料在能源构成中的比重，以及按民用与商业、工业、发电和交通运输部门可占的用气比例的统计方法完全不同。从用气人口角度看，以人口相对集中的城镇为基础比较合理。由于管道基础设施建设不可能包括农业户，分散的农业户应充分利用可再生的生物质能，最小单位只能以乡建城区为主。我国天然气"十二五"规划说明，到2015年，我国城市和县城用气人口数量将达2.5亿，约占总人口的18%。从发达国家的统计来看，考虑到陈旧的居住建筑不符合供气条件或采用电力炊具的现代化建筑无须供气，也只是以供气区的人口作比较。美国和欧洲的许多国家使用电器炊具的家庭不断增加，通常不以用气家庭的多少来表示现代化水平。我国燃气普及率达100%的城市也很多，但不敢提超过100%，不像日本有4个城市燃气普及率超过100%。在城市用户中，一户拥有两套以上住宅的在增加，按气表统计的用户数很多可能超过100%。不管怎样，我国城镇燃气的发展实况，只能以现有的统计资料为准。

以下为住房和城乡建设部《中国城镇统计年鉴》2010和2011两年的数据进行比较。2010年为"十一五"的最后一年，2011年为"十二五"开始的第一年。

2.1 我国城镇人口现状

2010年和2011年城镇人口的统计数可见表1。

2010年和2011年我国城镇人口统计数　　　表1

年份	城镇人口（亿人）						村户籍人口	全国人口
	城市	县城	建制镇	乡建成区	镇乡特殊区	合计		
2010	（0.41）3.54	（0.1236）1.26	（0.2675）1.39	（0.0253）0.324	（0.0054）0.0370	6.551	7.551	14.102
2011	（0.55）3.54	（0.1393）1.29	（0.2640）1.436	（0.0236）0.313	（0.00454）0.033	6.612	7.638	14.250

注：表中括号内为暂住人口数。暂住人口不应包括在合计数内。但在后续计算燃气普及率时，以常住人口加暂住人口作分母。建制镇、乡建成区和镇乡级特殊区的暂住人口更准确的数据见后续的表3。

2013年1月9日，《人民日报》公布了新华社发布的2002～2011年城镇人口数和城镇化率的数据：2010年为66978万人（49.9%），2011年为69079万人（51.3%），与上表略有不同。

2.2 2010年和2011年城市和县城的燃气状况（见表2）

2010年和2011年城市和县城的燃气状况　　　　表2

年份	人工气 合计气量 ($10^8 m^3$)	用户数（万户）	用户数 家庭（万户）	用气人口（万人）	用气人口 家庭（万人）	天然气 合计气量 ($10^8 m^3$)	用户级（万户）	用户级 家庭（万户）	用气人口（万人）
城市部分									
2010	(271.05) 274.94	26.88		896.14	871.50	2802 (471.87) 487.58	117.16		5695.47 5562.66 17021.22
2011	(80.7) 84.73	23.89		847.18	826.93	2676.33 (660.46) 679.80	130.12		6636.22 6353.05 19027.80
县城部分									
2010	(3.92) 4.06	1.03		67.37	16.90	69.97 (39.08) 39.98	17.09		546.08 519.32 1835.4
2011	(9.24) 9.51	1.14		18.88	18.01	66.53 (52.60) 53.87	22.83		726.46 676.03 2414.02

年份	液化石油气 合计气量（万吨）	用户级（万户）	用户级 家庭（万户）	用气人口（万人）	用气总人口（万人）	普及率（%）	非家庭用气户数（万户）人工气	天然气	LPG
城市部分									
2010	(1266.22) 1268.0	633.85		5244.86 5008.34	16502.73	36353	(92.03) 92.04	24.64 132.81 336.52
2011		632.91		5136.98 4646.84	16093.58	37798	(92.44) 92.41	20.25 283.17 490.14
县城部分									
2010	(217.37) 218.50	174.97		1920.80 1776.5	2097.78	9003.15	(65.07) 64.89	0.47 26.76 144.3
2011	(242.17) 244.67	205.24		1775.09 1572.78	2057.59	9538.14	(66.43) 66.52	0.87 50.43 202.31

注：1. 表中括号内的数为销售气量。销售气量和损失气量之和即表中的合计气量。损失气量可理解为供销差值。
2. 非家庭用气户的用气量大大超过家庭用气量。但统计中无非家庭用气量的分类。
3. 城市部分中，人工气的最大用气人口为2003年的4792万人。2010年因改用天然气减少了1990万人。液化石油气的最大用气人口为2005年的18013万人。2010年因改用天然气减少了1483万人，共计3473万人。
4. 2010年天然气在燃气普及率中的比重为43.1%，LPG为41.9%，人工气为7.1%。
5. 表中的燃气普及率为《年鉴》中的值，括号内的值为按表1、表2重算可得的值，略有差别。
6. 我国县城的燃气普及水平2010年已达65%，在用气人口中LPG占78.64%，天然气占20.39%，人工气占0.97%。
7. 根据表1、表2可得2011年城市的燃气普及率92.4156%，县城为66.43%。

2.3 2010年和2011年建制镇、乡建成区、镇乡级特殊区的燃气状况（见表3）。

2010年和2011年建制镇、乡建成区、镇乡级特殊区的燃气状况　　　　表3

年份	建制镇 人口数（万人）	用气人口（万人）	普及率（%）	乡建成区 人口数（万人）	用气人口（万人）	普及率（%）	镇乡级特殊区 人口数（万人）	用气人口（万人）	普及率（%）	用气总人口数（万人）
2010	13902.7+ (2675.34) =16578.04	7468.9	45.1	3236.76+ (252.81) =3489.57	662.2	18.98	369.65+ (54.24) =423.89	193.6	45.7	8324.7

续表

年份	建制镇			乡建成区			镇乡级特殊区			用气总人口数（万人）
	人口数（万人）	用气人口（万人）	普及率（%）	人口数（万人）	用气人口（万人）	普及率（%）	人口数（万人）	用气人口（万人）	普及率（%）	
2011	14359.26+（2640.94）=16999.7	7841.1	46.1	3132.92+（235.71）=3368.63	644.4	19.1	328.90+（45.39）=374.29	196.3	52.5	8681.8

注：1. 表3中括号内为暂住人口数。村以下无用气人口的统计数。

2. 2010年燃气的普及率为：城市92%，县城65%，建制镇45.1%，乡建成区19.0%，镇乡级特殊区45.7%。

3. 2010年我国城镇燃气普及率为：由上述可知，用气人口5.3681亿人，城镇人口+暂住人口7.38275亿人，普及率为5.3681/7.38275=0.727，即72.7%。

4. 2011年燃气的普及率为：城市92.42%，县城66.73%，建制镇46.1%，乡建成区19.1%，镇乡级特殊区52.5%。

5. 2011年城镇燃气的普及率为：由上述可知，用气人口56017.94万人，城镇人口+暂住人口75935.62万人，普及率为56017.94/75935.62=0.7377即73.77%，年增约1.07%。

6. 2011年，我国有设市城市657个。按地区分类法三可知：燃气普及率东部地区97.46%，中部地区88.53%，西部地区85.97%，东北地区89.65%。全国有县城1627个，建制镇19683个，乡13587个，镇乡级特殊区678个。

2.4 按地区划分的各类燃气用气人口数（见表4）

2010年和2011年按地区划分的各类燃气用气人口数　　　表4

（按分类法三计）（万人）

		东部			中部			西部			东北地区			用气人口合计
		人工气	天然气	LPG	人工气	天然气	LPG	人工气	天然气	LPG	人工气	天然气	LPG	
2010		823.49	8366.89	9338.96	626.88	3176.27	3183.63	570.15	3823.60	2360.45	781.42	1654.46	1619.69	36353
2011		665.96	9317.51	9077.48	550.14	3747.76	3147.73	637.97	4150.20	2309.01	822.26	1812.33	1559.36	37798
占全国用气人口比	2010	18529.34/36353=50.97%			6986.78/36353=19.22%			6754.2/36353=18.58%			4055.57/36353=11.16%			100%
	2011	19060.95/37798=50.42%			7445.63/37798=19.70%			7098.18/37798=18.78%			4193.95/37798=11.10%			100%

由上表可知：

1. 2010年，东部、中部城市LPG的用气人口大于天然气使用人口，2011年，东部、中部城市天然气用气人口大于LPG的用气人口；2010和2011年，西部和东北地区城市天然气用气人口均大于LPG用气人口，尤其是西部地区，这说明用气人口多少与气源优势有关。

2. 东部地区用气人口占全国气化人口的50%以上。

2.5 各区域城市燃气普及率（见表5）

各区域城市燃气普及率　　　表5

年份	东部			中部			西部			东北地区		
	用气人口（万人）	城区人口（万人）	普及率（%）	用气人口（万人）	城区人口（万人）	普及率（%）	用气人口（万人）	城区人口（万人）	普及率（%）	用气人口（万人）	城区人口（万人）	普及率（%）
2010	18529.34	18839.5	98.35	6986.78	8139.88	85.83	6754.2	7949.48	84.96	4055.57	4539.93	89.33
2011	19060.95	19557.9	97.46	7445.63	8410.38	88.53	7097.53	8255.03	85.97	4193.95	4678.33	89.65

由上表可知：

1. 东部地区的城区燃气普及率已大大超过全国的普及率并接近100%。从普及率角度看，民用炊事用气的发展已不能成为重点，除非为追求天然气的民用普及率而降低其他类别燃气的普及率。

2.用气的普及率仍可作为今后城市燃气发展的重要数据，但不能再作为城市燃气发展水平的标志。

2.6 用气状况

不同用户的用气量分析十分重要。与国外的统计资料相比，我国现有的《城市建设统计年鉴》比较粗放。栏目仅包括合计气量、销售气量、家庭用气量、用户数、家庭用户数、损失气量、用气人数和管道长度等。非家庭用气的气量较大，是燃气的主要部分，但包含哪些用气户不明，是一个空白。

城市和县城不同燃气的家庭户均用气状况可见表6。

2010年和2011年城市和县城不同燃气家庭户的用气状况 表6

	人工气			天然气			LPG		
	销售气量 ($10^4 m^3$)	家庭户数 (万户)	户均用气 (m^3/户)	销售气量 ($10^4 m^3$)	家庭户数 (万户)	户均用气 (m^3/户)	销售气量 ($10^4 t$)	家庭户数 (万户)	户均用气 (t/户)
城市									
2010	268763	871.4998	308	1171596	5562.66	211	663.8523	5008.3427	0.1325
2011	238876	826.9347	289	1301190	6353.05	205	632.9104	4646.8445	0.1362
县城									
2010	10347	16.904	612	170885	519.34	329	174.9680	1776.5006	0.0985
2011	11385	18.010	632	2283.45	676.03	338	205.2391	1572.7817	0.1305

由上表可知，就户均用气量看，人工气与天然气的户均用气量城市家庭均小于县城家庭，原因是微波炉电炊具和熟食品较多。LPG的差别不明显。

城市和县城不同燃气的非家庭用气状况可见表7。

2010年和2011年城市和县城不同燃气的非家庭用气状况 表7

年份	人工气			天然气			LPG		
	销售气量 ($10^4 m^3$)	非家庭户数 (万户)	户均用气 (m^3/户)	销售气量 (万m^3)	非家庭户数 (万户)	户均用气 (m^3/户)	销售气量 ($10^4 t$)	非家庭户数 (万户)	户均用气 (t/户)
城市									
2010	2441746	24.6406	99094	3547127	132.8157	26707	628.3843	336.5152	1.867
2011	568127	20.2423	28066	5303369	283.1704	18728	522.1290	490.1372	1.065
县城									
2010	28811	0.4632	62200	219923	26.7384	8225	42.4002	144.3009	0.2938
2011	81029	0.8727	92849	297653	50.4294	5902	36.9356	202.3039	0.1825

由上表可知，就非家庭用气的单户而言，城市均大于县城，只有2011年的人工气例外。从上表看，非家庭户（商业，工业，汽车加气）的数量增多，平均量较低，很难看出在城市配气系统中有数量多的大用户存在。

家庭和非家庭用气量占总销售量的比重可见表8。

2010年和2011年家庭和非家庭用气量占总销售量的比重 表8

	燃气类别	年份	家庭用气量占总销售量比重（%）	非家庭用气占总销售比重（%）
城市	人工气	2010	9.9	90.1
		2011	29.6	70.4
	天然气	2010	24.8	75.2
		2011	19.7	80.3
	LPG	2010	50.2	49.8
		2011	54.8	45.2

续表

	燃气类别	年份	家庭用气量占总销售量比重（%）	非家庭用气占总销售比重（%）
县城	人工气	2010	26.4	73.6
		2011	12.3	87.7
	天然气	2010	43.7	56.3
		2011	43.4	56.6
	LPG	2010	80.5	19.5
		2011	84.7	15.3

由上表可知，天然气的非家庭用气量与家庭用气量之比，城市约为3~4倍，县城只是略大。液化石油气在城市两者相仿，县城则倒过来，家庭用气比非家庭用气大4~5倍。从国际用气比例看，居民与商业在总用气量中约占20%，包括采暖等用气。从我国来看，今后天然气的重要发展领域应是非家庭用气户。天然气的发展靠管道基础设施的支撑，如单位管长的输气量较小，成本会很高，经济效益较差。

2.7 用气状况简析

评价城市燃气的进步，离不开我国城市燃气的发展历程。城市燃气属于城市的基础设施建设，与供水、城市交通等相类似，带有公用事业的性质，也称公用供气工业（Gas Utility Industry）。长期以来，城市燃气一直坚持保本微利，实际执行中的情况则是，成本高，亏损严重。由于城市燃气涉及千家万户，受到的社会制约因素很多。发达国家的情况也相同，最怕的是公众的"怨言"，往往是许多业外人士所难以理解的。表9是1996~2000年我国城市燃气系统的亏损情况，离现在并不遥远。

1996~2000年我国城市燃气系统的亏损情况　　　　表9

年份	人工气			LPG			天然气		
	用气人口（万人）	利润（万元）	年末职工人数（人）	用气人口（万人）	利润（万元）	年末职工人数（人）	用气人口（万人）	利润（万元）	年末职工人数（人）
1996	3009.16	-81767	118528	3450.17	-13159.40	40980	988.8	-2395	20605
1997	3332.43	-60971.8	120071	3523.3	-12596.90	42792	1127.29	-18177.02	22261
1998	3349.33	-68080	103717	3614.88	-12003.65	38519	1367.22	-14967.53	24286
1999	3488.93	-84012.56	109553	3777.72	-11020.40	41395	1614.78	-13173.75	24893
2000	3485.85	-45791.57	102201	3755.03	-20355.7	37471	1886.26	-1347.21	26439

※来自1996~2000年的《城市建设统计年鉴》

亏损的原因有很多，有原始气价变化、劳动生产力低下、单位热量的输气成本较高，和使用方承受能力等问题。由上表可知，2000年总用气人口为8588.09万人，用气人口最多的是液化石油气，其次是人工气，天然气用气人口最少，亏损也最少，亏损最大的是人工气。煤质燃气的成本高、热值低、提价难。记得当时煤炭部的一位同志说，如果用人工气的用户每月少吃一条鱼，问题就解决了。类似这样的一些深层次问题，充分反映了城市燃气发展的难度，经营部门必然也无扩大再生产的能力，结果只能是以"城市基础设施严重不足，相当落后"作为多年的一个发展结论。

21世纪以来，由于天然气的迅速发展，人工气的比例逐步减少，2010年城镇总用气人口已达

5.37亿，占城镇总人口的72.7%；2011年达5.6亿，占城镇总人口的73.77%，成绩十分显著。特别是2011年城镇天然气的用气人口已超过2亿（21441.82万人），城市和县城天然气的总用量达到733.67亿立方米/年，家庭用气已达到152.95亿立方米/年。显然，根据"十二五"城镇燃气的发展现状和天然气"十二五"的规划，要做的工作还很多，许多新出现的问题需要解决。

3 当前国际燃气工业发展的形式和特点

3.1 燃气工业发展的国际经验值得注意

城镇燃气起源于欧洲，已有200年历史。1931年在英国伦敦成立了国际组织——国际燃气联盟（IGU-International Gas Union），原定每隔3年召开一次世界燃气大会，但1937年后停止了12年，从1949年第四届开始至今已开过25届。我国于1987年加入该联盟。由于我国城市燃气侧重于民用，长期以来想走煤制气，特别是劣质煤制气的道路，将民用燃气看成是城镇燃气，已成为一个传统，统计上也反映了这一特点。但这并不代表世界燃气发展水平的主流观点。

国际燃气联盟的工作与各国燃气工业的发展有紧密的联系，代表着与时俱进的方向。从世界城镇燃气的发展情况看，燃气的利用规模决定着行业的发展和科技水平。例如，美国的燃气市场从20世纪30到40年代开始，修建了世界最早的天然气长输管线。从产气区德克萨斯州、路易斯安那州和俄克拉荷马州引气。美国的天然气市场比欧洲要早25~35年。20世纪60年代在荷兰和北海发现天然气后，欧洲才开始有天然气市场。欧洲从前苏联进口天然气也是从20世纪70年代才开始。由于天然气在发展初期，市场有许多不确定的因素，必须有一定规模的管道基础设施建设作依靠才可行，因此一直坚持多种气源的发展方向，尤其是液化石油气广泛得到应用。国外的研究工作表明，天然气发展中的首要问题是经济问题，其次是确定其使用价值。由于天然气的使用价值高，即使气价很低，也不能简单地作为锅炉燃料，资源丰富的国家也是如此。所有的国家，在建设全国性的长输管线时，由于规模经济的要求，充分利用单位管长的输气能力，燃气的主要用户已从民用转向工业，工业（包括发电业）成为主要的供气对象。这一变化，使燃气与其他替代燃料的比价关系更为复杂。从世界范围来看，民用炊事、热水的燃气利用与电力的竞争已十分激烈，由于天然气管道等基础设施的投资很大，天然气利用中通过管道输送或转换成电力由电网供电的方案是必然会涉及的问题。此外，天然气陆上输送与海上液化输送的经济距离也必将成为首要考虑的方案。由于管道和调峰储气等基础设施建设涉及许多技术经济问题，液化石油气的利用就成为某些发达国家和多数发展中国家发展城市燃气的气源方案。因此，国际燃气联盟认为，液化石油气的利用使许多发展中国家开始有了燃气工业。时至今日，液化石油气仍是不少国家确立民用供气方案的重要选项，其热值高、机动性强和基础设施投资低等优点是其他化石燃料所不能比拟的。这是世界城市燃气发展中的共同观点。此外，在当今低碳化的形势要求下，正在扩大城市燃气的兼容性，只要技术、经济条件合理，其他可再生能源等均可与燃气互补，使供气方案更趋合理。

3.2 煤制气的国际现状

煤制气是城市燃气形成的源点。国际燃气联盟长期保持着一个煤制气的委员会WOC-2。不少国家，如英、法、德、意、美等国家在煤制气的技术发展中作出了贡献。英国的轻油制气技术（CRG）

在世界一些国家和地区有了发展，美国也开发了许多煤制气技术。我国也十分重视煤制气，甚至建立了劣质煤制气的研究所。20世纪80～90年代，煤制气在我国的国际交流活动十分活跃，煤制气在许多城市有了发展，至今在城市燃气中保持着一定的比例。但除焦炉气的利用外，始终摆脱不了投资大、成本高的缺点。当时民主德国黑水泵地区还保留着一个规模较大的煤气厂（PKM炉），我国的哈尔滨进行了引进。1988～1991年第18届的国际燃气联盟主席由当时的民主德国黑水泵的负责人担任，从美国人那里接手。1990年东、西德合并，世界燃气大会经协商后仍在柏林举行。东、西德国合并后不到四年，这个靠政府补贴的厂已不存在。但国际燃气联盟的WOC-2委员会仍然存在，委员会的主席由美国和德国轮流担任。1997年第20届世界燃气大会在丹麦哥本哈根开幕，美国燃气工艺研究院（GTI）任WOC-2的主席，通过其前任院长华裔李行恕先生与中国代表团商量，因中国还有煤制气厂，能否在中国召开一次WOC-2的会议，当时美方带头对会议给予了一些赞助，但因未成而作罢。之后，因德国的鲁尔100很有名，WOC-2委员会主席又转到德国手中。但德国本土并无鲁奇炉存在，在这样的情况下，从2000年的第21届世界燃气大会后，国际燃气联盟便取消了WOC-2委员会，重新改组成5个工作委员会，即WOC-1燃气的开采与生产，WOC-2燃气的储存，WOC-3燃气的长输，WOC-4燃气的分配，WOC-5燃气的应用；另有4个计划委员会：PGC-A可持续发展，PGC-B战略研究，PGC-C燃气市场和PGC-D液化天然气；以及几个特别工作组：TF-1构造战略性的人力资源，TF-2下一代人才的培养和TF-3地缘政治与天然气。上述5个工作委员会代表了天然气链的上游、中游和下游。城市燃气属于燃气链的下游部分，其特点是直接靠近城市终端用户，与城市供水、排水；城市公交、地铁、道路和城市供热等相同，具有公用事业的特性，是城市市政建设的重要部分和生命线工程。通常由人民政府负责组织规划、建设与管理。防止稍有不慎，就出现的社会问题。燃气属于易燃、易爆和滞后供应的气体，面对分散的居民个体，安全问题特别突出。世界各国，不论燃气的起源有多大变化，至今仍由地方燃气公司统一管理，甚至公司的名称还是沿用旧的名称，如燃气电力公司、煤气灯公司等，其中的深层次原因和问题均值得深入研究。

3.3 天然气是CO_2排放量最少的化石燃料

自从能源、资源与环境相联系在一起进行研究后，发现全球能源的演变历史，就是一个低碳化的过程。具体看，从木材（包括秸秆）—煤炭—石油—天然气—可再生能源的演变过程，本身就是一个低碳化的过程。从1850～2000年每年碳的降低量约为0.3%（碳密度tc/toc对木材为1.25，煤炭为1.08，石油为0.84，天然气为0.64），其推动力是科技进步。任何能源的发展均包括采集、处理、储存、运输、分配和终端利用等几个环节，沿着由易到难的规律在发展。任一环节不成熟，就必须靠科技的进步，在经济上可接受后才能顺利的发展。以燃气而言，采集、运输（长输管线）、储存（地下气库）就比以前的几种能源要难，太阳能、风能的储存就更难，从规模来看，成本也更高；并且，与化石能源相比，还缺乏时代竞争力。因此，各种能源在发展中要互补，且互补的过程很长。决策时离开这个规律就容易出问题或造成经济损失，因此要着眼于整体的多个环节，做好寿命期的评估（LCA-Life Cycle Assessment）。

当前，要正视的历史规律是：目前世界上尚没有既有较高的人均GDP，又能保持人均能源消费量很低国家的先例；历史上尚无一个发达国家是依靠非化石能源实现了城镇化和工业化的；到目前为止，世界尚没有第三产业所占的比例很高，而人均能源很低的发达国家。离开这三条规律思考问题就容易脱离实际。

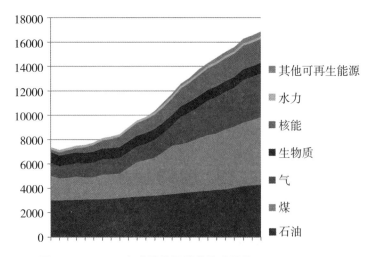

图1：1980～2030年世界能源消费的发展状况

当今，由于"人类经济活动造成温室气体排放使气候变暖已是不争的事实"成为主流观点，气候变暖已成为21世纪全人类面临的事关生存环境安全的严峻而现实的挑战。以全球为基础的温室气体排放量百分比估计为：来自能源的二氧化碳排放量约占55%（交通，电力与热力，其他的燃料燃烧工业和工业过程），来自因土地利用所影响的森林破坏约占22%，共计72%；来自农业（主要）、废弃物和经营管理活动可产生的CH_4约占14%；来自农业运输产生的氧化亚氮（N_2O）约占8%；来自化学工业中产生的氢氟烃（HFC'S）、全氟碳（PFC'S）和六氟化碳约占1%。因此，如何优化能源的结构就十分重要。2008年国际能源署的世界能源展望发表了从1980～2030年的世界能源消费的发展状况，见图1。由图可知，到2030年，生物质、核能、水能和其他可再生能源约占20%，其他80%仍为化石燃料（由煤、油和气组成）。在化石燃料中，由于天然气中主要组成甲烷的C/H比最小，因此，发展天然气就成为减排二氧化碳等温室气体的首选方案，天然气也被定位为环境友好燃料。

天然气安全燃烧后的燃烧产物应根据天然气的组分进行计算，对一个工程项目，天然气的组分是已知条件，计算式的燃烧常数可见表10。

几种单一燃气的燃烧常数（15℃，101.325kPa）　　　　表10

分子式	分子量	密度（kg/m³）	相对密度	每m³燃气燃烧生成的气量（m³）						每kg燃气燃烧生成的气量（kg）					
				燃烧所需			燃烧产物			燃烧所需			燃烧产物		
				O_2	N_2	空气	CO_2	H_2O	N_2	O_2	N_2	空气	CO_2	H_2O	N_2
CH_4	16.042	0.068	0.5543	2.0	7.528	9.528	1.0	2.0	7.528	3.990	13.207	17.197	2.744	2.246	13.207
C_2H_6	30.068	1.2861	1.0488	3.5	13.175	16.675	2.0	3.0	13.175	3.725	12.330	16.055	2.927	1.798	12.330
C_3H_8	44.094	1.9158	1.5617	5.0	18.821	23.821	3.0	4.0	18.821	3.629	12.012	15.641	2.994	1.634	12.012
C_4H_{10}	58.120	2.5341	2.06652	6.5	24.467	30.967	4.0	5.0	24.467	3.579	11.846	15.425	3.029	1.550	11.846
C_5H_{12}	72.146	3.0499	2.4872	8.0	30.114	38.114	5.0	6.0	30.114	3.548	11.744	15.292	3.050	1.498	11.744
C	12.01	—	—							2.664	8.818	11.482	3.664	—	8.818

注：（1）上表根据文献15中的原始数据对每千克的燃烧产物做了重算。在此仅列出数行，供参考。
（2）表中1千克C燃烧生成的CO_2当量为3.644千克CO_2eq，这是根据C重量计算温室气体CO_2排放当量的基本关系式。

例：计算塔里木天然气的二氧化碳排放量。设组分为：CH_4=96.27%，C_2H_6=1.77%，C_3H_8=0.30%，C_4H_{10}=0.14%，C_5H_{12}=0.13%，N_2=1.39%。

首先算得该燃气各组分的重量百分比为：CH_4=0.9263，C_2H_6=0.0319，C_3H_8=0.0079，C_4H_{10}=0.0049，C_5H_{12}=0.0056，N_2=0.0232。该燃气在15℃，101.325千帕参照条件下的密度为0.7033千克/立方米。

按照表10，可得1千克该燃气燃烧产生的CO_2的重量为：CO_2=2.774×0.9263+2.927×0.0319+2.994×0.0079+3.029×0.004943+3.050×0.0056=2.6908千克CO_2eq/千克。

于是可得1立方米该气体的CO_2排放量为：

$$0.7073 \times 2.6908 = 1.90 千克CO_2eq/立方米$$

按照表10也可得：1千克该气体完全燃烧时需要空气16.7758千克（或1立方米该气体完全燃烧需要空气9.6322立方米），燃烧生成物（二氧化碳，水和氮气）为17.7258千克（或1立方米该气体生成二氧化碳、水和氮气10.6487立方米）。

工程上的实际排放量还应考虑实际燃烧设备的不完全燃烧损失和燃烧的过剩空气系数等。但气体燃料燃烧设备的燃烧效率很高，上述计算只是证明天然气燃烧的二氧化碳排放量与其组分的关系。由表10可知，1千克甲烷和二氧化碳排放量最小，丙烷、丁烷的排放量大于甲烷。

有一段时间，我国在宏观计算中由于对燃料中的C含量估计值不同而产生了一些分歧，而后逐步统一。事实上，国际上各国的计算值也不统一。

表11为联合国政府向气候变化专门委员会（IPCC）公布的常用化石燃料的三类温室气体排放因子值。

常用化石燃料温室气体排放因子（节录） 表11

种类 （kg, m³）	换算成标煤的系数 （kg标煤/kg）	CO_2排放因子 （kg/kg标煤）	CH_4排放因子 （kg/kg标煤）	N_2O排放因子 （kg/kg标煤）
原煤	0.7143	2.772	2.3×10^{-5}	4.3×10^{-5}
原油	1.4286	2.149	8.8×10^{-5}	1.8×10^{-5}
煤油	1.4714	2.107	8.8×10^{-5}	1.8×10^{-5}
柴油	1.4571	2.169	8.8×10^{-5}	1.8×10^{-5}
燃料油	1.4286	2.268	8.7×10^{-5}	1.8×10^{-5}
LPG	1.7143	1.843	2.9×10^{-5}	0.3×10^{-5}
天然气（m³）	1.3300	1.647	2.9×10^{-5}	0.3×10^{-5}

由表11可知，1立方米天然气的二氧化碳排放量为：

1.33×1.647=2.19千克CO_2eq，大于上述计算示例中的1.9千克CO_2eq，原因是所取典型天然气的组分不同。液化石油气的排放值也大于表10。

表11中的指标在我国的应用并不广泛，可能是燃料的组成与我国有距离，也可能是难从一般的文献中查到的关系。这类表格成为温室气体排放的计算清单，应由有关部门发布，以便于计算的统一。

表12中的温室气体还包括甲烷和氧化亚氮。这三种气体根据时间标准划分的全球变暖潜力（GWP–Global Warming Potential）可见表12。

三种温室气体的GWP值　　　　　　　　　　　　　　　表12

气体	不同时间的GWP		
	20年	100年	500年
CO_2	1	1	1
CH_4	72	25	7.5
N_2O	289	298	153

来源：IPCC WGI 和IPCC Fourth Assessment Report

天然气的主要组分是甲烷，甲烷直接排入大气，其温室气体效应通常是二氧化碳的25倍。由表9可知15℃，101.325千帕参照条件下，甲烷的密度为0.6810千克/立方米，该参照条件下向大气排放1立方米的甲烷，相当于排放0.6810×25=17.025千克的二氧化碳，因此，应该严格控制天然气直接排入大气的量。

在温室气体排放的宏观计算中，由于对不同化石燃料中的含碳量难以准确的定量，只能根据本国的平均数据计算，于是便出现了不同的方法。

国际燃气联盟根据文献16推荐的计算方法如表13。

油、煤和天然气的燃烧排放量（以油当量为基础，单位：kg）　　　　表13

排放物	燃烧1t油	燃烧1t油当量的煤炭	燃烧1t油当量的天然气（相当1120m³天然气）
CO_2	3100	4800	2300
SO_2	20（含1%S未脱）	6（含1%S，80%已脱除）	—
NO_2	6（工业用）	11（工业用）	4（工业用）
CO	6～30	4.5～20	0.5～3
未燃烧	0.5	0.3	0～0.45
灰	—	220	—
飞灰	—	1.4	—

表13曾被很多文献所引用，但均与各国所用化石燃料的组分有关。2012年，中国土木工程学会燃气分会译有《国际燃气联盟（IGU）——天然气换算手册》中也列出了近似值依据的假设条件，在使用时应特别注意。

2009年，中国科学院能源领域战略研究组编写的《中国至2050年能源科技发展路线图》一书第34页根据2008年日本能源经济统计手册的资料，采用煤炭排放系数为2.66tCO_2/tce，石油排放系数为2.02tCO_2/tce，和天然气的排放系数为1.47tCO_2/tce，以计算未来中国煤炭、石油和天然气消费过程中每年排放的CO_2量，可为专业人员作评估时应用。

近年来，国际上均提倡对工程项目的温室气体排放作"从摇篮至坟墓"（From cradle to grave）的寿命期评估。国际燃气联盟（IGU）2006年全寿命期评估报告中的数据可参考，如表14。

从全球观点研究天然气链的数据　　　　表14

（空格为空缺，并非为零）

	生产	长输	LNG生产	LNG输送	LNG再气化	储气		配气
	平均	平均	平均（已有）	BAT^x（1000km）	平均	最小	最大	平均
覆盖率	54%	79%	69%	不适用	27%	不适用	不适用	34%
天然气消费	3.52%		10.3%					
能量	2.73%	4.1%	8.8%	0.21%	0.43%	0.13%	2.0%	0.16%
短期排放	0.58%	0.4%	0.2%		0.00%	0.00%	0.10%	0.42%
火炬	0.48%		0.5%		0.042%	0.047	0.205	0.003
电力MJ/Nm^3								
燃料油MJ/Nm^3				73.8%				
排放g/Nm^3								
CO_2	62.05	132.12	280.22	9.59	8.88	3.39	10.80	0.16
CH_4	4.01	3.35	5.90	0.03	0.16	0.75		4.32
NO_x	0.07	0.05	0.99	0.01	0.004	0.002	0.10	
SO_2			0.003	0.01				

BAT^x：最佳适用技术

上表在国际联盟的各种出版物中曾多次被引用，迄今数据未有更改变动。成本与环境影响是审查天然气工程寿命期的主要动力。但寿命期评估在行业内尚未受到普遍的关注。

3.4 天然气在未来低碳化战略中的作用

第24届世界燃气大会从能源角度研究二氧化碳的减排战略时认为天然气在以下的三个方面均可作出贡献：改进和提高能源的利用率；可作为扩大可再生能源利用的桥梁；可减少化石燃料CO_2的排放量。

日本在分析煤、油、气的温室气体排放综合值时，确认若煤为100，则油为25，而气仅为35。根据之一是，三类燃料燃烧后形成的温室气体（kg CO_2/GJ值）若煤为100，油为80，则气为58；根据之二是，从燃料的利用效率看，若煤为33，油为35，则气为55（或煤为100，油的利用率高出1.06，气则高出1.67）。从而，可得出上述综合值（油为80/1.06≈75，气为58/1.67≈35）。因此，天然气的利用方式十分重要。美国则认为，天然气的利用率可更高。

1997年，联合国气候变化框架公约大会（FCCC）在日本京都通过的《京都议定书》提出，到2008年，最迟到2012年，世界温室气体的排放量必须比1990年的排放量减少至少5.2%。实际上，自大会以来，反而增加了20%。2009年，联合国政府间关于气候变化的专家委员会的第4次评估结果（IPCCCAR4）显示了全球气候变化形势可能比以前的预测更为严峻，引起了大家的注意。国际燃气联盟长期参与应对气候变化的研究，在2009年第24届世界燃气大会上发表了专家的意见，根据世界一次性能源的消费量，世界燃气的消费量和生产量，若2030年燃气的高消费量方案能达到49000亿立方米，加上一系列的其他条件，则从2015年开始，二氧化碳的排放量可以逐年降低，2050年就可能达到1990年的水平（可参看笔者在《城市燃气》2010年6、7期"天然气在应对全球气候变化中作用的思考"一文）。其中，提出的其他条件包括节能、煤炭利用、碳捕集与储存和可再生能源的发展水平等，既具体，又苛刻，满足这些要求并非易事。

在第25届世界燃气大会（2012年6月在马来西亚的吉隆坡举行）上，国际燃气联盟专家们再次发表观点，总的意见是2030年天然气的总消费量将达到4.7万亿立方米，2010～2030年年增约1.4%，其中民用与商业部门由2010年的7000亿立方米达到2030年的9000亿立方米；工业部门从2010年的8000立方米 达到2030年的1.2万亿立方米；电力业2030年达到1.9万亿立方米（2010年为1.2万亿立方米）；交通运输部门2030年达到1300亿立方米（当今为900亿立方米）；加上其他用途共计4.7万亿立方米。由于能源消费中，主要还是化石燃料，专家们预计的上述天然气利用方案中，二氧化碳的排放量还在不断增长，不能满足《京都议定书》的限制要求，无法将大气温度的上升控制在2℃以内，与2009年专家们的观点相类似。制定的可持续发展愿景应改变这一趋势，至少应该刹住难以改变的二氧化碳排放年增长量。

在国际燃气联盟的战略研究报告中，也介绍了世界各国议论的不同看法，认为通过可再生能源和核能的利用可实现二氧化碳的零排放，但存在的问题很难在未来的几十年中得到解决，至少会受到很长的投资准备阶段以及经济和社会的限制。在日本的福岛灾害后，老问题仍旧存在，许多人对核能的看法至少还有许多矛盾的心理。有些国家，如德国正开始放弃核能；其他国家，如中国还在建设新厂，日本国内54个核能电机组只有一个在运行。

全面推行"碳捕集与储存"（CCS）至今缺乏技术和经济上的可行性，只有大大提高二氧化碳的价格才会有经济上的吸引力，但提高"C成本"的方法会影响到其他项目的经济性，其中也包括燃料资源在内，所以不能对CCS简单地就事论事。此外，建设CCS厂也需要时间。

结论是，今后几十年内最佳的政治、经济决策是采用天然气和可再生能源形成合力的方法。这正是我国所缺少的，目前都是各议各的，极少论及两者互补的项目。

国际燃气联盟的专家在2012年第25届世界燃气大会上发表了自己的看法，认为在世界可持续发展远景中，如果一次能源的消费能达到图2的水平，则世界二氧化碳排放量不断增长的趋势从2025年起可能刹住，见图3。

图2，2030年世界一次性能源的消费量约为162～170亿吨油当量。笔者根据图2中的比例，可粗略得出：可再生能源约占20%，32.40亿吨；核能约占6.6%，10.692亿吨；煤炭约占22.7%，36.774亿

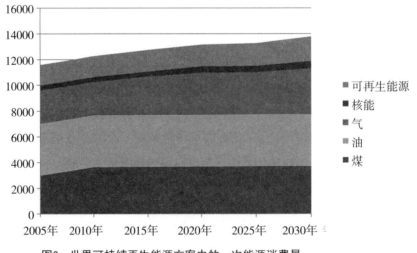

图2：世界可持续再生能源方案中的一次能源消费量

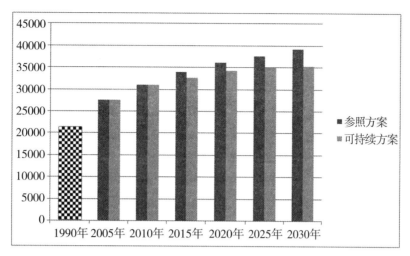

图3：可持续方案中世界CO_2排放的恢复水平（国际燃气联盟）

吨；石油约占24%，38.86亿吨；天然气约占26.7%，43.254亿吨，总计162亿吨。由图3可知，2030年二氧化碳的排放量约为350亿吨。如按本文介绍中科院推荐的宏观计算方法计算，煤、油、气的二氧化碳排放总量应为：

$$1.4286（36.774 \times 2.66+38.88 \times 2.02+43.254 \times 1.47）= 343亿吨二氧化碳$$
$$\approx 350亿吨二氧化碳$$

上述公式中1.4286为吨相当于吨的系数。

3.5 我国专家提出的天然气产量和消费量的发展设想

我国天然气产量发展的设想可见表15，天然气消费量的发展设想可见表16。

我国天然气产量发展设想　　　　　　　　　　　　　　　　　表15

年份	天然气（亿立方米）	常规气（亿立方米）	非常规气（亿立方米）	非常规气（%）	致密气（亿立方米）	煤层气（亿立方米）	温室气（亿立方米）
2020	2300	1100	1200	52	800	300	100
2030	3000	1500	2300	61	1000	700	600

我国天然气消费量设想　　　　　　　　　　　　　　　　　表16

年份	国产气（亿立方米）	进口气（亿立方米）	总气量（亿立方米）	一次能源消费总量（亿t标准煤）	占一次能源比例（%）
2020	2300	1500	3800	43	11
2030	3800	2500	6300	52	15

由上表可知，到2030年我国天然气的消费量可能达到世界第二位的水平。如何有效地利用将是重要的课题。

4 "十二五"期间城镇燃气发展的机遇与挑战

4.1 对发展的全面认识

在全球对发展天然气十分关注的形势下，庆幸的是，在2012年陆续公布了"十二五"期间城镇燃气和天然气的发展规划。虽然公布较晚，但有了明确的方向。两个规划有联系也有区别，城镇燃气只利用了天然气的一部分（约1200亿立方米），还包括LPG和其他燃气等。从分工看，城镇燃气中的天然气应是门站后通过城市输配管网向用户供气以及安全经济、合理利用的部分。而天然气规划2760亿立方米还包括不通过城市管网直接向用户供气的部分，如化工原料（化肥）、发电和工业燃料等。如2013年《人民日报》发布的"十二五"期间能源发展部分的主要目标中，天然气发电的装机2010年为2642万千瓦，2015年为5600万千瓦，大于核电和太阳能发电，仅小于风电，这是指直供电厂。包括化工和工业在内，直供量应为2760-1200=1560亿立方米，大于城镇燃气中天然气的供应量。按天然气"十二五"规划，供城市和县城的用气总人口为2.5亿人。按表2，"十一五"期末，即2010年末，天然气的总用气人口为1.885662亿（2011年已达2.144182亿人），"十二五"期末将增供2.5-1.886=0.614亿人。

如前所述，由于历史原因，我国的城镇燃气特别重视居民燃气，在煤制气时期气量约占1/2，也利于日调峰，因而至今的统计资料中，居民用气比较详尽，与多数国家用气体燃料占一次性能源的比重表示方法不同。当前，全球范围内，居民与石油、电力、天然气和氢能的相关程度，可参考文献6。

研究认为，全球接近100%的居民与油有关，例如早期的油灯一类的利用方式。世界总人口的1/4，约16亿人尚无电力供应。在全球范围内90%的城市居民与电力使用有关，农村大约占62%，所以与电力有关的居民约占75%。与电力不同的是，至今尚不能准确地弄清全球有多少居民与天然气这样的清洁燃料有关。2006年欧盟25国2亿户居民中约1.05亿户与燃气管网连接，覆盖了大约一半的居民。在美国，大约61%的家庭使用天然气。在日本，5200万户家庭中约2700万户与天然气有关。合在一起，全球大约最发达，又有较密集管道的居民约占14%。现在，其他国家和地区也有了燃气管网的覆盖，总加起来，全球约10%的家庭直接使用天然气，用于炊事、采暖、制冷或小规模的发电。至于氢能，从全球角度看尚处于零的状态。

天然气的发展除资源条件外，必须有管道等基础设施建设来保证。基础设施的投资很大，有许多经济规律需要遵循，可用来研究最佳的利用方案。例如日本进口的LNG，作为公用燃气约占1/3，2/3是发电用（公用电力），因此在LNG的终端站附近均建有电厂。20世纪末，国家计委在讨论进口LNG时，美国、法国的公司均有转换成电能的方案。从城市供气看，首先应选择用气负荷稳定，人口集中的城市，尽可能降低管道投资的费用。不宜供气的建筑物，如危房、旧房、通风不良、排烟不畅的住宅，不符合供气规范要求的建筑物均不宜供气，对安全问题的重要性应有全面的认识。发展天然气有利于温室气体二氧化碳的减排，但不能看成是唯一的方法。

4.2 落实发展规划的思路和国际经验

落实和完成"十二五"期间的发展规划要做的工作更多，实质的问题是必须扩大用气规模，提高燃气的利用水平，具体看重研究在以下几个领域：即民用于商业、工业、运输燃料和近年来十分关注的分布式能源（从CHP至小型机）。当今侧重于研究改进传统的应用方法和促进新方法的应用实践。

4.2.1 面临的主要问题

（1）天然气组分的多样化，扩大了沃泊指数的范围，燃气的互换成为主要的挑战。

（2）如何保持燃气市场的不断发展。

（3）如何在节能和减排中具有可持续发展的能力。

（4）如何在可持续发展中为与可再生能源相结合做好准备。

（5）如何在提高效率、减少二氧化碳排放、可持续发展能力和安全要求等方面，成为促进创新、建立新理念的催化剂。

4.2.2 燃气的工业应用

在燃气的工业应用方面，最核心最本质的问题是提高可持续发展的能力。

（1）提高能源利用率。

（2）减少二氧化碳和氮氧化物的排放。

（3）减少一次性能源的消费量，大量减少工业中对环境污染物的排放量。

（4）提高产品质量。

（5）提高生产工艺的适应性和可靠性。

（6）减少原材料的消耗。

总之，要想不断提高燃气在工业应用方面可持续发展的能力，应不断注意以上诸方面国外研究成果的进展和实践经验。

4.2.3 交通运输燃料

燃气作为交通运输燃料，包括CNG、LNG和生物甲烷（Bio-methane），将来可过渡到氢燃料，主要取决于三个方面：

（1）经济问题，与汽/柴油的价格差。

（2）经营者、政府、汽车和设备制造厂以及燃气工业和用户之间的关系。

（3）政府通过政策介入，包括鼓励政策、减税、促进用户接受并能持续发展的市场条件。

要解决的问题有：

（1）在世界范围内协调各种规范，法规。

（2）加气基础设施的国际化战略，如蓝色通道的概念（"Blue corridor" Concept）和家庭加气机等。

（3）吸引更多的投资者参与。

（4）有长期并统一的发展政策。

（5）考虑到生物甲烷LNG的特殊应用需要。

4.2.4 分布式能源（DER或DG）

分布式能源系统是为终端用户提供灵活、节能型的综合能源服务系统。分布式的能源系统由一系列的技术支撑，有的已经成熟，有的新技术潜力很大。分布式能源是电力工业的新概念，也是燃气工业的新市场。

实现燃气分布式能源系统的前提条件通常是在用户侧已有完善的管道供气系统，有满足用户需求的供气能力。因而分布式系统的优点有：

（1）减少输配电中的能量损失；（2）减少新建配电系统的投资；（3）联合发电系统（Cogeneration system）可减少温室气体向大气的排放量等。

分布式系统的决定因素有：法律的支持；电力系统的法规、规程已十分成熟，现在应适应自由市场的需要；电力市场的自由化要改变一些法规，否则会成为分布式能源的制约因素。由于涉及的问题很多，我国当前的分布式系统应通过批准。

国际上当前的应用水平已由CHP发展到小型机（mCHP），可利用可再生能源并联合发电。三联供和区域供热、供冷已有三种类型的CHP：微型机1~10千瓦；小型机10~500千瓦；常规机500千瓦~50兆瓦。

值得注意的是，2006~2009年间，欧洲开始发现原有的燃气市场在逐渐失去，原因是未来可持续的能源供应和二氧化碳的减排有了新的目标；高效电器具的出现，气价的不稳定和气候变化要求重现可再生能源的利用；建筑物的隔热标准减少了采暖的能耗；生物气或生物甲烷的利用更为引起注意。必须采用新技术来弥补失去的燃气市场。于是选择了分布式发电（mCHP），天然气制冷和燃气热泵，以及天然气和可再生能源联合的方案来替代和更新燃具。推广分布式发电（mCHP）原因是原来的冷凝锅炉等设施已逐渐失去市场，而mCHP可使90%的能量成为有用能。与集中式分别供电供热相比，一次性能源可节约30%~40%，相同时间内的二氧化碳积累量可减少，如斯塔特发动机、蒸汽膨胀发动机或燃料电池等新技术已投入运行。对mCHP产品的主要要求有：规格、重量适应于舒适采暖的要求；能满足用户可接受的性能要求（噪声、振动）；可靠性和耐久性大于40000小时（即10年，年运行4000小时）；边际维修成本不超过常规锅炉。从整体效率看，二氧化碳、氮氧化物和绿色标准要求令人满意；从电效率看，当电、热比较高时对采暖的敏感性小，运行灵活，且边际投资成本与最佳的产品比有竞争力等。

关于家庭用的微、小型热电联户技术，国外已有大量资料介绍，反映了分布式系统在当今的最高水平，因而也最引人关注。

笔者总结了欧洲一些国家和日本小型热电联产（mCHP）技术的当今水平，表17可供参考。

欧洲一些国家和日本mCHP当今的水平　　　　表17

国家	mCHP技术						
	质子交换膜燃料电池FC PEH	固体氧化物燃料电池FC SOFC	新增补发动机 Stirding	内燃机 ICE	有组织全循环 ORC	蒸汽发动机 SE	燃气轮机 GT
英国	B d	A d	B.C d	C.D d.sc	A D	—	—
德国	A.B d	A.B d	A.C d	A.C.D d.sc	—	D d.sc	B sc
荷兰	B d		B d	C sc	—		D sc
意大利	B d	B d		C si	—		D si
日本	B d	A d.se	—	D d.sc	—		

表中，A-正在重点开发，B-已接近市场，C，D-正在销售，d-民用，sc-小型商业，si-小型工业。

上述国家当前的民用能源价（除日本为日元/千瓦时外，其他国家均为欧元分/千瓦时），见表18。

欧洲一些国家和日本在当今的民用能源价　　　　　　　　　　　表18

国家	电	气	价格差
英国	16.6	4.8	11.8
德国	20.11	4.58	15.5
荷兰	22	7.5	14.5
日本	58.6	31.3	27.3

上表证明mCHP技术在不断的发展中。经济上，电、气的差价对市场的影响很大。

从我国情况看，家庭的住宅条件与欧美等国完全不同。高层、多层建筑每户所得屋顶的太阳能面积很小，因而每户所能利用的太阳能很少。可以设想，如多、高层住宅中，一个家庭的狭小厨房安装气、电、太阳能热冷使用的分布式系统，其现实性、经济性和安全性会如何？如搞几户作"形象工程"，意义又如何？

当前，我国民用电、气的差价较小，发展mCHP技术的空间很小。分布式能源系统的重点应放在工业园区和公共建筑方面。

特别应注意的是，过去所说的热电联产与分布式能源系统（DES）是两个不同层次的概念。前者着重于一次能源转换端的能源使用效率，后者则是如何高效和经济地满足用户端的能源需求。

4.2.5　燃气在民用和商业中的应用

国际上民用和商业中的燃气应用约占总能耗的10%。与我国不同的是，燃气采暖为主要用户。方向是：

（1）降低成本。

（2）发展燃气空调与制冷；解决微小型CHP发展中的技术问题。

（3）开发有吸引力的与太阳能联合的应用技术。

（4）与住宅中各种新技术集成化。

（5）发展能源服务系统。

国际上对燃气应用技术的评价是：

（1）热泵技术，第一步可首先取代现有锅炉，增加功能（制冷）。

（2）微小型CHP技术已基本成熟，可作为下一代技术在家庭中应用。

（3）燃料电池尚未完全成熟，进入市场尚需6～10年，仅少数国家在试用。

（4）一种意见认为应发展能源服务业（Energy Service），生产热、冷和电，不应是用户的责任。

（5）更多的意见是实现能源的联合应用后，可提高适应能力，优化价格，并实现再生能源的利用。

上述行业的国际经验总结是比较客观的，但也必须清醒地认识到：

（1）充分利用天然气来达到节能减排方面，国际上做了许多工作，反映在发达国家在一次性能源的消费结构中天然气可占的比重在不断地上升，科技的发展也在逐步完善。研究一个国家单位GDP的能耗时，不能离开一次能源的消费结构来泛泛论述。

（2）科技的进步不能就技术论技术，要考虑整个系统的状况，忽略任何一个环节，往往会使技术的应用受阻。

（3）只有证明在技术、经济、标准、管理等各方面均已成熟时，工程实践才能接受。

（4）重要的是必须从本国的实情出发，开拓创新。

4.3 城市居民炊事用气已趋向饱和，应向县、镇逐步转移

城镇燃气"十二五"发展规划指标中，期末燃气普及率达到94%，县城及小城镇65%；居民用气人口6.25亿，用气家庭达到2亿户。从本文对统计资料的分析可知，今后的重点应向中部、西部和东北地区的城市和县镇转移。除有条件的城市、县、镇可利用天然气外，重点应放在LPG的利用上，发展LPG的居民用户不能放松。

4.4 北方城市居民的燃气采暖应作深入的研究

规划中，我国北方地区的采暖用气规划中未作专门研究。美国的分类中，居民用气包括采暖负荷，即使近年来炊事用电的户数在增加，但取暖保留用气的习惯仍常见。我国的城市供热也曾长期处于困境，甚至比居民用气更为复杂。如今，我国供暖方式已开始多样化，包括以煤为燃料的热电联产，大型燃煤采暖锅炉区域供热，燃气锅炉，分户电力驱动热泵供热和分户壁挂式燃气热水炉等。其中，分户壁挂式燃气热水炉应属于民用气的范围，因为与炊事同用一个气表。

我国从20世纪80年代起，对城市采暖用煤的大气污染就做过调查。采暖用煤是造成冬季大气污染的重要原因之一。21世纪以来，大型工业用煤户有的已搬出城区，使燃煤采暖锅炉成为冬季大气污染的重要原因之一。未来城市的采暖用气是必须研究解决的问题。从现实出发，在已有区域供热的地区，怎样做才是天然气采暖的最佳利用方式？是燃煤锅炉改烧气吗？是热电联产改用气头吗？是大力发展单户壁挂炉式采暖还是直接跨越到分布式冷、热、电联供方式？上述各种方法似乎在技术上都是可行的，毋需多做解释，但一接触实际，就会发现有许多难解决的问题。关于用气采暖的大型系统，不属于单个民用户的用气范围，应由供热和供气公司共同进行研究。从目前情况看，其一是用气后的供热成本应为用户所接受；其二是煤头改成气头，原系统可不变，但这样的燃气锅炉在能源利用上显然不合理；其三是燃气公司应对原供气系统扩容，又要马路大开挖，并带来比目前更难解决的调峰问题，管道的利用率也不高。对已有供热设施的城市，这样的大变动究竟会有多少技术经济和社会问题产生，必须进行论证。

至于分户壁挂式燃气热水炉采暖方式，虽然供热的成本较低，但大量发展时存在的问题也很多。其一，现有仅供炊事的供气系统必须扩容，要增加投资。其二，现有的供气住宅是否适合使用壁挂式采暖炉也值得探讨；壁挂式采暖炉必须有完善的排烟设施。其三，高层建筑的消防设施也是薄弱环节。我国民用建筑近年来多数为多层建筑或高层建筑，厨房面积较小，约5~6平方米，无烟道设施，安全隐患很多。各国燃气规范中，高层或多层建筑均有专设的L形和倒T形的烟道，担负平衡式燃具使用的空气和排烟。我国虽讨论多年，至今未能列入规范要求。加上近年来用户装修所用的木材很多，要求明管的燃气管道改成暗管的很多。其四，采暖负荷增大后对调峰能力的要求完全不同于炊事。有人认为，冬季的采暖负荷可用夏季的空调负荷来平衡，称之谓"调峰填谷"。实际上，采暖和空调耗能均和室外气温变化有关，其负荷与室外小时温度的变化成函数关系，工程上常用负荷变化的延时图来表示，两种负荷本身的峰谷差就很大，不能用平均值来判断。工程上作为计算负荷的最大值，还应根据气候变化的统计状况来预测。例如美国的规范表明，采暖负荷应满足20年一遇的最冷气候要求等。值得注意的是，如空调常用电力驱动，因而有的城市在研究建设燃气调峰电厂的可行性，显然，这类电厂的小时利用数较低，建厂的经济性又成为焦点。1993年，笔者访问美国首都华盛顿燃气公司（华盛顿燃气照明公司-Washington Gas Light Company），该公司总供气

量为1352.8×10⁶千卡（1千卡=10505兆焦），约相当于37兆焦/立方米的天然气38.6亿立方米/年，供应哥伦比亚、马里兰、弗吉尼亚和西弗吉尼亚四个区。有68.3万个表户，有三条长输管线供气，在西弗吉尼亚的汉普郡（Hampshire）有地下气库。极端气候时，2/3燃气来自气库和公司自己的调峰设施（公司有2座丙烷空气调峰厂）。用户的用气组成为：家庭用户604×10⁶千卡，商业与工业406×10⁶千卡（以上为稳定供气户），另有商业256×10⁶千卡、发电73×10⁶千卡和交通用气13×10⁶千卡为可中断用气户（以上总计为1352×10⁶千卡）。该市1×10⁶千卡相当1000个家庭的年用气量，因此，604×10⁶千卡相当60.4万户，相当户均年用气量为2850立方米/年，可中断用气量占25.3%，可见采暖调峰用气量之大。欧洲荷兰的采暖延时图表明，极端高峰时地下气库工作容量不足，还得靠LNG补充。日本是致力于发展燃气冷暖房的国家，用于公共建设，从其2007年与1987年的月平均负荷图比较可知，采暖高峰值略有增大。天然气制冷起了一些填容的作用，由于增加了供气量，夏季的冷负荷提高了管道的利用率。相当于一个供暖的锅炉房，夏季不能利用，如夏季可用来供冷，则锅炉房的利用率可提高一样；但冬季的极端高峰用气量并无变化，仍要在同一时间内靠夏季提供气库的燃气，积累起来供冬季使用。

笔者看到2012年《中国燃气行业年鉴》中，北京市2015年和2020年天然气预测总负荷中供热、热电和三联供这三项所占的百分比为84.4%和81.1%，其中主要是供热和热电两项，三联供所占的比重较小，2015年为5.3%，2020年为7.8%，已注意到冬季需要对负荷增长扩大供气规模的重要性，主要障碍将是管道等基础设施的建设、扩容和调峰和经济等问题，似比上述华盛顿市的供气调峰更为复杂，应做好进一步的论证。

大量发展燃气供热后，调峰系数是保证满足供热负荷的难点，地方燃气集团有大量的工作要做。

4.5 工业、商业及服务业企业等非家庭用气的发展

在我国《城市建设统计年鉴》中，只有家庭用气量和总销售气量的数据，两者之差实际上表明非家庭用气实际与工业、商业和车用气量之和。由表8可知城市非家庭用量与家庭用量之比2010年为3.03倍，2011年为4.076倍，LPG则与城市接近，县城则家庭用气大于非家庭用量。似应侧重城市天然气非家庭用气量的发展比例。按"十二五"规划，期末居民用气量达330亿立方米，非家庭用气，即工业、商业及服务业、交通运输和分布式能源项目以及其他用气量之和为1452亿立方米，与家庭用气的比值为4.4倍，略高于2011年的城市比值，应该说，这一比值是符合当前燃气的发展情况的。

从参考文献6介绍的世界天然气最大消费国（美国）2002～2006年的4年间煤、油、气平均利用的情况看，约有30%的天然气用于发电，工业约占36%，民用与商业约占34%；90%以上的煤用于发电。我国燃气发电的经济性不如燃煤，在引进LNG时曾做过比较，如必须用脱硫煤发电，则用LNG发电的成本增高认为可以接受。我国"十二五"时期能源发展目标中已将天然气发电列入计划，会有一定的发展。引进的LNG项目在终端接收站附近通常均建有发电厂，可减少管道的输气量，已成为常见的做法。各国均重视电力输送与管道输送的比较，我国也应根据具体条件做好评估。

在煤制气时期，燃气用于工业就有较高的比例，当时主要是为改善工艺生产条件，如纺织业的烧毛、金属的热加工和玻璃器皿生产等。工业生产的短期停气安排也利于调峰。用气比重甚至略高于家庭。21世纪以来，由于环境保护的要求，城市的用煤户主要是发电和北方地区的供热。钢铁等用煤大户已开始搬迁，大用户逐步向商业，如食品业、餐饮业以及一些轻工业转移。在学术交流中，国外专家也提出要重视工业用气的发展。当前的价格政策不论是直供工业或是城市工业，气价

均高于民用,而国际上则刚好相反。从我国天然气的消费结构看,2009年化工原料占25.7%,发电占10.3%,工业染料占33.4%,城市民用占30.6%。北京市预测总负荷中2015年工业占3.9%,2020年下降到3.2%,其中深层次的问题应作进一步的研究。

4.6 交通运输用气

我国"十二五"城镇燃气规划中,交通运输用气达到300亿立方米,占总供气的16.8%。高于北京负荷预测2015年的3.9%和2020年的3.2%。

天然气到来后,世界各国对交通用气的发展十分关注。参考文献6中介绍美国2002～2006年的石油用户为:交通占76.3%,工业占15.6%,民用占6.0%,发电占2.1%。天然气用于交通仅占2%。交通用油的标准世界已基本统一,加油站等设施遍及世界各地。天然气汽车虽从温室气体排放量看略优于汽油,但必须从经济上和使用上能与油品竞争才有前途。开始时,许多国家用减税的方法支持民用车,由于加气站的普及成本较高(与天然气车的数量有关),且多地的气质有差异。在欧洲,为使汽车能通行各国之间,还建立了所谓蓝色通道和发展了家庭加气机(通过沿线的用户加气机为加气服务),但实际效果并不显著。

当前,燃气用于交通主要应集中在公共交通和大型用户,如城市的公共交通,机场的交通、牵引用车,内河航行的船舶、农场的拖拉机和收割机,甚至作为飞机燃料等(欧洲已有航线)。公共交通用气设施投资小,见效快,成绩显著。由此看来,新事物的发展路线决策也十分重要。

国际燃气联盟对在全球天然气汽车NGV行业中所占的比重做了预测:2005年约为0.5%,2030年将接近于7.19%。主要在拉美和加勒比地区,中东、亚太和非洲地区。其中拉美和加勒比地区已从2004年的57%降至2008年的40%,而亚太地区则从2004年的23%上升至2008年的37%。NGV市场中的个人用车量比重在不断的降低。各地区每辆NGV车的当量年用气量(立方米/年)为:非洲4103,亚太地区2858,欧洲1262,北美6408,拉美与加勒比地区1642,俄联邦和独联体3282,世界平均值2078。※此类为地区性资料(地区共用和政府车队)。

2008年世界NGV年耗气量达211.2亿立方米(其中亚太地区占99.4亿立方米,拉美和加勒比地区占61.6亿立方米)。技术发展已进入第四代(每千米CO_2排放小于100克,行程550千米)。

以上资料表明,NGV车在"十二五"期末要达到用气300亿立方米的目标还有大量工作要做。

4.7 分布式能源

"十二五"城镇燃气规划中,分布式能源项目用气量达到120亿立方米,占总用气量的7%,大于2010年全国城市的家庭用气量(117.16亿立方米)小于2011年全国的城市家庭用气量130.12亿立方米。

2011年10月由国家发改委、财政部、住建部、能源局联合发布的《关于发展天然气分布式能源的指导意见》中提出了发展燃气分布式能源初步的量化指标:2011年拟建设1000个燃气分布式能源项目,到2020年,在全国规模以上城市推广使用分布式能源系统,装机容量达到数千万千瓦,并拟建设多个各类典型特征的分布式能源示范区域。

早在我国中长期科学和技术发展纲要(2006～2020)中,能源的先进技术研究就包括分布式供能技术。近年来许多城市都在进行试点工作,北京市燃气集团调度指挥中心大楼冷、热、电联供项目从2004年开始就正式投入运行,上海、广州等市分布式能源的发展也在我国的前列,发展中遇到的障碍很多，也积累了不少经验。

当前燃气行业重点应从需求侧向用户供气、供热、供电和供冷，实现能源的阶梯利用，提高能源利用率。但在价格经济上，电力的并网和鼓励政策方面遇到了困难。而在国际上，则需要重点突破基于化石能源的微小型燃气轮机和新型热力循环等终端的能源转换技术、储能技术、热电冷系统的综合技术，形成基于可再生能源和化石能源的互补，微小型燃气轮机与燃料电池混合的分布式终端能源供给系统，这是分布式能源的高端技术和核心要求。当前，离形成一种颠覆性的技术还有不少的距离，对总效率（热）和总效率（冷）均应有指标要求。

2013年2月27日，国家电网公司发布的《关于做好分布式电源并网服务工作的意见》对分布式电源的界定，是位于用户附近，所发电能可就地利用，以10千伏及以下电压等级接入电网，且单个并网点的总装机容量不超过6千瓦的发电项目。

根据《能源发展"十二五"规划》，2015年，我国将建成1000个天然气分布式能源项目，10个天然气分布式能源示范区。此外，分布式太阳能发电达到1000万千瓦，建成100个以分布式可再生能源应用为主的新能源示范城市。显然，"十二五"期间天然气分布式能源的天然气消费量应与现规划相适应，主要还是示范性质。

并网曾是我国分布式电源发展的瓶颈，2012年底，虽并网难题已解决，但对分布式电源仍有不少要求：如不享受补贴，电网公司只能按0.5元每千瓦时的脱硫煤上网电价收购。分布式电源项目的成本较高，比大电厂要高出许多，因此小型机分布式能源项目不合算。当前以从工业园区等工业领域开始起步为好。天然气分布式能源项目不能再建成所谓"形象工程"。对燃气冷、热、电联供系统，除电力并网外，还存在其他问题，例如管理体制如何健全完善；工业园区的项目是由园区负责投资管理，统管热、电、冷三方面，还是由燃气公司来负责。《中国燃气行业年鉴（2012）》中《城市燃气企业在"十二五"的挑战与机遇》一文指出，"随着分布式能源等技术的出现，燃气利用是很能会被重新定位的"。在《燃气分布式能源发展情况研究》一文中，提到北京2015年及2020年天然气预测总负荷有关热、电、冷的分成三部分，即供应热、热电和三联供。如将现有烧煤热电厂改烧气，相应的尖峰锅炉房也改烧气，则燃气管道的扩容成本，上网电价和热价能否为用户所接收。2015年要完成的三联供分布式能源项目是否已完成前期工作。

当前来看，应按工程要求来规范天然气分布式能源系统的建设工作，即按工程项目的建设程序运作。由于我国的住宅建筑多数为多层或高层，单户别墅式建筑很少，不宜推广单户分布式多种能源互补的冷、热、电联供系统（这类系统比较适宜于由当地燃气公司开发和管理。将系统与进户管连接即可）。首先应将重点放在公共建筑方面，如商厦、医院、酒楼旅馆等；规模大的如工业园区，必须先确定业主。其次应由业主确定设计单位，按照国家发布的规范标准做好可行性研究。如做好供电、供热和供冷以及热水等的负荷随气温（时间）变化的延时图。根据我国的供热、供冷标准确定设计的冷、热、电设计负荷和使用时间，作为设备（设施）选择的依据。选择好建筑物采用的供热供冷方案、管线布置，以及天然气的供应方案（包括是否有其他可再生能源或热泵可利用的能源）。然后根据各项受限制的基本条件（价格等）做好经济分析。最后才由燃气公司做好供气计划（包括调峰）。

在第23届世界燃气大会上，曾委托美国对世界各国（多数为发达国家）的分布式项目做全面的研究总结（报告有68页），从理论到实践有较全面的分析。对运行的项目，发了一个调查提纲，要求各国据实填写，笔者认为有一定的参考价值，在此略作简单介绍：

（1）项目的名称（一地区位置标示）。（2）设施所采用的技术。（3）设施的制造商。（4）设施的能力（容量），包括发电、供热、制冷能力。（5）效率（按天然气的低热值计算）包括：发电％，产热％，制冷％，总效率（热）和总效率（冷）。（6）设备和设施的成本，热电设备（不包括通风烟囱与供气，供水系统的连接费用）；制冷设备；通风、烟囱与供气、供水系统的链接费用；安装成本（管工、工程师等。）（7）运行与维护：电力生产的运行与维修费（不包括大修）；主要大修成本（以运行时间为基础）；大修的时间间隔。（8）年运行时间。（9）排放量，包括全负荷时的NOx，全负荷时的CO和全负荷时的未燃烧（以上均为O_2为5％时）。（10）供电和供热、供冷的收入；向电网供电的店家；年供电量；供热、供冷价格；年供热、供冷量。（11）天然气价格。（12）年耗气量。（13）设施与电网的连接条件：依据的标准；与电网的连接有无强制性的法律；与电网连接条件的根据市什么？对供热、供电有无公共支持？如有支持，支持多少？（14）折旧时间。（15）折旧率。（16）与电网的连接条件与安装：与电网连接是否根据法律？电网的连接条件是什么？（17）公众对热、电联供的支持度。（18）公众对来自热、电联供电价的支持度。

报告指出，当前分布式能源世界领先的国家为丹麦、荷兰和芬兰三国，它们的经验值得借鉴。约有十几个世界典型工程按上表填写了材料，可供参考。

5 结语

本文在多处提到要研究存在的深层次问题和做好评估工作。回想起多年以前，有人对某些工程的评价是："可行性研究没有不可行的。"现在的情况也常有忽略工程所要求的标准，根据一些原理，改来改去就认为工程上也可行，投入、产出等经济分析似比以前更粗放，造成的浪费情况很多，且责任常常不清，包括新兴产业的决策也有类似的情况，各地雷同的很多，因而强调思想库的建设，解决深层次的问题，做好评估工作，且经得起历史的检验。城市燃气发展到现阶段，从技术到管理、从科研到体制、从气价到经营，发话的人很多，各有一套看法和自己的立场背景，不是简单的几句话就能说清楚，更需做好评估研究工作。

城市燃气属于易燃易爆和压力输送气体，面向的用户有不同层次，安全要求对不同的住宅建筑也不同。不论采用怎样的管理体制，安全事故的数量可反映出一个国家或一个地区燃气工业的总体水平。因此，安全应放在燃气发展的首要来考虑。

参考文献

1. Gerald G.Wilson Robort Parker "*DISTRIBUTION book D-1, System Design*". The American Gas Association Arlington, Virginia 1990.

2. Gas Fact, 1991 Data Statistical Record of the Gas Utility Industry. Copyright 1992 by the A.G.A.

3. Statistical Data 20th World Gas Conference 1997 Copenhagen Denmark 1997.

4. 住房和城乡建设部. 城市建设统计年鉴.

5. Yasumasa Fujii（Japan）Report of Special Project 1-A "Catalysing Asia's Energy Future" 22nd World Gas Conference June 2003 Tokyo Japan.

6. International Gas Union（IGU）News, Views and knowledge on gas-worldwide "*Natural Gas 7、*

Unlocking the Low Carbon Future" ICU 2012.

7. C.George Segeler（Editor-in-Chief）Gas Engineers Handbook. Fuel Gas Engineering Practices，93 Worth street，New York N.Y.1965.

8. Walter Vergara，Nelson E.Hay and Carl W.Hall "*Natural Gas Its Rale and Potential in Economic Development*" West view Press 1990.

9. Nebojsa Nakicenovic "*Global Natural Gas Perspectives*" ASA and IGU 2000.

10. Jean SCHWEITAER（Denmark）："Present market Situation in the domestic and Commercial Sectors and impact of the new gas technologies" Report on Study Group 5.2，23rd World Gas Conference，5-9 June 2006，Amsterdam-NL.

11. "*Natural Gas Industry Study to 2030: an update on supply，demand and trade*" 25th world gas conference Kuala Lumpur，Malaysia 4-8 June 2012.

12. 中国科学院能源领域战略研究组. 中国至2050年能源科技发展路线图. 科学出版社，2009.

13. 邱中建，赵文智，邓松涛. 我国致密砂岩气和页岩气的发展前景前景和战略意义. 中国工程科学，2012年第14卷第6期.

14. 工程科技与发展战略咨询研究报告集（上）. 中国工程院，2011.

15. Louis Shnidman "GASEOUS FUELS" properties，Benavcor，and Utilisaation 1954.

16. F.E.Shephard，ngstrom "as-The Solution-A Route to Sustainable Deselopment" Catalana Gas 1991.

17. Dr.Mertin Wilmsmann（Germany）and Erik Van Engelen（Netherlands）Report of study Group 5.2 "Domestic and Small Commercial Utiligation" 24th World Gas Conference，2009.

18. Washington Gas Annual Report 1992.

19. Somuel BERNSTEIN（USA）. Distributed energy resources technologied & business perspective，A Report of study Group 5.4，23rd word Gas Conference，5-9 June 2006，Amsterdam-NLs.

（中国市政工程华北设计研究总院 李猷嘉）

全国城镇燃气发展"十二五"规划中期评估报告

前　言

依据《各级人民代表大会常务委员会监督法》、《中华人民共和国国民经济和社会发展第十二个五年规划纲要》和《国务院关于实施<中华人民共和国国民经济和社会发展第十二个五年规划纲要>主要目标和任务工作分工的通知》（国发[2011]34号）的意见，按照《国家发展改革委关于开展"十二五"规划〈纲要〉中期评估的通知》（发改规划[2013]328号）的有关要求，我部高度重视"十二五"规划的中期评估工作，成立了城镇燃气"十二五"规划中期评估工作组，制定了评估工作方案。

本报告对《全国城镇燃气发展"十二五"规划》（简称《规划》）提出的主要指标和进展情况进行了评估，并在认真分析面临的新形势和总结执行《规划》中存在主要问题的基础上，提出了调整意见以及"十二五"后期城镇燃气发展的重点和进一步推动规划实施的政策建议。

一、规划实施总体进展情况

2012年6月住房和城乡建设部颁布了《全国城镇燃气发展"十二五"规划》。《规划》实施以来，各项目标基本按照规划进度完成。

"十二五"以来，我部紧紧依靠转方式、调结构，全面贯彻落实科学发展观，积极践行可持续发展思路，通过加强城镇燃气基础设施建设和安全保障工作，不断推进城镇燃气行业改革和管理，有效保障了《规划》任务的实施。

《规划》实施以来，地方政府相继出台了加快城镇燃气发展的意见，通过贯彻落实《城镇燃气管理条例》和认真实施《规划》相结合的方式，进一步推进城镇燃气行业改革，强化了立法和执法职能，燃气经营许可制度得到较好的执行。就行业整体来看，天然气在城镇燃气中的供气规模快速提升，用户数量持续增加；液化石油气使用规模减小，消费重心进一步向农村地区转移；在云南、贵州、广西等部分天然气资源短缺和环保压力小的地区，人工煤气仍作为主要能源之一。

全国城镇燃气基础设施建设稳步推进；重点燃气管线建设项目进展顺利；应急气源和储备设施配套工程在杭州、长沙等一批城市建成投产，城镇燃气资源供应保障能力和调峰能力得到提高；燃气安全和服务水平不断提高；燃气用具和设备的利用效率得到明显加强；行业信息化水平得到提升；城镇燃气市场秩序基本良好，全国城镇燃气行业发展势头很好。

（一）主要目标达成情况

1. 城镇燃气供应规模

截止到2012年底，全国城镇燃气供气总量达到1078亿立方米，达到"十二五"规划目标的60%。其中，天然气供应规模达到865亿立方米；液化石油气供应规模达到1372万吨，人工煤气供应规模达到86亿立方米。

2. 城镇燃气应用规模

到2012年底，城市的燃气普及率为93.15%，接近94%的目标，小城镇发展速度较快，县城及小城镇的燃气普及率为68.5%，已超过规划目标。其中：

（1）居民用气人口达到4.96亿以上，达到"十二五"规划目标的79%；用气家庭数达到1.51亿户，达到"十二五"规划目标的76%；居民用气量达到299亿立方米，达到"十二五"规划目标的91%。

（2）工业、商业及服务企业用气量达到671亿立方米，实现"十二五"规划目标的83%。

（3）交通运输用气量达到100亿立方米，实现"十二五"规划目标的33%。

（4）分布式能源项目用气量约8亿立方米，实现"十二五"规划目标的7%。

3. 城镇燃气管网规模

截止2012年底，全国新建城镇燃气管道超过10.5万千米，达到"十二五"规划新增管网长度的42%；城镇燃气管道总长度达到46万千米，达到"十二五"规划目标的77%。

4. 应急气源和设施建设

除北京、上海之外，长沙、杭州、郑州、芜湖等一批大中城市的应急储备设施陆续建成，天然气应急气源储气设施建设规模达到5.5亿立方米，达到"十二五"规划目标的37%。

（二）主要任务完成情况

1. 区域协调发展，城镇燃气供气规模不断扩大

"十二五"期间，各地区根据当地燃气发展特点和终端需求，借助国家主干管网和区域性管网建设，制定城镇燃气发展规划，推进区域城镇燃气设施建设，提高城镇燃气利用规模，城镇燃气利用实现了快速发展。

东部地区用气人口数达到2.3亿人，较"十一五"末增长7%；供气量609亿立方米，较"十一五"末增长25%，其中，天然气供气量490亿立方米，占比超过80%，较"十一五"末大幅提升。

西部地区用气人口达到1.06亿人，较"十一五"末增长12%；供气量263亿立方米，较"十一五"末增长34%，其中，天然气供气量230亿立方米，占比87%，较"十一五"末提升3个百分点。

中部地区用气人口达到1.1亿人，较"十一五"末增长17%；供气量164亿立方米，较"十一五"末增长40%，其中，天然气供气量121亿立方米，占比74%，较"十一五"末显著提升。

东北地区用气人口约0.5亿人，较"十一五"末略有增长；供气量43亿立方米，较"十一五"末增长26%，其中，天然气供气量25亿立方米，占比58%，较"十一五"末略有提升。

2. 设施建设速度加快，应急储备设施建设得到重视

随着西气东输三线、陕京三线的建成通气以及中缅线的贯通，沿线省份区域管网建设速度加快；广东、广西、江西等省份也已正式进入管道天然气时代，南昌、南宁等大中城市陆续接通管道

天然气，云南、贵州等地区的部分城市天然气管道建设也在加快实施，天然气用气区域进一步扩展到全国更多的地级和县级城市。

部分城市开始建设小型LNG厂和气化站，如北京、苏州、开封、淄博、潍坊、青岛、长沙等多个城市均开工建设或建成LNG应急储备站。应急设施的建设在城镇燃气面临上游调峰能力不足时，发挥了调峰作用。

3. 应用领域不断拓展，用气结构逐步优化

各地结合国家节能减排和当地环境发展要求，大力拓展城镇燃气应用领域，重点发展天然气在分布式能源、煤改气工程和交通运输领域的应用，城镇燃气用气结构进一步优化。

居民用气方面，伴随城镇化速度加快，部分小城镇加快燃气应用规模速度，用气人口持续增加；随着居民生活水平提高，用气需求不断攀升；南、北方集中供热未覆盖地区，居民壁挂炉发展较快。

工商业用气方面，为应对PM2.5新标准的实施，各地纷纷出台节能减排和环境保护政策，积极拓展燃气在工业锅炉、煤改气工程上的应用。截止2012年底，工商业用气规模大幅提升，较"十一五"末期增长33%。

车用气方面，截止2012年底，全国共建成天然气加气站2423座。其中，CNG加气站超过1900座，较"十一五"末增加约27%，LNG加气站约500座；液化石油气加气站562座，较"十一五"末略有增长。

分布式能源方面，受惠于国家《天然气利用政策》的鼓励，分布式能源在"十二五"前期发展较快。截止2012年底，包括长沙黄花机场在内的10余个天然气分布式能源项目已建成投运，为当地能源结构调整和区域经济发展作出了积极贡献。除部分已经投运项目，中国石油科技创新基地能源中心项目、中海油天津研发产业基地等分布式能源示范项目等也正在建设过程中，总装机容量超过80万千瓦。

4. 液化气加快向农村地区延伸，企业兼并转型步伐加快

随着城市天然气的快速发展和城镇化水平的提高，液化石油气市场消费重心逐渐由大中城市转向县级以下城镇，县级以下城镇居民液化石油气消费能力进一步提升。由于市场进入门槛较低，导致下游市场竞争加剧，液化石油气终端销售企业兼并、转型的步伐加快，产业聚集度逐步提高。终端销售企业通过提升液化石油气物流速度等方式，构建终端零售网络和快速、便捷的物流体系，应用物联网技术提升液化石油气安全保障能力，为用户提供多样化的用气需求。

5. 安全管理体系逐步建立，安全供气得到保障

自《燃气系统运行安全评价标准》（GB/T50811-2012）的颁布实施以来，北京燃气、新奥燃气、港华燃气、华润燃气等行业内主要燃气经营企业进一步完善了安全管理体系，陆续开展了安全评价工作，进行风险源调查、基础资料收集和分析，全面评估安全风险，强化安全管理。城市管道燃气安全管理趋于完善，安全事故数量呈下降趋势。

6. 以《燃气服务导则》颁布为契机，行业服务水平得到提升

以《燃气服务导则》颁布为契机，各燃气经营企业制定了服务标准，建立了客户服务中心，开通了服务热线，提升了呼叫中心服务水平，普遍开展了第三方客户满意度调查和专项服务活动等工作。客户满意度水平有所提升，增值服务项目推广取得进展，服务人员素质逐步提高，有力地促进了城镇燃气行业整体服务水平的提升。

7. 以科技创新驱动为抓手，提升企业科技水平

"十二五"以来，城镇燃气行业以关键技术突破为切入点，以新技术、新工艺、新产品研究为抓手，广泛开展了技术前瞻性研究工作，相继启动了物联网技术研究、燃气关键产品认证制度等课题研究及《推进燃气行业技术进步的意见》编制工作。城镇燃气行业逐步加快了技术应用步伐，部分企业在长江、赣江、京杭运河等水系开展LNG燃料动力船舶改造的试点工作，船舶试航运行效果良好；在国内11个省份推广应用液化石油气钢瓶智能角阀和物联网系统；集成SCADA系统、管网GIS系统、巡检GPS管理系统及检漏技术，基本形成了企业生产运营和安全管理支撑平台。

8. 提高城镇燃气从业人员素质

"十二五"以来，全行业加快研究《城镇燃气管理条例》实施细则，启动了城镇燃气行业从业人员资格认证标准制定工作。多数企业建立了由企业人力资源部主导、内部培训学院和相关培训机构为实施主体，各下属公司参加的培训体制。按管理人员、专业技术人员和技能人员分类实施相应的培训，并组织相关人员参加职称认证和等级鉴定。采取校企合作、技能等级鉴定取证培训等方式，努力提高燃气从业人员素质。

（三）城镇燃气行业政策措施落实情况

1. 完善法律法规体系

"十二五"期间，各级住房与城乡建设部门组织多种形式的《城镇燃气管理条例》宣贯活动，积极开展城镇燃气发展规划编制工作。组织开展经营许可、从业人员培训考核等实施细则制定工作。我部组织编写并出台了《燃气系统运行安全评价标准》、《燃气服务导则》等两项国家标准，《城镇燃气设计规范》等一批标准规范正在组织修订。

2. 推进城镇燃气行业价格机制改革

伴随国家天然气价格机制改革的推进，城镇燃气行业正在组织开展城镇燃气价格机制改革研究以及居民阶梯气价研究工作。已有部分城镇燃气经营企业探索建立了天然气上下游价格联动机制，在部分地区实现终端销售价格与上游气源价格的联动；为引导天然气合理消费，提高天然气利用效率，深圳、南京等城市已经建立了居民阶梯气价制度。

3. 小城镇建设促进城镇燃气发展加快

"十二五"期间，国家对城镇化发展的要求使小城镇建设步伐逐步加快。城镇燃气作为社会公共服务行业，积极向小城镇辐射，通过天然气、液化石油气等多气源供应，支持小城镇建设，同时也成为城镇燃气发展的新领域。

二、城镇燃气行业发展中存在的问题

"十二五"以来，在稳增长、调结构、转方式的新形势下，城镇燃气行业稳步发展，天然气利用规模持续扩大，但发展中仍然存在一些不平衡、不协调的问题，对行业的长期发展和全面完成"十二五"规划目标形成制约。

（一）应急储备设施建设不足

"十二五"以来，一方面，天然气上游调峰设施能力建设不足，迫使各地燃气经营企业抓紧建设应急储备设施，用以解决冬季用气紧张的局面；另一方面，城镇燃气应急储备能力建设仍显不足。

（二）城乡统筹和区域发展尚不平衡

受气源供应和管网建设影响，城镇燃气的推广利用在城乡统筹和区域发展方面尚不平衡。东部区域受气源供应不足影响，整体增长速度较低；东北区域管网建设速度较慢，制约了本区域城镇燃气发展。同时，随着城镇化发展，县城和小城镇由于人口逐步集中、产业集聚和经济发展水平逐步提高，对市政基础设施需求不断加大，对市政公用产品的需求日益旺盛，但是，燃气基础设施向小城镇延伸不够，受投资大、回报率低等因素的制约，资金投入不足，设施建设速度慢、设施规模小，无法满足小城镇地区居民对燃气清洁能源的需求。

（三）城镇燃气在新领域的推广利用步伐放缓

从目前城镇燃气在各个领域利用情况来看，城镇燃气利用规模的增长主要来自于居民用气和工商用气，在交通运输领域和分布式能源领域的利用规模较小，较"十二五"规划目标存在明显差距。加气站建设速度较快，但整体加气规模小，加气站运营效率偏低，船用LNG加气业务仍然处在前期探索阶段，且存在船舶改造、航运部门审批等技术和监管问题；燃气分布式能源项目存在发电上网并网的核心难题，受煤炭价格下跌和城镇燃气价格上涨等因素的影响，部分企业建设分布式能源的积极性受到制约。

（四）安全管理仍存在薄弱环节

随着行业安全管理水平的不断提高，管道燃气事故数量逐年降低。但是违章占压燃气管线、第三方破坏、用户私自改装和使用不当等安全隐患问题仍然比较突出。此外，由于部分液化气经营企业不规范、产品质量不达标、安全服务不到位，且用户安全意识薄弱，使用不合格燃气器具，在使用过程中忽视安全，不按照使用规程操作等原因，造成山西、江苏和北京等地区液化石油气用气事故发生较多，事故造成的重大伤亡率呈逐年上升趋势，安全事故突出已经成为影响液化石油气行业发展和进一步扩大应用的主要问题。

（五）天然气价格改革对行业发展影响明显

2013年6月28日国家发展改革委发布了《关于调整天然气价格的通知》，将天然气分为存量气和增量气，分别调整门站价格。此次调价范围广、幅度大，在目前经济下行压力较大和各行业成本提高较快的双重压力下，价格调整对《规划》后半程的实施和完成影响较大。

三、"十二五"后期城镇燃气发展建议

进入"十二五"以来，一方面，国内能源价格变化较快，煤炭等替代能源价格下降，天然气价格改革释放终端价格上升的信号。同时，由于产业结构调整，使传统用能行业如玻璃、化纤等的燃气消费量持续减少，潜在用户的用气需求逐步降低；另一方面，雾霾及PM2.5标准的实施迫使各地对于节能减排和环境治理高度重视，而扩大天然气利用规模是节能减排最有效的途径。同时，党的十八大提出了全面建成小康社会的总体目标，工业化、信息化、城镇化、农业现代化深入发展，经济结构、产业结构的调整升级，带来了对清洁能源需求的迅猛增长。自2013年年初以来，中央高层领导反复强调，城镇化是中国扩大内需最大潜力所在，是中国经济增长持久的内生动力。未来新型城镇化将成为保持经济增长、推动各项改革的战略发展主线。新型城镇化不仅将带动传统的基础建设投资，还将推动节能环保、智慧城市、消费等多重产业链的发展，为城镇燃气行业的发展开辟了广阔的空间。

（一）各地应及时开展燃气"十二五"规划调整工作

面对宏观经济和行业发展环境变化，各地应认真总结"十二五"规划的实施情况，围绕中央经济工作会议精神，结合地方城镇化建设、经济发展优势、产业特征等内容，对原有燃气发展规划进行适当调整，进一步落实气源保障、加快基础设施建设、扩大燃气应用范围，保证完成规划提出的各项目标和任务。

（二）抓住新型城镇化建设的机遇，实现城镇燃气跨越式发展

各地必须抓住新型城镇化建设的机遇，以提高城镇生活质量、建设绿色低碳城市为目标，围绕节能减排和能源结构调整，以提升能源使用效率为抓手，充分发挥市场机制的作用，进一步拓宽城镇燃气投资渠道，鼓励外资、民间资本参与城镇燃气建设，进一步加快城镇燃气管网设施建设和汽车加气、分布式能源建设的步伐，形成新的增量投资和规模，实现城镇燃气的跨越式发展。

（三）拓宽基础设施投资渠道，提高应急储备能力

已建成应急气源基础设施的城市，要逐步探索实现区域性的应急保障和跨区域气源调度，充分发挥应急气源基础设施作用；其他城市应拓宽基础设施建设投资渠道，采取多种形式，进一步提升城镇燃气应急储备能力。

（四）大力推动燃气分布式能源发展

大力推广天然气分布式能源建设是我国城镇燃气"十二五"发展规划的一项重点工作，建立以燃气分布式能源为主体，结合传统能源和可再生能源技术的一体化、智能化的智慧能源系统，可以最大限度地发挥各种能源形式的优势，使能源利用效率最大化和效能最优化，实现我国资源的高效整合和利用。要通过与国际领先发展分布式能源技术的国家开展合作，借鉴国外分布式能源发展成功经验，通过对国外能源管理体制、支持政策等方面的基础分析研究，进一步完善我国能源管理制度和法规，加快我国分布式能源发展的进程，建立包括分布式能源系统的设计标准、施工标准、节能运行检测标准、能效评估标准和发电并网标准等在内的一整套完整的燃气分布式能源质量标准体系，以提高能源使用效率，促进国家节能减排目标实现。

（五）加大液化气市场监管力度

要加快组织制定《城镇燃气管理条例》实施细则及相关配套制度，明确对液化石油气的使用和安全监管职责、措施和法律责任，严格市场准入管理，坚决取缔达不到市场准入标准的企业，遏止掺假售假、非法充装、无证经营等违法经营活动蔓延，将"建立并落实LPG产品与服务质量责任可追溯的内控制度"作为衡量企业经营方案是否健全的重要标准，促进液化石油气销售企业转变商业模式，提高液化石油气的供应和使用安全。

（六）加快城镇燃气技术进步，促进行业发展

继续开展物联网技术、燃气关键产品认证等课题研究工作，提高新技术、新工艺、新产品的应用水平。针对城镇燃气利用领域向相关产业延伸的特点，重点开展工业节能改造、分布式能源及燃气汽车等关键技术的创新，以促进行业的快速发展。

（七）深化燃气行业改革，进一步推进市场化建设步伐

根据中央经济工作会议和国务院下放行政管理权限的精神，进一步理顺城镇燃气管理体制，合理界定各级燃气行政管理部门的职责，强化社会管理与公共服务职能。大力引进社会资本参与城镇燃气基础设施领域的投资、建设和运营，形成多元主体和适度竞争的格局，保障燃气产品有效供给，规范经营许可，提高依法管理和规范燃气行业健康发展的能力。

（八）加大安全、服务宣传，提高安全服务水平

各地要结合《燃气服务导则》和《燃气系统运行安全评价标准》的颁布实施，积极开展相关的宣贯活动，指导城镇燃气企业实现标准化服务，建立健全服务体系和安全管理体系，进一步提高安全服务水平。

（中国城市燃气协会）

全国重点省市天然气调研报告

一、北京市燃气基本概况

（一）北京市城市天然气发展现状

北京城市燃气事业发展至今已有50多年的历史了，1997年前，人工煤气占主要地位，自1997年开始，北京市的天然气供应进入了一个高速发展时期，特别是进入2000年以后，随着北京市大气环境治理力度的不断加强，使用天然气替代燃煤，改变城市能源结构成为北京市治理大气环境污染的重要措施。

陕京输气管线将陕北天然气经衙门口、次渠、通州、采育等接收门站源源不断的向首都输送。六环高压管线工程全线建成后，形成以三环至六环为架构的北京城市燃气主干线，中低压管线覆盖市区，六环路以外枝状管线向除延庆以外所有远郊区县辐射，构成北京行政区域内庞大的燃气输配网络。

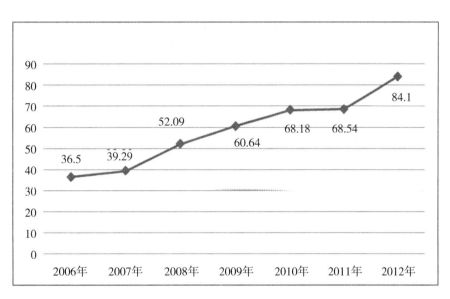

图1：2006~2012年北京市天然气供应量（亿立方米）

北京市良好的区位优势具备了利用多气源资源的条件。目前已利用和继续利用的气源资源主要是中国石油天然气股份公司和中国石油化工股份公司的气源资源，包括长庆气田、大牛地气田、青海气田、华北油田的资源；中期有俄罗斯东西伯利亚管道天然气和亚太（或中东）地区液化天然气资源，北京地区周边已经准备建设唐山曹妃甸和天津大港两个液化天然气项目；远期有中亚三国的资源及全国天然气管网骨架雏形形成后天然气灵活调配，也有可能利用其他气源的资源，其中包括中海油海域的资源等。

2008年由于奥运因素，太阳宫、郑常庄、京丰三大燃气电厂，首次向北京城市热网供热，天然气用量一路猛增，随后连创新高，到2013年，天然气日用气量达到6241万立方米，日最大瞬间小时流量达285万立方米，为历史最高水平。

（二）北京市燃气行业存在的主要问题

随着天然气用量的成倍增长，给相应的供应和输配设施带来很大压力。受季节、气候、温度、昼夜变化以及其他因素的影响，燃气消费需求的高峰和低谷差别很大，天然气达到8∶1。同时，由于全市资源供应对外的依赖性高，资源瓶颈约束的问题也显现出来。

（1）安全供应的要求进一步提高，现有供应体系难以满足；
（2）用气结构不理想，燃气设施利用率低；
（3）发展不均衡，市区和新城用气水平差距较大；
（4）市场化程度不高，管理和服务水平有待提高。

（三）北京市燃气供应策略与措施

发展城市燃气要坚持"多种气源、多种途径，因地制宜、合理利用能源"的方针，合理利用天然气、液化石油气等清洁能源作为城市燃气气源。坚持以清洁能源为主的方针，积极引进天然气替代燃煤，满足经济发展需要和改善大气环境质量。同时充分考虑到资源的限制和可持续发展原则，按照开源节流并重的方针，一方面积极拓展国内外资源供应渠道，开发战略储备措施，完善城市燃气供应系统，确保天然气供应安全和北京对优质清洁能源的需求，另一方面要加强需求侧管理，有效平衡供需、合理分配资源、加强资源节约力度，保证有限的资源得到合理的应用。具体措施体现在：转变政府职能，做好社会管理和公共服务；积极推进燃气事业的改革，建立健全市场体系；加强法制建设，为燃气事业健康发展提供支持和依据；科学推进燃气事业发展，为首都社会经济发展创造条件；建立预警及应急机制，确保供应安全。

（四）北京市燃气"十二五"发展目标

"十二五"燃气规划目标：到2015年，北京市燃气集团天然气年用供气量达到180亿立方米，天然气在能源结构中的比例提升到20%以上，全市人均天然气消费水平提高到700立方米/人·年以上。全市常住人口的天然气气化率达到80%以上，其中，中心城达到95%以上，远郊区县达到60%以上，中心城天然气管网覆盖率提高到80%以上，新城天然气管网覆盖率达到50%以上。

二、天津市燃气基本概况

（一）天津市的燃气气源

天津市矿产丰富，燃料矿主要有石油和天然气，埋藏在平原地下和渤海大陆架等。目前，天津市的城市燃气气源结构主要由天然气、煤制气和液化石油气组成，天然气为城市主导气源。

大港天然气来自天津市东南部的大港油田，为石油伴生气，1974年开始向天津市区供气，目前年供气量1.65亿立方米每年；渤海天然气来自渤西油田，同为石油伴生气，1972年开始向天津市区供气，目前年供气量3亿立方米每年。

陕甘宁气田通过900千米的陕京天然气干管和135千米的天津支线向天津市输送天然气，供气能力可达6亿~8亿立方米每年，目前年供气量5亿立方米每年。

随着天津近年来经济的高速发展，目前考虑东西伯利亚的伊尔库茨克的科维克金气田和萨哈共和国的恰杨金等气田进口天然气。天津港将加快实施LNG接卸码头配套项目，新增加的LNG在未来将成为滨海新区第二大"绿色能源"，预计达到年供应量40亿立方米每年。

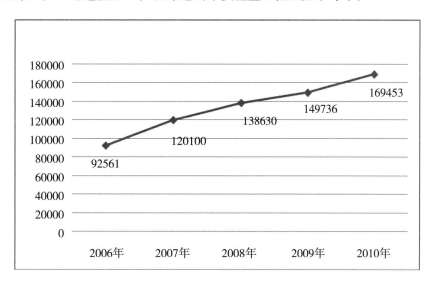

图2：2006~2010年天津市天然气供应量（万立方米）

（二）天津市的燃气利用

天津市燃气集团有限公司2000年10月18日正式挂牌成立，为国有独资公司，目前在向约1万工商业用户供气的同时，还担负着全市185万多居民用户供气任务，其中天然气民用户有123万，煤制气民用户有32万，LPG民用户约30万。燃气地下管网总长度达到6600千米，遍及全市17个区县，全市天然气年用量达到7亿立方米。

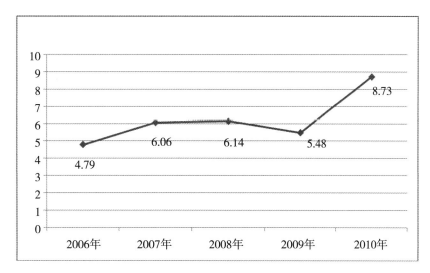

图3：2006~2010年天津天然气占一次性能源消费总量的比重（%）

1. 居民用气

天然气居民用气主要包括生活用气和采暖用气。

2. 公共建筑用气

天然气公共建筑用气主要包括生活用气和采暖用气，还包括燃气空调。2005年公共建筑生活用气量为每年0.8亿立方米，公共建筑采暖用气量为每年0.3亿立方米。

目前天津市已有260多家企事业单位用上了燃气空调。2005年夏季，燃气空调用户节约电能为5942.5万千瓦时。"十二五"期间，为了科学环保地消减供电洪峰，天津市将大力发展以天然气为能源，能够发电、制冷、供热阶梯利用的天然气空调系统，并力争在海河沿岸率先推广。

3. 工业用气

天然气工业用气主要包括一般工业用气和大型工业用气。一般工业用气主要集中在玻璃、陶瓷、食品和轻工行业；大型工业用户包括摩托罗拉公司芯片制造场，宝洁工业有限公司，加拿大CII公司的球墨铸铁管项目，美国美礼无机化工有限公司的氯化法钛白粉等大型外资用户。

4. 化工用气

天津是我国重要的化学工业基地之一，有雄厚的、质量较好的自然资源和人力资源，交通便利，具有发展化学工业所要求的港口条件，天津及周边地区是我国重要的化工产品市场。2005年天津市天然气化工项目用气量为每年1.45亿立方米：天津碱厂合成氨、甲醇项目，天然气用气量为每年1.05亿立方米；华北氧气化学公司固体氰化钠项目，用气量为每年0.4亿立方米。2006年，天津建设年产12万吨丁醇和辛醇（加工树脂的增塑剂）的生产设备，用气量为每年1亿立方米。

5. 燃气汽车

天津具备发展和推广燃气汽车的基础条件。首先，汽车工业是天津市的支柱产业，天津是全国微型汽车的生产基地；其次，天津具有发展燃气汽车的技术优势。除了汽车公司所属各厂可提供技术支持外，天津钢瓶制造有限公司已成为国家定点的钢瓶生产厂家。天津市将加快发展以CNG、LPG为代用燃料的燃气汽车发展，"十一五"期间，建设天然气汽车加气站30座，其中母站10座。

6. 天然气发电

天津市第一家天然气发电厂滨海一电厂，电力负荷376.9兆瓦，年用气量每年0.6亿立方米。2005年天津的电力负荷为4400兆瓦。预计到2015年，天津的电力负荷将达到5850兆瓦。除神头二电厂西电东送外，计划将杨柳青电厂原有燃油机组拆除，在原地新建300兆瓦的燃气-蒸汽联合循环机组，还计划建设的滨海二电厂一期项目。

（三）天津市燃气"十二五"发展规划

积极落实新增天然气资源，争取天津港液化天然气、唐山液化天然气、内蒙古煤制天然气进津，增加常规陆上天然气供气规模。建设10亿立方米大港地下储气库，天津港1亿立方米液化天然气接收站，燃气应急储备能力达到15天。加快燃气管网建设，管网年输配能力达到100亿立方米。发展燃气汽车，配套建设汽车加气站。在有条件地区发展天然气热电冷三联供及分布式能源。到2015年，天然气占一次能源比例达到8%以上。

"十二五"期间，燃气集团将以中石油、中海油为主，在现有大港、华北、陕京、渤海四个气源基础上，新增唐山液化天然气、煤制天然气、天津港液化天然气气源，使气源数由4个增加至7个。

同时，天津市还将建设4亿立方米大港天然气地下储气库和1亿立方米储气能力的天津港液化天然气接收站，新建燃气管网4500千米。到"十二五"末，燃气管网累计达到15500千米，实现输配管网覆盖全市建制镇以上行政区。5年后，全市天然气占一次能源比例达到8%以上，比"十一五"增长5个百分点。

天津市还将进一步拓展天然气利用领域，加快发展燃气供热、燃气发电、天然气汽车。到2015

年，天津市燃气供热面积将从目前的150万平方米提高到4000万平方米以上，燃气供热比重将从不足1%提高到11%以上。到2015年，天然气年供气量将超过100亿立方米，是2010年年供气14亿立方米的7倍以上。

三、广东省燃气基本概况

（一）广东省燃气发展现状

广东省的燃气产业和广东省的市场经济一样也是乘着改革开放的东风迅速发展起来的，总体上可归纳为：从无到有、从少到多、从液化石油气到天然气、从瓶装燃气到管道燃气、从计划经济到市场经济。20世纪70年代首先在茂名、湛江、广州等城市少量的使用瓶装液化石油气（以下简称LPG），在20世纪80年代后期，广州、深圳、佛山、湛江等地开始发展管道燃气（气源是人工煤气或LPG），以广州油制气和深圳LPG小区气为代表。

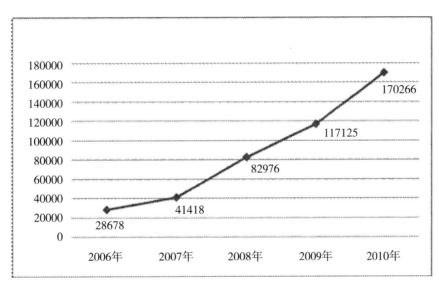

图4：2006～2010年广东省天然气供应量（万立方米）

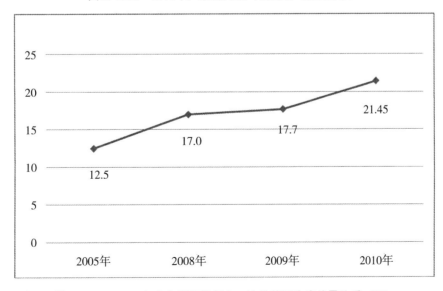

图5：2005～2010年广东省天然气占一次性能源生产总量比重（%）

目前，深圳、珠海、东莞、佛山、惠州等一大批城市已完成了城市管道燃气特许经营权的招标或产权的置换。参与竞标的单位有国内大型能源企业、上市公司和香港燃气上市公司、大型民营企业等。深圳大鹏LNG工程项目于1999年正式启动，2006年下半年投产使用，年进口LNG370万吨，从而揭开了广东省天然气产业发展的序幕。近年来，广东省燃气行业发展迅速，以广州为例，每年居民燃气用户的发展量都在5万户~6万户之间，管道燃气的用量每年以13%~15%的速度递增，年投资额在数亿元以上。

（二）广东省LPG市场概况

1. 供求情况

目前，LPG在广东城镇居民燃气消费结构中占据主导地位，广东全省现有燃气用户约3000万户。其中，瓶装LPG用户占近85%，管道气用户15%。2010年全省LPG供应量约506万吨。按用途分类，65%用于居民，35%用于工业和商业；按地域分配，珠三角占60%，粤东占19%，粤西占14%，粤北占7%；按LPG来源统计，来自中东和东南亚等国的进口气占80.3%。

2. 经营情况

城市燃气中首先引入竞争机制的是LPG市场。目前，全省LPG生产企业4家，从事LPG进口、批发业务的骨干企业6家，LPG二级批发、零售业务的企业38个，LPG零售业务的三级站690多个，LPG分销业务的经营网点1万多个。全省共有LPG码头41个，储库662个，总容量846300立方米。

1990年以来，广东省LPG进口量占全国进口总量的比重最低55%，最高达87%，平均高达70%。随着LPG消费基数的增大，民用气化率的不断提高，近几年LPG消费总量都继续保持稳定增长，但增长幅度有所下降。其中一个重要因素是2006年广东省LNG项目一期工程投产，对LPG消费量产生了一定的影响。

（三）广东省LNG发展概况

2010年广东天然气供应量约为17亿立方米，预计全省天然气需求量2015年约为23亿立方米/年，2020年约为40亿立方米/年。因此，广东除了积极争取国内近海天然气的供应外，还需充分利用"两种资源、两个市场"，积极而慎重地引进国外天然气。

广东省将按照"全省一张网，多气源供应，总买总卖，同网同价，分类气价"的原则，统一建设、运营和管理全省天然气主干管网。至2020年，公司将在广东省规划、建设包括珠三角、粤北、粤东、粤西四大区域管网，覆盖全省21个地级市，新建管线总长约3200千米，总投资500亿元，年输气能力达600亿立方米，届时，将会形成西气二线、川气入粤、2个海上和5个沿海LNG项目的多气源格局。

（四）广东省燃气发展趋势

1. 天然气利用将成主流

作为自身资源贫乏的广东省，通过进口LNG可以缓解经济飞速发展对能源大量需求之间的供需矛盾，天然气的广泛开发和利用，优化了能源结构，加强了环境保护，培育了新的经济增长点，提升了人们的生活品质，是城市发展清洁能源的主流。

2. LPG市场仍然占据较大份额

我国LPG54%依赖进口，进口气一直主导华南LPG消费市场。2005年进口LPG中，华南地区为453万吨，占全国总进口量的73.84%，而广东省就占了440万吨，广东省每年的LPG消费量约占全国的1/3。

天然气的快速发展会对广东省LPG市场产生冲击，但近几年的影响力度有限。在相当一段时期内，LPG产业仍具可观前景。主要因为：人们生活消费能源总量的增长也是必然的，因此，LPG消费总量难以降低；LPG自身的优势，必然成为城市周边地区、中小乡镇、广大农村需求巨大的市场空间；LPG供应商为抢占市场会采取包括降价、大幅度削减运营成本等策略来强势参与竞争，占领市场；国家面临的巨大环保压力，使得LPG继续替代部分柴油、燃料油甚至煤炭成为可能。因此，LPG与天然气将长期处于共存的状态，两种清洁能源优势互补，实现共同发展。

3. 城市燃气企业的经营机制将发生深刻的变化

随着城市燃气管网的对外开放以及深圳市公用事业率先实施特许经营招标、招募后，外资、港资、上市公司以及国内大型城市燃气企业等各路资本纷纷加速进入广东城市燃气市场，第一阶段（2006年天然气到来前）主要围绕城市管道燃气经营权进行争夺，管道燃气进入快速发展时期；第二阶段随着LNG项目的投产和高压管网的延伸，大型燃气企业的上市和区域性燃气企业的重组将会出现。预计未来5~10年，广东省城市燃气企业的收购、兼并、重组、上市将成为主旋律，企业的经营机制将随着外部资本的进入发生深刻变化。

（五）天然气资源发展设想

广东省"十二五"规划要在沿海建设重大炼化项目，多渠道拓展天然气资源，推进陆上气源、沿海LNG接收站和海上天然气上岸工程建设。到2015年广东省天然气供应量到达400亿立方米/年，要加快建设连接各主要气源点、以珠三角地区为中心，通达全省各地级以上市的天然气主干管网，天然气供应管道里程达3300公里。

到2020年，计划原使用珠海横琴岛海上天然气处理厂和首站供应的海上天然气用户转为使用LNG和其他管道天然气。全省形成深圳大鹏LNG接收站、珠海LNG接收站、"西气东输二线工程"、"川气东送江西地线入粤工程"、"川气南送入粤工程"和粤东LNG接收站、粤西LNG接收站，以及南海崖13-1海上天然气等8个天然气资源供应点。规划到2015年全省天然气供应能力450亿立方米每年。

四、河北省燃气基本概况

（一）河北省天然气市场现状

河北省天然气作为城市燃气起步较晚，随着"西气东输"工程的实施，河北省城市燃气也在发生着变化，液化石油气、煤气的用量逐步减少，天然气的用量逐步增大，并且向居民与工业并重的方向发展。截至2010年底，全省天然气供应总量10.67亿立方米（不含沧州大化5亿立方米），煤气供应总量为8.98亿立方米，液化石油气供应总量205007吨，管网长度11969千米，用气人口1521.2万人，城市燃气普及率约为98%。在用气人口中天然气占56%，人工煤气占11%、液化石油气占33%。

在县（城）级市中，除涿州、三河、高碑店、正定、徐水等靠近"京—石—邯"线的10多个县城1市以及廊坊周边的9个县（城）市使用管道天然气外，其余近50座县城则利用CNG进行天然气供应。从天然气管网布局来看，目前，河北省境内已建成的天然气主管网有5条，分别为"陕京一线"、"大港—沧州"线、"安阳—邯郸—峰峰煤矿"线和"陕—京"一线及复线。另外，正在建设的有"永清—唐山—秦皇岛"线，即将开工建设的有"陕—京"三线。

由于政府的大力倡导，天然气行业发展非常迅速，市场竞争空前激烈。目前，在河北省境内投入运营的天然气企业有近90家，规模较大的企业有16家（包括国有与民营），主要分布在9个地市级城市。其他70多家以民营为主，规模较小，分布在70多个县（城）级市或乡镇，占河北省138个县

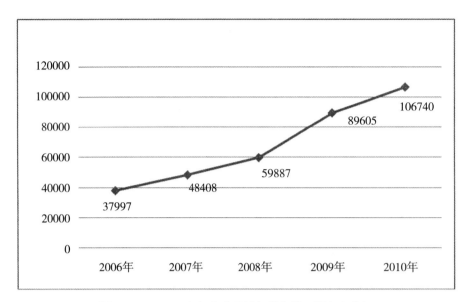

图6：2006～2010年河北省天然气供应量（万立方米）

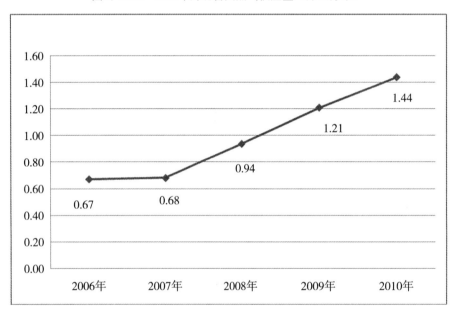

图7：2006～2010年河北省天然气占一次性能源生产总量的比重（%）

（城）级市的一半以上，另外一少半县（城）级市的天然气市场至今还是个空白。

（二）河北省天然气发展所面临的问题

1. 天然气气源紧缺，需求快速增长

从民用气普及率来看，目前，天然气用气人口仅占总人口的37%，随着城市化进程的加快，城市人口的迅猛增长，城市居民天然气需求量会大幅增加；从用气结构来看，目前城市天然气以民用为主，工商业户不多，随着国家对环境保护要求的提高和能源结构的调整，工商业用气将会迅猛增长，虽然天然气供应能力在逐年不断加强，但仍远远落后于社会需求的增长。

2. 管道天然气供应能力较差

目前，河北境内的天然气管道仅有5条，而且覆盖面也比较小，除少数管道沿线城市外，大多数城市主要依靠压缩天然气来保证供应。在总供气人口中，管道输配供气的人口占总供应人口的

55%，还有近一半的人口在使用罐装液化石油气，与先进省份相比管道气供应能力还很不够。

3. 发展不平衡，地区差异较大

从有管输天然气的城市天然气普及率来看，用气较早的石家庄市、廊坊市天然气普及率不到85%；保定市、沧州市不足75%；其他地级市普及率不及50%。没有管输靠压缩天然气供应的城市，其天然气普及率更低。另外，衡水市、秦皇岛市的天然气使用才刚刚起步，张家口市、承德市至今还几乎是空白。

4. 受气源及资金的制约

CNG汽车加气市场发展缓慢，目前，全省11个地级市，只有石家庄、廊坊、沧州、邢台、邯郸5个城市建有汽车加气站，县级市中有辛集、晋州、霸州、永清等少数城市引入了该项目。

（三）市场发展预测分析

河北省天然气消费发展趋势主要表现在两个方面，一是天然气需求将大幅增长，尤其是作为燃料的市场需求量呈现快速增长趋势；二是天然气消费结构将发生变化。化工用气量所占比例将有所下降，城市燃气和发电用气量将大幅增加。根据河北省城市天然气利用呈现多样化的趋势，目前开发城市天然气市场的重点在于：

1. 大力开发民用气市场

虽然各地级市已有燃气公司进入，但从天然气的使用普及率来看，与发达国家和国内发达地区相比，民用天然气的普及率还比较低。有一多半的县（城）级市至今还未引入天然气项目，已引入天然气的县（城）级市，由于进驻企业规模较小、资金困难、气源匮乏，因而进展较慢、作为不大。只要利用资源和资金优势，采取合作或收购的方式，完全可以打入并占领这些市场。同时，加大基础设施投入，建设门站、加气站以及输配气管网，加大居民用户用气总量，积极开发工商业用户用气，为民用气市场开发提供必要保证。

2. 积极拓展工业用气市场

要想稳定发展天然气市场，必须先稳定工业用气市场，保证在用天然气的供应数量和质量。拓展工业用气市场，重点是抓好用气大户。在营销政策上向效益好和用气量大的用户倾斜，甚至可以在地方政府实施招商引资的政策中提供企业相应的优惠用气政策，以保证潜在用户能进入河北省天然气用气市场并获得共同的发展。除此之外，随着国家对环保要求的提高，居于大中城市的高耗能、高污染企业将会逐步向周边小城镇搬迁，这无疑再次为发展小城镇天然气市场增添了商机。

3. 稳步推进CNG汽车加气市场

CNG汽车加气业务在国家发展与改革委员会制定的《天然气利用政策》中属优先类，该业务在国内的发展建设远低于城市居民生活用气；由于受成品油价格的影响，再加上国内税改费政策，CNG汽车加气业务发展空间巨大。因此，进军CNG汽车加气市场机不可失。

五、浙江省燃气基本概况

（一）浙江省天然气市场现状

浙江省管输天然气气源为西气东输一线和东海天然气。2010年，浙江省管输天然气消费总量31.8亿立方米，其中天然气电厂用量为15.6亿立方米，约占49%；城市用量16.2亿立方米，约占51%；在城市天然气用量中，居民用量2.08亿立方米，公建用量3.74亿立方米，工业用气3.87亿立方

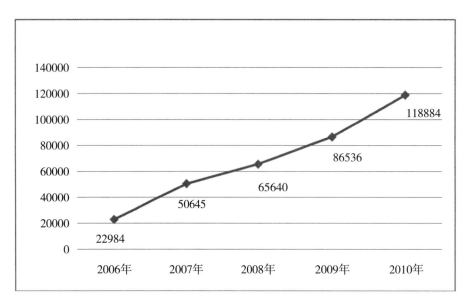

图8：2006~2010年浙江省天然气的供应量（万立方米）

米，分别占全省天然气用量的10.90%、19.64%、20.32%。

（二）浙江省天然气"十二五"发展产业政策

在城市燃气方面，积极开发居民天然气用户，优先保证居民用气；鼓励公共服务设施用气，加快开发天然气空调用户；出台限煤政策，鼓励使用天然气；要求各地自备应急调峰储气设施；逐步取消管道天然气增容费。工业用天然气方面鼓励为主，适当调控。鼓励发展汽车用天然气；在可能的情况下，最大限度地采用热电联产和热电冷联产系统，逐步实现分布式能源规划；对天然气调峰厂的上网电价、天然气价格、运行时间等各方面综合考虑，给予一些优惠政策；采用分级储备的方式，合理考虑储气设施的经济性；开展多项天然气利用技术研究。

（三）浙江省天然气"十二五"供需情况分析

根据预测，2015年浙江省天然气需求总量低、中、高方案分别为110、141、170亿立方米/年。按已知气源情况和市场需求量（中方案）预测结果，在2015年、2020年和2030年浙江省天然气供需缺口分别为37亿立方米/年、55亿立方米/年和171亿立方米/年。

（四）浙江省天然气"十二五"发展保障措施

首先，积极与各管道气源的上游供应商协调，争取向省内供应更多的天然气量和更好的供气条件，填补近期天然气供应缺口。其次，多方面开拓天然气供气渠道，开发新的气源，建设新的气源接收基地。

浙江省应抓住近期世界LNG市场供大于求的机遇，切实加强国际天然气市场的跟踪研究，多渠道开拓气源。一方面在宁波LNG接收基地预留扩建余地，另一方面，在沿海港口布置新的LNG接收基地，适时启动新建LNG接收项目的前期工作，为未来10年甚至更长时间内的气源开拓创造更好的条件。

另外，建议在时机成熟时，将浙江省与周边省市的天然气供气管网联网，资源共享，互为保障，为浙江省天然气气源供应提供更加安全稳定的条件。

（五）浙江省天然气价格

目前浙江省城镇人口人均可支配收入约13000元/年，居民用各类燃料均按同一耗气指标（6×10^5

千卡/人年，天然气价格2.5元/立方米）计算，平均每户居民（按3.5人/户）年燃气费用为720.6元，占可支配收入的4.75%，与住房和城乡建设部建议的合理水平5%基本一致。

六、内蒙古自治区燃气基本概况

（一）鄂尔多斯盆地天然气资源基本概况

鄂尔多斯盆地北起阴山、南抵秦岭、东至吕梁、西达贺兰山，面积37万平方公里，行政区域划属陕、甘、宁、蒙、晋五省区，根据目前的勘探结果表明，该盆地天然气总资源量约10.7万亿立方米，其中，内蒙古境内天然气资源量4.1万亿立方米，占全盆地天然气总资源量的41%，有乌审气田、大牛地气田、苏里格气田，其中苏里格气田和乌审气田列入我国5个储量超千亿方的大气田之中，而苏里格气田是我国最大的天然气气田，并列入世界知名气田之列。随着勘探开发力度的加大，预计天然气资源储量将进一步增加。以上表明，内蒙古已经成为国内天然气大省区。

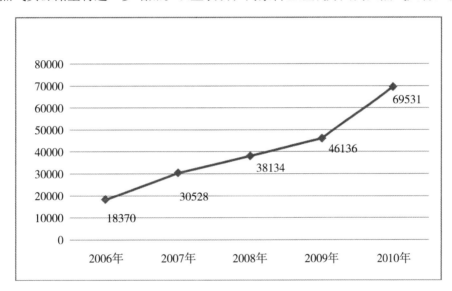

图9：2006～2010年内蒙古天然气供气量（万立方米）

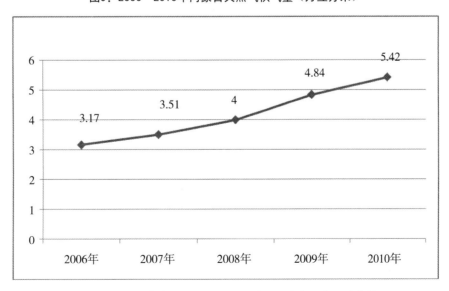

图10：2006～2010年内蒙古天然气在一次性能源生产中所占比重曲线图（%）

地处内蒙古自治区的鄂尔多斯盆地石油储量丰富，同时还是一个巨大的天然气库，素有"半盆油、满盆气"之称。目前的普查显示，全区石油资源总量为85.88亿吨；天然气蕴藏量达10.7万亿立方米，占全国总资源量的26.3%。探明储量超过1000亿立方米的世界级整装气田我国仅有5处，而其中4处在鄂尔多斯盆地。内蒙古的苏里格气田，已探明天然气储量7903亿立方米，是我国目前最大的整装气田。

（二）鄂尔多斯盆地天然气资源开发现状

中国石油天然气长庆油田公司和中国石化集团新星公司分别负责苏里气田、乌审气田和大牛地气田的勘探开发。苏里格气田和乌审气田的探明储量已进行大规模开发，净化能力25亿立方米的乌审气田净化厂、设计能力65亿立方米的第四净化厂已建成供气，大牛地气田处于勘探阶段，已探明的165亿立方米储量已经具备开发条件。

（三）天然气利用情况

内蒙古天然气利用处在起步阶段。长庆气田至呼和浩特天然气输气管道2003年建成运营，鄂尔多斯市伊化集团甲醇厂项目2003年已生产。以上各项目天然气初期用气量5亿立方米，远期用气量9亿立方米。

（四）途径内蒙古天然气的主要管线

西气东输是国家建设的特大型基础设施工程，也是西部大开发的标志性工程。目前，鄂尔多斯盆地的优质天然气经5条管线送往国内20多个大中城市及周边市县、大型企业。5条管线的情况是：

陕京管线——全长737千米；长呼管线——途经3个市及周边旗县、大型企业，输送距离40千米；靖西管线——输送距离640千米，日供气能力可达450万立方米；长宁管线——输送距离300千米，累计输气量在8.4亿立方米左右；陕沪管线——全长1485千米，年输气量120亿立方米。

（五）内蒙古天然气液化装置

内蒙古加速推进绿色能源天然气在道路运输领域的推广应用，自2008年起，鄂尔多斯市、呼和浩特市、包头市、乌海市及巴彦淖尔市投资建设14座天然气液化装置、14座液化天然气加注站，实现区域内1000余辆液化天然气汽车的示范运营。

七、福建省燃气基本概况

（一）福建省能源消费现状

福建能源总体匮乏，一次能源自给率约为40%，主要能源多从华北、西南和国外进口多渠道供应。自2007年以来，国际市场油气价格持续走高，国内煤电油运紧张，能源约束日益突出。保证能源的安全，可靠，持续供应面临巨大压力。

目前能源消费以煤炭为主，且随着电力等用煤行业的发展，煤炭的消费量还在增加，大量燃煤造成的环境污染问题日益突出，因此改变能源增长方式，优化调整能源结构，推广应用洁净煤燃烧技术，发展情节，高效能源，提高能源资源利用效率等是今后必须研究解决的重要问题。

（二）福建省燃气消费现状

福建省燃气供应主要包括液化石油气、人工煤气和天然气三种，其中液化石油气所占比例最大，大多数城市的燃气配送以罐装为主。

自2005年全省城镇人燃气普及率为93.26%。从各城市燃气普及率来看，莆田地区、龙岩地区等燃气普及率较低。龙岩只占91.1%。目前,福州、莆田、泉州地区、厦门市、漳州地区等沿海五个设区市共有22家管道燃气供气企业,供气用户41万多户,日供气约20万立方米。

(三)天然气气源分析

福建省天然气项目的供气方为印尼东固(Tangguh)项目,经国际独立第三方评估,东固气田目前已探明储量Wie14.4Tcf(4089亿立方米),该探明储量足以支持一个具有三个系列的液化工厂(1000万吨/年)生产LNG20年。根据合同,季节提取模式为均匀提取,供气规模260万吨/年。

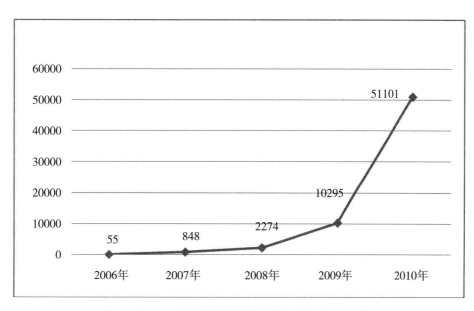

图11:2006～2010年福建省天然气供应量(万立方米)

从国内天然气工业发展形势看,目前已开工和投产运行的管道工程项目中,没有考虑向福建供气,已基本落实了资源的西气东输三线、四线工程,向福建供应天然气的可能性比较大。未来管道气有可能从江西或浙江方向进入福建省。

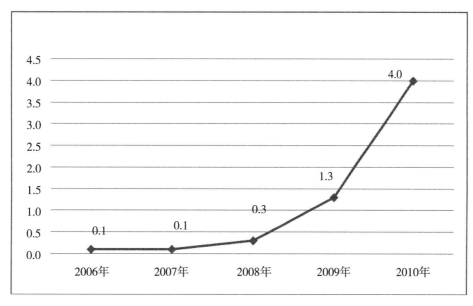

图12:2006～2010年福建省天然气占能源消费比重示意图(%)

(四)市场研究范围

为预测市场发展，根据福建省各地区经济发展情况、现状及规划人口规模、工业用气市场潜力等因素，将省内天然气目标市场分为三类。对于市场经济条件较好，具有较大市场发展潜力的地区，应着力开展天然气市场的培育工作，重点发展公共服务、制冷供热用气的同时积极发展居民生活用气，并在经济基础好的地方发展天然气汽车；有条件引入管道县、市建设长输管线支线；尚不具备条件引入管道天然气的地区可先行建设液化天然气卫星站，待条件具备后再引入管道天然气供应。

(五)福建省天然气"十二五"发展规划

天然气"十二五"规划中，按照多气源、双管网、保安全的要求，引入竞争机制。到2015年，输气管线达1800千米左右，新增输气管线1443千米；加快推进西气东输入闽工程主干线、支干线、支线建设，建成全国天然气储备调峰基地，形成覆盖9个主城区和覆盖50%以上县市的输气管网，90%以上县城用上天然气。

优先保证民用燃气。扩大LNG供气覆盖范围、提高天然气市场占有率，推进全省城乡统筹发展。

合理安排LNG电厂调峰发电。充分发挥已建LNG电厂的调峰作用，保证电厂起停调峰所需的LNG燃料供应。

拓展工业、汽车和公共服务用气，进一步延伸LNG产业链，完善LNG冷能产业园区项目规划，加快推动冷热电联供、汽车加气站项目和橡胶粉碎、丁基橡胶、冷能空分二期、干冰、冷库等冷能利用项目建设，打造东南沿海LNG产业基地。

在天然气价格上，完善天然气价格形成机制。以天然气资源综合价格定成本，以天然气供应总量定单价，逐步实现同网同价。

八、辽宁省燃气基本概况

(一)辽宁省天然气供需现状

辽宁省是我国天然气产量较大的省份，但目前处于供不应求的状态。辽宁省内天然气主要用在工业和生活消费，工业用气中作为原料和材料的占工业消费量27%左右，其中主要是作为化肥生产

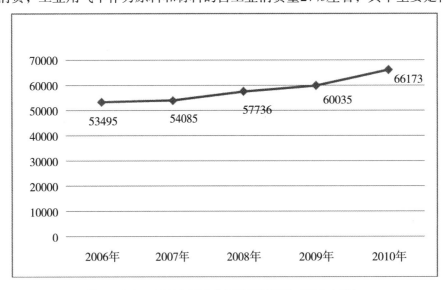

图13：2006～2010年辽宁省天然气供气量（万立方米）

的原料；生活消费主要是用于城镇居民的生活消费，占辽宁省天然气消费量11.7%；其次是作为汽车燃料、气田自用燃料等，天然气发电几乎没有。

辽宁省作为国家老工业基地，能源消耗巨大，但长期以来，主要以煤炭为主，天然气等优质能源极少，年消耗量只有9亿立方米左右，只占一次能源消费总量的1.8%，不及国家平均水平的一半。根据国家能源发展纲要，到"十二五"末，天然气在辽宁全省一次能源消费结构中占5.9%，仍然不及全国的平均水平（8%）。

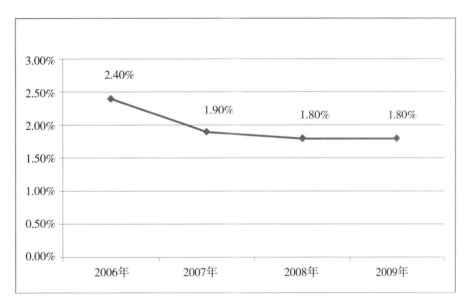

图14：2006~2010年辽宁省天然气占一次性能源生产总量的百分比（%）

（二）市场开发情况

1. 气源情况

中石油规划建设的天然气管道有三大天然气管道坐落于辽宁省。一是秦皇岛—沈阳天然气管线，管道设计压力10.0兆帕，线路长度425千米，设计年输气量90亿立方米，此管线已于2011年3月份投产运行，已大大缓解了整个东北地区天然气供应紧张的局面。二是大连—沈阳天然气管线，线路长度435.92千米，管道设计压力10.0兆帕，管径为DN700毫米，设计年输气量84亿立方米。三是沈阳—哈尔滨天然气管线，设计年输气量68亿方天然气，目前正在规划中。这三条天然气主干线覆盖了整个辽宁省，并且延伸到吉林、黑龙江各地，为辽河燃气集团"气化辽宁"工程提供了有力保障，也为天然气业务未来辐射全东北打下了坚实的基础。

另外，辽河油田目前年自产天然气7.2亿立方米，2020年供气量为6亿立方米，能够为辽宁省提供备用气源。辽河油田双6地下储气库是东北地区唯一入选的储气库项目。双6地下储气库最大库容33亿立方米，有效工作气量16亿立方米，将形成日注气量1200万立方米、日调峰量1500万立方米的调峰能力，能够确保气化辽宁工程平稳供气。

2. 工程建设情况

辽河燃气集团结合省内各市、各地区的实地情况进行了测算分析，制定了辽宁省天然气管网规划。第一步：气化主干管道覆盖城市。以秦沈、大沈、哈沈主干管道覆盖的城市为重点，建设区域天然气管网，开展该区域的公交车、出租车燃气业务。第二步：气化全省各市县。组织天然气干线未覆盖地区的专线建设，实现全省各市、各县全部通气。第三步：气化全省各乡镇。实现全省70%的乡镇通气。

3. 2011年销售情况

截至2011年12月14日，辽河燃气集团"气代油"项目使用天然气8.7亿立方米（替换燃料油65.72万吨），油田管网转供天然气4520万立方米，华锦专线转输天然气6892万立方米。盘锦CNG母站累计销售天然气343万立方米。实现销售收入23.7亿元。

4. 未来发展规划

辽宁省在国民经济和社会发展"十二五"规划纲要中指出，提高开采效率，稳定油气产量，加快推进中国石油大连进口液化天然气利用工程以及大唐阜新煤制天然气等工程投产；加快煤层气开发利用，积极推进天然气多元化利用工程建设；完善全省油气输配管网布局，继续推进石油天然气储备库等重点油气储备工程建设。

"十二五"期间，辽河燃气集团规划投资282.2亿元，在辽宁省14个地级市、44个县城及重要的工业园区规划建设天然气管线61条，线路总长3090千米，CNG母站20座，CNG加气子站217座，LNG接收站14座。天然气管网将覆盖到辽宁省内各市、县和工业用户，下游市场占有率达到50%，并积极开展天然气销售、天然气化工、天然气装备制造、房地产开发、天然气集成开发等五大主营业务，预计2012年销售产值60亿元，2013年销售产值100亿元，2015年销售产值300亿元。

第二篇

行业发展

中国燃气行业年鉴 2013
CHINA GAS INDUSTRY YEARBOOK

冬季气源供应保障调研报告

2012年，全国出现较长时间持续低温天气，北方遭遇多次强降雪天气，多省市出现近三十年来的最低气温，而且低温持续时间长，自11月份开始，直到2013年1月中旬才逐步回升。针对天气变化，经过对全国主要城市冬季天然气供应保障情况的调研，形成以下调研报告。

1 2012年冬季供气状况概述

从全国天然气冬季供需情况来看，产气区气源供应较为充足，长输管道沿线城市冬季气源供应较为紧张。华南地区以进口LNG（液化天然气）为主要气源，且采暖需求较小，供需较为平稳；西南、西北地区除少数地区加气站限气外，整体供应基本正常；华东、华北、华中地区供应比较紧张，河北、山东、湖南、湖北、江苏多个省出现一定缺口，部分地区采取了对工业企业、加气站限气措施。

从整体来看，2012年冬季天然气供应基本保持稳定，但由于严寒持续时间长的原因，部分地区加气站及工业用气受到了一定影响，因此冬季供应紧张带来的社会负面影响与经济损失仍然存在。

以下为部分重点城市的冬季供气情况：

北京：冬夏季用气比例为11:1，冬季日高峰用气量为6226万立方米，一座燃气电厂停气，总体供应状况基本平稳。

西安：日高峰用气量达到820万立方米，上游供气量约800万立方米，缺口20万立方米，主要通过工业户用气调节，供应基本正常。

石家庄：政府出台限煤政策，采暖用气需求较大，冬夏季用气比超过3:1，冬季日高峰用气量达到175万立方米，上游供应量为120万立方米左右，缺口量约为50万立方米，采取了LNG补充和限气措施。

长沙：长沙、株洲、湘潭完成了城市管网互通，气量实现整体调配，长沙冬季日高峰用气量达到350万立方米，上游供应量约为300万立方米，其中临时增量20万立方米，缺口约50万立方米，采取了LNG补充和限气措施。

南京：缺口30万立方米，采取了LNG补充和限气措施。

成都：城市燃气供气基本有保障，加气站限气。

济南：城市燃气供应基本有保障，加气站限气。

2 冬季供应保障应对措施

自2004年西气东输建成通气开始，我国天然气行业进入了快速发展阶段，同时，冬季供气保障也成为了上、中、下游各企业每一年的重点任务。在经历了多年冬季气荒以后，各企业应对措施也逐步完善。

2.1 提前准备，加强供应能力

进入冬季以前，三大油（中石油、中石化、中海油）通过扩大产气能力、增加管道气及LNG现货进口量、储备量等多种手段提高了供应能力，对各城市进行了冬季增量供应，特别是中东部和北方地区重点大中城市，从整体上缓解了冬季燃气供需矛盾。

2.2 加强上下游沟通，协调管输增量

各企业及地方政府纷纷通过增量气申请、代输、区域管网互通等各种渠道与上游协调，增加或调剂管输供应量。如长株潭管网互通，气量相互调节；开封由郑州代输提高气源保障等。

2.3 补充非管输气量，减小供应缺口

由于大多数燃气企业基本建有LNG储气设备，在管输气供应不足的条件下，普遍采用LNG作为补充。截至2012年底，国内LNG工厂日产能已达2000万立方米，冬季实际开工率约40%~50%，另有多个接收站对外槽批分销LNG，合计LNG槽车分销量超过1000万立方米每日，在冬季供气保障中发挥了重要的作用。

2.4 限制车用及工业用气，保障民用

由于LNG价格昂贵，且受原料气供应、天气路况、运输储备能力等影响，目前尚无法完全解决冬季管输气供应缺口。为保障居民用气需求，各企业均提前与政府及重点企业进行了沟通，首先对可中断用户阶段性停气，其次对工商企业和加气站进行小时错峰和限气，如北京、石家庄、长沙等城市对电厂、工业、加气站采取了停限气。

3 思考与建议

随着我国天然气消费水平的提高，用气规模不断扩大，冬夏季需求的巨大峰谷差很难改变，而且绝对调峰需求量将不断扩大。为推进天然气产业健康发展，避免因"气荒"产生社会动荡与经济损失，我们建议：

3.1 广开气源，管网互通，形成气源多元化

目前三大油基本采用以资源定市场的模式实现上游效益最大化，这种模式直接决定了资源供应的弹性不够。解决这一问题除了增加资源勘探开发以外，还需在上游引入竞争机制。

第一，扩大三大油的生产供应能力。三大油应加大勘探开采环节的投入，包括对煤层气、页岩气及煤制天然气的投入，在增加国内天然气生产供应的同时，提升国际气源采购能力，扩大整体供应水平。

第二，鼓励各类资本进入上游开发，在提高资源供应水平的同时，适当引入竞争机制。建议国家进一步鼓励外资、民营企业投资开发页岩气、煤层气、煤制天然气等非常规天然气；适当放开天然气进口业务限制，有效利用国际LNG现货资源，促进非常规气与常规气的竞争、管输气与LNG的

竞争。

第三，放开管网及LNG接收站设施建设与使用，同意第三方准入。为更有效地落实多元化资源与市场的对接，建议国家同时放开管网及LNG接收站设施建设与使用权，拓宽城市燃气企业资源获取途径。

3.2 加快储备设施建设进度

我国天然气储备设施与市场发展进度严重脱节，是造成调峰与应急能力较低的根本原因。为此，加快我国储气库建设可以从以下三个方面入手。

第一，强制性建设储气设施。要求三大油在建设长输主干管道的同时，必须沿线匹配建设一定比例的储气库，沿干管管网建立大型地下气库，这一部分储气库纳入国家储备体系。

第二，国家和地方政府出台优惠政策，鼓励民间资本参与投资调峰储备设施，采取商业化模式运作。

第三，发挥沿海LNG接收站调峰作用，鼓励接收站在保障现有市场气源供应基础上，增加储罐建设，发挥应急调峰的作用，包括以管输和LNG槽车运输的方式。

3.3 完善天然气应急机制

上游生产企业在保障正常供给的基础上，进一步做好气源储备计划，将国内一些小型油气田阶段性封存，作为上游的应急性气源。地方政府通过市场化的价格机制，鼓励社会资本利用国际天然气市场价格波动的规律，择机采购国际低价气源，作为补充性的气源应急使用。下游燃气企业根据用气规模与特点，加强建设一定比例的小时及日调峰储备设施，如高压储气罐和LNG储备站；同时，探索可替代能源的使用，在应急情况下，使用二甲醚、LPG（液化石油气）掺混等作为城市燃气的补充，保障城市燃气有短期的应急及调峰处理能力。

3.4 优化客户结构，降低用气峰谷差

推广阶梯气价政策，利用价格杠杆调整下游用户结构。发展可中断用户，如调峰电厂、沥青搅拌站等项目；引导有条件的大型工业用户建设应急能源设备，实施主动错峰填谷。

3.5 实施政府补贴，减轻企业经营压力

鼓励企业通过外购LNG进行气源补充，并通过政府财政补贴及税收返还等手段，减轻城市燃气企业经营压力，尽量避免停限气，保障整体气源供应。

（中国城市燃气协会企业管理工作委员会）

中国液化石油气行业定位和发展方向

1 概论

液化石油气是在天然气、石油开采或石油炼制过程中分离出来的气体，是一种全球广泛使用的优质、高效、安全的清洁燃料。据世界液化石油气协会统计，全球液化石油气作为燃料的用途多达1500种。液化石油气易于液化，便于储存，不依赖管道运输，供应和使用方式灵活、简便，因此，液化石油气又被誉为"二十一世纪无处不在的清洁能源"。

改革开放近三十年来，我国液化石油气消费量以年均7.8%的速度快速增长，至2010年，表观消费量2338万吨，位居世界第二。中国的液化石油气消费以民用为主，其占总需求的比重高达63%，工业需求约占总量的26%，商业占7%左右，余下的4%为车用。

至2010年底，全国县级以上城市燃气用户中，液化石油气用户23601万人，比重约占52.1%；天然气用户18856万人，约占41.6%；人工煤气用户2872万人，约占6.3%。液化石油气目前仍然是我国消费人口最多、普及性最广的气源。

"十一五"期间，我国天然气消费人口增长了107.2%，而液化石油气同期仅增长了4.9%，液化石油气在城镇燃气消费人口结构中的比重呈现明显下降趋势（数据来源《中国城市建设统计年鉴（2010年）》）。按照课题组研究预测，未来中国将形成城郊与农村以液化石油气为主的燃气格局，液化石油气将更多地在一些天然气供应不经济或管网难以到达的区域普及和使用。

面对天然气行业的快速成长，未来我国液化石油气行业的发展前景如何，在城镇燃气中的定位和作用怎样，应该选择什么样的方向发展，需要怎样的商业环境和政策支持，是本课题研究的主要内容。

2 中国能源结构分析

能源结构指能源总生产量或总消费量中各类一次能源、二次能源的构成及其比例关系。能源结构分为生产结构和消费结构，研究能源的生产结构和消费结构，可以掌握能源的生产和消费状况，为能源供需平衡奠定基础；可以为合理安排开采投资计划以及分配和利用能源提供科学依据。此外，根据消费结构分析耗能情况和结构变化情况，可以挖掘节能潜力和预测未来消费结构。

2.1 中国的能源使用情况和发展趋势

2.1.1 中国能源结构回顾及现状

"十一五"期间，中国能源消费主体依然是煤炭和石油，但能源消费结构继续渐变调整，其中煤炭比例下降了约1.3%，石油比例下降约3%，天然气和水电、核电、风电所占的消费比例分别提升约1.8%和约2.5%。近年来，在国家产业政策的引导下，清洁能源包括天然气、水电、核电、风电所

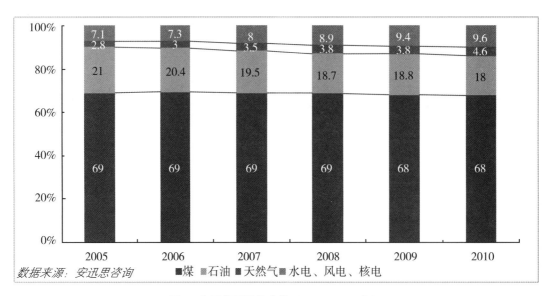

图1：中国能源结构变化（2005～2010年）

占的消费比例稳定上升，人们对风能、太阳能和生物燃料日趋重视。

2010年中国能源消费结构中，煤炭保持接近68%的份额，而石油产品需求部分被清洁能源和可再生能源替代，所占份额下降0.8%至18%。天然气和水电、风电、核电的供应继续上升，分别达到4.6%和9.6%。

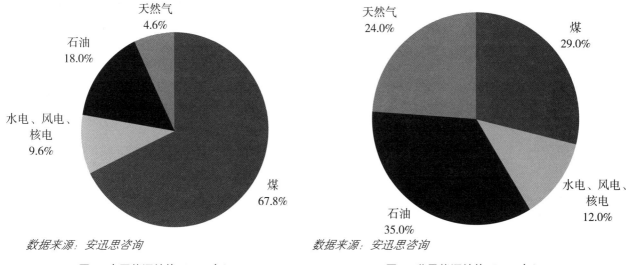

图2：中国能源结构（2010年）　　　　图3：世界能源结构（2010年）

相比世界能源使用结构，中国目前煤炭占能源消费总量的比例仍然较大，超过世界平均水平近40%；石油和天然气则分别较世界水平低约17%和20%；对清洁的二次能源如水电、风电、核电的利用率比世界水平低约2%。

2010年国内煤炭消费达到34.5亿吨标准煤，同比增长1.5%。国内煤炭进口量进一步扩大，同比增长至1.66亿吨，产量继续保持增长。由于中国煤炭产量丰富，成本相对低廉，煤炭的核心基础能源地位较难动摇。

2010年我国石油消费量折合5.8亿吨标准煤，同比增加1.2%。汽油、柴油、煤油等净出口规模加

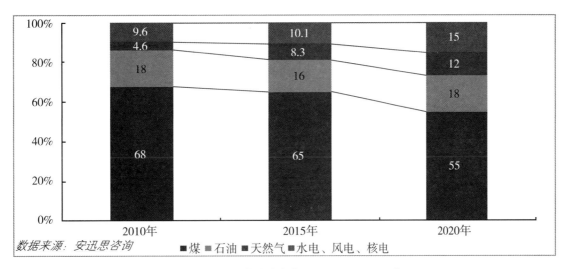

图4：中国能源消费结构变化预测（2010～2020年）

大，燃料油等工业燃料进口规模萎缩，促使石油消费增速持续放缓，比重下滑。天然气和化工系、煤系工业燃料和调和燃料均渗透国内石油消费市场。

天然气、水电和核电的消费保持稳定增长的态势，预计2010年三种能源的消费量分别达到1.49亿吨标准煤和3.11亿吨标煤，同比分别增长28%和8%。

2.1.2 中国能源结构变化及预测

课题组预计，未来5～10年，随着中国能源政策以及配套定价机制的逐步完善，中国的能源消费比例有望更趋合理化。预计2015年和2020年，中国能源消费结构中煤炭的比例有望逐步下降至65%和55%，石油消费比例大体保持在16%～18%的水平，天然气消费比例逐步上升至8.3%～12%，而包括水电、核电、风电以及其他可再生能源消费比例逐步上升至10.7%～15%。

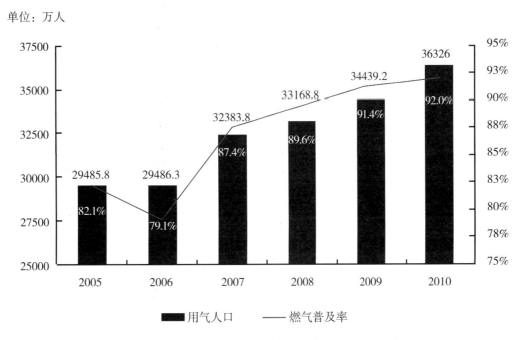

图5：中国城市燃气用气人口及燃气普及率（2005～2010年）

2.2 中国燃气的气源结构和使用情况

2.2.1 气源消费人口

据《全国城镇燃气发展"十二五"规划》和《中国城市建设统计年鉴（2010年）》显示，"十一五"期末，我国城市用气人口（不含县级以下城镇）依次为人工煤气2802万人、天然气17021万人和液化石油气16503万人，总计36326万人，人口比例依次为人工煤气7.8%、天然气46.8%，液化石油气45.4%，城市内天然气使用人数首度超过液化石油气用户。城市燃气普及率达到92.04%。[1]

2.2.2 气源消费量

从图6中数据可以看出，"十一五"期间液化石油气在中国城市燃气气源结构中呈现明显的下降趋势，随着国家政策的积极扶持和鼓励，天然气的市场份额逐年提高。

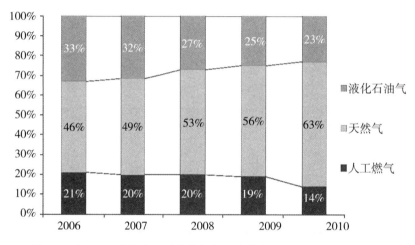

图6："十一五"期间中国城市燃气气源结构变化图（2006~2010年）

"十一五"期末，城市燃气供气量达到836亿立方米，其中，城市人工煤气供气总量为117亿立方米，天然气供气总量为527亿立方米，液化石油气供气总量为192亿立方米。天然气在气源消费结构中的比例从"十五"期末的46%增至"十一五"期末的63%，预计未来这一比重仍将继续扩大。

2.3 中国气源结构的变化

随着我国各地区输气工程的逐步完成，大中城市将基本普及天然气管道，液化石油气即会逐步淡出大中城市市场，而广大中小城镇和农村地区将成为液化石油气的市场。

课题组预测，未来中国将形成城郊与农村以液化石油气为主的燃气格局，液化石油气将更多地在一些天然气供应不经济或难以到达的区域普及和使用。从长期看，天然气将是我国城市燃气的主要来源，但是，对于距离城市天然气管网较远的城郊居民小区和广大乡镇来讲，燃气气源仍将以液化石油气为主。尤其是我国目前农村人口占总人口比例仍有48.73%，液化石油气的市场潜力极大。与此同时，因受到天然气等燃气能源的诸多挑战，液化石油气正处于从大城市市场向中小城镇和农村市场转移的阶段。

---

1 全年供气总量指全年燃气企业（单位）向用户供应的燃气数量。包括销售量和损失量。
用气普及率指报告期末使用燃气的城市人口数与城市人口总数的比率。计算公式为：用气普及率=城市用气人口数/城市人口总数×100%。

3 液化石油气在能源结构中的重要地位

液化石油气是一种安全高效的绿色能源，不仅在我国城镇燃气行业发展过程中起到过十分重要的作用，今后在相当长的时期内仍然是城镇燃气的重要组成部分。液化石油气供应便捷、不依赖管道输送的特点，对于改善我国农村能源结构还将发挥不可或缺的作用。

3.1 液化石油气的优势

3.1.1 优质、清洁、安全、高效

3.1.1.1 多用途

液化石油气可以广泛用于工业深加工、商业及家庭等，作为燃料使用包括家庭取暖、热水供应、烹饪、照明、发电、车用和工业加热，全球用途多达1500种。同时，液化石油气可以有多种封装方式，即可以用气罐储存，也可以用地下油箱贮存。即使是在最偏远的地区都可以供应液化石油气，有助于改善居民的生活，促进国家和地区的发展。

3.1.1.2 低碳性

液化石油气较低的碳排放量使得其非常适合用于居民生活和交通运输等方面。据法国环境和能源控制署的研究数据，在同样的外界条件下，液化石油气的二氧化碳排放量比燃料油减少了大约9.3%，比煤炭减少了29.2%。而在作为车用燃料方面，欧洲LPG协会的一份研究表明，同等条件下液化石油气的二氧化碳排放量依次比柴油和汽油燃烧降低了约9.9%和13.8%。

煤炭、燃料油与液化石油气的碳排放量对比[1] 表1

能源种类	二氧化碳排放量（吨/年）
煤炭	9.6
燃料油	7.5
液化石油气	6.8

注：140平方米房间，年耗能25000千瓦时

3.1.1.3 清洁性

液化石油气具有良好的清洁性能，在家庭取暖方面，其排放的颗粒物比木柴减少了约95%，氮氧化物的排放量则比木材的燃烧降低了大约60%。研究表明，液化石油气的氮氧化物排放量比柴油和汽油依次可以减少大约96%和68%。

3.1.1.4 安全性

液化石油气在常温常压下是气体，在一定的压力或者一定温度下容易转化液体，故便于盛装、储存和运输，具有良好的便携性。由于不依赖管道运输，可以有效减少、避免自然灾害带来的供应中断、泄露等事故风险。液化石油气供应简单，使用方便，安全控制技术成熟。据日本液化石油气振兴中心统计，2009年日本全国液化石油气事故死亡人数远远低于天然气，两者事故死亡人数比例为1:73。

---

[1] 数据来源：欧盟LPG协会

3.1.1.5 高效性

作为燃料能源，液化石油气的发热值较高，同等条件下，其发热值普遍高于汽柴油、天然气和煤气等燃料，因此，可以通过提高能源使用效率的方式达到节约的目的。

液化石油气与其他主要燃料热值对比[1]　　表2

单位：MJ/kg		单位：MJ/m³	
液化石油气（液态）	45.22~50.23	液化石油气（气态）	87.92~100.50
柴油	46.04	天然气	36.22
煤油	43.11	沼气	18.85
汽油	43.11	焦炉煤气	18.20
标准煤	29.31	干木材	12.50

3.1.2 有效提高国内能源使用的安全

3.1.2.1 作为可持续的供应能源保障

液化石油气的来源主要有两种，一是天然气和油田的开采，二是原油炼厂。在世界上，液化石油气大约66%来自于天然气和油田的开采，大约34%来自原油炼厂。在中国则稍有不同，大约90%以上的液化石油气源于原油炼厂，而国内炼厂产能的稳步增加，可以保障中国液化石油气的持续供应。

3.1.2.2 有助于降低我国能源的对外依存风险

据海关统计，2010年我国天然气进口依存度大约为15%，液化石油气的进口依存度则相对较低，大约为13.7%。随着我国天然气消费需求的快速增长，天然气的进口依存度呈增长态势。与此同时，随着国内液化石油气产量的大幅增加，其进口依存度呈下降趋势。

3.1.3 有助于社会稳定和经济发展，提高国家综合竞争力

液化石油气作为一种优质的气源，一方面有助于提高我国在能源方面的综合竞争力，同时也为社会的安定、和谐创造了有利的条件。液化石油气的普及不仅解决了我国绝大部分低收入城镇家庭的烧气问题，也将是还未使用燃气的6.8亿城镇和农村人口今后首选的清洁燃料。据课题组不完全统计，截至2010年底，全国大约有120家液化石油气炼厂和不少于12000家液化石油气经营企业，在生产、销售和物流等各个环节为社会提供大量的就业机会，为经济发展等作出积极贡献。

3.2 液化石油气与其他能源的替代性研究

3.2.1 民用领域

目前在我国，民用能源主要是煤炭、天然气、电力资源、液化石油气、人工煤气、沼气和木柴等。煤炭和木柴等固体一次能源虽然资源较为丰富，但在燃烧过程中易于排放出大量的颗粒物和二氧化碳或氮氧化物气体，对环境的污染较为严重，而燃气在环保、高效等方面具有明显优势。

人工煤气在当前依然是中国城市燃气的组成之一，但与天然气和液化石油气相比，人工煤气的安全性较低，热值低，含硫量高，且在制气过程中能量损耗高，对环境污染大。

天然气和电力基本上依赖管线输送，容易受到诸如大雪冰冻、地震或者泥石流等破坏而中断输送；目前我国农村人口比例仍有48%，但因农村土地面积辽阔而使得人口密度相对稀疏，管线敷设成本高。

---

[1] 数据来源：安迅思咨询

虽然电力资源在使用的过程中本身几乎不产生污染，但电力资源属于二级能源，在由一次能源转化为二次能源的过程中产生污染，能量损耗大，且电力输送环节也有很高的能量损耗。

液化石油气供应灵活、使用简便以及安全、低碳、清洁、高效的特点，决定了其无论在城市还是农村，都不失为一种优良的清洁能源。

3.2.2 工业领域

在工业领域，液化石油气不仅可用作燃料，也可以用于代替石脑油裂解生产乙烯。近年来液化石油气用于生产汽油添加剂、芳烃、丙烯等高附加值产品的需求量出现快速增长势头。

3.2.3 车船用领域

液化石油气作为车船燃料具有环保效果好、安全性高、能量密度大等特点，并且较天然气易于建站、便于携带和管理，对汽柴油具有一定的替代性。目前我国车船用液化石油气发展滞后，关键在于缺乏对未来发展有明确预期的国家产业政策。

液化石油气作为车船燃料，对发动机的技术要求和液化石油气品质的要求较高。目前国内专用发动机基本上是在现有汽柴油发动机基础上改装完成，燃烧控制和尾气净化等技术方面与国外先进水平仍有一定差距，液化石油气品质控制不好对车船使用效果也有较大影响。

4 国外液化石油气行业发展趋势

4.1 日本

日本液化石油气市场已非常成熟，自2000年以来市场年消耗量基本稳定在1600万吨以上。据世界银行发布的世界发展指标显示，2009年日本人均液化石油气的年消耗量大约130千克。

即使在经济高度发达、能源高度市场化的日本，液化石油气在日本居民生活领域仍继续发挥重要的积极作用，至2009年，液化石油气与天然气的消费人口接近各占50%。液化石油气采暖、空调基本普及，业界正在研究推广液化石油气燃料电池产品和液化石油气与沼气、太阳能混合供能技术。日本液化石油气汽车大约50万辆，车型多达140种，有约600座加气站，且室内叉车基本上全部使用液化石油气。

日本液化石油气在下游应用领域的分布上也在逐步发生变化。结合图7可以看出，日本液化石油气在传统应用领域包括民用、商用和车用的分布比例将会缩减，而在工业和其他领域的分布比例将会大幅增长。

4.2 欧洲

目前欧洲各国政府将液化石油气作为满足欧洲能源指标的关键能源之一。在欧洲，1.2亿城市人口使用液化石油气，液化石油气占欧洲能源总需求大约1.9%，且预计到2030年这一比

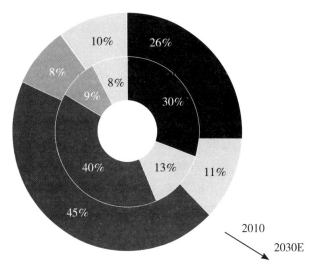

图7：日本液化石油气下游应用领域分布
（2010/2030年）[1]

---

1 数据来源：日本LPG协会

例将大幅提高到约3.8%，欧洲液化石油气表观需求量也将从2010年约3100万吨跃升到6600万吨。

欧洲能源比例及趋势预测[1]　　　　　　　　　　　表3

能源种类	2010	2030（E）
煤炭	17.5%	12.4%
石油	33.9%	30.1%
天然气	26.6%	26.1%
生物能	6.5%	10.3%
其他	15.5%	21.2%
总量	100.0%	100.0%
液化石油气在一次能源中的消费比例	1.9%	3.8%

尽管城市化进程稳步进行，乡村地区仍然占欧盟领土的90%，约50%的人口居住于此。大多数乡村地区都没有连接到管道天然气。电力又较为昂贵而且时有中断。鉴于此，不论是作为主要能源，还是与可再生能源结合使用，液化石油气都是乡村居民的理想能源选择。此外，液化石油气还可以替代农业生产中所使用的化学物质，用于清洗牲口棚和麦田除草。

公路交通的废气排放是导致欧洲空气污染物增加的主要来源。使用液化石油气的车辆所排放的氮氧化合物和有害颗粒物远低于柴油车，大多数欧洲政府承认液化石油气在这方面的优势，并积极提倡将液化石油气应用于各种交通工具。

在家用和工业用方面，每千瓦时的液化石油气所产生的二氧化碳比石油低15%，比煤炭低50%，其碳排放量平均而言也低于电能的碳排放量。显而易见，如果在世界范围内选用液化石油气可以极大地降低二氧化碳的排放量。

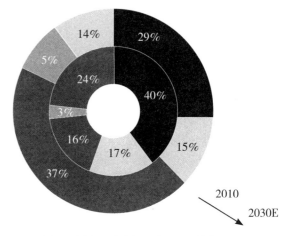

图8：欧洲液化石油气下游应用领域分布（2010/2030年）[2]

现在欧洲所使用液化石油气总量的约94%来自欧洲本土供应，而且当地液化石油气的产量还会进一步增加。因此，欧洲在液化石油气供应方面基本可以自给自足。欧洲进口的液化石油气产自世界不同地区，极大地降低了对一个地区的依赖性。

欧洲液化石油气协会对欧洲未来20年液化石油气消费结构预计显示，到2030年欧洲将大幅增加液化石油气在车用领域的消费量：由2001年的16%提升至2030年的37%；而液化石油气在民用领域的消费比例将出现大幅下降：由2001年的40%降至2030年的29%；另外，液化石油气在农业领域的消费比例将持续上升至5%；工业领域的液化石油气消费量到2030年将小幅下调至15%。

1、2　数据来源：欧盟LPG协会

4.3 韩国

韩国是液化石油气汽车发展最为成功的国家,到2009年,韩国液化石油气汽车已经达到约240万辆,当年消费车用液化石油气448万吨。2009年韩国现代公司推出世界上第一辆液化石油气/电力混合动力汽车,二氧化碳排放量降至103克/千米,比普通汽油车低90%。研究机构认为,由于液化石油气富含氢原子,随着燃料电池技术的突破,改装后的汽车加气站今后还可以直接为燃料电池汽车和氢燃料汽车提供燃料。

5 中国液化石油气行业现状

5.1 中国液化石油气行业基本情况

根据国家统计局的数据,2010年,我国原油和天然气的产量分别为20301.4万吨和944.8亿立方米,分别较上年同期增长约6.9%和12.1%。2010年,我国液化石油气产量达到了2109.8万吨,较上一年同期增长约9.3%。随着我国原油和天然气产量的逐年平稳提升,作为伴生产品的液化石油气产量也将随之增长。

液化石油气产业链由生产商、进口商、运贸商、城镇液化石油气经营企业、分销商及相关服务单位构成。目前,国内液化石油气市场近90%的供应量来自中石化、中石油、中海油和地方炼厂等国内生产商,其余部分来自进口。在下游市场,终端用户由超过1万家液化石油气经营企业和不计其数的分销商供应。由于下游市场进入门槛低,各地普遍存在经营企业过度竞争问题,而大量无证经营的分销商的存在,也进一步加剧了下游市场无序、恶性竞争。

5.2 中国液化石油气消费情况分析

"十一五"期间,中国液化石油气的表观消费量增长缓慢。

2010年我国液化石油气表观需求量2338万吨,随着国内液化石油气供应的不断增加,其进口依存度也随之降低。

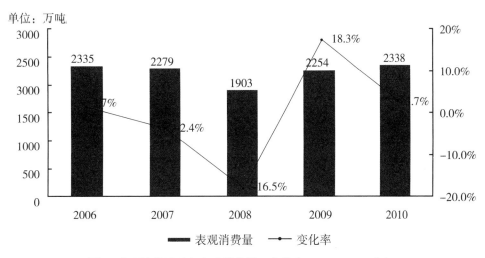

图9:中国液化石油气表观消费量及变化率(2006~2010年)

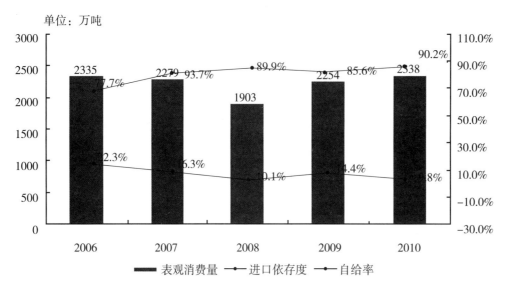

图10：中国液化石油气表观消费量、进口依存度及自给率变化（2006～2010年）

2010年中国的液化石油气仍然以民用为主，民用占总需求的63%左右，工业需求约占总量的26%，商业需求占7%左右，余下的4%为车用。

2010年中国民用液化石油气消费比重减少2%，车用领域消费比重增长缓慢，工业领域的消费比重增长2.5%；液化石油气除了作为玻璃、陶瓷、塑料等传统行业燃料使用，用于替代石脑油制作乙烯和用于深加工生产MTBE（甲基叔丁基醚）、芳构化等产品的需求量增加。

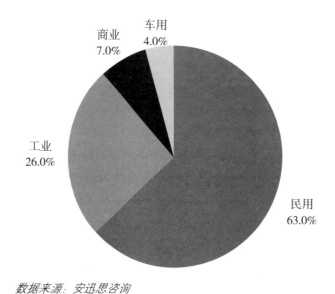

数据来源：安迅思咨询

图11：中国液化石油气消费结构（2010年）

5.3 中国液化石油气的生产情况分析

"十一五"期间，随着中国炼厂产能不断扩大，中国液化石油气产量整体依然呈现较快上升趋势。2006～2007年中国液化石油气产量持续增长；2008年受到金融危机的冲击其产量大幅缩减了

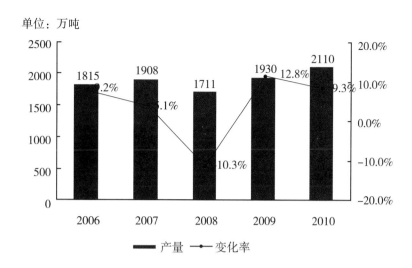

图12：中国液化石油气产量表（2006～2010年）

10.3%；2009年以来随着中国经济的恢复性增长，国内液化石油气需求随之反弹，带动了产量的显著回升；2010年国内经济环境进一步好转，油品需求的回升刺激上游企业加大生产，国内液化石油气产量大幅反弹，较2009年增加9.3%。

5.4 中国液化石油气的进出口分析

5.4.1 中国液化石油气进口分析

随着国产液化石油气产能扩大及天然气、二甲醚等替代能源增加，"十一五"期间中国液化石油气对外依存度呈现明显下降趋势。

中国的液化石油气进口主要来自中东和亚太地区。2010年中国从中东和亚太地区进口液化石油气301.18万吨，占总量的94.23%。

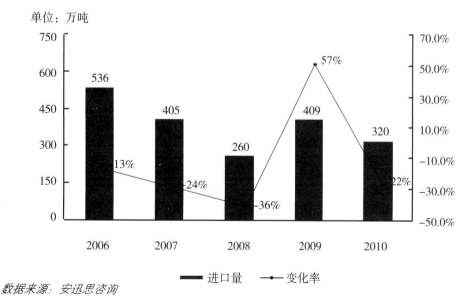

数据来源：安迅思咨询

图13：中国液化石油气进口量表（2006～2010年）

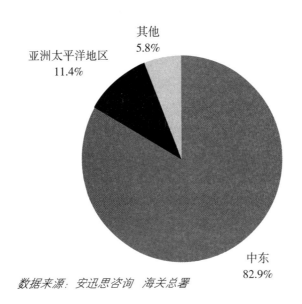

数据来源：安迅思咨询 海关总署

图14：中国液化石油气主要进口来源地（2010年）

5.4.2 中国液化石油气出口分析

中国液化石油气产量以满足国内需求为主，长期以来出口较少，出口均为压力货，主要供应到越南、香港和菲律宾等近洋国家和地区。课题组分析认为，近年来国内天然气业务发展迅猛，且与液化石油气之间的竞争持续加剧，在一定程度上增加了液化石油气出口的动力。国家统计局数据显示，2010年中国液化石油气出口量反弹8%，至92万吨。

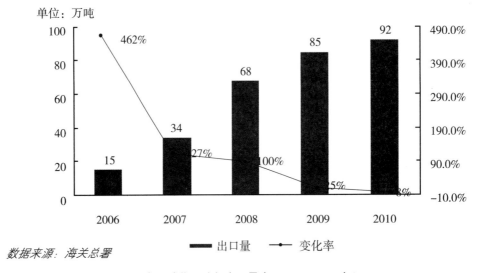

数据来源：海关总署

图15：中国液化石油气出口量表（2006～2010年）

5.5 中国液化石油气应用技术分析

目前，液化石油气主要应用在民用、工业、车用和商业四大传统领域，与发达国家相比，用途单一，技术含量低。比如，日本仅LPG汽车就多达140种车型。我国液化石油气行业亟待通过新技术进步来提升传统业务的效率，扩大新的应用领域和增值服务空间，实现商业模式的创新。

5.6 中国液化石油气未来增长的必然性分析

5.6.1 中国液化石油气需求走势预测

目前，我国市级城市和县级城市燃气普及率分别为92%、65%，城镇用气总人口仅有53654万人，县级以上城市（包括县城）仍有7994万人口没有使用燃气，乡镇及农村还有6.8亿以上的人口没有或者基本没有使用天然气、人工煤气或液化石油气，因此，未来液化石油气的需求增长空间依然巨大。

从消费水平来看，我国的液化石油气人均消费仅为17.9千克，相比液化石油气成熟的欧洲（人均消费46.5千克）和日本（人均消费130千克），仍有很大的拓展空间。

在中国经济持续增长并以拉动内需为重要增长极和大力发展低碳、环保经济的大背景下，农村液化石油气市场有望加快开发，工业领域液化石油气的需求将进一步增加，由于受到天然气等替代

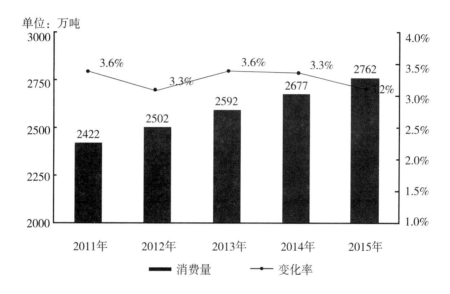

图16：中国液化石油气表观消费量及变化率预测（2011~2015年）

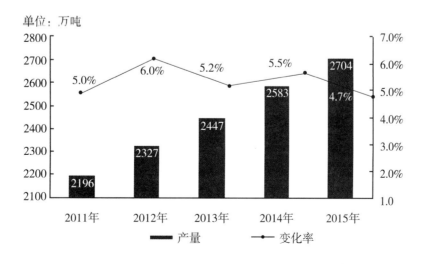

图17：中国液化石油气产量及变化率预测（2011~2015年）

能源的冲击，未来几年中国液化石油气消费量的增幅将有所放缓，课题组预测，"十二五"期间液化石油气年均增幅仍可保持在3%以上。

5.6.2 中国液化石油气产量预测

课题组预测2011~2015年中国液化石油气产量增长幅度在4%~6%。

5.6.3 中国液化石油气进出口预测

未来五年，国内液化石油气产量的增速高于需求的增速，这也就意味着国产气会进一步挤占进口气的市场份额，进口量将逐渐减少。

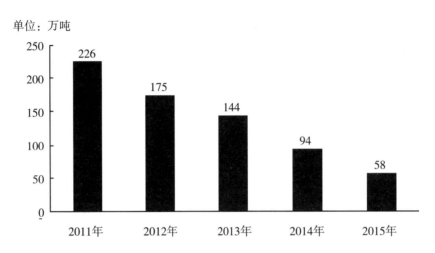

图18：中国液化石油气净进口量预测（2011~2015年）

6 中国液化石油气行业发展的趋势

6.1 液化石油气深加工异军突起

由于近年来国际市场液化石油气价格明显低于石脑油，包括中国在内的多国石化企业纷纷使用液化石油气代替石脑油裂解生产乙烯。与此同时，液化石油气生产MTBE、芳构化等产品效益显现，丙烷脱氢制丙烯大型项目投资增速。预计至2015年，国内液化石油气深加工产能将达到全年表观消费量的40%以上。

6.2 液化石油气在中国新农村建设过程中将发挥重要作用

现阶段，我国农村能源消费结构中依然以木柴和煤炭为主体，液化石油气的普及率很低。近10年来，虽然我国农村沼气有了很大程度的发展，但由于受多种因素影响，推广效果不佳，设施使用率低。发展液化石油气与沼气、与太阳能混合供能方式，有助于解决传统沼气设施供气不稳定的问题。

液化石油气除了作为农村生活燃料使用，还可以广泛用于大棚果蔬生产、农作物与土壤杀虫、替代柴油作为农机燃料等现代农业领域。

6.3 液化石油气在车用领域还有较大提升空间

目前液化石油气仍然是全球最为普及的车用汽、柴油替代燃料。在室内密闭空间以及食品、药品生产车间，国际上已经普遍使用液化石油气叉车作为货物搬运工具。目前我国液化石油气主要用于公共交通，消费量仅占4%。随着相关产业政策的完善，我国车船用液化石油气领域消费还有较大的提升空间。

6.4 液化石油气行业整合发展的步伐加快

随着国家相关监管制度和体系的完善，液化石油气行业过度竞争、无序竞争、恶性竞争的现象将得到有效遏制；上游资源整合与行业的技术进步将为液化石油气行业商业模式创新提供条件，进而带动产业链的进一步整合。可以预见，"十二五"期间将是我国液化石油气行业走向集约化、规模化、规范化经营的转折期，也是加快实现跨越式发展的重要战略机遇期。

7 中国液化石油气行业发展的措施与建议

7.1 提高市场准入门槛

为保障液化石油气行业的健康发展，必须提高液化石油气市场的进入门槛，对液化石油气经营企业实行严格的市场准入制度，将"完善的管理制度和健全的经营方案"作为市场准入审查的重要内容，确保产业链各环节产品和服务的质量责任实现可追溯，切实维护公众利益和市场公平，确保有序竞争。

7.2 完善分销商监管体系

目前，大部分地方法规都将非燃气企业所属的瓶装液化石油气分销商列为非法经营者。然而事实证明，执法部门的严查重罚并不能有效遏制这些非法经营活动。他们游离于市场监管之外，但又是市场中非常重要的参与者，这一环节的漏洞必然导致监管部门和用户难以对其提供的产品和服务质量进行责任追溯，这也是当前市场上短斤少两、掺假售价、偷税漏税、不履行安全服务义务等损害公众利益和市场公平竞争的行为难以根治的原因所在。从国际经验看，液化石油气市场需要建立"政府管企业、企业管分销商"的监管体系，有能力约束分销商的企业将比政府直接监管更有手段和效率。

7.3 放松价格管制

液化石油气作为高度市场化、充分竞争的产品，其销售价格依然受到不少地方政府的"过度"管制，名义上实行政府指导价，而实际上采取政府限价或定价，这在一定程度上限制了经营企业的自主经营权，不利于液化石油气行业的服务创新和品牌建设。

7.4 产业政策支持

改革开放以来，我国液化石油气行业虽然取得了举世瞩目的成就，但总体发展水平与欧美、日本、韩国等先进国家相比仍有较大差距。加快中国液化石油气行业发展还有赖于产业政策的支持，需要从战略高度正确认识液化石油气行业的地位与作用，并采取积极措施，促进液化石油气资源的合理利用、行业技术进步与商业模式创新，以提升液化石油气在我国能源市场的竞争力。

（中燃协液化石油气专业委员会）

分布式能源在优化中国能源结构中的价值分析

国家"十二五"规划纲要及我国应对世界气候变化做出了庄严承诺，电力、燃气、热力各行业正在制定调整与发展的战略规划，四部委文件《关于发展天然气分布式能源指导意见》颁布，分布式能源产业在全国范围开始进入快速规模化发展阶段。在此大环境背景下，我国当前已开始进入分布式能源规模化发展时期。

本项目的研究以科学发展观为引领，定性与定量分析结合深化认识分布式能源社会总体价值，建立分布式能源总体价值分析的一体化模型及实际应用，用整体论的观点考察分布式能源与其他行业的相互影响，在此基础上，分析当前发展分布式能源体制机制障碍，提出针对性政策建议。

研究成果包括五个方面：分布式能源对能源结构调整重要意义；规模化发展分布式能源总体价值分析；分布式能源参与电网调峰可行性研究；分布式能源对燃气供应系统影响分析；分布式能源当前体制障碍与政策建议。体制机制障碍和政策建议是本课题的研究重点，为此，在第五部分基于前四部分的研究基础和2012年9月专家评审意见，最终提出了十二条政策建议供政府主管部门参考。

1 分布式能源对能源结构调整的重要意义

1.1 世界能源结构属性及其对环境的影响

世界能源结构三次大调整为：18世纪下半叶英国产业革命后，由传统的柴薪能源转向以煤为主的能源结构，到20世纪初煤炭在工业国家能源构成中的比例达95%；19世纪末开始，由于电力、钢铁工业、铁路技术、汽车和内燃机技术的发展，从20世纪初以后，石油迅速登上能源舞台，至20世纪70年代初石油占能源构成的50%；21世纪，有限的常规能源储量以及常规能源引起严重的环境污染，造成人类转向清洁能源及可再生能源等新型能源为主体的可持续能源体系，中国正处于第三次世界能源结构大调整前列。

能源结构对环境的影响是能源的生产和使用过程中对环境产生的巨大作用。全球温室气体二氧化碳的浓度变化，随着世界几次工业革命发生呈阶梯形的上升，到1985年达到345立方毫米/立方米。造成地球表面温度的上升和全球气候的变化。过去一百年间温室气体浓度的增加已使地球表面温度上升了0.3~0.6摄氏度，而能源的生产和使用是二氧化碳的主要排放源。

1.2 中国能源结构现状及调整目标

中国是以煤为主的能源结构，与一些发达国家（如美国）的能源结构有很大差异。国家统计年鉴资料显示，2009年，我国能源消费结构为：石油17.9%，天然气3.9%，煤70.4%，水电、核电、风电7.8%。2010年我国能源消费结构为：石油19%，天然气4.4%，煤68%，水电、核电、风电8.6%。

"十二五"中国能源结构调整的目标是：到2015年，煤炭在一次能源消费中的比重将从2009年的70%下降到63%左右，天然气、水电与核能以及其他非化石能源（主要是风能、太阳能和生物质能）的消费比重将从目前的3.9%、7.5%和0.8%上升到8.3%、9%和2.6%。按照发改委《关于发展天然气分布式能源指导意见》（简称《指导意见》）规定的目标，2020年总量达到5000万千瓦，约相当于太阳能和生物质能发展目标的总和，这是一个跃进的目标，节能减排效果应该予以量化分析，对能源结构调整和发展方式转变的影响应该充分估计。

1.3 分布式能源促进能源发展方式转变

分布式能源促进能源发展方式转变主要表现在以下几个方面：
（1）总体的供能方式由集中供能转向集中为主分散为辅的新格局。
（2）实现能源梯级利用及多能源互补的高效节能环保的科学供能。
（3）分布式能源将带动可再生能源和一大批新兴能源产业的发展。
（4）推动了建筑工业节能、低碳城镇建设、智能电网的协调发展。
（5）密切了电力、燃气、热力行业关系，促进行业调整与共赢发展。

1.4 贯彻落实中国分布式能源发展的规划路线图

国家发改委等四部委于2011年10月发布的《指导意见》中明确规定了发展分布式能源的指导思想、基本原则、任务目标、政策措施，提出加强规划引导、财税扶持政策、并网上网管理、示范项目推动和发展专业公司五大措施，这是发展中国分布式能源的路线图和指导方针。主要任务目标规定在"十二五"期间建设1000个左右天然气分布式能源项目；拟建10个左右各类典型特征的分布式能源示范区域；未来5~10年内在分布式能源装备核心能力和产品研制应用方面取得实质性突破；初步形成具有自主知识产权的分布式能源装备产业体系；到2020年在全国规模以上城市推广使用分布式能源系统，装机规模达到5000万千瓦，初步实现分布式能源装备产业化。

2 规模化发展分布式能源总体价值分析

2.1 实现既定分布式能源发展目标的节能减排效果

应用LEAP改进模型计算得出，按照国家发改委给出的发展指标，发展分布式能源在"十二五"期间可节约能源系统投资442.5亿元，降低一次能源消耗21.33兆吨，减低二氧化碳排放量97兆吨，相当增加6400平方公里森林种植面积，减少3200万辆新车20年的二氧化碳排放量。到2020年分布式能源可起到2.48%左右的电力调峰作用，提供的热量占全国采暖总热量需求的8.5%。

从经济模型的量化分析结果看出，2020年分布式能源发展到5000万千瓦的目标（相当于2020年发电总容量的2.77%），对节能减排、提高能效、参与电网调峰都有明显的效果，但由于其占发电总容量的比例尚小，节能减排的影响仍然是有限的，这体现了我国发展分布式能源的战略定位。分布式能源的定位是我国能源供应系统的有机组成部分，是集中供能的有益补充，其发展的基本原则，一是统筹兼顾，科学发展；二是因地制宜，规范发展；三是先行试点，逐步推广；四是体制创新，科技支撑。

2.2 深化认识发展分布式能源总体价值

用整体论的观点考察分布式能源对不同对象（业主、公用事业部门、社会）的成本效益，提高全社会认知度。建立总体价值一体化分析模型，通过量化分析，把分布式能源的各种价值货币化，转化为推进市场发展的内在驱动力。以行业共融共赢的理念和方法促进行业壁垒和体制机制性障碍的消除，有针对性地提出政策建议。从动态变化的价值观认识分布式能源的潜力和前途，积极推进分布式能源事业可持续性发展。

分布式能源的许多效益与成本并非体现于直接参与分布式能源建设的业主或开发商，而是体现在更广泛的人群，经济学称之为"外差因素"，意指"个别集团和个人的效益与成本"与"社会效益与成本"之间的不一致。这种"外差因素"不加以考虑的话就会成为市场失败的一个重要的因素。换言之，只有市场机制能够体现分布式能源包括"外差因素"在内的全面的效益和成本，使各种人群的经济利益协调共融，才能鼓励最有效的社会投资和消除发展的阻力。为此，必须建立有利于分布式能源发展，体现"分布式能源总体价值"的理念。依据这种理念建立起一个量化分析分布式能源成本与效益的总体价值的模型。

当前，国内对分布式能源价值的认识还比较肤浅，主要停留在一些宏观的概念，如经济、节能、环保、安全等等，对于分布式能源的许多广泛深刻的社会价值都未能充分的认识，而这些价值将会在很大程度上影响分布式能源的发展。可以预测，全面量化分布式能源的价值可使其效益有难以估量的增加，例如一个天然气分布式能源系统不仅对安装现场有经济运行、节能环保、安全供能的效果，而且起到对电网的支撑、调峰、带动可再生能源发展、促进能源结构调整等多种社会效益。因此，本项目建立的一个完整的物理模型和计算方法和计算实例，将有助于进行分布式能源的总体价值量化分析，使分布式能源投资者得到应有的回报，使社会各种人群的经济利益协调共融，把分布式能源的总体价值分析转化为市场发展的"内在因素"。

3 分布式能源参与电网调峰可行性研究

3.1 电网调峰的现状和问题

电网调峰的基本方法为：调峰电源；需求侧负荷管理；电网之间的调峰。

国家电监会发布《2010年度发电业务情况通报》指出：我国电力峰谷差越来越大，在风能等可再生能源大力发展和热电机组大量增加的同时，各地区电力调峰问题越来越突出。2010年，南方电网统调最大负荷10436万千瓦，最大峰谷差3747万千瓦，最大峰谷差与最大负荷比例达35.91%。海南电网统调最大负荷230万千瓦，最大峰谷差113万千瓦，最大峰谷差与最大负荷比例49.11%。另外，我国近年来由于跨地区资源配置力度加大，部分地区外受电比例逐渐提高。2010年12月，辽宁电网最大用电负荷2078万千瓦，外受电力842万千瓦，受电力与最高负荷的比例为40.52%，居全国最高。

我国当前电网调峰存在的综合性问题主要表现在以下几个方面：电网调峰长期未彻底解决，峰谷差日益加大，调峰问题更为突出；电源结构配置不合理，主要依靠火电深度调峰，经济性安全性差；水电资源丰富地区丰枯季节存在弃水缺水问题，需其他调峰补充；热电联产机组比例大的华北、华东电网，冬季供热机组调节受限；三北风力资源丰富，风电反调峰特性及电网容量使低谷调峰困难；燃气调峰电厂比例很小，政府补助运行费用不能充分发挥作用；风能等可再生能源及分布式能源的发展对调峰问题提出新的挑战。

3.2 分布式能源参与调峰的潜力

分布式能源发电时所产生的余热用来供热或制冷，既是调峰电厂又是供热厂。它的调峰上网电价，可以低于单纯调峰电厂的电价，总的系统效率显著高于单纯调峰电厂。在环保方面，与产出同样热电负荷的热电分供方式相比，消耗的一次能源明显减少，有害气体排放量也大幅度减少。分布式能源具有运行灵活性，在非采暖季可根据电网的要求，与其他调峰电厂一样参与电力调峰。在夏季，除满足调峰要求外还可承担供冷负荷；在冬季，除满足调峰要求外，还可承担采暖负荷，形成冷热电三联供的电力调峰运行方式，具有更强的市场竞争力。

分布式能源参与调峰的优势总结起来主要包括以下几点：能量梯级利用提高能效、延长运行时间、降低运行成本；启动快、负荷变化范围广，可频繁启停不影响设备寿命；改善电源结构、既作调峰电源、又有终端侧管理的功能；对风能及间断性可再生能源上网起调峰及稳定运行作用；同时解决周边地区冷热电负荷、提高终端地区抗灾能力；减少有害气体排放，兼顾节能减排，促进低碳经济发展；减少输配电损失、旋转备用、对电网有支撑与服务功能。

3.3 分布式能源参与调峰需要解决的问题

（1）需解决分布式能源同时满足冷热电负荷的解耦问题。
（2）必须解决发电上网面临的技术问题及体制机制障碍。
（3）必须解决电网调度管理条件下运行与商务模式问题。

3.4 分布式能源解耦方法

"十二五"期间为了节能减排和能源结构的调整，分布式能源将有一个较快的发展。但是，分布式能源提供的发电量和余热利用量之间存在紧密的耦合关系，机组参与电力调峰时，发电量需要随电力需求进行调整，电力高峰期间多发电，电力低谷期间少发电甚至不发电。发电量的变化会带来余热制热量和制冷量相应比例的变化，可能产生冷、热负荷供求之间的不匹配问题。

分布式能源参与电网调峰就要根据热电负荷实时变化和机组的热电耦合特性，既要满足热电负荷的平衡，又要满足调峰的需要。为此，必须对固有的耦合特性进行改造，称之为"解耦"，这是实现分布式能源参与电力调峰关键。"解耦"方法大致有：

（1）在余热利用设备上（如余热锅炉或吸收式空调机组）增加补燃装置或其他形式的辅助燃烧设备，配置适应调峰工况的运行控制软件。

（2）系统内增加蓄能装置，如蓄冷蓄热装置。在机组电力调峰时蓄冷蓄热装置可以通过蓄能与释能满足冷热负荷的需求。

（3）利用热网系统的热惯性。在机组产热量较大时，热量储存在热网系统中；在机组产热量较小时，储存在热网中的热量释放出来。这种热惯性使室内温度能够保持在预定的有限波动范围，保证需要的室内舒适温度。

3.5 发展分布式能源调峰的管理机制——建立热电气联供联调平台

分布式能源是相对独立的能源站，需要满足冷、热、电、蒸汽、热水各种负荷，如果参与电网和燃气网的调峰（实际上还可能参与热网调峰），就需要同时兼顾电网、燃气网、热网的需求，必须解决"解耦"问题。为此，首先必须建立一个热、电、天然气的联供联调的管理机制。北京市在这方面已经做出了榜样，也是值得全国范围借鉴的经验。2008年由北京市市政市容管理委员会主持，为了增强防范和应对各种突发事件的能力，针对北京市电力需求、天然气供应、热力负荷、天气状况等边界条件，组织热、电、燃气主管部门开展了《北京市热、电、气联调联供及优化运行研究》。

这个联调联供平台是一个连接电网、燃气网、热网、区域内各电源厂的各调度主管部门的智能型的监控系统，具有对区域内能源供求平衡、调峰、应急预防与处理的能力。

3.6 坚强智能电网与分布式能源共融发展

"十二五"期间，华北电网与华中电网、华东电网一起，将形成1000千伏高压"三华"同步电网。全国将形成四大同步电网，即以"三华"同步电网为核心，通过直流输电和东北、西北、南方电网互联，连接各煤电基地、大型水电基地、大型核电基地、大型可再生能源基地和主要负荷中心，构建各级电网协调发展的坚强智能电网。

电网发展首先应满足电力输送、优化配置的需求。我国未来新增电源愈来愈呈现清洁化、基地化、规模化、集约化发展特征，"十二五"及中长期电网发展必须适应跨区输电较快增长的客观要求。当前最为紧迫的任务，就是要加快实施"一特四大"（特高压、大型煤电基地、大型水电基地、大型核电基地及大型可再生能源发电基地）电力发展战略。

加快实施"一特四大"发展战略，将有效解决我国能源及电力发展中的诸多问题，但这并不是我国能源及电力发展的全部。近年来，我国分布式能源发展越来越受到政府和社会各界的关注，也呈现较快发展的态势。可以预期，未来相当长时期内，我国能源开发和供应的主力仍将是大型能源基地的开发及电力的大规模跨区输送，分布式能源将成为我国能源供应的有效补充，并将发挥越来越大的作用。

分布式能源包括小型风电、小型太阳能发电等可再生能源发电，热电联产、热电冷多联产等分布式燃气发电未来也将加快发展，成为分布式能源发电的主力。分布式能源发电的快速发展，将对配电网规划、建设及运行产生重大影响，必须引起高度重视，超前研究。适应分布式能源发电快速发展的需要，将是我国未来坚强智能电网发展的重要任务之一。

4 分布式能源对燃气供应系统影响分析

4.1 天然气供应系统调峰基本概念及方式

天然气的调峰分为：季调峰、日调峰、小时调峰。调峰的一般性方法是将供大于求时的余气量储存起来，在供小于求时释放出来，以达到总供需气量的平衡。

天然气调峰方式包括两大类：一类通过设施调峰，主要包括地下储气库调峰、LNG调峰、高压管网调峰、管束调峰和储气罐调峰等；另一类通过对用户的用气结构和用气量的调节调峰，即负荷侧管理调峰。如选择可中断负荷、采用分时气价、发展燃气制冷、发展天然气分布式能源等。

4.2 国外天然气供应、调峰现状

从20世纪初，美国天然气市场进入发育阶段，到20世纪60年代市场基本发育成熟，消费量达到6000亿立方米。20世纪70年代和80年代受成本和气价等因素的影响，美国天然气市场出现了波动。经

过20世纪90年代以来的调整和改革，美国天然气市场成为当今世界上规模最大、监管体制健全的天然气市场。美国天然气消费量高，调峰需求大，相应的天然气储备规模也大。美国对天然气储备采取地下储气库储备和LNG储备两种方式，地下储气库主要包括枯竭油气田、含水层、盐穴三种类型。

俄罗斯天然气工业非常发达，在俄罗斯一次能源消费构成中，天然气占57.1%，石油占18.2%，煤炭占13.7%，核电占5.2%，水电占5.8%。天然气的主要消费领域是发电和居民消费。目前俄罗斯共拥有地下储气库24座，其中枯竭油气田储气库17座，含水层储气库7座，主要分布在天然气消费区，是统一供气系统不可分割的组成部分。

欧盟27国是世界上最大经济体之一，截至2008年底，欧盟共有123座储气设施。63座废弃油气田储库、26座盐穴储库、22座含水层储库和12座LNG调峰储库。

日本基本没有天然气资源，其国内需求主要通过进口LNG来满足。

从国外的燃气用量及调峰储备方式来看，国外的燃气调峰储备方式主要为地下储气库和LNG储备。美国、俄罗斯以及欧洲等天然气主要消费国，储气库工作气量占年用气总量的比例都在15%以上。资源相对较少的欧洲国家由于天然气主要依靠进口，尤其重视储气库的作用，其比例基本在23%~34%之间；日本除了采用LNG进行燃气调峰，还认同天然气制冷和供热的优越性，燃气空调得到迅速普及推广，使得月用气不均衡性得到了平抑，取得了明显效果。

4.3 国内天然气供应、调峰现状

2010年我国能源消费结构为：石油19%，天然气4.4%，煤68%，水电、核电、风电8.6%。预计2015年，我国能源消费结构为：石油占17.1%，天然气8.3%，煤63%，水电、核电、风电11.6%。根据中国石油化工总公司披露的预测数据，2015年天然气供应总量将达2600亿立方米，其中国产可达1500亿立方米，基本上可以满足全国天然气市场的需要。预计2020年我国天然气市场需求将达3500~4000亿立方米，2030年国内天然气需求将超过5000亿立方米。这是前所未有的跨越式的增长速度。

2010年，我国天然气消费总量为940亿立方米。用气情况主要是城市用气29%，化工用气20%，发电用气20%，工业燃料用气31%。到2020年预计全国燃气消费结构比例为：发电用气22.5%，民用用气16.2%，商用用气占20%，交通用气3.8%，工业燃料用气25%，工业原料用气12.5%。

"十二五"期间，我国将形成"西气东输、北气南下、海气登陆、就近外供"的供应格局。从天然气需求分布来看，环渤海、长三角、东南沿海仍是主要市场，三地天然气需求在2020年接近总需求的60%左右。现已形成国内八大产区、大量进口多元化供应、点线结合、储气调峰的格局。2020年中石油储气规划：10座储气库，工作气量224亿立方米，至少需要500亿元。

随着全国天然气用气量的不断增加，天然气的用气季节不平衡性越发明显。缓解用气的季节不平衡，主要有两种办法：一是采用地下储气库进行储气调峰，二是优化用气结构，减少调峰量。目前，由于城市燃气处于高速发展阶段，优化用气结构刚刚提上日程，季调峰的手段主要还是采用地下储气库调峰。但是，只有优化用气结构，才能减少调峰量，才能从根本上缓解此问题。

4.4 分布式能源对天然气供应系统的影响

要解决一年内的总用气的不平衡，就要首先解决采暖制冷用气的不均衡。目前，北方大部分城市冬季采暖需要的热负荷较大，很多城市是以锅炉、模块锅炉、壁挂炉等燃气设备采暖为主，而夏季则较多采用电空调，用气结构的不合理、冬夏用气的极度不平衡，造成了天然气资源浪费以及输配管道、门站等天然气设施利用率低，引起供气成本增加和燃气价格上升。为解决此问题，就要改变用气结构，进行季节调峰。

分布式能源如燃气轮机联合循环机组是天然气管线上的稳定大用户。现代的燃气轮机均安装了双燃料喷嘴，在天然气用气高峰时间段里可以改烧轻柴油等其他替代燃料。因此，燃气热电联产可以减少天然气输管线的调峰压力，且可利用电厂的储备燃料，平衡管道的日用气峰谷差，从而有利于减少天然气储备设施费用，降低供气成本。发展一批可中断用户，在电力和燃气消费高峰时可部分或全部中断，减少调峰量。在夏季利用分布式能源发电制冷可以填补天然气供应低谷，提高供应系统效率。因此，大力发展天然气分布式能源系统，对减缓季节用气不平衡起到一定的作用。本项目计算证明当供气总量增加较大时，提高三联供比例，调峰需求量仍可能提高；当供气总量不变时，提高三联供用气比例可对减少季节性调峰量具有显著作用。提高三联供用气比例1%，所需调峰量可降低2%。

5 分布式能源发展体制障碍与政策建议

5.1 国内外分布式能源的政策

国外分布式能源经过长期发展，相关政策已经比较完善，目前国内相关政策法律法规的制定处于初级阶段，与国外差距很大，尚未建立制定完善的政策、法律法规、技术标准等体系。仅有的政策包括：1997年发布的《中华人民共和国节约能源法》；2000年"关于印发《关于发展热电联产的规定》的通知"；2004年出台的《节能专项规划》；2006年发布的《"十一五"十大重点节能工程实施意见》；2008年修订的《中华人民共和国节约能源法》；2008年的《分布式电源接入电网技术规定》（国家电网公司）；2011年10月发布的《关于发展天然气分布式能源的指导意见》。已有政策侧重于宏观指导，尚缺乏可操作性和实施细则。受体制机制的障碍，使已有的法律法规难于具体化实施。

5.2 分布式能源政策类型与借鉴

综合国内外各种政策，主要类型有：政府制定发展规划、发展目标、实施指南，如美国能源部（DOE）和环境保护署（EPA）指定的联邦能源管理计划（FEMP）、节能绩效合同计划（ESPC）成立了8个大区的分布式能源发展中心作为具体指导；通过立法和政策，保障战略目标的实施，如美国国会1978年通过的公用电力管理法案（PURPA），推进可再生能源和分布发电配额与上网售电；制定各种补贴优惠措施、促进市场发展，如投资补贴、低息贷款、税收减免、燃料优惠等；加强标准体系建设、确保项目质量要求，如美国电机工程学会（IEEE）2003年颁布的EEE1547标准，成为广泛借鉴的分布式能源并网标准；英国能源与气候变化部2009年颁布的CHP/CCHP质量保证标准（CHPQA）。

5.3 分布式能源的经济性分析

分布式能源由于可以利用余热制冷供热，使系统效率明显高于大型燃气发电厂。分布式能源的建设投资较高，但输配电网投资低，使单位总投资低于大型发电厂。分布式能源的经济性与自用、并网、上网不同运行方式和电气价密切相关。分布式能源与公用电网连接不仅提高了供电的安全性，也提高了分布式能源的运行经济性。区域性和大型联合循环的经济性很大程度取决于上网电价。目前国内分布式能源由于引进设备等原因，相对国外的投资比例较高，需要政府补贴和优惠措施。

5.4 分布式能源相关的价格政策分析

（1）销售电价理论上应包括四部分：发电成本、输配电损耗、输配价格、政府性基金。实际上是政府掌控、适时调整，由国务院价格主管部门负责制定，各级主管部门和监管部门对销售电价进行监督和检查。居民生活、农业生产用电，实行单一制电量电价。工商业及其他用户受电变压器容量或用电设备装接容量影响，实施两部制电价或单一度电价，部分地区工商业实行峰谷分时电价，2011年12月1日起，居民生活用电试行阶梯电价制度，三个阶梯中80%的居民户电价不作调整。

（2）上网电价理论上应分两部电价：容量电价（固定成本/国家规定）、电量电价（变动+利润/市场竞争），实际由政府掌控、制定标杆价，适时调整。不同发电方式上网电价不同，由发电成本加成法与扶植政策确定。如火电上网电价0.348元/千瓦时；气电上网电价各地不同，北京0.528元/千瓦时，广东2011年调到0.533元/千瓦时；光伏上网电价在2011年8月初规定7月1日前后核准上网电价分别为1.15元/千瓦时度、1元/千瓦时；风电上网电价2009年陆地分四类地区，每千瓦为0.51元、0.54元、0.58元和0.61元；生物质上网电价2010年农林生物质标杆价0.75元/千瓦时。

（3）天然气价格应包括出厂价、管输费、城市门站价、终端用户价四个环节。目前的天然气勘探和生产主要由三大集团公司垄断，生产成本不透明，形成在垄断基础上，政府考虑市场供求关系的矛盾进行协调定价机制。定价基于成本加成法、适时调整出厂基准价、以行政定价为主、市场为辅的机制。各地价格差异悬殊：最低1.9元（甘肃和内蒙古部分地区），最高5.5~5.8元（浙江和广西部分地区）。进口天然气价格明显高于国内价格，出厂价与口岸价相差约一倍。2011年12月发改委发布在两广实行"天然气价格形成机制改革试点"。

（4）价格机制改革的必要性。商业售电价、上网电价、燃气价格是影响分布式能源经济性的主要因素，克服行业性垄断、根据市场经济规律建立合理的价格机制，是发展分布式能源的必要前提。

5.5 分布式能源发展存在的主要体制机制障碍

5.5.1 缺乏体制机制上的统筹协调和法律法规的配套政策

现有行政规划体制与分布式能源服务模式不相适应。我国部分省和直辖市制订了分布式能源的发展规划，然而，天然气利用规划建设，需要由政府统筹制定，与各专项规划共同协调的天然气利用规划才能实施。现行的行政管理体制下，这些规划缺乏统筹协调和配合，在实际运作中必然是互相脱节、互相冲突，难以协调，造成资源、人力的浪费。法律法规缺乏扶持配套政策造成可操作性差。电力、热力、燃气等多个领域的各企业集团出于自身利益的不同诉求，难以在一个法律规范框架下进行协调，造成无序竞争。

5.5.2 缺乏技术规范标准，给分布式能源系统设计带来很大难度

亟待借鉴国外经验，通过总结示范项目经验，建立健全天然气分布式能源行业规范及标准。

5.5.3 项目投资吸引力弱

燃气与电价尚未确立科学合理的定价机制，加之，关键设备如天然气内燃机和燃气轮机等基本依赖进口，高额的设备成本及其进口税费制约了分布式能源项目的经济性。目前我国的价格体系尚未体现能源的稀缺性和环保价值，与以燃煤为主的大型发电机组相比，分布式能源的运行成本远

处于劣势，分布式能源系统的经济性也难以在市场上得到体现。此外，电价中居民用户是被补贴对象，居民电价低，分布式能源在居民用户中没有成本优势。这些因素都使得我国分布式能源的竞争力较弱，投资吸引力较差。

5.5.4 各利益主体协调难度大

我国天然气产业处于发展初期，天然气供应总量的阶跃式增长，与城市燃气出现新的矛盾。管网、调峰储备设施不完善，天然气管网的调储能力有限，难以发挥燃气电厂的技术特点和优势、难以为电力系统充分发挥调峰作用，甚至还可能会增加本地燃煤机组备用次数和调峰深度，势必加大气电运行与燃煤机组之间的协调难度。

能源站与管网公司协调问题。宏观上，发展天然气分布式能源，总体上有利于电网的运行和满足快速增长的需要。但从微观上看，每建一个分布式能源站都是从电网公司那里"争夺"一批客户。如果双方不能协调处理上述权益，将成为发展分布式能源的最大障碍。

5.5.5 项目并网困难且成本不可控

目前电力系统属于垄断性行业，采用分布式能源的用户在与电网公司的接触中往往处于被动地位，并网成本通常是一个很不确定的因素。对于并网接入的审批以及并网费用的谈判可能是一个艰难、冗长的过程，而且这部分在成本核算上缺乏透明度，一般接入系统的费用因项目不同而不同，很容易造成对并网成本的不确定因素。

5.6 关于发展分布式能源的政策建议

通过对存在主要问题的分析，借鉴和结合国内外有关的鼓励政策和经验做法，对我国分布式能源的发展提出以下政策建议：

5.6.1 明确分布式能源的定义和界定标准

以2011年10月四部委文件为主要参考，综合各方面的认识和意见，进一步明确分布式能源的定义和界定标准。在界定标准中强调：贴近用户端，减少输配电损失及大电网投资成本；节能环保，技术先进可靠，能源综合利用效率应在75%以上，排放达标；规模适度，规模与供能范围的能源需求相匹配，除发挥电源点作用之外，一般以自用为主；安全稳定，电力的并网、上网满足电网的技术要求，不会对电网的安全稳定造成危害；经济上基本可行，在享受了政府一定支持政策之后，能做到可持续经济运行。

5.6.2 将分布式能源纳入当地的能源发展规划

要把分布式能源纳入我国能源发展长期规划中，作为整个城市能源发展规划的组成部分，明确发展方向、发展目标、措施等。统一规划天然气等一次性能源的使用，明确不同阶段、不同区域的分布式能源的规模，所需要的一次能源的量与种类，特别是天然气用于分布式供电系统的比例；要统一规划电网，特别是配电网规划，规范分布式能源项目接入电力系统的原则和条件；在区域规划建设中要同步落实供气、供热、热水和制冷负荷，总体考虑所有用户的能源需求解决方式，优化能源供应方案。通过规划指导、统一协调，实现分布式能源的健康发展，达到提高能效、减少排放的目的。

5.6.3 加强对分布式能源的立项管理

由于分布式能源牵扯到燃气供应，并网、上网等诸多因素，需要加强立项管理。根据分布式能源的运行状态，可以分为独立运行、并网不上网、并网且上网三种情况；根据分布式能源是否享受相关的优惠政策，可以分为享受和不享受两种情况。分布式能源项目的立项管理应根据不同情况区别对待。

5.6.3.1 立项管理的区别对待

对于分布式能源装机规模小、占地面积小、基本在用户侧接入、对大网影响较小的项目，简化项目立项程序，减少项目立项成本。对于需要并网和享受优惠政策的分布式能源项目，需要政府有关部门进行立项管理。对于需要并网的分布式能源项目，为了保证公共电网的安全，在项目立项阶段需要由电网企业对接网方案进行确认。对于并网且上网的分布式能源项目，要按照公共电网安全运行的要求，配置必需的设备和措施，要与电网签订有关合同协议。对于申请享受优惠政策的分布式能源项目，需要重点对项目的能效水平和环境影响情况进行审查。

5.6.3.2 立项管理的主体流程

对于需要政府进行立项管理的分布式能源项目，其主体立项流程建议如下：

（1）项目投资方开展项目的初可研工作，并向政府有关部门提交立项申请，取得同意后开展前期工作。

（2）项目投资方开展项目可行性研究工作，征得燃气部门同意，取得燃气资源；通过环保、消防等有关部门的审查；对于并网、上网的项目，需要由电网企业确认；对于需要享受优惠政策的项目，需要政府有关部门对项目的能效水平、环境影响情况进行评估。

（3）项目投资方上报可行性研究报告，政府有关部门进行审批，下达批复意见。

（4）制定统一的分布式能源并网、上网政策和标准。电力并网、上网是关系分布式能源项目设计、运行、最大限度发挥效益的基本前提。只有实现电力并网、上网才能保证公共电网对分布式能源用户电力需求的"微调"，补充不足电力或消纳过剩电力。

政府要组织开展分布式能源电力并网、上网配套技术专项研究，充分参考电力企业的技术要求和建议，科学制定分布式能源并、上网标准和技术规程，包括：并网、上网技术标准；并网、上网设备配置标准和并网、上网技术规程等。要注意电网部门对分布式能源并网、上网在接入电压和接入容量方面的要求，如：电压200千瓦及以下的分布式电源接入0.38千伏电压等级电网，200千瓦以上的分布式电源接入10千伏级以上35千伏级以下电压等级电网；接入容量应控制在接入线路容量的一定比例之内，一般为30%左右（专线接入的除外），接入总容量应控制在接入点上级变电站单台主变容量的30%，且不应超过主变最大负荷的25%。

5.6.4 制定分布式能源的配套价格体制和机制

有关分布式能源的各种价格关系到其运行经济性和能源的高效利用水平。分布式能源价格体制包括电力上网价格、接网价格和天然气价格。分布式能源具有双重属性，作为电力用户需要电网提供备用和电力补充供应，向电网企业支付备用费和购电费；作为发电企业，在并网运行时需要承担相应的接网费用，同时多余电力需要向电网企业进行出售。因此，分布式能源的电价机制包括向电网企业购电的价格机制、余电上网价格机制和接网价格，关键是余电上网价格和接网价格。

5.6.4.1 上网电价

分布式能源用户向电网企业支付的电费包括两部分：一是向电网企业购电的电量费用；二是电网企业为其提供的备用费用。其中，电量费用根据分布式能源用户的实际购电量，按照用户的销售目录电价进行收取，并包括政府规定的各类电费附加和各类基金；备用费用可以参照自备电厂的基本电费机制，按照分布式能源用户的用电设备容量或其最大需求量进行收取。

采用"并网且上网"的分布式能源，在满足自身电力需求且仍有富裕采用何种上网电价机制，不仅影响分布式能源项目的经营效益，同时作为市场价格信号，将直接影响到分布式能源的系统运行方式和能源利用方式。因此，需要根据分布式能源的特点，合理制定适合我国的分布式能源上网电价机制。

在美国和日本，对于利用化石燃料的分布式能源，通常采用"固定上网电价机制"或"平均上网电价机制"，并通过制定适宜的上网电价，支持分布式能源的发展，引导分布式能源的能源综合利用。

分布式可再生能源的上网电价机制，国家在《可再生能源法》里已经有了规定。对于燃气分布式能源，由于比较复杂，国家还没有统一规定，可在充分调查研究的基础上，以燃煤机组的标杆电价和平均上网电价为基础，以合理引导分布式能源健康发展为前提，充分考虑电网利益、分布式能源用户利益，充分体现政府意图，合理制定燃气分布式能源上网标杆价格。如果为了达到政府意图，上网标杆电价使电网企业发展受到影响，政府只能通过电价调整、税收减免或财政补贴来解决。

5.6.4.2 接网价格

在国外，针对分布式能源的接网费用存在"浅收费"和"深收费"两种费用机制。其中，深收费机制是目前最广泛采用的接网费用机制，即由分布式能源业主来承担接入电网的所有费用，包括与电网直接连接的线路，以及因接网而造成的电网设备改造费用。浅收费机制是指用户仅仅支付接入电网的设备成本，而不需承担由于用户接入而引发的对配电网其他设备的投资和改造费用。

在我国，接网费用主要针对公共电厂、自备电厂和电力用户。其中，由于公共电厂向全体电力用户提供电力，因此其接网工程由电网企业投资建设；对于自备电厂和电力用户，由于其接网工程主要是为了满足用户自身的电力需求，保证用户自身用电可靠性，因此这两类用户的接网工程由用户自行投资，包括接入公共配电网的线路和相关变电设备等。

分布式能源用户既是电力用户，同时也是发电用户，考虑到分布式能源接网目的是为了用户自身获得更可靠的能源供应，因此，为了满足分布式能源用户的接网要求，电网企业对配电网进行一定的改造和升级，费用需要由分布式能源用户来承担。

借鉴国内外经验做法，建议我国分布式能源的接入费用采用由分布式能源业主来承担因分布式能源接入配电网而引起的电网投资与设备改造费用的机制。在接网费用的制定中，为了促进分布式能源的发展，可考虑将接网费用进行"标准化"，即按照机组的类型和容量标准，依据并网标准中规定的并网要求，根据机组类型和装机容量分别制定相应的接网费用标准，使各类分布式能源接网费用相对固定，更加透明。

5.6.4.3 天然气价格

天然气价格也是影响燃气分布式能源系统经济性的关键因素，为充分发挥分布式能源调节天然气冬、夏季用气峰谷差矛盾的优势，实现能源高效利用和节能减排的环境和社会效益，分布式能源所用天然气的价格可适当给予优惠，大中型燃气分布式能源所用天然气可采取直供，以减少供气成本。

5.6.5 制定合理的财政、税收、金融等支持政策

目前，燃气分布式能源初始投资高，运行经济性受到电力上网价格、天然气价格的制约，政府对燃气、电价的调控空间有限。从国外经验来看，财政补贴、减免税收（如环境税等）、低息贷款、贷款担保等均是鼓励分布式能源发展行之有效的措施。我国可以从以下几个方面给予支持：

（1）对分布式能源的投资进行支持。按照分布式能源设备的铭牌容量给予财政补贴；在当前国产设备技术条件尚不成熟的情况下，对于确需进口的工程，免除设备进口税；银行等金融机构对分

布式能源项目优先贷款并给予利息优惠；对分布式能源接入系统的投资给予财政补贴。

（2）对分布式能源的运行进行补贴。对分布式能源使用的燃料价格给予优惠；对分布式能源电力上网价格给予补贴；对分布式能源企业提供税收减免等优惠政策。

（3）对分布式能源国产设备的研发和推广进行引导和鼓励。加大对分布式能源技术研究与开发的投入，促进技术转让，完善产业创新体系等；设立分布式能源技术研究的专项资金，扶持和鼓励国内企业引进、消化、吸收国外先进技术，并在此基础上自主创新。

5.6.6 采用"先试点，后推广"的方式推进分布式能源发展

燃气分布式能源发展还有很多问题需要研究，需要通过工程试点进行不断探索、累积经验。因此，近一个时期，不宜规模过大、范围过广。首先，对已经运行的分布式能源要进行认真总结，特别要研究分析经济、政策层面的问题。其次，可继续选取不同规模、不同类型（楼宇、区域）、不同运行条件的分布式能源进行试点，总结它们的技术性、经济性，探讨制定更加科学合理的支持政策。如果可能，可选择一个区域（如昌平未来科技城），允许第三方能源公司投资建设分布式能源系统，并允许其向园区内用户售电，进行电力"区域直供"的试点，充分发挥分布式能源的优势，减少财政补贴，探索电力体制的改革。

5.6.7 逐步推进智能电网建设

分布式能源，尤其是有电力上网的分布式能源，需要与公共电网"互动"，才能更好发挥其价值和作用，智能电网在分布式能源的开发利用中扮演着重要角色。在推进分布式能源发展的进程中，智能电网建设需与之同步发展，尤其是发展配电网侧（用户端）的电网智能化，以提高配电网接纳分布式能源电力的能力，保障分布式能源电力接入后公共电网系统运行的安全性和稳定性。

5.6.8 促进我国电力体制改革

逐步推动电力体制改革，突破电力体制约束是健康发展分布式能源的重要条件。推动《电力法》修订，《电力法》关于"一个供电营业区内只设立一个供电营业机构"的规定，限制了由专业能源投资服务公司为用户投资建设分布式能源的积极性和经济性，分布式能源的电力去向只能是出售给电网，而电网企业由于利益原因也往往坚持低价格收购，这就直接影响了分布式能源运行的经济性。当然，这与我国目前实行的"分类电力价格"体制也有很大关系，不同用户有不同的电价，区域分布式能源一般都是高电价用户，如果都由分布式能源直供了，势必影响电网企业的发展，这是一个需要统筹考虑的问题。推进电力"主辅分开、输配分开"体制改革。适度打破垄断，适度引入电力市场竞争机制，使电力商品优化配置，电力行业健康发展，为分布式能源发展创造一个良好的市场环境。

我国广泛运行的"区域集中供热"，其实就是分布式能源的一种——"分布式热源"，它不依靠"大热网"集中供热，而是分布在各个用户区域，独立地实现供热功能。这种"分布式热源"之所以能大面积进行，原因有二：第一，它没有垄断的供热体制的限制；第二，供热可靠性的实现相对供电比较容易，它完全不需要"大热网"保驾，没有"并网、上网的问题"，省去了很多技术上、利益上的矛盾。"区域集中供电"——"分布式电源"之所以难以推行，主要原因也是这两条。随着电力体制改革的深化，天然气分布式能源将取得更大的发展空间。

5.6.9 提高全社会对分布式能源总体价值的认识

通过宣传教育和示范项目不断深化全民对分布能源的认识，不仅要认识当前对能源结构调整和节能减排的作用，更要从国家的整体利益、长远利益和发展的观点认识发展这一新兴产业的作用。大专院校和科研院所应该加强基础理论研究，通过理论分析和一体化价值模型的数值计算，以定量

的方法说明分布式能源的经济效益和社会效益。

5.6.10 确保示范项目质量，大力抓好设备国产化的工作

如何确保1000个左右示范项目的质量，真正起到示范作用是面临的重大问题。历史的经验值得注意，如果只有数量没有质量，不能得到持续的发展。设备国产化是影响项目经济性最关键的因素，任务十分艰巨。分布式能源的发电主设备，如燃气轮机、大功率燃气内燃机、微燃机等都是国外用几十年的时间发展起来的，需要投入大量资金、建立各种实验设备、通过各种力量密切配合进行的研究、设计、实验、应用、改进、实践验证的过程。类似研制民用飞机发动机一样，必须从国家最高层面制定国产化的规划，并把军工技术的成果移植过来。

5.6.11 制定和实施分布式能源示范项目质量保证计划

为落实四部委文件《指导意见》提出的在"十二五"期间建设1000个左右天然气分布式能源项目的目标，确保分布式能源项目质量和示范效果，应该及时制定和实施示范项目质量保证计划。此计划适用于筹建、在建和建成的分布式能源项目的质量审核、认证和获得相应的投资与税收优惠资格。此计划的作用在于：规范、审核、认证分布式能源项目，确保节能减排效果；根据审核认证结果使项目享受应得的投资与税收优惠；提高业主和开发商投资建设分布式能源项目的积极性；确保"十二五"分布式能源发展目标的圆满完成。质量保证计划原则方案如图：

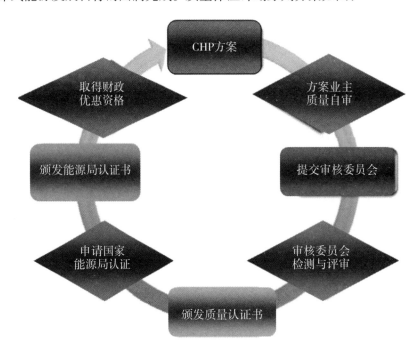

5.6.12 开展分布式能源专项规划编制原理和方法的研究

发改委等四部委文件《指导意见》中已经把编制总体能源规划及分布式能源专项规划作为发展分布式能源的首要措施。面对市场发展的迫切需要，积极推进文件中提出的2015年发展1000个左右的示范工程和2020年装机容量5000万千瓦的指标能够科学有序的实施，非常需要建立起一套编制分布式能源专项规划的原理与方法，使国内各层能源主管部门从能源规划的层面有计划地推进示范工程项目的开展。可以选择一个典型区域作为实验平台，通过实践验证专项规划方法的实用性，树立可供推广的范例。

（中燃协分布式能源专委会）

2012~2013年城镇燃气新技术、新工艺和新产品推广应用综述

为响应国家自主创新战略决策，落实《城镇燃气管理条例》中提出的"鼓励、支持燃气科学技术研究，推广使用安全、节能、环保的燃气新技术、新工艺和新产品"精神，加强对行业优秀产品的扶持、宣传和推广，促进燃气行业上中下游企业的交流合作，经协会领导研究批准，2012年中国城市燃气协会产品管理委员会开展了中国燃气行业推荐产品申报评审工作。评审工作于2012年6月6日正式启动，得到了行业内各企业的广泛关注、参与和支持，在业内引起较大反响。截止到目前，共有200多家企业递交了产品申报材料，主要涉及燃气输配系统、户内安全设施领域的新技术、新工艺和新产品，其中39个企业申报产品的主要技术性能指标符合国家和行业相关标准，满足行业技术要求，产品设计合理，技术先进，经用户应用检验，效果良好，具有行业应用代表性。现分别阐述如下。

1 民用燃气表向多功能、智能化方向发展

目前，民用燃气表分为普通表与智能表。智能表中有IC卡表与远传表，远传表中又分有线与无线。全国生产燃气表的厂家繁多，不同类型、不同型号、不同等级、不同性能的燃气表层出不穷，但是就目前的发展来看，燃气表主要朝着方便性、智能性、安全性和通用性方向发展。以下3种燃气表具有典型代表性。

（1）物联网燃气表。传统的机械表、IC卡表只能单向控制，不具备感知功能，无法在第一时间感知危险信息，即使安装燃气报警装置，也无法实现在户内无人的状态下对报警信号作出及时处理。物联网燃气表是一种自带燃气泄漏报警关阀功能的智能燃气表，包括燃气基表、智能模块和通信传输模块以及燃气泄漏报警器。其特点在于：燃气泄漏报警器检测到漏气的浓度达到阈值，发出警报信息和控制信号，控制信号的传递路径通过有线传输的方式或者无线传输的方式到达物联网燃气表，第一时间进行关阀处理，减少泄漏对人员的伤害并切断引发火灾的根源，与此同时向后台发出报警信息，并向绑定的用户手机发出报警短信，达到告知用户、避免险情、及时避险的目的，从而实现户内用气危机预警和快速反应。物联网燃气表系统除了对危险气体的敏锐感知外，还可以通过表具内置智能模块，利用GSM无线网络与后台管理系统和用户实现双向实时通信，进行信息的采集、数据的上传和下载。

（2）无线远传燃气表。依据GB/T6968-2011《膜式煤气表》、CJ/T112-2000《IC卡家用膜式燃气表》和JG/T162-2004《住宅远传抄表系统》等标准研制开发出来的无线远传燃气表，可以彻底改变抄表效率低、误差大、周期长、耗费人力物力、资金回收缓慢等传统的查表收费模式，以IC卡为媒介，实现预付费管理，具有计量准确、性能可靠、操作简单、维护方便、一表一卡等多项功能；

采用低功耗无线通信技术，可实现对燃气计量表具的自动抄读和监控。该表性能价格比高，特别适用于家庭燃气计量，是适应燃气管理现代化的较佳计量器具。

（3）物联网安全型超声波燃气表。目前，大多数的智能膜式燃气表的机电转换部分存在二次计量的问题；IC卡表存在统计数据滞后、调价不方便、易囤积气量等问题；基于短距无线通信技术的无线远传表存在通信距离有限的问题。为解决以上问题，部分厂商研发出物联网安全型超声波燃气表，从而实现真正意义上的远程控制。超声波燃气表由于其全电子结构特点，无机械传动部分，运行无机械噪声，不受机械磨损及故障影响，无磁感元件，计量不易受磁场影响，与以往的机械表相比在体积、精度、重复性以及寿命、维护上都有着无可比拟的优势。超声波燃气表内置GPRS/CDMA通信模块时，即为物联网表，利用GPRS/CDMA网络传输数据，具有远距离无线数据传输功能，能够实现无死区覆盖；具有短距无线全部功能，可以克服短距无线技术缺点。

2 PE管在旧管道的更新改造方面，利用非开挖施工技术（插管、衬管、爆管技术），将有广阔市场，成为发展趋势

与钢管、铸铁管相比，PE（聚乙烯）燃气管具有非常独到的技术经济优势，同时，经过多年的发展和实践应用，其原料性能、制作工艺、连接方法、连接机具以及运行维修手段都已形成完善的配套系统。当前，PE管材在燃气输配领域得到了迅速推广应用，PE80、PE100已成为中低压燃气管网建设中的首选。同传统管材相比，PE管材具有以下优点：

（1）耐腐蚀，寿命可达50年，没有电化学腐蚀现象，不像钢管要做外防腐层；（2）重量轻，可以盘成卷，运输、安装费用低；（3）接口采用电热熔或热熔连接，施工安全、快捷，劳动强度低及处理事故较方便；（4）内壁光滑，其当量绝对粗糙度只是钢管的1／20，摩擦阻力小，输气能力比钢管提高30%；（5）具有良好的柔韧、顺应性，使得PE管道系统能有效的抵御地面沉降、地震等造成的危害，便于非开挖施工。

PE管圆满地解决了传统钢管、铸铁管的腐蚀和接头泄漏两大难题，但也存在不少缺点。PE管伸长率比钢管高，拉伸强度却仅为钢管的1／5，承受压力及剪切力、弯曲力的性能低于钢管；温度对其工作压力的影响较大，适应温差的能力比钢管差，不耐紫外线，且易老化。

为克服以上缺点，提高产品安全水平，国内已有厂商加大技术研发力度，自主研制生产了带保护层的PE管。该管采用双层结构，外层为6063高抗腐蚀铝合金管材；内层为PE100高密度聚乙烯塑料管材，经特殊工艺复合成型。该产品既具备了塑料管卫生、耐腐蚀、导热系数小、输送性能好的优点；同时，由于外管采用铝合金，又克服了塑料管表面硬度低、刚性差、线膨胀系数大、耐紫外线照射能力差、易老化的缺点。

3 不锈钢卡压式、滚压式管件以安全可靠、卫生环保、经济适用等特点，成为燃气管材的新选择

国际上管道一般经历了以下的一个发展过程：铅管→铜管→钢管→镀锌钢管→塑料管→不锈钢管。由于原来不锈钢管连接主要靠套丝和焊接几种方式。不锈钢材料本身的强度和硬度较大，绞牙比较困难，并需要专用的绞牙设备，管壁要求较厚，价格较高，所以在家装市场不便推广。而焊接

连接需要专用的焊机，并对安装人员技术要求高，并且在家装施工过程中，不能对焊接点进行有效的保护和处理，所以时间长会出现焊接点腐蚀的情况。

针对以上安全缺陷，部分厂商对现行燃气管道采取了一定的改进措施。如改变连接方式，采用双卡压+厌氧胶粘接等新的更可靠的连接方式替代现行的连接方式，提高可靠性；采用橡胶密封圈+厌氧胶双密封技术，提高严密性；采用滚压管螺纹工艺与技术，通过采用以上措施，使燃气管道的机械强度和密封性能留有充分的冗余，从而使管道的可靠性和安全性有了充分的保障。

卡压式管件最早在德国得到应用，因安装方便，价格适中，现在已经推广到全球。卡压式管件是一种经过特殊焊接、特殊处理的薄壁焊缝管件，管件端口部的环状U形槽装有O型密封圈，再使用专用卡压工具使U型槽凸部缩径，将管件卡压成六角形，通过压缩密封圈达到足够的密封强度。不锈钢卡压式管件具有以下优点：不锈钢管道的稳定性，能有效防止因材质原因而产生的污染；不锈钢管道强度高，能经受很好的振动与冲击，具有不爆裂、防火、抗震的特点，根据我国对于个人住宅的相关规定，住宅的使用年限在70年，就是说，不锈钢燃气管能够保证使用中间不需要维修与更换；在大批量生产过程中，报废率极低，大大地降低了生产成本，提高了市场竞争力，使不锈钢管道得到更广泛的应用。

滚压管螺纹工艺与技术在保障燃气管网安全性方面至少有以下三个突出优点：螺纹（丝扣）接点不再是漏点、极其出色的抗腐能力、优异的管螺纹机械连接强度。滚压管螺纹在安装施工方面的特点在于综合施工效率大大提高，施工成本大大降低。使用滚压管螺纹燃气管网接头后有望30～50年免维护，可望大量节省管网日常维护费用，可有效减少管材外径，减少镀锌钢管壁厚，节约钢材。

4 家用燃气报警器实现了智能化、多功能化、微型化，并具有性能稳定、使用方便、价格低廉等特点

户内燃气安全是系统工程，应由多种安全设备组成。在各种安全设备中，燃气报警器起着重要作用。燃气报警器在国外已发展成为一种相当成熟的产品，应用面相当广泛，就家庭应用而言，几乎每个家庭都安装有一只以上的气体报警器。我国对于湿敏、温度、红外等各类传感器的研究和开发已有多年的历史，并取得了很大的成就，但对于可燃气体报警器及其相应的气敏传感器的研究工作在近十年才开展。由于国内各地相关研究起步的基础及侧重点不同，气敏传感器的发展很不平衡，尤其是气敏传感器的生产工艺受到国内总体生产水平的影响，在稳定性、可靠性等方面尚存在不少问题。

目前国内外对新的气敏材料和气体传感器的研究非常活跃。其研究和发展方向主要集中在以下几点：（1）开发新的气敏材料；（2）研制和开发复合型和混合型半导体气敏材料和高分子气敏材料，使这些材料对不同气体具有高灵敏度、高选择性、高稳定性；（3）开发新的气体报警器应用新材料、新工艺和新技术。燃气报警器未来的发展模式将从被动响应到主动监控的过程，朝着联网化、信息化、无线化方向发展。未来智能燃气报警器、无线远传燃气报警器将释放出巨大的市场潜力。

5 燃气软管由第二代纤维增强塑料软管逐步向第三代不锈钢波纹管发展，户内燃气安全水平进一步提升

随着城市燃气的快速发展、供气范围的不断扩大、用户数量的增长，与燃气有关的各类风险因素不断增加，用气安全问题也日益突出，户内燃气事故屡有发生，但因燃气软管漏气引起爆炸和煤气中毒的案例逐渐增多。据近年来的统计，60%以上的燃气事故是由于管道材质、燃气灶具、燃气阀、连接灶具用软管问题或私自改装所造成。

第一代的传统家用燃气软管是橡胶软管，大部分是普通橡胶管，易老化、开裂纹、发粘，而丁腈橡胶，易被鼠咬，没有编织线增强层，承压低。

第二代燃气软管是纤维增强塑料软管，它是由较高相对分子质量的聚氯乙烯（PVC）树脂和增塑剂、稳定剂等复合而成，耐老化、耐腐蚀、耐寒、使用寿命较长且阻燃。但目前市场上大部分厂家为降低成本，产品中加入大量的填充料，用芳烃油、石蜡油做增塑剂，用较低分子量的普通树脂加工产品，以次充好，鱼目混珠，由此而生产的产品，有煤油味、易老化、脱落、使用寿命短，从而带来安全隐患。

第三代为不锈钢波纹管。作为一种新型的室内燃气管道材料，不锈钢波纹管能有效防鼠咬，具备良好的密封性、耐腐蚀性、抗氧化性、耐高温性、抗震性，安装技术简单快捷，管道接口少，使用寿命长等优点，是理想的室内暗设安装管材，能够有效满足用户的个性化需求。但价格高，接头安全性能存在安全隐患，不方便清理挪动灶具。

目前不锈钢波纹软管尚处在试用阶段，如条件允许，应进一步扩大试用范围，进一步增强其应用技术、完善其国家行业标准、丰富其安装经验，然后再进行大范围的推广使用，满足用户的需求。

6 燃气管网检漏向由人工巡检向车载式巡检、连续性检测转变

检测燃气泄漏是管网安全运行的重要内容之一。近几年来，随着燃气管网及附属设施运行年限的日益增长，老化、锈蚀等造成的燃气泄漏现象呈逐年递增趋势，仅靠传统的人工巡检已不能满足当前安全供气的需要，人工巡检在受到大量客观现实条件的制约时，会导致巡检效率低下且事故隐患发现率低等问题。部分厂商针对我国燃气行业的发展现状和管网安全运营状况，结合管网长度、气源种类、管道材质等基础条件，通过长期的调研和大量的实践工作，发挥各种先进设备的性能特点，成功总结出一套针对各种管网状况都行之有效的泄漏检测方法。

首先，利用SELMA车载式巡检代替人工巡检，可以至少提高10倍以上的巡检效率。除了具备高效准确的检测能力外，还可利用SELMA车载式检测系统中包含的大量数据集成与分析功能，在检测完成后将检测数据系统分析并汇总成报告，并结合GPS/GIS对地理信息管线位置信息进行实时标注，从而快速提高了检测维护的便捷程度。

其次，在车载检测系统的气体泄漏点预定位后，还可利用手持激光检测仪来缩小检测范围，并利用GT手持式全量程检测仪进行漏点的精确定位，三者相互补充，达到360°全方位的检测。

再次，针对老旧的管网信息因历史年代和保存条件等原因经常丢失的问题，采用RD8000管线定位仪对管线的走向和深度进行测量并得出精确数据，确保了SELMA车载式检测系统巡线的准确性。

利用便携式气相色谱仪PGC快速分辨出天然气和沼气，第一时间检测燃气泄漏情况并鉴定事故责任，并由精确测量仪器GM3100来实现泄漏点的精确定位。结合DCVG，还可同时对破损点定位的准确性进行验证并确定破损点的大小（DCVG使用前提是管线必须施加阴极保护）。

另外，采用CCTV内窥镜检测技术，还能即时的对管道内壁腐蚀状况以及管网的畅通性进行有效的检测。

这一系列的技术应用组成了一个完整的安全运行保障体系，对天然气泄漏的检测、判定、责任事故的鉴定及漏点的精确定位和检测报告的汇总一次性完成，具备了应对各种管网泄漏检测问题的能力，从而有效预防大部分泄漏事故的发生，是真正的综合性泄漏检测系统化方案。

（中燃协产品管理工作委员会）

论城镇燃气企业培训开发体系的建立与人才培养

随着国家天然气长输管线陕京线和西气东输一、二线工程的陆续贯通，燃气行业迎来百年一遇的发展机遇，在近十几年里发生了巨大的变化。燃气行业发展迅猛，人才问题日益突出并逐渐成为制约行业发展的瓶颈。燃气人才供不应求是当前燃气企业面临的最大挑战。几乎所有的燃气企业领导都在近几年里对员工培训给予了极大的重视和关注，希望通过培训解决企业面临的人才问题。但绝大部分燃气企业的培训工作还处在组织一些培训班和请老师讲讲课的阶段，无法起到培养企业所需人才和支撑企业战略目标实现的作用。

1 燃气企业建立培训开发体系的意义

1.1 燃气企业的行业特点

1.1.1 中国城镇燃气行业的发展历程

从1862年英国人在香港成立煤气公司开始，中国的燃气行业经过了一百多年漫长的发展。从新中国成立到改革开放前三十年间，煤气公司生产供应的燃气基本都是干馏煤气或气化煤气、油制气和液化石油气。由于国有企业体制以及气源生产成本和污染的问题，企业长期亏损靠政府补贴经营，企业发展受到严重的制约。除了少数大城市能供应管道煤气外，城镇居民都依赖煤和柴作为生活燃料，少量地区能用上瓶装液化石油气。20世纪80年代，随着国家的改革开放，一些城市以小区气化、逐步联网的模式大力发展液化石油气管道供气，城市居民可以便捷地获得和使用燃料，享受到燃气发展的成果。20世纪90年代，天然气长输管线工程的建设，标志着中国开始进入天然气的发展时代，这给燃气企业带来了前所未有的发展机遇，天然气的利用也使居民管道供气从城市覆盖到乡镇。作为清洁能源，天然气为城市环境和空气质量带来了极大的改善。

天然气产业链包括上游——气源开采与进口采购、中游——主干管网、下游——城镇燃气供气三大环节的经营领域。上中游被三大国有公司（中石油、中石化、中海油）牢牢控制。下游原本都由本土的地方国有企业把持经营，从20世纪90年代开始，长期靠政府补贴的地方国有企业通过引进战略投资者进行企业改制，各路资本以控股或参股的形式进入城镇燃气的经营领域，其中包括四方面：一是来自上游企业如中石油的垂直整合；二是来自香港的上市公司，包括香港中华煤气投资的港华燃气以及中国燃气；三是国内大型公用事业企业如北京燃气、深圳燃气；四是其他各种性质的投资主体，如以民营资本为主的新奥集团。国内燃气行业从各自为政的地方型企业布局转变为集团式跨区域经营的事业版图布局；企业经营从单一燃料供应成为综合性能源运营企业，并向城市服务商发展；燃气供应领域从民用、商用拓宽到发电、交通、工业燃料等领域。

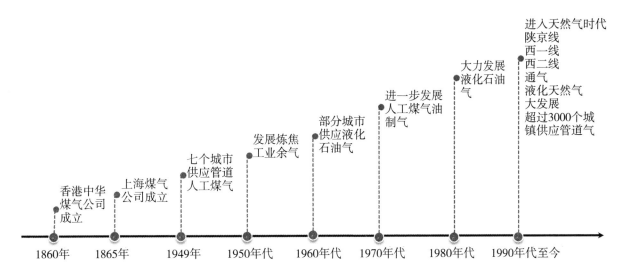

图1：中国城镇燃气发展历程

1.1.2 燃气行业的未来发展趋势

未来十年，是燃气行业的黄金发展期。燃气行业将形成全国天然气管网联通、区域性管网完善、储气调峰和应急储备完备的产业格局。一些大企业集团已经把企业发展战略目标锁定为亚洲一流、国际先进的综合能源运营商或城市服务商。这样的愿景和战略对燃气企业提出了前所未有的挑战，也将极大地带动燃气行业的大发展。

1.1.3 城镇燃气企业的经营特点

由于燃气管道及其设施的敷设特点，城镇燃气企业在各个城镇都获得当地政府授予的特许经营权，使城镇燃气企业具备了独霸一方的垄断经营特点。企业也因提供城镇居民、工商户燃气供应和易燃易爆危险品经营的两大特性，承担着以服务为本和以安全至上两大社会责任。各级政府对城镇燃气行业也实施着严格的管理，近年来国家陆续颁布条例法规来规范城镇燃气企业的管理。2011年3月施行的《城镇燃气管理条例》、2012年12月施行的《燃气系统运行安全评价标准》、2013年6月实施的《燃气服务导则》以及正待发布的《城镇燃气运行管理人员职业标准》，都是对燃气企业管理和服务行为的强大制约。作为燃气用户的城镇居民和工商企业也对燃气企业提出了日益强烈的期望，包括安全保障、服务周到和价格实惠的要求。政府的管制和用户的要求都在考验着城镇燃气企业的态度和能力。

1.2 燃气行业的人才困境

1.2.1 燃气行业人才短缺

迄今为止，全国燃气企业达2万多家，从业人员已达200多万人。人员素质能力无法满足企业当前和未来的需要。

大型企业集团由于快速转型和扩张，不仅企业人才短缺和人才队伍结构老化问题已日益凸显，还面临资源整合、文化融合的一系列问题。未改制的老牌国有企业经营管理理念严重滞后，人员队伍老化、青黄不接。一位大型燃气企业集团公司的董事长曾发出感慨："我们企业不缺资金、不缺市场，就缺人才！"

1.2.2 燃气行业缺少怎样的人才

燃气企业需要怎样的人才？企业领导人的回答是：能创造高绩效的员工就是人才。企业生产经营和管理的特点决定了企业需要的人才是多层次、多方面的，包括企业的领导人才、管理人才、营销人才、专业人才、技术人才、技能人才、行政后勤人才，等等。2012年，在中国城市燃气协会主持下，行业专家对中国燃气行业"十二五"人才发展规划开展研究，对未来燃气行业的人才发展进行科学的预测和规划。当前和未来相当长一个时期内，燃气行业最缺少的人才主要是打得开局面的复合型管理人才、有燃气工程建设和运行管理经验的专业技术人才、作业精细的技能人才以及市场拓展和营销人才等。

1.2.3 燃气企业获得人才的渠道

燃气企业获得人才的渠道主要有两条：一是"外引"，二是"内培"。

"外引"的方式有两个。一是从其他行业去"挖人"，燃气企业可以从其他行业去引进一些通用性的专业人才，但引进的人才数量非常有限。二是从院校毕业生中去招募。国内约130所院校设立了燃气相关专业，每年毕业生约为一万多名，这些专业的毕业生基本处于供不应求的状态。院校毕业生是燃气企业人员补充和后备人才力量的重要来源。但离燃气企业对人才的实际要求差距还很大，要成为企业的人才骨干需要至少5年的培养期。

"内培"即"内部培养"，是燃气企业获得人才的主要渠道。现有的人员需要培养，"引进"的人员也需要培养。培养必须靠燃气企业和行业自身的力量来实现。人才培养不是一句口号，必须建立起人才培养的完善机制和体系，才能达到人才培养的结果。

1.3 有效的培训开发体系是解开燃气企业人才困局的钥匙

人才培养的主要办法是开展人员的培训开发工作。"培训"解决当前的问题，"开发"解决未来的问题，培训也是开发的一种方式。培训开发工作绝不只是组织一些培训班，请老师来教室讲讲课的事情，而是一个系统工程，必须建立完善且有效的培训开发体系，才能将人才培养做到位。

1.3.1 且燃气企业培训工作现状

当前，绝大多数的燃气企业还没有建立起完善的企业培训开发体系，企业培训工作基本处在

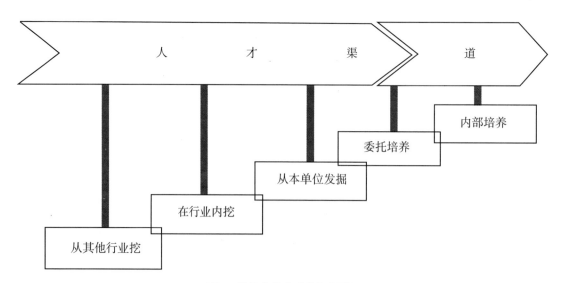

图2：燃气企业人才获取渠道

"消防救火"阶段,"头疼医头、脚疼医脚",没有形成系统性的工作机制,不能承接企业人才培养的重担,对企业业务的支持作用欠缺,更谈不上对战略的支撑。

1.3.2 有效培训开发体系的特征

有效培训开发体系应当体现出以下特征:一是以企业战略为导向;二是着眼于企业的核心需求;三是体现与人力资源管理职能的关系;四是充分考虑员工自我发展的需要。

上述特征表明,培训开发体系应当具备一定的高度,一定的深度和广度。培训开发体系的概念应该基于人力资源管理系统提出,与员工任用、绩效管理、薪酬福利管理、员工职业发展与职业生涯管理等人力资源管理其他模块有机衔接,是实现人力资源战略的一个子系统。

1.3.3 有效培训开发体系使燃气企业培训工作"上台阶"

有效的培训开发体系是解决燃气企业人才问题的重要渠道。通过对员工的培训开发和职业生涯规划管理,来提升个人与组织的能力,从而提升个人与组织的绩效,实现公司的经营与发展。

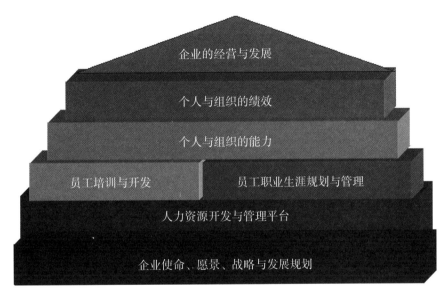

图3:企业培训开发体系构建模式

2 企业培训开发体系建立的思路

"战略导向、战术落实、高层引领、上下联动"是燃气企业培训开发体系建立的基本思路。

2.1 企业培训开发体系构建模式

企业培训开发体系建设可以比喻为一个搭"框架",填"内容"的过程。

搭"框架":"框架"的高度和全面性取决于企业的战略和企业管理的要求,"框架"应当与企业战略和企业发展阶段相适应。培训开发制度的目标与定位、培训开发机构的规模与任务、培训资源的投入与发掘、培训开发实施的流程与优化、培训开发评估反馈的程度与力度等这些要素的确定都是培训体系框架的基本体现。"框架"是相对稳定的,搭建好的"框架"须有相对的牢固度。

填"内容":"内容"的准确和细致取决于企业人力资源开发与管理的实际要求。"内容"应当与企业人力资源开发与管理的水平相一致,要与企业生产经营及发展对人才的需求水平相适应。

培训开发体系组成单体中每一项内容的填充都是长期的、精细化的工作。"内容"是动态的，填充好的内容还需要进行不断的维护与充实。

"框架"搭得够高度、够全面、够牢固，"内容"填得够准确、够细致、够充分，这样的体系才称得上"有效、完善"。

基于战略的培训开发体系设计是要支撑企业人才培养和企业的经营与发展目标。因此这个"框架"要从企业的战略出发来搭建，还要用全方位的培训需求识别、多样化的培训开发方式，以及员工学习成长的激励政策等丰富的"内容"来填充。

燃气企业培训开发体系的"框架"搭建和"内容"填充应从以下六个方面进行。

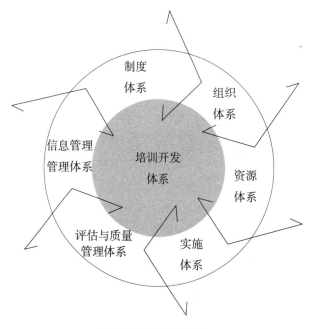

图4：培训开发体系图

2.1.1 培训开发制度

培训开发制度为培训开发工作提供政策和依据。培训开发制度，可分为核心制度和补充制度包括政策性文件、指导性文件和操作性文件等。核心制度即"企业培训开发管理办法"，补充制度即各类培训开发管理实施细则如"培训导师管理实施细则"、"培训基地管理实施细则"，等等。

2.1.2 培训机构

企业培训机构的设立与企业的发展阶段和成熟度要相适应。在发展初期，企业都是在人力资源部设立培训专员来管理培训工作。企业发展到一定规模或达到一定的成熟度后，企业将成立独立的培训机构开展培训开发工作。

燃气企业大多处在成熟或迈向成熟的阶段，应该设立独立的培训部门，并由企业高层领导挂帅。培训管理人员既作为培训战略的促进者，又以实施者的身份保证培训工作的最终落实。

2.1.3 培训资源

培训资源是实施培训的重要条件。培训资源包括人、财、物三方面的资源（表1）。

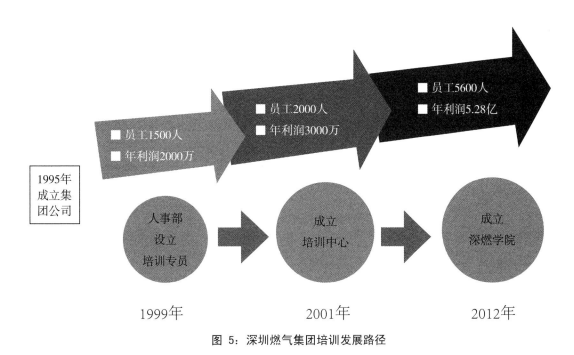

图 5：深圳燃气集团培训发展路径

培训资源 表1

培训资源	体现
人	1. 企业的所有员工 2. 企业培训工作者 3. 企业内外部专兼职培训导师 4. 企业各类专业与技能人才等
财	1. 企业拥有的经济实力 2. 企业对培训的资金投入
物	1. 企业拥有的培训场地 2. 教学器材 3. 实操训练设备设施 4. 培训资料与培训用品等 5. 企业经营环境和制度

培训资源还可以分为硬件和软件两类（表2）。

培训的硬件与软件 表2

培训资源	体现
硬件 （实物和人）	1. 培训场地 2. 教学器材 3. 实操训练设备设施 4. 培训教材 5. 培训师资 6. 培训管理人员
软件	1. 企业文化 2. 企业的知识和经验积累 3. 培训师资的专业素质 4. 培训管理人员的专业素质 5. 企业领导人员和管理人员对培训文化的理解、关注和支持

培训硬件是可见、可量化的资源，软件是培训工作的"软实力"，其中，企业领导人员和管理人员对于培训文化的理解、关注和支持是极为重要的资源。

国内部分燃气企业集团培训投入和机构情况，详见表3。

大型燃气企业集团培训投入和机构建设情况列表　　　　表3

序号	燃气企业名称	燃气企业大学名称	定位	投入	机构设置及人员配备
1	北京燃气集团	北京燃气学院	企业内训、行业标准化培训、多种形式学历教育、国内外燃气技术交流	约4亿元，建设占地60亩校园	属集团二级机构，学院设四个分院、五个部室、四个中心，人员160名
2	天津燃气集团	天津城市建设管理职业技术学院	大专学历教育、职业技能鉴定	约4亿元，建设占地335亩校园	属集团二级机构，学院设"三系一部"，教职工300多名
3	武汉燃气集团	武汉燃气热力学校	中专学历教育、职业技能鉴定、专业技术人员"继续教育基地"、"国家公务员培训基地"	占地30亩校园	独立办学
4	香港中华煤气公司	工程技术训练学院	燃气从业人员技能训练、持续革新推动	香港中华煤气大楼的一层楼	属公司二级机构，下设三大业务：技术训练、专业质历发展、持续革新。员工14人
5	港华投资	山东港华培训学院	港华系统员工技能培训，职业技能鉴定	济南高新区900平方米培训基地	属公司二级机构，受港华投资和香港工程技术学院双重领导，员工18人
6	新奥集团	新奥大学	一、大学自身主导的各类能力提升项目 二、能力提升系统和平台搭建	廊坊新奥大学楼	属新奥集团二级机构，下设三个中心：领导力发展中心，专业能力发展中心、学习管理中心。员工60名
7	华润集团	华润大学燃气学院	企业内部员工专业能力的培训	白洋淀基地，惠州基地	属于华润集团燃气板块二级机构，筹建中
8	深圳燃气集团	深圳燃气学院	培育企业所需人才	深圳梅林5000平方米建筑面积大楼	属集团二级机构

2.1.4　培训开发实施

培训开发实施是培训开发工作开展的具体步骤，包括培训需求分析、培训计划、培训项目策划、培训项目组织开展、培训项目效果评价、培训信息管理等多个环节。这方面内容将在下文中进一步阐述。

2.1.5　培训开发评估反馈与质量管理体系

对培训开发的评估包括"培训开发体系评估"和"培训项目效果评估"。

培训开发体系评估反映企业培训开发体系建立状况与企业战略及发展目标的适应性、对业务的支持度和体系建设的改进方向。

培训项目效果评估是对培训项目开发与实施情况的评估，从学员反应、学习、行为、结果四个层级进行评估，反映培训项目对提升员工适应工作任务要求的实际效果。

深圳燃气集团除了对培训项目进行常规的反应层、学习层和行为层效果评估外，还用内部审计的方法对培训制度的完善度和培训执行的绩效进行评估，并聘请专业机构对培训效果结果层、培训收益率和培训开发体系的成熟度进行评估。在评估基础上，针对性地改进和优化培训开发工作，为企业人才培养起到了十分显著的作用。

培训开发结果应该反馈于员工的"选拔""培育"、"任用"和"留住"，将员工的培训与开发与员工的使用、待遇相联系。

为了使企业培训开发工作卓有成效，真正起到培养企业所需人才、支撑企业战略和发展目标的作用，必须对培训开发工作进行全方位、全层面、全过程的质量控制，建设培训质量管理体系。

燃气企业培训质量管理体系应从以下几方面来构建：

（1）明确培训质量标准。以ISO10015《企业培训国际质量标准》或国标GB/T 19025-2001《质量管理—培训指南》为基础，制定能充分体现燃气企业特点的培训质量标准，并在本企业引入标准的推行模式进行实际操作。

（2）全过程进行培训开发工作的质量管理。管道完整性管理的管理方法和模式与培训开发工作全过程质量管理的理念和方法非常相似，强调的都是全过程的管理，从源头打下质量基础，环环相扣，步步紧抓。从培训需求分析开始，到培训效果的评估反馈与应用，对培训开发过程每个环节的质量进行控制，导出优质的结果。

（3）培训开发工作的持续优化和改进。培训开发工作是育人的工作，人类对教育方法的探索永无止境。培训评估结果导出培训开发工作的短板和改进点，企业应建立持续优化和改进的机制，以推动培训开发水平的不断提升。

2.1.6 培训信息管理系统

企业进行培训开发活动会产生大量人员与项目的信息，运用现代技术手段和培训信息管理系统软件对这些信息进行管理是非常必要的。新奥、华润等集团公司采用了如ORACLE、SAP等软件系统来进行培训信息管理。深圳燃气集团也把培训信息管理纳入正在建设的企业ERP系统规划中。

2.2 "六方汇合"孕育企业培训文化

建立学习型组织是当下许多优秀企业致力达成的目标。许多企业家认为，只有由学习型个人组成的学习型组织才能形成企业强大的发展后劲，支撑企业实现战略目标。而企业培训文化的孕育是决定企业能否建立学习型组织的关键。培训文化的孕育不是靠企业某一个部门的工作就能实现的，需要来自企业的"六方汇合"。这六方的角色和作用如表4所示。

"六方汇合"的角色和作用　　　　　表4

角色	作用
高层领导	提供方向、目标、政策和支持，充当导师
培训部门	建立制度、建设资源、研究方法、控制质量
业务部门	提供培训需求、技术支持，主导岗位练兵
各级管理者	提供培训需求、积极推动，充当导师
培训导师	有效引导学员
各级员工	提供需求、积极参与、踊跃分享

3 燃气企业怎样培养所需人才

3.1 明确燃气企业人才培养目标

要有效培养所需人才，首先必须清晰地界定清楚，燃气企业需要怎样的人才和能力。由于燃气行业危险品经营和公众服务的特殊要求，燃气人才的培养目标具有一定的特殊性。在燃气企业需要的各类人才中，技能人才显得尤为重要。这是因为，技能人才直接决定燃气企业供气的质量和效果，直接决定安全和服务的保障是否能够落实。

3.1.1 制定燃气人才标准

人才评价标准是对什么人是人才、怎样衡量人才的基本界定。

在国家住建部和人社部的组织和指导下，中国燃气行业协会组织业内专家进行燃气从业人员的职业分类研究并建立相应的职业标准，这些标准包括《城镇燃气运行管理专业人员职业标准》和《燃气技工职业标准》等。

燃气企业也根据职业和实际工作要求，制定了企业的岗位标准（见图6）。如深圳燃气集团制定的企业标准《燃气生产作业单元技能标准》，将燃气企业在供气生产活动中各项作业细分为69个单元，并对每个作业单元的技能要求进行了充分细致的描述。这些标准在为燃气企业员工工作行为提供明确指引的同时，也为人才评价提供了依据，还为人才的培训与开发提供了需求。

燃气企业在寻求人才标准问题的答案时还找到了一些可行的方法。

香港中华煤气、华润燃气、新奥燃气都分别建立了本企业的"领导胜任力模型"，并展开领导

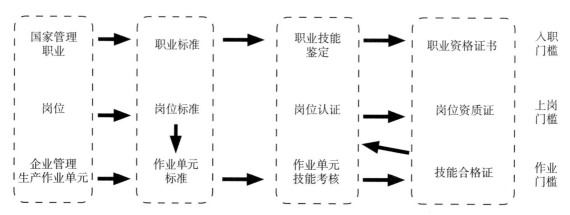

图6：职业、职业标准-岗位、岗位标准与员工工作要求的关系图

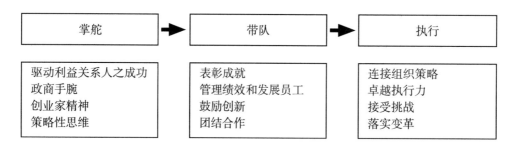

图7：香港中华煤气公司——领导力胜任模型

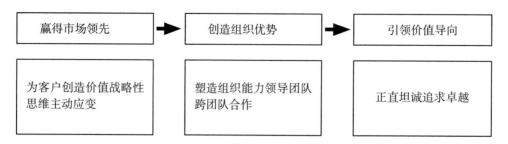

图8：华润集团——领导力素质模型

人才测评,以解决领导人员的评价标尺和人才界定与提升问题。

深圳燃气集团建立了"任职资格管理体系",对本企业的职位进行了横向分类、纵向分级的系统梳理,形成六大职族、二十四大职类、五等级的职位体系和相应的任职资格标准,详见图9。

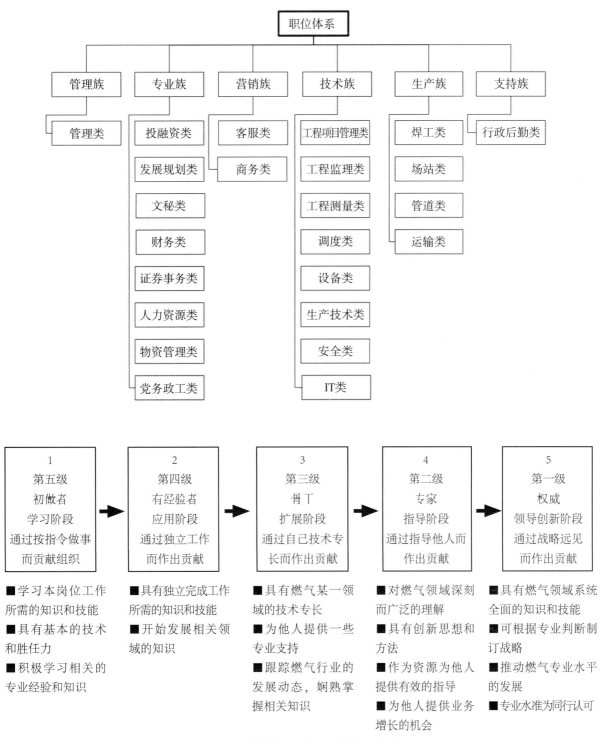

图9:深圳燃气集团任职资格管理体系

3.1.2 评价燃气人才

燃气企业"安全"和"服务"两大目标为燃气人才的评价提出了突出的要求,根据这两个目标,以下维度、内容和方式的燃气企业人才评价是比较全面恰当的。

人才评价体系　　　　　　　　表5

评价维度	评价内容	评价方式
职业道德和职业核心能力	1. 忠诚企业 2. 爱岗敬业 3. 诚实守信 4. 遵纪守法 5. 执行能力 6. 工作态度 7. 业务水平 8. 安全生产 9. 自我学习能力 10. 沟通合作能力	逐级考评
工作业绩	1. 工作业绩和成果 2. 工作效率 3. 完成工作的质量	绩效评价
工作现场表现	1. 通用技能 2. 生产实际关键能力	工作现场或情景模拟考核评价
专业知识	岗位必备职业知识	多种方式考试

3.1.3 燃气人才培训开发

进行企业人才培训开发必须突出两个目的:一是针对性,培训开发要针对公司与个人的工作要求,针对员工的素质和能力短板;二是有效性,通过培训开发要解决企业当前的实际问题,满足企业未来发展的需要。基于这两个目的,燃气企业人才培训开发应达到这样的目标:

使燃气企业员工——

3.2 人才培训开发需求分析与预测

燃气企业人才培训与开发的需求分析与预测应基于三个层面来进行:员工个体层面、企业组织层面和企业战略层面。

3.2.1 员工个体层面

经过人才评价,导出的结果直接指向员工个体的培训与开发需求。对照职业标准和岗位标准,燃气企业员工的素质和能力短板在哪里?这些问题的答案就是燃气企业进行人才培训开发的依据,也是培训开发的实质需求。

人才评价认证导出的"能力素质雷达图"(物资管理职类人员)详见图10。

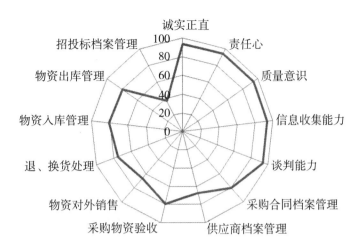

图10：人才评价能力素质雷达图

3.2.2 企业组织层面

公司存在哪些经营和管理上的问题？要通过对企业的分析评估来确定。一些燃气企业通过参与ISO9000质量认证体系认证、《中国国家质量标准》或《美国卓越绩效准则》等一系列认证、发现了企业在组织层面存在的问题，认证结果也给培训需求分析提供确切的信息。通过分析发现这些问题是可以通过培训开发工作来解决的。

深圳燃气集团导入卓越绩效准则并实施推进，经过认证考核评估，了解到知识管理是企业管理上的短板，这个短板的明确从组织层面提出了企业培训开发工作应关注的需求。

3.2.3 企业战略层面

企业在制定战略和发展目标时，会提出人力资源的规划。企业要实施其战略，需要实现怎样的员工数量和能力？需要营造怎样的员工氛围？这些问题的答案就是企业在战略层面上为培训开发工作做出的需求预测信息。一些燃气企业集团实施扩展战略，企业的员工数量和能力都需要快速跟上去，人力资源部门要对未来企业需要的人员数量和人员素质及能力结构做出预测，这些预测信息给培训开发工作提出相应的需求。

上述三个层面的全面分析，要清晰地判断出员工和组织的实际水平与当前工作要求的差距在哪里？未来需要提升的能力是什么？培训开发的需求是什么？依据这些问题答案开发的培训项目会让

图11：培训的作用

企业发射的"子弹"打得更精准。

3.3 打通人才培训开发的渠道

培训开发工作是人才培养的重要渠道，同时还要配套以良好的人才选育用留政策。燃气企业的人才培训与开发要设立多重渠道，这些渠道包括：正规课程培训、工作体验、导师制、经验分享、技能比武和相应的留用薪酬制度。

3.3.1 正规课程培训

正规课程培训以课堂授课和模拟现场训练的方式进行，一般分为知识类、技能类和态度类三类课程，详见表6。

课程类型　　表6

知识类课程	技能类课程	态度类课程
1. 职业基础知识 2. 燃气行业通用知识 3. 岗位特需知识	1. 职业核心技能 2. 燃气行业通用技能 3. 岗位特需技能	1. 职业道德 2. 职业化修炼 3. 积极心态

3.3.2 工作体验

工作体验包括跟班制、轮岗制、挂职锻炼等特定方式。

对每年招收的管理见习生在进行正规课程培训后就被有计划、有目的地安排到各类工作岗位上跟班进行工作体验，让员工在正式上岗前充分感受工作的要求，明确工作的方式和方法。

把管理人员轮岗作为一项制度进行，让下属公司的管理人员和总部职能部门的管理人员轮换岗位，还在部门间进行管理人员岗位轮换，不仅拓宽了管理人员的知识与技能，还促进了管理人员对其他部门的职责和工作要求与方法的充分理解。

3.3.3 导师制

导师制可以为员工提供"一对一"的教练帮助，也可以采取帮助员工自学和提供资源的方式进行。不仅可有效帮助企业新人按照企业的要求快速成长，还可对企业老员工进行有效激励。为新人安排优秀的老员工担任导师，为新人的成长提供了良好的资源和条件，同时给予了优秀老员工良好的认同感和成就感。

3.3.4 经验分享

经验分享是企业知识传承的重要渠道，也是人才培训开发的有效方法。经验分享可以以经典案例分享会、读书会、班前会、报告会等各种形式进行。企业里许多优秀员工积累了丰富的个人工作经验，企业要建立一个平台，让他们把个人经验分享出来，成为广大员工的学习素材，以此促进企业人才的培养。

3.3.5 技能比武

展开行业或企业各层级的技能比武，不仅可以让高水平的技能人才脱颖而出成为学习标杆，还可以充分调动员工和基层单位的积极性，大力地促进员工自动自发地提升工作技能和工作绩效。技能比武活动的赛场只是一个展现实力的舞台，更突出的作用在于比武前的练兵。

中国城市燃气协会于2010年8月举行了首届全国燃气行业技能大赛，2013年又将开展第二届全行业的技能比武活动。全国范围的技能大赛活动带动了各省、市以及各燃气企业的技能练兵和比武，为行业技能人才的培养发挥了强大的作用。

3.3.6 激励机制的留用和薪酬制度

结合上述培训工作渠道开展，员工的绩效和能力汇入激励机制的薪酬制度渠道，才能保证培训体系的有效运转和持续运转。

3.4 人才培训开发的方法和技巧

提升人员和组织的能力与绩效是人才培训开发的目标，这个目标对每个管理者和培训师都是一个巨大的挑战。

要保证燃气企业人才培训的实际效果，实现培训开发的目标，在进行正规课程培训之前，培训开发人员要根据燃气行业的特点，展开全面深入的培训项目开发、项目策划和课程开发，并进行精心的教学设计。切忌"为做培训而做培训"，切忌"面子工程"，这是许多企业开展培训最易犯的错误。根据成人教育的特点，培训必须做到"三有"：有用、有效和有趣。

3.4.1 培训项目开发

当前，燃气企业紧缺人才是复合性管理人才和高端的专业技术人才，针对这两类人才的培训项目开发，众多燃气企业都采取与国内外大专院校合作的方式进行。

北京燃气与法国矿业大学长期合作，开发出体现欧洲先进的燃气管理理念与方法、同时适应中国燃气企业实际的学历教育与实务培训相结合的后备管理人员培训开发项目，将人员派送到法国进行为期一年的学习，为企业中高级管理人才队伍储备实力。

3.4.2 培训课程开发

燃气专业技术、技能人才的培训课程开发是燃气企业从事培训开发工作人员的主要任务。深圳燃气集团在进行岗位工作分析和人员素质能力测评的基础上，将燃气技术技能人员的培训课程开发为三大系列：职业核心能力课程、行业通用能力课程和岗位特定能力课程，形成基础培训课程体系、技术培训课程体系和技能培训课程体系，并开发出100多门燃气特色课程。

3.4.3 教学设计

在教学设计方面，将以下方式和技巧运用在课程教学上。

技能课程——做给他看、教他做，陪他练，直到他会做

知识课程——讲给他听、帮他消化，直到他会讲

态度课程——讲给他听、促他反思、直到他认同

在教学的过程中，导师的作用是显而易见的。资深员工培养为导师，这些导师从一线生产岗位走出来，拥有丰富的实践经验，他们本身就是知识、技能和态度的楷模，他们用务实的作风、精湛的技术、幽默的语言、亲切的传授给年轻员工带来强烈的触动和改变，在对年轻员工的言传身教中，还为公司文化的传承发挥着非常积极的作用。

3.5 建立人才库和人才管理机制

飞速发展的燃气企业需要大量的人才和人才储备。企业通过培训开发培养人才的同时，还要建立起人才库，有效进行人才管理。人才管理的工作核心是保障适合的人、在适合的时间、从事适合的工作，从而保障公司战略实施过程中连续的人才供应。

4 结语

燃气人才短缺的问题应通过建立基于战略的企业培训开发体系来解决。培训开发体系要充分把握企业对燃气人才的需求，从培训开发制度、培训组织机构、培训软硬件资源、培训开发实施、培训评估与质量管理体系、培训信息管理系统等六个方面去建设，用成熟的企业文化推进培训体系建设，并通过实施人才评价、需求分析预测、培训项目开发、培训课程开发、培训教学组织、培训效果评估等过程以及多种开发手段来进行人才培养工作，同时建立企业人才库和人才管理机制，保证燃气人才的连续供应。

燃气人才培养的最终目标是使企业现有的员工和新招募的员工成为为企业创造高绩效的人才，满足燃气企业对人才的迫切需要，支撑燃气企业的发展，推动中国燃气行业的健康发展，为实现国家的能源战略和国计民生作出重大的贡献。

参考文献

1. 【美】雷蒙德·A·诺伊著，徐芳译.《雇员培训与开发》[M]，北京：中国人民学出版社，2001.
2. 【美】雷蒙德·A·诺伊等著，刘昕译.《人力资源管理—赢得竞争优势》[M]，北京：中国人民学出版社，2001.

（廖艳萍）

城市地下燃气管线安全管理及信息化建设调查报告

1 各燃气企业对燃气管线的管理情况

1.1 燃气管线的基本情况

本次统计范围包括北京市、上海市、天津市等15个城市，并按照气质种类、压力等级、管道材质进行分类统计，具体见表1：

部分城市地下燃气管线长度统计表（千米）　　　　　表1

序号	城市	天然气管线	人工煤气管线	液化气管线	合计
1	北京市	14300	——	230	14530
2	上海市	15000	353	47	19000
3	天津市	——	——	——	10000
4	重庆市	——	——	——	13000
5	深圳市	3319	——	104	3423
6	大连市	——	1887	——	1887
7	沈阳市	5000	——	——	5000
8	成都市	5608	——	——	5608
9	广州市	2997	——	——	2997
10	南京市	2538	——	——	2538
11	西安市	4497	——	——	4497
12	贵阳市	400	2300	——	2700
13	厦门	1358	——	——	1358
14	平顶山	331.3	552	——	883
15	郑州市	4521	——	——	4521
	合计	73905	5092	277	79274

1. 按照气质种类划分：天然气管线总长度为73905千米，占93.2%。

2. 按照压力等级划分：直辖市和省会城市的燃气管线压力等级从低压到高压全部涵盖，压力等级最高的是上海市，达6.0兆帕；除沈阳、大连、贵州外，其他城市地下管线的运行压力均达到4.0兆帕。

3. 按照管线材质划分：钢管、铸铁管和PE管三种管材；使用PE管最多的是南方城市，如：深圳占77%、南京占58%、成都占56%。

1.2 钢制管线的防腐方式

伴随着国内管线防腐技术的不断发展、进步，在防腐方式上逐步采用较为先进的防腐技术：在

20世纪90年代以前,多采用环氧煤沥青玻璃布防腐;20世纪90年代采用冷缠胶带防腐;2000年以后多采用3层PE防腐。同时,按照燃气技术的要求,对新建的中压及以上管线加装阴极保护系统。

阴极保护检测周期:各地燃气公司均已建立阴极保护系统的运行检测制度,但检测周期和手段不尽相同,如:上海市对主干管线100多个(近期扩展到400个)阴极保护监测点进行实时监控;北京市管线保护电位检测每三个月1次,供电电源检查每年不少于6次;广州市高压管线每月对阴极保护系统进行电位测试一次,中压管线一年检测一次,对于异常点进行分析跟踪处理。

燃气管线运行管理的机构和人员配备情况:各地燃气公司的组织机构不尽相同,均设置有专职的管线运行检查、维修分公司(所、班)、配备专职巡检人员、燃气检测车辆。部分城市配备情况如表2所示:

部分城市地下燃气管线管理配备情况　　　　　　　　　　　　　　　　表2

序号	城市	管线长度(km)	巡检人员	检漏车
1	北京	1.43万	560	6
2	上海	1.9万	300	15
3	沈阳	5000	150	5
4	大连	1887	87	1
5	贵州	2700	36	1
6	厦门	1358	86	

2 各燃气企业燃气管线安全运营保障措施

2.1 管线运行检查的周期

各地燃气公司普遍采取按照管线设计压力级制、重要程度、管线材质、腐蚀程度、安全隐患等因素由高到低划分为二到三个等级,根据管线等级确定检查周期。其中,一级为每天一巡,二级为每周三巡,三级为每月一巡或两巡。

管道泄漏检测主要是检测设备与检测技术结合应用,以仪器检测为主。埋地管道以大范围普查和步行检测为主,辅助以激光检测、观察环境变化情况、打孔检测、乙烷分析和五米线相邻管线检测为辅。

配备使用的检测仪器主要有:便携式和手推式燃气检测仪、激光甲烷遥距检漏仪、乙烷检测仪、VT8测漏仪、竖威检测仪、四合一(可燃气、CO、HS、O)检测仪、激光检测车等。

2.2 加强对燃气管线违章占压隐患的整治

近年来,针对严重困扰燃气管线安全运行的违章占压隐患,各地燃气公司不断加大工作力度,成立了专项工作机构,制定了相应的工作制度,同时积极加强宣传,做好与各级政府的协调、协作,消除了部分违章占压隐患。如上海燃气集团先后投入约3000万元专项整治资金,累计完成占压整治1700余处;尤其是在2007~2010年"平安建设"项目和"政府隐患整改专项工作"的推动下,燃气占压管整治取得了明显成效,上海、深圳的天然气高压管网实现"零占压",大大改善了安全供气环境。

2.3 加快对老旧等存在安全隐患管线的更新改造

各地燃气公司都存在部分燃气管线存在运行安全隐患，主要是当初输送人工煤气的承插式接口管道在天然气转换后已不再适用，旧管线严重老化、锈蚀，一些管线位于车流量密集区域，存在受压断裂风险高的安全隐患。为此，各公司近年来不断加大投入，制定更新改造计划，积极争取政府部门的支持，努力克服掘路难、交通限制等各种困难，加快对隐患管网的改造更新。据统计，北京、上海、天津、大连的许多相关公司等均已累计改造完成燃气管线700千米以上，为进一步提高管网安全水平、优化管网供应性能创造了重要条件。

2.4 采取积极的应对措施，防范第三方破坏事故

各地燃气公司都在面临着城市发展和城乡一体化进程的快速发展，建设工程项目点多、面广，对相关区域的管线配合和监护形成严峻考验，燃气管线遭到施工破坏的事故呈现逐年上升的局面。为此，各地燃气公司已经积极采取了应对措施：一是加强对管线的巡查力度，及时发现可能威胁管线安全的行为；二是建立相应的施工监护制度，从开始受理到现场踏勘、交底、保护方案制定、签订保护协议、现场监护、资料备案等全程严格管理，制定燃气管道保护方案和应急预案，布设多种形式的燃气管道警示标志，全过程地监护管线的安全；三是对施工单位未采取保护措施，擅自施工或者不按照规定施工造成燃气地下管线损坏的，及时向燃管处报告，并采取有效措施进行阻止。

3 各燃气企业对燃气管线的信息化建设情况

3.1 管网地理信息系统的建立和运行情况

根据对国内部分燃气企业的调研，国内已采用GIS系统的燃气企业主要有北京市燃气集团有限责任公司、深圳燃气集团有限责任公司、贵州燃气（集团）有限责任公司、南京港华燃气有限公司等。

3.1.1 GIS的管网基础数据管理

基础地理信息是整个系统的基础，其管理功能实现的前提是政府国土部门或规划设计部门提供的城市电子地图。

3.1.1.1 图档管理

借助计算机辅助设计软件Auto CAD，将全部图档包括地形图、管网设计图、施工图、管网竣工图、管道纵横断面图等矢量化，或将图纸扫描成光栅图，分图层以叠加打包方式保存，实现图档管理无纸化。

3.1.1.2 地图更新修改

地图的更新由政府权威部门来制定统一标准（或实现资源共享），各企业可根据本身需要，局部对图形的基本元素如点、线、文字进行修改、编辑或标注的删除、添加。

3.1.1.3 地图信息检索

输入地名可显示某一条路或某一片地区的燃气管网，用鼠标点击任意几点可计算出距离、面积等。对图形和属性数据的检索，了解管线的确切位置、埋深、走向等。

燃气企业的管网运行管理，采用了长事物处理技术，是系统应用的核心部分。

3.1.1.4 管网的动态维护

系统通过网络关系模型，对各种燃气管线设施如管道、阀门、调压器、煤气表的材质、型号资料及其相关属性及时更新，在动态更新的同时，实现系统动态的自动维护。

3.1.1.5 输配调度管理

通过监测设备对供气设备（包括节点、阀门、气站）进行实时监控，以二维和三维图形显示运行设备运行状态。通过管网的即时压力分析、水力分析，进而对各类管线数据及各类属性数据进行统计、缓冲分析、三维分析，根据压力、气量等实际情况及时进行输配调度。

3.1.1.6 设备日常抢修

当户外某一管段、阀门需要更换或某一点发生泄漏时，能快速地找到应该关闭的上游阀门，同时将可能影响的范围、用户数显示出来，有助于企业迅速制定解决方案。

3.1.1.7 图表输出

企业日常运作少不了大量图纸、报表，根据实际需要，可随时输出打印各种不同比例的管网图、管线图、纵横断面图和各种类型数据报表。

基于GIS平台模块化嵌入特点，采用面向对象技术，可将客户服务管理纳入统一的管理体系中。

3.1.1.8 上门服务

当某一新用户需要咨询或办理开户等业务时，输入用户地点名称即可在地图上准确定位并马上在任务单上显示出来，服务人员能迅速上门，通过客户端设备，当场完成所需业务。用户足不出户，即可享受便利的服务。

3.1.1.9 用户统计

在地图上，通过鼠标点击几点所围面积，某一用气地段的现用户数量、预留发展用户等资料立即显示出来，与报表呆板的统计数字相比，为企业管理人员提供更直观的决策数据。

3.1.1.10 规划和设计管理

通过海量数据库，大量详细、准确的空间信息，如地下各类管线资料，地上自然景观、城市建筑等，为企业做出更全面，更完善的规划、设计提供了参考依据。

3.1.2 基于GIS的安全决策分析

在燃气管线上突发事件发生后的最初几分钟，是最为关键的时刻。其间能否采取迅速而有效的应变行动，将决定整个状况能否被控制，损害是否可减轻。因此，安全决策分析就是在最短时间内处理大量与灾害相关的空间和属性数据，合理调配各种资源，组织应急救援，以减少灾害的影响范围。

传统的GIS尚局限于获取、存储、查询、制图等基本功能，缺少对复杂空间问题的有效支持。在应急决策过程中某些重要的决策依据无法在GIS中进行展示，因此在引入一种新的模式基于GIS的决策支持系统，将决策支持架构在空间数据上，通过空间数据库和模型库的链接实现基础设施的显示、查询和分析，给领导提供直观的信息服务和决策支持。

根据系统需求分析和开发目标，城市公共安全应急决策，支持系统主要包括：基础信息子系统、灾害信息子系统、危险源管理子系统、火灾分析子系统、洪灾分析子系统、地震分析子系统、风灾分析子系统、公共安全规划子系统、应急决策子系统和系统总控模块等。

（1）基础信息子系统。它具有维护和管理基础信息所需的基本功能。所谓基础信息包括城市概况、政府机构、重要公共场所、房屋建筑、基础设施等。基础设施主要包括生命线（供水、供电、排水、通信、燃气、道路等）、堤坝和废弃物系统。

（2）灾害信息子系统。它具有维护和管理灾害信息所需的基本功能。灾害信息主要指各种抗救灾力量，包括应急指挥中心、应急专家、消防机构、环境机构、公安机构、交警机构、医疗机构、避难场所、物资场所等。

（3）危险源管理子系统。它对城市内的重大危险源进行管理，在地图上显示出各个重大危险源的地理位置，实现对危险源信息的录入、检查及查询，并以文字、图片、视频等多媒体手段详细生动地展示单个危险源。

（4）火灾分析子系统。它通过火灾模拟分析与消防指挥决策的有效融合，提高城市火灾扑救及医疗急救的应急决策水平。

（5）地震分析子系统。它在发生破坏性地震时快速做出程序化对策，为政府实施相应的地震应急预案提供相应依据。

（6）洪灾分析子系统。在对地形、水系与建筑物三维建模的基础上，针对汛情预报的江河水位，提前进行洪水模拟，为防洪抢险与应急指挥提供决策支持。

（7）风灾分析子系统。通过输入台风的路径和相应风级，得到台风的影响范围，再与建筑物和种植用地图层进行叠加分析，从而可以大致预测风灾的损失。

（8）公共安全规划子系统。对各类抗灾力量（包括消防机构、医疗机构、治安机构、避难机构、物资机构）和重大危险源进行公共安全规划，从而确定各抗灾力量的有效服务范围和资源设置，以及重大危险源的死亡区、重伤区和轻伤区的位置。从公共安全规划的高度改善城市的功能布局，从根源上防止灾害和突发事件的发生。

（9）应急决策子系统。为提高紧急救援反应速度和协调水平，以知识库的形式向决策者提供历史灾情库、法律法规库和突发性事故及灾害的应急预案等。

（10）系统总控模块。以数据库、模型库和知识库作为基本信息支撑，通过总控模块构筑系统的运行环境，辅以友好的用户界面和人机对话过程，有效地实现各子系统之间的数据共享、互通和协调工作。

从北京市燃气集团有限责任公司所利用现有的软硬件资源可以看出，搭建应急抢险指挥平台，将应急抢修的主要过程要求融合在指挥技术平台当中，从而规范化、标准化应急抢修管理过程，可使其具备预警能力、快速反应能力、应变能力、总结评审能力和应急演练能力。

基于GIS的城市公共安全应急决策支持系统，能对燃气管线的进行有效的管理，以及对突发事件进行决策分析并提供一个完整的解决方案。该系统可以实现对基础设施、灾害信息、危险源及抗灾力量等信息的查询统计，图形编辑，属性更新，确定公共安全规划中抗灾力量的有效服务范围以及资源配置，快速重现灾害景观，大致预测灾害损失。在灾害应急响应与快速救援指挥中选择最佳路径，调度与管理抗灾力量，对应急预案数据库进行决策支持，从而方便政府在灾时实施相应的应急预案，大致预测灾害波及范围，提前组织疏散人员财产，实施医疗急救等，辅助领导全面掌握灾情并进行救灾指挥决策。

3.2 管网监测监控系统建立和运行情况

对燃气公司来说，实时监测燃气管网的温度、压力、流量等信息是杜绝安全隐患的必要手段，相较于早期的数据传输手段（如数字电台、有线光缆），使用远程数据采集设备（RTU）+移动GPRS网络的监测方式，显然在节约成本、提高管网安全性方面更具有优势。

管网检测监控系统主要由现场监控站点和上层监控中心构成。

现场监控点：各监控站点使用远程终端单元（RTU）将温度、压力、流量等数据通过GPRS网络传送到上层监控中心。

上层监控中心：安装紫金桥软件，24小时不间断采集现场实时数据，并自动处理、分析、保存历史数据，动态显示现场各监控站点变化的数据，自动形成报表、报警、趋势等。

利用移动GPRS网络，燃气公司可以将分散在各地的管网监测站点的信息实时传送到监控中心，形成以监控中心为核心辐射整个管网的分布式监控网络，不仅可以使在线监测不存在盲区，还可以通过GSM网络即时的将报警信息以短信的方式通知相关操作人员，让他们随时掌握第一手安全信息，将安全隐患扑灭在萌芽状态。

3.2.1 管网压力、流量及温度监测

燃气GPRS远程监测系统是一个综合利用无线数据传输技术、计算机网络技术、数据库技术、通信技术、自动控制技术、新型传感技术、自动检测技术等技术构成的无线监控系统。安装远传监控系统后，可以节省大量的时间和人力。

通过现场监控终端DTU和GSM/GPRS网络，对调压站以及部分计量计进行远距离实时集中控制管理，实现对管网压力、流量以及环境参数、动力环境进行远程无线实时监测、控制、报警、故障诊断和排除的功能。监控系统的实用性、可靠性、先进性等与安全供气紧密结合。

系统由调度站和各调压站以及通信系统组成，功能分别如下：

调度站：调度站是系统的中枢，由其完成对整个系统中所有调压站的数据采集、数据存储、数据分析、数据动态显示的工作，使调度人员能够实时掌握管网动态信息，及时处理报警、优化调度方案，使管网平稳、高效运行，以提供历史数据分析和趋势分析功能，使调度人员能够完成整个管网监测任务。

调压站：安装流量计、压力变送器、数据采集RTU、无线GPRS终端硬件设施，各个一次表的信号通过安全栅和防爆管接到外面的配电箱内。计量仪表由于具有标准的通信接口，可以通过安全栅直接和GPRS终端相连；压力变送器可以通过RTU和GPRS终端相连，把它的4~20毫安信号传输到中心计算机上。

调度室软件具有发布功能，可以把数据发布在企业的局域网上，使所有管理人员能够通过网络实现数据共享。在现场工业条件中经过严格测试，运行稳定、功能强大，全新中文图形界面操作方便简单。可以对采集来的现场数据和实时数据进行分析、处理、保存、入库，制作输出报表，绘出各种曲线，从而实现整个系统的远程抄表、实时监测及自动化管理功能，实现了高效率和办公自动化。

通信系统：监测控制室是控制系统基本组成部分，它包括主监测计算机、无线GPRS接口设备及打印机等外围设备。主控计算机和无线GPRS接口设备之间通过标准的通信接口（RS-232/485/RJ45）相连，用于接收各分站发送过来的数据信息。在调压站，现场仪表或传感器的通信口与无线GPRS终端使用标准的RS232/485线缆相连，实现调压站与调度室之间通过移动的GPRS网络平台进行通信。

在实际工作过程中，调度室的主控计算机根据实际需求，可以实现对调压站的监测，实现不同间隔的数据自动上报。在监测过程中，调度员的操作通过GPRS终端对某一调压站发出操作指令，指令通过中国移动的GPRS网络平台到达目的站点，目的站点接收到中心的指令后进行验证，然后根据运行参数生成相应的数据包，并通过无线GPRS终端经由GPRS网络发送回调度室。

3.2.2 管网仿真与预测系统

管网仿真与预测系统根据实际的天然气管网中的管径管长、调压器位置、气体热值等数据，建立管网仿真模型对实际管网运行状态进行实时持续的仿真，模型包含了管网中的所有设备。系统通过OPC接口将SCADA系统数据实时地输入仿真系统，根据SCADA数据，系统可以动态地模拟管网运行工况，与实际管网并行运行，计算管网中各点的压力、流量、浓度、管网储气量等其他参数，并过滤检测数据，将仿真软件的计算结果与SCADA实时数据相比较，如果超过设定的偏差值则会自动报警，以提醒调度员可能有故障发生。所以在线仿真软件能够监测实时管网的运行。不仅如此，在线仿真软件还可以实时跟踪管网中各点的气源比例。

实时在线仿真的性能必须非常稳定，能够在临时的数据中断期间持续工作。同时，因为实时模型产生的管线状态是仿真的出发点，预估状态的精度是预估环境的根本。SPS实时在线仿真软件进行状态预估的方法是将所有能够得到的压力和流量数据用于计算（即所谓的压力-压力聚合体）。

当管网中的部分地区发生故障或丢失数据时，仿真软件也可根据管网中其他各点的数据，实时动态地模拟故障发生地的管道运行工况，帮助操作员分析故障原因和解决问题，并使用仿真数据对SCADA丢失的数据进行补充。仿真曲线可以实施动态地显示管网的运行、压力流量的变化和操作员的操作，当SCADA数据丢失时，丢失点的数据和管道信息能够被模拟生成，及时显示在曲线上。系

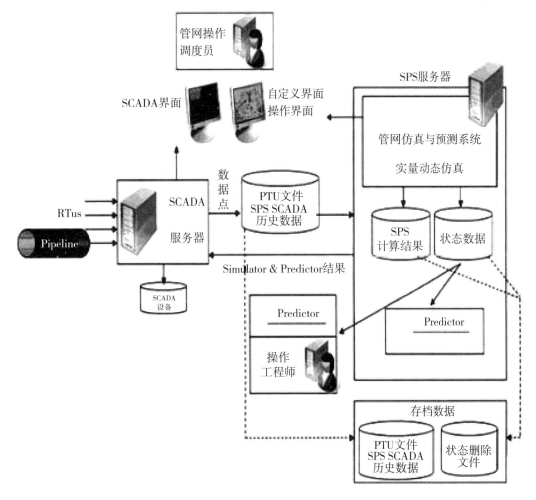

图1：管网仿真与预测系统的系统构架图

统计算的仿真结果可以由用户设定，传到用户的自定义界面显示或传回到SCADA系统显示。

RTU读取现场仪表数据，传送到SCADA服务器并在SCADA界面中显示。SPS通过OPC接口，可以读取SCADA实时数据，并进行仿真模拟。SPS提供API接口，可以支持用户开发界面显示仿真数据。用户也可以设置，将仿真数据传回到SCADA服务器，在SCADA界面显示。使用这种方法，用户可以直观的比较SCADA实时数据和仿真数据。

3.2.3 对场站的远程视频监控

安防视频监控系统是由场站周界防范系统、视频监控系统和语音广播系统组成的。在视频监控系统提供24小时重大危险源视频监控的同时，还可以借助红外对射周界防范系统来提高场站的安全防盗能力，利用语音广播系统增强监控中心和各场站现场的联系。

各场站独立建设一套本地监控子系统。各场站子系统能够独立在本地单独实现本地监控功能和管理功能，同时提供网络传输接口，将各个子系统的监控视频图像及报警信号上传至远程监控中心。远程监控中心在网络宽带满足的前提下可以浏览、控制、查询、记录各场站子系统的所有视频画面资料，同时实现远程监控中心与场站之间的语音广播及语音对讲。

各场站子系统包括视频监控系统及周界防范报警系统两个部分。视频监控系统的前端采用一体化彩色智能摄像枪，全部配备云台和红外夜视灯等设备，均能实现24小时视频监控。在夜间光线不足的条件下，画面可由彩色自动转为黑白，同时开启红外夜视灯补充照明，加强夜间视频图像的清晰度。通过云台，每个监控点可以实现水平0～3560、垂直+60～900全方位监控，通过可变焦镜头视距可达100米以上。系统采用带预置位的云台控制解码器，可以根据要求编制预置位编号，并在需要时输入预置位编号，使摄像枪立即转向指定区域。可根据要求，设定有效的巡航路线，监控场站不同范围的重要监控区域。

周界防范系统采用红外对射探头实行场站封闭保护，无形设防。红外对射探头安装在场站四周围墙上，当有外来非法入侵者穿越防区进入场站时，周界防范系统能够准确、快速地将报警信号传送至报警联动主机，同时输出联动控制信号，启动相关联动装置。

上述两个单独的系统通过监控软件平台及报警联动盒实现联动，当有非法入侵报警信号时，报警联动主机将报警信号分析处理后，产生现场声光报警，同时产生联动控制信号，提供给视频监控主机，自动提起相关预置位转动云台到相应监控位置，进行实时的视频监控和录像，并通过专用线路进行远程报警信息上传。

监控中心可以通过语音广播系统对各场站进行定点喊话，可用于警示现场非法入侵者或其他现场紧急情况，也可用于气站消防应急事故演练中的统一指挥。监控中心利用现场的拾音器对客户服务大厅等特殊场所进行监听。

3.2.4 大客户计量监控

随着城市建设和燃气事业的飞速发展，燃气用户特别是燃气大用户的发展十分迅速。大用户虽然数量较少，但是用气量所占比例大。做好大用户计量、监控、抄收管理工作，关系到燃气企业的经济命脉。提升重点客户的满意度，完善和提升大表的实时监控管理，是燃气企业发展的趋势。

大客户计量监控系统一般由监控中心、GPRS/GSM网络、现场监测终端、燃气计量表（流量计）组成。

GPRS网络为现场仪表和控制中心建立了一条透明通道，借助这条虚拟的通信线，数据采集和传输指令直接由控制中心发出，仪表按照指令向中心传输所需要的数据，从而解决了远程计量监控抄表的难题。

大客户计量监控系统的应用，可以取得丰富的实时数据，可以对数据进行统计、分析，为领导层的决策提供依据，可以和大用户进行交流，为大用户提供燃气用量的信息，使大用户的生产做出合理的安排，从而提高燃气企业的服务质量。

3.2.5 阀井监测

城市燃气管网阀井燃气泄漏无线监测系统将GPRS无线传输技术与燃气检测技术相结合，实现了燃气管网泄漏监测的自动化，相比人工巡检方式，它实时性强，可靠性高，完善和提升整个城市燃气管网泄漏的预警能力，降低了燃气泄漏事故造成的危害程度。

系统功能：泄漏监测系统主要由现场监测设备和上位监控软件两部分组成。

现场监测设备（地下RTU）：现场监测设备可监测井下燃气浓度和水位高度，并将监测到的数据通过GPRS网络或手机短信传送到监控中心。

监控软件：监控软件的主要功能包括实时数据显示，实时曲线、历史数据查询，历史曲线、各种报表及超限报警功能。不仅所有功能在任何一台连接到中控室网络的计算机上均可实现，报警信息还可通过短信方式发送到指定的手机上。以上功能可利用现有SCADA软件实现。

3.2.6 密闭空间（地上及地下）的监控

密闭空间燃气泄漏自动报警系统是将燃气泄漏监测系统与无线通信技术有机结合，对地下密闭空间实施实时的燃气泄漏监测，提高城市燃气管网泄漏的预警、报警能力，防止造成更大危害。该系统在实际应用中已起到自动报警的作用，但仍有改善空间。

地下密闭空间燃气泄漏自动报警系统由燃气探测器和监测中心两部分组成，是通过将无线GPRS技术与燃气泄漏监测系统结合，把预防管道燃气泄漏的人工巡检方式实现为昼夜实时监测地下密闭空间燃气浓度的现代化自动模式，从而提升整个城市燃气管网泄漏的预警、报警能力，防止燃气泄漏事故造成更大危害。

燃气探测器对探测点的燃气泄漏浓度进行监测，并将探测的数据经GPRS无线网络发送传输至监测中心。监测中心接入互联网，使系统处于24小时不间断工作状态，及时地将接收的信息进行存储、处理、分析和显示。当发生燃气泄漏时，监测中心显示屏会自动弹出探测点的地理位置图像，并发出声、光警示信号。管理人员可随时随地通过上网等对监测状态进行查询，并及时接收到燃气泄漏预警、报警信息。同时，相关人员可及时收到含有燃气泄漏量及燃气探测器位置信息的手机短信，从而实现燃气泄漏的自动检测、自动报警功能。

3.2.7 阀门远程控制

阀门远程控制系统安装于监控中心，以工控PC机作为上位机，采用串行异步通信协议，一次形成SCADA（数据采集与监控）系统，利用GPRS数据通信方式同各阀门站（下位机）PLC进行通信，将各阀门站点数据上传到监控中心，由监控中心远程控制各阀门状态。系统对阀门的监控能实现就地控制和远程控制两种控制方式。

系统控制过程流程为：传感器将测得信号通过屏蔽信号电缆传送到A/D转换模块的输入端，经过A/D转换模块转换后存入指定的数据寄存器，供PLC读取；PLC将数据通过GPRS无线传输至控制中心供系统处理，完成一次数据采集过程。系统控制信号当为就地控制方式时，由操作者通过阀门站控制箱内的按钮直接控制；当为远程控制时，则有控制中心发出，PLC接收到信号后，通过输出端口控制职能驱动装置使阀门动作。

3.2.8 防第三方破坏

第三方破坏是指除了由非燃气管道部门的专业职工以及系统腐蚀原因造成的影响燃气管道系统正常运行的因素之外的任何破坏行为。城市燃气管道第三方破坏与管道的埋设深度、人在管道附近的活动状况、管道地上设备状况、管道附近有无埋地设施、管道附近居民素质、管道沿线标志是否清楚等因素有关。

燃气公司可建立管道外力破坏和误操作破坏评估体系，即采用指数法并附调查表的形式进行评估。评估体系概括了引起管道失效的主要因素，并对各种影响因素规定了相应的分值。外力破坏评分体系主要包括人口密度、交通繁忙程度、覆土层情况等方面，误操作破坏主要考虑设计、施工、运行和维护4个方面的主要因素。评估得分对应的等级表明管道由于外力破坏和误操作破坏造成管道安全事故的可能性大小。

在对管道可采用二级模糊评判对外力破坏、误操作破坏进行综合评估，得到管道安全状况综合等级。安全状况综合等级评估模块，能真实反映管道因三种破坏因素的综合影响，并评判出发生安全事故的可能性大小。利用SPSS软件对北京市埋地燃气突发事故记录数据进行分析，实现了安全事故率和事故总数的预测，由预测结果得到破坏、外力破坏、误操作破坏的权值，作为二级模糊评判中的权值。

在采用对第三方破坏评估系统中，可采用系统软件VisualC++6.0和MapX控件，结合MicroSoft Access数据库。软件实现了对管道的安全状况综合评估（腐蚀破坏、外力破坏、误操作破坏）和含缺陷管道剩余强度评价和剩余寿命预测。软件支持管网的图形化管理，录入管段的基本信息后，可根据一定的分段原则实现管段的分段功能，确定评估单元。通过GIS系统和数据库的无缝结合，直观显示燃气管道安全状况等级，明确管网安全的薄弱环节，有针对性地提出具体的维护建议，以加强相应管段的检测管理，做到重点防范和主动预防，努力实现防患于未然。系统功能如图2：

3.2.9 监控系统与管理部门监控系统的对接

视频监控目前已是企业安全生产中非常重要的组成部分，逐步为企业管理者所重视并得到广泛应用。随着企业视频监控应用不断深入，监控规模和图像共享需求日益突出，而往往企业在建设视频监控系统的初期并没有进行详细的规划，以致于形成了一个一个的视频信息孤岛。

目前，政府管理部门对安全生产保障力度不断增加，集中、整合企业视频监控系统将成为一种

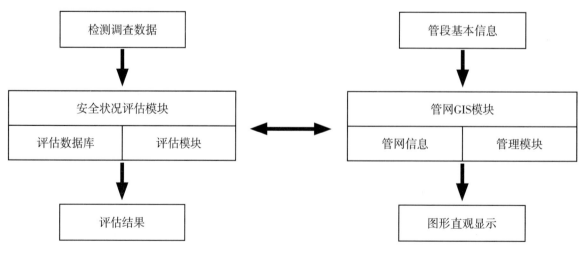

图2：系统功能

必然趋势。

随着计算机网络、多媒体、视频压缩技术的快速发展，目前视频监控系统已由矩阵为核心的模拟监控逐步完成数字化转变，并将模拟监控和数字技术相结合，使得DVR技术逐步成为市场主流。随着视频监控应用不断深入，视频监控的规模管理和资源共享必须利用成熟且共享的传输平台来实现，这个传输平台就是标准的IP网络。网络视频监控系统就是以IP摄像机及编码器为硬件核心设备，视频信号从前端便被编码压缩，并以网络为传输载体，基于TCP/IP协议，采用流媒体技术实现视频在网上传输，并通过网络及软件来实现对整个监控系统的调用、存储、控制等功能。

网络监控系统具有前端一体化、传输网络化、处理数字化、管理智能化及系统集成化的特点，能够满足大容量、大跨度的应用需求。随着技术的不断发展，网络视频监控系统将逐步取代传统视频监控系统，因此政府管理部门应该充分利用现有的局域网网络资源来集中、整合视频监控系统，应用现代化手段维护人民生活的和谐、安全和稳定。

3.3 燃气管道安全管理

随着城市燃气应用的日益广泛和发展，由此引发的火灾、爆炸事故越来越多。对城市燃气管网进行系统安全分析和风险评价，有助于预防事故发生，减少事故的损失，以及实现城市减灾目标。下面就对燃气管道的防腐系统评价、风险评价、腐蚀缺陷评价、数据库采集整合方面的安全管理及信息化建设进行阐述。

3.3.1 防腐系统评价

随着石油、天然气管道的不断铺设，油气输送管道的腐蚀与防护及预测已经引起了全世界业界的广泛关注，而计算机软件业的不断发展，使得将管道的腐蚀与防护情况及预测通过计算机软件的形式进行输出已经成为了一种趋势。

地下管道腐蚀与防护信息系统地下管道腐蚀与防护信息系统按功能划分其中第1至3项为系统功能设置，系统操作记录以及系统维护工具；第4至8项为系统数据库操作管理模块，分别对油田设施的基础数据、运行数据、环境数据进行录入、修改、检查、更新、合并、拆分、转换等操作；第9至

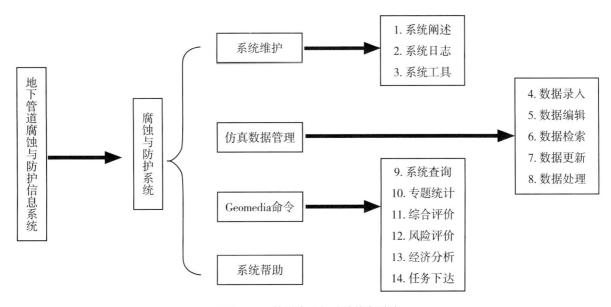

图3：地下管道腐蚀与防护信息系统

14项则是通过对数据库的资料数据以及图形库中的空间数据进行综合运用,完成查询、统计、风险评价等工作。

(1)管体腐蚀损伤评价方法。埋地管道管体腐蚀损伤的等级评价是埋地管道防腐技术评价的最为直接、最为重要内容。近年来广泛兴起的管道风险评价技术,就是根据管体腐蚀的状况,通过可靠性分析,对管线的进一步维修、管道的安全操作压力、管线能否继续服役等问题,提出技术性的建议。

管体腐蚀损伤评定等级(SY/T615-1995钢制管道管体腐蚀损伤评价方法)　　　　表3

类别	标准	处理方式	评语
1	A≤10%	留用	腐蚀程度低,完全可以继续使用
2	L<L_m;P'≥100%	修理	腐蚀程度不严重,维持正常运行
3	P'<100%	修理	腐蚀程度较严重,需降压运行或予以修理
4	P'<0.5	修理	腐蚀程度严重,尽快降低和修理
5	A≥80%	更换	腐蚀程度很严重,应尽快更换

注:A-坑蚀相对深度;L-最大允许纵向长度,单位:mm;L_m-腐蚀区域内,实测的纵向腐蚀长度(沿管道方向)单位:mm。

(2)外防腐层评价方法。埋地管道防腐层的评价是埋地管道腐蚀与防护技术评价的重要内容。同时防腐层的检测具有施工相对简便,检测结果能反映多种管道状况信息等原因,成为当前检测管道腐蚀与防护状况的首选手段。外防腐层的评价方法当前引入标准的只有变频-选频法,由于受使用条件的局限,在油田的埋地管道检测及评价工作中较少采用。由于近年来英国雷迪公司防腐层检测仪PCM的广泛应用,交变电流梯度法的应用较为普遍。但由于该方法应用时间略短,当前还没有列入国家或行业规范,相信在不久的将来国家规范中会推荐该方法。

3.3.2 阴极保护

多年的实践证明,最为经济有效的腐蚀控制措施主要是覆盖层(涂层)加阴极保护。与国外相比,我国75%的防蚀费用用在涂装上,而电化学保护使用的相对较低。阴极保护技术是电化学保护技术的一种,其原理是向被腐蚀金属结构物表面施加一个外加电流,被保护结构物成为阴极,从而使得金属腐蚀发生的电子迁移得到抑制,避免或减弱腐蚀的发生。

北京燃气集团近年来新建、改造的燃气管道主要采用三层PE防腐层,同时加装阴极保护装置。

北京燃气集团钢制管道阴极保护系统的运行周期:

(1)阴极保护系统的日常运行周期同管线巡视周期。

(2)阴极保护系统的维护周期每三个月1次。

(3)强制电流阴极保护系统:①发射电流、给定电位及系统电压记录周期同管线巡视周期;②管道保护电位检测每三个月1次;③供电电源检查每年不少于6次,且每次间隔时间不超过三个月。

(4)牺牲阳极阴极保护系统:管道阴极保护电位检测每三个月1次。

发挥阴极保护装置的作用,防止杂散电流腐蚀管道,必须确保阴极保护装置处于有效状态;保护电位不合格的,需做进一步检测,分析判断出保护电位不合格的原因,采取相应的措施(如补充阳极,更换长效参比电极、管道搭接处等)进行修复。

北京燃气集团钢制管道阴极保护系统更新:

(1)阴极保护系统更新前应进行系统评价,确认阴极保护系统失效后方可进行更新。

（2）阴极保护系统失效判定：

①牺牲阳极保护法：管道保护电位等于或大于-0.85V；阳极开路电位低于阳极额定电位的80%。

②强制电流保护法：如恒电位仪输出电压调至最大，而系统最远端保护电位仍不能满足要求。

3.3.3 风险评价

在社会城市化建设飞速发展的情况下，城市空间逐渐向空中和地下扩展，管网管理成为当前城市建设和日常管理中非常重要的一环，基于三维数字城市的地下管网管理成为城市建设中的重要课题。开发一套地下燃气管道风险评价系统，能够有效地为地下燃气管道管理提供辅助决策。在实际生产生活中，地下燃气管道是一个巨大的管网系统，只对某一管段或某片区域的风险评价计算，不能够满足城市管理者分析指挥的需求，而利用3DGIS强大的数据管理能力和可视化能力，实现地下燃气管网风险评价的计算及其分析，能够更加快速、准确、直观地为决策者提供预警信息。

（1）数据管理。基于GIS的风险评价数据管理，包括3D场景模型创建和管理、录入数据和管理、专家权重管理和评价数据结果管理。将遥感影像数据、数字高程模型、三维建筑模型等数据导入系统，建立基于三维数字城市的地上、地下管网的综合集成化管理。采用专家评价法对地下燃气管道进行模糊评价，将评价数据录入数据库中进行管理。在数据库中建立相应的表格，对权重和评价结果进行存储和管理。

（2）分析计算。在进行地下燃气管道风险评价时，建立科学合理的风险评价指标体系直接影响评价结果的精确程度。由于地下燃气管道风险影响因素种类多，量化处理较为复杂，因此，在建立因素集时，需要遵循完备性、针对性、主成分性和独立性原则。地下燃气管道风险影响因素的辨别，应该由其发生的可能性来确定，这就需要统计地下燃气管道历史事故数据，经过数据分析，选取具有代表性的风险影响因素，建立地下燃气管道风险影响因素集。结合某市某片区地下燃气管道历史事故数据，在对片区地下燃气管道进行风险评价时，管道失效影响因素为管道质量、埋地深度、防腐层质量、操作条件、管理水平和第三方破坏。

（3）三维可视化。开发风险评价软件，程序化模糊综合评价模型，将地下燃气管道风险评价结果标示在三维地下管网模型上，对处于不同风险等级的管道标注为不同的颜色进行预警提示，能够直观地展示区域管道风险状况。

3.3.4 腐蚀缺陷评价

目前，关于剩余强度评价的方法很多，美国评价腐蚀管线的B31G准则偏于保守，后来对B31G准则作了必要的修正，一些学者针对B31G准则保守性的进一步研究中，考虑轴向载荷、弯矩、腐蚀宽度以及腐蚀缺陷螺旋角对管线的影响提出了不同的腐蚀管线评价方法，形成新的评价准则，即API579"Fitness-For-Service"、有限元分析方法、基于弹塑性理论极限的分析方法和可靠性理论的可靠性评价方法。

美国B31G"腐蚀管线剩余强度评价方法"是目前西方国家流行的评价方法，经试验及实际应用表明，B31G准则可以用于评估带有轴向腐蚀缺陷的管道，但结果也存在一定的保守性，尤其是对于环向尺寸很大的腐蚀缺陷、螺旋腐蚀和焊缝腐蚀等，所得到的评估结果偏于保守，同时还没有考虑到腐蚀间相互作用的影响。

我国的标准《钢质管道管体腐蚀损伤评价方法》（SY/T6151-1995）对管道剩余强度评价比较复杂，但评价结果比较准确，能反映含缺陷管道的状态，但也有过于保守的缺点。试验表明，目前普遍采用的失效评估曲线存在一定的保守性，其评价结果偏于安全，用于含裂纹等平面形缺陷管道剩余强度的评价是可靠的。针对现存评估方法的局限性和保守性，用有限元方法对腐蚀管道的剩余强度进行研究，采用线弹性有限元模型，考虑材料和几何非线性，对管道的腐蚀进行模拟，分析腐蚀区的应力状态，根据一定的失效准则预测腐蚀管道的最大承载能力，将有限元分析结果和工程评估结果进行对比分析，并编制腐蚀管道评估的计算机软件，以便准确、快速地计算评估腐蚀管道的剩余强度，给实际工作带来方便。

3.3.5 管道泄漏监测报警定位系统

高精度管道泄漏监测定位技术是一个多学科结合的集成技术。该系统集成了次声波管道泄漏定位技术、GIS（地理信息管理系统）和GPS（全球卫星定位系统），是基于GIS技术的综合管理平台，适合长距离、多管段、复杂条件下的应用。系统主要由以下几部分构成。

（1）以地理信息管理技术为核心的系统平台。系统以地理信息管理系统（GIS）为基础，建立可视化的生产信息管理平台，实现生产数据的集中管理和共享，适合于管道管理中对生产运营管理和安全管理的要求。

（2）以次声波法为核心的管道泄漏监测模块。以次声波法为核心的管道运行安全管理监测系统，担负着管道异常泄漏的监测。此系统实时监测管道运行状况，针对偷盗泄漏进行全天候的监测。此技术具有很高的监测灵敏度和定位精度。

（3）以GPS卫星定位系统为核心的定位导航系统。以GPS卫星定位系统为核心的定位导航系统，可以精确地引导管理人员快速进入事发现场，全天候的技术支持，可以保证野外抢险活动的精确和快速反应，最大限度地提高现场指挥和施工管理的质量及安全系数。

（4）无盲点的信息管理体系，在系统总体框架设计中引入了Mobile/Serber（简称M/S）概念，建立了全新的C/S、B/S、M/S相结合的系统框架。M/S是传统的C/S、B/S应用体系的延伸，它结合GIS、GPS和GPRS/CDMA前沿技术，把GIS的应用由有线向无线延伸，由室内向户外延伸，由桌面向掌上延伸，将GIS的信息服务带到了工作的现场，由此达到了在为管理决策者服务、同时也直接为具体的生产实践服务的目的。

通过实践检验，将管理中心平台、次声波管道泄漏监测定位技术和GPS导航技术结合在一起的高精度管道泄漏监测报警定位系统将是最好的技术方案。以上三部分系统的集合，构成了完整的管道安全管理体。直观的人机界面方便了管理人员的操作和对泄漏发生地信息的即时了解，精确快速的报警系统确保泄漏在最短时间被发现，GPS导航系统保证了所有有关部门和单位都能在最短时间到达事发现场。

3.4 运用PDA进行数据采集整合

为了提高建立数字化地下燃气管网的工作效率，实现测量成图一体化、图库互动的作业模式，并能够快速、高效、直观地进行管线数据进行操作。与传统作业手段相比，显著提高整体作业效率，减少数据出错几率。PDA以其移动性、灵活性、方便、快速等特点，可以在外业管线属性调查与测量数据记录以及对数据操作的过程中发挥独到作用。因此采用PDA进行管网数据采集极大方便了燃气公司对地下燃气管网的管理。

PDA进行数据采集的功能：

3.4.1 数据录入功能

该模块提供数据批量入库功能。通过对PDA中Pocket-Access数据库中数据的访问，可实时地对管线点线属性数据库进行增加、删除、修改、查询、浏览等操作。

3.4.2 数据查错功能

该模块提供管线数据的检查功能。通过对PDA中Pocket-Access数据库中数据的访问，实时对管线数据进行逻辑查错处理、输出错误记录文件、错误记录定位修改等操作。

3.4.3 地图显示功能

该模块提供多样化的地图显示与定位功能。通过对PDA中图形数据的访问，实时地对管线点线数据、背景地形的显示、缩放、定位、查询、浏览、图层控制等操作。

3.4.4 管线成图功能

该模块提供从现有数据库生成管线图形的功能。通过对PDA中Pocket-Access数据库中数据的访问和图形库的操作，可分管类、分图幅、自定义SQL条件查询等条件实时由当前数据库生成管线图形。

3.4.5 管线查询修改功能

该模块提供图库联动管线信息查询修改功能。通过对PDA中Pocket-Access数据库中数据的访问和图形库的操作，实时查看编辑管线和管线点的属性，同时更新管线数据库，并对管线图形进行相应的更新修改。

3.4.6 图形录入数据采集功能

该模块提供用图形绘制管线的同时建立和维护管线数据库的功能。通过对PDA中Pocket-Access数据库中数据的访问和管线图形库的操作，实时地对管线图形数据进行增加、删除、修改、查询、浏览等操作，同时建立和维护管线数据库，实现图库互动功能。

3.4.7 数据通信功能

该模块提供有线连接方式从桌面系统导入数据或导出数据到桌面系统中的功能。通过ActiveSync同步软件，系统可将Pocket-Access数据库（cdb格式）中数据发送到桌面数据库（如mdb格式）中。也可以从桌面数据库中数据下载到PDA数据库（cdb格式）中，使两者数据进行同步。

3.4.8 查找和统计功能

该模块提供从图形或数据过行查找指定点号和通过图形或数据库对管线点数量、管线长度等基本的统计分析功能。

3.4.9 操作过程记录功能

系统包含了全程跟踪操作过程的功能，此功能将记录外业操作的全部过程，包括画点，画线，修改点线属性，删除点线等操作，为确保所提交的原始数据的真实性提供重要依据。在数据通信结束后，会在相应的数据库中产生表"操作记录"，在"操作记录"表中，就会产生刚才操作的具体记录。

3.4.10 系统设置功能

该模块提供多种系统应用设置与地图参数设置功能。系统为开放式数据结构，可设置"管线类型"、"管线字段"、"管线特征"、"管线图层"、"管线线型"等。

3.5 GPS在燃气行业的应用

3.5.1 GPS在位置监控系统中的应用

位置监控系统由前置追踪单元、无线通信网络、后台监控中心三部分组成（见图4）。

前置追踪单元是通过GPS接收机纪录目标的瞬时运动状态和位置，即监控目标所在地的经度、纬度、速度、运动方向、时间、状态及其他信息编码后，通过无线通信链路实时发送到后台监控中

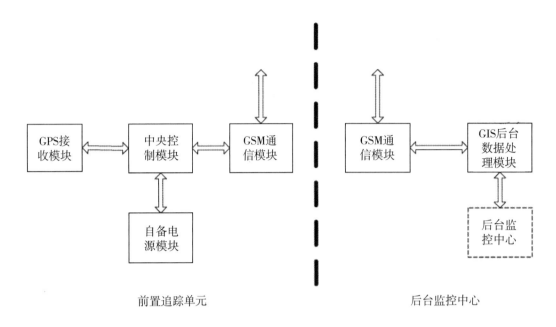

图4：位置监控系统总体结构图

心，经过数据处理后利用地理信息系统（GIS）将监控目标的轨迹和位置进行地图匹配后以动画的方式显示在电子地图上，用这种直观的方式将该目标信息提供给监控人员，以便于掌握目标的行进路线和当前位置，实现对该目标定位追踪的目的。

出于定位追踪任务的特殊性，本系统的结构相对于其他车辆监控导航系统简单。同时，由于该系统不会与车上人员有交互性，因此，也就不具备导航功能。

后台监控中心能实时监控目标当前所处的位置，能在监控中心的电子地图上准确地显示目标当时的状态，如运动速度、运行方向、追踪定位单元编号、状态等信息。监控中心可以对前置追踪单元的参数进行远程设置，修改发送GPS定位信息的时间间隔、工作模式等。

系统通过GIS系统把目标的GPS定位信息与文本、图像等信息资料有机结合到电子地图中，可以直观地显示目标的位置，并可通过目标编号等信息查询其当前位置；同时，监控中心可以将前置追踪单元设置为"电子围栏模式"，按一定间隔发送位置信息到监控中心，一旦目标位置离开预设区域，便能在后台监控中心发出告警；监控中心有完善的数据库记录统计系统，能对目标运行轨迹和状态信息进行存储，供以后随时查询或进行动态回放等。

在解决燃气管线位置问题方面，可运用GPS-RTK（Real-timekinematic）实时动态差分法进行管线测量。这是一种新的GPS测量方式，以前的GPS测量都需要事后进行解算才能获得厘米级的精度，而RTK是能够在户外实时得到厘米级定位精度的测量方法。RTK技术是GPS应用的重大里程碑，它的出现极大地提高了工程放样、地形测图及各种可控测量外业作业效率。

RTK依靠GPS卫星实时信号和地面差分站的运算得到精确的数据，地面信息的接受是通过GSM网络实现，RTK接收机（杆顶圆盘状仪器）里整合了GPS信号和GSM信号的接收模块，同时使用手持PAD计算机对测量数据进行记录和运算。

3.5.2 GPS在燃气管线巡线管理系统上的应用

GPS巡线管理在GIS系统的基础上通过GPS定位，自动记录巡检过程，实时显示巡检轨迹，自动监督巡检员工作，为提高巡检自查率提供保障。发现的隐患可以通过手机实施发送到后台，后台人员根据内容安排人员跟进处理，形成了信息化管理，通过自动转单记录，实现了处理过程的公开透明，也为各项隐患信息进行了自动归档和分析，为今后管网的决策做参考。同时利用手机终端记录工地现场情况，并实时反馈，实现了工地管理的电子化，可以有效保护管网地安全运行，减少外力破坏的发生。

在燃气管线巡线监管问题上，可运用小型GPS/GSM定位器对巡线车辆进行定位。GPS提供的位置信息可引导管理者对巡线人员进行全面、有效的监管。GPS/GSM定位器是一种GPS与GSM通信网络结合的典型定位跟踪模式，这种GPS仪器结合了GSM的通信模块，可以在动态的模式下将GPS定位信息实时地通过GSM网络回传到计算机服务器上。

3.5.3 GPS在应急抢险指挥上的应用

在应急抢险指挥调配问题上，可运用GPS定位器对抢险车辆定位，通过GPS监控系统可辅助抢险指挥者对抢险力量实现最佳调配。将抢险车辆安装GPS后，每辆车在地图上的位置可实时地反映给计算机终端的观测人员。同时依据计算机上的城市地图和相对应的管线图，在确认险情信息后可立即在计算机上搜索得到有效的管道控制阀所处位置以及最近的抢险车辆、抢险人员（巡线员同时兼抢险队员）所处位置，下达准确有效的抢险指令。管线的位置信息越完整，车辆和抢险人员的GPS定位越全面，就越能发挥GPS在应急抢险中的作用。

3.5.4 GPS坐标在PDA辅助生产运行管理系统上的应用

GPS除了以上对燃气管线的安全管理及技术运营以外，北京燃气集团还以PDA辅助运行为基础，开发和运行了生产运行管理系统。

北京燃气集团生产运行管理系统以唯一编码原则为基础，通过与空间地理信息的无缝集成，实现对相关管网对象、管网运行任务的可视化操作和查询。运行轨迹利用PDA的GPS坐标定位采集功能，每隔20秒记录运行人员的实地坐标，并通过GPRS或数据同步功能实现运行轨迹的无线或有线上传。管理人员可以在运行人员结束运行后，对上传轨迹进行即时查看，结合运行轨迹与燃气管网GIS数据的对比，满足各级管理人员对管网运行覆盖情况的掌握，对管网运行中存在的问题做到及时发现、及时解决；利用管网运行轨迹由系统自动统计管网运行覆盖率，实现对运行人员工作完成情况的量化计算，从而更好地为管网运行管理人员提供管网运行完成情况的参考依据。

（中国城市燃气协会）

中国燃气行业年鉴 2013
CHINA GAS INDUSTRY YEARBOOK

第三篇
地方燃气发展

北京市燃气发展综述

一、总体规模

（一）天然气

2012年期末全市天然气用户数5240061户，其中居民用户5194068户。2012年全年，北京市天然气使用量达到88.48亿立方米，如加上燕化直供气量，将达到92.3亿立方米，占能源消费比重达到16.7%。

北京市2011年天然气使用量为72.95亿立方米，2012年天然气使用量为88.48亿立方米，主要以采暖、发电和民用三项为主，详细情况见表1所示。

北京市用气结构统计表　　　　　　　表1

单位：m^3

序号	类型	2011年		2012年	
		消费量（亿m^3）	所占比例	消费量（亿m^3）	所占比例
1	民用商业	14.9	20.42%	16.7	18.87%
2	采暖制冷	35	47.98%	40	45.21%
3	热电联产	18	24.67%	24	27.12%
4	车用	0.72	0.99%	0.73	0.83%
5	工业	2.52	3.45%	2.75	3.11%
6	其他	1.81	2.48%	4.3	4.86%
	合计	72.95		88.48	

（二）液化石油气

2012年期末全市液化石油气用户数1968349户，其中居民用户1941123户。2012年全年，北京市液化石油气购入量达到45.58万吨，销售量37.73万吨。

继续保持1万吨的液化石油气政府储备，确保全市液化石油气持续安全稳定供应。

二、服务水平发展

（一）供气保障服务体系日趋完善

"十二五"前半期，北京市燃气的服务水平稳步发展。截至2012年底全市人均天然气消费量为427.4立方米/人·年，比2010年增长12.48%。全市常住人口的城市管道天然气的气化率达到68.5%以上。其中，中心城达到86.8%以上，远郊区县达到38%以上（新城部分达到50%）。

天然气基础设施建设逐渐向新城倾斜，并加快郊区新城天然气配气管网建设，提升了新城和镇天然气利用水平，全面实现了新城天然气供应，截至2012年底全市42个重点镇中，已完成23个重点镇燃气工程建设，另有5个镇将在2013年底前完成，其他重点镇在"十二五"后期逐步实施。

同时，利用压缩天然气、液化石油气等形成多元互补的农村燃气保障体系，燃气服务水平稳步提高。

（二）进一步规范液化石油气市场

2012年，北京市组织全市100余家液化石油气充装企业签署了统一格式的承诺书，向全社会公开承诺安全生产和服务质量，接受社会监督，促进企业自律。承诺书已制成永久性铁牌，登记编号，在各充装企业的明显位置张挂。

为加强液化石油气气质检测，开发研制了车载液化石油气气质检测系统。并委托市公用事业科学研究所对150家（次）液化石油气充装企业进行了气质检测，有效地保证了人民群众的用气质量。

通过加强政策引导、强化标准制定、加大技术应用等方式，实现液化石油气企业的优胜劣汰。"十二五"期间，全市进一步加强对液化石油气企业的监管，尤其加大了对掺混二甲醚行为的打击力度，自2011年以来，市区两级共组织了2713次燃气安全检查和联合执法，出动检查人员11887人次、车辆3165车次，督查燃气供应企业436家次，检查单位燃气用户3236家次；责令20家不合格燃气供应企业停业整顿，并逐一进行了复查；受理举报72件，查处违法使用燃气268起、违法人员172名，取缔非法经营燃气站点118处，罚扣车辆25辆，罚扣气瓶1728个，发放整改通知书230张，有效打击了不规范以及违法经营行为。

随着城市规划建设，已有21座液化石油气灌装站、29座液化石油气瓶装供应站拆除或停止经营，现已完成拟撤销公示。

三、重大项目建设

按照《北京市"十二五"时期燃气发展建设规划》的总体规划，"十二五"期间完成陕京三线、四线北京市境内的全部建设，从而在北京市外围形成一个设计输气压力达10.0兆帕的输气环路，全面提升北京市供气保障能力。2010年中石油陕京三线天然气已接入北京房山区阎村门站，截至2012年，陕京三线工程北京段大部分工程已完成，陕京四线项目由于中石油未能获得国家发展改革委的项目核准，全线建设尚未启动，今年拟先期启动北京市内的隧道工程。

市内方面，燃气重点工程，进一步完善城市燃气管网。2011年其中，实现了怀柔、密云接通市政天然气管道的目标，怀密线全长38千米，目前，除延庆新城外，所有远郊区县新城均已接入城市天然气管网；2011年、2012年东南、西南热电中心供气工程（一期）已完成建设并投入使用，2013年西北、东北热电中心供气工程已全面启动，其中西北热电中心供气工程预计年内完成建设并投入运行，建成后将有利提高北京市热力管网和电力系统的供应保障能力。

"十二五"期间，在北京市经济建设和社会发展的新形势下，以及大气环境治理的新要求下，陆续新增了一批天然气供气工程，其中的重点项目为：第二机场输气设施、LNG应急储备设施，以及农村用能结构调整涉及的供气设施建设等，上述设施列入北京市"十二五"期间天然气重点工程项目。

四、管理水平提升

（一）建设物联网系统，提升监管水平

为适应燃气应用发展，提升行业监管水平，自"十一五"中期至"十二五"初期，经市科委

立项，北京市市政市容管理委员会组织华北电网、北京电力、北京市燃气集团、北京市热力集团、华北电科院等能源供应单位和科研机构，主持启动了"北京市热电气联调联供及优化运行研究（一期）"项目，在传统的燃气生产调度工作的基础上，横向拓展，建立了与电力、热力系统生产调度的数据共享和联调联供工作机制。研究工作主要基于北京市热、电、气调度系统现有的调度体系和技术设备，研究北京市热、电、气联调联供机制管理的技术与手段，这在北京市是首次，在国内处于领先地位，对"十二五"期间城市的能源安全保证及高效利用方面具有重要的现实意义。

（二）规范安全生产与用户服务

2012年，北京市市政市容委组织开展了用户服务规范化课题的研究工作，起草了《北京市燃气供应企业用户服务规范化要求》和《北京市燃气供应企业用户服务规范化评分细则》，为下一步实施对燃气供应企业安全生产标准化达标和提升服务水平的评价做好准备。

上海市燃气发展综述

一、基本情况

（一）全年用户数及燃气销售量

2012年期末全市用户数：9183663户。其中：燃气集团5895751户，社会经营单位3287912户。

（1）燃气集团：人工煤气656600户（其中：工业219户，家庭644026户，其他12355户）；液化气859682户（其中：工业106户，家庭844709户，其他14867户）；天然气4379469户（其中：工业890户，家庭4325839户，其他52740户）。

（2）社会经营单位：人工煤气113865户（其中：工业5户，家庭112918户，其他942户）。液化气2468231户。（其中：工业4189户，家庭2437513户，其他26529户）；天然气705816户（其中：工业333户，家庭702291户，其他3192户）。

2012年三大气种供应及用户一览　　　　　表1

	销售量	用户数	占比	气源
人工煤气	81864万立方米	770465户	8.4%	吴淞制气、上焦、浦东制气、石洞口制气、华润燃气、安亭煤气、崇明大众
天然气	600125万立方米	5085285户	55.4%	西气东输、东海天然气、LNG、川气东送、西气东输二线
液化气	393311吨	3327913户	36.2%	金山石化、高桥石化、金地石化、外省市
合计			9183663户	

（二）城市管网布局及储存能力

输气管道长度：24879.27千米，其中：燃气集团人工煤气管道长度3595.62千米，天然气管道长度21283.645千米，社会经营人工煤气管道长度428.93千米，天然气管道长度4641.625千米。

（三）车用加气站站点（含液化石油气和天然气）

上海车用加气站一览　　　　　表2

区域	车用加气站	LPG	CNG	CNG公交
黄浦区				
徐汇区	7	7		
长宁区	2	2		
静安区	1	1		
普陀区	7	7		

续表

区域	车用加气站	LPG	CNG	CNG公交
闸北区	7	7		
虹口区	4	4		
杨浦区	6	5		1
浦东新区	5	5		
闵行区	3	2		1
宝山区	7	5	2	
嘉定区	3	1	2	
金山区				
松江区	1	1		
青浦区	1		1	
奉贤区				
崇明县				
合计	54	47	5	2

（四）燃气储存能力

人工煤气储存能力：301万立方米，其中：市煤气人工煤气储存能力275万立方米，社会经营人工煤气储存能力26万立方米。

天然气储存能力：调峰储存能力标准状态35万立方米，储备储存能力标准状态36900万立方米。

液化气储配能力：15830吨，其中：市煤气液化气储配能力6500吨，社会经营液化气储配能力9330吨。

二、2012年燃气发展成绩

（一）燃气安全与服务

上海市历年燃气事故一览　　　　表3

年份	家庭用户数（户）	死亡数（人）	万户死亡率（%）
1997	428	110	0.257
1998	472	92	0.195
1999	507	106	0.209
2000	540	102	0.189
2001	573	52	0.091
2002	591	31	0.052
2003	621	34	0.055
2004	649	26	0.040
2005	677	38	0.056

续表

年份	家庭用户数（户）	死亡数（人）	万户死亡率（‰）
2006	707	26	0.037
2007	748	25	0.033
2008	785	29	0.037
2009	828	33	0.040
2010	855	15	0.018
2011	868	12	0.014
2012	907	12	0.013

（二）2012年上海燃气行业社会满意度

上海燃气行业2011年与2012年社会满意度比较　　　　表4

年份	总体评分	环境设施	举止仪表	办事告示	行业诚信	服务态度
2012	86.78	87.92	88.44	87.07	85.83	85.77
2011	87.09	88.05	88.02	87.08	86.64	87.13
增减	-0.31	-0.13	0.42	-0.01	-0.81	-1.36

上海燃气行业2011年、2012年业务能力评价　　　　表5

年份	业务水平	反应能力	工作绩效	遵时守纪	便民措施
2012	85.41	88.98	87.33	86.69	85.9
2011	86.45	86.09	87.16	86.58	88.4
增减	-1.04	2.89	0.17	0.11	-2.50

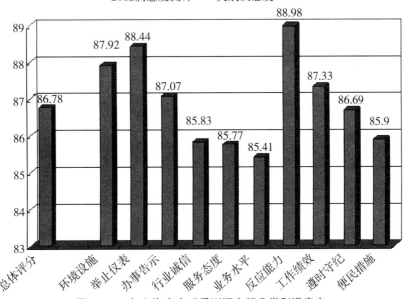

图1：2012年上海市文明委测评之行业类别满意度

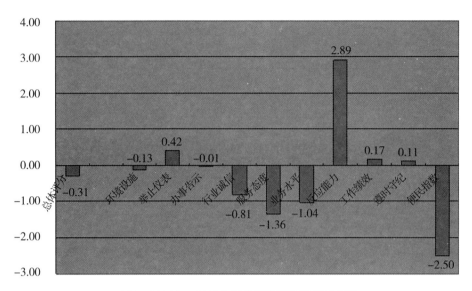

图2：2011年、2012年行业类别满意度增减趋势

（三）2012年度上海"燃气安全示范社区（村镇）"

2012年度上海"燃气安全示范社区（村镇）"一览　　　　表6

行政区	数量	社区名（复审）	社区名（新创建）
虹口	2	提篮桥街道、曲阳路街道	
闸北	5	彭浦新村街道、北站街道、宝山路街道、大宁路街道	芷江西路街道
普陀	4	石泉路街道、宜川路街道、甘泉路街道、长征镇	
杨浦	3	控江路街道、四平路街道、定海路街道	
长宁	6	周家桥街道、程家桥街道、天山路街道、北新泾街道、新泾镇	江苏路街道
黄浦	8	打浦桥街道、小东门街道、五里桥街道、瑞金二路街道、淮海中路街道、豫园街道	老西门街道、半淞园路街道
徐汇	4	田林街道、凌云路街道、康健新村街道、天平路街道	
静安	4	静安寺街道、南京西路街道、曹家渡街道	石门二路街道
浦东	17	上钢新村街道、塘桥街道、东明路街道、花木街道、周家渡街道、洋泾街道、陆家嘴街道、潍坊新村街道、浦兴路街道、高桥镇、张江镇、高东镇、周浦镇	沪东新村街道、康桥镇、三林镇、惠南镇
宝山	11	友谊路街道、月浦镇、吴淞街道、罗泾镇、顾村镇、杨行镇、高境镇、庙行镇	张庙街道、大场镇、淞南镇
嘉定	4	新成路街道、嘉定镇街道、安亭镇、嘉定工业区	
闵行	12	江川路街道、古美路街道、颛桥镇、莘庄镇、七宝镇、虹桥镇、莘庄工业区、浦江镇	新虹街道、华漕镇、马桥镇、吴泾镇
松江	9	中山街道、方松街道、永丰街道、岳阳街道、泗泾镇、新桥镇、九亭镇	洞泾镇、余山镇
奉贤	3	南桥镇第一街道、南桥镇第二街道、南桥镇西渡社区	
金山	3	朱泾镇	山阳镇、枫泾镇
青浦	2	夏阳街道	盈浦街道
崇明	1		城桥镇
合计	98		

2012年度上海"燃气行业服务示范窗口（管道燃气部分）" 表7

序号	窗口名称	所属企业
1	市场部	上海燃气市北销售有限公司
2	虹口办事处	
3	普陀办事处	
4	宝山办事处永清窗口	
5	宝山办事处杨鑫窗口	
6	杨浦办事处	
7	闸北（彭浦）办事处	
8	安亭用户服务中心	
9	江桥用户服务中心	
10	嘉定用户服务中心*	
11	第一营业所	上海燃气浦东销售有限公司
12	第二营业所	
13	第三营业所	
14	乐都营业所	上海松江燃气有限公司
15	新区营业所	
16	九亭营业所*	
17	新桥营业所	
18	市场部业务接待窗口*	上海大众燃气有限公司
19	静安办事处	
20	长宁办事处金钟路站点	
21	长宁办事处芙蓉江路站点	
22	黄浦办事处	
23	卢湾办事处	
24	徐汇办事处虹漕业务组	
25	徐汇办事处衡山业务组*	
26	闵行办事处*	
27	静安新城办事处	
28	客户服务中心	上海奉贤燃气有限公司
29	西渡服务站	
30	业务收费科	上海青浦煤气管理所
31	华新营业室	
32	重固营业室	
33	大盈营业室	
34	朱家角营业室*	
35	赵巷营业室*	
36	营业部	上海万事红管道燃气经营有限公司

续表

序号	窗口名称	所属企业
37	石化办事处*	上海金山天然气有限公司
38	新城区窗口	
39	朱泾窗口	
40	管道气南门营业厅	上海燃气崇明有限公司
41	陈家镇第一营业厅	
42	长兴第一营业厅*	
43	盘古路营业所*	上海宝山华润燃气有限公司
44	周浦营业所	上海南汇天然气输配有限公司
45	惠南营业所	
46	临港营业所	

注：2012年评出的上海燃气行业服务示范窗口

2012年度上海"燃气行业服务示范窗口（液化石油气部分）" 表8

序号	窗口名称	所属企业
1	永顺路供应站	上海液化石油气经营有限公司
2	遵义供应站	
3	汉阳路供应站	
4	武宁南路供应站	
5	兰坪路供应站	
6	海高供应站	
7	沪东供应站	
8	历城路供应站	
9	闵杭液化气供应站*	上海百斯特能源发展有限公司
10	黄楼液化气供应站*	
11	刘行液化气供应站*	
12	燎园液化气供应站	
13	马陆液化气供应站*	
14	秦望液化气供应站	
15	坦直液化气供应站	
16	川城液化气供应站*	
17	合庆庆丰液化气供应站*	
18	翔华液化气供应站	
19	曹安供应站*	上海嘉定燃气有限公司
20	曹王供应站*	
21	菊园调瓶站*	
22	第十五供应站*	上海青浦煤气管理所
23	徐泾液化气供应站	
24	朱家角液化气供应站	

续表

序号	窗口名称	所属企业
25	南桥供应站*	上海奉贤液化气经营有限公司
26	奉城供应站	
27	横沔分发站*	上海市南汇液化气公司
28	惠南供应站	
29	新港分发站	
30	周浦分发站	
31	竖河液化石油气供应站*	上海燃气崇明有限公司
32	绿华液化石油气供应站*	
33	惠民液化石油气供应站	
34	庙镇液化石油气供应站	
35	三星液化石油气供应站	
36	液化石油气供应站	
37	裕安液化气供应站*	上海瀛海燃气有限责任公司
38	海明液化气供应站	
39	合兴液化气供应站	
40	新河液化气供应站	
41	朱泾供应站*	上海金山燃气有限公司
42	城桥供应站	上海江申燃气有限公司
43	常青站*	上海奉贤交通液化气有限公司
44	光明站	
45	海港液化气供应站	上海东海液化气有限公司

注：2012年评出的上海燃气行业服务示范窗口

2012年度上海"燃气行业服务示范窗口（燃气器具部分）" 表9

序号	窗口名称	营业地址	品牌
1	上海林内有限公司售后服务中心	浦东北路1500号	林内
2	上海启林燃具有限公司	周家嘴路98号	
3	上海延长燃气具安装维修有限公司*	三源路41弄14号102	
4	上海俊胤家电有限公司	宝山区海滨五村85号	
5	上海舒勤燃具有限公司	漕宝路1555弄9区2号115室	
6	上海德冉商贸有限公司	莲安西路123弄23-24号	
7	能率（中国）投资有限公司电话受理中心	金港路565号	能率
8	上海盟率商贸发展有限公司	程家桥路267号	
9	上海茸峰燃气安装有限公司	茸平路96号	
10	上海虹宣燃具有限公司	九亭大街79号	樱花
11	上海中靖实业有限公司	柳州路583号	
12	上海宏沛电子科技有限公司	张扬北路1010号	史密斯
13	南京艺宁电器安装服务有限公司上海分公司	华灵路1225弄376号乙	

续表

序号	窗口名称	营业地址	品牌
14	蓝宝石燃具电器总汇	西藏中路718号	蓝宝石
15	上海煤气表具有限公司售后服务部	西藏中路700号	
16	上海青浦煤气管理所用户服务中心*	青浦区青安路381号	武岭
17	上海海浩燃气器具有限公司海华维修部*	共康路958弄289号1幢4楼	海华
18	宁波忻杰燃气用具实业有限公司上海分公司	华池路58弄1号1237室	众杰
19	宁波方太营销有限公司上海徐汇分公司	漕溪北路375号C幢22楼	方太

注：2012年燃气行业评出的服务示范窗口

（四）2012年度上海燃气行业文明工地

2012年度上海燃气行业文明工地　　　　表10

序号	工地名称	建设单位	施工单位
1	南桥老居住区天然气改造工程	上海奉贤燃气有限公司	上海连通实业有限公司
2	宝岛路燃气管道排管工程	上海燃气崇明有限公司	上海煤气第一管线工程有限公司
			上海锦得燃气管道工程有限公司
3	华山路低压燃气管道改造工程	上海大众燃气有限公司	上海煤气第一管线工程有限公司
4	荣乐小区铸铁管改造工程	上海松江燃气有限公司	上海通欣燃气设备安装有限公司
5	打虎山路燃气管道改造工程	上海燃气市北销售有限公司	上海煤气第一管线工程有限公司
6	江杨南路中低压燃气管道改造工程	上海燃气市北销售有限公司	上海煤气第一管线工程有限公司
			上海悦鑫燃气管道工程有限公司
7	长宁路天然气改造工程	上海大众燃气有限公司	上海煤气第一管线工程有限公司
8	宝杨路中压燃气排管工程	上海燃气市北销售有限公司	上海煤气第一管线工程有限公司
			上海北泰实业有限公司
9	北宝兴路中压燃气管道改造工程	上海燃气市北销售有限公司	上海煤气第一管线工程有限公司
10	北京路煤气低压管改造工程	上海大众燃气有限公司	上海煤气第二管线工程有限公司
11	梅园别墅四区旧房新增燃气管排管工程	上海燃气市北销售有限公司	上海煤气第二管线工程有限公司
12	大连路燃气管道改造工程	上海燃气市北销售有限公司	上海煤气第二管线工程有限公司
13	淮海中路燃气排管工程	上海大众燃气有限公司	上海煤气第一管线工程有限公司
14	罗山路燃气管道搬迁工程	上海天然气管网有限公司	上海燃气设计院
			上海电力安装第一工程公司
15	镇宁路煤气低压管改造工程	上海大众燃气有限公司	上海煤气第二管线工程有限公司
16	团城公路燃气管道排管工程	上海燃气崇明有限公司	上海煤气第二管线工程有限公司
17	万顺路中压燃气排管工程	上海奉贤燃气有限公司	上海煤气第二管线工程有限公司
18	龙航路天然气高压排管工程	上海金山天然气有限公司	上海煤气第一管线工程有限公司
19	国康路燃气排管工程	上海燃气市北销售有限公司	上海煤气第一管线工程有限公司
			上海龙宇建设股份有限公司
20	桂菁路天然气低压管改造工程	上海大众燃气有限公司	上海煤气第一管线工程有限公司

续表

序号	工地名称	建设单位	施工单位
21	真大路燃气管道改造工程	上海燃气市北销售有限公司	上海煤气第二管线工程有限公司
22	通城房地产燃气排管工程	上海燃气浦东销售有限公司	上海煤气第二管线工程有限公司
23	SN2路天然气排管工程	上海大众燃气有限公司	上海煤气第二管线工程有限公司
24	国顺路低压燃气管道改造工程	上海燃气市北销售有限公司	上海煤气第二管线工程有限公司
25	长乐路煤气低压管改造工程	上海大众燃气有限公司	上海煤气第二管线工程有限公司
26	尚文路低压管改造排管工程	上海大众燃气有限公司	上海煤气第二管线工程有限公司 上海勃利燃气设备有限公司
27	西马街煤气低压管改造排管工程	上海大众燃气有限公司	上海煤气第二管线工程有限公司
28	兰溪路低压燃气管道改造工程	上海燃气市北销售有限公司	上海煤气第二管线工程有限公司 上海勃利燃气设备有限公司

注：以上建设工地同时荣膺"2012年度上海市燃气行业平安工地"称号。

（五）2012年度上海燃气行业人员培训

2012年行业从业人员培训情况　　　　表11

课目	期数	人次
燃气器具	20	932
LPG送瓶工或调瓶工	14	631
LPG站长	4	110
合计	38	1673

（六）2012年度上海燃气设施建设投资额

2012年度上海燃气设施建设投资情况　　　　表12

单位和项目	年度投资计划（万元）	自年初累计完成（万元）	完成年度计划（%）
天然气管网公司			
上海市天然气主干网工程Ⅱ2009~2010	20000	21026	105.13
管网技改	1240	1357	109.44
小计	21240	22383	
大众燃气公司			
大众燃气排管工程	4181	1789	42.79
大众技改	15565	45619	293.09
小计	19746	47408	
市北销售公司			
市北燃气排管工程	10050	6582	65.49
市北技改	29674	30307	102.13
小计	39724	36889	
浦东销售公司			
浦东燃气排管工程	23772	8052	33.87

续表

单位和项目		年度投资计划（万元）	自年初累计完成（万元）	完成年度计划（%）
	浦东技改	5462	5205	95.29
	小计	29234	13257	
浦东制气技改		840	894	106.43
吴淞制气技改		1418	1533	108.11
石洞口制气				
	石洞口燃气生产和能源储备项目	9000	5500	61.11
	石洞口技改	260	533	205.00
	小计	9260	6033	
液化石油气经营公司技改		1586	1251	78.88
金山				
	朱泾工业区天然气高压管	588	294	50.00
	天然气高压排管工程	1100	675	70.83
	天然气中压排管工程	3223	2613	100.00
	小计	4911	3582	
松江				
	天然气排管	1400	1140	81.43
奉贤				
	储配站改造	956	468	48.95
崇明				
	小区燃气排管	450	450	100.00
	钢瓶检测站	300	283	94.33
	小计	750	733	
沃金				
	加气站建设	1750	1413.34	80.76
新奥				
	加气站建设	1250	945.6	75.65

三、上海燃气发展面临的形势

国内天然气市场化改革、基础设施建设开放势在必行，资源贸易和供需平衡方式将更为多元化，本市燃气供需平衡与国际、国内市场联系更为紧密。总体上看，本市燃气资源供应保障能力提高，燃气设施比较完善，能源结构调整、节能减排等政策的实施和城镇化建设的推进，这些，将为大力推广使用天然气提供坚实基础和强大推动力。

（一）多元供应基本成型，资源和价格存在风险

随着川气东送、进口LNG达产以及西气东输二线气源入沪，为上海天然气的快速发展提供了资源保障，成为调整能源结构重要举措。但本市天然气资源几乎全部依赖外部调入，其中对国外资源

依存度达60%左右。陆上气源主要在西部边远地区，需要长距离管道输送，资源供应安全风险大，而本市燃气的应急储备能力仍然较为薄弱。同时，随着国家节能减排力度加大，不少省市均将发展天然气作为能源结构调整的抓手，资源竞争势必加剧。据预测，与油价挂钩的国际气价预测仍将处于高位态势，国产天然气价格逐步接轨国际天然气价格，气源成本增高，将导致摊销压力大，影响天然气利用。

（二）市场面临扩容机遇，供需平衡难度增大

本市提高清洁能源使用比例，推进能源结构调整，加大节能减排工作力度，为天然气发展提供了广阔空间。与此同时，新气源供应阶梯式增长与市场渐进式开发进度难以同步。燃气需求季节性峰谷差较大，供需不平衡矛盾长期存在。储备和调峰能力建设不能满足市场规模快速扩大的需求。天然气与燃气发电互为调峰，气电关联度提高，用气特性与电力同步呈现夏、冬双高峰，气电平衡矛盾突出。

（三）城乡统筹协调推进，转型发展进入攻坚

燃气行业将通过人工煤气转换和郊区燃气市场培育等一系列举措，推进城乡统筹、协调发展。但中心城区人工煤气系统转换改造成本高、难度大，煤气生产企业转型面临压力，人员包袱重，分流安置难。受城市空间资源制约，燃气管网规划落地难，建设成本攀升。城乡用气发展水平不均衡，部分郊区输配管网覆盖率较低，服务设施少。液化石油气供应零星分散，抗风险能力差。

（四）城市安全要求提高，管理和服务需要创新

燃气事故发生率和死亡率与发达国家相比，仍然偏高。公众燃气安全使用知识普及方式需要创新，普及力度需要加大。用户需要方便快捷、质优价廉地享受燃气服务，对燃气企业生产、政府监管提出了更高要求。燃气行业管理标准化、规范化、信息化建设等，需要树立新理念，提出新思路，采用新方法。

发展机遇与挑战并存，压力与动力互促。为此，必须在挑战中抓住机遇，增强忧患意识和创新意识，充分利用国内天然气大发展的良好时机，实现本市燃气行业的跨越式发展。

四、2013年上海燃气发展规划和发展目标

（一）发展规划

以促进能源转型发展为主线，以提高供应保障能力为核心，以经济合理配置天然气资源、构建战略安全保障体系、提升管理水平、促进城乡燃气均衡化发展为重点，着力增加气源，完善输配系统，提高调峰能力，建设安全稳定的供应体系；着力优化用气结构，加强需求侧管理，建设高效利用和安全的用气体系；着力提升行业管理水平，加强市场监管，提高服务质量，构建有序、诚信的燃气市场和依法、规范的市场监管体系；着力培育燃气行业科技、管理创新，提高综合竞争能力，实现燃气行业的可持续发展。

大力发展天然气。提前谋划，争取资源。适度超前规划建设天然气接收、储备、调峰、输配设施。积极开发市场，合理高效利用，鼓励替代分散燃煤和重油。基础设施联网与贸易机制创新相结合，推进跨区资源互补和供需平衡。

进一步实现人工煤气稳妥退出。积极有序安排用户转换计划，确保生产运行安全和社会稳定。充分、合理利用人工煤气生产系统设施。

稳定发展液化石油气。保障液化石油气资源供应渠道，增加、完善政府和企业两级储备。结合管道气发展，合理布局配送和服务站点，提高服务质量和便捷化程度。

（二）发展目标

1. 总量目标

2013年，本市天然气供应规模力争达到73亿立方米，实现供需基本平衡，落实后续资源。液化石油气年供应规模维持在40万吨左右。

2. 保障目标

建设主干管网。完善和健全政府和企业两级储备，继续提高储备能力，确保全市城市燃气用户应急保障。

3. 转型目标

人工煤气平稳退出。基本完成用户转换，两年内完成管道燃气天然气化。原制气、输配系统的储配设施、土地资源和人力资源实现合理再配置。

4. 城乡目标

两年内郊区新城区实现管道天然气90%覆盖，小城镇基本实现天然气供应，农村地区合理配置燃气供应，不断提高天然气覆盖率。

5. 管理目标

两年内服务水平：示范服务窗口数量、安全示范社区数量和政风行风测评指数分别由"十一五"的70个、55个和87分提高至100个、120个和90分。

用气安全：提高安全用气水平，燃气用户安检整改率提高到60%；燃气事故死亡率下降至0.008‰以内。

运行管理：天然气产销差率下降至5%以内。

6. 合作目标

探索长三角地区天然气主干管网互联互通，形成"规划互动、管网互通、标准互认、资源互补、保障互助、信息互享"的互助合作模式。

7. 产业目标

在燃气装备与设备、技术研发、能源服务、示范应用等产业领域达到国内领先水平。建设国家级天然气交易中心。

重庆市燃气发展综述

一、基本情况

（一）资源状况

重庆市所在的川渝地区是我国陆上天然气资源最为丰富的地区之一，从20世纪60年代起就开始了天然气的勘探、开发和利用。目前，主要有中国石油西南油气田分公司和中国石化江汉油田分公司、南方勘探开发分公司等单位在该地区从事天然气资源的勘探、开发和集输。经过半个世纪的发展，川渝地区天然气勘探取得显著成绩，特别是近十年，重庆及附近地区天然气勘探飞速发展，除开采已久的卧龙河气田外，相继在重庆开县、四川达州和仪陇等地发现了罗家寨、普光、龙岗等大型、特大型气田，在重庆合川、石柱等地也发现了气田。

该市煤层气资源也较为丰富。松藻煤电公司、天府矿业公司、南桐矿业公司、永荣矿业公司、中梁山煤电气公司等5大市属国有煤炭生产企业的煤矿矿井均为高含煤层气矿井，拥有十分丰富的煤层气资源。

重庆市境内气田气资源统计表　　　　表1

单位名称	开发气田（个）	探明储量（亿m^3）	剩余可采储量（亿m^3）
中国石油	36	5107	1927
中国石化	1	126	57
合　计	37	5233	1984

（摘自《中石油西南油气田分公司"十二五"天然气业务发展规划及2020年远景目标》、《江汉油田在重庆市及周边地区天然气勘探开发现状及规划》，为2009年12月末数据。）

重庆市境内煤层气资源统计表　　　　表2

单位名称	探明储量（亿m^3）	剩余可采储量（亿m^3）
松藻煤电公司	422.18	220.28
天府矿业公司	102.35	61.18
南桐矿业公司	50.09	29.70
永荣矿业公司	50.15	45.14
中梁山煤电气公司	11.23	9.7
合　计	636	366

（摘自重庆永荣矿业有限公司、松藻煤电公司、中梁山煤电气公司、重庆南桐矿业有限责任公司、重庆天府矿业有限责任公司的煤层气开发利用发展规划。）

（二）天然气供应情况

"十一五"期间全市天然气供应情况　　表3

年份	供气总量（亿m³）	其中			家庭用户（万户）	汽车加气站（个）
		工业（亿m³）	民用（亿m³）	CNG（亿m³）		
2006年	35.5	23	8.26	4.24	235.8	60
2007年	43.2	26.5	11.74	4.96	250.5	68
2008年	47.5	28.9	12.85	5.57	281.4	75
2009年	49.5	32.1	13.75	6.15	307.3	82
2010年	56.4	34.6	15.04	6.67	358.3	85

（三）管网布局

1. 长输管网及净化设施现状

（1）中石油西南油气田分公司

中石油西南油气田分公司经过多年建设，已在川渝地区建成围绕四川盆地南北环型输气主干管系统，形成了辐射四川及重庆所有大中型城市的集、输、配管网系统。在重庆境内现有输气站370座、净化处理厂7座（处理能力2360万立方米/日）、增压站40座、脱水站16座、气田水回注站20座，集输气管线约5330千米。

中石油西南油气田分公司在渝主要输气干线情况表　　表4

管线名称	起点	终点	管径	长度（km）	设计压力（MPa）	设计输送量（10^8m³/a）
两佛线	两路	佛荫	D720	176.6	4	26.4
两佛复线	碳窑湾	佛荫	D711	167.5	4	26.4
卧长线	石桥	渡舟	D813	45	6.3	40
南万忠线	南坝	忠县	D508	171	7	18.8
龙屏线	龙门	屏锦	D711	24.5	7	32.3
屏石线	屏锦	石桥	D610	59.3	7	32.3
屏忠线	屏锦	忠县	D559	73	6.3	18.8
石渡线	石桥	渡舟	D610	41.7	6.3	26.4
渡两复线	渡舟	碳窑湾站	D610	62.5	6.3	20.5
屏渠线	屏锦	渠县	D457	74.1	6.3	14.8
峡渝线	西彭	九宫庙	D457	35	4	8.6
卧渝线	申垭口	九宫庙	D426	145.5	3.8	8.3
卧两线	总厂	两路	D426	100.8	6.3	13.2
渡两线	渡舟	两路	D529	62.56	4.5	13.2
申北线	申垭口	渠县	D325/426	104.02	7.84	6.6
申倒线	申垭口	倒水桥	D325	59.1	6.28	5

（2）中石化

中石化建南气田在重庆市境内有气井17口，井场10座，集气站2座，集输气管线123.29千米，输配站2座。

中石化在渝主要输气干线情况表 表5

管线名称	管线走向	管径	长度（km）	设计压力（MPa）	设计输送量（$10^8 m^3/a$）
"川气东送"管线	中石化四川宣汉普光气田至上海经过重庆市的梁平–忠县–石柱	D1016	120	4	120
梁平~晏家川维支线	梁平–长寿晏家川维	D559	154	4	25
建临管线	湖北省利川市建南镇的北高点集输气站–石柱县临溪镇的南高点集输气站	D159 D114	24.6	6.3	0.40

（3）城镇供气干管现状

"一小时经济圈"地区供气干管情况 表6

名称	管线走向	设计压力（MPa）	管径	长度（km）	设计输量（$10^4 m^3/d$）	供气范围
主城中环管网	人和–头塘–弹子石–海棠溪–四km–鱼胡路口–鱼洞大桥–上桥–二郎–杨公桥~童家桥–会山顶–大竹林–人和	0.8 / 1.6	D426	86	440	主城区
井北线	井口–北碚	0.8	D325	28	30	主城区
童虎线	童家桥–虎溪	1.6	D426	22	200	主城区
虎璧线	虎溪–璧山	1.6	D325	8	67	璧山
西来永管线	西彭–璧山–来凤–永川	2.5	D219	42	330	璧山、永川
磨潼铜管线	磨溪气田–潼南–铜梁	1.6	D159	160	40	潼南、铜梁
相合管线	相国寺–合川	1.6	D219	48	24	合川
荣双、荣大管线	荣昌–双桥、荣昌–大足	1.6	D159	47	11	双桥、大足
仁珞管线	江津仁沱–江津珞璜	1.6	D159	12	20	江津珞璜
綦万南管线	綦江–万盛–南川	1.6	D159	48	9	綦江、万盛、南川
垫涪管线	垫江–涪陵	1.6	D219	58	20	涪陵
垫白管线	垫江–涪陵白涛	4.0	DN350	76	190	建峰化工
晏鱼管线	长寿晏家–江北鱼嘴	4.5	D508	38	340	主城区
长涪南管线	长寿晏家–涪陵李渡–涪陵–南川水江	6.3	D508、D457、D325	133	600	建峰、中铝等
西永管线	西彭–永川	4.0	D426 D325	42.5	130	璧山、永川

（4）渝东南地区供气干管情况

渝东南地区供气干管情况 表7

名称	管线走向	设计压力（MPa）	管径	长度（km）	输气能力（$10^4 m^3/d$）	供气范围
石柱临溪镇至城区输气管线	南高点集输气站-石柱县城	2.5	D114	59	8	石柱
建黔管线	湖北省利川市建南镇的北高点集输气站-咸丰配气站至黔江	2.5	D219	79	29	黔江

（5）渝东北地区供气干管情况

渝东北地区供气干管情况 表8

名称	管线走向	设计压力（MPa）	管径	长度（km）	输气能力（$10^4 m^3/d$）	供气范围
万云奉巫管线	万州-云阳-奉节-巫山	万州至云阳段6.4，云阳至巫山段2.5	D159 D133	37 113	45 7	云阳、奉节、巫山
忠丰管线	忠县巴营-丰都镇江	4.0	D325	61	160	丰都

2. 城镇天然气储配设施现状

截至2010年，全市储气设施总储气量为125万立方米，其中可调度储气量为90.1万立方米。

全市储气设施及储气量情况 表9

序号	储配站名称	储气方式	可调度储气量（万m^3）	储气量（万m^3）
1	江北区头塘储配站	球罐	42	66
2	渝中区六店子储配站	球罐	11.1	14.8
3	九龙坡五台山储配站	球罐	2.2	2.7
4	北碚区文星湾储配站	球罐	2.2	2.7
5	巴南区花土湾储配站	球罐	1.4	1.8
6	璧山县华龙储配站	球罐	0.7	0.9
7	涪陵区储配站	球罐	1.8	2.2
8	合川区储配站	球罐	1.4	1.8
9	江津区平桥储配站	球罐	1.4	1.8
10	万州区储配站	球罐	4.2	5.4
11	垫江区储配站	球罐	2.7	3.2
12	永川区储配站	球罐	1.7	2
13	铜梁县储配站	球罐	3	3.4
14	潼南县储配站	球罐	0.6	0.8
15	云阳县储配站	球罐	1	1.3
16	城口CNG调压站	管束	1.8	2
17	黔江区储配站	管束	3.3	3.7
18	酉阳县储配站	管束	2.7	3

续表

序号	储配站名称	储气方式	可调度储气量（万m³）	储气量（万m³）
19	武隆县储配站	管束	2.7	3
20	彭水县储配站	管束	0.9	1
21	秀山县储配站	管束	1.3	1.5
合计			90.1	125

（四）汽车加气站情况：

1. 2012年压缩天然气汽车加气站102座；
2. 汽车加气站加气总量57274万立方米；
3. 燃气普及率约80%。

二、2012年重庆燃气行业发展成绩

2012年重庆市燃气行业深入贯彻落实科学发展观，坚持以服务发展行业为宗旨，在推进行业科技进步、安全发展、文明建设、服务企业等方面做了大量的工作，为全市经济社会发展作出了积极的努力。从该市燃气行业发展情况看，随着全国燃气发展的强劲势头，重庆燃气行业伴随着城市经济建设的快速发展，迎来了重庆城镇天然气的大发展。全市启动了天然气"县县通"工程，天然气管道将覆盖全市38个区县；重庆中环管网、长南管线、忠丰管线、西永管线和一批储配设施及输配管网自动化监控系统的建成和投入使用，促进了天然气基础设施建设步伐加快，天然气的调峰能力进一步提升，天然气供应保障体系取得重大进展；供气总量大幅度增加，用户发展迅速增长，城镇气化率明显提高；为改善城市环境，提高人民生活质量，发展经济作出了巨大贡献，有力地支持了全市经济的快速发展。

（一）行业安全

重庆燃气行业高度重视安全工作，始终把安全工作摆在重要位置。在行业安全工作中，建立健全企业安全生产责任体系，层层落实安全生产主体责任，促进行业安全工作的不断深入开展；坚持安全投入，开展安全隐患排查整改、老旧燃气管网、设施的改造；加强基层基础安全工作，落实企业主体责任，积极推进企业安全标准化工作，提高企业本质安全水平；坚持开展群众性的安全生产活动，提高行业职工安全意识。有效地促进了行业安全生产管理工作。

（二）行业服务

一是开展城镇燃气经营企业《燃气经营许可证》发放工作。组织开展了全市城镇燃气经营企业《燃气经营许可证》的申报、审查、发放工作。2012年协会组织7名行业专家，依照国家和市政府有关城镇燃气经营许可发放文件要求，历时7个月，完成了91家燃气经营企业经营许可的审查和84家燃气经营企业经营许可证的发放工作。为促进重庆市燃气经营许可工作的顺利实施做出了积极的努力。二是开展全市城镇天然气安全宣传活动。在全市38个区县开展了以"关注燃气安全，关爱生命财产"为主题的城镇天然气安全大型宣传活动。活动中印制了安全使用天然气宣传手册4万册，制作安全用气常识及燃气事故警示片，发放到全市38个区县。全市100多家城镇天然气经营企业、燃气产品生产企业参与了本次活动。通过本次活动，进一步提高市民安全用气意识和隐患处置与防范能

力。三是组织行业专家、院校教授开展事故调查、工程安全评估鉴定等工作。为政府客观公正的处理事故，维护社会的安定、稳定，以及保护燃气企业的合法权益，发挥了积极的作用。

（三）行业交流

加强行业技术交流，促进企业技术进步。举办一期"燃气产品售后服务先进经验交流会"。有力地促进了燃气产品生产（销售）企业售后服务质量和管理水平的提高。服务会员单位，根据会员单位的需求和委托，为会员单位提供技术、管理咨询、信息服务和相互学习交流活动等。组织部分会员单位参加了在新加坡举办的国际燃气设备展览会。为促进行业文明建设和安全工作，组织荣获协会"双十佳"和安全管理工作先进单位、先进个人的部分代表赴市外燃气企业学习考察。

（四）人才培训

开展行业职业资格技能培训鉴定工作。从2012年初开始组织开展了职工职业资格技能培训鉴定工作，组织编制了行业8个工种职业鉴定、培训教材，历时近7个月，共举办了7期、13个教学班，对市内外16家燃气企业、392名职工进行了培训及考试鉴定。

（五）文明建设

坚持组织开展了两年一届的"十佳和谐企业"、"十佳文明服务示范窗口单位"（简称"双十佳"）的创建、复查验收工作。在2012年8月和9月分两个阶段，对符合"双十佳"初审条件的19个会员单位进行了现场检查与评审。同时，在行业组织开展了征集企业文明建设及"双十佳"创建工作经验交流材料和论文的活动，目前，已收到经验交流材料和论文共计24篇，为推进重庆燃气行业精神文明建设作出了积极的贡献。

三、重庆市燃气发展面临的形势

当前重庆市燃气行业在发展中所面临的问题。一是城镇燃气需求增长迅速，供需矛盾凸显；二是城镇燃气调峰、应急、储备能力不足；三是城镇燃气价格调整机制不适应发展需要；四是乡镇燃气安全问题突出，服务质量有待提升等。

四、重庆市燃气发展规划和发展目标

贯彻落实科学发展观，以改善重庆市城镇居民生活水平和促进经济社会发展为中心，按照"十二五"期间重庆市各地区经济社会发展趋势和天然气需求特点，充分利用重庆市及周边地区天然气的资源优势，合理布局天然气设施，提高全市供气系统的安全性、可靠性、经济性、先进性，增大天然气在一次性能源中的比例，减少大气污染，保护环境，为重庆市的经济社会发展提供可靠的能源保障。

（一）发展规划和目标

全市天然气发展规划目标　　　　　　　表10

序号	规划目标名称	指标单位	2010年情况	2015年目标
1	天然气供气总量	亿m^3/a	56.42	150
	其中：工业用气量	亿m^3/a	34.6	109
	民用气量	亿m^3/a	15.04	30

续表

序号	规划目标名称	指标单位	2010年情况	2015年目标
1	CNG用气量	亿m³/a	6.67	11
2	天然气占全市能源消费比重	%	10.5	14
3	城镇天然气气化率	%	70	87
4	城镇天然气家庭用户	万户	358.3	550
5	地下储气库工作气量	亿m³/a	—	24
6	调峰储气量	万m³/a	125	474
7	日调峰系数	%	20	45
8	天然气设施建设投资	亿元	10.5	140.1
9	天然气输配管线	km	15000	21568
10	调压计量站数量	座	320	447
11	CNG汽车加气站数量	个	87	120

注：括号内数据为"十二五"期间新增累计数。

（二）城镇天然气储气设施规划

1. 储气设施种类："十二五"期间，全市储气设施除现有的球罐储气、管束储气方式外，将增加地下储气库和液化天然气（LNG）等方式。

2. 地下储气库："十二五"期间，中石油规划建设相国寺和铜锣峡地下储气库，其中，相国寺储气库总库容量41.5亿立方米，可调度储气量为20亿立方米；铜锣峡储气库总库容量11亿立方米，可调度储气量为4亿立方米。相国寺地下储气库定位为中卫-贵阳线的配套工程，是国家天然气战略储备的组成部分，可作为重庆市天然气紧缺情况下的战略储备设施。

3. 储气球罐："十二五"期间，全市各区县规划储气球罐建设情况如下：一是主城区范围拟在巴南区龙洲湾、大渡口区跳蹬、西部新城工业园区、两江新区照母山、黄茅坪储配站、空港新城储配站等区域选址新建天然气储配站，新增储气能力260万立方米，解决主城区范围的小时调峰。二是万州区桐元储配站新增储气能力20万立方米，解决万州区的小时调峰。三是垫江储配站新增储气能力10万立方米，解决小时调峰。四是壁山、铜梁、潼南、云阳、奉节、巫山、开县、万盛、南川、荣昌储配站，分别新增储气能力3.4万立方米，解决各地的小时调峰。

4. LNG气化站："十二五"期间，规划在主城区（包括二环24个聚居区和两江新区）及各区县城区建设52座LNG气化站，其中44座气化站LNG储罐几何容积为200立方米，8座气化站LNG储罐几何容积为100立方米，天然气储存总量576万立方米（标态）。各LNG气化站的主要功能是各区域的天然气小时调峰和应急储备设施。"十二五"期间规划在100个小城镇建设LNG气化站，按每座气化站LNG储罐几何容积100立方米计算，可储存天然气600万立方米（标态）。

5. 储气管束：通过外环高压环网实现调峰储气。考虑到小时调峰需要，外环高压环网选择管径DN700，新增储气量375万立方米，可调度气量为225万立方米。规划巫溪县近期采用CNG方式供气，根据CNG压力较高的特点，拟采用埋地管束作为缓冲管道，进行管束储气，投资小于储气球罐，运行管理也更为方便、可靠。储气管束的主要功能是对高压来气进行缓冲，同时也具有小时调峰和应急储备功能。

五、重庆市天然气应急供应保障

目前重庆市的天然气主要来源于重庆境内天然气气田，采用长输管道输送，气源较单一，当冬季气田产气不足或生产、净化、输送环节设备检修时，往往给重庆市居民的生活及企业的生产造成严重的影响，为了使重庆市天然气用户在天然气供应紧急状态下用气得到保障，应实现以下天然气应急供应保障功能：

（一）气源的多元化

合理布局中石油管道气、中石化管道气、煤层气、LNG（含液化煤层气）的供气设施，努力形成各区县的气源多元化，使各类气源可以起到互补的作用。主城区及万州区等区域中心城市的气源数量应在2个以上，区县及乡镇的气源线应尽可能实现与净化气长输干线连通。

（二）管道的网络化

初步实现全市"一小时经济圈"、渝东南、渝东北3个区域的城市供气主干管网互联连通。

（三）天然气应急储备

建设国家和地方二级天然气应急储备设施，即国家级的相国寺地下储气库和铜锣峡地下储气库，地方级的LNG气化站，同时地方用于小时调峰的储气球罐、高压管网也应纳入应急储备的管理。

"十二五"期末，规划重庆全市的调峰储气能力达473.8万立方米，小时调峰系数超过45%。

辽宁省燃气发展综述

一、辽宁省城市燃气基本情况

（一）气源情况

辽宁省燃气种类主要有城市人工煤气、天然气、液化石油气三种，其中鞍山、本溪、丹东、锦州4市使用的是人工煤气、天然气、液化石油气等多种气源并用；大连、朝阳2个市使用的是人工煤气和液化石油气；沈阳、抚顺、营口、辽阳、阜新、铁岭、盘锦、葫芦岛8个市使用的是天然气和液化石油气。

（二）供气总量

截至2011年年末，全省城市供气总量按天然气热值进行折算约为16.9亿立方米，其中：人工煤气供气总量5.7亿立方米（折算后为2.8亿立方米），天然气供气总量7.6亿立方米，液化石油气50.5万吨（折算后为6.5亿立方米）。县城供气多为液化石油气，供气总量3.2万吨（折算后为0.4亿立方米）。

（三）燃气管道长度

截至2011年年末，全省城市供气管道长度15295千米，其中：人工煤气5580千米，天然气9059千米，液化石油气656千米。

（四）燃气价格

各市管道燃气价格详见表1。

辽宁省各市管道燃气价格情况　　　　　　　　　　　　表1

单位：元/m³

市别	居民	机关	工业
沈阳	3.30	3.90	3.90
大连	1.40	2.40	
鞍山	1.20	1.80	
抚顺	0.80	0.80	
本溪	1.30	2.30	
丹东	1.60	2.40	
锦州	1.60	2.00	
营口	2.50	4.40	
阜新	1.00	1.00	
辽阳	2.50	3.30	
铁岭	1.55	2.80	
朝阳	1.20	1.60	
盘锦	2.90	4.40	
葫芦岛	3.00	4.00	

二、重庆城市燃气"十二五"工作任务

（一）燃气普及率

截至2011年年末，全省城市用气人口2092万人，城市燃气普及率达95.46%；"十二五"城市燃气普及率将达到97%，如达到此目标，若全部使用天然气，则在总人口不变的情况下，增加的用气人口还需增加0.3亿立方米供气量。全省县城燃气普及率为61.59%，若达到"十二五"规划目标85%，需增加0.1亿立方米供气量。

（二）城市天然气增量的主要构成

一是城市新增天然气家庭和工业用户；二是城市天然气汽车加气站；三是县城天然气用户。

（三）管道需新建和改造情况

截止到2011年年末，全省现有供气管道长度15295千米。"十二五"期间拟新建和改造供气管道1540千米，需资金18.48亿元，平均造价约为每千米120万元。

（四）鞍钢、本钢、凌钢人工煤气相关情况

鞍钢人工煤气日产量800万立方米，其中：供民用40万立方米；本钢人工煤气日产量200万立方米~300万立方米，其中：供民用10万立方米；凌钢人工煤气日产量10万立方米，其中：供民用2万立方米。上述三个企业年供应民用量为$52\times365=1.9$亿立方米。

黑龙江省燃气发展综述

一、黑龙江省燃气发展基本情况

（一）燃气资源和发展情况

目前，哈尔滨、大庆、齐齐哈尔一线主要以管道天然气供应用户为主，以液化石油气钢瓶供应为辅的供气格局。天然气主要来源为大庆油田天然气田，液化石油气主要由大庆油田炼化厂生产。牡丹江、鸡西、七台河、双鸭山是以焦炉煤气为主要气源，供气方式以管道供应为主；偶有少量液化天然气瓶组供应，液化天然气来源主要是吉林松原天富能源公司供应；其余为液化石油气钢瓶或者液化石油气钢瓶混气站供应，液化石油气的来源主要是大庆，或者哈尔滨炼化、牡丹江石化；绥化、黑河、伊春、大兴安岭地区主要以液化石油气钢瓶供应为主，偶有CNG通过管道小区域供应，或有液化石油气瓶组混空站供应；偶见LNG气化后通过管道供应，这些地区液化石油气来源主要为大庆炼化厂，CNG的来源主要是大庆附近爱思开母站、兴企祥母站，LNG的来源主要是吉林松原的天富能源。农垦地区主要是以液化石油气钢瓶供应为主，间或有建设LNG场站的农场，但是基本都没有供应燃气。鹤岗市城区主要以供应煤层气为主，但是由于现在煤层气开采量较少，且煤层气中甲烷含量较少，因此热值较低，不适合作为城市气源使用。目前，采用LNG供应。页岩气的开采在该省还是空白。

（二）燃气管网布局

省级燃气管网还没有建成。哈尔滨、大庆、齐齐哈尔、鸡西、牡丹江、佳木斯、七台河、双鸭山、鹤岗、大兴安岭、绥化等已经建成城市燃气管网。

（三）液化天然气厂和液化天然气接收站情况

目前在建的LNG母站有两座，大庆庆然母站、工大雪贝母站。黑龙江省境内还没有LNG接收站。

（四）燃气汽车加气站情况

截至2012年末，黑龙江还没有LNG汽车加气站。CNG加气站41座；液化石油气汽车加气站44座；改装CNG汽车14164辆，改装LPG汽车11440辆。

二、黑龙江省2012年燃气发展成绩

（一）《城镇燃气管理条例》颁布以来，为规范全省燃气经营许可发放程序，该省制定了《黑龙江省燃气经营许可发放程序规定》及《关于<燃气经营许可证>和<燃气供应许可证>发放有关事项的通知》，明确省、市两级管理制度。《规定》执行以后，各地市立即启动燃气经营许可换证工作，目前除牡丹江、大庆等个别地市外，全省换证工作已基本完成。

（二）为加强行业管理、消除安全隐患、规范各地行政许可权力运行，拟定了《关于规范全省燃气行业管理程序和工作流程的通知》、《关于进一步加强城镇燃气用户安全管理工作的通知》，

并组织开展了全省城市燃气行业安全生产管理工作先进集体和先进个人评比。

（三）按照《关于做好〈城市燃气专业规划（2010～2015）〉编制工作的通知》工作要求，该省将规划编制完成情况作为项目立项审批的前置条件。今年截至目前已批复15个、评审17个。按照省政府"三供两治"供气工作任务安排，积极推进各地城市管道燃气工程项目建设，并重点加强建设过程中的技术指导及政策支持，现绥化、肇源、勃利、讷河、大兴安岭等多个城市已陆续通气或与供气方签订特许经营协议，其他城市也在与投资商洽谈过程中。

（四）车用燃气作为新兴产业，发展迅速。全省上半年新建液化石油加气站5座、天然气加气站8座，累计完成投资5300万元，新增燃气车辆2400台，油改气工作逐步推进，在为公交、出租等运营车辆降低运营成本的同时，减少了车辆排放的尾气，大幅改善了城市环境。

（五）在2012年，部分城市调整了天然气价格。哈尔滨天然气价格调整至民用2.8元/立方米、非居民用天然气3.8元/立方米；齐齐哈尔港华天然气价格：民用2.4元/立方米、工业2.85元/立方米、商服3.00元/立方米；佳木斯中燃天然气价格：民用2.65元/立方米、非民用3.8元/立方米。

（六）2012年，黑龙江全省开展燃气行业职业技能岗位培训工作成绩斐然，全年共有560余名燃气从业人员通过学习，取得了省厅颁发的职业技能岗位证书。

（七）目前哈尔滨、佳木斯、牡丹江市分别建设了LNG的天然气补充气源，哈尔滨、佳木斯各建设2座150立方的LNG储罐，牡丹江建设了2座150立方米和2座100立方米的LNG储罐。

三、存在问题

（一）燃气管线被违法占压现象时有发生；部分单位野蛮施工致使燃气管道设施频繁被挖断或破损的现象屡禁不止。

（二）燃气市场发展速度过快，导致燃气行业施工和管理技术人员短缺。

（三）各地燃气事业无序发展的现象依然存在，缺少统筹性、前瞻性专业文件的指导。

（四）个别县、市地方政府对城市燃气事业的市场准入条件把关不严，导致引入的燃气经营企业自身条件不足，规范、整合市场的工作需进一步加强。

四、2013年发展规划和目标

（一）研究修订《黑龙江省燃气管理条例》。《黑龙江省燃气管理条例》是1998年制定的，目前很多内容已经不适合当前全省燃气发展的要求，因此要结合国家《城镇燃气管理条例》，修订《黑龙江省燃气管理条例》。

（二）研究制定方案开展燃气行业从业人员安全培训、燃气企业管理人员岗位培训。

（三）以试点形式推进燃气场站数字化监管。

河南省燃气发展综述

一、河南省燃气发展基本情况

河南省现有城镇燃气气源类型主要包括天然气、人工煤气（焦炉煤气、水煤气）、液化石油气等，形成了多种气源并存格局。其中天然气主要来自河南油田、中原油田、西气东输一线以及通过中石化榆济线转输至安阳、濮阳的天然气。人工煤气主要由义马市张长岭煤气厂提供，通过长距离管道输送至郑州、洛阳，供作沿线城镇作为管道燃气气源。近年来，随着郑州市区停止使用义马煤气，气量分配逐渐向距气化厂较近的洛阳等西部地区集中，主要供气区域为洛阳市区、孟津县城、偃师市区、宜阳县城、新安县城、巩义市区、郑州上街区、荥阳市区、义马市区、渑池县城及管道沿线的其他用户。此外，在平顶山、汝州、济源市区供应有一部分焦炉煤气；焦作市区供应有部分矿井气与天然气混合气；南阳市区供应有部分沼气；安阳市区供应有部分高炉煤气；林州市、辉县市供应有部分炼焦尾气。除南阳市区因受燃气资源条件所限之外，其余城市人工煤气已不再作为当地管道燃气主导气源。

截至2012年底，18个省辖市均建设有城市管道燃气输配系统，108个县（市）中，建设有管道燃气输配系统的县（市）共有81个。全省城镇燃气管道总长度共计19886千米。城市管道储气能力为752.27万立方米，其中天然气储气能力为672.67万立方米，人工煤气为79.6万立方米，液化石油气储气能力为25391.55吨。

2012年，全省城市管道燃气总用量为37.43亿立方米，其中天然气用量为27.35亿立方米，人工煤气用量为10.08亿立方米。液化石油气总用量为34.37万吨。天然气汽车加气站127座，液化石油气汽车加气站13座。城市居民管道燃气总用户数为403万户，合1410.5万人（其中天然气为376万户，人工煤气为27万户）；城镇居民液化石油气总用户数259万户，合907万人。城镇居民用气普及率为77.94%。

二、河南省2012年燃气发展成绩

（一）加强城镇燃气安全管理，建立健全燃气安全管理长效机制

一直以来，河南省行业主管部门坚持"安全第一，预防为主"的工作方针，狠抓城镇燃气安全管理工作，进一步规范了安全经营秩序，有效防范和遏制了安全事故发生，实现了全年重特大生产事故为零的目标。

一是夯实基础，健全安全生产管理机制。严格落实行政领导负责制，细化分解安全生产目标，与燃气企业签订安全生产责任书，进一步落实安全生产责任。做到了机构健全、人员落实、分工明确、网络图清晰。各相关企业配备燃气专业技术人员负责气站日常安全管理，在安全培训、安全检查、值班管理、人车进站管理等规章制度和操作规程上进行了修改补充。员工安全培训教育面达

100%。同时，不断完善安全生产监管体系，切实加强监管队伍建设。全面做好重大危险源普查、登记和申报工作，建立动态重大危险源和重大事故隐患数据库，并进行严格监控。

二是加大检查力度，消除安全隐患。按照国务院有关精神和工作部署，深入开展安全日、安全生产月、三项行动等主题活动。在具体检查工作中，坚持以"谁检查，谁签字，谁负责"的原则，以认真负责、客观公正的态度对气站进行全面检查考核，严格落实企业安全生产主体责任，对发现问题限期责令整改。

三是大力开展安全宣传，加强从业人员教育培训。为认真做好燃气安全教育宣传工作，充分利用媒体、网络等宣传平台，投放安全用气公益广告，在公共场所组织开展"安全生产月"、"11.9"消防宣传日等群众性、社会性安全教育活动，宣传如何安全使用燃气灶具和热水器，防止因错误使用燃具而导致的一氧化碳中毒、火灾、爆炸等事故常识，大力营造"关注安全、关爱生命"的舆论氛围。此外，还积极指导组织燃气企业对行业从业人员（特别是负责人、安全管理员、安全员）进行了安全培训，从业人员安全意识和业务技能得到进一步提高。

（二）保障稳定供气，大力推行燃气行业规范服务

一是各级燃气主管部门和燃气企业严格按照行业服务规范，在保障安全稳定供气的同时，不断加强行业自律，大部分地区已对外推出了"优质服务承诺"、"限时办结"等制度。

二是积极引导从业人员从垄断思维向服务思维转变，树立客户需求导向和服务意识，促进服务模式改革创新，针对新发展客户，按照"后台围绕前台转，前台围绕客户转，全员围绕服务转"的服务理念，郑州、安阳等地相继建立了一站式服务大厅，统一对外办理业务咨询、设计、工程管理、工程施工、碰管、验收、置换等业务。

三是大力开展便民活动，提升用户满意度。在燃气缴费方面，部分地区除既有的营业所缴费、网上缴费、抄表用户银行代收等缴费方式外，积极与邮政、银联等相关方的合作，开辟邮政便民服务站、社区服务点、银联自动终端缴费等新的缴费渠道，缩小服务半径。

与此同时，各地还通过大力倡导行业服务明星进社区等活动，积极宣传安阳华润燃气"乔建玲女子抄表班"、焦作中裕燃气有限公司"客户部"；平顶山燃气总公司维修班长范素海、郑州华润燃气公司维修工牛志国等行业明星团队和个人的先进事迹，营造了有利于行业健康发展的社会舆论氛围。

（三）逐步完善价格管理政策，理顺天然气消费价格形成机制

与东部地区相比，河南省存在人均产值低、城市化进程缓慢、经济发展总水平不高等问题，其中重要原因是该省在发展政策、价格机制等方面存在着一些亟待解决的问题。河南省燃气行业也面临着同样的问题，与东部地区燃气企业相比，该省燃气企业在经营环境、价格机制、盈利能力等方面缺乏竞争力。

近几年，为了落实完善价格管理政策，河南省发改委按照国家发改委要求，于2010年6月30日下发通知，调整了河南省工商业和车用燃气销售价格，并于11月16日组织召开了全省民用管道天然气输配价格调整听证会，履行完成相关法定程序；于2011年12月9日，正式下发《关于河南省管道天然气价格有关问题的通知》，上调了省内郑州、开封等14个城市的民用天然气销售价格，并建立了价格联动机制。2012年，国家发改委提出拟用3年时间完成天然气价格的上调。此次调价，将对河南全省燃气行业今后的发展产生深远的影响。为促进全省天然气产业链健康发展，河南省组织业内专家对国内天然气发展、改革趋势及相关政策进行了研讨，搜集整理出部分地市燃气经营状况以及应

对价格调整的意见和建议。会后，向河南省发改委上报了《关于上游天然气价格改革有关情况的汇报》，报告详细介绍了国家天然气价格改革进程、全国城市民用天然气销售价格调整情况、全省民用天然气价格调整工作和全省燃气企业在经营中面临的困境，建议河南省政府等有关部门尽快出台相关政策，理顺民用天然气定价机制，确保价格联动机制在河南的首次成功落地。此举为处于天然气产业链下游的城市燃气企业营造可持续发展的经营政策环境，实现天然气产业链上下游整体健康运营发展，从而在加快中部崛起中为经济建设和人民生活提供充裕的清洁能源起到了积极的作用。

（四）加强行业宏观管理，建立健全监管体系

近年来，行业主管部门将直接管理城镇燃气企业的管理方式转变为对城镇燃气行业的监管，加强了咨询民主化、决策科学化、管理现代化、信息公开化，初步建立起符合相对完善的城镇燃气监管体系，较好的发挥了政府主管部门的宏观调控、市场监管、公共服务、应急保障等职能。

一是根据国务院《城镇燃气管理条例》，河南省住房与城乡建设厅以燃气许可证发放为抓手，依法加强燃气经营许可管理，规范经营行为。2012年，河南全省共审核许可经营燃气企业834家，其中管道燃气企业84家。车用燃气加气站170家，瓶装燃气企业580家。二是修改完善燃气管理法规。依据《城镇燃气管理条例》，组织开展了《河南省燃气管理办法》的修订工作，经过多次修改，征求意见稿已形成，正在全省燃气行业范围内征求意见，计划2013年年底正式下发。三是积极开展岗位培训工作。根据住房和城乡建设部关于对燃气从业人员培训指导意见，组织开展了燃气安全技术持证上岗人员岗位培训，2012年共举办岗位人员培训班5期，累计培训企业负责人、企业安全技术负责人、专兼职安全员、抢险抢修人员等各类岗位人员1067人。

（五）"气化河南"，全力打造"美丽城市"

2012年以来，我国环境污染日益严重，许多地区出现雾霾天气，河南省大气状况也不容乐观，雾霾天气时有发生，城市大气环境中悬浮颗粒物浓度超标。据预测，全年PM2.5达标天数仅为40%左右，主要污染源为燃煤、燃油、扬尘等。

"气化河南"项目是河南省委、省政府确定在"十二五"期间实施的一项公益性民生工程。中期目标是2015年基本实现"气化河南"，实现全部省辖市及所有县级城市和产业集聚区天然气管网覆盖率达到95%以上，200个以上的镇使用管道天然气；城镇人口气化率达到65%，天然气使用量达到130亿立方米，在全省一次能源消费总量中的比重提高到6%。根据"气化河南"的战略方针，全省各城市通过大力发展车辆油改气、锅炉煤（油）改气、燃气电厂替代燃煤电厂和分布式能源建设等措施，为促进生态文明建设，实现优化能源结构、改善大气质量、优化人居环境起到积极的促进作用。

2012年，河南省天然气销量达37.43亿立方米，据测算能为全省减少二氧化硫排放量近11.36万吨，减少烟尘排放量近7.1万吨。

三、河南省燃气发展面临的形势

（一）随着河南省城市化进程的加快，城市建设的快速发展，城市燃气总体发展水平仍然滞后于城市化进程，更无法满足城市日益增长的用气需求及持续发展的需要。城市燃气的利用规模、利用领域、利用地域、利用水平均需进一步提高。随着西气东输二线工程、晋城煤层气外供、鄂尔多斯天然气外输、西三线、西四线、新粤线、中海油进口LNG登陆等项目的规划建设，河南省燃气外

部资源条件进一步丰富，城市燃气供需矛盾有望得以缓解，配套城市供气设施建设力度需配套进一步加强。

（二）随着城市燃气利用领域的不断拓宽，用气规模的不断扩大，用气季节不均衡性日益加大，冬季供需矛盾日益突出，不少地方采取了冬季限供，部分用户停供的措施，由此而引发的社会问题越来越突出，造成的社会不安定因素急需解决。

（三）在上游长输管道检修及气田生产故障时段限量供应的情况下，应对措施不足，应急气源储备规模过小，也是全省城市燃气利用事业发展过程中迫切需要解决的一个现实问题。

（四）各地燃气供应事业无序发展的现象依然存在，缺少统筹性、前瞻性专业规划文件的指导。

（五）个别县、市地方政府对城市燃气供应事业的市场准入条件把关不严，导致引入的经营企业自身条件不足，规范、整合市场的工作需进一步加强。

（六）在部分开展管道燃气供应业务较早的城市，燃气管道腐蚀及设备老化现象严重，加之外力破坏因素，导致管道泄漏事故增多。

（七）宏观调控体系对行业发展的主导作用发挥还不完善，市场监管体制还需要进一步健全。缺乏合理的比价机制，使得城市燃气与电、油等其他能源相比，价格偏低。天然气价改过渡方案目前已经递交国家相关部门审核，天然气价格改革势在必行，将抬高我国天然气的整体价格，将会进一步挤压民用气利润空间，增大成本压力及产品替代风险，增加市场开发的难度。

（八）要实现"气化河南"的目标，还需要加强环保政策的出台力度。目前由于同可替代能源相比，煤炭这种高污染的能源价格较低，在实施"煤改气"时，势必受到这个因素的影响和制约，因此，需要尽快出台相关的环保政策，推进"煤改气"的进度。

四、河南省燃气行业"十二五"发展规划和目标

"十二五"期间，城镇燃气规划、建设、运营以及管理、技术和服务水平全面提升；城镇燃气普及率明显提高，应用领域范围明显拓宽；城镇燃气管网设施建设与改造工作取得较大进展；城镇燃气的优化能源结构、改善环境质量、促进城镇发展、提高人民生活水平作用得到充分发挥。

（一）城镇燃气年度利用气总量在2010年的基础上大幅增长。到"十二五"期末，全省城镇燃气供应总量按热值折合成当量天然气约为75.91亿立方米，较"十一五"期末增加143%。其中天然气供应规模约64.69亿立方米，人工煤气供应规模约19.37亿立方米（按热值折合成当量天然气约为6亿立方米），液化石油气供应规模约40.3万吨（按热值折合成当量天然气约为5.22亿立方米）。

（二）城镇居民燃气普及率明显提高。全省设市城市居民用气普及率不低于94%；县城城镇居民用气普及率不低于65%。2015年本规划所包含的全省126个市县城镇居民用户总量达1197.47万户，用气人口达到3987.58万人，城镇居民平均用气普及率达到86.23%。

（三）省辖市全面实现多气源、多回路安全供气。全省所有县级市、县城实现管道燃气县县通。"十二五"期间，全省新建城镇燃气管道约18375千米；到"十二五"期末，全省城镇燃气管道总长度达到44353千米。

（四）配套建设相对完善的城镇燃气利用调峰及事故应急供气设施，调峰及事故应急供气设施按各供气城市地理位置分散布局，同时又最大限度实现资源共享，到"十二五"期末，我国城镇燃气应急气源储备能力要有显著提高。

（五）逐步完善管网输配系统数据采集及监控系统，全方位建立地下燃气管线地理信息系统，提高城镇燃气输配系统的供气可靠性、安全性。新建及续扩建、改造城镇燃气基础设施投资持续增长，加大城镇燃气输配系统改造工程投入力度，确保因燃气泄漏引发事故量逐年减少。

（六）城镇燃气用气结构进一步优化。形成城镇居民用户、商业服务业用户、工业企业用户、交通运输业用户、发电、制冷采暖用户协调发展的用户结构。

（七）全省燃气安全运营水平要明显提高，燃气事故率明显降低。燃气经营者有关用户发展、供气保障、运行维护、安全管理等方面服务质量明显提高，用户服务电话及时接通率、报修处理及时率、投诉处理及时率和办结率等服务指标达到燃气服务标准要求。

山东省燃气发展综述

一、山东省燃气发展基本情况

（一）资源状况

山东省燃气气源主要有天然气、液化石油气和人工煤气等。

1. 天然气资源。天然气主要依赖中石油和中石化的长输管道从省外输送。2012年，中石油、中石化和中海油三大公司供应山东省天然气总量69.3亿立方米（其中，民用15亿立方米、工业用31亿立方米、商业用10亿立方米、汽车用13亿立方米）。其中，中石油39.5亿立方米、中石化20.45亿立方米、中海油6.55亿立方米，省外管道天然气调运量占天然气供气量的90%。

2. 液化石油气。山东省液化石油气生产能力200万吨左右，储气能力9.2万吨，供气管道长度966.32千米，供气总量合计72.3万吨，销售气量72万吨，其中，居民家庭47.2万吨，用气户数441.9万户，家庭用户407万户，用气人口1417.7万人。

3. 人工煤气。济南、青岛、淄博、潍坊等城市仍然生产使用人工煤气，大部分用于工业，部分用于居民。生产能力468.09万立方米/日，储气能力37.80万立方米，供气管道长度1461.76千米，自制气量12.3亿立方米，供气总量合计7.1亿立方米，销售气量6.9亿立方米，其中，居民家庭0.7亿立方米，用气户数（户）27.73万户，家庭用户27.47万户，用气人口88.37万人。

（二）管网布局

当前，山东省有天然气长输高压管道4000多千米，城镇燃气管网长度达到3.7万千米，中压以上城镇燃气管网长度2.2万千米，全省所有市、县（市）都用上了天然气，长输管道天然气已经覆盖全省17个设区市和81个县、市，还有10个县使用压缩天然气（CNG）和液化天然气（LNG）。山东省天然气长输管线初步形成七纵（南北向管道，中石油三纵、中石化四纵）六横（东西向管道，中石油和中石化各三横）和一个中海油及烟台中世区域管网的总体格局。

1. 七纵

（1）中沧线。中石油中原油田至沧州输气管道，长361.89千米，管径426毫米，设计压力6.0兆帕，最大工作压力5.1兆帕，年输气能力6亿立方米。

（2）沧淄线。中石油沧州到淄博管线，长213千米，设计压力6.3兆帕，管径508毫米，对山东年输气量7亿~8亿立方米。

（3）冀宁联络线。中石油江苏仪征青山至河北安平管道，为西气东输的京沪线和陕京二线的联络线，长874千米，设计压力10兆帕，设计年输气量100亿立方米。该线在山东省设有德州、济南、泰安、济宁、滕州5个分输站，年可供山东天然气25亿立方米~30亿立千米。

（4）济南-曲阜-济宁线。中石化济南-曲阜-济宁线目前主要由榆济线供气，管道工程总长212千米，年输气能力13亿立方米，输气管线系统设计压力为6.3兆帕，管线规格508毫米，年供气量约3亿立方米。

（5）胜利油田孤岛–东营–辛店线。中石化胜利油田孤–东–辛天然气管线，年供气量4亿立方米。

（6）安济线。中石化河北安平–济南天然气管道，鄂尔多斯大牛地天然气通过陕京二线转输至河北安平后，再经安–济线输送至山东，管径711毫米，设计压力6.4兆帕，设计年输气量30亿立方米。

（7）济–青线淄博–莱芜输气支线（中石化）。该支线设计年输气能力为11亿立方米，目前年供气量5000万立方米。

2. 六横

（1）中–济线。中石化中原油田至济南管道，长为213.83千米，管径为377毫米，设计压力为3兆帕，设计年输气量为2.53亿立方米，该管线由于气源问题，基本不向山东供气。

（2）济–青–日线。中石化济南–淄博–潍坊–青岛–日照管道。管线长568千米，管径508毫米，设计压力6.4兆帕，设计年供气量21亿立方米，目前供气量约在12亿立方米左右。

（3）榆济线。中石化榆林–济南线，气源为鄂尔多斯大牛地气田天然气，线路全长1012千米，其中711毫米输气管线805千米，610毫米输气管线207千米，设计输气压力10兆帕，设计年输气量30亿立方米。

（4）平–泰和泰–青–威管线。中石油平顶山–菏泽–济宁–泰安线，全长1000多千米，管线设计压力10兆帕，管径为1016毫米，设计供气能力应为70亿立方米/年～80亿立方米/年，2012年供气量约5亿立方米。

（5）冀宁联络线滕州–临沂支线。中石油滕州—临沂支线，长87.4千米，管径为406毫米，设计压力6.3兆帕，西接联络线滕州分输站，2012年供气量达到5亿立方米。

（6）曲阜—济宁支线。中石油冀宁联络线支线，全长40.2千米，管径323.9毫米，设计压力6.3兆帕，年供气量5亿立方米。

中海油及烟台中世区域管网为：该管道系统起于龙口中海油渤海气田分输站，连接莱州、烟台、威海、蓬莱、莱阳等城市，现已建成主管网550千米，管径406.4×6.3毫米；支线管网50千米，管径219.1×5.6毫米。管道系统设计压力为4.0兆帕。与中石化莱州支线联网后，每年向烟台、威海地区供气8亿立方米。

（三）液化天然气厂和接收站情况

截至2012年底，山东省尚未建成LNG液化厂和接收站。已经审查批准建设的液化天然气液化储配站有1个，年加工能力60万吨，国家立项建设的接收站一座，年吞吐能力200万吨。

（四）汽车加气站情况（液化天然气汽车加气站、压缩天然气汽车加气站、液化石油气汽车加气站数量，加气量及燃气汽车数量）

2012年底，山东全省共有压缩天然气加气站353座，液化石油气汽车加气站53座，液化天然气加气站20座，液化天然气、压缩天然气和液化石油气加气量分别为1亿立方米、12亿立方米和2000吨左右，液化天然气、压缩天然气和液化石油气汽车分别为700辆、20万辆和5000辆。

（五）燃气普及率（%）

全省燃气普及率96.69%，城市管道燃气普及率达到57%。

（六）全省燃气发展状况（天然气、液化天然气、液化石油气、煤层气、煤制气、页岩气等的使用情况）

2012年，天然气用量达到69.3亿立方米，其中，管道天然气67.3亿立方米，LNG 2亿立方米；天然气用气户数7356453户，家庭用户6968570户，用气人口2214.29万人。

（七）天然气储备情况（项目数量、储备量）

山东省天然气储配场站主要以压缩天然气（CNG）和液化天然气（LNG）为主，山东省已经建设的LNG储气站100余座，新建和改建CNG储气站（柜）10多座，储气能力1257.86万立方米。

二、山东省燃气行业发展存在的突出矛盾和问题

（一）天然气气源短缺

目前省内天然气资源作为天然气气源最大年供气量只有6亿立方米左右，山东省至今还未建成LNG码头，山东省天然气的来源主要是由省外供应，对外依赖性大，缺口大，气源稳定性差，无主动权，目前气源严重短缺。按照规划和国家对山东省的供气计划，预计2015年，山东省供气量将达到150亿立方米，2017年至2020年将达到260亿立方米。

（二）长输管网建设不平衡

目前，中石油、中石化、中海油三大公司在山东境内建设的供气管线，分散建设，各自为政，均为支状、不成环，供气压力不统一，联网供气十分困难；天然气管线敷设不均，西部密集，东部稀疏，东西布局不平衡。中石化济青、胶州-日照线、济南-济宁线、中石油沧淄线、滕临支线、烟台威海地区的管线管径小、压力低，无法满足天然气快速发展的需求。

（三）城市管网输送能力差

各城市管网建设均没考虑大规模天然气采暖问题，管径小、压力低、覆盖能力差与门站接受能力差，无法满足城市天然气采暖和发展分布式能源的需求；许多城市输配管网设施陈旧，运行压力低，供气能力不足，安全可靠性低，需要投入大量的资金，进行改扩建。

（四）供气安全保障性差

天然气供气系统无季节调峰设施，多数大中城市没有应急气源和调峰设施。"煤改气"采暖用气量加大，天然气供应冬夏季峰谷差扩大到3~5倍，宜造成冬季供气"气荒"。而且，不利于输气管网系统供气平衡，对突发事故的能力很差。为解决这一问题必须建设山东省的地下储气库和各城市应急气源和调峰设施。

（五）天然气价格高的问题制约着天然气利用

根据国家发改委关于天然气价格的文件，山东省制定了本省天然气利用价格，目前山东省天然气价格是这次涨价幅度最大的省份之一，涨价后，门站价格普遍达到每立方米3.3元~3.55元之间。

三、山东省2012年燃气发展成效显著

2012年以来，山东省各级燃气管理部门和有关企业，认真贯彻落实国家法律法规规定和有关行业技术标准，各项事业取得显著成效。

（一）强化保障，全省天然气事业实现新发展

为应对天然气供应新形势，山东省重点从规划编制、完善设施、争取气源、应急储备等方面入手，扎实做好气源保障的文章，确保了全省天然气稳定供应。一是专项规划编制初见成效。各地按照省里部署要求，积极开展燃气专项规划修编，目前14个设区城市、74个县（市）已完成编制工作，青岛、潍坊还

完成了《压缩天气（CNG）、液化天然气（LNG）专项规划》，有效促进了气源整合和科学布局。二是应急气源更有保障。不断强化冬季天然气运行情况调度，组织编制了全省燃气应急抢险救援预案，制定了迎峰度冬工作措施。各地按照省厅要求，编制了相应的应急预案，建设了一批天然气调峰储气设施，进一步提高了应急保障能力。三是积极协调争取天然气气源。按照省政府的要求，积极准备天然气供应资料，掌握情况，省政府领导赴中石油、中石化总部，争取落实天然气供应计划取得了良好的效果。

（二）锐意进取，全省LNG市场管理开创了新局面

一是加强对LNG市场的规范管理。针对全省LNG汽车加气站建设经营发展现状，及时开展调查摸底和调研，印发了《关于加强LNG工程安全审查工作的通知》、《关于制止擅自违规建设经营LNG加气站的通知》，调整了LNG汽车加气站审查审查办法，明确了工程建设审查和建设程序，加强了LNG加气站的安全审查工作，规范了LNG工程的安全监管程序。专门就高速公路LNG加气站规划建设与省交通厅进行了座谈，并对省交通厅编制的山东省高速公路LNG专项规划进行初步预审。全省LNG市场一哄而上的局面得到有效遏制，市场秩序明显改观。二是制定完善了LNG加气站相关技术规定。下发了《山东省LNG汽车加气站安全设计技术暂行规定》、《山东省LNG汽车加气站设备与产品及附件选型技术要求》和《关于加强全省液化天然气（LNG）加气站关键部位重要节点设备与产品认定管理的通知》，切实加强了LNG汽车加气站的设计安全管控，对涉及安全的关键环节设备实行了认定管理。

（三）排查隐患，全省燃气安全形势更加稳定

一是认真开展全省燃气安全执法检查。重点检查各地贯彻落实国务院《城镇燃气管理条例》和《山东省燃气管理条例》的情况，燃气专项规划编制实施情况，工程建设、经营许可、燃气安全监管等情况，查处违法违规建设和经营的行为，排查各类燃气安全隐患。2012年8月至9月份，分四个检查组，对17个设区市和40多个县市进行了抽查，对全省LNG加气站进行了重点检查。在检查中，通过听取汇报、现场检查、查阅资料等多种形式，发现和查处了一批违法违规建设项目，排除了一些安全隐患，并将检查情况进行了通报，取得了阶段性的成果。二是持续开展燃气安全隐患督查整改工作。进一步加大对灰口铸铁管改造、管道占压清理、经营区域交叉、城区高（次）压管线与门站等重要危险源的整治力度。截至目前，全省已完成灰口铸铁管改造700余千米，清理违章占压312处，清理规范违法建设项目20余起，整治其他各类隐患1500余个，有效保障了城市燃气中低压管线的运行安全。三是扎实做好燃气安全日常检查和专项督查。严格落实燃气安全日常检查制度，在五一节、国庆节、春节等重大节日，以及夏季、汛期及冬季等事故易发季节，都及时部署专项检查，对检查内容、立方米式、时间等提出要求，并及时调度各地检查情况。结合燃气经营许可证年检，组织全省17个设区市的燃气管理部门的负责同志和专家，分三个组对全省燃气安全管理进行了专项督查，既促进了各市管理部门间的相互学习，也实施了有效督查，收到良好效果。

（四）扎实工作，山东省燃气管理工作再上新水平

一是严格规范经营许可管理。根据厅里统一部署，启动实施了新的行政许可审批流程，建立起"山东省燃气经营许可审查专家库"，制定了规范的审批表格和材料。印发了开展燃气经营许可证年检工作的通知，组织人员对160多家热力企业经营许可证进行了年检；对300多家燃气经营企业经营许可证进行了年检，并换发了全国统一的燃气经营许可证。三是切实加强燃气器具安全管理。组织开展了燃气燃烧器具安装维修资质的管理工作，根据住房和城乡建设部燃气燃烧器具安装维修资质管理有关规定，要求各有关设区市切实加大资质管理力度，加强对有关安装维修人员的培训考核工作；依法开展燃气器具气源适配性检测并及时公布检测结果。今年全年共分三批，公布了130家燃

气器具的200多个型号的燃气器具，有力地规范了燃气经营市场。四是组织开展了燃气行业职业技能竞赛活动。2012年11月10日~11日，会同厅建设工会，在济南举办了第二届全省燃气行业职业技能竞赛活动。经过紧张激烈的比赛，有10名选手荣获"全省燃气行业优秀技术能手"称号，有24名选手荣获"全省燃气行业职业技能竞赛优秀选手"称号。通过这次活动，进一步激发了全省燃气行业广大职工爱岗敬业，刻苦钻研业务知识，不断提高劳动技能和工作能力积极性和创造性。

（五）进一步加强了燃气行业管理

一是狠抓了规范化服务达标工作。制定了《山东省燃气行业规范化管理标准》，印发了关于开展燃气行业规范化管理的指导意见，组织对燃气行业企业规范化管理进行考核。根据全省燃气行业管理规范化考核工作部署，2012年11月份，组织各市管理部门有关人员，分成四组，对各市推荐的规范化考核优秀单位进行抽查验收，有力地推动全省供热行业规范化发展。

二是积极推进行业科技进步。省里完成了《山东省LNG和CNG专项规划》课题评审，组织编写了相关LNG场站运行管理操作技术规程，组织专家参与LNG场站和其他有关工程设计方案的审查和技术把关，积极推广应用行业先进技术设备和工艺，坚决制止利用不合格设备和淘汰工艺设备，制止违反国家标准规范和规定的行为。

三是强化人才培训。依法加强了燃气企业管理人员的培训考核，重点强化LNG从业人员的技术培训，全面规范包括企业安全检查、营运、器具安装维修、抢险抢修人员的培训考核。组织精心策划制作了《LNG汽车加气站安全操作技术要领》宣教示范片，依托龙口恒福绿洲新能源公司设立了全省LNG培训基地。目前，全省培训考核500多名管理人员、1700多名LNG运行管理从业人员，提高了企业员工素质、管理水平。为LNG汽车加气站输送了一批技术人员，为全省LNG行业安全发展奠定了坚实基础。

四是加大天然气利用力度，推进节能环保（用削减燃煤、较少二氧化碳、硫化物等减排指标）。据初步统计，全省天然气年用气量将达到69亿立方米，较去年增加13亿立方米。削减燃煤量15.6万吨，减少二氧化硫5.35万吨，二氧化碳457.28万吨，烟尘5.757万吨。

四、山东省燃气行业"十二五"发展目标

2010年初，我们组织专家编制了《山东省压缩天然气（CNG）液化天然气（LNG）专项规划》，2011年9月省政府对该《规划》进行了批复，要求严格按照规划加快组织实施。今年1月份我厅制定了《山东省高速公路服务区LNG加气站专项规划》。按照这两个规划确定的发展目标，到2015年，建成275座（含高速）LNG汽车加气站，CNG母站86座，常规站147座，子站412座；到2020年再新建LNG加气站223（含高速）座，CNG母站41座，常规站77座，子站300座。到2015年建成LNG调峰储配站125座，储气能力4808万立方米，到2020年再建73座，总储气能力达8650万立方米。

依据全省天然气利用规划和CNG、LNG专项规划及全省天然气气源情况，预计全省2013年用气量将达到75亿立方米左右，燃气普及率达到96.7%，管道气化率达到60%，管网总长度将达到3.8万千米，新增管道天然气用户80万户左右，各类（CNG、LNG、LPG）加气站数量将达到500座，建成并投入使用的液化工厂1座、带液化功能的天然气储气厂站5座，天然气储备站总数将达到30座左右，储气能力1400万立方米左右。

江苏省燃气发展综述

一、江苏省燃气发展基本情况

（一）燃气气源现状

随着江苏城市燃气事业的快速发展，初步形成了以天然气为主体、液化石油气为辅的城市燃气供应格局。全省现有燃气气源包括天然气、液化石油气和少量的人工煤气。到2012年底，全省供应天然气、液化石油气和人工煤气分别为70.3亿立方米、89.4万吨和0.49亿立方米，折合1009.8万吨标准煤。

（二）用气人口及气化率现状

至2012年底，全省用气人口为4590.31万人，其中城市（含县城）用气人口为3293.61万人，燃气气化率为98.87%；随着城乡一体化发展的推动，乡镇及农村地区燃气事业也得到长足发展，建制镇用气人口为1296.7万人，燃气气化率为85.98%。江苏城镇用气普及率、天然气利用量均处在全国领先地位。燃气已成为百姓生活主要燃料，对改善生态环境、改善老百姓生活质量起到积极作用。

（三）城镇燃气设施现状

至2012年底，全省已有50个市、县建有城市天然气管网，其中已建门站43余座。已有城镇燃气输配管道49058千米。其中天然气输配管道长度为47213千米。已建加气站156座，海上LNG接收站一座。

二、2012年江苏燃气行业发展成绩

（一）抓好燃气安全生产管理

为切实加强城镇燃气安全管理，确保燃气设施安全运行，2012年年初省住建厅下发通知布置了全省燃气安全生产工作，组织7个督查组对全省13个省辖市及所属县（市）的燃气主管部门、管道燃气企业、液化气企业共78家单位进行了燃气安全管理工作督查，对存在的问题及时下发了整改通知和督查情况通报。督促各地按《江苏省城镇燃气安全检查标准》规定的检查内容、频率开展安全检查和整治工作。

（二）强化燃气行业管理工作

全省按照《城镇燃气管理条例》、《江苏省燃气管理条例》规定和省厅下发的一系列规范性文件，建立了燃气管理机构，强化了燃气市场管理，以实施许可证管理为主线，对瓶装燃气经营市场进行了清理，把好市场准入关；强化了以安全、规范为核心的执法管理，开展全省燃气管理工作考核，推进了管道燃气特许经营的实施和管理工作，特许经营协议签订率（71%）有了进一步提高；督促各地强化管道燃气特许经营企业的监管，指导开展管道燃气特许经营中期评估；组织召开燃气管理处处长会议，通报全省燃气安全督查工作情况，座谈交流燃气许可证发放和燃气监控、管线信

息管理系统建设等情况；会同江苏省能源局做好天然气分布式能源的规划、配套政策以及示范性工程项目的建设、调研等工作。

（三）加强燃气行业政务（服务）公开和服务质量管理工作

制定了江苏省燃气行业政务（服务）公开、服务质量工作检查的方案，并下发检查通知。组织燃气行业政务（服务）公开、服务质量工作检查，对燃气行业政务（服务）公开、服务质量检查情况进行了汇总通报。

2012年以来江苏省燃气行业服务质量有明显提升，各主管部门普遍重视燃气行政审批事项公开工作，健全投诉处理制度，行政效率有了进一步提高；燃气企业在创新服务公开形式和提高服务质量上也有新的进步，开展服务窗口文明规范创建，服务信息主动公开，管道燃气企业普遍开通了24小时用户服务热线，按照《江苏省城镇燃气服务质量标准》规范服务流程，兑现服务承诺，抄表准确率和入户安检率大幅提高。

江苏省还以"创先争优"活动为抓手，开展了全省燃气行业"优质服务明星企业"评比活动。评比活动由省燃气热力协会牵头，研究制定了评选办法和考核标准，对全省燃气企业的评选实行量化考核，对企业规范诚信、安全管理、优质服务、经营管理等四个方面进行考核、评选，有25家管道燃气企业、6家液化气企业、5家汽车加气企业被分别授予"江苏省管道燃气优质服务明星企业"荣誉称号、"江苏省液化石油气优质服务明星企业"荣誉称号和"江苏省燃气汽车加气优质服务明星企业"荣誉称号。"优质服务明星企业"评比活动的开展，对进一步规范燃气经营企业的服务行为，提升燃气行业服务水平和管理水平，促进江苏省燃气事业的健康有序发展起到了积极的作用。

（四）积极推进燃气工程设施建设

进一步加快各省辖市天然气工程建设进度，完成南京市燃气调峰站和苏州市三期管网等9个天然气利用工程项目初步设计批复。督促各省辖市实施应急气源设施的建设，至2012年底常州市天然气应急调峰站主体工程已基本建成，南京、无锡两个城市的天然气应急调峰站扩建工程已完成初步设计的审查工作。苏州市天然气应急调峰站扩建工程正在做项目前期准备工作。

（五）做好《城镇燃气管理条例》等条例和规划的贯彻实施工作

指导《城镇燃气管理条例》（国务院令第583号）与《江苏省燃气管理条例》相关制度的衔接工作，对各省辖市普遍反映的批发企业发证事项专题召开会议讨论并向住房和城乡建设部作了书面请示。全省各地按照要求有序开展许可证的换证工作，到目前为止完成60%许可证的换发。转发《全国城镇燃气发展"十二五"规划》，并提出相应实施意见。按照住房和城乡建设部的要求，对燃气行业近期建设和改造重点项目进行调查，并对上报项目进行汇总。

（六）注重培训工作，提升行业技能水平

协会举办了《城镇燃气管理条例》、《汽车加油加气站设计与施工规范》、《城镇燃气安全检查标准》和《城镇燃气报警控制系统技术规程》等宣贯培训班，共计近1500人次参加了培训学习。通过学习，使大家能更好地理解和掌握《条例》、《标准》等的基本内容，对加强燃气行业管理、规范燃气经营与服务行为，防止和减少燃气安全事故，促进燃气事业健康、有序发展具有重要意义。

根据江苏省住房和城乡建设厅《关于2012年全省建设行业燃气具安装维修工统一考试有关事项的通知》的文件精神，为提高燃气燃烧器具安装维修人员职业技能水平，预防燃气事故的发生，保

障人民群众生命和财产安全，维护社会稳定和公共安全，协会积极配合省燃气燃烧器具安装维修企业资质就位和燃气燃烧器具安装维修人员职业技能鉴定工作，组织全省从事燃气燃烧器具安装维修人员开展职业技能培训考试，2012年共有1360人参加了职业技能鉴定考试。

（七）召开全省城市燃气安全管理与新技术新设备应用交流会

为进一步贯彻落实《城镇燃气管理条例》，加强城市燃气管理，保障供气安全，学习和借鉴先进的燃气安全管理经验，协会在泰州召开了江苏省城市燃气安全管理与新技术新设备应用交流会，近200人参加了会议，会议汇编刊登《论文集》论文43篇。这次交流会对城市燃气管道地理信息管理、客户管理信息系统的应用；天然气分布式能源技术及其应用领域；城市燃气安全运行的调度、输配、突发事故抢修应急方案；LNG汽车发展和LNG船舶运用等大家所关注的热点、难点进行了交流、探讨，对行业的发展前景进行了展望，为江苏省燃气行业新技术、新设备的应用提供了一个相互交流、相互探讨的平台。

三、江苏省燃气发展面临的问题

各省辖市燃气行业管理部门由于管理力量和管理经费的不足以及强制性管理措施的缺失等原因，导致相关管理制度的执行和燃气市场安全隐患的整治还没有到位，经营秩序还需进一步规范。当前江苏省燃气行业发展主要面临以下几方面问题：

（一）管道燃气特许经营管理制度执行不到位

全省仍有30%的管道燃气企业没有按规定签订或补签特许经营协议。部分城市将燃气建设发展区域进行人为分割，忽视统筹规划与经济合理、效率优先原则，重复建设设施，导致资源浪费，纷争不断。特别是少数城市将已授特许经营的区域重复授予其他企业，造成经营纠纷，严重影响供气发展和用户服务，有的甚至影响社会稳定。

（二）瓶装液化气经营市场不够规范

由于无证经营、非法经营站点往往都比较隐藏，尤其是在农村地区，前清后设现象难以得到有效根治。一些地方利用车辆进行流动经营的问题较为严重。

（三）用户安全隐患无法彻底整治

根据《城镇燃气管理条例》的规定该省各地管道燃气企业加强了对用户设施的安全检查，发现了不少安全隐患，但因进户墙内侧的燃气设施和燃气器具由用户负责维护、更新，企业只有劝阻、制止的义务，以致于一些用户置燃气企业下发的整改通知书于不顾，不配合整改，造成安全隐患仍然无法消除的局面。

（四）燃气管线上的违法建（构）筑物拆除难度大

违法施工屡禁不止，燃气管线上的违法建（构）筑物大量存在，全省目前仍有713处违建没有清除，主要集中在徐州、南京、苏州、南通等城市。盲目施工致使燃气管道设施频繁被挖断或破损的现象屡禁不止。

（五）行业监管机构和经费不落实

全省还有很多市、县燃气行业管理机构不健全，管理经费不落实，管理部门的职能定位、机构定性、经费渠道等不明确。

四、2013年江苏省燃气发展规划、目标

（一）发展指导思想

以十八大精神为指导，紧紧围绕发展清洁能源为中心，优化能源结构，保障能源供给，促进节能减排，加快转变发展方式。着力加强天然气资源组织，着力推进天然气基础设施建设，着力优化天然气利用结构，着力完善天然气保障机制，促进天然气事业有序快速健康发展，为全面建设高水平小康社会做出贡献。

（二）发展目标

1. 开拓气源

抓住机遇，立足发展，坚持"多种气源，多种途径，因地制宜，陆海并举"开拓气源的方针，加强天然气资源组织。

2. 优化结构

实现"两个统筹、一个优化"，即城乡统筹、区域统筹和优化使用结构。

城乡统筹发展，促进天然气基础设施共建共享，积极完善城镇天然气供应的同时，兼顾小城镇、农村，鼓励采用CNG、LNG等过渡气源最终实现村镇管道天然气与管网连通。

区域统筹发展，加强苏中、苏北天然气发展工作，加快人工煤气置换速度。优化使用结构，优先发展居民生活用气，加快公服设施用气，逐步发展交通工具（公交、出租、长途大巴、船舶等）用气，探索发展分布式能源供应系统，稳步发展工业用气，适度发展天然气电厂用气和配合建设直供化工用气项目。

3. 完善体系

保障安全供气，完善供气体系，基本建成一个安全可靠、布局合理、覆盖面广的天然气管网系统；可接收陆上管输天然气和海上进口LNG等多个气源；实现天然气管网互联互通；在努力实现城镇和重要工业园区等都用上天然气的同时，兼顾社会主义新农村；建设与供气能力相匹配储气调峰和应急体系。

（三）发展规划

1. 全力开拓气源

江苏省对天然气的需求旺盛，2013年全省天然气市场需求量预计达220亿立方米，有望落实的天然气气源196.55亿立方米，这需要全力开拓气源，填补缺口。

2013年江苏省天然气用气量预测表　　　　　　　　　　　表1

项目		2013年
居民生活	用气量/亿m³	14.8
	所占比例/%	16.7
公服设施	用气量/亿m³	10.4
	所占比例/%	11.7
工业燃料	用气量/亿m³	50.4
	所占比例/%	56.9

续表

项目		2013年
天然气汽车	用气量/亿m³	8.7
	所占比例/%	9.7
分布式能源等	用气量/亿m³	4.2
	所占比例/%	5.0
合计	用气量/亿m³	88.5
	所占比例/%	100

2013年江苏省液化石油气用气量预测表　　表2

项目		2013年
居民生活	用气量/万t	106.3
	所占比例/%	66.5
公服设施	用气量/万t	30.4
	所占比例/%	19.0
工业燃料	用气量/万t	15.2
	所占比例/%	9.5
不可预见量	用气量/万t	8.0
	所占比例/%	5.0
合计	用气量/万t	159.8
	所占比例/%	100

2013年江苏省居民生活用天然气气化率预测表　　表3

项　目	2013年
城镇人口（万人）	5047.5
天然气用气人口（万人）	2097.0
用气量预测（亿m³）	14.8
气化率（%）	41.55

2013年江苏省天然气日调峰需求量预测表　　表4

项目	2013年
天然气年用气量（亿m³）	88.5
日调峰系数	1.9%
日调峰需求量（亿m³）	1.7

（1）开拓陆上管输气源

重点开拓陆上管输气源，扩大江苏油田的开发区域，加强地质勘探，寻找新资源。在接收西气东输一线（含冀宁联络线）、西气东输二线和川气东送已签订天然气供应协议气量的同时，积极争取增加协议外实际供应量和西气东输三线工程协议气量。

（2）开拓海上LNG气源

如东LNG项目一期工程已于2011年建成投运，可接收350万吨/年LNG（即可供气量46亿立方米/年）。积极推进如东LNG二期、滨海LNG和连云港LNG项目。

（3）开拓其他气源

积极争取省内外CNG、LNG等气源。在有望落实天然气气源的基础上规划行业发展，引导市场需求，同时积极建立非常规天然气资源发展长效机制，形成对常规天然气资源的补充，重视煤层气和页岩气等非常规天然气的利用。

2013年江苏省天然气气源来源表　　表5

序号	气源名称	2013年（单位：亿m³/a）
1	中石油	170.0
2	中石化	18.0
3	江苏油田	0.55
4	其他气源	8.0
	合计	196.55

2. 积极优化结构

（1）优先发展居民生活天然气

管道通达的城镇，加快老城区的气源置换。尽快完成人工煤气和部分管道液化石油气的置换工作。新城区统筹规划，力争与居民小区同步规划、同步设计、同步建设，居住小区交付后即可通上天然气，在管道尚未通达的区域，鼓励使用CNG、LNG等方式实现城镇、新农村集中居住区的管道天然气利用。

（2）加快发展公共服务设施使用天然气

实现在管道天然气通达区域，加快发展公共服务设施（机场、政府机关、职工食堂、幼儿园、学校、宾馆、酒店、餐饮业、商场、写字楼等）使用天然气。

（3）逐步发展汽车等交通工具使用天然气

根据汽车、船舶等交通工具运营特点，结合气源供给能力，加快发展以城市公交为主的公共交通车辆使用天然气，逐步发展以城市出租车为主的民用车辆使用天然气，尝试发展以大运河为主的船舶使用天然气。

（4）探索发展分布式能源供应系统

按照"供暖制冷"为主，兼顾电力需求的原则，在实现管道天然气通达区域，选择冷热需求总量大，增长快、品质差异小的开发区（或园区）、学校医院以及具有价格承受能力的成片住宅区，以城市主城核心区和新城中心区为主的楼宇，探索发展区域型分布式能源。

（5）稳定发展工业用天然气

实现管道天然气通达区域，稳步发展工业企业使用天然气。主要发展建材、机电、轻纺、石化、冶金等工业领域中以天然气代油、液化石油气项目。

（6）适度发展天然气电厂

结合电力调峰和天然气调峰，在重要用电负荷中心且天然气供应充足区域，配合节能减排，在用电负荷中心限制燃煤电厂的发展，在主要天然气起源点，结合气源状况、冷能利用、用电负荷增长趋势，适度发展天然气调峰发电和燃机热电项目。

3. 推动服务均等

坚持区域统筹，积极加快苏中、苏北气化步伐。按照区域统筹发展的要求，在稳步提高苏南天然气利用气化率的同时，把苏中、苏北地区作为天然气发展主要区域，加快苏中、苏北配套管网建设步伐，为提高气化水平创造条件，加强苏中、苏北气化工作的统筹协调，以主干管线沿线经由县（市）所在城镇为主，"先城后镇，先民后工"逐步推进。

4. 完善保供体系

（1）建立两片互联，片内互通的主干管输体系

在全省输气主干管网已形成四横五纵（其中苏南地区两横四纵，苏北地区两横一纵）格局的基础上，进一步完善，建立两片互联、片内互通的主管输体系。

（2）建立规模较大，多层互济的收储体系

在发展天然气产业的过程中妥善处理天然气管网与调峰、储气设施建设的匹配问题，建立接收规模较大、层次较多和相互接济的接收和储存体系，除输气管道外，建设规模较大的储气库、LNG接收站和LNG储气站，使天然气供应体系更加完善。

（3）建立功能完善、布局合理的终端服务体系

依托分输站或分输阀室、城市门站、高中压调压站等建设CNG加气母站。

（4）建立上下联动、运转高效的应急体系

为应对天然气调峰和应急需求，建立上下联动、运转高效的应急体系，以加强气量的及时调配工作，此应急体系应包括三个层次，第一是LNG接收站应急体系；第二是输气主干管道及储气库等的应急体系；第三是各城镇燃气经营企业管网系统及其所属的储气设施的应急体系。

应急体系还应体现各管道企业之间的管网系统和各城镇燃气经营企业之间管网系统互连互通，并相互接济。

（四）政策措施

1. 制定有利于天然气健康发展的价格体系，引导优质资源发挥最大效益。结合可能争取到的天然气资源，体现优质资源的价值取向，研究价格体系对产业发展的正确引导作用，充分利用价格杠杆，来引导全省天然气利用健康、有序的发展。

2. 研究土地、规费、财税等优惠政策，鼓励建设储气设施和发展分布式能源。为鼓励燃气企业积极建设应急、保供气源，对天然气应急调峰储备等经济效益差、但又是必需的基础设施，制定土地征用、建设规费、财政补贴、税费减免等方面的优惠政策，以减轻企业的负担。

3. 依法行政，促进项目管理水平提高

为合理有序推进天然气利用事业的发展，着力推进储气库、LNG接收站、输气主干管道等建设，为避免基础设施的重复建设，应加强项目全过程管理。

4.加强天然气行业管理,建立应急协调机制

建立健全统一、协调、高效的行业监管体制,推进依法行政进程,提高行政管理效能。随着天然气在能源结构中的比例逐步增加,天然气的安全、稳定、可靠供应将是经济增长和社会稳定的重要保证。

浙江省燃气发展综述

一、浙江省燃气发展现状

（一）城镇燃气气源状况

浙江省城镇在用燃气气源包括天然气、液化石油气和人工煤气。于2004年初接纳"西一气"，开始逐步进入天然气发展时代。目前天然气气源主要有西气东输、东海气、"浙江LNG"、"川气"等多种能源互补互应的供应格局由。由于资源有限，天然气供需矛盾突出，一直坚持"以供定需"的供气原则。

浙江省能源供应95%以上依靠从外省调入和进口，2012年能源消费总量为1.9781亿吨，标准煤，全省城镇天然气、液化石油气和人工煤气用量分别为12.66亿立方米（折合153.73万吨标准煤）、105.35万吨（折合180.60万吨标准煤）和484万立方米（折合0.28万吨标准煤），用气结构比例为45.94：53.97：0.09，总计折合334.61万吨标准煤，占全省总能耗16865万吨的1.98%。

1. 天然气

浙江省内城镇在用天然气包括长输管道输送天然气、液化天然气（简称LNG）和压缩天然气（简称CNG）。

目前省内长输管道输送的天然气主要包括西一气、西二气、东气和川气。LNG、CNG通过公路运输，LNG主要从省外LNG接收或生产基地采购，包括进口气和国产气。CNG主要从省内CNG母站采购。

到2012年年底，浙江全省已有35个市、县已使用上了天然气，2012年全省城镇天然气用气总量达12.66亿立方米，用气户数约178.45万户，其中居民用户约177.61万户，用气人口约594.62万人。城市天然气气化率约26.3%。

2. 液化石油气

浙江省城镇燃气用液化石油气主要以国产液化石油气为主，主要采用瓶装供应方式，少部分城镇采用气化站供应和小型瓶组气化供气。2012年浙江全省城镇液化石油气用气总量为105.35万吨，用气户数约2608.43万户，其中居民用户约511.30万户，用气人口约1629.36万人。城市液化气气化率约72.1%。

3. 人工煤气

至2012年底，全省仅有衢州市巨化集团和慈溪市居民用户还在使用人工煤气，2012年全年用气总量为484万立方米，用气户数15495户，其中居民用户15473户，用气人口约4.55万人。

（二）城镇燃气设施现状

1. 门站

天然气门站是城市天然气输配系统的起点，负责接收上游分输站来气，在对其进行过滤、调压、计量、加臭后，送入城市高（中）压管网。至2012年底，全省已有杭州、嘉兴、湖州、宁波、绍兴5地市部分市、县建有天然气门站，共有门站24座。

2. 输配管道

目前，我省天然气管网已建成省级输气管线"杭湖线"、"杭甬线"、"杭嘉线"及沿线部分支线，输送的天然气主要包括西一气、西二气、东海气及川气。西一气于2004年开始向浙江供气，主要供应湖州、嘉兴、杭州、绍兴四地市。东海气于2005年开始向浙江供气，主要供应宁波地区。川气于2010年2月开始向浙江供气，主要供应嘉兴地区。

四种气源以不同方式、在不同的地点进入浙江省管网，在浙江省北部地区形成了"多气一环网"的供气格局雏形，三种气源互为补充、互为备用，为沿线城镇经济发展提供一个比较稳定可靠的能源保障体系。至2012年底，浙江全省已有城镇燃气供气管道18612千米，其中天然气供气管道15311千米，液化气供气管道3187千米，人工煤气供气管道114千米。

3. LNG气化站

LNG气化站负责接收罐车来液化天然气，经储存、气化、调压、计量后，送入城镇输配管网，部分长输管道未通气的城镇以LNG气化站为主要气源，部分长输管道已通气的城镇作为应急和补充气源。至2012年底，全省已建有46座LNG气化站，液态储存总规模为20450立方米。省会杭州市于2011年12月28日西部LNG（液化天然气）应急气源站正式投产试运行，储存规模4950立方米。同期，东部LNG气化站在下沙开工试桩，设计储存规模为10000立方米，预计2015年上半年投产运行，液态储存总规模为14950立方米，主要作为应急调峰气源。

二、浙江省燃气行业发展面临的主要问题

（一）天然气需求旺盛，气源供应阶段性短缺

目前，浙江省网有"西一气"、"东海气"、"川气"三种气源供应，总体资源量有限。天然气资源的缺少和市场的需求形成目前燃气供应的主要矛盾。

（二）发展不均衡，不同地域管道天然气发展水平相差较大

省天然气管网已建成的"杭湖线"、"杭甬线"、"杭嘉线"及沿线部分支线，主要集中在浙北地区。由于长输管线天然气的通气，气源价格较低，管道天然气在浙北地区发展较快。而浙中、浙南地区由于气源等因素，现状仅依靠城市自建的LNG气化站、液化石油气气化站、空混站或小型液化气瓶组站进行管道供气，管道燃气发展相对较缓慢，城镇管道建设密度低，供气用户少。

（三）液化石油气市场不够规范，存在安全隐患

2008年开始省政府开展为期三年的"十小"行业质量安全整治与规范工作，把液化气瓶装供应站点（小液化气）也纳入"十小"行业整规范围内，经过几年整规，供应站点的质量安全明显提高，小液化气的数量大大减少。但目前部分城镇液化气供应站点仍然存在非法经营现象，非法经营站点普遍存在设施简陋、乱堆乱放、安全设施不到位，使用过期钢瓶和不合格钢瓶等问题。非法点往往隐蔽在住宅区周边，利用配送时间短、价格低（劣质气、非法钢瓶、缺斤短两来降低成本）来吸引市民购买，给社会带来很大的安全隐患。由于从业人员素质较低，执法难度较大。

三、浙江省燃气行业"十二五"发展规划和目标

（一）合理有序发展天然气市场

目前，浙江省网已实现"西一气"、"东海气"、"川气"三种气源供气，"西二气"、"丽水36-1气田"、"浙江进口LNG"三种气源也将于今年全面实现通气。多种气源互为补充、互为备用、稳定供气的有利格局为浙江省大力发展天然气市场提供了一个稳定可靠的能源保障体系。根据未来的天然气供应情况，确定我省城镇天然气市场发展方针如下：

1. 稳定发展居民用户

居民用户为天然气市场中最稳定的用户，结合城镇新建小区和旧城改造，有计划地同步开发；引导居民使用燃气热水器，扩大天然气使用量。平均按照每年36万户左右的规模进行发展。

2. 大力发展公建用户

利用天然气的环保和价格优势大力开拓各类公建用户，确保增量市场的同时加大存量市场的开发力度，积极推进油改气、煤改气、瓶装液化气改管道天然气工作。

3. 注重发展工业用户

发展工业用气是提高城镇天然气用气量的根本途径，而且可以利用工业生产特点进行调峰，大力发展工业用户应成为城镇天然气用户拓展的重点。

目前我省城镇在用锅炉数量较大，多以煤为燃料，部分采用燃油，极少数为燃气锅炉。从环境保护和城市的可持续发展出发，主要城镇应启动对燃煤锅炉的逐步改造。

4. 积极推进天然气汽车、分布式能源等用气领域的发展

天然气汽车在国内发展迅速，技术已十分成熟，但我省天然气汽车发展较为缓慢，仅有杭州、湖州、宁波、嘉兴、绍兴等少数城市建有汽车加气站，且数量较少。"十二五"期间应积极推进公共服务领域车辆特别是公交车、出租车"油改气"。

天然气分布式能源在国际上发展迅速，但我国天然气分布式能源尚处于起步阶段。"十二五"期间，我国将建设1000个左右天然气分布式能源。我省也应积极启动示范项目并逐步推动。

5. 推进城镇新区、周边中心镇天然气发展

配合城镇新区开发与建设，同步配套管道天然气，尤其要做好工业园区工业用户的开发。

中心城市实现管道天然气供气后，应从中心城市高中压管网，修建到周边中心镇的输气干线，中心城市周边大部分中心镇以及沿线的小城镇都将逐步纳入城市天然气管道系统，实现供气管道化。

（二）狠抓基本建设

1. 气源建设

（1）建设进口LNG项目

建成浙江LNG项目一期工程，形成年接收300万吨液化天然气（40亿立方米）的规模，适时启动建设二期工程，推进温州LNG建设前期工作。

（2）接收"西二气"、"丽水气"

配合"西二气"、"丽水36-1气田"项目的实施，建设"甬台温线"、"金丽温线"，使"西二气"、"丽水气"进入省天然气管网系统，"西二气"形成年接收30亿立方米~35亿立方米左右天然气的能力，"丽水气"形成年接收3亿立方米左右天然气的能力。

2. 城镇天然气输配系统建设

（1）配合省网建设，加快沿线城镇天然气利用工程建设

配合"甬台温线"、"金丽温线"以及支线等省级管网建设，加快沿线温州、台州、金华、丽水、衢州以及义乌等6中心城市及周边城镇天然气利用工程建设。

（2）完善既有天然气输配系统

已经实现了长输管线天然气供气的城市，完善高中压输配管网系统，高压供气系统注重做好高压管线向周边区域延伸，扩大天然气供气区域。中压管网进行适当加密，有效保障供气安全。

（3）建设事故气源备用站和调峰设施

"十二五"时期我省11个中心城市及义乌市应建成解决未来5~10年的调峰设施和事故气源备用站。

（4）管道天然气暂时无法覆盖的城镇，建设过渡气源

3. 天然气汽车加气站建设

各城市应结合各自的气源条件和市场，统筹规划、科学布局、合理选择汽车加气站技术模式。建站规模和数量应能满足市场加气需求；发展过程中，防止恶性竞争、重复建设，实现加气站行业科学有序发展。

湖南省燃气发展综述

一、湖南省燃气发展基本情况

湖南省现有城镇燃气主要气源包括天然气、液化天然气、液化石油气和人工煤气。2012年全省城镇供应天然气（含液化天然气）、液化石油气和人工煤气分别为16亿立方米、57万吨和0.3亿立方米。液化石油气和天然气分别增长1.6%、13%，人工煤气基本持平。城镇居民用气人口约1800万人，县以上城镇燃气普及率约为83%，提高2.3%。全省有14个设市城市、31个县开通天然气，覆盖面为51%，至2012年全省拥有燃气企业532家。

轻烃气、页岩气、煤气层为省内自然资源。

目前，湖南境内天然气长输管道有6条，总里程为901.1千米，CNG加气母站7座，子站55座。新建、改建城市中压主干管网近5000千米。全省14个市州中已有12个用上天然气（含管道气、LNG、CNG）其中长沙、株洲、湘潭、衡阳、岳阳、益阳、常德等7个地市和醴陵、望城、宁乡、衡阳县、沅江市、桃江县、汉寿县、龙山县等12各县市利用管道气，其余市州、县市区都是利用LNG或CNG供气。全省天然气消费结构以城市居民、工业、非居民用气为主，没有发电和化工等用气。

二、湖南省2012年燃气发展成绩

2012年，全省燃气行业目前已有54家企业取得特许经营权。

完成《湖南省城镇燃气管理条例》的修订，制定《湖南省燃气经营许可管理办法》、《湖南省燃气企业经营许可标准》、《湖南省燃气经营企业安全评价工作规程（施行）》。

加强了对燃气安全生产、安全销售的监管有力地保障了燃气市场的正常秩序，严格燃气市场准入，各地市主管部门燃气市场监管水平进一步提高。强化燃气燃烧器具的管理，切实做好燃气器具气源适配性检测和燃气器具市场准入工作。全省全年完成2次湖南省管道燃气燃烧器具气源适配性目录公示，涵盖688个品牌，1349类型号。各地建立燃气安全运行责任制，制定城镇燃气应急预案。

开展燃气行业从业人员岗位培训，制定《城镇燃气行业专业人员岗位培训方案》制定培训计划，编制培训教材，聘请燃气行业专家进行授课，各级燃气主管部门积极参与工作，全省燃气企业360名法定代表人、企业负责人、技术负责人等参加燃气行业从业人员岗位培训。

总之，2012年全省燃气行业持续高速发展，基础制度建设显著加强，实现安全保障供气，对加速城镇化进程，改善基本民生，推进节能减排，转变能源结构，促进稳增长发挥了重要作用。

三、湖南省燃气发展面临的问题

燃气普及率偏低，天然气占一次能源消费比重仅为1.14%，天然气资源供应不足，供需矛盾日益突出；天然气省级管网不够完善，市场消费受限；天然气调峰能力不足，供应保障能力较低；天然气用户结构不合理；天然气利用地区差异大，区域发展不平衡等。液化石油气市场还比较乱，安全意识相对薄弱。燃气经营许可尚在起步，燃气行业管理需进一步加强。

四、湖南省燃气发展"十二五"规划

按照湖南省城镇燃气中长期发展规划，2013年新建天然气管网1000千米，城镇居民用气人口达到1850万人以上，县以上城镇燃气普及率突破85%，天然气用气量18.4亿立方米，其中工业用气7亿立方米，发电用气0.36亿立方米，城镇居民用气11.04亿立方米。液化气用气量约40万吨。"十二五"期间规划新增加气站约111个，建设天然气分布式能源项目30个以上，装机容量达到120兆瓦。规划建设5座液化天然气（LNG）应急调峰站，总罐容达到5.15万立方米。

陕西省燃气发展综述

一、陕西省燃气发展基本情况

陕西省共10市1区，83个县（市），2012年底，10市1区，78个县（市）实现天然气通气点火。其中，9市1区为长输管线供气，1市为LNG供气；39个县（市）为天然气长输管线供气，37个县（市）为CNG供气。全省天然气居民用户308万户；餐饮业16079户；采暖燃气锅炉10894台；工业用户383户；CNG加气站186座，其中18座母站，其余为标准站、子站（加气能力256万标准立方米）。已建成城镇天然气输配管网9855千米，2012年全省城镇天然气消费30.8亿立方米，天然气城镇气化率60.74%（天然气气化市、县中，韩城市、彬县为煤层气）。

陕西省现有液化石油气贮灌站210座，除了3县没有液化石油气贮灌站，其余分布各市、县，完全满足城乡居民需求。

（一）陕西省资源状况

陕西省天然气资源丰富，目前陕西天然气主要由陕北气田供给。韩城煤田，彬长煤田均有丰富的煤层气，现两煤田开发利用煤层气，但煤层气产量尚未形成规模。

陕西共有四家炼油厂，分别为榆林、黄陵、永平炼油厂和长庆咸阳助剂厂，四家炼油厂所产液化石油气完全满足陕西城镇燃气需求。

陕西现已没有人工煤气，页岩气尚在前期调研。

（二）管网布局

陕西省天然气股份有限公司已建成陕北至西安3条供气管网，以及泾（阳）-渭（南）、咸（阳）-宝（鸡）、宝（鸡）-汉（中）、汉（中）-安（康）、西（安）-商（洛）、关中环线等输气管网，总长约为2810千米。韩（城）-渭（南）（煤层气）。城市天然气输配管网已建成9855千米。

（三）液化天然气和液化天然气接收站

陕西液化天然气厂均建在陕西北部、气田附近。2012年已建成投产的有（见表1）：

天然气液化厂一览表　　　表1

序号	名称	规模（万Nm³/d）	地点	投产时间	备注
1	靖边县西蓝天然气液化有限责任公司LNG工厂	50	靖边县张家畔镇	2011.06	
2	陕西众源绿能定边县天然气存储调峰液化项目一期	100	定边县盐场堡镇	2011.12	
3	陕西金源集团公司	100	子洲县	2012.12	
4	安塞华油天然气有限公司	200	安塞华子坪	2012	
5	延长油田南泥湾CNG厂	50	延安南泥湾	2012	
6	延长油田甘谷驿CNG厂	100	延安甘谷驿	2012	

(四)城镇燃气经营企业天然气储备(见表2)

陕西的西安、延安、铜川、咸阳、宝鸡、渭南等市建有天然气球罐储气站,储备调峰。

陕西城镇燃气经营天然气储备情况　　　　表2

城市	西安	咸阳	延安	渭南	铜川	宝鸡
单台球罐容积(万/Nm^3)	1	0.5	0.1	0.2	0.1	0.4
台数	4	3	2	2	4	4
合计	4	1.5	0.2	0.4	0.4	1.6

西安、安康、汉中分别建设了LNG储罐,储量分别为:

西安:3500立方米、安康100立方米、汉中100立方米。

2012年陕西省新增天然气民用户42万户,城镇燃气新增天然气销售量4.12亿立方米,新增CNG加气站34座。比2011年分别增长15.8%,15.4%,22.4%。

陕西城镇燃气快速发展同时,安全用气形势严峻。2012年陕西省发生了3起燃气恶性事故。2012年4月16日陕西扶风燃气公司在阀井抽盲板中5人氮气窒息死亡;2012年7月29日,西安市自强西路春晓馨苑小区1#楼1307室因用户使用不当发生爆炸,造成1死4轻伤;2012年10月21日陕西兴平市福瑞花园小区燃气锅炉因操作不当发生爆燃,造成6人死亡的恶性事故。

陕西省委、省政府非常重视燃气安全,2012年12月1日召开了"陕西省城镇燃气安全隐患排查动员大会",要求管理部门、燃气企业全体动员排查安全隐患,重点排查宾馆、饭店、机关、学校餐厅以及燃气锅炉房安全用气。通过排查提高认识,清除隐患,使陕西安全用气状况得到好转。

二、陕西省城镇燃气行业发展存在主要问题

(一)陕西冬夏季供气峰谷差十分突出,调峰设备、技术完全能满足城镇调峰需求,但是,根据不同调峰措施,政府应尽快落实调峰气价格政策,保护燃气经营企业合理利润,促进燃气经营企业提高解决调峰能力。

(二)目前,上游调价后城镇燃气迟迟得不到调整,严重损害了城镇燃气经营企业应得的利益,挫伤了城镇燃气经营企业的积极性,不利于城镇燃气经营企业健康发展。国家应尽快出台城镇燃气调价联动政策,上游燃气价格调整,下游依据政策迅速进行调整。

(三)城镇燃气快速发展,管理人员、专业技术人才匮乏日益突出。国家应建立实用型专业技术人才的培养、考核、鉴定、晋级体系,以激励行业职工队伍不断提高自身素质、技能,立足本职工作能够得到社会认可和相应的回报。

四川省燃气发展综述

一、四川省2012年燃气发展情况

2012年，四川省燃气行业以邓小平理论、"三个代表"重要思想和科学发展观为指导，以迎接党的十八大召开和学习贯彻党的十八大精神为引领，按照中共四川省委、省人民政府"稳定增势、高位求进、加快发展"的工作基调，以持续、稳定、安全供气为主线，依法经营，诚实守信，规范服务，着力推进燃气事业科学发展、安全发展，为全省经济和社会的发展做出了应有的贡献。

（一）安全生产工作不断强化

一是各燃气企业按照国务院办公厅《关于继续深入扎实开展"安全生产年"活动的通知》（国办发〔2012〕14号）要求，以事故预防为主攻方向，以落实责任制为重点，强化安全教育，逐级签订《安全生产目标责任书》，落实安全责任。充分利用新闻媒体、自办报刊和橱窗，发送手机短信，上门讲解等多种形式，全方位宣传燃气安全、法律法规和安全事故案例，安全用气知识，提高群众安全用气的能力。

二是教育职工牢固树立"隐患就是事故、安全就是财富"的经营理念，狠抓安全检查和隐患治理。定期进行安全隐患排查和安全风险分析评估，落实防范和应急处置的措施，加强应急体系建设，明确职责分工和任务落实。深入开展以工程项目建设为重点的安全检查，确保项目建设中的安全和投产供气后的正常运行。积极开展"消防安全四个能力"（检查消除火灾隐患能力、扑救初起火灾能力、组织人员疏散逃生能力、消防宣传教育能力）的教育培训和预案演练，为安全生产提供了坚强的保障。

三是积极推进危化品和工程施工企业安全生产标准化建设，企业岗位、班组达标取得实效。强化企业生产一线的基础管理，针对安全工作中的重点、难点，形成《抢险、抢修专题分析报告》、《室内燃气事故责任研讨》等专题报告，将安全工作向经营管理的纵向推进。

四是严格执行安全生产专项费用提取和使用制度，为改善安全生产条件，整改安全隐患、开展安全教育培训和其他安全活动提供资金保障。

五是针对2011年11月14日西安市发生的液化石油气泄露爆炸事故的教训，按照省安监、质监、工商、消防等部门的通知和要求，由省燃气协会组织协调，分片区对全省液化石油气生产、储存、运输、灌装、使用，以及钢瓶的检测、检验、回收、报废等环节，进行综合大检查，排查治理安全隐患，为液化石油气经营企业安全生产工作奠定扎实的基础。

（二）法律法规学习和政策研究工作不断深入

一是四川省燃气协会配合四川省住房城乡建设厅，在2012年10月出台了《关于实施燃气经营许可管理的通知》（川建城发〔2012〕520号）等三个文件，并于2012年11月12日至13日，组织全省燃气经营企业，参加了省住建厅召开的培训会，推动燃气经营许可工作的顺利开展。

二是参加了由国家能源局委托中国城市燃气协会召开的燃气政策、定价调研工作座谈会，参与完成了《关于吁请国家建立城市燃气与上游天然气价格联动的紧急报告》，就城市燃气价格体系中存在的问题进行了交流与研讨。

三是参加了由中国城市燃气协会组织召开的《城市燃气行业运行成本构成及气价调整机制研究》课题研究。针对建立合理的管网成本、确定科学的管网运行成本等问题，结合行业背景及实际需要，提出了意见和建议。

四是参与了由中国城市燃气协会组织召开的《公共基础设施项目企业所得税优惠目录》、《管道燃气价格机制税收优惠政策》、《我国天然气有序发展相关政策的研究》和国家发改委关于《天然气利用政策》（讨论稿）的研讨会，为全国燃气行业规程和标准的建立提出了重要的意见和建议。

五是按照中国城市燃气协会的要求，编制完成了《四川省燃气发展综述》等课题研究文章，客观真实地展示了四川燃气行业发展的辉煌历史和显著成就。该文章已编入《中国燃气行业年鉴》。

（三）教育培训工作取得新的成效

1. 四川省燃气协会组织企业管理人员分3批在成都集中学习，共384人参加。有380人考试合格，取得省住房和城乡建设厅颁发的《建设企事业单位专业管理人员岗位培训合格证书》。

2. 四川省燃气协会在成都先后举办6期工人职业资格培训，培训的工种为：燃气输送工（初级）、调压工（初级）、管道工（中级）、燃气用具安装检修工（初级），共培训了529人。有527人经考核合格，取得了由四川省住房城乡建设厅、四川省人力资源和社会保障厅颁发的《职业资格证书》。

3. 四川省燃气协会分别在眉山、绵阳、德阳、泸州市举办了5期液化气销售人员培训班，有996人参加培训和考试，经考核均取得《液化石油气销售人员岗位资格证书》。

4. 根据形势的新变化和培训的新要求，四川省燃气协会重新编印了《城镇燃气法律法规文件汇编》（上、下册）及《燃气用具安装检修工补充教材》；购置了教学用的燃气器具相关产品；建立了燃气岗位培训网上报名平台，应用了指纹考勤机，保证了培训人员、时间和效果的有效落实。

（四）科技工作进一步加强

1. 由四川省燃气协会同有关单位修编的《燃气用衬塑（PE）、衬不锈钢金属管道工程技术规程》和《燃气管道环压连接技术规程》两个地方工程建设标准，于2012年6月4日经四川省住房城乡建设厅批准发布。协会于2012年11月15日在成都召开了上述两个技术规程集中宣贯学习会。参加学习的135名学员不仅从理论上对技术规程有了较为全面的了解掌握，还从案例中学到处理问题的经验。同时，协会组织有关科技人员、专家，起草了《四川省燃气室内暗埋工程设计、施工技术规程》（讨论稿）。

2. 根据四川省住房城乡建设厅关于建设系统职工职称申报程序的新要求，四川省燃气协会加强了对各企业申报工作的指导和答疑。2012年经协会秘书处初审，并报经四川省住房和城乡建设厅建筑技术中级职务评审委员会评审通过，共有38人分别获得城市燃气专业技术职务任职资格，其中工程师31人、助理工程师7人。

3. 根据《四川省住房城乡建设厅关于推荐四川省燃气行业专家的通知》（川建城发[2012]114号）要求，四川省燃气协会对各企业推荐的燃气行业专家的材料进行了初审、筛选，并经协会理事扩大会讨论，形成了《四川省燃气行业专家库建议名单（共82名）》及《四川省燃气行业专家库专家管理办法》（送审稿），上报四川省住房城乡建设厅审批。

4. 积极组织压缩天然气方面的专家和工程技术人员，到压缩天然气企业开展技术帮扶活动，受到了企业的欢迎和好评。

5. 2012年3月，四川省燃气协会召开第七届二次会员代表大会期间，举办了"2012年四川省燃气技术与设备展览会"，400多名参会代表与燃气器具、设备、材料生产企业进行了充分的沟通和交流。

（五）精神文明建设有了新进展

1. 四川省燃气行业紧密结合"创先争优"主题实践活动的总体要求，以"树行业形象、展燃气风采"为主题，以推荐评选"四川省燃气行业服务明星"为载体，深入开展"五比五赛"（比安全、赛保障，比技能、赛管理，比创新、赛效率，比服务、赛礼仪，比文明、赛形象）的活动。经参评企业层层评选，四川省燃气协会精神文明工作委员会初审，协会理事长扩大会研究决定，并向社会公示，有20名燃气行业一线职工被评为2012年"四川省燃气行业服务明星"。

2. 四川省燃气企业按照文明单位建设的要求，积极开展优质服务、规范管理、新技术应用等方面的交流活动。在2012年5月、10月，先后在大竹县、攀枝花市召开精神文明建设、企业文化工作座谈会，总结交流了营造企业文明氛围，锤炼团队素质，创建示范窗口单位，党员志愿服务队进社区等方面的情况和先进经验。

（六）四川省燃气协会自身建设不断增强

一是根据燃气经营企业、燃气相关产品生产企业的申请，经四川省燃气协会秘书处审查，并报协会理事长扩大会议批准，2012年共有55家企业（其中管道燃气经营企业21家、燃气相关产品生产企业21家、压缩天然气经营企业11家、液化石油气经营企业2家）加入四川省燃气协会。

二是四川省燃气协会于2012年下半年先后组织管道天然气、压缩天然气经营企业赴黑龙江省、宁夏回族自治区、广东省、香港特别行政区、云南省，考察学习燃气企业经营管理、压缩天然气场站建设与管理、液化天然气输配、燃气户内安全管理、燃气行业人力资源管理、教育培训等方面的情况和经验，开拓了视野，增长了见识。

三是四川省燃气协会进一步完善了即时通信网络工具（腾讯QQ群），加强协会与会员之间、会员与会员之间的工作交流及联系，及时通报省内外燃气行业的最新动态和信息。

四是四川省燃气协会秘书处制定了《四川省燃气协会工作制度》、《四川省燃气协会财务管理规定》和《四川省燃气协会专职工作人员分工安排》等制度，规范了协会秘书处内部管理和服务会员单位等工作。

二、四川省燃气行业"十二五"发展计划

2013年，四川省燃气行业以党的"十八"大精神为指导，认真学习领会中国梦的科学内涵、本质要求，紧紧围绕中共四川省委、省人民政府"科学发展、加快发展"的工作基调，按照《四川省住房城乡建设事业"十二五"规划纲要》的要求，全面贯彻落实《城镇燃气管理条例》和四川省燃气经营许可的有关规定，以持续、稳气、安全供气为主线，进一步加强行业自律管理、依法经营、安全生产、规范服务。积极维护燃气行业和企业的合法权益，着力推广应用新技术、新工艺、新材料，努力提高全行业服务质量和技术水平。

（一）深入贯彻落实党的十八大精神

四川省燃气行业把学习好、贯彻好、落实好党的十八大精神，作为当前和今后一个时期的头等大事来抓，切实加强组织领导，定期举行学习和讨论活动。紧密结合实际，全面深入开展"实现伟

大中国梦，建设美丽繁荣和谐四川"主题教育活动，用中国梦统一思想、凝聚共识。教育职工深刻认识在全面建成小康社会和推进工业化、信息化、城镇化、农业现代化进程中，燃气行业的规划、建设和经营发展面临的新任务、新要求和新机遇，增强责任感和使命感。要凝心聚力，真抓实干，按照当地经济和社会发展、城镇化建设的规划，抓紧调整完善燃气利用发展规划，进一步规范生产经营，持续稳定供气，加强安全保障，不断提升经营质量和服务水平。

（二）肩负民生使命，强化安全工作

各燃气企业要始终坚持把燃气民生、安全放在工作首位，加强安全基础性工作，不断提升全省燃气安全管理水平。

1. 贯彻落实《城镇燃气管理条例》，继续深入开展"安全生产年"活动，牢固树立安全发展理念。按照国务院安委办关于"2015年前实现企业安全标准化达标"的工作要求，总结单位达标工作经验，在行业内广泛宣传推广，努力使安全工作标准化。

2. 强化安全责任落实，严格安全生产"一岗双责"制度和安全生产"一票否决制"。进一步明确企业各部门、人员的安全职责范围，层层落实到每个环节、每道工序和各个岗位，做到人人有专责、事事有人管，确保安全生产持续稳定发展。

3. 加强安全基础设施建设，大力实施安全技术改造，切实消除安全隐患。积极借鉴先进的安全管理模式和方法，严格落实安全生产法律法规和行业规程标准，严禁违章指挥、违章作业、违反劳动纪律，积极推进安全生产规范化建设。

4. 进一步开展"打非治违"工作，做好超前预防工作。运用科学技术支撑，抓好隐患排查治理。加强对运行时间较长的管网和供气、用气设施的检测评估，切实做到整改项目的治理措施、责任、资金、时间和预案"五落实"。进一步完善应急预案，加强应急演练，提高对突发事件的处置能力和统筹协调能力。

5. 按照安全生产标准化建设要求，适时推进安全生产标准化建设。加强基础安全管理，健全安全生产台账。严格执行安全生产值班制度，加强信息沟通。严格执行新建和改扩建工程项目安全和职业危害防治设施，与主体工程"三同时"要求。认真落实职业危害防治责任和措施，改善作业环境，保障员工身体健康。

（三）按照依法经营的要求，认真做好燃气经营许可工作

按照四川省住房和城乡建设厅《关于实施燃气经营许可的通知》（川建城发[2012]520号）要求，四川省燃气协会要配合四川省住房和城乡建设厅，指导各燃气企业做好燃气经营许可办理的相关工作。

1. 各燃气经营企业要充分认识实施燃气经营许可制度的重要性和紧迫性，高度重视，加强领导。要分工领导，专门负责；明确专人，具体承办。要认真学习、抓紧熟悉经营许可的标准、条件和办理程序，尽早准备，抓紧申办。四川省燃气协会将在"四川燃气"网上公布申办《燃气经营许可证》的具体要求和步骤等，以便企业更加快捷的申办。

2. 各燃气经营企业要依据经营许可的标准、条件，充实、调整、完善企业注册资金、设施设备等硬件条件。要结合自身人力资源的现状，调整、吸纳、培训专业技术人才，提高企业队伍素质。

3. 要以申办经营许可为契机，及时向省、市、县主管部门报告，进一步确认、调整、划定管道燃气供气区域范围，及时解决界限不清、交叉重叠、权属不明等问题，确保经营生产的正常进行。

4. 要科学组织，周密计划，分批安排相关管理人员、关键岗位技术人员，及时参加省上组织的

培训，及早取得相关职业资格证书，为申报经营许可奠定基础条件。

5. 要结合燃气经营许可的申办，进一步整理、完善燃气设备、设施档案等资料，绘制燃气管网分布图，并依法向社会公示，动员全社会力量共同维护燃气管网运营安全。

（四）加大工作力度，及时组织行业培训

继续采取集中与分片相结合的形式，组织燃气行业相关人员，脱产学习燃气行业经营管理的新理论、新知识。

1. 企业管理人员岗位资格学习培训，预计1600人。
2. 液化石油气销售人员岗位资格培训，预计1200人。
3. 燃气行业技术工人职业技能学习培训，预计1000人。
4. 《燃气系统运行安全评价标准》（GB/T50811-2012）学习培训，预计400人。
5. 国家和省上颁布的燃气行业新标准、新规范的学习培训，预计200人。

上述教育培训工作，时间紧、任务重，特别是按照燃气经营许可办法的要求衡量，部分企业的持证上岗人员远远达不到经营许可标准。因此，各燃气企业要按照省上的教育培训计划，科学安排相关人员参加学习培训，未经培训的企业领导和部门负责人应率先垂范，带头参加培训学习。

（五）发挥专家作用，持续推进科技创新

1. 按照四川省住房城乡建设厅《关于四川省燃气行业专家库专家管理办法》的要求，认真做好燃气行业专家的服务、协调工作，充分发挥专家在燃气规划标准编制、科技咨询攻关、安全生产评估、典型案例剖析、经营管理指导等方面的作用，以先进的科技观念和适用的技术规范，促进燃气经营的科技水平的提高。

2. 协助和指导各燃气企业，继续做好燃气专业技术人员职称资格的申请、评审工作。各燃气企业应按照省上的相关通知要求，认真组织符合条件的人员积极申报，并提交完整、准确的资料和业绩，努力提高评审的通过比例。

3. 在充分调查研究的基础上，起草《四川省燃气行业安全生产达标规范》，并组织各会员单位讨论修改，力争年内成稿，上报四川省住房城乡建设厅审查。

4. 抓紧修改、完善《四川省燃气室内暗埋工程设计、施工技术规程》，力争2013年形成"送审稿"，上报四川省住房和城乡建设厅审查。

5. 在适当的时候，组织召开燃气新技术、新产品、新工艺、新设备的展示、交流会，总结交流燃气经营的安全生产、供气输差管理等方面的情况和经验。

（六）以先进典型引路，继续加强行业精神文明建设

1. 结合开展"实现伟大中国梦，建设美丽繁荣和谐四川"主题教育活动，广泛开展理想信念教育，深入开展爱国主义、集体主义、社会主义教育，倡导爱国、敬业、诚信、友善，积极培育和践行社会主义核心价值观，坚持中国道路，弘扬中国精神，凝聚中国力量。开展企业文化、管理、团队建设等交流活动。

2. 继续开展以"树行业形象、展燃气风采"为主题的"五比五赛"（即比安全、赛保障，比服务、赛礼仪，比技能、赛管理，比创新、赛效率，比文明、赛形象）活动，加强企业精神文明建设，促进行业安全运行，确保供应，优质服务。

3. 各燃气企业要紧密联系实际，广泛宣传"2012年四川省燃气行业服务明星"的先进事迹。开展服务明星演讲、交流、学习等活动，教育职工树立爱岗敬业、诚实守信、办事公道、服务群众、

奉献社会的职业情操。

（七）以服务为宗旨，巩固行业协会自身建设

1. 四川省燃气协会在协助建设行政主管部门开展燃气经营许可就位、申办工作中，及时介绍宣传燃气协会的宗旨和服务职能，引导燃气经营企业，特别是量大面广的压缩天然气、液化石油气、液化天然气等企业加入协会。

2. 充分发挥四川省燃气协会七个专业委员会（政策研究委员会、教学培训委员会、安全生产委员会、科学技术委员会、精神文明工作委员会、压缩天然气工作委员会、液化石油气工作委员会）的职能作用，组织开展各项活动及会议。协会秘书处应积极做好协调、服务工作。

3. 适时召开四川燃气网站通讯员工作会议和信息化建设培训、交流会以及燃气统计工作会。

4. 进一步完善燃气企业QQ群平台，及时为燃气企业提供优质、便捷的个性化服务。

5. 加强省际燃气协会（学会、研究会）的联系，交流行业信息，借鉴先进经验。

贵州省燃气发展综述

一、贵州省燃气发展基本情况

（一）资源状况

贵州省无管道天然气、液化天然气与液化石油气资源，城市使用的液化天然气、液化石油气均由省外供应，部分城市使用焦炉煤气、二甲醚，贵州省具有丰富的煤层气、页岩气资源。

1. 天然气

贵州省天然气资源主要分布在遵义市境内的赤水一带，但目前开采的天然气量不大，开采出来的天然气全部供应贵州赤天化集团有限责任公司使用（生产化肥）且不够，同时，由于贵州天然气开采量不大，赤天化使用的大部分天然气由中石油四川天然气管道供应。

2012年年底，长输管道天然气未到达贵州。贵州城市天然气采用液化天然气和压缩天然气，均由省外供应，已签订约100万立方米/日的天然气气源供应协议。压缩天然气来源于重庆，液化天然气主要来源于四川达州汇鑫、新疆广汇、鄂尔多斯星星能源、重庆民生等企业，都采用汽车运输。

现有的液化天然气和压缩天然气气源主要用于解决部分市县迫切的清洁能源市场需求和大型工业用户的用气需求，同时实现市场培育的目标，为长输管道天然气进入贵州做好准备。

2. 人工煤气

人工煤气主要采用焦炉煤气，在贵阳市、六盘水市作为城市燃气的主要供应气源。

（1）贵阳市

贵阳市城市人工煤气气源来自于贵州华能焦化制气股份有限公司。该公司气源厂位于清镇市干河坝，距贵阳城区约30千米。公司现有JN43-80型42孔焦炉3座，JN60型60孔焦炉1座，焦炉煤气产能150万立方米（自加热用一半），外供能力75万立方米。另建有WG型煤气发生炉10台，可顶替出外供焦炉煤气35万立方米，冬季可提供最大供气能力105万立方米。

同时，为解决贵阳市冬季供气不足问题，贵阳市冬季供气主要采用多气掺混的供应模式，主要是焦炉煤气中掺混水煤气、液化天然气，掺混站位于清镇储配站。

贵阳水煤气掺混。贵阳水煤气由位于贵州华能焦化制气股份有限公司旁的贵州水晶集团提供。目前贵州水晶集团有3台水煤气发生炉，日产水煤气约30万立方米，供清镇储配站掺混系统。

清镇LPG掺混站：设有LPG储罐200立方米，水煤气和LPG掺混系统。掺混气供应能力32万立方米。

贵阳液化天然气掺混。清镇储配站新建有液化天然气掺混系统。液化天然气掺混能力达到5万立方米/日~10万立方米/日。

贵阳市冬季供气主要采用三气掺混，可实现煤气总供应能力150万立方米/日。

（2）六盘水市

六盘水城市煤气主要采用水城钢铁公司焦化厂富余的焦炉煤气。目前，水钢焦化厂有4座焦炉，JN43型36孔2座，JN55型50孔2座。除焦化厂生产自用外，外供煤气27.83万立方米/日。

3. 液化石油气

目前，贵州省无石油资源，也无石油炼厂，液化石油气主要由省外供应，年供应量12.8万吨。液化石油气主要来源于中石化乌鲁木齐石化公司、中石油昆仑公司、中石化荆门炼厂、中石化洛阳炼厂、广西钦州炼厂等公司，主要采用铁路运输，省内周转采用公路运输。

4. 二甲醚

贵州有着极为突出的煤炭资源优势，煤炭探明储量居全国第五位。贵州目前已建成煤制二甲醚生产厂两家，产能21万吨/年：兴义宜化，产能6万吨/年；贵州天福化工，产能15万吨/年。2012年二甲醚实际产量8万吨，省内需求2万吨。生产出的二甲醚主要向广西、广东等周边省份供应。但由于二甲醚自身性质决定其易造成钢瓶、设备等密封件损坏，需用专用钢瓶，且还需解决密封件、输送材料等问题，导致二甲醚的推广使用速度缓慢。

5. 煤层气

贵州省享有"江南煤海"之誉，其煤层气资源亦十分丰富。根据《贵州省煤层气资源潜力预测与评价》(2010)：全省上二叠系可采煤层煤层气推测资源量（以下简称地质资源量）30561.86亿立方米；煤层气平均资源丰度1.12亿立方米/千平方米；煤层气推测可采地质量13791.26亿立方米，占资源总量的45.31%。目前，贵州全省30万吨每年及以上规模煤矿（含生产、在建、整合、技改、规划矿井）煤层气资源量为4406亿立方米，可抽采为2533亿立方米。

由于全省煤层气资源勘探程度低、赋存条件差、渗透性低，关键技术有待突破，现有煤层气勘探开发技术不能适应复杂地质条件，钻井、压裂等技术装备水平较低，低阶煤和高应力区煤层气开发等关键技术有待研发。目前直接从地面开采煤层气资源较为困难，贵州煤层气资源的地面开发处于起步阶段。2000年由中石化西南石油局承担的"六盘水煤层气示范工程"项目，在盘县的盘关向斜打了5个浅层煤层气井。2005年8月，国家发改委批准了中联煤层气有限责任公司进入贵州开展青山-保田区块煤层气的风险勘探与开发，中联公司与加拿大亚加公司合作，2007年完成6口施工参数井，并作了压裂、排采等工作，目前工作没有太大进展。

贵州省煤矿瓦斯抽采技术方面，总体上已处于全国先进水平。贵州省煤矿多属高瓦斯矿井或煤与瓦斯突出矿井，国有重点煤矿的瓦斯抽采始于1972年（原水城矿务局老鹰山矿），在20世纪80年代得到了较快的发展。目前，贵州全省19个国有重点煤矿，全部建立了瓦斯抽采系统，同时，地方高瓦斯和煤与瓦斯突出矿井也建立了瓦斯抽采系统。该省采用的瓦斯抽采方法主要有穿层钻孔抽采、本煤层抽采、走向高位巷抽采、采空区抽采等，瓦斯抽采浓度一般10%～35%，最高达到60%以上。2010年全省煤矿瓦斯抽采量为12亿立方米。

全省煤矿瓦斯除主要用作民用燃气外，在瓦斯利用方面取得的重大进展是引进了低浓度瓦斯发电技术，拓宽了瓦斯的利用途径。截至2010年底全省煤矿瓦斯民用量为2321万立方米，发电用量为16000万立方米，全省年利用瓦斯18321万立方米。2010年底全省煤矿瓦斯发电装机247台，总装机规模12.89万千瓦，全年发电3.33亿千瓦时。

2013年，六盘水市的盘江矿区建成5万立方米每日的CNG燃料厂一座。

6. 页岩气

贵州省发育多套含气页岩层系，厚度大、分布范围广，具有形成大规模页岩气资源的基本地质基础。国土资源部近期公布的《全国页岩气资源潜力评价》结果表明，贵州省页岩气地质资源量10.48万亿立方米，占全国12.79%。全国排名仅次于四川、新疆、重庆之后为第四位，页岩气资源潜力巨大。

目前，黔北地区已被国家纳入页岩气先导实验区，确定的采样点共计23个，综合优选出适合实施页岩气调查井的井位8个。黔东南州的"岑巩-1号井"和铜仁市的"松桃浅-1号井"为主要地质调查钻探目标井。目前还未形成规模开采与使用。

目前贵州页岩气开发主要受到技术等方面的制约，进展并不顺利。主要是因为资源潜力落实程度低，资源前景有待进一步落实；尚未形成符合贵州复杂地质特点的页岩气勘探开发关键技术，核心技术的自主创新能力不足；页岩气开采主要使用的"水力压裂法"技术时，大量使用水及少量化学品，可能对水资源及对地下水环境污染等问题。

（二）燃气发展状况

由于长输管道天然气未到达贵州，贵州省内贵阳、遵义、安顺、都匀、毕节、铜仁、兴义、仁怀等城市天然气主要采用液化天然气供应。

贵州省内人工煤气主要采用焦炉煤气，在贵阳市城区、清镇市城区、六盘水市钟山区使用。

天然气、人工煤气采用管道输送，主要供应居民用户、商业用户、公共建筑用户、工业用户。

液化石油气主要采用瓶装供应，一方面作为城市管道燃气的补充；另一方面作为主要供应方式在管道燃气未到达的县城、村镇等使用。

天然气汽车主要采用CNG、LNG两种加气方式。

二甲醚由于技术规范、配套钢瓶、燃气具等产品的技术标准不完善，导致二甲醚的推广使用速度缓慢。

2012年贵州燃气使用情况 表1

燃气种类	单位	使用量
液化天然气	亿立方米/年	1
煤制气	亿立方米/年	3.5
液化石油气	万吨/年	12.8
二甲醚	万吨/年	2

全省城镇人口燃气普及率58.5%。

1. 燃气设施状况

2012年贵州省，正在规划建设省级长输管网。已建城市燃气管网3207.50千米，其中煤气管道2829.70千米，天然气管道195.07千米。

2. 汽车加气站情况

贵州省汽车加气站采用液化天然气汽车加气站、压缩天然气汽车加气站。LNG加气站14座，CNG加气站11座。

3. 天然气储备情况

贵州天然气储备主要以贵州燃气集团为主，采用液化天然气储存，在贵阳、遵义、安顺、都匀、毕节等城市已建设液化天然气接收供应站，液化天然气罐容共24500立方米。

二、贵州省2012年燃气发展成绩

（一）加强行业管理

2012年贵州省住建厅不断加强行业管理。先后出台了《关于规范贵州省〈燃气经营许可证〉发放工作的意见》（黔建城发〔2012〕71号）、《贵州省关于开展2012年全省住房城乡建设系统"安全生产月"活动的通知》（黔建建通〔2012〕267号）、《转发〈贵州省"十二五"安全文化建设纲要〉的通知》（黔建建通〔2012〕136号）等文件。同时，为深刻汲取2012年"11.23"山西省寿阳县喜羊羊火锅店因液化石油气泄漏发生爆炸燃烧事故的教训，坚决防止贵州省餐饮经营单位发生同类事故，采取积极预防措施，贵州省住建厅制定了《关于加强餐饮业使用燃气安全管理的通知》（黔建城通〔2012〕759号）。

加强燃气器具进入市场的气源适配性的监管工作，发布2012年《贵州省燃气器具销售目录》。

开展全省燃气现状调查。组织人员到贵州省各地进行燃气现状调查，先后对黔南、黔东南、遵义等地区的燃气管理现状、燃气企业运营与安全现状、市场的管理、价格、诚信等问题进行了深入细致的调查研究，为进一步规范燃气市场的管理做了大量基础工作。

（二）积极引进天然气，促进燃气发展

按照国家能源规划与计划，"中缅油气长输管道"和"中卫-贵阳输气管线"将进入贵州，这引起贵州省及各城市的高度重视，贵州省发改委、贵州省住建厅等部门积极与中石油协调、配合，做好管道天然气入黔的核准工作与各地的协调工作，同时，各地政府也高度重视，积极配合、协调解决管道天然气的工程建设等方面问题，保障天然气管道的顺利实施。

在管道天然气未到之时，为培育城市管道燃气供应市场，贵州燃气（集团）有限责任公司，积极引进省外液化天然气，先后成立了各地天然气公司，到2012年年底，成立了遵义、安顺、都匀、凯里、毕节、仁怀等14家天然气公司，促进了全省城市燃气行业的发展。

（三）加快城市天然气输配系统建设

为迎接管道天然气的到来，贵州省制定了《贵州省城镇燃气"十二五"发展规划》和《贵州省城市天然气设施建设规划》。各地市县级的燃气发展规划与规划也已制定或正在制定中，如《贵阳市燃气发展规划》、《贵阳市天然气利用规划》、《六盘水市燃气规划》、《毕节市燃气规划》、《普定县燃气规划》、《贵阳市天然气汽车加气站规划》等规划。

《贵阳天然气高压环网》、《遵义—仁怀高压管网》等天然气项目不断进行论证。同时，为实现管道天然气顺利进入城市，贵州省各地市县城市燃气输配系统加快建设。城市管网、LNG接收供应站、调压站等天然气输配设施不断建设，即满足了目前城市对天然气的需求，也保证了今后管道天然气顺利接入城市。

（四）液化石油气在城乡发展迅速

随着管道天然气的到来，液化石油气企业增强了危机意识，积极探寻发展之路。液化石油气企业充分发挥液化石油气投入不大、销售灵活等特点，在天然气到达的城市作为天然气的补充，在天然气未到达的城市、乡镇、农村大力开拓液化石油气市场，到2012年底，液化石油气销售12.8万吨，约占全省民用燃气市场的60%左右。

（五）贵阳市实施天然气置换工作

为迎接管道天然气的到来，贵阳市从2009年开始进行天然气置换试点工作。2012年，随着贵阳市经济发展，对燃气需求不断增加，贵阳市冬季供气形势越来越严峻，为缓解冬季供气压力，贵州燃气集团积极引进LNG，对贵阳市开始正式开展大规模的天然气置换工作。相继完成了小河区大兴星城、观山湖区世纪城、乌当区083厂、二戈寨等区域的天然气置换工作，置换居民用户约10万户及相应工业用户、公建用户，约顶替焦炉煤气35万立方米/日～40万立方米/日，保障了2012年的冬季供气需求。

（六）加强安全投入与科技创新，提高安全管理工作

省内燃气企业特别是贵州燃气（集团）有限责任公司，在安全上投入较大，2012年投入1千多万元，购买相关安全设施如气体检测仪器、路面打孔机等，开展安全宣传、应急管理、隐患排查、安全检查等工作。

面对燃气管道户内安全问题，积极做好科技创新与新技术引进工作，保障燃气户内安全。贵州燃气集团首先在贵阳市户内燃气上推广使用贵阳安宝燃气防爆安全设备有限公司生产的"保你家"牌sp系列"整体式燃气定时自动关闭与超流自动切断装置"，解决了户内燃气胶管被老鼠咬破、胶管脱落、泄漏等问题。同时，在户内燃气管道上推广使用薄壁不锈钢管、不锈钢波纹管（代替燃气胶管），从而解决了户内燃气管道锈蚀穿孔、胶管老化、胶管破损等方面问题，户内燃气事故大为减少，提高了燃气安全性，实现了"户内燃气本质安全"。

（七）加强技术交流，促进科技进步

在贵州燃气行业内，不定期开展技术交流，开展新技术应用的交流活动如超声波流量计、轴流式调压器、截止阀式调压器等的技术交流。同时，为推动省内天然气汽车及加气站建设与发展，结合国家能源局刚刚颁布《液化天然气汽车加气站》标准的机会，在贵州燃气集团公司的大力支持下，由省住建厅主办，省燃气协会承办，组织贵州省各地市县的建设、规划等政府部门人员与燃气协会会员单位人员参加，邀请国内与省内专家进行的"贵州天然气汽车发展研讨会"暨《液化天然气汽车加气站》宣贯，取得了一定的效果。

（八）加强人员培训，提高从业人员素质

在省住建厅和省人力资源厅的帮助下，通过整合会员单位的技术力量和行业资源，在贵州燃气集团公司的大力支持下，协会在小河燃气储备站建立了职业技能实际操作鉴定基地，通过了贵州省职业技能指导中心的考察，获得了贵州省第131国家职业技能鉴定所的授权。现已开展相关培训与职业鉴定工作，为贵州燃气行业培训鉴定了合格的上岗人员并颁发了职业技能资格证，使该省的燃气行业职业技能鉴定工作上了一个新的台阶。

三、贵州省燃气发展面临的问题

目前，管道天然气还未到达贵州，煤层气开采技术在贵州还处在探索阶段，页岩气开发也还处在资源勘探与探索阶段。这一气源问题制约了贵州省燃气的大发展，部分城市只有启动LNG发展城市燃气。特别是贵州燃气集团公司在没有管道天然气的情况下，依靠自身的努力，在贵州主要城市（如遵义、都匀、安顺、凯里、毕节等地）推广、应用LNG，大力发展城市天然气用户，改善了城市环境状况，使城市燃气得到迅猛发展。

四、贵州省"十二五"燃气发展规划和目标

（一）管道天然气即将到贵州

根据国家总体规划及能源布局，贵州省2013年下半年将由"中缅油气长输管道"以及"中卫-贵阳输气管线"共同供气。

"中缅油气长输管道"起自于缅甸西部海岸兰里岛皎漂，经云南、贵州、广西三省，在广西与西气东输二线连接，全长2806千米。贵州省境内经六盘水市、黔西南州、安顺市、贵阳市、黔南州等5个地市自治州的14个县市区，境内管道全长566千米。"中缅油气长输管线"设计压力为10兆帕，年输气120亿立方米。目前中缅管道已正式开工建设，2013年下半年实现向贵州供气。

"中卫-贵阳输气联络管线"地跨宁夏、甘肃、四川、重庆、贵州，管线全长1636千米，直径1016毫米，设计输气能力150×10^8立方米/年。"中卫-贵阳输气管线"天然气干线入黔管道将沿重庆、温水镇、桐梓县、遵义市至贵阳市，在贵阳市燕楼乡与缅气管道连通。该项目已获得国家能源局的批准，现已正式开工建设，已于2011年底向四川境内供气，2013年下半年实现向贵州供气。

预计2015年贵州省长输管道天然气供应量达到17.5亿立方米，2020年达到30亿立方米的供气能力。

（二）燃气用量与设施

随着管道天然气的到来，2013年将加快贵阳城市天然气的置换力度。在管道天然气到来之前，将继续采用液化天然气供应，置换预计置换人工煤气用户约15万户，管道天然气到来后将进一步加快人工煤气用户的置换范围与力度，再增加置换人工煤气用户约10万户。

2013年全省天然气用气量约4.2亿立方米，人工煤气用气量约3亿立方米，液化石油气用气量约13万吨，燃气普及率60%。

正在建设管网长度300千米，建设天然气加气站约20座，LNG接收站约10座。

青海地区天然气利用发展战略研究

根据青海地区天然气消费市场现状的分析，青海区域目前的燃气消费市场主要是围绕管道气有效辐射区域内铺开，同时几个消费区域均有明显的个性特征，具体来说就是柴达木盆地（海西地区）结合地处气源所在地，有明显的资源价格优势，结合当地丰富的矿产资源和有力地理位置所形成的低成本气源条件下的大规模天然气化工、发电和工业用气项目消费特征；延涩宁兰管线西宁区域在全省政治、文化、经济、消费中心的辐射带动下人气聚集所形成的以民用气为主的区域消费市场；海东区域消费市场则占据了地处涩宁兰管线经过区域、地处两省通衢、自然、交通、经济发展水平较好促进了天然气消费市场的成长，但与海西及西宁地区相比还是相对落后。可以说青海区域这三处主要燃气消费市场各自有其鲜明的特点，其发展方向也各有侧重，具体来说青海区域市场有以下几方面发展趋势：

一、天然气供应能力将持续快速增长，供气来源向多元化发展

为适应沿线天然气市场需求的迅速增加，青海油田不断加大勘探开发力度，积极开展新增气井、加大输气管道建设开发，有效增加气田产量；2015年青海油田的产能和产量将分别达到160亿立方米和113亿立方米；至2020年青海油田的产能和产量将分别达到260亿立方米和182亿立方米。

同时，国家制定了优惠的财政和税收政策，支持煤层气等非常规天然气资源的开发力度，科学引导煤制气项目的实施，如在青海区域管线气源辐射范围之外，利用区域内煤矿等优势资源开展项目可使之成为管线气之外常规天然气资源的有力补充。此外，充分利用LNG/CNG等形式气源，满足偏远地区燃气需求，这将是青海区域市场供气气源总的发展趋势，未来的区域内天然气市场供应将形成供气气源多元化、供气企业多元化的格局。

二、区域内天然气消费需求强劲

根据青海省燃气最新规划，"十二五"期间将从节能减排，促进区域内资源充分利用，推动经济发展角度出发，鼓励以气代油、代煤、促进天然气产业发展，根据目前发展趋势来看，海西柴达木盆地区域石油天然气产业、盐湖、有色矿产资源开发还将高速持续地发展下去，西宁区域全省政治、经济、消费中心城市的功能还将强化，对省内外人、财、物的吸引凝聚效应还将持续强化，区域内民用气市场仍将在较长一段时间内持续稳定增长、同时区域内园区经济的发展也将带来工业用气量的有效增长；海东区域市场随着区域内空港经济区、乐都、民和、平安等地区工业园区的发展、也将带来工业用气需求的爆炸式增长；同时根据国家能源战略，到"十二五"末将使目前天然气在我国能源消费结构中的比重由4%提高到8%。据此预计在资源供应大幅增长、管网建设日益普及和国家政策的大力扶持等因素刺激下，天然气需求将强劲增长。届时，区域内天然气普及率比

目前将有显著的提高,工业用气将有较大增长,天然气用户将向目前的中心城市逐步向州县级等区域普及,在区域内经济条件较发达的地区,还将向乡镇及农村进行延伸。

三、天然气基础设施不断完善

目前,青海省内的涩宁兰复线等天然气主干管道、西宁区域LNG工厂等已经投入运行。在"十二五"期间,以西宁燃气公司为代表的企业还规划有西宁环城高压管线、共和、湟源、空港经济区等多个管道燃气项目以及大批的CNG/LCNG项目,这些管道及设施建设得以实施,将使青海的天然气输气管网和供气设施更加完善。

四、天然气利用领域不断拓展

经过十年的发展,在国家和青海省天然气利用政策的引导下,目前的天然气消费结构得到改善,目前以城市燃气、工业用户与化工用气为主,但天然气发电用气仍偏低。"十二五"期间,在国家节能减排形势的要求下,预计天然气发电将会得到国家政策的支持,从而将有较快发展,而化工用气受天然气价格调整因素,比重可能下降。天然气汽车由于具有经济和社会效益的优势,未来在天然气消费中的比重将会进一步提升,而车用燃料将由目前的以CNG为主逐渐向LNG转变,同时根据国内燃气消费细分市场数据统计,由于车用天然气具有的环保、经济的显著优点。近几年,CNG消费量每年均以爆炸式速度迅速扩大,其市场潜力巨大,经济效益显著,是今后一段时期值得高度关注和投入的燃气市场开发及投资重点。而以天然气冷热电三联产为代表的分布式能源技术由于可以大幅度的提高能源利用率,缓解用气峰谷,将得以推广。

五、全国输气干线网络提供可靠保障

全国范围内天然气干线输气网络及东部LNG气源保证网络初步形成、形成多气源供气保障网络,初步形成可互通互补的格局,对青海区域内输气干线供气可靠性及供气能力的充分发挥起到了可靠地保障,有利于沿线用气市场的持续稳定培育发展。

根据上述分析,传统管道天然气供应仍将是青海今后主要气质能源发展方向,在此发展方向上,地区相关燃气行业应积极结合地方区域综合发展规划,有前瞻性规划和布设重点发展区域的输气干线网络及以CNG/LCNG为代表的有迅速发展潜力的燃气设施布点,以求占领潜在用气需求市场的先机。

中国燃气行业年鉴 2013
CHINA GAS INDUSTRY YEARBOOK

第四篇

燃气论坛

国际领先燃气企业的发展战略启示

经过了21世纪前十年的快速增长后，我国一些领先的国内燃气企业已不满足于仅取得传统主业的增长。同时，技术发展和客户需求的新动向以及公众对服务、环境及安全的日益关注也提供了新的市场机会。然而，国内不少企业在新业务发展中受短期政策激励多以项目为抓手，缺乏明晰的战略指导，且尚未形成良好的商业模式。此外，由于新兴业务多为竞争性业务，对于习惯了垄断经营环境的燃气企业是一个不小的挑战。分析借鉴国外领先燃气企业增长战略的沿革对国内企业明确战略方向具有重大借鉴意义。

1 国内燃气市场传统业务前景乐观

国内燃气行业在新型城镇化、可持续发展的推动下未来仍有强劲增长，据《全国燃气城镇"十二五"规划》，到"十二五"末城镇燃气供应将近1800亿立方米，年增长达16%，其中天然气将达1200亿立方米。"十二五"期间，新建燃气管道将达25万千米，同比"十一五"期间增长40%，预计总长达到60万千米。由于天然气清洁的优点，其在总体能耗中的占比将从2008年的3.3%增至2020年的8%，替换3.5亿吨标煤。在总体乐观的市场背景下，中国多数燃气企业仍将沿袭传统发展模式，并以运营精益化、服务安全性为目标。虽然传统的垄断性城市燃气业务仍将是燃气企业长期的业务基础，领先燃气企业已不满足于仅在传统领域发展，而是将眼光放在更多的新兴业务领域。

2 国外领先燃气企业的战略动向

国际领先的燃气企业早已不满足于仅为顾客提供可靠、安全的燃气供应，而是致力于为投资方创造更高价值，并积极回应社会公众对于社会责任、科技创新、可持续发展的诉求。因而，国外领先燃气企业在强调精益化生产和全生命周期资产管理的同时，也十分关注审视行业价值链，应对新技术和客户的新需求制定多元化增长战略，积极开拓新业务领域。

3 全球领先燃气企业战略制定五大动因

纵观国际领先燃气企业的业务增长及战略演进可以发现，公司的行业背景、社情民意、政策导向、股东要求和创新技术是五大根本驱动因素。从公司背景看燃企的起源，是上游勘探开采还是下游城市燃气公用事业对其多元化的业务方向有很大影响，上游背景企业更愿意从上游开始打通整个产业链；从社情民意看，社会公众对于可持续发展、环保意识和绿色能源需求的增强为提供清洁能源的燃气企业创造了诸多新的业务增长机会；从政策导向看，放松或解除能源行业管制、引入市场化定价机制，可能出现逐步打破燃气配售一体化现状的趋势，同时为燃气企业进入其他能源或公用

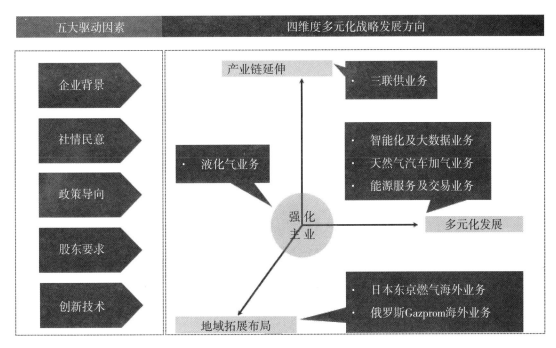

全球领先燃气企业战略发展示意图

事业行业奠定了基础；从股东要求看，除政府作为传统的股东外，资本市场上其他投资方的引入对于燃气企业的效益和规模增长都提出了新的要求；最后，从创新技术看，燃气企业信息通信技术的发展、网络经济的发展、先进设备的发展为燃气企业开拓新的业务模式，提供了硬件基础。而领先燃气企业也从强化主业、产业链延伸、地域拓展、多领域多元化发展这四个维度来制定其发展战略。

4 燃气企业战略发展概述

强化主业：领先的燃气企业都十分关注降本增效和提供卓越的客户服务，其中的重点关注就包括管道燃气业务的生产精益化和资产的全生命周期管理。但是，同时也要看到LPG对于达成燃气企业的普遍服务义务和投放某些遥远地域及细分市场的服务仍会具有长期的重要性。由于管道气主营业务讨论已很多，故在此希望通过对美国两大液化石油气公司AmeriGas和Ferrellgas成功树立品牌形象取得良好业绩的讨论提供启示。

产业链延伸：燃气企业主要考虑通过并购和战略合作进入上游的勘探开采领域，争取气源保障；也包括向前延伸进入能源高效清洁利用业务，例如冷热电三联供业务。下文将以东京燃气和达尔凯的案例阐述三联供业务的业务模式。

多元化发展：领先燃气企业还积极开拓提供环境整治、能源服务、天然气加气站的配属便利店等多元化业务。

地域拓展：随着全球能源业务解除管制，和竞争性新兴业务的发展，为了扩展企业规模和业绩的增长，国际领先企业都谋划在其传统的经营区域以外，甚至是全球范围内谋求业务的扩张和增长。

4.1 强化主业

传统的LPG业务在客户密度不高、管网铺设缺乏经济性以及服务某些特定细分市场（如餐饮）

时具有优势，但是由于原料成本波动大、客户对价格敏感、进入门槛低等因素成为众多规模燃企弃之可惜而效益不佳的业务。目前国内LPG下游充装、配送领域小企业众多，却难有企业做大，与欧美成熟市场差距明显。

美国燃气集团（UGI）旗下的艾美瑞公司（AmeriGas）自1982年通过对无交叉覆盖经营区域公司的165项并购，发展成为占市场份额15%、服务于200多万客户的、全美最大的LPG销售商，以此迅速扩大覆盖面积、增加终端用户多元化、积累规模优势和对供应商的议价优势。另一方面，艾美瑞充分利用其广泛的配送网络，为业务遍布各地的关键客户提供跨州的配送业务和集中式账户管理，即为关键客户开具一张合并账单列明各个地区的LPG消费。与之类似的，Ferrellgas通过与分销及物流技术领先的笛卡尔系统公司（Descartes Systems Group）合作，采用先进的路径管理和调度解决方案，增强实时调度和无线通信功能，提高配送车辆利用率及对客户订单的快速响应能力以利业务范围的扩张和服务水平的提高。

成功企业通过优质服务和品牌建设增强客户的忠诚度。例如，艾美瑞为餐厅客户提供"当日达"紧急送气和全年无休的送气服务，并为居家用户的户外烧烤需求推出家用小瓶供气业务，既满足了用户的需求，同时又增添了反季业务，平抑了需求的季节性波动，减少了企业对冬季供暖业务的过度依赖。在完善服务的同时，艾美瑞也十分重视其品牌影响力，与家乐福等大型超市建立了战略合作关系，通过这些超市的7700个零售店提供瓶装LPG产品。

同时领先公司还十分重视细分市场的开拓，相比汽、柴油，LPG价格更低、更清洁，发动机寿命更长，使它成为物流用叉车和割草设备适合的燃料。为了更好地推广LPG在叉车和割草机领域的业务，Ferrellgas与设备制造厂商联手开拓市场，提供个性化、灵活的更换气瓶业务，并全权负责气瓶的安全和维护，以满足客户预算和运营时间表。对于需要长期、大量供气的客户，Ferrellgas还会协助客户获得政府批准设立大型液化气站，并帮助客户做好运行维护工作。

虽然我国LPG分销领域存在企业资质监管不力，市场不规范，企业鱼龙混杂的特殊情况，但是企业自身还是可以通过提升运营管理水平以提升该业务的经济性，并将其作为支持战略发展的选项之一。分析领先企业的成功经验可以发现这些企业注重通过战略性并购获得规模效应，通过先进的物流体系完善供应链管理，保障服务水平；注重品牌建设和根据客户的差异化需求定制服务以提升客户的忠诚度；注重细分市场的拓展，在一个竞争激烈的市场保持业务的增长。

4.2 产业链延伸

冷热电三联供具有诸多优势，如良好的环保效益、高效的能源利用率、可有效缓解城市电力供应峰谷差、作为分布式发电也缓解了长距离输电和终端配电的投资需求、合理的投资回报、灵活的运营机制，被认为是代表21世纪能源利用技术和管理发展方向的一种供能方式。对于用户，三联供在终端电价较高且有分时电价机制的发达地区经济性良好，同时满足了用户对冷、热、电的需求，借助政策鼓励还有富裕电量上网销售的收益，颇具吸引力。城市燃气公司凭借其气源优势、遍布的燃气管网以及广大的终端客户群体（尤其是工、商用户群体）和充裕的现金流，拥有进入燃气三联供行业的独特优势。

日本最大的天然气供应商—东京燃气公司，依托进口LNG资源优势为发展燃气冷热电三联供设立了专门的研发中心，培植技术优势，加大项目开发以与电力行业竞争，从而扩大市场份额。东京燃气向家庭用户推出了地暖系统、微型热电联合产品（ENE-FARM）；并大力推动为商业、工业用户建立的三联供系统以及燃气空调和商用厨具等一系列配套产品。引入智能家居及智能社区的概念，将冷热电三联供业务纳入其中。在其规划中，东京燃气将众多建筑连接起来形成智能化社区能源网络（Smart energy system），整合电、热、气供应，提高分布式能源和可再生能源的利用，调配楼宇间的能量供需，将能耗降到最低。通过这一现代理念的灌输也成功地向市场推出了其对不同细分市场的三联供系统及服务。

法国达尔凯（Dalkia）公司则利用合同能源管理的模式通过提供综合能源解决方案，推进冷热电三联供业务。达尔凯拥有一批在大型能源设施安装、运行管理、能效诊断方面的专家，并逐步形成了完善的业务模式，以长期运营管理服务合同的形式为客户提供定制化的能源解决方案。从客户用能情况诊断到设备推荐，从能源采购到转换，从技术支持与维修服务到综合物业管理以及在技术、融资和运行维护资源的管理，达尔凯为客户提供一揽子的可选服务，并根据客户的要求提供灵活的合作方式。

对于中国燃气企业而言，虽然国家宏观政策鼓励发展分布式能源，但在三联供业务开展中，与电网的协调和富裕电量的上网还是一个不小的瓶颈，需要得到解决。目前各企业多处于试验或试点阶段，没有形成规模。同时从国际领先企业的案例中我们也应认识到要做好三联供业务，企业必须着力培植相关的技术和服务能力，选择适合的业务模式（如合同能源管理、智能社区能源网络），缔结包含设备制造商、工商业主和电网企业的商业联盟，并取得地方政府支持，做好目标市场客户群的定位选择。

4.3 多元化发展

4.3.1 智能化及大数据应用

智能化为数据挖掘和云技术提供了平台，使企业能通过智能电、气网的建立，实现优化生产、储存和使用的目的，并降低运营成本。智能电、气表的运用能为客户提供更多能源利用的信息，并为多公共事业服务（Multi-utility）构建硬件基础以利服务质量和客户体验的提升；同时它对于企业开展在线故障诊断、减少抄表费用、降低成本都有不小贡献。随着通信技术和计算机技术的发展，能源表计智能化逐渐成为主流趋势。智能燃气网可以实现燃气企业与用户间信息的双向流动及燃气资源的高效使用和调配。

数据挖掘技术打破信息孤岛，充分整合能源企业诸多业务系统的信息，以进行客户信息分析、负荷预测、安全评估与故障诊断等，具有巨大的经济潜力。而云计算和数据挖掘技术的结合与运用，能通过海量数据的处理对不同消费群体的行为特征和消费需求进行分析，提供个性化的增值服务，并辅助燃气企业制定合理的营销与定价策略，开展有针对性的产品推广；此外，数据挖掘还能用于对用户缴费情况的信用评估，以降低违约风险。

德国E.ON公司通过其在德国境内安装的130万智能表计和专门成立的服务公司（E.ON Metering GmbH）来负责燃气网、电网智能化及智能表计业务。公司具有精干的架构设置，依托意昂集团在电力、燃气领域的业务，负责提供智能化的全方位服务，包括为顾客提供智能表计安装、智能电、气器具安装运营，智能家居，能效解决方案设计等。集团还通过与IBM合作，采用先进的业务流程管理（BPM）平台来分析、收集客户端信息，深度挖掘客户的用电、用气数据，向个人及企业客户提供用能分析报告和节能建议。

德国莱茵集团（RWE）为用户提供免费的智能表计，并积极建设智能电网及智能燃气网。通过为客户提供准确的燃气、电力消费数据和分析建议，引导用户改变用电、用气习惯，实现削峰填谷，提升企业的资产利用率。同时，还推出智能家居业务，可对各类电器及加热设备进行远程管理，实现自动化家居。

目前，国内燃气在智能网络方面涉足还很少。对于国内的智能网络的建设，首先需要解决智能网络的标准制定。其次，还应借鉴国际先进企业的成功经验，与设备制造商、电信公司、IT公司进行多方合作，攻克智能感知、智能控制和网络通信方面的一些技术难题，并且整合应用数据挖掘和云计算技术开拓增值服务业务。

4.3.2 城市天然气汽车加气业务

由于天然气对于汽、柴油的较大比价优势、优良的环保性能和逐步完善的供应保障，日渐成为替代车用燃料。美加最大天然气汽车加气业务运营商Clean Energy Fuels Corp（CLNE），通过战略并购和产业链上下游整合扩大业务版图。并根据LNG与CNG适用的不同细分车辆市场设计了差异化的推广战略。

CLNE通过打通、培植整个产业链，降低投资和风险，制定了"横跨东西海岸、贯穿州际"（Coast to coast, border to border）的长途车辆加气业务战略。CLNE联合美国最大的五家卡车制造商进行LNG卡车的开发，还收购了LNG与CNG制备技术及设备制造公司（NorthStar）以提供硬件支持；并在德州Willis设立天然气液化工厂，保障旗下加气站的LNG供应。并按照"横跨东西海岸、贯穿州际"的原则，与北美最大旅行服务中心运营商Pilot Flying J建立战略合作伙伴关系。在客、货运车流量大的重要高速干线建立了超过150家LNG或L-CNG加气站（同时提供LNG和CNG），加气站网络设置中保证每250～350英里就有站点，以确保卡车运输在主要城市之间的不断气接力连接。而且大部分加气站建在原有的旅行服务中心旁边，保证客、货运车辆不需要改变原行驶路线就能享用服务；在服务对象的选择上，首选包括UPS在内的多家物流公司开展服务。

CLNE针对CNG汽车适合短途行驶的特点，向区域内配送车辆、政府用车、公共巴士、垃圾车、机场班车等中小型物流货车、客运车辆推广汽车加气业务。为解除这些顾客的后顾之忧，CLNE承诺通过专门成立的金融公司（Clean Energy Finance）帮助安排融资，获得政府补助金，负责加气站设计、建设和运营，提供全面的供气服务和长期的、折价的天然气供气合同。为提供设备和车辆改装保障，CLNE收购了CNG服务及设备公司IMW；和燃气汽车改装公司（BAF）；并帮助其客户实施CNG推广项目。

国内燃气企业开展LNG/CNG汽车加气业务必须解决站点资源的问题。加气站建设隶属城市规划范畴在数量和布点上都有限制，协调好与当地政府以及与中石油、中石化等加油站市场领先企业的关系是根本的。在业务模式的设计上，需要与LNG/CNG设备、车辆制造和改造商、高速公司服务加气站和服务中心运营商以及定班物流公司等结成产业联盟；在加气站的布局上要统筹考虑供应端的管道布局和需求端的车流密度，以保证足够的业务量，做到"有站有车"；还必须充分考虑LNG和CNG车辆分属不同的细分市场，在服务需求特性和站点布置上予以区分。最后，企业在制定加气业务发展规划的时候，必须和市场情况紧密联系，因为该领域增速受LNG和柴油价差影响明显。

4.3.3 能源服务与能源交易

随着全球公用事业解除管制和客户对于节能减排和"一站式"服务要求的日益提高。燃气公司也逐渐转变战略定位，更多地把自己定义为综合能源公司甚至是多公用事业单位。同时企业也更多地介入能源交易，通过实物产品和衍生产品的交易，对冲风险并创造收益。

法国燃气苏伊士集团（GDF Suez），将能源服务作为一个重要的发展方向，涉足包括工程咨询、项目管理、能源系统建设与维护、能效提升，和热电联供设备管理等业务。并成立了8个能源服务公司利用合同能源管理、多公用事业公司的业务模式提供水、电、气和污染治理的"一站式"服务。目前，该项业务的雇员数量已占到其整个集团人员的三分之一。虽然能源服务是一项竞争性业务，但是燃气公司由于长期的服务关系而建立的声誉和客户信任使之处于有利的竞争地位。在工业细分市场上，通过其控制的达尔凯（Dalkia）公司，为客户设计个性化的能源系统服务。成功的案例包括为造纸厂设计内部资源循环利用系统，以及为飞机制造商集成智能中央温度控制系统，节能超过20%。

为了应对解除管制后日益复杂和竞争激烈的能源市场格局，法国燃气苏伊士集团成立了全资子公司苏伊士贸易（GDF SUEZ trading）从事能源贸易。苏伊士贸易活跃在电力、燃气、液化天然气、石油、煤炭、碳排放等多个大宗实物和衍生产品的交易市场，并为苏伊士集团提供包括能源交易、经济风险研究、财务及内部风险控制等多项服务，为集团的投资和资产优化组合提供建议。此外，苏伊士贸易还为大型工业及商业客户提供各种灵活的供应合同及能源金融衍生产品（指数、远期合约、掉期交易、期权等），以规避企业的用能风险。这些工作为企业创造了良好的经济效益。

对于中国企业而言，由于管制环境的不同和部分交易产品的缺失，尝试多"公用事业"等模式及能源和衍生产品交易尚有困难。但是，能源合同管理、"一站式"服务等业务已有实践 而且发展迅速。另一方面，虽然交投清淡，LNG远期合约、LPG产品及碳交易已在国内数个商品交易市场开展。目前企业最应增强的还是风险管控、交易技能和金融人才培植，以及引入与传统的垄断业务完全不同的有严格管控的专业化的"前台-中台-后台"的业务运营模式和组织结构。

4.4 地域拓展

传统的自然垄断的燃气企业一般受行政管辖权和特许经营权的限制而有很强的地域性。虽然这很好地保障了业务的独占性和持续性，但是它也限制了企业的规模发展。而且随着企业的做大和新的竞争性业务的开展，燃企势必要考虑跨地域的扩张问题。

以日本东京燃气为例，在日本国内市场增长进入停滞期后公司加大了海外扩张的力度，在墨西哥、马来西亚、印度等地都开展燃气供应、天然气发电和能源服务业务。在选择海外项目时，东京燃气通常考虑天然气需求前景良好、对智能化等新业务趋势有一定接受程度、节能环保意识逐渐提升、并对日本企业有政府支持和社会认同度的市场。

如俄罗斯天然气工业股份公司（Gazprom）在做好国内燃气供应的同时，凭借其深厚的上游领域背景，作为集生产、服务和科研于一体的天然气公司，抓住国际市场增长的机遇，在20世纪末着力开拓国际市场，迅速将业务拓展到欧洲各国。2010年至2012年间营业额取得了约30%的年增长，2012年达到1578亿美元。目前，俄气45%以上的天然气产量销往欧洲、独联体和波罗的海国家，并已开始向东亚扩张，它与印度最大的天然气分销商GAIL公司签订为期20年的LNG供销合同，并与日本最大的天然气分销商Tokyo Gas签订框架协议。以上举措使俄气近年取得了跨越式增长。

国内领先燃气企业21世纪头10年的迅猛增长与地域扩张有很大联系，至今这种扩张主要是以国界为限的甚至囿于一些省区。而且在非常规业务的开展上也有拓展不足的问题。借鉴国际领先企业的经验我们可以发现抓住机遇，深刻理解市场，准确识别和有效控制地缘政治和国家风险，了解当地文化，积蓄属地化管理和技术人才将对企业进行全球化扩张起到决定性作用。当然，国际化也必须从企业自身的实力和发展规划出发，盲目的国际扩张不仅不能发掘规模效应、反而为企业的增加沉重财务负担。

5 国内主要燃气企业的发展战略

在对国内五个大型燃气集团（下辖近300个城市燃气公司）的调研中我们发现，国内燃气企业的发展战略重点着眼于：第一，通过管道燃气主业的市场渗透，主要是提升居民用户气化率，结合节能减排政策推进工商用户改造和新用户开发；第二，顺应国内LNG车辆的发展趋势，拓展汽车加气业务；第三，积极进行国内的区域拓展，至少也以现有总部城市为中心，逐步向周边拓展。

与国际先进企业相比，在LPG业务、三联供、智能燃气网络建设、数据业务等方面的战略发展考虑较少，还没有形成效益良好的业务模式达到规模经营。一些企业虽在上述领域有涉足，但是大多处于项目经济性论证或试点的阶段，没有明晰的战略计划。在地域拓展方面，更是少有企业走出国门，建立国际化的网络或在全球范围内进行业务拓展。

5.1 强化主业

大多数企业仍以提高管道燃气管网渗透率、加大工商用户开发力度为主。比如，一些企业抓住当地燃气"县县通"项目的发展契机，加快城市燃气市场的拓展。同时，增强在中心城镇（工业园区）的燃气项目获取能力也是国内企业发展的重点。同时，经济充足的气源保障，市场化定价和即时价格传递以及我国天然气比价优势的日益缩小已成为困扰企业发展的重要问题。

对于LPG业务的发展，碍于业态环境和入门门槛现状，在缺乏可靠盈利模式的情况下，仅有一家企业提出将"推进LPG产业链的整合，通过利用现有的零售终端和物流配送系统大力开展相关的增值服务"作为可考虑的增长途径，绝大多数企业将LPG业务排除在未来战略发展的重要选项之外。

5.2 产业链延伸

虽然国家鼓励分布式能源的发展，但在三联供领域，50%的国内企业并没有将它提到战略发展的层面。一些将分布式能源作为发展项目的企业，还处于项目开发阶段，投入使用的项目也多为试点项目。由于电网协调问题等多方面原因，目前还没有找到成熟的低风险的商业模型。

对于煤制气、煤层气、页岩气、LNG接收站等领域，国内企业也大多处于积极研讨探索尝试的阶段。部分企业与当地煤炭生产企业合作，将煤层气作为局部地区的补充气源，或LNG气源，但是成规模、有体系而非机会型的项目还较少。此外，部分企业也在尝试焦炉煤气甲烷化项目以缓解燃气供应瓶颈。

5.3 多元化发展

目前，中国LNG车辆和加气站的发展迅速，加气站数量在2013年二季度前达到每季度14%以上的增长率。在业务多元化方面，LNG加气站也自然成为国内燃企涉及最多的领域。一些燃气集团已经建立起辐射全国70多个城市的拥有数百个加气站的网络，并计划三年内将拥有的加气站的数量提高到数以千计。但是，需要注意的是，该领域受LNG价格和柴油价格差的影响大，且在网点布置时需要考虑城市规划因素以及和中石油、中石化、车辆制造商等的合作关系，国内燃气企业需要有完善的合作伙伴计划，才能在该领域保持高速可持续有效益的增长。

此外，部分企业也已开始大力发展燃气技术咨询和工程安装等能源服务，深化燃气具、壁挂炉等产品的品牌建设和市场营销工作。但由于技术水平和行业政策环境等因素的影响，鲜有企业推广光纤网络及数据中心和智能化业务，或进行能源交易。

5.4 地域拓展

目前，国内燃企在拓展区域网络方面有所计划和动作，但主要着眼于国内市场，实现以中心城市辐射周边的卫星城、从现有省区逐步向其他省区扩展的发展战略，建立覆盖全国的网络。

拓展海外市场和实现全球化是一些大型燃气企业的中期目标，但除极个别上游开采和下游城市燃气项目外，极少有企业按完整清晰的海外扩展计划在风险评估和严格掌控的前提下以合作模式开展海外业务的。

6 结语

通过对诸多国际领先燃气企业增长战略的案例研究可以发现，燃气企业的增长战略制定与企业的行业背景、社情民意、政策导向、股东要求和创新技术这五大驱动因素密切相关。其战略维度主要沿着强化主业、产业链延伸、地域拓展和多元化发展这四个方向展开。

国内燃气企业制定增长战略时，在借鉴国际先进燃气企业经验的同时，一定要注意管制环境、自然环境和社会环境的不同，根据特定市场所处的环境和需求特点，设计切合实际的盈利模式。同时也应更加关注战略制定的系统性和举措的可行性，变发展愿景主导型为结合愿景、资源条件、能力基础和大势判断的科学规划型发展，更加关注业务生态环境，注重合作模式，注重技术和管理创新，注重盈利模式设计以取得企业的高速、优质可持续发展。

（科尔尼［上海］企业咨询有限公司　程鹏 方寅亮 王诗乐 金承天）

中国船用LNG市场的发展前景

1 概述

随着全球商品贸易的不断发展，水上运输已经成为最广泛的货物运输方式之一。各类船舶作为水上运输工具所使用的发动机，无论是燃汽轮机还是柴油机，几乎都是使用石油产品作为燃料，每年的能耗量及排放量惊人。随着全球油价的不断攀升以及各国政府对节能减排的大力推行，在各类船舶降低油耗及排放量的技术应育而生的同时，使用新型燃料–LNG船型在近两年的船舶发展中正不断地摸索前行。

2 传统燃料与LNG的对比分析

2.1 传统燃料与LNG的特点

传统的船用燃料主要分为重油和轻油，重油即狭义的船用燃料油，主要用于大中型远洋船舶，常见的有180CST和380CST等型号。轻油是指船用柴油，一般用于中小型内河船舶。根据船舶发动机的种类和型号的不同，各种船舶使用不同型号的燃料。传统的船用燃料燃烧后，会产生不同程度的硫氧化物（SO_x）、氮氧化物（NO_x）等有害排放物。

LNG是新型的船用动力燃料，它是由气田开采出来的天然气，经过脱水、脱酸性气体和重质烃类，然后压缩、膨胀、液化而成。LNG的体积约为其气态体积的1/620。众所周知，天然气燃烧后无废渣、废水产生，较煤炭、石油等能源有使用安全、热值高、洁净等优势。

2.2 石油战略储备对传统燃料市场的冲击

2003年油价走高后，我国的原油进口量也大幅攀升。2007年原油进口量为1.5亿吨，2009年原油进口量突破2亿吨，石油对外依存度已多年超过50%。同时，我国原油需求增长速度惊人，2010年秋冬季节，中国东部、南部许多地区突然出现严重的柴油供应短缺现象，石油供应紧缺与需求量增加的矛盾日益明显。

基于规避原油供应不足或中断风险的考虑，2000年我国发改委、石油公司等部门及企业专题研究石油储备问题。2007年12月18日，国家发改委宣布中国国家石油储备中心正式成立，用15年时间分三期完成石油储备基地的建设。2020年整个项目一旦完成，国家石油储备能力提升到约8500万吨，相当于90天的石油净进口量。如此大的战略储备规模，必将改变我国能源消耗结构，船用传统燃料市场也会受到巨大冲击。

2.3 排放法规对传统燃料使用的制约

据统计，我国氮氧化物排放量自2006年以来呈持续上升趋势，2011年，我国氮氧化物排放量

2404.3万吨，2012年我国氮氧化物排放量较2006年增加880.5万吨，增幅为57.8%。2012年全国二氧化硫排放总量为2117.6万吨，船舶燃油硫含量过高，污染严重，是港口城市和内河区域空气质量恶化的最大污染源。

为了降低船用燃料燃烧后的排放物对环境的不利影响，相关组织和国家部门制定的排放法规日趋严厉。例如，MARPOL公约附则Ⅵ新修正案进一步限制船舶硫氧化物排放：燃油含硫量。控制区，2010年7月1日起从1.5%降至1.0%，2015年1月1日起再降至0.1%；非控制区，2012年1月1日起从4.5%减少到3.5%，然后随着不迟于2018年的可行性评审，2020年1月1日再减少到0.5%。海环委2008年10月6～10日第58次会议讨论并通过该修正案，按照默认接受程序将于2010年7月1日生效。我国交通运输部发布的《公路水路交通运输节能减排"十二五"规划》提出了明确的营运船舶节能减排指标，要求与2005年比较，2015年营运船舶单位运输周转量的能耗下降15%，二氧化碳排放下降16%。

在我国的"十二五"规划中也明确指出：单位国内生产总值能源消耗降低16%，单位国内生产总值二氧化碳排放降低17%。主要污染物排放总量显著减少，化学需氧量、二氧化硫排放分别减少8%，氨氮、氮氧化物排放分别减少10%。LNG作为燃料燃烧时基本上不存在硫氧化物的排放，氮氧化物排放可降低85%～90%，没有炭烟，颗粒物质很少，二氧化碳排放可比使用燃料油低25%～30%，满足国际环保标准要求。而且我国内河航运燃料主要以柴油为主，与柴油相比，使用LNG作为动力燃料能减少二氧化硫和粉尘排放量100%，减少二氧化碳排放量60%及减少氮氧化合物排放量50%，可有效降低PM2.5含量，从根本上改善环境质量，可以看出LNG将在我国能耗和污染物排放降低目标任务中扮演重要角色，LNG进军船用燃料市场势在必行。

2.4 LNG的市场价格优势

燃油在航运成本中占有较大比重，远航燃油成本可占航次总成本的75%左右，短航燃油成本可占航次总成本的20%左右。随着近年原油价格在震荡中不断攀高，从2000年1月份的不到20美元/桶，升至2012年12月份的110美元/桶，上涨了近5.5倍。传统的船用燃料价格（以180CST为例）也早已突破600美元/吨，航运企业的利润空间不断缩小，迫使他们采用各种方式加强成本控制。

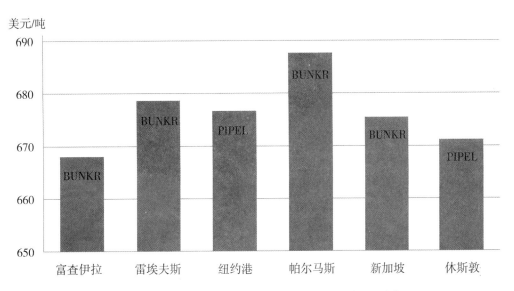

图1：2012年9月21日部分国际港口180CST船用燃料油价格

与石油相比，天然气的基础价格存在较大优势，然而随着市场客户的季节需求不同，天然气的生产与消耗量对LNG的市场供应与价格影响较为明显。同时随着近期天然气价格的普遍上调，国内LNG较传统燃料的价格优势将逐步缩小，但是由于占据石油供应短缺，以及LNG价格较石油价格波动性小等有利因素，船用LNG的发展势头依然不可小觑。

2013年7月2日LNG地区成交价　　　　表1

地区	价格（元/吨）	地区	价格（元/吨）
内蒙古	4000~4600	河北	4500~4700
山东	5600~5700	江苏	5200
西南	5200~5400	陕西	4400~4700
甘肃	4250~4350	青海	3500~4000
新疆	3800~3900	吉林	4800~5000

2.5　LNG站的快速布局加快船用市场的开发

近年来我国天然气进口量及需求量均保持较快增长，2012年中国天然气产量达1116.25亿立方米，同比增长9.43%，生产集中在资源丰富的西北和西南地区，中国进口LNG1469.82万吨，同比增长18.58%，预计到2015年天然气在能源消费中的比例由目前的4%提高到8%以上。

在《天然气发展"十二五"规划》中鼓励发展小型LNG液化站和气化站，加快LNG加气站建设。各地LNG工厂、接收站纷纷上马，数量激增。2012年，各企业把握行业利好政策，依托自身资源纷纷进入LNG领域，在全国范围内迅速铺开建站，2012年底建成LNG加气站共计约740座，进入2013年，LNG市场热潮更盛，截至2013年5月底全国已建成LNG加气站近1000座，以中石油、中海油、新疆广汇等企业为主，主要分布在华北、山东、华南、新疆等地，其他地区LNG加气站也在迅速发展，这无疑为船用LNG市场的全面发展提供有力保障。

3　船用LNG市场发展中遇到的问题

随着政府环保政策的大力推动以及天然气事业的快速发展等因素影响，近两年已有不少燃气公司及船企在船用LNG方面进行了大胆尝试与创新应用。从技术角度看，新船采用LNG作为动力燃料已经不存在难点问题，目前众多学者与企业过关注于旧船的改造，即采用LNG-柴油双燃料作为船舶的混合动力。截至2013年6月，我国船用LNG项目中，改装货运LNG船16艘，主要分布在湖北、湖南、安徽等地，改装工程LNG船舶10艘，主要分布在江苏、山东、江西等地，在建的岸基LNG加气站3座，在建的趸船式LNG加气站6座。

在对船用LNG市场发展抱有乐观态度的同时，也有一些问题暴露出来需要引起大家的注意：

（1）国内LNG供应主要来源于西北、新疆气源、沿海气源、管道气液化、煤层气液化、焦炉煤制气等，气源布局分散，且存在热值差异、价格差异、供气保障程度差异。对于船用LNG的计量问题也会随着市场发展的不断深入引起供应商与船企的逐步重视。

（2）目前船用LNG可参考的标准规范与要求主要有中国船级社《内河散装运输液化气体船设备与构造规范》、《气体燃料动力船检验指南》，交通部海事局《LNG燃料动力试点船舶技术要

图2：湘潭新奥燃气货运船改造示范项目

求》、《LNG燃料动力试点船舶关键设备技术要求》等，但在船舶LNG加气站建设、船舶LNG改造方面的行业技术标准缺失，尤其是关于设备方面的细节，例如加气枪软管保温措施、计量设备选型等没有明确的规定，低温防护用品检定标准缺失。

（3）关于船用LNG项目发展，地方政府的政策多样，项目的开展需要申报相关手续办理流程不清晰，在市场发展的初级阶段，企业业务发展很难形成"模块化"。同时这种新型业务发展模式多为个人自主开拓市场，由于该行业尚处于培育期，所以大多数人员缺少相应的任职资质、业务经验，尤其是专业技术方面缺少系统培训，这给行业的发展带来一定程度的安全隐患。

（4）当前的船舶改造多为实验、示范项目，因此改造成本并不是燃气企业和船企关注的重点，但是随着船用LNG市场的逐步打开，改造成本、运营维护费用等都是船企选择船用燃料时需要慎重考虑的。

此外，LNG与传统燃料油的燃烧系统存在较大差别，且LNG属于低温危险品，如何保证LNG使用的安全性也是船企乃至相关国家部门十分关注的问题。

4 推动船用LNG市场发展的几点措施

针对船用LNG市场发展中出现的上述问题，我们可以从政策法规、行业规范、质量控制等多方面入手，采取以下措施：

（1）以行业名义提倡、鼓励船用LNG市场发展，争取更多的国家政策支持。从全局出发，对船用LNG市场进行有序疏导，为其打通发展道路，从根本上解决船用LNG及加气站建设管理部门过多、相关手续办理困难繁杂等问题，适度简化项目申报流程并放宽审批条件。

（2）对于船舶LNG加气站建设和船用LNG改造项目，国家海事局和中国船级社等相关部门均持鼓励态度。据悉，部分船舶LNG加气站建设、船用LNG改造、运营管理等相关规范和标准将在2013年下半年推出，对于船用LNG市场来讲，也将会从"示范试验"发展到"建章立制"阶段。

（3）吸取汽车"油改气"发展中的经验教训，提高船用LNG改造及加气站的建设标准，对企业资质进行严格审查，即提高该行业的发展门槛，从源头杜绝"低质量"、"低安全"，"无保靠"问题。企业间竞争目标不是"比价格"，而是"比质量"，"比服务"，避免出现类似汽车"油改气"中出现的恶性价格竞争问题，从而导致安全隐患的存在，进而发生安全事故。

（4）以当前国家海事局出台的相关规范要求来看，船用LNG改造费用一般在100万左右，小型发动机船舶或单位时间耗油少的船舶则不具备可观的经济性，有碍于推进船用LNG市场发展，但如果当地政府出台一些支持政策，对船用LNG进行适当的补贴，或者给予一些其他优惠政策，则船用LNG的发展进程也将大步提升。

（5）从船用LNG示范项目中获取相关运行数据，对整个改造系统进行可靠性分析，有利于把控使用LNG作为动力船舶的各种风险点，进而提升船用LNG的安全性，同时有助于提升船用LNG的改造技术，使船企看到其更为可观的经济性。

5 结束语

在我国能源结构调整和多元化发展的趋势下，清洁能源天然气在整个能源结构中占据比例越来越大，作用更加突出。当前我国天然气市场发展正处于快速发展阶段，国家"十二五"发展规划中明确提出了节能减排目标，天然气市场的发展将得到更多的政策扶持。随着天然气贸易量的增长，船用LNG市场也将进入蓬勃发展期，在市场发展同时，船舶改造技术、相关规范标准也会陆续完善，进而推进船用LNG的标准化、成熟化。

参考文献

［1］曹用顺. 船舶柴油机节能减排技术［J］.石油工程建设, 2011, 11（37）：91-93.

［2］罗志平, 李阳. 超低硫油在船舶上的应用研究［J］.广东造船, 2012, 2：62-64.

［3］刘佳, 顾丽莉, 申立中等. 重油乳化技术的研究进展［J］..应用化工, 2010, 39（4）：576-579.

［4］陈福州, 庞宏磊, 王炳辉. 陈锴. 120#乳化重油掺水率对实船柴油机的影响［J］.中国航海, 2011, 34（4）：26-29.

［5］严铭卿. 燃气输配工程分析［M］.北京：石油工业出版社, 2006.

［6］张爽, 张硕慧, 韩佳霖编译. MEPC 58次会议情况简介［C］.国际海事公约研究与动态, 2008, 5.

［7］杜秉州. 浅谈船舶废气排放的控制［C］.船舶防污染学会论文集, 2010, 468-471.

［8］李永鹏. LNG燃料船舶的机遇和挑战［J］.青岛远洋船员学院学报, 2010, 31（4）：29-31.

［9］彭传圣. 营运船舶燃料消耗及CO_2排放限值标准的制定与实施［J］.水运管理, 2012, 34（11）：9-12.

［10］李斌. LNG作为船舶代用燃料的应用分析［J］.世界海运, 2012, 35（1）：14-16.

［11］彭宏恺. LNG燃料动力船改造试点工作探析［J］.中国海事, 2012, 10：47-52.

（新奥能源控股有限公司　张叶生　李树旺）

中国煤制天然气现状与发展前景

天然气作为一种优质、高效、清洁的燃料，在世界各地越来越多的领域得到广泛应用，有效地促进了社会进步和经济发展。我国"十二五"期间，预计年均新增天然气消费量超过200亿标准立方米，到2015年达到2300亿标准立方米，但根据《天然气发展"十二五"规划》，到2015年国内天然气供应能力仅达到1760亿标准立方米，显然，规划产量并不能满足需求，在从国外进口天然气的同时，发展煤制天然气将有助于缓解我国天然气供应不足的现状。在国内天然气供应紧张和价格连续上涨情况下，国内诸多企业甚至国外企业进入了我国煤制天然气产业，促进了煤制天然气产业的发展。

1 煤制天然气及其生产技术

煤制天然气是以煤炭为原料，经过气化等工艺来制造符合热值等标准的替代天然气（Substitute Natural Gas, SNG），也被称为合成天然气（Synthetic Natural Gas, SNG）。在实践中，往往把煤地下气化（亦称为地下采煤，Underground Coal Gasification, UCG）也作为煤制天然气的一种。

按照化学反应步骤的不同，煤制天然气技术可分为直接煤制天然气技术和间接煤制天然气技术。直接煤制天然气技术也被称为"一步法"煤制天然气技术。间接煤制天然气技术也被称为"两步法"煤制天然气技术，第一步指煤气化过程，第二步指煤气化产品—合成气（经变换和净化调整氢碳比后的煤气）甲烷化的过程。到目前为止，在役或在建的煤制天然气工厂均采用间接煤制天然气技术。

1.1 直接煤制天然气技术

直接煤制天然气技术指的是直接在煤的气化过程中用H_2或富含氢气的气体作为气化剂来生产富含甲烷的煤气化工艺，经过分离后，得到94%以上的天然气。在20世纪70年代，Exxon等企业进行了催化气化制天然气研究，以正在进行商业化推广的Bluegas技术为例：将煤粉碎到一定粒度，与催化剂充分混合后进入流化床反应器，在催化剂的作用下与气化剂、水蒸汽为发生反应，生成甲烷、一氧化碳、氢气、二氧化碳、硫化氢等，通过旋风分离器除去固体颗粒，经过净化单元脱除硫化合物，经过气体分离将甲烷分离，得到产品气SNG[1]。

1.2 间接煤制天然气技术

间接煤制天然气流程示意图如图1所示，间接煤制天然气过程是通过煤气化将煤转化为合成气（主要含一氧化碳和氢气）或含一定量低碳烃的粗合成气，粗合成气经水蒸汽变换调整氢碳比（要求$H_2/C \approx 3.0$）、净化（脱硫、脱碳）后进行甲烷化反应，得到甲烷含量大于94%的SNG。

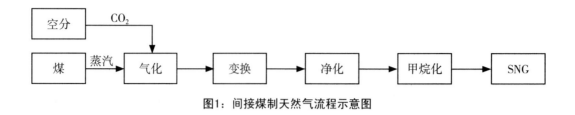

图1：间接煤制天然气流程示意图

1.3 煤制天然气质量

采用间接煤制天然气技术所生产的SNG中甲烷含量比较高，在热值、二氧化碳、硫化氢总硫等方面优于国家标准，产品中几乎不含一氧化碳，经过干燥后的水露点也满足要求。表1列出了煤制天然气主要指标与国家天然气标准GB17820-2012的对比情况。

煤制天然气质量与国家标准对比　　　　　　　　表1

项目	标准（一类）	标准（二类）	煤制天然气
CH_4，%（体积分数）			>94
CO_2，%（体积分数）	≤2.0	≤3.0	≤0.6
H_2，%（体积分数）			≤0.9
N_2+Ar，%（体积分数）			1~3
H_2S/（$mg·m^{-3}$）	≤6	≤20	
总硫（以硫计/（$mg·m^{-3}$））	≤60	≤200	
HVV/（$MJ·m^{-3}$）（标准）	>36	>31.4	37~38
露点/℃	在天然气交接点的压力和温度条件下，比最低环境温度低	同左	

2 煤制天然气技术现状与发展趋势

因直接煤制天然气技术尚未实现工业化，在此主要介绍间接煤气化技术。

如图1所示，煤制天然气装置主要包括空分、气化、变换、净化、甲烷化等装置，以及为主装置提供不同等级蒸汽的动力装置。煤制天然气技术体系是以气化技术为龙头，大量甲烷化技术为核心，是空分、煤气化、变换、净化、甲烷化、三废处理等技术的系统集成与优化。不同的煤制天然气项目，所选具体技术会有所不同，空分、气化、变换、净化等均是传统煤化工使用的技术，只有大量甲烷化技术是煤制天然气生产特有的技术。下面仅对主要技术情况作一说明。

2.1 空分技术

空分又称为空气分离，是通过物理方法把空气中的各组分气体分离，生产氧气、氮气等的一套工业装置。在煤制天然气工厂中，空分装置用来为煤制天然气主装置的正常运行提供必要的氧气、氮气、仪表空气、工厂空气等。

空气分离的方法有几种，由于煤制天然气工厂规模大，一般选用低温法。近年来煤化工装置的规模越来越大，也要求配套大容量的空分装置。目前，国外已经有10万方等级的空分设备，国内正在攻克8万等级的技术难点，开发8~10万等级的空分设备。表2列出了国内空分装置制造商和压缩机情况。

国内空分装置制造商及所用压缩机概况　　　　　　　　表2

	特大型	大型	中大型	中型
产氧量Nm³/h	100000~120000	80000~100000	60000~80000	35000~60000
空分装置制造商	法液空、林德 空气产品	法液空、林德 空气产品	法液空、林德 空气产品	国外同左，杭氧、开空、川空、中国空分
主空压机	轴流+离心式	轴流+离心式或全离心式	全离心式	全离心式
增压机	离心式	离心式	离心式	离心式
压缩机制造商	曼透、西门子	曼透、西门子	曼透、西门子	陕鼓、沈鼓或进口均可

2.2 煤气化技术

煤气化是一个热化学过程，以煤为原料，以氧气（空气、富氧或纯氧）、水蒸气等作气化剂，在高温条件下通过化学反应将煤中的可燃部分转化为气体的过程。

尽管开发煤气化工艺是很困难的，但由于国内外研究机构在国家和企业的支持下，经过长期的努力，开发了不少煤气化工艺，其中有一些工艺已经比较成熟，有的方法很有成效。装备和工艺逐步国产化、单元技术引导全生产线"安稳长满"地运行、单炉规模的大型化、气化炉内操作压力的提高、原料向褐煤发展是煤气化技术发展趋势。表3列出了国内外主要大型气化技术专利商和业绩情况。

大型煤气化主要技术专利商和业绩情况　　　　　　　表3

技术	技术持有者	单套最大规模	部分运行业绩企业	备注
Lurgi	Lurgi公司	~1100t/d投煤量	南非Sasol 美国大平原 印度Jindal 山西天脊 河南义马一期	
碎煤加压气化	赛鼎公司	~950t/d投煤量	山西潞安 新疆广汇 国电赤峰 大唐克旗	
BGL	ZEMAG公司	1250t/d投煤量	内蒙古金新化工	
TRIC™	KBR公司	50t/d投煤量	美国阿拉巴马州威尔逊维尔	1700t/d在建
Shell	Shell公司	2800t/d投煤量	大唐多伦煤化工	
GSP	Siemens公司,神华集团公司	2000t/d投煤量	神华宁煤	
Texaco	GE公司	1500t/d投煤量	中石化金陵化工 兖矿集团国宏 新奥集团鄂尔多斯化工 兖矿煤业榆林能化 贵州金赤化工公司 陕西延长石油集团榆林 神华包头煤化工	
多喷嘴	华东理工大学等	2200t/d投煤量	上海焦化 安阳盈德	
HT-L	航天火箭研究院等	1500t/d投煤量	河南晋开	1600t/h在建

不同的气化工艺对煤质的适应性、对入炉煤形态及大小要求不同，气化工艺参数等也有所差异；不同的气化工艺因其产气能力大小、工业化程度及投资等不同，适用于不同的煤化工项目。煤制天然气项目气化技术选择的原则为：定煤、稳定、经济、环保，其中定煤是指根据煤制天然气项目用煤选择合适的煤气化技术；稳定是指选择的技术成熟、运行稳定；经济是指全厂投资低、运行成本低；环保是指对环境影响小。

在诸多煤气化技术中，碎煤加压气化技术因其粗煤气中甲烷含量高，并且装置投资低，在煤制天然气项目气化技术选择时受到青睐[2-4]。大唐克旗、大唐阜新、内蒙古庆华均选择了碎煤加压气化技术。

2.3 净化技术

煤经过气化得到的粗煤气主要成分是氢气、一氧化碳、二氧化碳、水及硫化氢、碳基硫、甲硫醇、二硫化碳等，其中硫化氢、二氧化碳、碳基硫、甲硫醇、二硫化碳等酸性气体对装置生产是不利的，特别是硫化物会造成下游的甲烷化催化剂中毒，必须将其脱除和回收，脱除酸性气体这一过程被称为净化，常用的净化技术为低温甲醇洗和NHD法。低温甲醇洗以冷甲醇为吸收溶剂，利用甲醇在低温下对酸性气体（二氧化碳、硫化氢、碳基硫等）溶解度较大的优良特性，脱除原料气中的酸性气体，是一种物理吸收法。NHD法（聚乙二醇二甲醚法）利用NHD对酸性气体的溶解度的差异，通过物理吸收、解吸等方法将粗煤气中的酸性气体脱除，但NHD法在大型装置上还存在一定工程困难[5]。低温甲醇洗法在国内具有丰富的经验，除部分低温材料需引进外，设备设计和制造均能在国内解决。已经投产或正在建设的煤制天然气项目均选择了低温甲醇洗技术。

目前，低温甲醇洗技术国外以德国林德和鲁奇的工艺最为成熟[6]。国内赛鼎工程公司、大连理工大学和上海国际化建工程咨询公司的开发的低温甲醇洗技术也实现了工业化，一些技术设备已实现国产化，并且在工业化生产中不断完善。对于煤制天然气项目中低温甲醇洗装置的选择，要根据原料煤特点、气化炉选型及甲烷化进口气体要求等对不同低温甲醇洗技术进行选择。目前，大唐克旗、大唐阜新、内蒙古庆华、内蒙古汇能均选用了国内的低温甲醇洗技术。

2.4 甲烷化技术

甲烷化主要是将满足氢碳比为3左右的合成气进行甲烷化反应，生产含甲烷94%以上的产品，主要发生的化学反应式如下：

$$CO + 3H_2 = CH_4 + H_2O - 206 \text{ kJ/mol}$$
$$CO_2 + 4H_2 = CH_4 + 2H_2O - 165 \text{ kJ/mol}$$

目前主要的甲烷化技术有德国鲁奇（Lurgi）公司、英国戴维（Davy）公司和丹麦托普索（Topsoe）公司的甲烷化技术，国内也正在加紧开发具有自主知识产权的甲烷化技术，并取得了较大进展。

20世纪80年代初德国鲁奇公司结合巴斯夫公司（BASF）的甲烷化催化剂完成了整套工艺技术的开发，并成功应用于美国大平原气化厂[7]。传统鲁奇甲烷化工艺是鲁奇气化与绝热低温循环甲烷化的耦合技术，因鲁奇气化效率不高，绝热循环稀释过程需要消耗大量的能量，导致传统鲁奇甲烷化工艺能效较低。为提高竞争力，鲁奇公司在2012年推出了采用高温高压工艺气循环的高温甲烷化工艺[8]。

英国煤气公司（British Gas），针对BGL气化炉的合成气特点开发了HICOM™工艺和CRG催化剂，并建立了2832立方米每日的煤制天然气中试装置[9]。CRG催化剂自20世纪80年代中期应用于美国大平原气化厂（Great Plains Synfuels Plant, GPSP），到目前已成功地应用了20多年。20世纪90年代末期，戴维公司获得了CRG技术的对外许可转让的专有权。与传统中低温甲烷化工艺相比，戴维甲烷化技术采用了高温高水工艺气循环，降低循环气量并对换热流程进行了优化，提高了甲烷化过程热利用率。戴维甲烷化技术在大唐克旗、大唐阜新煤制天然气项目获得了应用。

丹麦托普索公司开发了TREMP™甲烷化技术和相匹配的催化剂MCR-2X，并且MCR-2X催化剂在实验装置累计运行记录超过了45000小时[10]。与戴维甲烷化工艺相似，采用了高温高水工艺气循环降低循环气量，提升甲烷化过程热利用率。与戴维甲烷化工艺不同之处在于戴维甲烷化工艺是二段循环，托普索甲烷化是首段循环并添加少量蒸汽。托普索甲烷化技术在新疆庆华、内蒙古汇能煤制天然气项目获得了应用。

甲烷化主要技术专利商和业绩情况　　　　　　　　　　　　　　　　表4

技术持有者	单套最大规模	部分运行业绩企业	备注
Davy公司	400万标准立方米每日	大唐克旗项目	已试车
Lurgi公司	185万标准立方米每日	美国大平原气化厂	稳定生产
Topsoe公司	413万标准立方米每日	新疆庆华项目	正在试车

国内中科院大连化物所、西北化工研究院、煤科院在20世纪80年代均开展了部分甲烷化技术开发，主要目的是将煤气中部分一氧化碳转化成甲烷，提高煤气热值和降低煤气中一氧化碳含量，满足国家标准对人工煤气的要求。为推动煤制天然气关键技术的国产化，由大唐集团牵头的国家863计划重点项目"煤气化甲烷化关键技术开发与煤制天然气示范工程"于2010年获得科技部立项，目前各项研究工作进展顺利，开发的甲烷化催化剂通过了工业侧线试验长周期验证，10万标准立方米每日的甲烷化中试进入了工业化实施阶段。

2.5 煤制天然气工程研究进展

鉴于煤制天然气工厂建设可供参考的经验不多的实际情况，辽宁大唐国际阜新煤制天然气公司组织开展了"面向城镇用户的现代煤制天然气工厂概念设计（研究）"[11]，该研究已经通过了中国石油和化学工业联合会组织的评审。研究认为煤制天然气工厂可分为三类：一是面向工业用户（含大管网）；二是面向城镇用户（主气源，含局域网）；三是面向综合用户；针对面向城镇用户的煤制天然气工厂，提出了自"煤矿到煤制天然气工厂再到城镇用户"这个供应链（系统）上存在着"煤化工生产装置要求安、稳、长、满、优运行与用户用气量不均衡之间的矛盾"以及"煤化工生产装置阶段性停产必然性与用户要求供气不间断性之间的矛盾"，保证连续稳定供气是煤制天然气工厂的关键，解决方式取决于工厂定位（分类）。在此基础上，提出了煤制天然气工厂应以保证用户安全稳定用气为首要任务，以缓解或解决供应链上主要矛盾为前提，以追求工厂可持续发展和实现经济效益最大化为主要目标，明确了建设理念和技术策略：原料煤性质和产品是气化炉设计基础，并能保证安全稳定供应；采用成熟可靠技术、本地化装备、多系列装置有利于工厂安全稳定运行和快速消除故障；系统要有足够的备用天然气（源）以应对装置检修和突发事件；应从总体设计开始设计信息化并系统集成；安全环保设施设计和剩余物质管理不仅要满足当前规范，还要考虑规范升级。该研究部分成果已应用到大唐阜新等国内部分煤制天然气工厂设计中。

3 煤制天然气项目进展

3.1 国外煤制天然气项目进展

1978年，美国"大平原煤气化协会"联合几家公司成立了达科他气化公司（Dakota Gasification Company，DGC），在北达科他州的Beulah开始建造世界上第一座合成天然气工厂——大平原合成燃料厂（Great Plains Synfuels Plant, GPSP），并于1984年7月建成投产。该厂以北达科他州褐煤为原料，采用14台鲁奇Mark Ⅳ气化炉（12开2备），采用鲁奇甲烷化技术生产合成天然气，同时副产二氧化碳、氨、硫酸铵、石脑油、苯酚等产品。设计日投煤量为18000吨，日产125×10^6标准立方英尺（354万标准立方米每日），1984年7月28日生产合格的天然气进入美国国家天然气管网，至今正常运转[12]。

韩国正在建设浦项光阳煤制天然气项目，该项目以进口煤为原料，采用E-GAS气化技术和托普索甲烷化技术，设计日耗煤量为5500吨/天次烟煤，产品规模为50万吨/年（7亿标准立方米每日）SNG，项目于2011年6月7日正式破土动工，计划2013年底投产[13]。

3.2 国内煤制天然气项目进展

目前我国有四个煤制天然气项目获得国家发改委核准，总产能达到了151亿标准立方米，五个煤制天然气项目获得了国家发改委"路条"，总产能达到了220亿标准立方米，还有一些项目在规划之中。在建的煤制天然气项目中大唐克旗、大唐阜新、新疆庆华、内蒙古汇能项目进展较快。

我国部分煤制天然气项目情况（单位：亿Nm³/a）　　表5

序号	装置所在地	公司（投资方）	产能	进展
1	内蒙古赤峰市	内蒙古大唐国际克什克腾煤制天然气有限责任公司	40	国家发改委核准，正在试车
2	辽宁阜新	辽宁大唐国际阜新煤制天然气有限责任公司	40	国家发改委核准，正在试车
3	内蒙古鄂尔多斯	内蒙古汇能煤电集团有限公司	16	国家发改委核，在建
4	新疆伊犁	新疆庆华集团	55	国家发改委核准，正在试车
5	内蒙古鄂尔多斯	新蒙能源投资股份有限公司	40	国家发改委同意开展前期工作
6	山西大同	中海油集团、同煤集团	40	国家发改委同意开展前期工作
7	新疆伊犁	山东新汶集团	40	国家发改委同意开展前期工作
8	新疆伊犁霍城	中电投集团	60	国家发改委同意开展前期工作
9	内蒙古兴安盟	国电集团	40	国家发改委同意开展前期工作

3.2.1 大唐克旗煤制天然气项目进展

大唐克旗40亿标准立方米每年煤制天然气项目由大唐国际、北京燃气、大唐集团、天津津能联合投资建设，建设地点为内蒙古赤峰市克什克腾旗浩来呼热乡。项目设计利用内蒙古锡林浩特胜利煤田的褐煤作为原料和燃料，选择碎煤加压气化技术、耐硫变换技术、赛鼎低温甲醇洗技术、戴维甲烷化技术等生产SNG，通过自建管道与中石油管道相连为北京供气。

2009年8月20日，大唐克旗煤制天然气项目获得国家发改委核准；2009年8月30日，项目正式开工建设，2011年11月28日，空分装置成功产出合格氧、氮气，项目进入了整体试运阶段；2012年7月

28日，甲烷化装置成功产出合格天然气[14]；2012年8月30日，一期工程全部工艺装置顺利通过大负荷试验，天然气产量持续稳定达到7.5万标准立方米每小时，甲烷含量达到设计值，标志着国内首个煤制天然气示范项目顺利通过大负荷运行[15]。克旗煤制天然气项目预计2013年底前正式投产，向北京供气。

3.2.2 大唐阜新煤制天然气项目进展

大唐阜新40亿标准立方米/年煤制天然气项目由大唐国际和大唐集团联合投资建设，建设地点为辽宁省阜新市新邱区长营子镇。项目设计利用蒙东褐煤作为原料和燃料，选择碎煤加压气化技术、耐硫变换技术、赛鼎低温甲醇洗技术、戴维甲烷化技术等生产SNG通过自建管道为沈阳、阜新、本溪、铁岭、抚顺等城市供气。

2010年3月5日，大唐阜新煤制天然气项目获得国家发改委核准；2010年3月29日，项目正式开工建设；2013年4月18日动力锅炉一次开车成功，标志着装置试车全面开始；2013年9月19日，空分装置已产出合格氧气、氮气[16]。该项目依托企业所获准建立的辽宁省煤制天然气工程技术研究中心、辽宁省煤制天然气工程研究中心和辽宁省博士后科研基地（现已获批设立博士后科研工作站）这些创新平台，组织相关单位进行了关键技术攻关，是到目前为止国内唯一的关键设备全部国产化的煤制天然气工厂。

3.2.3 新疆庆华煤制天然气项目进展

由庆华集团投资建设的新疆庆华55亿标准立方米/年煤制天然气项目，建设地点为新疆伊犁州伊宁县伊东工业园区。项目设计利用新疆伊犁地区煤炭资源为原料和燃料，选择碎煤加压气化技术、耐硫变换技术、赛鼎低温甲醇洗技术、托普索甲烷化技术等生产SNG，通过新疆伊宁-霍尔果斯输气管道，进入西气东输三线送至沿海市场。

新疆庆华煤制天然气项目2012年7月11日正式获得国家发改委核准，2013年6月，装置投料试车；2013年8月20日，装置一期工程竣工并打通工艺流程，产出新疆第一方煤制天然气，进入西气东输管网[17]。

3.2.4 内蒙古汇能煤制天然气项目进展

由内蒙古汇能煤电集团有限公司投资建设的16亿标准立方米每年煤制天然气项目，建设地点为内蒙古鄂尔多斯市伊金霍洛旗纳林陶亥镇。内蒙古汇能煤制天然气项目设计利用鄂尔多斯当地煤炭资源为原料，选择水煤浆气化技术、耐硫变换技术、大连理工大学低温甲醇洗技术、托普索甲烷化技术等生产SNG，配套建设LNG装置生产LNG送至目标市场。

2009年12月8日，内蒙古汇能煤制天然气项目正式获得国家发改委核准；2010年4月21日，项目正式开工建设。目前，该项目正在主体装置的主体设备安装，预计2014年投产。

3.2.5 其他项目进展

山东新汶伊犁项目、新蒙能源鄂尔多斯项目、中海油大同项目、中电投霍城项目、国电兴安盟项目等正在积极推进。其中山东新汶伊犁项目一期工程拟选用碎煤加压气化技术、林德低温甲醇洗技术和戴维甲烷化技术生产SNG输入西气东输二线。

据报道，由中石化牵头的国内投资规模最大的煤制天然气工程——新疆准东煤制天然气示范项目获得国务院批准，已进入国家能源局审核程序。新疆准东煤制天然气示范项目属国家"十二五"期间《煤炭深加工示范项目规划》的煤化工项目之一，该工程由中石化牵头，华能、兖矿、新疆龙宇能源、潞安、神华等参与，上报年产能最高将达到360亿标准立方米，工程投资高达约2000亿元。

该工程以准东丰富的煤矿资源为基础,通过中石化"新粤浙"输气管道送至东南沿海地区[18]。

4 我国煤制天然气发展前景

4.1 发展煤制天然气是我国资源特点和可持续发展的需要

基于我国"富煤、少油、贫气"的资源特点,煤炭在我国能源结构中的主导地位较长一段时间内不会改变,日趋渐长的煤炭价格及煤炭运输费用促使人们寻找煤炭利用和传输的新途径,日益严格的环保要求促使人们寻找煤炭利用中减少对环境的危害的新方式,持续增加的天然气需求促使人们寻找天然气供应新渠道,这些使得通过煤炭洁净转化为天然气成为一项重要的战略选择,成为我国优化能源结构和保障能源安全的重要手段。

煤制天然气是低阶煤利用的一种有效方式。一般来讲,2.3吨标煤生产1000标准立方米天然气,分析表明,低阶煤生产天然气成本相对较低。我国煤炭资源中50%以上属于低阶煤,《中国的能源政策（2012）》白皮书也鼓励建设低热值煤炭清洁利用和加工转化项目,因此从资源、政策和经济性上讲,采用低阶煤生产天然气是低阶煤利用的一种有效方式。

从运输上讲,天然气的运输成本低于煤炭运输成本。以500千米的输送费用为例,天然气管道输送费用约为165元/千标准立方米[19],按照每千标准立方米SNG相当于3.22吨煤的消耗（热值以5000大卡计）、价格按照朔黄铁路每吨公里0.12元运费计算[20],需要193.2元的运费,这还不包括铁路运输各种杂费以及每千公里0.56%标煤的运输损失[21]。从这一点上讲,将煤转换成天然气输送是可行的。因此,煤制天然气是偏远地区煤炭利用（转换成天然气再输送）的一种有效途径。

4.2 煤制天然气生产技术已趋成熟

煤制天然气生产技术已日趋成熟。美国大平原气化厂20多年的成功运行经验证明了煤制天然气工艺路线是可行的。关键技术中空分、气化、变换、净化等国内外均有成功的设计和运行经验。从设备制造的角度来讲,目前我国基本具备了大型关键设备的国产化条件,只有合成气甲烷化技术及极少部分关键设备需要从国外引进,并且国内已在甲烷化技术方面开展了重点研究并取得了阶段性成果,即将具备工业化应用条件。三废处理技术也在不断发展以满足当前环保要求。

4.3 煤制天然气项目具有一定经济竞争力

煤制天然气生产成本主要包含原煤成本、投资的财务费用以及副产品产生的效益。原料煤性质决定了气化炉的选型,而气化炉选型将影响原料煤的用量,也将影响各装置的规模及投资和运行费用,进而影响煤制天然气的成本。原料煤和燃料费用所占煤制天然气生产成本比例约60%左右,是影响天然气生产成本的最敏感因素,其次是折旧和修理费,所占比例约为22%~30%,表明投资对生产成本的影响也较大[22]。

从图2可以看出,当原料煤价格为350元/吨时,煤制天然气的成本约2元/标准立方米。目前,西气东输一线天然气供气价格为0.752元/标准立方米,陕京一、二线供气价格为0.911元/标准立方米,进口LNG完税价格为2.88元/标准立方米,中亚进口管道天然气完税价格为2.78元/标准立方米[23]。可以看出煤制天然气价格高于国内矿产天然气,但与中亚进口管道天然气和进口LNG相比,煤制天然气则具有一定的竞争力。当然影响煤炭价格、项目投资等因素较多,但通常情况下,趋势是相同的。

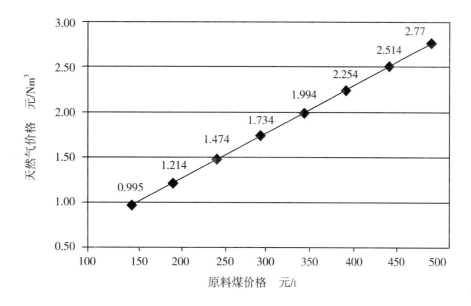

图2：原料煤价格与天然气生产成本的关系（碎煤加压气化）[22]

4.4 煤制天然气项目面临的问题

尽管国际上煤制天然气工厂已有多年运营经验，但我国现阶段大规模建设煤制天然气项目还有很多工作要做，需要进一步探讨。

4.4.1 关于工厂大型化问题

美国大平原工厂设计日产天然气125×10^6标准立方英尺（354万标准立方米/天），而我国在建或规划建设的工厂大多在1200标准立方米/天（40亿标准立方米/年）或以上。工厂大型化所带来的是单装置规模放大或装置数量多、资源消耗大、产品产量大、剩余物质多、新技术应用多，这些都给装置的建设与运行带来很大的不确定性。"量变引起质变"，在大规模煤制天然气建设中要引起重视。气化、变换、低温甲醇洗、甲烷化、三废处理、中水回用等技术，在化肥厂、甲醇厂、煤气厂、炼化厂等都有应用，但将这些技术组合成如此大规模的工厂，国内还没有，世界上也不多见。规模放大就存在一定的风险，由于工厂大型化所引发的问题，比较复杂，有些是有利的，有些是不利的，有些还有待于检验，还有些需要提出新的思路。工厂的大型化也给环境、市场、资源都带来了很大的压力和挑战。

4.4.2 关于厂址选择及管网建设问题

煤制天然气产业刚刚兴起，生产的天然气如何输送到目标市场将会影响产业发展。我国现有的天然气管网主要由中石油、中石化、中海油所有，煤制天然气如何入网，如何定价和调峰还有待于解决。当然，煤制天然气工厂也可以自己建立区域网，但这种模式还要自己考虑调峰设施，如生产、储存LNG等。建议以政府为主导，按市场规律统筹企业网络建设和运营，调峰设施统一考虑，这样可以降低社会成本。

厂址的选择需要考虑的因素固然很多，但资源容量（煤源和水源）、市场容量（包括管网）和环境容量（包括剩余物质资源化）特别重要。按照2.0~2.3吨标煤/千标准立方米天然气、5.0~6.9吨新鲜水/千标准立方米天然气，对于一个40亿标准立方米/年（1200万标准立方米/天）的煤制天然气工厂，每年的煤炭用量、用水量都以千万吨计，产生的剩余物质以万吨计，生产的天然气还要通过管网销售出去。因此，选择一个具有合适的资源容量、市场容量和环境容量的煤制天然气厂址并不容易。

由此可以考虑在东南沿海地区利用进口煤炭建设煤制天然气项目。

4.4.3 关于二氧化碳排放问题

煤制天然气工厂的产品SNG属低碳能源，但是在生产过程中只有1/3的碳（含锅炉用煤）进入了天然气产品，其余2/3的碳以二氧化碳的形式排出工厂。一般生产1标准立方米的天然气约排出4千克二氧化碳，对于一个40亿标准立方米/年的煤制天然气工厂，每小时排放2000吨二氧化碳，这个数字是十分庞大的[24]。巨大的二氧化碳排放要求企业在发展煤制天然气项目时需在中长期规划中考虑碳捕集、利用和封存（CCUS），否则一旦实施碳税，有可能增加额外成本，甚至打破赢利平衡。

5 结语

煤制天然气立足于我国能源结构特点，通过煤炭的高效和合理转化，生产清洁能源，是煤制清洁能源有效的利用方式，符合国家产业政策。煤制天然气技术上是可行的，与部分进口管道天然气和LNG相比，具有一定竞争力。煤制天然气是我国低阶煤清洁利用的一种有效方式，也是我国偏远地区煤炭利用的一种有效途径。在综合考虑资源承载、能源消耗、环境容量、技术经济性、天然气管网、区域市场容量等配套条件下和示范工程经验的基础上，合理布局煤制天然气气源点，发展煤制天然气产业，作为天然气能源的重要补充，多渠道、多方式地扩大天然气资源供给，对优化我国整体能源结构及保障我国能源安全具有重要意义。

参考文献

[1] 朱瑞春，公维恒，范少峰.煤制天然气工艺技术研究［J］，洁净煤技术，2011，17（6）：81-85.

[2] 李大尚.煤制合成天然气工艺技术经济分析［J］，煤化工，2010，147：1-7.

[3] 田基本.煤制天然气气化技术选择［J］，煤化工，2009，144：8-11.

[4] 刘江，宿凤明，凌锋.煤制天然气项目气化技术选择［J］，化学工业，2010，28（11）：8-11.

[5] 李正西，秦旭东等.低温甲醇洗和NHD工艺技术经济指标对比［J］，中氮肥，2007，1：1-6.

[6] 尹爱存.两种低温甲醇洗工艺比较［J］，化肥工业，2011，38（6）：13-15.

[7] Jan Kopyscinski, Tilman J. Schildhauer, Serge M.A. Biollaz. Production of synthetic natural gas (SNG) from coal and dry biomass A technology review from 1950 to 2009［J］, Fuel, 2010, 89: 1763-1783.

[8] 鲁奇/巴斯夫先进的煤制SNG技术，2012年第三届煤制合成天然气技术经济研讨会，2012年1月9-10日，北京.

[9] 晏双华，双建永，胡四斌.煤制合成天然气工艺中甲烷化合成技术［J］，化肥设计，2010，48（2）：19-21.

[10] 苗兴旺，吴枫，张数义. 煤制天然气技术发展现状［J］，氮肥技术，2010，31（1）：6-8.

[11] 李安学，姜成旭，刘永健等. 面向城镇用户的现代煤制天然气工厂概念设计研究［J］，现代化工，2012，32（12）：11-15.

[12] U.S. Department of Energy Office of Fossil Energy. Practical Experience Gained During the First Twenty Years of Operation of the Great Plains Gasification Plant and Implications for Future Projects［M］. April 2006.

[13] E-Gas气化技术及浦项光阳煤制天然气项目的进展，2012年第三届煤制合成天然气技术经济研讨会，2012年1月9-10日，北京.

[14] 克旗煤制气：扬"煤"吐"气"壮大唐，中国大唐集团公司网站，http://www.china-cdt.com. 2012年8月13日.

[15] 克旗煤制天然气项目顺利通过大负荷实验，大唐能源化工有限责任公司网站，http://www.dt-ec.com/，2012年9月3日.

[16] 阜新煤制气公司首套煤化工装置成功投运，中国大唐集团公司网站，http://www.china-cdt.com. 2013年9月23日.

[17] 庆华新疆煤制气项目一期工程竣工投产，中国煤化网，http://www.chinacoalchem.com，2013年8月21日.

[18] 新疆准东煤制气项目获国务院批准，新华网，http://www.xinhuanet.com，2013年8月9日.

[19] 国家发展和改革委员会，国家发展改革委关于调整天然气管道运输价格的通知，发改价格〔2010〕789号，中央和国家机关发电2010年4月15日.

[20] 国家计委，关于核定朔黄铁路运价有关问题的通知，计价格［2002］1224号，2002年7月25日.

[21] 任伍元. 论煤炭运输方式的选择［J］. 煤炭经济研究，1995，5：23-25.

[22] 刘志光. 煤制天然气的竞争力分析［J］，中外能源，2010，15：26-30.

[23] 田春荣. 2012年中国石油和天然气进出口状况分析［J］，国际石油经济，2013，3：44~55.

[24] 吴枫，张数义. 我国煤制天然气发展思路及问题分析［J］,现代化工，2010，30（8）：1-3，5.

（大唐能源化工有限责任公司　李安学；大唐国际化工技术研究院有限公司　左玉帮）

我国天然气输配技术的发展现状和趋势

最近几年，我国天然气供应快速发展。作为天然气应用的主要环节——天然气输配，从规模到质量，正在不断扩大和提高。抓住天然气快速发展的机遇，聚集各类资源、资金和人才，积极促进我国天然气输配技术的发展，是我国天然气利用领域的重要课题。本文对我国天然气输配技术的发展现状、发展趋势以及发展的重点领域做了简要介绍和分析。

1 全国天然气发展概述

自20世纪90年代末开始，我国开始大规模利用天然气。根据2010年油气资源评价和全国油气资源动态评价，我国常规天然气地质资源量为52万亿立方米，最终可采资源量约32万亿立方米。截至2010年底，累计探明地质储量9.13万亿立方米，剩余技术可采储量3.78万亿立方米，探明程度为17.5%。鄂尔多斯盆地、四川盆地、塔里木盆地和南海海域是我国四大天然气产区，合计探明剩余技术可采储量和产量分别约占全国的78%、73%。2010年我国天然气产量为948亿立方米，储采比约为40，处于勘查开发快速发展阶段。从目前看，我国天然气资源较丰富，有较大的发展潜力。

此外，我国还有丰富的煤层气资源和页岩气资源。煤层气方面，埋深2000米以浅煤层气地质资源量约36.8万亿立方米、可采资源量约10.8万亿立方米。截至2010年底，煤层气探明地质储量2734亿立方米。2010年煤层气（煤矿瓦斯）产量90亿立方米，其中地面开采煤层气15亿立方米。页岩气方面，据初步预测，页岩气可采资源量为25万亿立方米，与常规天然气资源相当。目前，我国在四川、重庆、云南、湖北、贵州、陕西等地开展了页岩气试验井钻探，初步证实我国页岩气具有较好的开发前景。

我国天然气产量连续10年保持快速增长，2000年产量为272亿立方米，2010年达到948亿立方米，年均增长13.3%。2012年天然气产量接近1100亿立方米。我国从2006年开始进口天然气，当年进口0.9亿立方米。随着中亚天然气管道及一批LNG接收站的投运，进口天然气的比例还在不断上升。2012年进口量达到428亿立方米，对外依存度达到29%。

从天然气输送方面来看，先后建成西气东输、川气东送等重要输气干线和沿海若干液化天然气接收基地。全国天然气基干管网架构逐步形成。截至2011年底，我国主要天然气管道长度已超过5万km，基本形成"西气东输、北气南下、海气登陆"的供气格局。未来一段时期，随着国外资源的大量引进和国内油气田的增储上产以及各地区天然气市场的蓬勃发展，我国管道建设必将进一步发展。预计到2015年，全国天然气长输管道长度将接近9万千米。天然气管道在全国范围的网络化将进一步完善，供气灵活性、可靠性将大为提高。

十多年来，我国天然气市场快速发展，能源消费结构逐步调整。2000年我国天然气消费量为245亿立方米，2010年达到1075亿立方米，年均增长15.9%。2012年天然气表观消费量1471亿立方米，增长13.0%。在一次能源消费结构中的比重上升至5.4%。2010年天然气消费结构中，城市燃气、发电、化工和工业燃料分别占30%、20%、18%、32%，城市燃气和发电比例大幅度提高。2010年城镇天然气供气量为527亿立方米，占供气总量的63%。2010年全国城镇天然气用气总人口接近2亿。

2 城市输配系统建设和技术发展概况

到2010年全国居住在城镇的人口共6.6557亿人，共有设市城市657个。作为燃气供应的必要设施，燃气输配系统在我国已经有上百年的历史。在天然气来临之前，有燃气的城市输配规模都很小。20世纪90年代以来，天然气的发展使我国城市燃气输配系统有了快速发展。

我国城市燃气基本情况（1990~2011年）

项目	1990年	1995年	2000年	2010年	2011年
城区面积（千m^2）	1165970	1171698	878015	178691.73	183618.02
建成区面积（千m^2）	12856	19264	22439	40058	43603
城市建设用地面积（千m^2）	11608	22064	22114	39758	41861
城市人口密度（人/千m^2）	279	322	442	2209	2228
人工煤气供气量（亿m^3）	174.7	126.7	152.4	279.9	84.7
其中家庭用量（亿m^3）	27.4	45.7	63.1	26.9	23.9
天然气供气量（亿m^3）	64.2	67.3	82.1	487.6	678.8
其中家庭用量（亿m^3）	11.6	16.4	24.8	117.2	130.1
液化石油气供气量（万t）	219.0	488.7	1053.7	1268.0	1165.8
其中家庭用量（万t）	142.8	370.2	532.3	633.9	632.9
供气管道长度（万km）	2.4	4.4	8.9	30.9	34.9
其中天然气管道长度（万km）					29.9
燃气普及率（%）	19.1	34.3	45.4	92.0	92.4

天然气输配系统的建设和技术发展有如下基本情况：

多压力级制的管网系统。一般城市都建有两级或以上的输配管网，最高输配压力已经超过5兆帕。高压管道多采用高级管线钢，中低压管道多采用聚乙烯管道。目前，我国已经能够按照国际标准和国家标准生产大口径双面埋弧焊钢管和直缝电阻焊钢管。管道防腐大多采用3层PE材料。管道阀门也多采用世界先进的直埋免维护阀门。从上表可以看出，城市输配管道长度已经达到35万千米。其中天然气管道占大部分，为近30万千米。

输配设备配置达到较高水平。门站调压站中装设的调压器、流量计等设备都具有较高的调节精度，大多具备安全保护和自动调节功能。工艺流程设置具有适应流量压力变化的特点。大型储罐等储存设备也完成国产化，制造水平达到世界先进水平。

信息化水平不断提高。一大批信息化新技术在燃气输配系统中得以运用。很多公司都建设了以遥测、遥讯、遥控和遥调为主要功能的综合管理信息系统，较大地提高了综合管理水平和运行调度及应急抢险能力。

为了满足调峰和应急的要求，建设了一批以储存液化天然气和压缩天然气为主的燃气场站。液化天然气和压缩天然气储配技术和建设经验不断积累和丰富。

输配安全水平有较大提高。许多燃气企业推行基于风险的安全管理，有效降低了事故的发生。事故抢险技术和装备也有很大提高，事故处理的速度明显加快。

输配系统建设标准和规范体系不断完善。从设计施工到运行管理各环节，都编制了一批有较高水平的规范，有力地规范了燃气工程的建设。

管道施工技术也有长足进步。尤其是穿越和跨越技术有重要突破。采用定向钻、隧道、顶管等施工技术已经成功穿越长江、黄河、珠江等大型河流。管道焊接也广泛采用了自动焊接技术。

3 我国输配系统技术发展趋势

回顾十几年的发展历程，燃气输配技术的发展不是孤立的发展，输配技术的每一步进步都和其他学科比如材料、信息化技术等学科的技术进步有密切关系，如高压管材、综合信息管理系统等技术的进步。这也看出，现代科技的发展是各学科融合交叉发展的结果。可以相信，随着各学科新材料新技术的不断研究、开发应用，燃气输配技术也必将随之进步。

在今后若干年，我国的燃气输配技术将主要在以下几个方面继续取得进步。

3.1 多气源共网的输配技术

随着天然气的快速发展，我国天然气的供应体系和格局有巨大变化。除了陆上气田的天然气外，进口液化天然气、海上天然气、油田伴生气、煤制气等也得以广泛利用。几乎每个使用天然气的城市都接受两个以上不同来源的天然气。各种天然气之间组分和性质都有所差异，热值等燃烧性能指标有时还差异较大。在这种情况下，深入研究燃气互换性和各类燃具的适应性，尽快制定适合我国实际情况的统一的天然气应用质量标准和基于燃气互换性的用具基准气标准是十分必要的。另外，通过信息化技术的提升，合理调度具有多个气源的输配管网，满足安全稳定供气的要求，也是当前输配技术的研究重点。

3.2 城市燃气管网的建设和运行技术

信息化技术的提高将给管线的勘察设计带来新的进步。遥感、航测以及卫星定位技术给管道选线和勘察带来人力物力的节省和更加理想的管线位置。BIM技术和数值模拟技术将使管线和厂站设计更加便捷准确和经济。

即将启动的城市高压管道建设标准规范修订将吸收国外先进的理念，逐步与国际标准接轨。在修订中，应该将主要依靠强度来保证管道安全的观点取代依靠距离来保证安全的观点。高压管材制造上将选用更为先进的管线钢材和制管技术，以适应城市高压管道建设的需要。中低压管道方面将进一步推行塑料管材和其他新型管材，譬如PE100管材和不锈钢、衬塑铝合金等。

在工艺设备和运行管理方面，将进一步向提高自动化运行水平和测控精度上发展。完全改变单纯靠手工操作的运行方式，依托数据采集监控系统实现自动化运行。场站建设将向模块化、自动化和智能化方向发展。

在管网的运行安全管理方面，将以风险管理为主，预防事故的发生，确保燃气输配系统的安全运行。

3.3 信息化和控制系统的建设

在今后若干年里,随着输配规模的不断扩大和信息化技术的进步,大部分城市燃气运营企业将普遍建立具有完整的综合的信息管理系统。这个系统将会整合燃气供应系统的各个方面,包括数据采集和监控、GIS、调度指挥、客户服务、内部管理(设备、财务、人事、工程)等。信息化技术的进步将极大提高燃气输配系统的运行管理水平。值得关注的是,物联网的发展将给燃气输配带来新的变革。物联网就是当下几乎所有技术与计算机、互联网技术的结合,实现物体与物体之间、环境以及状态信息的实时共享以及智能化的收集、传递、处理、执行。物联网一方面可以提高经济效益,大大节约成本;另一方面可以为经济发展提供技术动力。我国也正在高度关注、重视物联网的研究,工业和信息化部会同有关部门,在新一代信息技术方面正在开展研究,以形成支持新一代信息技术发展的政策措施。

3.4 场站配套设施建设

燃气输配系统的场站建设是系统的重要组成部分。场站的选址和建设直接关系到燃气供应的安全。未来的场站建设将更加注重消防设施、劳动安全设施以及环保设施的建设。在规范和标准方面,将针对城镇近年来LNG和CNG供应站的建设,不断积累总结经验,提出有针对性和操作性的措施,为这些场站配套的消防安全环保等设施的科学建设提供指导。

(中国市政工程华北设计研究总院 李颜强)

浅谈长输管道工程现场设计与施工配合

近年来,安阳市周边天然气市场需求量高速增长,市场迅速发展。我公司顺应市场需要,积极稳妥地推进了区域天然气长输管道的建设。安阳至汤阴、汤阴至滑县长输管道工程于2010年底顺利完成施工。在长输管道工程施工过程中,虽然设计单位作为施工图纸的提供者和现场实施方案的参与者,在施工中发挥了重要作用,但在长输管道工程建设中,存在了大量的改线、变更工作等问题,这不仅延误工期,影响工程质量,而且还浪费大量的资金。设计工作往往注重工艺、计算、流程和功能等等方面,却忽视了一些现场施工中的实际需要,导致理论与实际脱节。因此,针对施工现场的设计配合工作存在沟通渠道不畅通、变更设计与现场情况符合性低以及勘察设计施工单位间推诿扯皮等问题。结合我公司长输管道工程的实践,提出了避免设计与施工配合问题发生、提高设计与施工配合工作效率的一些措施。

1 设计与施工配合

1.1 设计与施工配合的工作范围

长输管道线路长,所经地区大多是地形地貌复杂,早期的现场勘察、测量工作和实地勘察难免出现一些误差,加上设计人员很难以保证对现场清楚了解,从而易导致在施工图设计过程中出现不足;且这些不足常常在施工图的审查中是很难被发现。因此现场设计与施工配合工作十分重要。

现场设计与施工配合都是勘察设计与施工工作中十分重要的部分,它可以帮助勘察设计单位全过程履行责任和义务,弥补勘察设计不足,完善和优化施工图设计,有效解决施工技术问题,提高勘察设计及服务质量,从而达到全面提高长输管道工程建设工程质量的目的。

1.2 设计与施工配合工作的意义

1.2.1 帮助解决技术交底问题

在现场设计与施工配合中,施工图技术交底是其中重要一环,是设计的一种延伸,作为各方共同遵守的工作依据。

技术交底是对施工过程中的一项技术指导,它也是结合《施工工艺流程》、《施工图》及现行有关国家标准和质量标准而做出来的一份较为详细的施工作业技术参考书,在施工中一切依据技术的要求和步骤进行施工,在施工作业前必须认真看懂技术的交底要求和施工步骤,且还要求每一个施工作业人员清楚地理解技术交底中的要求及施工步骤,如果不按技术交底要求及步骤进行野蛮施工,会造成工程质量有隐患或工程返工等情况。

事实上技术交底在我们实际施工过程中起到主要作用,而施工中我们用技术交底制定出对主要机具、材料准备、操作工艺步骤、作业条件、质量要求、交底内容、安全注意事项、成品保护的措施和环保措施要求。

在施工中技术交底是一次性作业,这就说明了为什么在施工中技术交底不应以口头形式来完成,而一定要以书面形式完成。这反映出在施工过程中实际是依据《施工工艺流程》、《施工图》和现行的有关国家标准及质量标准的要求来进行施工,同时这也是出现了质量问题或施工错误后,追究其总承包方和分包施工方责任的主要凭据,当事双方都要承担自己的责任。技术交底中形成了由业主、监理、施工和设计各方意见统一的会议纪要,这可以有效指导施工工作的开展。

1.2.2 设计与施工配合可以及时弥补设计不足

在长输管道工程施工中,由于管道线路长,施工地区大多地形地貌复杂,地质变化比较大,还包括管道所经之处为城区、野外、道路、大运河和铁路等区域,工程质量要求高,施工作业点多且分散,还具有不明障碍物,交叉作业,外来干扰多及隐蔽性等特征,先期实施的踏勘和现场勘察,测量工作难免出现误差,再加上设计完成到施工完成所需时间长和现场位置变化多等缘故,设计人员难以保证对现场完全了解,这就容易导致施工图设计中出现一些问题,设计与施工配合可以第一时间解决突发的问题,不影响施工。由于同样的原因,这些不足在施工图审查中也难被发现,施工现场设计配合就起到了第一时间处理这些问题,从根本上起到了弥补设计不足的作用。

1.2.3 增强施工图设计

随着城市道路建设的繁荣发展,道路建设节奏日趋紧张,管道施工过程各阶段完成的周期正不断地被压缩,这种状况极大地制约了燃气管道设计的周密考究,使得管道设计未能有效考虑施工的难处。为了使施工图设计更好地为施工服务,施工图所确定的线路方向在投资控制和工艺要求等方面都是最优的选择。但在线路施工尤其是在复杂地形地段的施工中,由于受到外部环境和受扫线情况等影响,管道未必能够完全按照施工图设计的线路进行敷设。

同时,在复杂地区施工,工作量和保护方式常常会随着管道敷设情况的一些变化,导致施工图产生都较大变动。在勘察设计工作中作为有效延伸的工作量和保护方式,在施工现场的设计配合中可以发挥反应及时和贴近现场的等优势,可以与监理和施工各方共同探讨线路的方案,因此进一步增强施工图设计可行性。

2 设计与施工配合工作中出现的问题

目前,在各天然气长输管道的施工中,设计方一般都会选派设计代表临时到施工现场进行设计工作。总之,设计代表要能够担负着设计和配合责任,在进行优化施工图设计和改进了设计的不足之后,我们可以促进工程整体向前推进。由于设计配合施工工作的特殊性,在工作过程中也暴露出很多问题。

2.1 沟通渠道不畅通

长输管道工作内容覆盖设计院的几乎所有专业门类。在设计配合中,限于人力资源等方面的实际情况,设计单位临时派驻现场的服务人员往往只是工艺专业的工程技术人员,这就导致了诸如防腐、土建等方面的问题,难以在第一时间得到解决。小的设计问题可通过电话、传真和电子邮件等方式发回设计院解决,但来回传递之后,施工周期将受到影响。至于大的问题,往往只能通过临时派人的方式去现场处理,路途往返,设计修改,做出图纸和邮寄图纸等等,也耽误不少时间。

2.2 设计与施工中存在的变更情况

由于不利的自然条件、地质条件和外部环境，引起工程量和施工难度的增加，导致施工必须花更多的时间。工期紧，施工、监理及建设单位各方都希望现场出现的问题能在最短时间内得到解决，这就导致"临时派人去现场了解情况、确定方案再回院设计、出图"的处理方式在很多情况下很难得到各方的认可。在长输管道设计中，因管道线路走向选线和站址选择工作不到位出现的问题，造成的工程设计变更较多，且这类变更有时造成工程量变化较大，甚至会使整个工程建设投资发生较大的变化，管道工程的变更归纳为以下几点：

（1）因地质、地形、当地水位线等因素，需变更全部或部分设计标高、管线埋深。

（2）因地区地形地貌复杂，施工现场条件无法满足设计要求，需变更改线，拐弯。

（3）施工中遇到与其他管道交叉或不明障碍物等，又无法协调解决，以致无法施工。

（4）施工中占用田地，与田主协商不通而引起的变更。

（5）材料供应部门提供的材料不符合要求（例如：业主方提供的管材压力等级不足）因此需要变更。

施工中遇到地下不明障碍物，增加了施工难度，无法进行，最容易被各方接受的一种方式是：设计单位的现场代表在监理和施工方的相关专业人员配合下，通过拍摄一些现场的照片将现场情况和他们的一些初步处理意见反馈给设计院，再由设计院指定相应专业人员来解答和处理。该种方式虽可节约时间，但设计院的处理人员由于并不充分了解现场情况，修改后的设计文件可能会与现场实际情况不太符合。

2.3 地质勘探单位、设计单位、施工单位之间推诿

在安汤线、汤滑线长输管道建设中，均采用了勘察与设计单位合作完成勘察设计任务的模式。这种模式在工程设计过程中，由于临时组合的组织结构松散，没有明确总的管理领导，以及工作界面划分上的盲区，施工中反映出部分需设计解决的问题难以找到明确的责任主体，归纳为以下两点：

（1）地质勘探单位与设计单位间互相推诿。因地质勘探单位与设计单位位于不同城市，加之对地形、地貌、基础资料不了解，又通过业主传递过程中两个单位之间存在理解上的差异，所以地质勘探单位与设计单位间互相推诿。

（2）多个施工单位之间互相推诿。由于长输管道管线长，工期紧，有时业主为了赶工期会委托多个施工单位分段施工，分段施工过程中就会出现各管段连接处由哪个施工单位焊接连通的问题，这就造成了多个施工单位之间互相推诿。

今后我公司的项目将尝试勘探单位与设计单位联合招标，争取取得较良好的效果。

3 汤阴线工程设计与施工配合工作的解决办法

汤滑线管道自安阳华润燃气有限公司汤阴分公司至安阳华润燃气有限公司滑县国能分公司，干线全长约48095.3米，管道设计压力为4兆帕，管径为355.6×6毫米。该工程设计工作由武汉市燃气热力规划设计院完成，设计院承担了该项目所有设计工作。

3.1 设计本部专人协调

目前，设计单位工作量均较为饱满，长输管道施工现场设计配合工作不可能配备较为齐全的专业门类；派不出足够的人员到现场，这样就出现了现场人员不稳定，经常更换，很多专业人员不齐，就算指定了专业人员，专业人员也由于忙于其他工作而无法常驻现场的情况，给现场问题的及时解决带来了一定的困难。对于这个问题，勘察设计单位应积极挖掘内部资源，把一些身体素质好、业务技术精的一些退休老同志返聘到现场充实配合施工工作，由于经验丰富，阅历较广，他们往往在配合施工中能起到很关键的作用。其次为避免现场问题沟通渠道不畅，我公司在汤滑线项目尝试要求设计单位指定专人负责项目的内外沟通协调工作。现场无法解决的问题，无论涉及哪些专业，均直接反馈给设计院协调负责人，节省了中间来回交接的时间。

3.2 保持设计配合人员连贯性

该连贯性包括了三个方面。一是集输工艺专业人员派驻现场配合施工的设计代表，他们从项目早期可行性研究阶段开始就已参与到项目之中，对可行性研究，初步设计，施工图设计各阶段的方案优化有充分和细致的了解，可以从根本上保证设计配合工作的高效和优质开展。二是施工图设计阶段的专业负责人在图纸交付之后继续担任设计配合阶段的专业负责人，不论该工程技术人员是否已经参与其他设计项目，只要现场反馈回本专业的问题，院协调负责人都在第一时间指令该负责人处理。三是由于长输管道工程的施工周期长，以各线路管理的分部为单元配备的设计代表原则上不作更换，从而为该线路段施工中发现的设计问题处置上的一致性提供条件。

3.3 适时组织现场回访

实际上现场出现的大问题是临时组织人员赶赴现场处置事情费时和费力的问题，可能是不得已而为之的唯一策略。为最大限度地避免此类事件，根据现场施工进展情况，设计院不定期地组织相关专业技术人员到现场回访，将问题消灭在萌芽状态，有力地保证了工程进度。

3.4 建立良好的沟通机制

在管道工程的现场设计配合过程中，由于项目利益相关方的范围很广，各方始终保持愉快合作态势的愿望很难实现。遇到实质性或关键性问题，出于本能，各方会优先考虑各自的经济利益，会导致出现一些利益冲突。所以需要现场代表和各个协调负责人有效地应对出现的问题，并加以解决。

4 设计与施工配合高效性所提出的建议与方案

4.1 做好施工前期设计与施工配合的技术工作

（1）首先要求参与施工的专业技术人员要了解该工程的施工特点，掌握有关规范，做到心中有数，并根据工程特点，组织技术专家或设计人员对施工技术管理人员进行前期培训，学习掌握相关的标准和规范，提高技术人员的业务能力。

（2）其次施工图被送到施工单位后，要由有关专家对一些关键性部位设计进行复核，避免出现一些严重设计问题，且要按设计要求来明确验收的标准。另外，要组织设计单位向施工单位进行技术交底，双方技术人员必须到场。有关的设计单位要向施工单位详细说明执行规范、设计依据及特殊的施工方法等，假如施工方有疑问，业主应组织双方进行深入讨论，取得一致意见。

（3）在施工材料方面，接收订购设备时，应及时整理收集设备说明书、合格证，认真研究特殊设备的说明书，尤其对有些设备的特殊安装要求和使用方法应给予重视。按设计要求核对材料设备。

（4）对施工单位的施工人员资格进行审核；施工方案中是否有不符合设计要求的地方；对特殊设备的安装和现场设备的保护措施是否得当；施工单位提供的材料用量是否合理；方案中的施工方法和检查技术参数是否符合国家标准的要求。

4.2 做好施工现场设计与施工配合的技术工作

（1）进入施工现场后，技术人员就应当对施工放线进行审核。对分段施工的各个施工单位进行各项建筑物和设备的定位放线，一般长输管道施工工程含有许多的分项工程，各个都是相互参照的，如果有一点出现误差，将会贻误全局，对工程造成不可估量的损失。

（2）对进入现场的施工材料要进行质量复核，对成品管件、设备等都要按说明书和设计要求进行复核，检验出厂合格证书，保证施工质量。

（3）对地质、地形、地下障碍物、地下其他管线、田地青苗等进行检查验收。

（4）在施工现场建立技术讨论会是非常必要的，根据施工的情况和现场出现的技术问题，由各方面的技术人员参加，定期对施工中的难点进行专题讨论，制定或修订施工方案。

（5）业主要给予现场技术人员一定的管理权限。对严重影响施工质量的做法和施工材料，技术人员应有一票否决权。对停工、返工的要求应坚决执行，减少过多的行政干预，避免发生重大质量事故。

4.3 做好施工后期设计与施工配合的技术工作

（1）要组织各专业的技术人员核对施工与设计是否相符，是否有施工遗漏和失误。对重点设备和施工段进行重点检查。

（2）现场施工过程中，管线中往往有施工残留物和污物，应该及时清扫，不然将会对仪表、设备和阀门带来一些严重损害。在安装前后施工单位应按照设计要求对管道都要进行清扫，要焊一段，清扫一段，这样可减少系统封闭之后清扫的工作量。在清扫后对系统要对分段或整体打压，检验管道的强度和气密性。

5 结论

随着的天然气市场的快速发展，天然气管道及配套设施的大量建设，施工现场的设计配合工作质量将越来越受到建设单位的关注。现场设计与施工配合是勘察设计与施工工作中十分重要的工作，它可以帮助勘察设计单位全过程履行责任和义务，弥补勘察设计不足、完善和优化施工图设计，有效解决施工技术问题，提高勘察设计及服务质量，从而达到全面提高长输管道工程建设质量的目的。本文通过安阳华润燃气有限公司汤滑线长输管道的施工总结出现场设计与施工配合的重要性。总结了设计与施工配合的工作范围及工作意义；设计与施工配合工作中出现的问题：沟通渠道不畅通，设计与施工中存在的变更情况与地质勘探单位、设计单位和施工单位之间推诿；并提出高效性的建议与方案，针对长输管道工程施工从施工进度方面分为三个部分：做好施工前期设计与施工配合的技术工作、做好施工现场设计与施工配合的技术工作、做好施工后期设计与施工配合的技术工作，作为今后工作的建议。只有建立完备的施工与设计配合制度，才能发挥弥补设计不足，优化施工图设计，帮助解决施工技术问题的目的，进而打造优良工程。

参考文献

［1］《城镇燃气输配工程施工及验收规范》CJJ33.北京：中国建筑工业出版社，2005.

［2］《油气长输管道工程施工及验收规范》GB50369.北京：中国计划出版社，2006.

［3］《油气输送管道穿越工程设计规范》GB50423.北京：中国计划出版社，2007.

［4］《油气输送管道穿越工程施工规范》GB50424.北京：中国计划出版社，2007.

［5］段晚儿，徐汉明，徐术国.《浅谈燃气工程施工中的签证管理》城市燃气.2006，（7）.

［6］陈喜凤.《浅谈燃气工程施工关键环节的控制》城市燃气.2009，（6）.

［7］孙显峰，段少杰，马宇.《长距离管线施工中管道运输的问题及解决方法》水利建设与管理.2010，（6）.

［8］沙丕高，李春璟，路宏.《浅谈管线施工程序》科技咨询导报.2006，（09）.

（安阳华润燃气有限公司　米琳　张建强）

构建完整性管理体系确保燃气供应

燃气输配系统是城市燃气供应的大动脉,任何燃气输配系统事故,特别是第三方施工破坏事故,都可能造成天然气泄漏,甚至发生火灾、爆炸,不仅会造成城市大面积停气,而且严重威胁着人们生命财产安全。

如何保证燃气输配系统运行安全,是运行管理单位一切工作的出发点和目标。

在燃气输配管网系统规划设计、施工、验收及运行管理阶段推行管道完整性管理是预防管道事故发生,实现事前预控的重要手段。

1 深圳燃气输配系统介绍

1.1 输配系统总体介绍

深圳市天然气输配系统按照"多气源、一张网、互联互通、功能互补"的设计理念进行科学规划,采取"环状管网"设计、"中压到户"技术,减少事故状态下用户停气可能性,提升用户端燃气供应稳定性,不仅提升管网的输配能力,也能保障城市供气的安全稳定。整个输配系统由高压(A)-次高压(A)-中压(A)的三级压力级制构成,已投产高压天然气管网59千米,运行压力4.0兆帕;次高压天然气管网188公里,运行压力为1.5兆帕;已运行天然气门站3座,LNG应急调峰站2座,LNG气化站1座,高/次高压调压站1座,次高/中压调压站19座,计量站2座;中压管网3835千

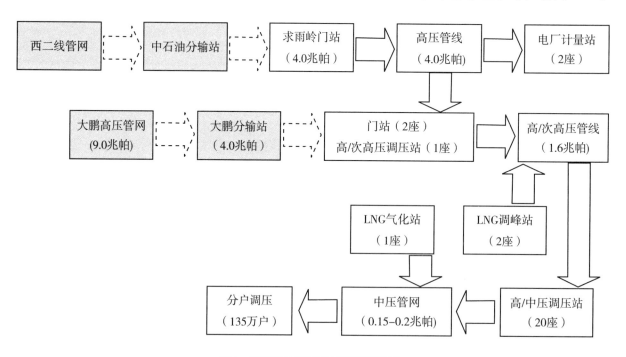

图1:深圳燃气输配系统流程示意图

米，运行压力为0.15兆帕，经龙岗、宝安、南山、福田、罗湖，贯穿整个深圳，年供气能力达到40亿立方米。

1.2 输配系统设计理念

深圳市天然气输配系统采取了先进的设计理念，为运行阶段实施完整性管理提供了良好的硬件设施和可靠的技术手段，主要表现在以下方面：

1.2.1 深圳市天然气输配系统在国内率先将高压管储调峰与LNG加压气化调峰相结合，具有供气安全稳定、调峰能力强、扩容方便、调度灵活、投资节约等特点，特别适应城市规划呈组团布局的要求。天然气输配系统采用双气源，LNG安全应急储备，系统安全保护措施周密，平均每4公里设一座电液联动阀室，10秒钟内可实现遥控切断，20分钟左右可排空两阀室间管内高压天然气，中压调压站互为备用。

1.2.2 梅林LNG安全应急调峰气化站在国内城市调峰气化站中首次采用加压空温气化技术，引进了美国低温浸润式变频加压泵及大流量高压空温气化器，不仅有效地解决了多泵运行的动平衡问题和安全回流问题，而且实现低温泵调频、空温气化、蒸发气零排放，节能减排效果十分显著。

1.2.3 深圳市天然气利用工程在国内第一个实现分输站、城市门站及电厂专用调压站三站合一建设，在国内首次成功实现城市门站与电厂专用调压站天然气安全互备，在合理利用城市土地资源及危险站点控制上成效显著。

1.2.4 在国内城市门站中首次采用分析小屋计量模式，既保证了天然气贸易计量的准确性，又能够对天然气供应质量进行监管。同时在国内城市燃气行业首次采用工作调压器与监控调压器同时串并联监控工作的技术模式，确保中压进户的安全。

1.2.5 自主研发了《城市燃气管网信息管理系统》，将次高压应急预案、事故关阀自动生成和GPS抢修车辆实时定位等信息融合，实现了燃气设施网络化管理，并获第十八届广东省企业信息化建设创新成果一等奖。

2 深圳燃气完整性管理工作开展情况

2.1 完整性管理理念

公司建立及推行的"完整性管理"建设的初步构想是通过管道完整性管理包括数据采集对管道运营中面临的风险因素进行识别和评价，通过制定相应的风险控制对策，使管道始终处于安全可靠的受控状态。通过完整性数据的规范化和完整性体系建设，进一步提高运行管理水平。

由于管道完整性系统是个较复杂的系统，一方面必须从技术层面上进行信息数据的分析、资源优化分析处理、信息输出来实现空间数据的共享、融合，另一方面须建立一套完整的风险、完整性与应急数据组织标准、数据维护标准、数据管理标准保证系统平台的正常运行。只有经过技术层面和体制层面的整合，在合理的范围内实现信息和资源的充分共享才能使得天然气管道完整性管理系统达到最大的使用效益。

完整性管理的实质是，评价不断变化的管道系统的安全风险因素，并对相应的安全维护活动做出调整，是预防管道事故发生、实现事前预控的重要手段，它以管道安全为目标并持续改进的系统管理体系，其内容涉及管道的设计、施工、运行、监控、维修、更换、质量控制和通信系统等全过程，并贯穿管道整个运行期。

2.2 输配系统运行初期存在的问题

运行前期在基础竣工数据方面距完整性管理要求存在较大的差距，不能满足日常运行需要；在日常运行的数据积累不全面，检测技术手段不足，不能及时、全面、客观地反映管线运行状况；没有建立统一的高压管道数据管理平台和风险评价系统，不能科学的指导运行，进行风险预控。

随着西气东输二线的建成通气，我司已有近300千米的高压、次高压天然气管道投入运行，这些管道大多数穿行在深圳市人口密集的地区，一旦泄漏除造成生命和直接经济损失外，还将产生重大的社会与政治影响。因此结合我司生产实际和安全管理要求，建立管道完整性管理体系，实施管道完整性管理，使生产管理程序化、标准化，对于保证供气安全稳定，提高我司整体管理水平具有重要意义。

2.3 深圳燃气管道完整性管理的架构

深圳燃气于2009年年初开始在高压输配系统开展完整性管理工作，制定了完整性管理实施方案，成立了完整性管理领导小组，在深入研究国内外管道完整性管理相关规范和实施实例的基础上，结合深圳市燃气管道特点，提出了深圳燃气管道的完整性管理的主体框架，包括数据收集与管理、管理单元识别、风险评价、风险控制、效能评价五个环节（如图2）。这五个环节涵盖了为保证管道安全而进行的一系列管理活动，主要目的是对管道运行中面临的风险因素进行识别和评价，采取针对性的风险减缓措施，将风险控制在合理、可接受的范围内，实现管道全寿命期各阶段的风险管理，最终达到持续改进、预防和减少管道事故的发生的目标。

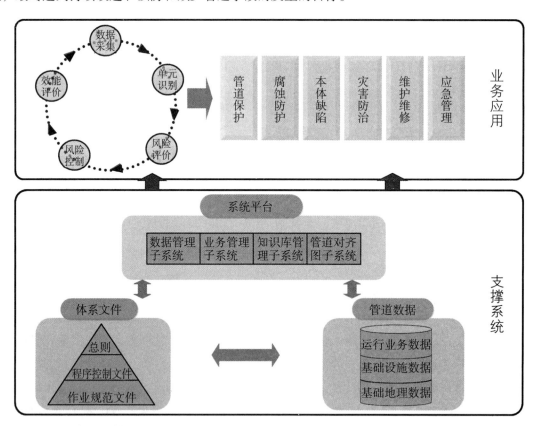

图2：深圳燃气管道完整性管理主体框架

2.4 深圳燃气完整性管理体系建设工作进展情况

2.4.1 梳理、优化了完整性业务模块

企业对完整性管理业务模块进行了梳理并利用完整性的理念和方法进行系统性的优化，共梳理出管道保护、单元识别、灾害防治、维修维护、腐蚀防护、本体缺陷管理、风险评价、应急管理等八个基础业务模块，涵盖了城镇燃气输配系统运营管理的方方面面，也贯穿了完整性管理的每个环节，为完整性管理后期工作的开展奠定了基础。

2.4.2 构建了完整性体系文件架构体系

根据业务模块，建立了完整性管理总则、完整性管理执行程序文件和作业指导书三级体系文件构架体系，梳理出完整性体系文件共65个。

2.4.3 建立了完整性数据支撑架构，开展了完整性管理平台数据录入

完整性管理基于对管道各生命周期大量数据的积累和分析基础之上，在对管道完整性的架构进行确定的基础上，对涉及的相关完整性数据进行了收集、分析、归类，并对本体缺陷和腐蚀防护两个模块的业务数据进行了试验性采集，完成了3280个标志桩数据、225个防腐层破损点数据、3024个阴保检测数据的完整性管理平台录入工作，为先前进行的完整性平台模块开发提供了依据。

2.4.4 建立了业务模块工作流程

不同模块的业务流程是完整性管理自身特点的集中体现，在系统平台开发中，多次进行了的业务流程的梳理工作，根据集团现有的安全管理架构和指导文件，在业务平台开发过程中已确定了3个业务模块的7个业务流程，并根据完整性管理的要求对各流程进行了固化和优化，为平台模块开发提供了清晰的指导思路。

3 建立完善安全管理体系，为实施完整性管理提供组织保障

3.1 建设全面风险管理体系，有效监控生产作业风险

深圳燃气于2009年制定了《全面风险管理体系建设规划》，提出了总体目标、指导思想、建设程序和具体实施计划，通过实施全面风险管理体系，建立了严格规范的内部控制制度、全面风险管理制度和风险源识别、分析、评价和管理系统，识别公司在输配系统运行管理方面的风险，并制定了相应的风险控制措施。

3.2 各尽其责，完善安全管理体系建设

以安全生产管理委员会为最高安全生产管理机构，全面负责安全生产总体规划、组织协调、监督指导工作。建立健全安全生产责任制，实施"一职一责、一岗一责"，全员签订安全生产责任书，明确岗位安全职责和目标，落实奖惩制度，提高了员工的责任心和工作积极性。

3.3 完善安全管理体系文件

将梳理完善安全管理体系文件作为常态化管理工作，建立了政策型、程序型、操作型、记录型四级安全管理文件体系，内容涉及安全综合管理、安全责任落实、职业安全健康、安全投入保障、事故应急管理等五大方面。

3.4 完善应急管理体系建设,快速、高效处置突发事件

建立了总体、专项、现场处置三级预案体系,编制了场站、管网突发事件专项应急预案和现场处置预案,按照预案管理要求,及时组织预案培训和演练,使员工能够熟练掌握预案内容,进一步提高了员工的应急处置能力。

合理设置输配管网应急抢险值班点,保证应急抢险值班人员能够在较短的时间内(30分钟内)快速赶到事发点,快速控制事态的发展,将事故造成的损失控制在最低限度。

合理配置场站及管线应急抢险人员和应急抢险设备、机具,建立集团公司的应急资源库并保持每个季度更新一次,使应急资源库管理信息真实有效。为了应对事故突发时可能供气中断,配置了4000m^3/h大型移动式应急气源撬,以保证用户的临时用气需求。

4 实施输配系统运行阶段完整性管理,保障运行安全

4.1 输配管网完整性管理

落实输配管网巡查巡检管理制度,强化第三方施工燃气管道设施保护,加强管道设施检测、监测与维护,提高信息化管理水平,是输配管网运行、监控完整性管理的重点。

4.1.1 实施管网巡查包保分片管理,提高巡查工作效率和积极性

通过实施包保分片管理,强化安全责任制落实,明确员工的责、权、利,提高员工的工作积极性和责任感,变被动为主动,及时发现并消除安全隐患,降低第三方施工破坏事件数量,有效保证输配管网的运行安全。

按照现行区域管辖的现状,将中压燃气管网分为24个巡查巡检片区,次高压天然气管网分为3个管辖区域,1个天然气场站为1个无泄漏管理片区,共组成27个天然气管网包片管理区和29个无泄漏场站管理片区。针对每个包片管理区组织合理的人力架构,划分职责权限,细化管理内容,制定包保分片管理达标和优秀控制目标,实施达标奖励制度。

4.1.2 推广新技术、新设备的使用,提高管网巡查巡检及保护协调工作效率

(1)开发应用智能手机巡查系统

开发了手机智能巡查系统。从系统功能设计、流程设计、人性化需求等多个方面进行反复修改和推敲,达到最佳效果。目前该系统已处于全面试用阶段,系统实现人员考勤、必经点巡查、事件管理等多项重要功能,实现管线巡查及第三方施工工地的信息化管理。

(2)采购使用高灵敏度(PPM级)气体泄漏检测仪

中压巡检组使用GM3高灵敏度气体泄漏检测仪每年对地下燃气管道和设施进行两次检漏工作,以每小时1~2千米的速度,徒步进行"地毯式"浓度检测。

2010~2012年,中压巡检组通过GM3检漏仪检测累计发现的泄漏点470处,占非第三方破坏泄漏事件总数的90%。

4.1.3 实施燃气管网巡查及第三方工地分级管理

针对管道的运行情况制定重点巡查监控的区域,建立燃气管网巡查分级管理制度;针对第三方破坏事故的发生,结合以往对施工工地的管理和经验,提出对施工区域周边的燃气管线和设施分级管理,编写了《施工现场燃气管道及设施安全协调分级管理规定》,制定了第三方工地施工现场应

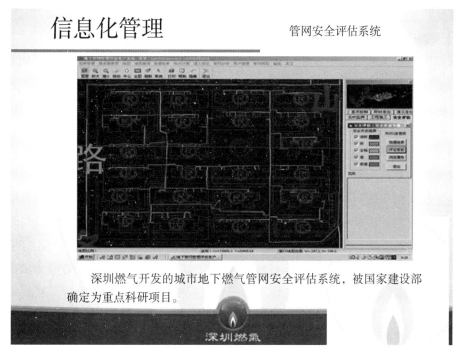

图3：深圳地下燃气管网安全评估系统

急预案，合理分配有限的人力物力，从制度上完善了对施工工地周边燃气管道的管理，有效遏制了第三方施工破坏事件的发生。

4.1.4 开展中压管网安全评估，实现管网动态管理

深圳燃气自2001年开始开展地下中压燃气管网安全评估工作，并以此为基础自主研发了具有自主知识产权的《城镇燃气燃气管网安全评估系统》，2002年被国家建设部确定为重点科研项目，并于2004年应用该系统对公司的地下中压管网进行安全评估，实现将管网维修从当时的损坏维修提升到基于风险的维修策略。通过安全评估可以达到以下目标：

（1）通过安全评估，可以实现事故防范从被动抢险到主动预防的转变，将泄漏隐患消灭在事故发生前，提高科学管理水平。

（2）通过安全评估可实现按照不同管段的安全级别采取不同力度的管理模式，把有限的人力物力用在实际需要上。

（3）通过安全评估，可以均衡地安排在役燃气管网中严重腐蚀管段的年度大修计划。

（4）对达到设计使用年限的管段，通过安全评估确定管线的实际剩余寿命，采用合理的措施延长使用期，尽量减少不必要的更换。

4.1.5 开展管道内检测

深圳市天然气次高压安坪线管道于2006年8月投产运行。为了及时发现管道变形、腐蚀、损伤等缺陷，收集和积累管道运行基础数据，对管道运行状态进行安全分析评价及全面实施完整性管理，对安坪线实施内检测作业。

本次内检测作业起点（发球点）位于龙岗区坪山镇深圳燃气坪山门站，终点（收球点）位于福田区侨香路深圳燃气安托山门站，管道全长约68.8千米，沿线共有主线线路截断阀门13座，分输支线9条。

从5月24日开始到7月29日，共完成安坪线内检测清管作业27次，清出管道杂物约3.1吨，随后将

进行变形检测及职能检测，整个内检测作业于8月底完成。

4.1.6 开展高压管线地质灾害敏感区调查

为了提前预防高压天然气管道发生地质灾害和为管线巡查提供依据，全面了解和掌握已投产高压管道周边的地质灾害隐患点，实施预防为主的安全管理模式，与深圳工勘岩土有限公司开展了地质灾害敏感区调查工作，对投运的30千米山地管周边的地质环境进行了调查。调查识别出104处地质灾害隐患点。对9处危险性大及18处危险性中等地质灾害隐患点提出了整改建议。

4.1.7 开展次高压管道杂散电流排流整改工作

杂散电流是造成城市次高压管道电流腐蚀的原因之一，按照干扰性质可分为交流干扰和直流干扰。交流干扰主要来自于附近的高压交流输电线和电气化铁路的交流牵引系统，以及附近的发电厂或变电站。交流干扰对管道的危害主要有两方面，一是长期存在着的交流电压形成对管道的交流腐蚀影响；二是故障状态下瞬间感应电压的危害影响，造成瞬间高感应电压可能会击穿管道的防护层和绝缘法兰，甚至击毁阴极保护设备，并对操作人员的人身安全造成威胁。直流杂散电流干扰主要来自于其附近的直流电气化铁路系统（地铁）、直流电焊机等电力传输系统或某些工业电气设备以及外部的阴极保护系统。对于长距离带有涂覆层的埋地金属管道影响最普遍、最严重的直流杂散电流源是直流电气化铁路系统。

对于城镇埋地管道，杂散电流腐蚀的发生往往是随机而变的，无论是电流方向，还是电流强度，都随外界电力设施的负载情况、地铁轨道的绝缘情况、管道的防腐层情况而变化。杂散电流源不能完全确定，就给杂散电流的排除带来很大困难，此时其他排流方式均难以使用，接地排流就成为最适宜的选择。

利用数值计算和模拟技术，模拟城市轨道交通（地铁）产生的杂散电流对埋地钢质管道产生的影响。同时结合深圳罗宝线有较长距离与次高压天然气管线伴行的情况，深入模拟和分析了牺牲阳极在杂散电流干扰下的所起的作用，以及地铁泄漏电流、管线与地铁伴行的距离和管线涂层面电阻率不同的情况下，管线收到杂散电流干扰的影响。

通过对试验段不同排流方法的分析比较，选择了安装极性排流器的方法对管线进行直流杂散电流缓解方案。极性排流器的安装能确保牺牲阳极仅释放杂散电流而不吸收杂散电流，各测试点监测到的通电电位整体负向移动，断电电位较稳定，管道的直流干扰大大减弱，特别是原来欠保护的管段电位达到了正常保护电位的要求。降低了杂散电流对次高压管道的影响，有效保护了管道的运行安全。

4.2 落实场站完整性管理，保证场站运行安全

设备管理是场站运行管理的核心，也是场站实施完整性管理的重点对象。

我们通过完善设备档案，建立并优化设备管理信息平台，完成设备运行、维修维护数据及安全管理信息的录入，实现了数据的积累和信息化管理；加强设备的维护保养和大修工作，降低设备故障发生率，保障场站运行安全和供气稳定。

无泄漏管理是场站运行管理工作的重点，集团公司将开展创建无泄漏站活动作为场站常态化管理工作，制定了《静密封与无泄漏站管理办法》，各生产单位制定了无泄漏站创建活动方案，每年组织评比一次，对通过审核验收的场站，将获得"无泄漏站"称号并发放"无泄漏站"牌，已获得"无泄漏站"称号的场站，在集团公司的检查中静密封管理不达标，将取消"无泄漏站"称号。目前，集团公司90%以上的场站已获得"无泄漏站"称号。

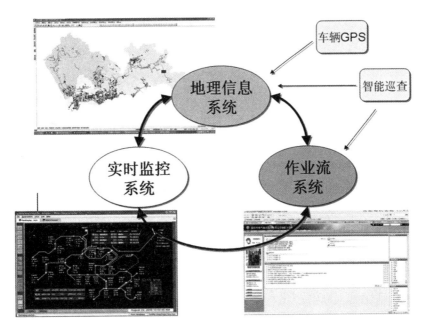

图4: 深圳城市燃气管网信息管理系统（GIS系统）示意图

4.3 加强输配系统运行监控，提高信息化管理水平

深圳燃气建立了城市燃气管网信息管理系统（GIS系统）、监控与数据采集系统（SCADA系统）、作业流系统（流程管理系统）、安全管理信息系统，实现气量调度、生产调度、抢维修调度、运行监控的全过程信息化管理。

4.3.1 GIS系统，即地理信息系统：结合深圳燃气地下管网管理的多年经验，现已发展成为城市燃气管网信息管理系统，是一个结合了管网数据查询，管网数据分析和管网作业管理的综合性基础平台。

除了GIS通用的系统功能外，以GIS平台为基础，开创性地将生产运行与GIS平台紧密的结合，量身定做了多个功能模块，从而形成了深圳燃气独一无二、功能强大的综合系统，在行业内处于领先地位，得到国内燃气同行的好评和借鉴。

系统主要有以下功能：

（1）管网片区管理信息；
（2）抢修作业信息；
（3）应急预案管理信息；
（4）用户关联信息；
（5）第三方施工及安全隐患的管理信息；
（6）关阀分析信息；
（7）GPS抢修车辆监控信息；
（8）结合航拍、卫星影像图，显示地形实景；
（9）SCADA数据展示图层信息；
（10）大运图层信息。

在应用过程中，不断对系统进行完善和创新，努力将GIS打造成一个完整、全面的信息平台。

4.3.2 SCADA系统，即监控与数据采集系统：是以计算机为基础的生产过程控制与调度自动化系统。它可以对现场的运行设备进行监视和控制，以实现数据采集、设备控制、测量、参数调节以及各类信号报警等各项功能。

调度中心安排24小时值班，通过SCADA系统对深圳市整个天然气输配系统进行不间断的实时监控。当有异常的数据变动，如压力或流量的突变时，系统就会立刻报警，然后我们的调度人员进行紧急处理。

可以利用SCADA对出口压力进行远程调节，控制管网压力，灵活调配场站输出，平衡管网供气，保证输气管道能够安全、平稳、连续地为各下游用户供气。其中远程压力调节系统应用在调压站，深圳燃气是国内首创，目前也是国内唯一的。

4.3.3 作业流系统，即流程管理系统：帮助企业有效地改进和优化业务流程，提高业务工作效率、实现更好的业务过程控制，促进公司规范化管理，提高管理水平。

作业流系统充分利用现代化通信网络和技术手段，建立公司内部办公平台，使日常业务处理"无纸化"、流程自动化、程序规范化、规章制度程序化，使原来用纸张传递和记录的信息用网络中的信息来代替，使公司日常的管理业务全面电子化。

5 开展培训及岗位认证工作

集团公司成立了深圳燃气技术学院，取得了广东省的职业资格认证资质，为集团员工开辟获取国家职业资格证书的渠道。2011年开展了燃气管道工及输气工职业资格认证工作，其中参加中高级管道工和输气工人数达到99人。

为了系统地构建和开发员工的能力，适应集团公司快速发展对管理人才的需求，打通员工的职业发展通道，实现企业能力和员工能力的共同增长，使组织效能最大化，集团公司制定了岗位类别为专业族和技术族任职资格认证工作方案，于2011年底开展了"专业技术专家"岗位资格标准认证工作，2013年开展了技术族调度类、专业族物业管理类、技术族安全类的任职资格认证工作。

6 开展安全生产标准化建设

6.1 岗位标准化

集团公司编制了《深圳燃气生产作业单元技能标准》，明确了燃气场站工、燃气管网工、燃气营销员三大职业所包括的35个岗位、69个生产作业单元的技能标准，开展生产作业单元技能考核，推进了岗位标准化建设。

为了贯彻落实集团公司的安全生产标准化建设工作，建立企业岗位标准，明确岗位达标要求，科学有效的开展员工岗位技能认证工作，实现岗位达标，制定了《岗位达标认证管理办法》，依据《深圳燃气生产作业通用知识和技能标准》、《深圳燃气生产作业单元技能标准》、《岗位人员基本要求》（岗位说明书），组织开展了岗位达标认证工作，通过岗位认证的人员，集团公司颁发《岗位达标证》。

6.2 班组标准化

开展班组标准化建设，做到制度执行军事化、作业过程程序化、安全行为规范化、现场管理精细化、设备管理档案化、培训学习自主化、岗位技能熟练化、作业环境健康化，建立健全以岗位责任制为前提的班组作业标准和管理要求，强化各项制度的执行力度，安全高效的开展各项工作。

注重班组团队建设，同时引导员工自主管理，完善以班组长为核心的岗位协作职能，建立班组良好的沟通氛围和沟通平台，加强班组间的协作配合。引导员工进行自主管理，推动基层员工向规范化有序的自我管理的发展模式转变。

在办公场所及作业现场开展"6S"管理活动，并与零事故竞赛、安全包保、先进班组评选等活动有机结合。各二级公司定期组织了"6S"管理及班组标准化建设达标评比，对达标先进班组进行了奖励。

6.3 作业标准化

地下管网第三方工地准化管理、抢修动火作业标准化、点改作业标准化等作业标准化的实施细则，进一步明确了作业人员的职责、作业流程、安全要点、提高了作业工作效率，同时也提升了企业形象。

7 城市燃气输配系统实施完整性管理存在的问题和困难

城市燃气管道完整性管理是在完整性管理成功实施的基础上提出的，由于城镇燃气管道位于人口密集区，基本处于四类地区，同时管线运行时间长，基础资料缺失等问题，给城市燃气输配系统实施完整性管理带来一些困难，应采取相应的措施解决。

7.1 对于运行时间较长的旧管线，管道基本数据存在缺失现象

对此，应采取以下措施：

利用自身力量在建设期竣工资料基础上对部分数据进行收集、采集并梳理；借助外部专业单位采集数据，如委托具有专业测绘资质单位进行现场探测；采用内检测结果校正管道特征点位置。

7.2 城市燃气管道埋设位置既有地质复杂的山地，又有穿越人口密集区、经济政治文化中心区，为运行管理单位实施完整性管理带来困难

对此，应采取以下措施：

城市燃气管道基本处于四类地区，应结合城市燃气管道的特点，进行管段单元的划分，对每个管段单元从管道的压力机制、敷设环境（如市政管或山地管）、复杂工况、供气影响范围等因素对管段单元做进一步识别，得出管段单元的管理特征要求，与专项风险评价相匹配，对同类管理特征要求所对应管段单元的重要程度排序，作为下一步实施专项风险评价优的优先级排序。

7.3 完整性管理平台与企业其他业务系统兼容问题

管道完整性管理系统作为一个管道信息化管理平台，与企业的ERP系统、GIS系统、预警系统、智能巡查系统以及阴保数据远传系统等均将产生业务关联和集成需求，因此在平台建设过程中需要考虑与现有及未来系统的接口，并使之能彼此协调工作，资源达到充分共享，发挥整体效益。

（深圳市燃气集团股份有限公司　陈秋雄）

城市燃气PE管道施工质量新评价方案

1 前言

随着聚乙烯（PE）燃气管道在城镇燃气配气系统中被广泛采用以及相关标准、规范的不断完善，从业的技术、管理和决策人员，对聚乙烯制品的特性、识别能力以及应用水平都有了较大提高，在聚乙烯燃气系统设计、运行、维护和管理等方面已取得长足进步，积累了很多经验，技术规程日渐成熟。虽然PE燃气管的优越性能：耐腐蚀、柔韧性好、重量轻、连接方便、低摩阻、管材使用寿命可长达50年以上等已得到更多燃气企业的认同，但管材的使用寿命并不等于输配系统的使用寿命，应用实践表明，即使使用完全符合标准的管材、管件、阀门等单元产品，如果施工管理得不到有效控制，施工质量难以保证，也就不能组合成理想的管道系统。在全面了解港华燃气集团国内合资公司PE燃气管道的施工质量状况的基础上，我们学习、借鉴了香港中华煤气公司对PE管工程质量控制的经验，并引进其管理模式，设计了一套适合在内地使用的PE管道施工质量评价方案，旨在能够合理、客观地反映目前国内合资公司PE管道施工管理水平，找出施工管理中尚存的问题，进行差别分析，并加以改善，以期将PE管道系统缺陷控制在合理的、可接受的范围内，确保PE管道系统在整个生命周期内安全运行。

2 评价对象

港华燃气集团国内各合资公司在建的PE管道工程项目，覆盖华南及江西、西南、华东及安徽、华中、华北及山东、东北、西北等100多家城镇燃气公司的PE管道工程建设。

3 评价依据及方法

3.1 PE管道系统质量缺陷

PE管道系统在施工过程中可能存在的质量缺陷主要有：

（1）材料品质影响管道的设计使用寿命：如使用色母料；

（2）可能产生应力开裂：如管道划深超过壁厚10%；

（3）降低管网安全系数和抗灾害能力（主要指抗沉降、抗震性能）：如使用焊制管件；

（4）连接不可靠：如不同PE等级的管材对焊、电熔连接前未去除氧化皮、热板不洁净、管件受到污染、焊接参数选择不当、在低于−5℃或高于45℃的环境下进行焊接操作；

（5）施工过程记录的可追溯性得不到保证：如焊机不具备打印功能、焊接参数记录不全、竣工资料不全。

（6）无可靠的示踪及防破坏措施。

3.2 评价依据

PE管道施工质量评价依据为：现行国家及行业规范《聚乙烯燃气管道工程技术规程》CJJ 63、《城镇燃气输配工程施工及验收规范》CJJ 33、特种安全技术规范《燃气用聚乙烯管道焊接技术规则》TSG D2002、《燃气用埋地聚乙烯（PE）管道系统 第1部分：管材》GB 15558.1、《燃气用埋地聚乙烯（PE）管道系统 第2部分：管件》GB 15558.2、《塑料管材和管件 聚乙烯系统熔接设备》GB/T 20674以及港华投资有限公司DM11《地下管网设计、施工、运行管理指引》和《聚乙烯管道工程质量手册》等。

3.3 评价方法

应用质量控制工具—检查清单，按层次结构组织评价。模型的层次结构中，选取影响PE管道工程质量的关键要素作为评价模块，每个模块代表一类或一个评价项目，其造成的管道质量缺陷可能是单一的，也可能是多方面的，而每一个变量（评价项目）又被划分为若干子变量（项目），每个子变量对应若干条评判标准，评价人员对照评判标准，对每个模块按符合程度进行评分。之所以称其为变量，是考虑可根据实际情况，参照可能产生的质量缺陷调整项目内容及数量；并且其评分权重也不是固定的，可根据所带来的缺陷程度做适度调整，以便评分更能反映客观实际。PE管道质量评价层次结构模型见图1。

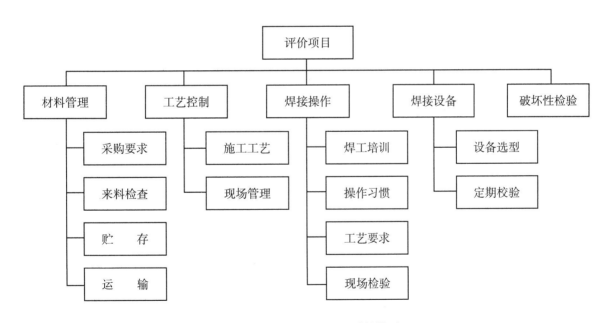

图1：PE管道质量评价层次结构模型

4 常见问题与案例分析

以下是我们课题研究初期，根据上述评价方法，对部分公司的PE管施工质量管理进行量化评价时，发现的一些常见问题，按人、机、料、法几方面进行分析，探讨如何在施工中纠正这些错误操作及不良习惯，同时，也应用此评价方法对一起PE管道失效案例进行分析，供广大同仁参考，以便共同提高。

4.1 人——焊工、质检人员、监理人员管理

（1）应由经培训合格的人员进行焊接操作，并做好焊工的定期考核及续证管理工作。

（2）质量员、监理工程师应熟悉检查清单的要求，在巡视工地期间对聚乙烯管道工程质量进行检查或抽查，并填写记录。

（3）建设单位应定期组织施工、监理及工程管理人员进行管道工程质量管理培训，并保存培训记录。

4.2 机——焊机及焊机校验

（1）应使用国际认可的全自动焊机，以避免人为操作影响焊接工艺参数。需特别留意的是，目前市场上仍存在一些不具备完整的全自动功能，但号称全自动的焊机产品。

（2）电熔焊机应设有环境温度测量装置，可自动调整焊接参数对环境温度进行补偿，并采用条形码扫描方式输入管件信息（采用可识别电阻的管件除外）。

（3）电熔焊接打印记录中应能显示管件电阻和焊接能量。

（4）焊机应一年定期检验一次，并在设备上张贴校验记录。

（5）应建立焊机设备管理台账，并提前做好下次校准和检定计划。

4.3 料——材料管理

（1）应使用符合资格供应商提供的材料。

（2）管件包装应完整，且每个管件应独立包装，只在熔接前才可拆除包装。保持管件的包装完整，在很多工地常常被疏忽，应加强此方面的检验，保证管道连接的清洁要求。

（3）PE直管的堆放应有足够的承托，管材在户外临时存放时，应采用具有防UV功能的遮盖物遮盖。应重点检查建设单位的仓库、施工单位仓库及施工现场的储存。

（4）PE材料应按规范要求，保证在有效生产日期内使用，否则应经型式检验确认。

（5）废料应有标识并分区存放，以防误用。

4.4 法——焊接操作

4.4.1 热熔焊接

（1）应采用业界普遍认可的焊接工艺。港华目前认可的热熔焊接工艺为GIS/PL2-3、CJJ63或TSG D2002。

（2）焊接时检查焊机设置参数与聚乙烯管材和管件的材料级别、规格型号等是否一致。当改变管材和管件的材料级别或规格型号时，应重新设置焊机参数。

（3）加热板应保持非常清洁，没有污垢物、尘埃和PE熔化物。做好每日热板清洁（卷边成形清洁法）。污垢可用酒精擦拭，如无法清洁干净，可与供应商联系更换发热板板面。

（4）铣削前应用干净的非人造纤维布或纸巾，对连接端表面及内外壁清洁。否则，可能会污染铣削端面。

（5）连接时，应用滑轮承托管道，以减少拖动拉力。

（6）焊接完成后（全自动焊机焊接完成提示音响后），应保证足够的冷却时间才可移动管道，以保证焊口在零压冷却阶段不受外力影响。如遇特殊情况，可在焊接完成后，小心拆下焊机固定管夹移动焊机，但在整个移动过程中，需确保待冷却的焊口部位不受外力干扰。

（7）铣削的刨削物应从管道下方取出，并借助工具清除，以防污染已铣削的端面。

（8）应做好焊口记录，卷边切除前，应将焊口编号和施工日期，用油性笔写在每个已完成的焊口旁；刨削后应对外卷边编号；并应打印焊接记录以备检验。

（9）应做好卷边检查，包括：卷边切除前使用卷边测量器检查卷边的高度和宽度是否合格；进行100%卷边切除检查，检查是否有裂纹、污染物等，及背弯扭曲检查。

（10）工程监管人员应对打印焊接参数进行检查复核并签名。

（11）回填前应检查管道外观，不可使用表面划痕超过10%管壁厚度的材料。

4.4.2 电熔焊接

（1）管道切割时，应先在PE管上划好切割线，以保证切成直角。

（2）连接前，应用干净的非人造纤维布或纸巾，清洁连接端表面及内外壁（注意是在氧化皮刨除前进行）。

（3）应用记号笔在管道端整个需要刮削的圆周表面划上斜纹线记号，以保证均匀刮除氧化皮。必须保证已刮好的管道末端清洁及干爽，刮完氧化皮后，切忌用纸或手去擦（发现部分焊工有此不良习惯）。

（4）刮削后应在一小时内进行焊接，操作人员必须熟记。

（5）应用记号笔在刮削过的管道上画上定位线，位置距管端面为1/2管件长度，将管道末端平行插到电熔管件的中位隔，管件端部应与定位线重合。

（6）电熔连接的加热和冷却时间宜采用条形码自动输入，焊接前应核对管件上的焊接参数，千万不能随意更改焊接参数。

（7）应使用固定夹具焊接，并正确掌握夹具的使用。

（8）应认真检查熔合显示针已经升起或熔解物没有渗出配件的范围。

（9）应保证管道的对中，认真检查管道与配件已经对成一直线。

（10）焊接记录应及时打印并存档，焊接记录应包括：

①工程项目编号；

②焊机型号/编号；

③焊口编号、焊工代码、焊接日期/时间；

④管件电阻、熔合时间、输入能量、焊接电流/电压、冷却时间；

⑤焊接成功显示。

（11）工程监管人员应对焊接参数进行检查并签名。

（12）应对电熔焊接（包括开分支口及分支管道连接）的关键工序拍照备查。照片内容应有焊口编号，以区别不同焊口。电熔焊接关键工序包括：

①刮削前画好的网格线；

②合格的刮削面和定位线；

③安装好的固定夹具；

④升起的熔合指示针。

4.5 事故案例

4.5.1 事故概述

资料显示，该段PE管道为直径De250/SDR11的主干管道，于2004年建成，运行压力为0.3兆帕。2008年冬季发现泄漏，原因是电熔套筒接口处泄漏。

将事故管件剖切后，发现电熔套筒与PE管道之间有缝隙（见图2）且未熔合（见图3），经敲打即脱离，电熔套内壁有熔融料并存在大量气孔（见图4），而管材则未熔。

图2：PE管与套筒之间的缝隙　　图3：管件发热区未熔合　　图4：套筒内壁熔融料中有许多气孔

4.5.2 事故原因分析

经分析，导致事故发生有如下多个可能性：

（1）焊工的技术不熟练，影响了焊接质量；

（2）从连接部位剖切面分析，管道连接时，氧化层刮削不够彻底；

（3）管段连接端面切割不整齐，端面空隙较大，导致熔融压力不足；

（4）焊接冷却过程中，可能受到过外力扰动；

（5）套筒内壁熔融料中有气孔（见图4），焊接部位在焊接前曾被污染，有脏物或水分存在；

（6）管道焊接未采用夹具，未完全对中（该处为两条道路管线采用三通碰接，且两管道不在同一标高上。根据现场观察，估计当时管道对中较困难）；

（7）虽然观察孔指示针已冒出，但仍有可能是焊接时间不够，导致未熔透；

（8）可能当时使用的发电机输出电压波动，导致焊机电压不稳定，焊接质量受到影响，或者接入的是市政电，但是接入点较远，电压过低，焊接质量受到影响；

（9）焊机本身质量存在问题，电压不稳定，输出电流过小等。

4.5.3 改善措施

（1）焊工在取得资格证后，不应马上独立操作，应在熟练技工监控下至焊接质量稳定后，才独立作业；

（2）焊接关键工序拍照片复核，督促操作人员规范化施工；

（3）选用性能良好的辅助工具，如机械刮刀，提高氧化层刮削的质量；

（4）焊接及冷却应全程采用性能良好的夹具，减少外力扰动；

（5）选用全自动焊机，最大限度减小人为干扰；

（6）加强焊接打印记录的检查，及时复核焊接输入参数、电阻及输入能量的正确性。

5 结语

PE燃气管道系统的施工质量直接影响城市燃气系统的安全运行。相关从业人员要充分正确认识PE管道系统的性能，不断总结完善质量控制体系和监督体系，促进PE管道施工质量的整体提高。

参考文献

［1］马长城，李长缨.城镇燃气聚乙烯（PE）输配系统［M］.北京:中国建筑工业出版社，2006.

［2］李长缨.城镇燃气聚乙烯管应用中相关问题研究［J］.煤气与热力，2008，28（2）：B42-B47.

［3］张坤，吕淑华.PE管在城市燃气管网改造的应用［J］.煤气与热力，2005，25（7）：59-61.

［4］钟立.PE管示踪线施工的探讨［J］.煤气与热力，2004，24（11）:638-640.

［5］CJJ 63-2008，聚乙烯燃气管道工程技术规程［S］.

［6］TSG D2002-2006，燃气用聚乙烯管道焊接技术规则［S］.

［7］GB 15558.1-2005，燃气用埋地聚乙烯（PE）管道系统 第1部分：管材［S］.

［8］GB 15558.2-2005，燃气用埋地聚乙烯（PE）管道系统 第2部分：管件［S］.

［9］GB/T 20674塑料管材和管件 聚乙烯系统熔接设备.

（港华投资有限公司　齐新施然席丹翟瑞隆）

以客户需求为导向的服务改善机会分析

1 客户需求的涵义及一般属性

客户需求是指通过买卖双方的长期沟通，对客户购买产品的欲望、用途、功能、款式进行逐步发掘，将客户心里模糊的认识以精确方式描述并展示出来的过程。客户需求的基本属性包括成本、质量、种类、速度、服务等要素。

2 管道燃气客户需求的行业属性

管道燃气客户需求（以下简称"燃气客户需求"）除了具有一般客户需求的通用属性外，鉴于其服务持久性和行业自然垄断性，客户需求体现了其固有特点。这些客户收入相对稳定、工作繁忙，在注重做好产品供应的基础上，客户更加关注服务的稳定性、便捷性和时效性。

管道燃气服务稳定性是指供给服务的硬件设施、技术保障以及人员的综合素质，是实施服务的前提条件和要素；便捷性是指在给客户服务时，需要客户参与完成事项所具备的必要条件完善情况，是客户参与亲身体验和沟通必要条件；时效性是指为客户服务时，需要提供方实施的咨询、信息反馈、上门作业等完成的效率，是客户服务质量的集中体现。

3 燃气客户需求的服务改善分析模型

工欲善其事必先利其器，针对管道燃气客户需求的特点，我们选择卡诺模型建立燃气客户的需求模型，利用三环六步法寻找服务改善机会是建立以客户需求为导向的优质服务模式重要的实践环节。

3.1 卡诺模型（KANO）

KANO模型是通过对顾客的不同需求进行区分处理，帮助企业找出提高顾客满意度的切入点。KANO模型是一个典型的定性分析模型，常用于帮助企业了解不同层次的顾客需求，找出顾客和企业的接触点，识别使顾客满意的关键因素。

KANO模型定义了三个层次的顾客需求：基本型需求、期望型需求和兴奋型需求。基本型需求是顾客认为产品"必须有"的属性或功能。当其特性不充足时，顾客很不满意；当其特性充足时，顾客无所谓满意不满意。期望型需求要求提供的产品或服务比较优秀，但并不是"必须"的产品属性或服务行为。有些期望型需求连顾客都不太清楚，但是他们希望得到的。在市场调查中，顾客谈论的通常是期望型需求，期望型需求在产品中实现的越多，顾客就越满意，当没有满意这些需求时，顾客就不满意。兴奋型需求要求提供给顾客一些完全出乎意料的产品属性或服务行为，使顾客产生惊喜。当其特性不充足时，并且是无关紧要的特性，则顾客无所谓，当产品提供了这类需求的服务时，顾客就会对产品非常满意，从而提高顾客的忠诚度。

3.2 三环六步法

三环六步法的"三环"是指寻找客户服务改善机会点的三个环节，即客户需求信息收集、客户需求分析建模、模型应用。"六步"则是围绕三个环节而需要开展的六个工作步骤，即梳理客户需求点、收集需求数据、建立分析模型、探讨客户需求分类情况、对比客户需求类别、甄别服务改善机会六个分析步骤（见图1）。

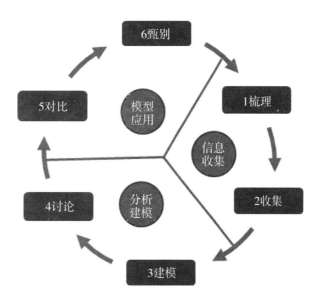

图1：三环六步法示意图

3.3 管道燃气客户需求模型

深圳燃气管道气服务经过多年的实践，建立了一套相对成熟的服务管理模式。将燃气客户服务的稳定性确定为基本型需求、时效性为期望型需求、便捷性为兴奋性需求。

4 管道燃气客户需求现状及满足情况分析

现有管道燃气服务分类包括：供气服务、营业服务、量管服务、装管服务、点火服务、安检服务、抄表服务、安全宣传、急修服务、维修服务十大类。

根据燃气企业的资源现状，各个服务项目满足客户需求的程度不一样。可将需求的满足程度分为较好满足、基本满足、有待提高三个梯度。

在通过上门服务、专项调查、定期走访、业务回访、服务热线、营业咨询、市长热线、民心桥等多种信息收集手段的基础上，对十大服务类别的三层次需求特性进行满足度分析（见表1），细分各项服务满足客户需求程度是寻找服务改善点的基础。

客户需求及服务现状分析表　　　　　　表1

序号	服务类别	需求特性	满足程度	客户需求及服务现状分析
1	供气服务	稳定性	较好满足	为保证连续供气，发生供气故障时能及时得到处理。停气提前24小时通知，抢修停气在48小时内完工率100%。
2	营业服务	①稳定性	较好满足	采用先进的信息技术管理客户关系，营业人员培训及时，能提供专业的服务。
		②时效性	较好满足	除公众节假日和夜间外，全部营业。较好满足了客户非工作时间能正常办理业务的需求。
		③便捷性	有待提高	在特区范围内设置营业所10个，服务员工近40人，承担了燃气营业服务功能，满足了客户基本需求。
3	点火服务	①稳定性	基本满足	制定了严格的操作规程，进行气密性试验、动静态压力测试、放散、试炉等技术措施，保证能够安全快捷用上燃气。
		②时效性	有待提高	四个工作日预约上门，当天确定具体时间。
		③便捷性	基本满足	提供金属胶管，客户自备其他配件，尚未能提供一站式服务。
4	量管服务	①稳定性	基本满足	专业人员上门服务，管道布局合理，能满足客户使用性需求。
		②时效性	有待提高	三个工作日预约上门，当天确定具体时间，可以缩短等待时间。
		③便捷性	基本满足	上门服务现场确定方案 采用营业厅缴费或银行托收（费用超过600元需到营业厅缴费）。
5	装管服务	①稳定性	基本满足	专业人员上门服务，安装符合规范要求。
		②时效性	基本满足	五个工作日内员工主动预约客户上门，当天确定具体时间，可以缩短等待时间。
		③便捷性	基本满足	上门服务现场完工，一次性完成。
6	维修服务	①稳定性	基本满足	专业人员上门维修，故障处理及时专业。
		②时效性	基本满足	24小时内上门服务，当天确定上门时间，可以缩短等待时间。
		③便捷性	基本满足	上门服务现场完工。
7	急修服务	①稳定性	基本满足	专业人员上门急修，故障处理及时专业。
		②时效性	基本满足	30分钟内到达客户现场，可以缩短等待时间。
		③便捷性	基本满足	上门服务现场完工，费用银行托收缴费。不能处理简单的燃器具故障。
8	安检服务	①稳定性	基本满足	专业人员上门安检，隐患识别真实可靠，整改建议科学合理。
		②时效性	基本满足	按计划当天上门，事后零星预约，三个工作日内上门，可以缩短等待时间。
		③便捷性	基本满足	上门服务，隐患现场或事后整改，整改渠道方便有待提高。
9	抄表服务	①稳定性	基本满足	计划时间内前后三天内，能及时得到抄表信息收费准确告知。
		②时效性	基本满足	未能抄表后续处理应合理，提前1日通知，当天上门。
		③便捷性	有待提高	自助完成查询缴费、上门抄表、客户自报。
10	宣传服务	①稳定性	基本满足	专业人员参与，知识有指导性和针对性。
		②时效性	有待提高	安全宣传提前介入，不要事后才告知，可以提供多方位的宣传渠道。
		③便捷性	有待提高	建立客户关系后，客户可多种渠道获得安全知识，针对性有待提高。

为了直观显示客户需求满足程度和改善机会现状，可以将客户需求满足程度以0~1为取值范围，0为最低，1为最高；企业服务的改善机会以0~1为取值范围，0机会最小，1机会最大。根据图表中的分析，绘制出四象限图（见图2、图3、图4）。

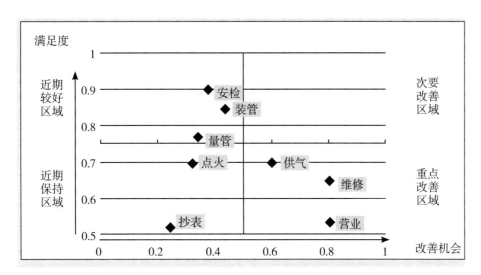

图2：便捷性改善机会四象限图

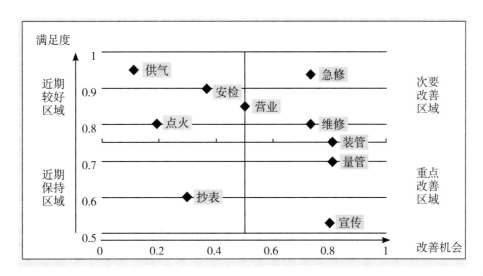

图3：时效性改善机会四象限图

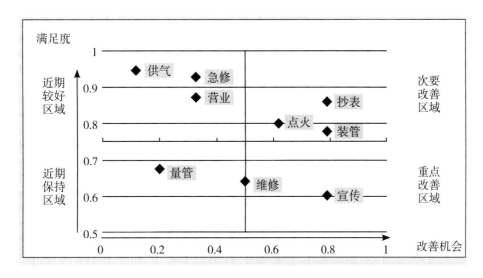

图4：稳定性改善机会四象限图

5　以客户需求为导向的服务改善机会分析

从稳定性、时效性和便捷性与服务改善机会的象限图，可以导出客户关注的需求点，识别出近期服务的重点改善和次要改善两方面内容，采取相应的改进措施（见表2、表3）。

重点改善机会分析表　　　　　　　　　　　　　　　　　　　　　　　　　　表2

序号	服务类别	需求特性	满足程度	服务改善机会点
1	营业服务	便捷性	有待提高	①积极推广网上营业厅工作。 ②制动灵活的减免授权机制，在不影响公司重大利益的前提下，进一步下放审批权限，如：滞纳金减免，时间长欠费少客户停用气审批，特殊客户开、过户和变更银行账号办理等。 ③进一步开展5S管理工作，建立适合行业特点的5S管理模式和标准，并在公司进行推广。
2	点火服务	便捷性	有待提高	①上门服务时，提供金属胶管、电池等配件，方便客户。 ②利用短信功能，在预约时详细告知注意事项，提高点火成功率。
3	量管服务	时效性	有待提高	①严格服务的基本礼仪管理，进一步加强以上门服务为主要内容的专项检查力度。 ②加强对上门时间、方案设计、因客户原因不能服务等内容的沟通检查，督促员工严格按照公司规定执行。
4	抄表服务	便捷性	有待提高	①积极推广网上营业厅工作。 ②推广使用便携式掌上抄表系统，快速更新客户资料，便于抄表管理。
5	宣传服务	时效性	有待提高	①加大宣传力度，加强新供气楼宇的管理工作。针对楼宇的固有特点以及点火注意事项加以整理并及时告知客户。特别对老区改造、天然气改造、容易改建为敞开式厨房等复杂问题要宣传到位。 ②建立员工与客户直接沟通机制，缩短沟通渠道。

次要改善机会分析表　　　　　　　　　　　　　　　　　　　　　　　　　　表3

序号	服务类别	需求特性	满足程度	服务改善机会点
1	装管服务	时效性	基本满足	建立以工作量和客户满意度为关键指标的员工和部门绩效考核制度，激发员工的工作潜力。
2	维修服务	时效性	基本满足	适时纳入急修服务范围，1小时内上门服务。
3	抄表服务	稳定性	基本满足	加强燃气表安装、更换、检测的工作管理，特别是对客户气费结算的影响。加强气费计算的基本方法的培训，规范数据修改规则，统一做法。进一步优化一抄一估的后续处理。
4	安检服务	便捷性	基本满足	①严格按计划做好上门安检工作，并对历次安检结论进行比对分析。 ②为每一个客户每年度发放安全检查结果汇总表。减少误检、漏检、多检等问题发生。
5	急修服务	时效性	基本满足	建立智能化急修调度系统，合理分配急修人力资源，建立动态的派单工作机制，提高工作效率。

6　结论

通过卡诺模型和三环六步法等管理工具，细分客户需求，结合企业服务现状，寻找服务改善机会，为企业的服务重点和过程改进提供有力的信息参考和依据，从而推动以客户需求为导向的优质服务模式的实践。以客户需求分析为导向的服务改善促进机制，是以客户需求为导向的管理理论与公司实际业务相结合的重要环节，是制定全年的重点服务工作和过程改进体系的重要参考依据。"客户需求分析"和"服务改善促进机制"是以客户需求为导向的管道燃气优质服务模式从理论探索迈向实践的重要内容和标志。

（深圳市燃气集团股份有限公司管道气客户服务分公司　郭少明 游海珠 王文静 朱国忠）

燃气用户户内安全标准体系的研究

1 概述

1.1 安全标准

安全标准是指为保护人的健康、生命和财产的安全而制定的标准。安全标准一般均为强制性标准，由国家通过法律或法令形式规定强制执行。

安全标准一般有两种形式：一种为针对某类安全要求制定的安全标准；另一种是在产品标准或工艺标准中列出有关安全的要求和指标。

安全系统工程有关事故形成的理论认为，事故是由人、物、环境、管理四要素引起的，事故预防应从影响系统的四个因素，即人、物、环境、管理出发进行综合治理，劳动安全卫生应用标准都用来防止事故和职业病的发生，因此它必须包含针对人的不安全行为、物的不安全状态、环境因素、管理因素等四方面的标准。

1.2 安全工程的新理念

安全科学作为一门新的学科，是当代社会经济、科学技术高度发展而出现的一种科学方法、科学理论。安全工程是安全科学的应用手段之一，是指在具体的安全存在领域之中，将安全科学的原理、技术手段、实践经验及其综合集成用到各个生产部门中去，研究各种资源、技术手段的整合、优化的一般规律，从而形成各种预知、预测、预防和控制、消除各种危险、危害的直接和间接的保障措施。近年来随着科技进步和社会发展，安全工程也出现了新的安全理念和分析方法，比较有代表性的就是本质安全（inherent safety, intrinsic safety）、防护层分析（layer of protection）和机能安全（functional safety）。

本质安全的概念产生于20世纪60年代，当时主要指新设计的不打火花、不会引起瓦斯爆炸的电气开关，称之为煤矿用本质安全电气开关。因此，本质安全即固有的安全，在工业安全领域主要指生产过程、设备、劳动条件的安全。本质安全的基本技术原则包括：最小化-使用较小量的危险物质；替换-用危险性小的物质替换危险性大的物质；缓和-采用不太危险的条件、不太危险形态的物料，或者危险物料或能量释放影响最小的设备；简化-简化设备的设计，消除不必要的复杂性而减少操作失误。

根据"安全是相对的"安全理念，本质安全也是相对的安全，采用本质安全设计后的系统仍然存在"残余危险"，需要采取各种安全防护措施（如紧急关闭系统、安全警报系统、自动灭火系统等）来预防事故的发生和减少事故损失。也就是说为了防止残余危险造成事故，必须针对残余危险的大小设置可靠的防护措施，把这些预防和控制事故的各层防护措施称为防护层。防护层的作用主要有两个方面：一是预防和阻止初始事件发展成为事故；二是减少和降低已发生事故的后果。防护层分析主要是通过对各个防护层的具体分析，查找系统中的危险源和危险状况，判断现有的安全措施是否满足系统安全需要。

随着计算机、集成电路等技术渗透到所有工业领域并彻底改变工业过程的控制，以计算机为基础的系统也越来越多地用于安全目的。这些复杂系统一旦发生故障，往往会直接或间接地导致事故的发生，有时甚至造成整个生产系统的瘫痪，鉴于此，安全相关系统的安全机能问题引起了广泛关注。安全相关系统是以某种技术实现安全机能的系统，是被要求实现一种或几种特殊机能以确保危险性在可接受水平的系统，安全相关系统属于主动防护的范畴，它可以是独立于设备、过程控制的系统，也可能是设备、过程控制系统本身实现安全机能。机能安全需要研究和解决的问题是：安全相关系统必须具备什么样的机能，以及安全机能必须实现到什么程度，前者称为安全机能要求，后者称为安全度要求，通过危险分析明确安全机能要求，通过危险性评价得到安全度要求。

1.3 户内燃气系统

管道燃气居民用户户内燃气设施包括立管、表前阀门、燃气表、灶前阀门、连接软管、燃具等，见图1。

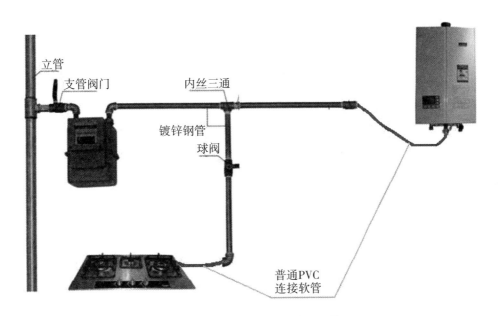

图1：居民户内燃气系统典型组成

图1所示是居民户内天然气系统的基本配置，此外还有一些居民户内安装了浓度报警装置、自闭阀、定时切断阀等安全设备。

按照安全工程对于系统本质安全的理念，图1所示北京市天然气居民户内典型系统应向本质安全系统方向发展，浓度报警装置、自闭阀、定时切断阀等安全设备属于防护层的范畴，目前还没有以计算机为基础的安全相关系统，但是在日本的智能化住宅系统中，远传及监控系统即属于安全相关系统，见图2。

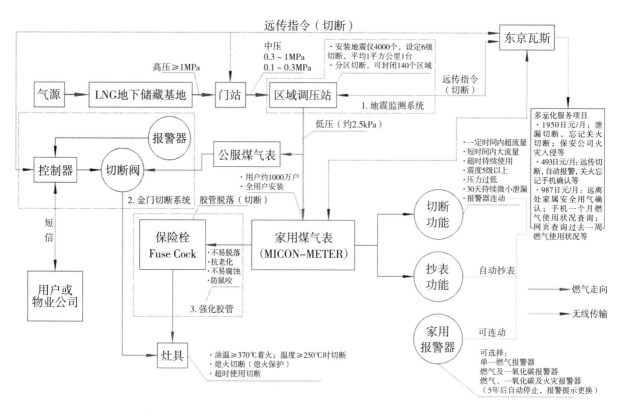

图2：东京瓦斯管网系统监控示意图

2 安全标准体系的构建

2.1 构建目标

构建户内燃气系统安全用气标准体系表，覆盖燃气系统生命周期各阶段的产品、过程、服务、管理等安全相关要素，描绘户内燃气安全现有、应有的标准蓝图，保障、提升燃气居民用户领域的安全，为北京市力争达到人身伤亡事故为零的国际水平提供支撑。

2.2 构建思路

按照《标准体系表编制原则和要求》GB/T 13016对户内燃气安全进行梳理，以户内基本燃气设施、安全防护设施、安全相关系统为研究对象，通过研究户内系统设计、备料、施工、验收、运行等各阶段人、物、环境、管理四要素对安全的影响，构建覆盖户内燃气全方位的安全保障标准体系框架，为户内燃气安全使用搭建技术平台。

在户内燃气安全影响因素中，人包含了用户、供气企业、政府管理部门、设计单位、施工单位、设施生产单位、验收单位、运行维护单位等行为人主体；物包含了燃气基本系统、防护系统、安全相关系统等燃气系统；环境为居民厨房环境，包含操作式厨房、餐室厨房、开放式厨房及暗厨房等；管理包含安全监督检查、安全知识宣传培训、安全程度评价、事故处理、应急抢修等。

2.3 标准需求分析

2.3.1 设计阶段

（1）设计人员

《压力容器压力管道设计许可规则》（TSG R1001-2008）：规定了燃气管道各级设计审批人员、单位资质申请及鉴定评审程序的要求。

（2）燃气系统

①基本系统：

《城镇燃气设计规范》GB 50028-2006规定了室内燃气管道、燃气计量、居民生活用气设备、燃烧烟气的排除、燃气的监控设施及防雷防静电的要求。

《燃气室内工程设计施工验收技术规定》DB11/T 301-2005规定了室内燃气管道、燃气计量、居民生活用气、烟气的排除、燃气的安全监控装置等要求。

②防护系统：

《城镇燃气设计规范》GB 50028-2006规定的暗厨房、燃气管道竖井、有燃气管道的管道层、地下室及半地下室引入管穿墙处等通风不良场所应安装报警器，并规定了报警器平面布置尺寸。

《燃气室内工程设计施工验收技术规定》DB11/T 301-2005规定敷设管道（含引入管）和设备的地下室、半地下室和地上密闭房间内应设置浓度报警切断装置；暗设燃气管道的竖井、吊顶、房间及场所应设置浓度报警器；住宅内的敞开式厨房、暗厨房内应设置浓度报警切断装置；安装热水器及壁挂炉的房间内应设置浓度报警器；安装容积式暖浴与制冷装置的房间内应设置浓度报警切断装置；敷设燃气管道的设备层和管道层应设置浓度报警切断装置。

《城镇燃气报警控制系统技术规程》CJJ/T 146-2011规定了报警器平面布置尺寸。

③安全相关系统：

《安全防范工程技术规范》GB 50348-2004规定了住宅小区安全防范工程的设计要求。

（3）厨房环境

《住宅设计规范》GB 50096-2011：规定了卧室、起居室、厨房应有自然通风，厨房的直接自然通风开口面积不应小于该房间地板面积的1/10，并不得小于0.6平方米；厨房的最小面积为3.5平方米、4平方米，应设置洗涤池、案台、炉灶及排油烟机、热水器等设施或为其预留位置。

《住宅厨房》图集规定了厨房的分类，各类厨房操作台、灶具、洗涤池、冰箱的摆放位置布置及厨房家具的布置，以及水、电、燃气、暖气等管线的综合。

《燃气室内工程设计施工验收技术规定》DB11/T 301-2005规定了安装用气设备的厨房允许容积热负荷指标。

（4）管理监督

《北京市燃气管理条例》第十二条：从事燃气工程勘察、设计、施工、监理活动的单位应当具有相应的资质，并在其资质等级范围内依法从事作业活动。

《建设工程勘察设计资质管理规定》规定了建设工程勘察设计企业资质的分类和分级、申请和审批流程、年检流程等相关要求。

《工程监理企业资质管理规定》规定了工程监理资质等级和业务范围、资质的申请和审批、资质的监督管理等要求。

2.3.2 备料阶段

（1）采购人员

无相关标准要求。

（2）燃气设施

①基本设施

钢管：《低压流体输送用焊接钢管》GB/T 3091；

铜管：《无缝铜水管和铜气管》GB/T 18033、《铜管接头》GB/T11618；

不锈钢管：《流体输送用不锈钢焊接钢管》GB/T 12771、《燃气输送用不锈钢波纹软管及管件》GB/T 26002-2010；

铝塑复合管：《铝塑复合压力管第1部分：铝管搭接焊式铝塑管》GB/T 18997.1、《铝塑复合压力管第2部分：铝管对接焊式铝塑管》GB/T 18997.2、《承插式管接头》CJ/T 110、《卡套式管接头》CJ/T 111、《铝塑复合管用卡压式管件》CJ/T 190；

软管：《波纹金属软管通用技术条件》GB/T 14525、《燃气用具连接用不锈钢波纹软管》CJ/T 197-2010、《家用煤气软管》HG 2486；

燃具：《家用燃气灶具》GB 16410-2007、《家用燃气快速热水器》GB 6932-2001、《燃气容积式热水器》GB 18111-2000、《冷凝式家用燃气快速热水器》CJ/T 336-2010、《燃气采暖热水炉》GB 25034-2010、《燃气采暖热水炉》CJ/T 228-2006、《家用燃气快速热水器和燃气采暖热水炉能效限定值及能效等级》GB 20665-2006、《家用燃气取暖器》CJ/T 113-2000、《冷凝式燃气暖浴两用炉》CJ/T 395-2012；

计量表：《膜式燃气表》GB/T 6968-2011、《膜式燃气表安装配件》GB/T 26334-2010、《IC卡膜式燃气表》CJ/T 112、《膜式燃气表》JJG 577-2005；

阀门：《家用手动燃气阀门》CJ/T180-2003；

排烟管：《燃烧器具用不锈钢排气管》CJ/T 198-2004、《燃烧器具用不锈钢给排气管》CJ/T 199-2004。

②防护设施：

浓度报警器：《可燃气体探测器第2部分：测量范围为0～100%LEL的独立式可燃气体探测器》GB15322.2-2003、《家用燃气报警器及传感器》CJ/T 347-2010；

切断阀：《电磁式燃气紧急切断阀》CJ/T 394-2012；

自闭阀：行标在编；

定时阀：暂无国家、行业产品标准。

③安全相关系统：

《住宅远传抄表系统》JG/T 162-2009：应增加有关户内安全监控对象、参数有关内容。

（3）环境

无相关标准要求。

（4）管理

《中华人民共和国工业产品生产许可证管理条例》第二条规定国家对生产燃气热水器等可能危及人身、财产安全的重要工业产品的企业实行生产许可证制度。

《中华人民共和国工业产品生产许可证管理条例实施办法》第三条规定在中华人民共和国境

内从事生产、销售或者在经营活动中使用实行生产许可证制度管理的产品的，应当遵守本办法。并规定了生产许可程序、核查人员的管理、审查机构的管理、检验机构的管理、证书和标志、监督检查、罚则等内容。

《燃气器具产品生产许可证实施细则》第一部分（热水器）和第三部分（灶具）规定了符合GB 16410-2007的家用燃气灶具、符合GB 6932-2001的家用燃气快速热水器、符合GB 18111-2000的燃气容积式热水器、符合CJ/T 228-2006的燃气采暖热水炉等产品生产许可的相关要求。

《橡胶制品产品生产许可证实施细则》第一部分（橡胶软管和软管组合件）规定了符合HG 2486-1993的家用煤气软管产品生产许可的相关要求。

《铜及铜合金管材产品生产许可证实施细则》规定了符合GB/T 18033-2007的无缝铜水管和铜气管产品生产许可的相关要求。

《集成电路卡和集成电路读写机产品生产许可证实施细则》规定了符合CJ/T 166-2006的建设事业集成电路卡应用技术、符合GB/T 18239-2000的集成电路卡读写机通用规范产品生产许可的相关要求。

《中华人民共和国认证认可条例》规定了认证机构从事认证认可的相关要求。

《消防类产品型式认可实施规则可燃气体探测报警产品》CCCF-XSRK-008：2011规定了符合《可燃气体探测器第2部分：测量范围为0～100LEL的独立式可燃气体探测器》GB15322.2-2003的报警器产品取得认证的相关要求。

"销售许可规定"，北京市应制定销售许可规定，内容包括《户内燃气产品准许销售目录》，制定准许销售条件、销售备案程序。

2.3.3 施工、验收阶段

（1）施工人员

压力管道安装许可规则（TSG D3001-2009）规定了安装单位应具备的安装能力，包括专业人员要求、生产条件要求、检测手段要求。

《燃气燃烧器具安装、维修管理规定（建设部令第73号）》规定了从事家用的燃气热水器具、燃气开水器具、燃气灶具、燃气烘烤器具、燃气取暖器具、燃气制冷器具等燃气燃烧器具安装维修企业、人员的从业资格等相关要求。

《工程监理企业资质管理规定（建设部令第158号）》规定了工程监理企业资质等级和业务范围及监督管理等相关要求。

《注册监理工程师管理规定（建设部令第147号）》规定了注册监理工程师的注册、执业、继续教育和监督管理等相关要求。

（2）燃气系统

①基本系统：

《城镇燃气室内工程施工与质量验收规范》CJJ 94-2009和《燃气室内工程设计施工验收技术规定》DB11/T 301-2005规定了室内燃气管道、家用燃气计量表、家用燃具的安装及验收要求。

《家用燃气燃烧器具安装及验收规程》CJJ12-99规定了居民住宅中使用的热水器、灶具、烤箱、采暖器等燃具的给排气、安装间距、安装、验收相关要求。

《工程监理规范》GB50319-2000规定了项目监理机构及其设施、监理规划及实施细则、施工阶段监理工作、施工合同管理的其他工作、施工阶段监理资料的管理、设备采购监理与设备监造等相关要求。

②防护系统：

《城镇燃气报警控制系统技术规程》CJJ/T 146-2011规定了独立燃气报警控制系统、集中燃气报警控制系统的设备安装、布线、调试及验收等相关要求。

《建筑电气工程施工质量验收规范》GB 50303规定了布线要求。

③安全相关系统：

《安全防范工程技术规范》GB 50348-2004规定了住宅小区安全防范工程施工、检验和验收的要求。

（3）环境

《家用燃气燃烧器具安装机验收规程》CJJ12-99规定了住宅中使用的燃具对厨房等安装环境通风的要求，排烟口与周围建筑开口的要求，燃具与其他设备的安全间距要求。

（4）管理

2007年建设部《关于燃气燃烧器具安装、维修企业资质管理有关事项的通知》规定燃气燃烧器具安装、维修企业资质纳入建筑业企业资质管理，执行《建筑业企业资质管理规定（建设部令第159号）》的有关规定。

《工程监理企业资质管理规定（建设部令第158号）》规定了工程监理企业资质等级和业务范围及监督管理等相关要求。

《注册监理工程师管理规定（建设部令第147号）》规定了注册监理工程师的注册、执业、继续教育和监督管理等相关要求。

《建设工建设工程监理范围和规模标准规定（建设部令第86号）》第五条规定成片开发建设的住宅小区工程，建筑面积在5万平方米以上的住宅建设工程必须实行监理；5万平方米以下的住宅建设工程，可以实行监理，具体范围和规模标准，由省、自治区、直辖市人民政府建设行政主管部门规定。

2.3.4 运行阶段

（1）人员

《北京市燃气管理条例》第二十条规定燃气供应单位应当按照国家和本市的有关规定，对用户的燃气设施定期进行免费安全检查，并作好安全检查记录；发现用户的燃气设施存在隐患的，应当书面告知用户及时消除。第二十七条规定燃气用户应当在具备安全使用条件的场所正确使用燃气、燃气设施和用气设备。燃气用户应当对室内燃气设施及用气设备进行日常检查，发现室内燃气设施或者用气设备异常、燃气泄漏、意外停气时，应当关闭阀门、开窗通风，禁止在现场动用明火、开关电器、拨打电话，并及时向燃气供应单位报修。第二十九条规定管道燃气用户需安装、改装、迁移、拆除室内燃气设施的，应当委托燃气供应单位实施作业。

《燃气燃烧器具安装、维修管理规定（建设部令第73号）》规定了从事家用的燃气热水器具、燃气开水器具、燃气灶具、燃气烘烤器具、燃气取暖器具、燃气制冷器具等燃气燃烧器具安装维修企业、人员的从业资格等相关要求。

《城镇燃气燃烧器具销售和售后服务要求》GB 25503-2010规定了燃具维修者的服务职责、消费者的义务等相关内容。

（2）燃气系统

①基本系统：

《城镇燃气设施运行、维护和抢修技术规程》CJJ 51-2006规定了用户设施、用气设备等燃气设施的运行、维护和抢修要求。

《家用燃气燃烧器具安全管理规则》GB 17905-2008规定了家用燃具的使用寿命要求。

②防护系统：

《城镇燃气报警控制系统技术规程》CJJ/T 146-2011规定了家用燃气报警器运行维护要求。

③安全相关系统：

"安全防范工程运行维护技术规定"，应制定此技术规定，内容包括运行要求、运行方法、维护要求、维护内容、维护方法。

（3）环境

无相关标准要求。

（4）管理

《北京市城镇燃气管理条例》规定了供气企业、用户、设备生产企业的职责要求。

《燃气系统运行安全评价标准》GB/T 50811-2012规定了正式投产运行的居民等燃气系统的现状安全评价要求。

《燃气服务导则》GB/T 28885-2012规定了供气企业向用户提供供气服务的要求及管理机构对服务质量的评价要求。

2012年4月北京市《关于加强出租房屋燃气使用安全管理的意见》重点强调房屋出租人要向承租人提供安全的燃气设施及用气环境，承租人要按照相关规范要求在出租房内安全使用燃气。

2007年建设部《关于燃气燃烧器具安装、维修企业资质管理有关事项的通知》规定燃气燃烧器具安装、维修企业资质纳入建筑业企业资质管理，执行《建筑业企业资质管理规定（建设部令第159号）》的有关规定。

《北京市市政市容管理委员会关于进一步做好燃气供应企业综合评价的通知（京政容发〔2011〕55号）》对燃气供应企业提出量化考核指标，其中用户服务包括签订用户协议、安全宣传、入户巡检、用户服务内容，占16%的分值比重。

《北京市市政市容管理委员会关于印发燃气行业安全生产监督管理办法（试行）的通知（京政容发〔2011〕46号）》规定了燃气管理行政主管部门对燃气企业履行安全生产行业监管职责要求。

《北京市市政管理委员会关于加强燃气管理行政执法工作的意见（京政管字〔2007〕234号）》规定了燃气违规、违法行为的举报、受理、立案查处的工作程序。

《北京市市政管理委员会关于印发燃气供应单位对管道燃气居民用户实施安全巡检工作规定的通知（京政管字〔2007〕194号）》规定了燃气供应企业对管道燃气居民用户实施安全巡检工作的周期、流程、工作内容等相关要求。

"户内燃气产品保险规定"，应制定此类规定，内容包括居民用户购买产品保险的产品目录、保险金的管理等。

2.3.5 退役阶段

（1）人员

《北京市燃气管理条例》第二十七条规定燃气用户应当在具备安全使用条件的场所正确使用燃气、燃气设施和用气设备。

（2）燃气设施

《家用燃气燃烧器具安全管理规则》GB 17905-2008规定了天然气灶具、热水器使用年限为8年。

《城镇燃气报警控制系统技术规程》CJJ/T 146-2011规定了家用浓度报警器使用寿命为5年。

（3）环境

无相关标准要求。

（4）管理

"户内燃气产品更新管理规定"，应规定建立用户产品信息平台，包括燃具、胶管、报警器、电磁式切断阀、自闭阀等产品，寿命期终时由信息管理平台负责入户更新。

3 标准体系的建立

根据北京市管道燃气户内安全标准需求分析及标准的分类，本课题建立的标准体系不仅在内容上涵盖户内燃气全部环节、全部因素，还按照标准的不同适用范围划分出不同序列，以便实用。

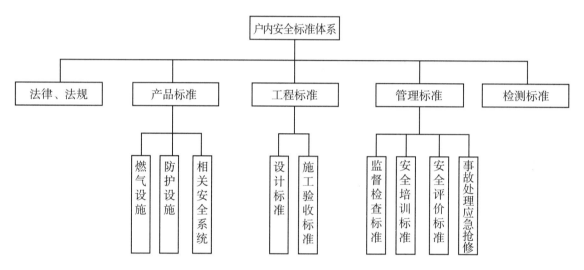

图3：燃气使用户内安全标准体系结构图

燃气使用标准体系明细表　　　　　　　　　　　　　　　　　　　　　表1

序号	编码	标准号	标准名称	标准状态
1.1 法律、法规				
1	1.1.1	国务院令第583号	城镇燃气管理条例	现行
2	1.1.2		北京市燃气管理条例	现行
3	1.1.3		中华人民共和国工业产品生产许可证管理条例	
4	1.1.4	国家质检总局令第80号	中华人民共和国工业产品生产许可证管理条例实施办法	
5	1.1.5	GB 50494-2009	城镇燃气技术规范	
6	1.1.6	国务院令第390号	中华人民共和国认证认可条例	
			……	
1.2 产品标准				
1	1.2.1	GB/T 3091	低压流体输送用焊接钢管	
2	1.2.2	GB/T 18033	无缝铜水管和铜气管	
3	1.2.3	GB/T11618	铜管接头	

续表

序号	编码	标准号	标准名称	标准状态
4	1.2.4	GB/T 12771	流体输送用不锈钢焊接钢管	
5	1.2.5	GB/T 26002-2010	燃气输送用不锈钢波纹软管及管件	
6	1.2.6	GB/T 18997.1	铝塑复合压力管第1部分：铝管搭接焊式铝塑管	
7	1.2.7	GB/T 18997.2	铝塑复合压力管第2部分：铝管对接焊式铝塑管	
8	1.2.8	CJ/T 110	承插式管接头	
9	1.2.9	CJ/T 111	卡套式管接头	
10	1.2.10	CJ/T 190	铝塑复合管用卡压式管件	
11	1.2.11	GB/T 14525	波纹金属软管通用技术条件	
12	1.2.12	CJ/T 197-2010	燃气用具连接用不锈钢波纹软管	
13	1.2.13	HG 2486	家用煤气软管	
14	1.2.14	GB 16410-2007	家用燃气灶具	
15	1.2.15	GB 6932-2001	家用燃气快速热水器	
16	1.2.16	GB 18111-2000	燃气容积式热水器	
17	1.2.17	CJ/T 336-2010	冷凝式家用燃气快速热水器	
18	1.2.18	GB 25034-2010	燃气采暖热水炉	
19	1.2.19	CJ/T 228-2006	燃气采暖热水炉	
20	1.2.20	GB 20665-2006	家用燃气快速热水器和燃气采暖热水炉能效限定值及能效等级	
21	1.2.21	CJ/T 113-2000	家用燃气取暖器	
22	1.2.22	CJ/T 395-2012	冷凝式燃气暖浴两用炉	
23	1.2.23	GB/T 6968-2011	膜式燃气表	
24	1.2.24	GB/T 26334-2010	膜式燃气表安装配件	
25	1.2.25	CJ/T 112	IC卡膜式燃气表	
26	1.2.26	CJ/T180-2003	家用手动燃气阀门	
27	1.2.27	CJ/T 198-2004	燃烧器具用不锈钢排气管	
28	1.2.28	CJ/T 199-2004	燃烧器具用不锈钢给排气管	
29	1.2.29	GB15322.2-2003	可燃气体探测器第2部分：测量范围为0~100%LEL的独立式可燃气体探测器	
30	1.2.30	CJ/T 347-2010	家用燃气报警器及传感器	
31	1.2.31	CJ/T 394-2012	电磁式燃气紧急切断阀	
32	1.2.32		管道自闭阀	在编
33	1.2.33		家用燃气定时切断阀	待编
34	1.2.34	JG/T 162-2009	住宅远传抄表系统	完善
			……	

1.3 工程标准

1	1.3.1	GB 50028	城镇燃气设计规范	
2	1.3.2	DB11/T 301-2005	燃气室内工程设计施工验收技术规定	
3	1.3.3	CJJ/T 146-2011	城镇燃气报警控制系统技术规程	

续表

序号	编码	标准号	标准名称	标准状态
4	1.3.4	GB50096-2011	住宅设计规范	
5	1.3.5	CJJ 94-2009	城镇燃气室内工程施工与质量验收规范	
6	1.3.6	CJJ12-99	家用燃气燃烧器具安装及验收规程	
7	1.3.7	GB50319-2000	工程监理规范	
8	1.3.8	GB 50303	建筑电气工程施工质量验收规范	
9	1.3.9	CJJ 51-2006	城镇燃气设施运行、维护和抢修技术规程	
10	1.3.10	GB50348-2004	安全防范工程技术规范	
11	1.3.11		安全防范工程运行维护技术规定	待编
			……	

1.4 管理标准

序号	编码	标准号	标准名称	标准状态
1	1.4.1	TSG R1001-2008	压力容器压力管道设计许可规则	
2	1.4.2	TSG D3001-2009	压力管道安装许可规则	
3	1.4.3	GB 25503-2010	城镇燃气燃烧器具销售和售后服务要求	
4	1.4.4	GB 17905-2008	家用燃气燃烧器具安全管理规则	
5	1.4.5	GB/T 50811-2012	燃气系统运行安全评价标准	
6	1.4.6	GB/T 28885-2012	燃气服务导则	
7	1.4.7	XK 21-007-2011	燃气器具产品生产许可证实施细则（三）（燃气灶具产品部分）	
8	1.4.8	XK 21-005-2011	燃气器具产品生产许可证实施细则（一）（燃气热水器产品部分）	
9	1.4.9	XK 09-008-2011	集成电路卡和集成电路读写机产品生产许可证实施细则	
10	1.4.10	XK 10-001-2011	铜及铜合金管材产品生产许可证实施细则	
11	1.4.11	（X）XK 13-022-2011	橡胶制品产品生产许可证实施细则（一）（橡胶软管和软管组合件产品部分）	
12	1.4.12	CCCF-XSRK-OO8:2011	消防类产品型式认可实施规则可燃气体探测报警产品	
13	1.4.13	建设部令第93号	建设工程勘察设计资质管理规定	
14	1.4.14	建设部158号令	工程监理企业资质管理规定	
15	1.4.15	建设部令第159号	建筑业企业资质管理规定	
16	1.4.16	建设部令第147号	注册监理工程师管理规定	
17	1.4.17	建设部令第86号	建设工建设工程监理范围和规模标准规定	
18	1.4.18	京政容发〔2012〕15号	关于加强出租房屋燃气使用安全管理的意见	
19	1.4.19	京政容发〔2011〕55号	北京市市政市容管理委员会关于进一步做好燃气供应企业综合评价的通知	
20	1.4.20	京政容发〔2011〕46号	北京市市政市容管理委员会关于印发燃气行业安全生产监督管理办法（试行）的通知	
21	1.4.21	京政管字〔2007〕234号	北京市市政管理委员会关于加强燃气管理行政执法工作的意见	
22	1.4.22	京政管字〔2007〕194号	北京市市政管理委员会关于印发燃气供应单位对管道燃气居民用户实施安全巡检工作规定的通知	

续表

序号	编码	标准号	标准名称	标准状态
23	1.4.23		户内燃气产品保险规定	待编
24	1.4.24		销售许可规定	待编
25	1.4.25		户内燃气产品更新管理规定	待编
			……	
1.5 检测标准				
1	1.5.1	JJG 577–2005	膜式燃气表	
2	1.5.2	JJG 693–2011	可燃气体检测报警器	
			……	

4 结语

本研究通过梳理分析居民户内燃气安全各相关因素所涉及的标准需求，编制出了户内燃气安全标准体系表，基本覆盖燃气系统寿命期内的全部环节，明确了待编标准及完善标准的主要技术内容，为今后户内燃气安全的标准工作理清思路，为进一步提高户内燃气安全水平提供了技术支撑。

（北京市燃气集团有限责任公司　车立新 陈文柳 柴家凤）

生物质气生产技术介绍

1　前言

《迈向环境可持续的未来——中华人民共和国国家环境分析》指出，中国最大的500个城市只有不到1%的城市达到世界卫生组织推荐的空气质量标准，世界上污染最严重的10个城市有7个在中国。可见，改变我国能源结构、加大清洁能源利用力度，是何等的迫切与必要。

天然气是一种优质高效的绿色能源。《天然气发展"十二五"规划》提出，到2015年天然气占一次能源消费结构中的比例要达到7.3%，其总需求量将超过2300亿立方米/年，但是，国产天然气生产能力严重不足，供需缺口达到900亿立方米/年。因此，如何采取多种途径扩大天然气产量，特别是立足于国内现实条件，大力发展生物质天然气产业，对于缓解供求矛盾、加强国家能源安全以及保护环境都有着十分重要的意义。

2　生物质能源与分类

2.1　生物质与生物质能源

生物质：指利用大气、水、土地等通过光合作用而产生的各种有机物，包括植物、动物和微生物。有代表性的生物质如农作物、农作物废弃物、木材、木材废弃物和动物粪便。

生物质能源：一切以生物质（如农林等有机废弃物以及油料植物等）为主要原料所生产出来的一种新兴能源。有代表性的生物质能源如生物柴油、生物乙醇、沼气、生物质天然气等。

2.2　生物质能源分类

按照生物质能源的形态及转化方式划分，生物质能源可分为固体生物质能源、液体生物质能源和气体生物质能源三种。

2.3　生物质气与生物质天然气

生物质气属于气体生物质能源范畴，包括沼气、生物质气化气等。就是利用农作物秸秆、林木废弃物、食用菌渣、垃圾、禽畜粪便等有机物作为原料，通过厌氧发酵转换而成、含有多种组分的可燃气体，其中，沼气是一种最为广泛的生物质气。

生物质天然气是指对生物质气进一步进行净化处理，分离出其中的非可燃组分后所获得的气体能源。其甲烷含量通常占90%以上，热值和燃烧特性与化石能源天然气相近，可应用于城市燃气、热电联供、交通燃料、化工原料领域。

3 生物质天然气产业链

从生物质天然气的生产、转换与利用过程来看,其构成一个完整的产业链,一般将其划分为上游、中游、下游这三个环节。

3.1 上游——生物质气生产环节

人畜粪便、生活生产污水、餐厨生活垃圾及植物茎叶等一切可降解的有机物质在一定的水分、温度和厌氧条件下,经微生物的发酵转换都可以获取沼气。

沼气是一种无色气体,无论是天然产生还是人工制取的沼气,甲烷、二氧化碳都是主要组分,此外,沼气还含有少量的一氧化碳、氢气、氧气、硫化氢、氮气等,燃烧温度可达1400℃。由于它通常含有微量的硫化氢组分,因此有轻微的臭鸡蛋味。

3.2 中游——生物质气净化处理与转换环节

沼气中除有效组分之外,还有不少是不能参与燃烧的非可燃气体组分(二氧化碳等)和不利于输配系统正常运行的杂质组分(水、硫化氢等),必须根据后续的输配设施以及用能设备的要求,将这些杂质脱除或部分脱除,或者将非可燃的无效组分分离。脱除杂质使之成为纯净生物质气的过程,我们称之为生物质气的净化处理环节。依据脱除杂质的深度不同,分为深度净化处理和浅度净化处理两种模式,浅度净化处理后的生物质气适用于锅炉燃烧等对气质要求不太高的用能设备,处理成本相对低一些。将无效组分脱除(部分脱除或完全脱除)或再进行化学变换的过程,我们称之为生物质气的转换环节。生物质气无效组分完全脱除后即成为生物质天然气,将其进行化学变换可制取化工产品。

净化处理与转换环节中,对每一种组分实施脱除的工艺都有许多种,各有其特点和适应场所,需要合理选择。不同的工艺,系统投资和运营成本都有差异。因此,有必要针对各种工艺的优缺点并依据项目的具体情况进行系统、综合、全面的方案筛选与优化。一般来说,生物质气净化处理与转换环节包括脱硫、脱碳、脱水、脱卤化烃、脱硅氧烷、脱氧脱氮等工序。

3.2.1 脱硫工序
脱硫工序主要是指脱除沼气中的硫化氢组分,是必不可少的净化过程。常见的方法有干法脱硫、湿法脱硫,此外还有生物法脱硫和膜法脱硫等。

3.2.2 脱碳工序
脱碳是指脱除沼气中的二氧化碳组分,这是沼气利用工程最为关键最为重要的环节。脱碳工艺选择不合理,则系统难以正常、高效运营,也直接影响到投资和运营成本。常见的脱除沼气中二氧化碳的工艺有:溶液吸收法(湿法),包括物理吸收、化学吸收或混合吸收三种类型;吸附法(干法),包括变压吸附、变温吸附等。此外,还有膜分离法、低温分离法。

3.2.3 脱水工序
脱除沼气中的水分是为了满足管道输送要求。常用的工艺有冷凝法、加压法、吸附法、吸收法。

3.2.4 脱除卤化烃、硅氧烷
有些垃圾填埋沼气中含有一定量的卤化烃、硅氧烷,会对用能设备造成一定程度腐蚀。因此,

必须将其脱除。

3.2.5 脱氧和脱氮

常见的脱氧方法是低温变压吸附（PSA）法、膜分离法和触媒催化脱氧；脱除氮气可以采用低温变压吸附、深冷处理等方法。

3.3 下游——生物质气利用环节

对于沼气的利用可分为三种情况：

3.3.1 简单净化处理后直接利用

只对沼气进行简单、基本的净化处理，脱除沼气中的颗粒物、部分水分、部分硫化氢后成为较为纯净的生物质气。这类产品可用于发电、锅炉燃烧以及作为原料运输至下一地进行集中净化处理与转换。

3.3.2 浅度净化处理后成为半成品生物质天然气加以利用

有些用能设备对天然气组分、热值等气质要求不是太高，出于降低成本的需要，这种情况只需脱除掉沼气中的颗粒物和部分无效组分，使沼气纯度、热值有所提高成为半成品生物质天然气加以利用，或直接利用，或与其他高热值气体调配成为取代天然气的能源加以利用，还可以作为原料进一步进行化学变换制取化工产品。

3.3.3 深度净化处理后成为成品生物质天然气进行利用

完全脱除掉沼气中的杂质和无效组分，特别是脱除二氧化碳组分后，使之成为符合国家标准要求的纯净天然气——生物质天然气，或进入天然气输配管网，或制取车用CNG，也可以作为化工原料使用。

4 生物质气生产技术研究

4.1 沼气发酵及其影响因素

沼气发酵是一个（微）生物作用的过程。各种有机质，包括农作物秸秆、人畜粪便以及农工业排放废水中所含的有机物等，在厌氧及其他适宜的条件下，通过微生物的作用，有机物分解产出沼气的过程叫作沼气发酵。

沼气发酵技术确切地说应该称为厌氧发酵技术，是指从发酵原料到产出沼气的整个过程中所采用的技术和方法，包括原料的预处理，接种物的选取和富集，消化器（即反应器，是发酵罐、沼气池、厌氧发酵装置的统称）结构的设计，工程建设以及日常运行管理等一系列技术措施。

沼气发酵是一个极其复杂的生理生化过程，其产量、组分与下述因素有关。

4.1.1 发酵原料

可用于沼气发酵的原料十分广泛，品种丰富，数量也较多，包括各种有机废水、农作物秸秆、人畜粪便、餐厨垃圾、水浮莲、树叶、杂草等。

4.1.2 发酵浓度

参与发酵原料的浓度（可降解有机物含量）对沼气发酵过程影响较大，其高低在一定程度上反映微生物营养物质丰富程度，浓度越高表示营养越丰富，沼气微生物的生命活动越旺盛，沼气获取量也就越大。

4.1.3 沼气微生物

沼气发酵必须要有足够的微生物接种物。接种物是沼气发酵初期所需要的微生物菌种，来源于阴沟污泥或老沼气池沼渣、沼液等，也可人工制备，常见的方法是将老沼气池的发酵液添加一定数量的人畜粪便。

微生物要求适宜的生活条件，对温度、酸碱度、氧化还原势及其他各种环境因素都有一定的要求。工艺上满足微生物的这些条件，才能达到发酵快、产气量高的目的。

4.1.4 酸碱度

发酵原料酸碱度也是影响发酵的重要因素，酸碱度（即pH值）过高、过低都会影响微生物菌种的活性。正常情况下，沼气发酵的pH值有一个自然平衡过程，一般不需要人工调节，只有在配料不当或其他原因而出现池内挥发酸大量积累，导致pH值下降（俗称酸化）时，才需进行人工调节。

4.1.5 严格的厌氧环境

沼气发酵需要创造一个严格的厌氧环境和发酵条件，产气量大小与发酵条件的控制密切相关。发酵条件比较稳定的情况下产气旺盛，否则产气情况不好，甚至由于某一条件没有控制好而引起整个系统运行不理想甚至失败的案例也出现过。因此，控制好沼气发酵的工艺条件是维持正常发酵产气的关键。

4.1.6 适宜的温度

发酵温度对产气率的影响较大。常见的沼气发酵工艺中，常温厌氧发酵方式时发酵温度一般为 $10 \sim 25℃$，中温为 $35 \pm 2℃$，高温为 $55 \pm 2℃$。

4.2 秸秆制沼气技术

4.2.1 秸秆发酵的难度

作为农作物秸秆，成分较为复杂，发酵产沼气存在以下三大不利因素，秸秆发酵技术的关键就是解决这些问题。

（1）秸秆分解速度慢，产气周期长，为得到一定的产气量，唯有提高反应器的体积。

（2）秸秆质量轻，在反应过程中漂浮结壳，导致无效发酵空间增大。

（3）秸秆是固体，发酵只能利用其中的一部分挥发性固体（30%左右），还有大量的固体物质不能利用，需要频繁出渣。而厌氧条件需要封闭，导致进料工作复杂。不仅进出料不方便，而且每次进料要求重新接种。

4.2.2 秸秆预处理与厌氧消化工艺流程

秸秆预处理与厌氧消化工艺流程分别如下图1、图2所示。

（1）工艺流程

采用两级中温湿法厌氧消化工艺，厌氧罐采用发酵及气柜一体式结构，减少项目占地；利用压缩沼气进行搅拌，减少机械维修，保障运行稳定。

经预处理后的秸秆卸至调浆池与锅炉供应的热水及回流的沼液进行混合、加热、接种，达到设计浓度及温度要求，然后由转子泵输送再经切割机进一步粉碎至2毫米后泵入发酵罐I。

在发酵罐I，秸秆中大部分可降解物质被微生物降解转化成沼气，混合液经自流或泵送至发酵罐II再进行降解及储存。

图1：秸秆预处理工艺流程

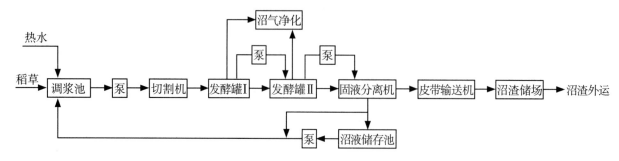

图2：厌氧消化工艺流程

产生的沼气通过管道送至沼气净化系统；混合液则经固液分离后产生沼渣经皮带输送机送至暂存场储存，可直接外售，或运至秸秆储料场沼渣储存区堆放后外售；沼液直接回流至调浆池，利用流量计液位控制，多余部分利用沼液储存池暂存后再用于调浆配料。

（2）主要工艺参数与沼气产率

消化温度：35摄氏度；化液固体浓度：8%；储气压力：1000帕；停留时间：35天；沼渣含水率：72%；沼气产率：较好的生产工艺，一吨秸秆可产生沼气500立方米以上。

4.3 垃圾填埋生产沼气技术

填埋垃圾在一系列物理、化学以及微生物的作用下降解产生的气体产物称为垃圾填埋气，主要由甲烷、二氧化碳组成，也是属于沼气的一种。

4.3.1 典型垃圾填埋气组成

与其他来源的沼气不同的是，垃圾填埋气中可能会含有微量的硅氧烷、卤化烃及空气，典型组成如下表1所示。

垃圾填埋气的典型组成　　　　　　　　　　　　　　　　　　　　　　　　　　　　表1

主要组分	浓度（%）	微量组分（ppm）					
		硫化物类	浓度	卤代物类	浓度	VOCs类	浓度
CH_4	41~48	硫化氢	103.0	二氯乙烯	33	苯	0.4~2.0
CO_2	32~40	甲醇硫	3.0	二氯乙烷	0.25	苯乙烯	0~0.5
N_2	1~4	乙醇硫	0.5	三氯乙烯	2.8	甲苯	4.7~35.0
H_2O	3~5	甲硫醚	8.0	三氯氟甲烷	0.6	乙苯	3.5~13.0
O_2	0.1~0.5	二甲基二硫醚	0.02	四氯乙烯	6.3	氯苯	0.1~1.0
CO	0~0.3	硫化碳	<0.5	二氯甲烷	12.0	异戊烷	0~0.097
NH_3	0~0.3	二硫化碳	<0.5	氯乙烯	1.4	正戊烷	0~0.018
总计	100	总硫（以H_2S计）	115.5	总氯（以Cl计）	56.35	总VOCs	51.60

4.3.2 填埋垃圾发酵产气机理与产气特点

生活垃圾在填埋的最初阶段（一般6~8个月），土壤中氧持续被好氧菌消耗掉，产生了厌氧环境。此时，借助厌氧菌的作用，垃圾中的有机物开始分解产生甲烷和二氧化碳等其他气体。

垃圾成分是决定产气潜能的最重要因素，垃圾中有机成分越高，产气潜能越大。此外，氧气的存在对填埋气的产生也有较大影响。这是因为填埋气的产生主要依靠微生物的厌氧消化过程，在有氧的情况下厌氧消化会被抑制，微生物转而进行有氧消化，将有机物分解为二氧化碳和水，从而减少CH_4的产生。除此之外，湿度、温度、营养成分、微生物种群、pH值、填埋场的设计与运营方式也影响产气速率。这就是填埋垃圾发酵产气的机理。

填埋垃圾形成厌氧条件后进入稳定产气状态，此时产气速率最大，以后随着垃圾中有机质的分解和减少，其产气速率相应降低。从填埋场的生命周期来看，产气量也是从填埋初期的逐渐增长，中期随着填埋垃圾量的增多而增长至最高，后期则随着垃圾有机质的完全分解而逐步降低。

我国城市生活垃圾中易降解的厨余垃圾含量较大，最大产气速率峰值来得早，一般在垃圾填埋后的0.7~1年就可达到峰值，然后开始逐年下降。有效产气时间一般为25~35年。

4.3.3 垃圾填埋场产气规律及产量估算方法

填埋气产气速率与填埋垃圾的成分、降解难易程度、垃圾填埋量、垃圾含水率、填埋时的初始压实程度、湿度、温度、气压等因素有关，产气持续时间随垃圾中有机物降解难易程度不同可分为三类。

（1）迅速分解类（3个月~5年）：如食品、废物、纸张、树叶、草等；

（2）缓慢分解类（5~50年或更长时间）：如纺织品、橡胶、皮革、木头、树枝杂物等；

（3）不可生化分解类：如塑料通常被视作此类。

确定填埋场的产气量和产气速率的方法主要有三种：现场抽气、实验室模拟、模型估算。经验数据表明，我国每吨垃圾产气量约为100~150立方米沼气，管理完善的填埋场气体采集率可达到60%~75%，缺乏有效管理的只有25%~30%。国内某填埋场日填埋量为2700吨，产气量大约为48000立方米/天。

除了产量变化之外，随着填埋时间的推移，填埋气中的组分（甲烷含量）也是会发生变化的。根据相关经验，初期填埋气中甲烷含量在58%左右，项目运行6年后甲烷含量降为45%以下。

4.4 养殖场生产沼气技术

通过厌氧消化技术对畜禽粪便进行处理，产生沼气、沼渣和沼液，可以实现畜禽粪便的无害化、减量化和资源化，变废为宝。

4.4.1 养殖场沼气组分及特性

养殖场产生的沼气，主要成分也是甲烷和二氧化碳。但沼气中硫化氢的浓度受发酵原料或发酵工艺的影响很大，粪便处理厂沼气中含有硫化氢气体7.56克/标准立方米~7.59克/标准立方米，屠宰场1.7克/标准立方米~1.96克/标准立方米，畜禽厂1.22克/标准立方米~1.79克/标准立方米。

4.4.2 养殖场产气规律及产生量

养殖场的沼气主要由动物的粪便污水经过厌氧发酵产生。一般来说，10头猪每天可产沼气1.0立方米，一头牛每天可产沼气1.0立方米，1200只鸡每天可产沼气1.0立方米。

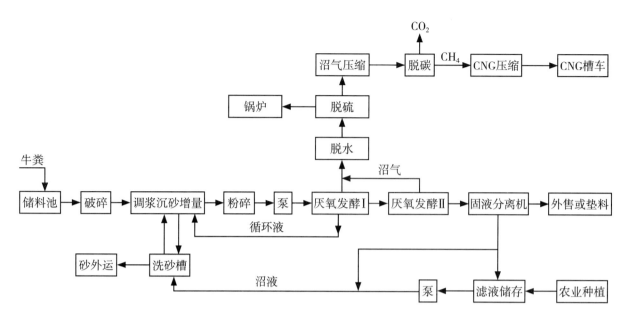

图3:沼气生产工艺流程图

4.4.3 牛粪发酵制沼气工艺流程

以牛粪为主要发酵原料的厌氧消化技术在国内已经比较成熟,大多采用完全混合式及上流式污泥床工艺,中温(30~38摄氏度)发酵,原料停留时间15~20天。工艺流程如图3所示。

工艺流程:

(1)牛粪在储料池储存、堆放一段时间,进行预发酵和升温,然后进行粗破碎预处理,之后送至调浆增温池,和定量回流的沼液及混合液进行混合,调浆增温池有除砂功能,以防大颗粒砂粒损坏输送设备、堵塞管道;

(2)利用沼气锅炉对调浆池混合物料进行增温,达到设计温度后,通过切割泵对物料进一步切割粉碎,然后泵送至一级厌氧发酵罐;

(3)混合物料在一级厌氧发酵罐内筒先进行水解酸化,然后和外筒物料完全混合,利用厌氧菌群对有机物进行充分降解,利用沼气进行循环搅拌,混合液自流至二级厌氧发酵罐,沼气至净化系统;

(4)二级厌氧发酵罐对混合液再进行降解,沼气至净化系统,混合液通过固液分离机进行脱水,滤(沼)液回流至调浆池调浆,多余沼液经回收热量后排至滤液储存池进行储存,沼渣作为肥料出售或用作垫床;

(5)产生的沼气通过脱水、脱硫等净化处理与转换后供用户使用。

4.5 工业有机废水制沼气技术

4.5.1 典型行业有机废水产沼气潜力

行业不同,废水产生量及浓度不一样,产沼气潜力自然也不一样。国内几个典型行业情况如下。

(1)制药行业

制药行业产生的废水在我国各行业中占据首位,其产沼气潜力约占工业有机废物沼气资源的28%。制药工业废水通常属于较难处理的高浓度有机污水之一,其特点是组成复杂,有机污染物种类多、浓度高，用其获取沼气的案例鲜见。

（2）淀粉工业

我国是世界最大的淀粉生产国，目前年产量已突破千万吨大关，淀粉行业每年产生有机废水约1600万吨，产沼气潜力占我国工业有机废物沼气资源的22%。淀粉行业废水属于高浓度有机废水，含有大量易生物降解的有机物，具有良好的可生化性，因而易采用以生物处理方法为主的处理工艺。平均每生产一吨淀粉，需排放10~20吨高浓度有机废水，COD（化学需氧量）范围一般在4.5万毫克/升~5万毫克/升，可产生沼气量为200~350立方米。国内淀粉企业生产废水产沼气的成功案例较多。

（3）造纸工业

我国造纸业多采用草秆、木浆等作为造纸原料，造纸废水成分复杂，可生化性差，属于较难处理的工业废水。造纸属于高有机废水浓度、高悬浮物含量、难生物降解的有机污染废水。国内造纸企业有许多利用其废水产沼气的成功案例。

（4）酒精行业

我国酒精行业每年排放的高浓度有机废水约1200万吨。酒精行业废水与淀粉工业的废水一样均属于高浓度有机废水，且排放量巨大。以木薯为原料时，每生产一吨酒精，产生废水量为12~15吨，COD范围一般在4.0~5万毫克/升，可产生沼气量为450~650立方米；以糖蜜为原料时，废水产量12~16吨，COD范围10~15万毫克/升。酒精废水产沼气的案例也较多。

（5）味精工业

2012年我国味精行业产生高浓度有机废水总量超过3000万吨，年COD产生总量为160万吨，每吨味精产品产生高浓度废水15吨左右。

4.5.2 工业有机废水沼气发酵工艺

我国工业有机废水主要的几种厌氧消化工艺技术特点如下表2所示。

各种发酵工艺类型的技术特点　　　　　表2

序号	技术指标	普通消化池	CSTR	UASB	IC	UFB
1	有机负荷/kgCOD/M^3·天	<3.0	5.0~10.0	8.0~15.0	15.0~30.0	15.0~30.0
2	进水允许有机悬浮物含量	50.0g/l	50.0g/l	<4.0g/l	<1.5g/l	<1.5g/l
3	COD去除率	较低	中等	较高	较高	较高
4	水力停留时间（天）	15	4.0~10.0	1.0~10.0	0.5~4.0	0.5~3.0
5	动力消耗	较大	较大	较小	小	较小
6	生产控制	较容易	较容易	较难	较难	难
7	投资额	较大	中等	较小	较高	较高
8	占地面积	较大	中等	较小	小	小
9	生产经验	少	较多	较多	较少	较少
10	操作成本	低	低	低	中等	中等

4.5.3 工业有机废水产沼气量估算及影响因素

各类工业有机废水中成分、有机物含量差别较大，因而其沼气产量不尽相同，需要结合有机废水的成分、BOD（生化需氧量）、COD、有机物可降解性等因素综合考虑。影响沼气产量最大的是COD指标，一般情况下1千克COD大约可产生0.42~0.45标准立方米沼气。但实际产气率还受物料的性质、工艺条件以及管理技术水平等多种因素的影响，主要影响因素如下：

（1）物料的性质：就厌氧分解等当量COD的不同有机物而言，脂类（类脂物）的产气量最多，甲烷含量也高；蛋白质所产生的沼气数量虽少，但甲烷含量高；碳水化合物所产生的沼气量少，且甲烷含量也较低。

（2）废水COD浓度：废水的COD浓度越低，单位有机物的甲烷产率越低，主要原因是甲烷溶解于水中的量不同所致。因此，在实际工程中，高浓度有机废水的产气率接近理论值，而低浓度有机废水的产气率则低于理论值。

（3）生物相的影响：产气率还与系统中硫酸盐还原菌及反硝化细菌等活动有关。若系统中上述菌较多，则由于这些菌会与产甲烷菌争夺碳源，从而使产气率下降。

5 结语

现实条件下，利用工业有机废水、生活垃圾、人畜粪便、农林废弃物等制取生物质气，有助于节约能源、降低环境污染、增加清洁能源供应能力，国内资源潜力巨大，市场前景广阔。开展生物质气生产技术研究，大力发展生物质能源产业，对于加强国家能源安全，改善利用结构，使我国迈向环境可持续未来，都有着十分重要的意义。

参考文献

［1］车长波，袁际华.世界生物质能源发展现状及方向［J］.天然气工业.2011，01：75-80.

［2］沈西林.影响我国生物质能源发展的因素分析［J］.西南石油大学学报（社会科学版），2011，01：75-80.

［3］生马君，马兴元.物质能源的利用与研究进展［J］.安徽农业科学.2012，04：75-80.

［4］张波，李文哲.生物质气体燃料概述与展望［J］.农机化研究.2007，03：75-80.

［5］费新东，冉奇严.厌氧发酵沼气工程的工艺及存在的问题［J］.中国环保产业.2009，12：75-80.

［6］陈雷，曾文.生物质燃气各组分气体燃烧与排放特性试验［J］.农业机械学报.2013，05：75-80.

［7］丁启朔，白金明.生物质能利用技术的开发研究［J］.环境经济.2006，12：75-80.

［8］孙云飞，杨溪.生物质燃气技术在城市供气体系中的应用［J］.城市燃气.2009，06：75-80.

［9］林云琴，王德汉.有机废弃物厌氧消化处理技术研究进展［J］.中国沼气.2008，03：75-80.

［10］夏吉庆，田晓峰.厌氧发酵技术工厂化生产沼气的现状及展望［J］.东北农业大学学报.2005，01：75-80.

［11］李淑兰，梅自力.秸秆厌氧消化预处理技术综述［J］.中国沼气.2011，05：75-80.

［12］杨立，张婷.不同秸秆厌氧发酵产沼气效果的比较［J］.可再生能源.2008，05：75-80.

［13］唐锘.秸秆预处理方法的筛选［J］.化工时刊.2008，07：75-80.

［14］张爱民，尹冰.秸秆发酵制沼气研究现状［J］.农业工程技术（新能源产业）.2009，09：75-80.

［15］安静，常军.城市垃圾填埋与沼气化技术的现状与发展［J］.广西农学报.2008，05：75-80.

［16］沈伯雄，梁材.生活垃圾厌氧发酵制沼气研究［J］.环境卫生工程.2006，03：75-80.

［17］梁材，周元驰.生活垃圾厌氧发酵制沼气研究［J］.环境卫生工程.2006，03：75-80.

［18］吴雅琴.禽畜粪便资源化利用技术［J］.贵州化工.2010，05：75-80.

［19］李文哲，郑国香.牛粪固液分离液两相厌氧发酵技术［J］.农业工程学报.2011，07：75-80.

［20］史金才，廖新俤.猪粪厌氧发酵产气的优化条件研究［J］.家畜生态学报.2008，04：75-80.

（新奥能源控股有限公司　罗东晓）

低压燃气专用镀锌钢管滚压螺纹连接技术

1 背景

近年来，随着燃气专用镀锌钢管在城市低压燃气管网中得到广泛应用，我们发现目前管道普遍采用切削螺纹连接技术，存在接头处抗腐蚀能力不足，强度不够，后续运营维护成本增加一系列问题。为改善这种传统施工工艺，通过对上海泛华紧固系统有限公司滚压螺纹技术调研与合作，将滚压螺纹技术引入户外低压燃气镀锌管道施工成为可能。这种滚压螺纹技术具有出色的抗腐蚀能力、优异的机械连接强度、高精度等特点，同时这种滚压螺纹为节省钢材采购成本成为可能，接头有望30~50年免维护，降低日常维护运营成本。目前，滚压螺纹已得到华润燃气集团镇江、句容、南昌、宝江公司，武汉市燃气热力集团，新奥燃气集团衢州公司，上海燃气集团大众、浦东、松江、金山、奉贤燃气公司，中燃扬州公司等全国各地多家燃气行业单位认同和使用，并于2012年4月出台了《燃气用镀锌钢管滚压圆锥外螺纹接头》DB42/T832-2012湖北省地方标准。此次立项，一方面推动滚压螺纹应用于燃气低压镀锌管道施工，另一方面是探讨滚压螺纹在降低低压燃气镀锌管材采购成本的可能性。

2 滚压螺纹的优势

滚压螺纹实质就是通过滚压力使材料内部位错密度增加，产生加工硬化，提高螺纹强度和硬度，获得良好尺寸公差和表面粗糙度的冷加工工艺。对于燃气专用镀锌钢管来说，其材质为Q235，化学成分如下：C: 0.12~0.22%, Mn: 0.3~0.8%, Si: ≤0.3%, S: ≤0.05%, P: ≤0.045%，其延伸率：20%~27%，对于延伸率大于12%的韧性金属材料，都具有很好的滚压性能。因此，燃气专用镀锌钢管适应于滚压螺纹，和传统切削螺纹相比，滚压螺纹具有以下优点：

2.1 抗腐蚀能力方面

相较切削螺纹，滚压螺纹保留了原有镀锌层，其抗腐蚀性能委托上海宝冶工程技术有限公司实验室对同批次、同型号的金洲燃气专用管试件分别采用滚压、切削、切削涂漆（日常维护常规做法）三种工艺制作三组了试件，并按GB/T10125-1997标准进行盐雾试验得到如下数据：

盐雾试验数据对比表　　　　表1

项目	滚压螺纹件	切削螺纹件	涂漆的切削螺纹件
螺纹端口出现锈点时间（h）	259	6	24

从上表数据可以清晰发现，滚压螺纹抗腐蚀能力远远大于切削螺纹和涂漆的切削螺纹，滚压螺纹比切削螺纹抗腐蚀性能高40余倍。

2.2 机械连接强度方面

相较切削螺纹，滚压螺纹采用冷滚压工艺，金属纤维被压缩而未被切断，螺纹牙底金属晶粒得到强化，使得其抗拉强度、抗弯强度、抗剪切强度、抗疲劳强度以及表面硬度大幅提高。为此，我们采用DN15燃气专用钢管，手旋两圈机紧两圈制作了滚压螺纹、切削螺纹2组试件，并委托上海宝冶工程技术有限公司实验室按照GB/T228-2002标准进行测试，得到如下数据：

机械性能实验数据对比　　　　　　　　　　　　　　　　表2

项目	滚压螺纹	切削螺纹	管材
抗拉载荷（kN）	89.72	68.48	75.66
弯曲性能（°）	70	14.4	90

从上表数据上可以看出，滚压螺纹比切削螺纹及管材强度高，滚压螺纹较切削螺纹抗拉强度高25%左右，且在弯曲70°时螺纹发生损坏，比管材抗弯性能略有降低。事实上，在螺纹机械性能上，美国惠特兰钢管公司曾经做出过计算，根据其计算，在不同尺寸和壁厚的钢管上切削60° NPT管螺纹后，最大工作压力有32～57%的衰减。因此，管螺纹的机械连接性能大大增加的同时，减少管道螺纹连接处渗漏的可能性。

3 降低采购成本可行性分析

3.1 滚压螺纹受力分析

燃气专用钢管滚压螺纹加工属于空心薄壁管螺纹一种具体形式。在滚压过程中，燃气专用钢管滚压螺纹承受着相当大的径向力，与实心或者相当壁厚的空心件相比，燃气专用钢管滚压螺纹受力产生整体弹性变形和塑性变形。受弹性变形的影响，相同条件下，由于整个圆环弹性变形的存在，燃气专用钢管滚压螺纹的成形没有实心滚压螺纹成形更充分，而且，壁厚越薄，弹性变形越大，成形越不充分。而在塑性变形的影响下，整个圆环的塑性变形会造成螺纹失效，其表现形式如：直接被压裂，或者虽未被压裂，但被压成椭圆形，或是滚压成形后螺纹中径不圆度超过尺寸公差范围。

正是由于滚压过程中塑性变形的存在导致滚压螺纹大径尺寸比镀锌钢管本身尺寸要大，这将直接导致成型的滚压螺纹钢管与管件不配套，接触不严，为解决这一问题提出两种方案。一种是改变滚刀结构形式和尺寸，保证滚压螺纹与管件的配合质量，直接滚压加工成型，这也是目前正在采用的滚压螺纹施工工艺。另一种是对现行燃气镀锌钢管拉拔，使其外径、内径同时缩小0.5～1毫米壁厚不变，计算拉拔后钢管机械性能和螺纹连接机械性能，并制作相关试件，委托有能力的检测单位进行检测，取得了检测合格报告，保证滚压螺纹钢管与管件安装质量，这种做法也是背景中提到的多家单位普遍采取的做法，待滚压螺纹标准出台，今后可与钢管生产厂家商讨，直接生产滚压螺纹抓用镀锌钢管。该方案使单位长度钢管重量比现有钢管降低，直接降低了材料采购成本，通过数据分析预计可降低10%左右采购成本，经济效益相当可观。但是这种做法与现有的《低压流体输送用焊接钢管》GB/T 3091-2008标准中壁厚和外径尺寸要求有冲突。GB/T 3091-2008标准中对镀锌钢管壁厚和外径尺寸要求如下表所示：

管端用螺纹钢管公称口径与钢管的外径、壁厚对照表　　　　　　　　　　　　　　　　　表3

公称口径（mm）	外径（mm）	壁厚（mm）	
		普通钢管	加厚钢管
6	10.2	2.0	2.5
8	13.5	2.5	2.8
10	17.2	2.5	2.8
15	21.3	2.8	3.5
20	26.9	2.8	3.5
25	33.7	3.2	4.0
32	42.4	3.5	4.0
40	48.3	3.5	4.5
50	60.3	3.8	4.5
65	76.1	4.0	4.5
80	88.9	4.0	5.0
100	114.3	4.0	5.0
125	139.7	4.0	5.5
150	168.3	4.5	6.0

外径和壁厚的允许偏差　　　　　　　　　　　　　　　　　表4

外径 D/mm	管体外径允许偏差	管端外径允许偏差/mm（距管端100mm范围内）	壁厚允许偏差
D≤48.3	±0.5mm	—	±10%t
48.3<D≤168.3	±1.0%D	—	
168.3<D≤508	±0.75%D	+2.4 / −0.8	
D>508	±1.0%D或±10.0，两者取较小值	+3.2 / −0.8	

从表3、表4可以看出，加深部分是我们燃气镀锌钢管使用尺寸，方案二与GB/T 3091-2008标准最主要区别在于管端外径允许偏差，GB/T 3091-2008不允许距管端100毫米范围内外径尺寸存在偏差，燃气镀锌钢管外径和壁厚的允许偏差应符合表4的规定，这条规定主要是针对我们燃气镀锌钢管现有的切削加工管螺纹工艺保证螺纹强度的要求，然而我部门提出的滚压螺纹技术有足够实验数据证明按照方案二要求制作的滚压螺纹能够保证强度要求。实验证明，同等条件下，采用滚压方式加工的管螺纹比采用切削方式加工的管螺纹强度高25%左右，且比钢管本身强度还要高；采用切削方式加工的管螺纹最大工作压力有32~57%的衰减，这就类似我们常说的"木桶理论"，整体强度不在于承载能力最强部位而是在于最薄弱部位，同时GB/T 3091-2008标准针对外径和壁厚尺寸允许偏

差中还说，根据供需双方协商，并在合同中注明可供应规定以外允许偏差的钢管，这就为我们今后按方案二推广滚压螺纹技术提供可操作空间。

4 滚压螺纹工艺

4.1 滚轮选用形式

在实际应用中，滚压设备通常是两滚轮和多滚轮两种形式。在相同条件下，根据屈雷斯加准则我们可以得出三滚轮螺纹件最小壁厚是两滚轮的75%，滚轮数量越多，受力状态越好，越不易使螺纹件破坏。因此，燃气镀锌钢管滚压螺纹使用多滚轮形式，以下所有参数都是按多滚轮形式介绍。

4.2 滚压参数的选配

燃气专用钢管是否能够顺利的滚压出合格的螺纹，主要受滚压力、滚轮的进给速度和滚轮转速以及滚压时间的影响。如果选择不当将会造成螺纹失效。因此，在选择时，我们要特别注意。

滚压力是导致燃气专用钢管滚压螺纹塑性变形的根本原因。那么它的选择不当，过大会损坏滚压设备、滚轮崩牙和倒牙等；过小则降低生产率和螺纹尺寸的稳定。因此，对于滚压力的选择，通常我们在保证获得完整螺纹牙型前提下，尽量取小值，一般初选工作压力的75%，然后再调整到合理压力。

滚压速度包括滚轮的进给速度和滚轮转速两方面，它是影响滚压质量的因素之一。在实际生产中我们要选取最佳速度，即能制出合格的螺纹又能保证生产效率最高。对燃气专用钢管通常我们推荐螺距大于等于0.8毫米时，滚轮速度宜为20米/分；螺距小于0.8毫米时，滚轮速度宜为30米/分；滚压进给速度一般为2.0~3.5毫米/秒。

滚压进给量的选用是否恰当直接关系到滚轮寿命、生产率、螺纹质量。因此，在燃气专用镀锌钢管滚压螺纹时要选择合适的进给量，既不会导致燃气专用镀锌钢管内部不出现裂纹又不影响滚压生产率。在此，我们列出燃气镀锌钢管不同螺距在滚压时间内推荐的进给量如下表：

燃气专用镀锌钢管滚压螺纹不同螺距进给量推荐表　　　　表5

燃气专用镀锌钢管	螺距（mm）				
Q235	1.0	1.5	2.0	2.5	3.0
进给量（mm/r）	0.043~0.15	0.06~0.172	0.73~0.2	0.08~0.25	0.083~0.26

5 主要技术经济指标

5.1 螺纹外形合格率

螺纹外形合格率是指通过滚压加工获得完整螺纹后，存在螺纹失圆、镀锌层剥落等外观缺陷占总加工个数的比率。直观反应滚压螺纹成型质量的参数。其表达式为：

$$\Psi = (T_1/T_2) \times 100\%$$

其中Ψ——螺纹外形合格率；

T_1——缺陷螺纹个数；

T_2——总加工螺纹个数。

5.2 螺纹牙型合格率

螺纹牙型合格率是指通过滚压加工成型的螺纹按照GB/T 7306.2（55°）、GB/T 12716中的规定对牙型检测衡量成型后不符合规定的个数占总加工个数的比率。螺纹外形尺寸可用检测精度为0.02毫米的游标卡尺和万能角度尺检查。螺纹牙型合格率是衡量滚压螺纹是否具备可靠连接，是否存在漏电隐患和是否具备优异机械连接性能的重要参数。

$$\eta = (N_1/N_2) \times 100\%$$

其中 η——螺纹牙型合格率；

N_1——螺纹牙型缺陷个数；

N_2——总个数。

5.3 压力试验

按照我们现行燃气验收规范对已加工成型的滚压螺纹管道进行压力试验。

5.4 抗腐蚀性能测试指标

滚压螺纹抗腐蚀性能可以通过试点工程滚压螺纹在自然环境不做任何处理放置下观测数据和通过盐雾试验进行检测。

5.5 经济指标

采用滚压螺纹工艺，生料带、胶水使用可降低50%且螺纹接头处不用涂漆，接头有望30～50年免维护，节省运行维护成本。

若方案二得以实施，最重要的是可降低管材采购成本。通过缩径可节省10%～15%左右采购成本。

目前每户平均需用现行燃气专用镀锌钢管65公斤，假如安装30000户燃气专用镀锌钢管道，需要材料1950吨，按现行价格，每吨6000元计算，采购成本为1170万元，若按方案二实施，节省15%管材计算，需用1657.5吨，即便材料上浮10%即6600元，采购成本为1093.95万元，节省76.05万元。

6 实例

燃气专用镀锌钢管滚压外螺纹技术在无锡叙康里低压燃气管道安装中首次试点试用，我们采用上海泛华滚压螺纹设备，其实质就是将常用的切削螺纹机已头换成多滚轮刀头，通过控制滚压力、滚压速度、滚压进给量实现滚压螺纹成型。滚压螺纹成型后，采用手旋2圈，机紧2圈，不添加任何生料带，按CJJ33-2005标准要求加压到2Kgf仍未泄露，且管道安装在室外经连续一个月不间断观察未见任何锈蚀状况，这主要得益于螺纹处镀锌层未被破坏。

实践证明，滚压螺纹以其出色的抗腐蚀能力、优异的机械连接强度，将在低压燃气镀锌钢管施工中得到进一步推广应用。

（无锡华润燃气有限公司 徐常才）

在线光学密度式热值检测方法在燃气热值检测中的应用

天然气的主要成分是甲烷，也含有乙烷、丙烷、氮气和二氧化碳等组分，其组成不同热值也不同。乙烷、丙烷的热值高于甲烷，若天然气中高热值组分的含量较高则热值也较高。而氮气、二氧化碳则不会燃烧发热。因此，天然气中此类组分含量较高则热值会较低。国家标准《天然气》（GB17820-2012）对其热值有规定：高位发热值>36兆焦/立方米。我们平常使用的民用天然气必须满足此要求。

因此，国内的燃气管理部门和相关企业，都需要快速、准确检测天然气热值。

在日本，为了快速准确检测，同时也为了减少日常管理和使用成本，燃气公司普遍使用的是在线防爆式热值仪。

在线防爆式热值仪的种类有：光学式、密度式和热传导式三种。

日本国家法律规定的天然气供气热值为45兆焦/立方米，为了达到此规定标准，各公司采用的是通过掺混液化石油气来提升热值。掺混结果通过热值仪检测后，再通过系统程序进行调整，从而实现热值的达标要求。为了节省成本，日本燃气行业普遍使用的是防爆型的、检测速度快、高精度的热值仪。但是，天然气中含有的氮气和CO_2等气体是干扰检测结果的主要因素。

在东京瓦斯的扇岛LNG接收站中，关于BOG的处理方式是升压后与LPG进行掺混，然后通过在线密度式热值仪检测热值后进行热值调控。从原理角度分析，检测目标气体的密度，然后换算成热值，但是随着组分中没有热值的氮气浓度的变动，时常出现检测误差。

为了消除氮气成分变动对热值检测的干扰，以前通常做法是在管路上另设旁通，在旁通管路上设置在线色谱仪，通过在线色谱仪与密度式热值仪配合的方法来解决这一问题。

最新的研究成果是通过在线光学式热值仪与在线密度式热值仪组合，从而有效地排除了氮气等干扰气体对热值检测结果的干扰。

1 光学折射式热值仪与密度式热值仪的原理

图1表示的是光学折射率与热值关系的图形。石蜡烃的情况（CH_4、C_2H_6、C_3H_8、C_4H_{10}）是，折射率与热值之间的关系为固定的比例关系。图1中的直线代表的是石蜡烃混合物的折射率与热值的关系。如果仅由石蜡烃构成的混合气体，通过检测折射率便能够得到准确的热值。

密度与热值之间也存在着固定比例的关系（如图2），如果是石蜡烃构成的燃气，通过检测密度也能够准确检测热值。

在线光学折射式热值仪与在线密度式热值仪是基于如上原理实现热值的准确检测的。

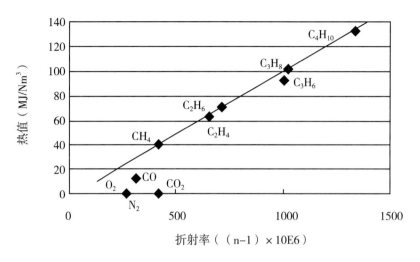

图1：各种气体的折射率与热值的关系

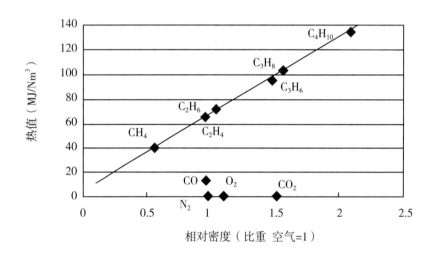

图2：各种气体的密度与热值的关系

2　干扰气体的影响

通过光学折射式热值仪和密度式热值仪检测热值时，石蜡烃以外的气体，即不在图1和图2的检测原理线上的氮气、二氧化碳、一氧化碳、氧气等气体，是产生误差的最主要原因。

例如N_2的场合，光学折射式热值仪的检测结果被认定为具有26兆焦/标准立方米热值的燃气，密度式热值仪的检测结果是被认定为具有65.3兆焦/标准立方米热值的燃气。

含有干扰成分的燃气的真实热值为Q，光学式热值仪的检测结果和密度式热值仪的检测结果分别为$Q_{光学}$和$Q_{密度}$，可以做出如下检测结果：

$$Q = Q_{光学} - \Sigma_i (k_i x_i) \quad \cdots\cdots\cdots\cdots\cdots\cdots\cdots\cdots\cdots\cdots\cdots (1)$$

$$Q = Q_{密度} - \Sigma_{i'} (k_{i'} x_i) \quad \cdots\cdots\cdots\cdots\cdots\cdots\cdots\cdots\cdots\cdots\cdots (2)$$

上述计算式中的x_i是干扰气体i的体积百分比，k_i和$k_{i'}$分别代表的是光学折射式热值仪和密度式热值仪的误差系数。

代表性干扰气体的误差系数请参考表1。

干扰气体的误差系数		表1
气体种类	光学式热值仪	密度式热值仪
CO_2	k_{CO_2}=40.52MJ	k'_{CO_2}=89.84MJ
CO	k_{CO}=17.14MJ	k'_{CO}=45.24MJ
N_2	k_{N_2}=26.19MJ	k'_{N_2}=58.18MJ
O_2	k_{O_2}=23.60MJ	k'_{O_2}=64.56MJ

3 通过计算排除干扰气体的影响

干扰气体种类的不同对检测结果造成的误差各有不同，但是，这里重点强调的是如下关系式的确立。

$$\left.\begin{array}{l} k'N_2 = 2.49 \cdot k'N_2，k'CO \approx 2.49 \cdot k'CO \\ k'CO_2 \approx 2.49 \cdot k'CO_2，k'O_2 \approx 2.49 \cdot k'O_2 \end{array}\right\} \quad (3)$$

将算式（3）带入算式（2）后，结果如下：

$$Q \approx Q_{密度} - 2.49 \sum_i (k_i x_i) \quad \cdots\cdots (4)$$

通过（1）式与（4）式的关系，可以得到下述结果：

$$Q \approx Q_{光学} - \frac{Q_{密度} - Q_{光学}}{2.49-1} = \frac{2.49 Q_{光学} - Q_{密度}}{1.49} \quad \cdots\cdots (5)$$

通过算式（5）的结果，可以得出的结论是：燃料气体中即便含有N_2、CO_2、CO、O_2等干扰气体，只是通过光学式热值仪和密度式热值仪的检测结果$Q_{光学}$和$Q_{密度}$来进行修正，即可以得到非常准确的热值检测结果。

4 热值计算方式的现场验证

为了验证上述（5）计算式的有效性，专门在天然气管道上设置安装了如图3的设备，进行实际验证实验。此次使用的光学式热值仪为温变漂移0.02兆焦/标准立方米/10℃型。

各个热值仪的检测结果请参考图4。光学式热值仪和密度式热值仪，都受氮气的影响，而且都是氮气浓度越高检测结果比在线色谱的结果越高。

其次，光学式热值仪与密度式热值仪通过前面介绍的（5）式进行计算后，除去了干扰气体的影响的结果请参照图5。

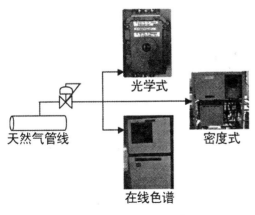

图3：设备构成

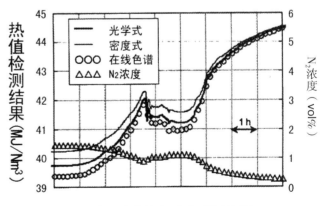

图4：人为制造N_2干扰时的检测情况

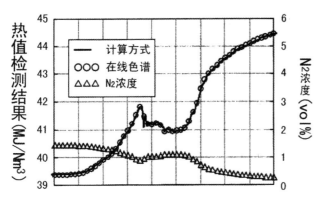

图5：在线色谱的分析结果与计算方式的热值检测结果

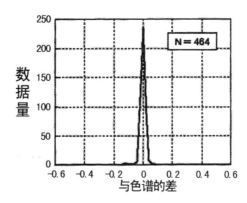

图6：与色谱比对的直方图
平均：-0.002MJ/Nm³ 标准偏差：0.044MJ/Nm³

计算结果证明与色谱分析的结果完全一致。计算法热值检测方式的结果与色谱热值分析结果的差，请参考图6的平均与标准偏差的直方图。

通过现场试验验证，光学式热值仪和密度式热值仪检测结果通过（5）的计算技术能够达到准确检测的同时，还能够捕捉到在线色谱所不能发现的瞬间热值变化的结果，请参考图7。证明此项技术的有效性。

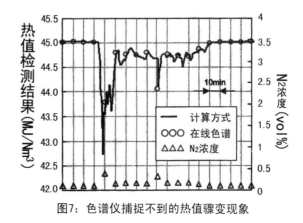

图7：色谱仪捕捉不到的热值骤变现象

5 总结

综上所述，通过此种组合计算的热值检测方式能够排除杂质气体干扰，并且能够达到在线色谱分析的同等精度检测，由于色谱检测的间歇性不能时刻体现实际变化，此种组合计算式热值检测方式可以实现连续在线的高精度检测。为证明此种检测方式是热值调控的最有效方式，经过6年的连续复杂现场测试，无论季节变化还是气温骤变，组合计算热值检测设备没有出现任何性能上的问题。

（讯腾数码科技（北京）有限公司 陈肖阳 程勇）

直埋球阀在天然气管线中的应用

1 天然气线路阀门的设置原则

为了方便维修以及当管道发生事故时可及时切断相关管道，尽可能减少损失和防止事故扩大，天然气管线上需设置线路截断阀门。天然气线路阀门的设置原则如下：

（1）遵循规范的有关规定，接地区等级要求间距范围内设置截断阀门。《输气管道工程设计规范》GB50251-94的规定，线路截断阀门应设置在交通方便、地形开阔、地势较高的地方，大型穿跨越工程应在穿跨越两端设置岸边截断阀，岸边截断阀可与线路截断阀相结合。

（2）截断阀之间最大间距应符合下列规定：在以一级地区为主的管段不大于32千米；在以二级地区为主的管段不大于24千米；在以三级地区为主的管段不大于16千米；在以四级地区为主的管段不大于8千米。

（3）截断阀的位置尽量选择在交通方便、地形开阔、地形较高的地方，以方便生产管理和防止水浸。

（4）为减少管道的弯头，避免人为破坏，采用在地下安装阀门的形式。

（5）截断阀应方便生产管理人员的操作、保养和维修。

2 截断阀门的形式

天然气线路上常用的切断阀为球阀和闸阀两种类型。相比而言，球阀具有承压高，密封可靠，通过能力大，阻力小，启闭控制灵活，体积适当，开关速度快，安装高度低，便于操作等优点，目前在国内外天然气管线上被普遍采用。当天然气管线有检管要求时，应选用全通径球阀。

球阀国内外产品种类很多，选择范围广泛，具有非常完善的设计、制造、试验和质量控制标准，产品质量可靠。

球阀按操作方式分为自动和手动两种形式，按安装方式又分为直埋式和阀井式。自动球阀按执行机构的不同分为电动、气动、气液联动和电液联动等。各种执行机构对比如下：

各种执行机构对比表 表1

执行机构	动力源	适用范围	优点	缺点
电动执行机构	电力	有可靠的动力电	控制方式简单，价格低	需可靠电源，截断速度慢，需人工值守。
气动执行机构	天然气自身压力或压缩空气	无可靠动力电，需天然气压力较高且相对稳定或需有压缩空气系统	控制方式简单，价格较低	若天然气压力较低，不稳，造价较高。占用空间较大，需人工值守。
气液联动执行机构	天然气自身压力、气体蓄能罐及液压蓄能器	无可靠动力电，需天然气压力较高且相对稳定或需有压缩空气系统	传动平稳，开关速度可调	系统较复杂，若天然气压力较低，不稳，造价较高。占空间较大

续表

执行机构	动力源	适用范围	优点	缺点
电液联动执行机构	电力和液压蓄能器	有可靠动力电	可实现快速开关,省空间,价格较低,传动平稳,工作可靠,容易控制	系统较复杂

目前,我国在天然气长输管线上多用气液联动执行机构,而城市天然气管线则多用电液联动执行机构。本文也以手动埋地球阀和电液联动作为执行机构的埋地球阀进行阐述。

3 直埋球阀的基本技术要求

3.1 设计与制造

——阀门应能满足连续运行30年以上。球阀相关性能应能长期满足工况要求,是免维护的球阀。阀门应为零泄露结构。

——阀门及阀杆应能承受执行机构的输出扭矩,阀门能承受的最大扭矩由阀门供货商提供给执行机构供货商供选型用。阀门供货商应向执行机构供货商提供开关阀门所需扭矩。执行机构输出的最小扭矩能保证阀门的开启。

——阀门应为全焊接结构。阀门与管线的连接采用焊接形式。阀门两端应各加0.5米长过渡短管(简称袖管),应能保证阀门两端在现场焊接操作时不会对密封材料产生影响。袖管应在所有焊接检测进行之前焊到阀体上。电液联动执行机构的取压点应在袖管上。阀门材料的选取应能够适应现场环境气候条件。袖管应保证材质强度的适配性和与管线钢管的可焊性。袖管焊接坡口应符合ASME B16.25的规定。

——阀门的设计与制造应能满足连续操作。阀门应为全通径设计,能满足清管操作的需要,并适宜于在通常情况下通过任何型式的清管器和清管球而不会造成任何阀门部件和清管球的损坏。

——阀球应为固定阀球式设计,有可靠的枢轴支撑。阀门的设计应尽量减少杂质碎屑进入底部枢轴腔的可能性。

——在阀门底部应安装排污管以便将阀体内的杂质排出。当阀门埋地安装时,排污和放空应通过固定在阀体上焊接管件和管子导出到地面。

——线路截断阀均为埋地安装,阀门必须配置加长杆,以便地上操作。阀杆具有防喷出功能。

——阀门应为防火安全型。阀门应装配有防静电功能,以保证阀杆与阀体之间的电路连续联通。

——阀门应具有双截断和泄放功能,并配有双活塞效应的阀座,以保证进口端和出口端的密封,每一侧都能承受全压差。阀体顶部应装有泄压阀,当阀体超压时可以自动泄压。泄压阀后应安装ANSI B1.20.1 NPT的螺纹端口以便与排污汇管的连接。

——所有钢阀座表面都应经过磁粉探伤或着色探伤检验。

3.2 材料要求

——阀体应采用锻钢制造,并保证与其相应管道、管件之间的可焊性。不能采用铸铁、半钢,或球墨铸铁。碳钢均须经过正火或回火处理。

——阀体材料应有充分的可焊性。主要零部件和标准件应提供材料化学成分和机械性能检测报告，应提供无损检测报告。

——阀杆材料应是AISI 4140 或 AISI 1040，球体和阀座支撑应是锻造碳钢。阀座预紧弹簧应采用INCONEL X-750或AISI 1040材料制成。

——螺栓材料为 ASTM A193 Gr.B7，螺母材料为ASTM A194 Gr.2H。

——用于密封的软密封材料阀座软密封材料采用PTFE或NYLON。软密封材料和密封脂应适合于所输送的流体介质。

3.3 焊接要求

——阀体所有的焊接均应按照美国焊接协会的要求以及ASME锅炉和压力容器标准第Ⅸ章的要求进行。所有焊接应有消除应力的措施。供货商应向业主提交焊缝检验标准与验收报告。

——制造商应根据文件要求制定出合理的焊接程序。焊工应具备相应资格，焊缝应无缺陷。应提交相关检测报告，以验证焊缝质量合格。所有的焊接操作均应由有资格的监理人员进行表观检测及全过程监理。

——所有的焊件上都不允许出现焊接不熔合现象。

3.4 执行机构的要求

——执行机构所配套的阀门为两位式，即 ON-OFF 结构。阀门及其阀杆等机构应能够承受执行机构的最大扭矩。

——执行机构的输出力矩应满足最恶劣操作条件下的阀门运行要求。执行机构的输出力矩要留有50%安全系数，以保证在最大差压下平稳操作阀门，并且不致对阀门造成损坏。

——执行机构应在阀门制造厂装配调试后，由阀门供货商整体供货，执行机构在工厂调试后，应作永久定位标记，确保现场安装时不至于发生位置的变化。

——阀门所配执行机构和控制系统的故障不应影响到阀门的其他部分，并且其维修和更换应能保证阀门的正常工作。

——执行机构应有就地控制、远程控制、实验控制的选择开关，且选择开关应有安全保护措施（如带锁）。当选择开关置于远程控制时，执行机构由 SCADA 系统控制；当选择开关置于就地控制时，执行机构由就地按钮控制；当选择开关置于实验控制时，阀门可关闭10～15度后重新回到全开位置。执行机构的开启需要现场人工复位。

——执行机构至少为SCADA系统提供以下状态信息：阀门全开，阀门全关，阀门处于就地控制、远程控制、实验状态，阀门故障、电源及执行机构故障等信息。

——应确保在长期断电的情况下，阀门处于全开状态，不允许自行关闭；只有当接到 SCADA 系统关阀信号时，方可关闭，此时应保证阀门有足够的动力。

——电液执行机构应包括集成型电/液动力装置、蓄能设备、联轴器、手动操作装置、电磁阀、按钮、接线盒、电控箱以及其他设备。电液执行机构应结构紧凑，模块化设计。自带封闭油源，无需外接油源和管路。

——通过电液执行机构的马达对蓄能器蓄能，使蓄能器随时处于满负荷状态。执行机构的蓄能器至少满足阀门运行3行程（开1次，关2次）的要求。当执行机构动力电源中断时，保证阀门能运行到指定的开关位置或维持原位。

——执行机构应配一台用于就地开关阀门的手轮和齿轮曲柄或手动液压泵，用于当电源中断时就地手动开关阀门。

——电磁阀的供电采用24伏直流供电，低功耗，防爆等级不低于EEXd II BT 4，防护等级不低于IP65。用户为站内阀门的电/液执行机构的动力提供以下电源：380伏交流供电，三相；220伏交流供电，单相；为线路截断阀的电/液执行机构的动力提供24伏直流供电电源。执行机构供货商在报价文件中应列出执行机构使用的电源及功率消耗。

——执行机构的定位精度应高于0.2%，重复性高于0.15%，死区应可调。

——电气设备应连接至接线盒。接线盒应采用防爆机构，防爆等级不低于EEXd II BT 4，防护等级不低于IP65。电控箱就近阀门安装，防爆等级不低于EEXd II BT 4，防护等级不低于IP65。

——距执行机构1米远处，执行机构产生的噪声不应大于85分贝。

——液压油罐应配备就地液位及必要的其他仪表。执行机构在安装前应保证有足够阀门正常工作的液压油。液压油应在全封闭的环境内流动，以避免液压系统开式循环导致油液污染。

4 阀室的自动控制要求

阀室自控系统包括阀室RTU控制系统、交直流供电系统（UPS、24伏直流供电）、泄露报警系统、安防禁系统（视频与门禁及现场声光报警）、通讯、破管检测等系统。阀室自控系统通过RTU实现现场仪表、阀门及其他设备运行数据的采集，并通过有线、无线主备通信网络上传至调度中心，并接受和执行中心下达的指令，对阀门或其他设备进行操作。

阀室自控系统工程包括阀室内所有硬件、软件、安防、泄漏报警等设备及所有辅材（含线缆）的供应、安装、集成及系统接入等内容。

5 天然气线路阀门的工程设计

5.1 直埋手动球阀设计要点

（1）直埋手动球阀应设置在水平管段上，其坡度不应大于1%。直埋手动球阀的埋深一般在1.2~1.8米左右，埋深确定后应于阀门制造商确定阀杆高度。

（2）当最高地下水位低于回填高度时，阀井可不考虑阀井防水措施；但当最高地下水位高于回填高度时，阀井应考虑阀井防水排水措施。

（3）放散管开口处距球阀袖管的距离不应小于0.4米。放散管必须固定在井壁上。

（4）阀门井底板施工完成后，应先安装球阀及放散管，再施工阀井侧壁及盖板。盖板下方应考虑保护措施，防止盖板意外塌落而损坏球阀。

（5）阀门位于人行道或慢车道时，盖板与路面平齐；阀门位于绿化带或山地农田时，盖板应高于地面0.2米以上。

（6）阀井内采用粗沙或石粉渣自然回填，不得夹带任何石块或建筑垃圾。

直埋手动球阀设计示意图及工程图片见图1~图4。

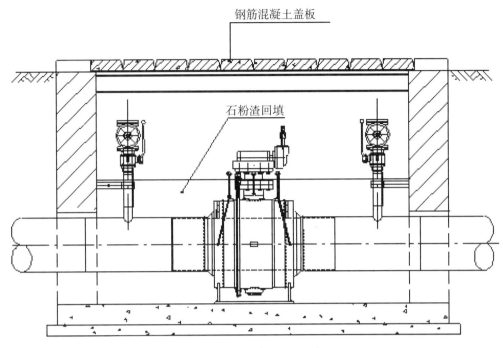

图1：直埋手动球阀设计示意图

图2：直埋手动球阀工程图（1）

图3：直埋手动球阀工程图（2）

图4：直埋手动球阀工程图（3）

5.2 电液联动阀室设计要点

（1）电液联动球阀应设置在水平管段上，其坡度不应大于1%。球阀的埋深一般在1.2～1.8米左右，埋深确定后应于阀门制造商确定阀杆高度。

（2）当最高地下水位低于回填高度时，阀室可不考虑下部的防水措施；但当最高地下水位高于回填高度时，阀室应考虑下部的防水排水措施。

（3）放散管开口处距球阀袖管的距离不应小于0.4米。放散管必须固定在井壁上和侧墙上。

（4）阀门井底板施工完成后，应先安装球阀及放散管，再施工阀室其他土建工程。阀室土建施工时应采取保护措施，防止损坏球阀。

（5）阀室上部球阀操作间与控制间需用实体墙完全隔断。百叶通风口易采用混凝土方式且在内侧安装防鼠网。大门需采用门禁模式。

（6）阀室屋顶应有良好的隔热措施，保证控制间的室内温度满足仪器设备的要求。

电液联动阀室设计示意图及工程图片如下所示。

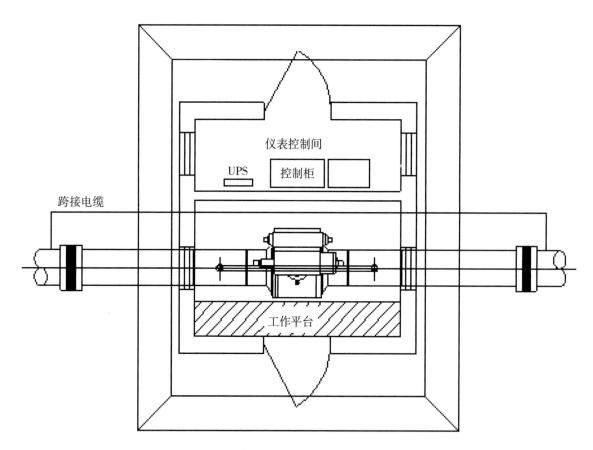

图5：电液联动阀室设计示意图（1）

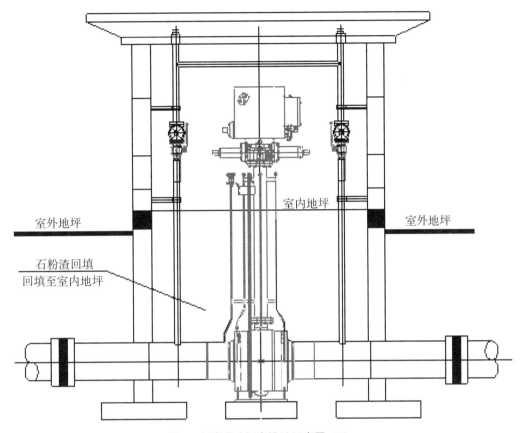

图6：电液联动阀室设计示意图（2）

图7：电液联动阀室工程图（1）

图8：电液联动阀室工程图（2）

图9：电液联动阀室工程图（3）

6 总结

（1）直埋球阀具有承压高、密封可靠、通过能力大、启闭控制灵活、便于操作等特点，近年来在国内天然气管线中得到越来越多地应用。

（2）在城市燃气自动控制的直埋球阀中，电液联动方式应用的最为广泛，主要原因是城市天然气压力不高且接电相对方便。

（3）与国外球阀相比，国产球阀在整体制造水平，特别是密封性方面有较大差距。因此，在次高压及以上天然气管线上建议采用进口球阀，并执行API 60D标准。

（4）直埋阀及阀室的设计需充分考虑管线周边实际情况，尽量减少占地。

（成都城市燃气有限责任公司　万云）

国家标准《燃气服务导则》说明

1 实施《燃气服务导则》（以下简称《导则》）国家标准的背景和意义

1.1 我国燃气行业发展的需要，保障安全的需要

天然气成为我国城镇燃气的主气源之一，使我国燃气事业发生了量和质的巨大变化，从2003年到2008年，五年的发展超过新中国成立以来的全部燃气事业总和的几倍。西气东输管线、陕京输气管线、涩宁兰输气管道，以及忠武输气管线等工程快速建成，截至2008年年底，我国城市燃气配送管网总长度超过22.9256万千米，其中天然气管道18.4084万千米，管道天然气供应量达到300多亿立方米，占当年全国天然气总消费量约50%。我国天然气消费已经扩展到30个省市区，280个城市应用管道天然气，其中天然气年消费量超过10亿立方米的省市区达到20个；全国大中型城市天然气民用气人口已达1.1亿。同时，我国燃气供应主要气源之一的液化石油气也是稳步发展，供应量全年已达2000万吨，其他气源在市场供应上作为补充。

城镇燃气的改革已使下游市场实现了多元化经营，国营、民营、股份、外资、内资、合资等各类企业数以千计，居民天然气用户不断攀升。天然气已经广泛应用于工业企业生产，成为商业、教育机构、楼宇等重要能源，燃气在能源结构中的比重在逐年上升。燃气行业的发展促使从业人数猛增，全国已达百万人，并且绝大多数从事服务性质的岗位，城镇燃气服务已成为继电信、供电、自来水、交通等之后城市的重要社会公共产品，对当地社会生活、经济、政治、文化等产生越来越重要的影响，燃气企业的服务水平已成为行业发展的重要标志，因此迫切需要统一的质量标准作为服务的指导性文件。

燃气涉及千家万户，其中用气安全是安全的关键，服务的质量直接关系用气的科学、安全水平，服务的过程有其贯彻安全技术的特征，规范服务对于保障安全供气有重要的作用。安检工作、售后服务、供气质量、供气压力等条款对相关服务行为的规范，直接涉及用气安全的正确实施。

《城镇燃气管理条例》第十七条提出城镇燃气经营企业要指导用户安全用气、节约用气，按照国家服务标准为用户提供用气服务，就是基于安全是城镇燃气供应、使用过程即服务的全过程始终要重点关注和突出的问题。这也是国家从法律角度提出要建立城镇燃气行业服务标准体系的任务和要求。

1.2 城镇燃气服务的质量特征决定了服务标准化要求

城镇燃气的服务需求：物质需求和精神需求。

物质：物美、价公、安全、卫生、及时、周到、舒适、方便。

精神：热情、诚恳、礼貌、尊重、亲切、友好、谅解、安慰。

能否满足上述要求取决于服务质量。

（1）提供、保证公共产品质量的需要。当燃气供应在城镇能源中的比重达到一定比例，供气服

务也是提供公共产品，有其社会性、公共性、普遍性的特点，燃气供应的稳定、持续、安全，直接关系社会生活的稳定。燃气服务质量的保证和监督，同样是政府提供公共产品的一部分，直接关系到行政水平和老百姓对政府执行力的评价。

（2）维护消费者权益的需要。自然垄断是管道供气（天然气）的基本属性，消费者的消费过程由于非专业性、非权威性处于弱势，对于消费者权益的保护，需要对服务的质量要素明确，需要明确消费者能够得到的权益内容。公布燃气服务质量，使消费者明白消费，是维护消费者权益的基础，也是燃气经营企业的责任和义务。

（3）统一产品标准的需要。燃气服务同样是产品，是燃气经营企业向消费者提供的服务产品，因此需要对此质量有一个标准，以便企业共同遵守，提高服务效率，也便于对用户无形的燃气服务进行有形的量化，便于社会监督。

1.3 有利于社会和谐的需要

燃气的服务行为涉及社会各个层面，服务冲突、服务纠纷往往成为社会的热点和焦点，甚至引发成为公共事件，服务质量和服务行为标准需要公正性和透明性。以服务标准作为共同认可、操作的准则，有利于矛盾的化解、有利于相互的监督。社会的监督，使燃气用户做到明明白白的和谐消费。

1.4 适应行政监管，实施特许经营管理的需要

有了共同遵守的基准，减少政府监管的随意性，增加监管的针对性，特别是有利于特许经营中服务质量附件的制定，《导则》的制定与实施为实行燃气特许经营的双方在如何制定合格的服务产品附件方面提供了共同的基础，为实施燃气特许经营管理在技术上与文本上，准备法律层面的基础，有利于特许经营管理的实施。

1.5 燃气经营企业自身发展、提高、规范的需要，实现行业服务规范化、建立企业诚信体系的需要

依照标准进一步规范市场行为，完善企业服务管理水平，健全服务管理体系，适应社会发展的需要。

1.6 有利于规范城镇燃气市场游戏规则，建立优胜劣汰的公平竞争机制

城镇燃气经营企业的经营水平、社会效益最终反映在服务质量上，企业的差距直接反映在服务水平上，用户判断和选择的依据就是城镇燃气经营企业的服务和服务人员的素质。标准引导企业、消费者、监管部门、评价机构正确的评价城镇燃气经营企业，选择符合市场规则要求的企业成为城镇燃气能源的供应商。

1.7 城镇燃气经营企业社会履责的需要

城镇燃气经营企业的社会责任表现在：把履行社会责任列入企业的经营理念和经营目标，安全稳定持续供气，提供均等的普遍服务，保持适应市场和供气规模的先进的燃气设施能力和技术水平，推广节能、高效、安全、减排的燃气应用技术，协助社会扶危济困等。

城镇燃气经营企业要就企业的经济活动同社会特定的利益群体乃至全社会，对经济和环境的影

响发展中的问题和企业的工作与绩效等进行交流与沟通，自觉接受社会的监督，从而推动社会、经济与环境的可持续发展和本企业的可持续发展，使城镇燃气经营企业能够长期成功，稳定的生存与发展。标准化的供气服务是企业与社会和利益相关群体交流、沟通的主要形式。

2 《导则》的编制过程

《导则》的编制过程充分表现了中燃协在行业中的代表作用和桥梁作用，编制的过程也是统一行业服务指导思想的过程。

2.1 《导则》的任务来源

2009年，国家住房和城乡建设部根据我国燃气行业发展的态势和规模，依据当时正在编制中的《城镇燃气管理条例》的精神，提出编制燃气服务标准的要求，经国家标准化委员会核定，住建部标准司和标准定额所具体组织落实。

2010年10月，国家颁布《城镇燃气管理条例》，其中第十七条规定：按照国家燃气服务标准提供服务，编制燃气服务标准的任务迫在眉睫。

2.2 成立编制组

2010年2月，中国城市燃气协会组织国内主要大型燃气企业和燃气管理部门人员成立编制组。编制组在中国城市燃气协会统一组织协调下，在住房和城乡建设部、国家标准化委员会等部门及标准归口单位的指导下，以依法、科学、统一为原则，认真进行了《导则》的编制工作。

（1）参编单位的广泛性保证内容的代表性。参编企业所在地域包括东北、西北、华南、中南、华东。国内主要的大型燃气经营企业，如：北京市燃气集团有限责任公司、武汉市燃气热力集团公司、中国燃气控股有限公司、华润燃气（集团）有限公司、新奥燃气有限公司、重庆燃气（集团）有限责任公司、深圳市燃气集团股份有限公司、上海燃气（集团）有限公司、沈阳燃气股份有限公司、天津市燃气集团有限公司、港华燃气投资有限公司、西安秦华天然气有限公司、大地燃气有限公司、徐州港华燃气公司、中国市政工程华北设计研究院、华帝燃气具有限公司、兰州中油昆仑燃气有限公司、西安华通新能源股份有限公司、南京港华燃气有限公司，等等。

（2）编制人员的多样性提供了内容的全面性。编制人员来自社会的各个相关方面，有燃气经营企业的领导、从事服务的主管、法律工作人员、行业行政管理人员，各级燃气协会人员以及专业标准工作人员等。这些人员从不同方面、不同层面对标准内容提出了建设性、实践性、全面性的意见。

（3）中国城市燃气协会的主要领导自始至终参与了全部编写和修改工作。

2.3 以已有的地方法规、各地方政府、协会和大型企业已有的服务标准和行政规范性文件以及国家技术标准为基础，借鉴国外经验，使《导则》内容具有指导性、可操作性和一定的超前性

2.4 广泛深入的调研学习、反复认真的修订研讨，保证了科学性

标准编制过程中，认真参考了供电、供水、电信、燃气器具安装维修、家电等行业的行业规范

或标准。

2.5 编制工作过程

（1）2010年2月立项，调研、征求意见，形成工作讨论一稿，多次征求意见会，同时组织学习标准编制模版，保证编制工作的规范性，由此形成工作讨论二稿。

（2）由参编单位提供各自地方和企业的征求意见稿，在此基础上，针对每次收集的建议进行会议讨论和函件讨论，每次函件寄给30多个单位或个人征求意见。黑龙江协会、辽宁协会还组织全省燃气企业征求意见，提供编写组。每次稿件都由编写组集体研究并依据信函征求意见修改，其间十易其稿。

（3）2010年5月，征求意见稿上网公示一个月，征求社会各界对标准的意见，收到各类意见30条，其中反映集中的方面见附件。（具体统计见附表）

（4）2010年在上网征求意见稿的基础上分别于5月、8月、11月召开不同层次的征求意见会和修改会议，形成讨论稿。2010年11月南京会议，12月深圳会议，2011年2月北京会议，3月专家征求意见会，编制组综合各方意见，修改形成送审稿。

（5）2011年3月19~21日，编制组聘请燃气管理部门、大型企业、法律顾问等专家集中修订送审稿。

（6）2011年7月，住建部、标准化委员会召开《导则》评审会，2011年9月完成修订上报。

（7）2012年3月，经过专业部门、审定机构、专业人员的核定。

（8）2012年11月公布实施。

3 《导则》编制中考虑的因素

针对行业特点、着眼行业发展、兼顾企业实际、反映服务水平一直是编制组自始至终注重的事项。

（1）基于我国地域辽阔，各地情况有差异性，做到有针对性、兼顾现实和可操作性，并有指导性和一定超前性，是标准编制过程中始终要研究的课题。对共性较强，且在各地已经有效实施的内容条文，《导则》直接录用，对较多内容的在一条中以多项内容来表述，对于各地大同小异的内容，提出基本必须具备的要求，各地还可以结合实际增加内容。

（2）作为推荐性标准，更重要的是要为行业提供燃气服务质量实践准则和管理方向。《导则》将国内现行各地方燃气管理条例中一些与服务相关的原则性管理规定，以标准形式进行细化和强化，城镇燃气服务标准的主要条款来源于已经实施的地方管理条例、规范性文件、各地标准和协会以及企业规范，许多内容大型燃气经营企业已在执行之中，在规范管理的基础上，突出针对性和可操作性，便于与服务管理对接。

（3）对于各地已经过市场考验和用户认可的成熟做法通过制度化的提法使之成为统一的要求，对于中小型燃气经营企业有着较为明显和具体的指导作用，对于规范市场规则和竞争行为有较好的示范作用，为企业提高服务管理水平提出方向，保证了《导则》的广泛扎实的可操作性基础。

4 《燃气服务导则》内容简介

文本分为9章22节145条112项和一个附录

从适用范围、引用标准、术语、服务原则、基本要求、管道供气、瓶装供气、汽车加气、服务质量考核等方面和服务环节过程来规范服务行为和服务过程的要素，从《导则》的实施、管理、监管三方面，从企业、人员、社会三个角度展开燃气服务的各个层面，内容涵盖燃气行业服务的供气全过程，突出为用户服务、以人为本、保障社会安全、维护消费者权益。强调企业规范化管理和人员素质在服务过程的作用，以及服务质量考核评价的实施。

5 主要条文说明

前言部分说明标准编制规则、提出单位和归口单位、参编单位和起草人员。

5.1 范围

文本从两个方面来说明适用范围：《导则》内容涵盖燃气经营企业服务的全过程的所有环节；《导则》是实施过程的规范和考核评价的依据。

5.2 引用文件

对涉及本标准必不可少的规范文件进行列举，是本标准的重要依据，便于查询和检验。

5.3 术语和定义

主要是考虑到《导则》本身涉及的、而当前已有文件中尚未有的术语进行定义，统一这些概念有利于使关注燃气服务的各方有统一的认识基础。

（1）燃气服务。这是本规范的核心概念，这一定义包括以下几层意义：一是燃气经营企业向用户提供符合质量要求的有形燃气实物产品；二是围绕供气这一环节的附加无形活动，包括接受用户咨询、保证安全、提供相关场所和缴费方式等；三是燃气企业的一系列活动是用户或第三方能够体验到的，能够给予评价的。

（2）燃气经营企业。对燃气经营企业进行界定，也是对燃气行业的服务主体进行分类。燃气经营企业是指直接向居民、工商业企业提供燃气服务的城镇燃气企业，不包括中石油、中石化、中海油等从事上游批发经营的企业。管道燃气经营企业用管道输送方式经营燃气，经营的介质可以是人工煤气、天然气、液化石油气，今后可能发展到煤制天然气、煤层气、大型沼气等。瓶装燃气经营企业是指用国家规定的燃气装运方式的企业，钢瓶以及小型燃气压力容器（如1立方米以下），不包括专门从事用槽车运输燃气的企业。瓶装燃气经营企业，经营方式较灵活，适应性强，能满足不同层面的用户需求。这种小型容器（相当于瓶组）供气未形成管道供气体系。燃气汽车加气经营企业是指用LNG、LPG、CNG等城镇燃气给燃气汽车提供加气服务的企业，加气站是这些企业的经营场所和经营手段。由于燃气应用范围发展迅速，显然这个定义为"交通运输加气经营企业"更为合适。

（3）上门服务。指所有到燃气用户用气场所的服务活动，内容涵盖上门安装维修、送气到家、安全检查、抄收、宣传、咨询等。

（4）燃气燃烧器具前压力。原"灶前压力"词汇不能准确、科学地表述燃气应用时的状况和范围。因此，在标准中使用燃气燃烧器具来统一所有的燃烧使用燃气的器具更为合理和科学涵盖。这一概念是对燃气供应质量的要求，也是对燃气燃烧器具安全使用的保证，燃烧时的压力必须是动态的、持续的。时间概念——使用时的压力，地点概念——用户的燃气燃烧器具入口，没有沿用"灶前"概念，是因为虽然习惯用语，但不能反映行业燃气器具使用发展的现状，也容易造成仅为居民使用的灶具或局限在餐饮用火器具的误解。

（5）基表。对管道中燃气通过量的测定和记录的装置称燃气表或燃气流量计，用以累计通过管道的燃气的体积或质量。定义是相对于具有附加补偿功能的燃气表而言的。用户使用的燃气计量表目前有很多是在以体积、速度、质量计量的机械方式上，在此基础上衍生出温度、压力、安全、控制、收费等多功能的计量表。居民用表主要为体积计量。随着信息化管理的发展，燃气表一般由原始数据记录部分和数据化显示部分组成，由于技术的限制，功能的增加会带来一些计量误差，外显部分较容易因干扰出现故障，因而直接显示原始数据的基表部分具有最终计量作用，也是外显计量的基础。因此当前计量争议的解决，以直接显示用气初始数据的计量器具"基表"为基础比较合理，也易找到解决问题的共同途径。以此来统一判定基础和口径，对于加强计量管理和减少服务纠纷有直接效用。

（6）液化石油气残液。这也是实践中我国气体质量出现的问题。对于企业和用户双方都有实际意义。液化石油气来自于石油工业中的分馏工艺，一般是丙烷、丁烷为主，得到的气态石油气中相对比较容易液化的部分。如果高碳物质在室温下不能气化，就会形成残液。这会影响供气质量、安全使用和用户利益。统一残液的定义是市场的共同要求，主要是针对居民用户。此处有几个重点：①室内——使用场所环境温度才是使用瓶装气的具体地点温度，定义在使用温度下，是为了明确前提条件。各地室温虽然不同，但瓶装气使用地点都在室内。②不再气化是指不进行其他加热活动条件。③"液化石油气钢瓶中残存且不再气化的烃类物质和杂质"，明确了残液的物质特点，排除了掺水等现象。

（7）服务窗口。这是一个广义的窗口。燃气经营是通过一个服务体系完成服务的提供，服务窗口不仅限于有形的窗口，除与用户直接接触有实物场所的服务点外，还包括客服中心、抢修中心、服务热线及网站服务界面、电子平台等不一定经常接触或不接触的场所。

5.4 总则

这一章主要对《导则》的基本原则和服务质量体系要求作出规定。遵循"强调企业自律、突出安全、为民服务"的思想，引导企业建立"在服务中履行责任、在履责中提高服务"的观念，使城镇燃气企业在不断提高服务质量的过程中担当起应尽的社会责任。

（1）服务体系的要求正是基于要完成上述任务的关键，首先强调服务体系满足服务需求的总体要求和重要性。对于这个体系有具体的要求：规模要适应、满足用户要求、可持续改进。

本条提出了服务管理工作质量要求，要求服务设施、服务技巧、服务态度、服务方式等能保证燃气用户的服务质量需求。

（2）服务原则——把自然垄断、公共产品，而且生活生产必需的行业基本服务特性概括为指导性原则、安全性原则、透明性原则、及时性、公平性原则，这也是城镇燃气服务质量特性。

①指导性:"安全第一"是燃气行业的生命线,燃气属于易燃易爆有毒气体,从燃气的运输到使用都必须将安全放在第一位;"诚信为本"是人类社会的发展规律,是服务行业最基本的准则之一。"文明规范",主要是要求服务行为上符合社会主义精神文明建设要求和道德风尚,不违背公序良俗,规范性要求服务程序、质量水平统一,容易让绝大多数用户理解、接受、自觉配合。"用户至上"强调的是永远把用户放在第一位,用户处于高于、重于一切的位置,树立"永远让用户满意"的观念。我们要把自己始终置于用户的严厉挑剔和审察之下,虚心接受来自各方面的意见和建议,从善如流,不断改进服务,使之达到尽善尽美。一旦对用户服务不到位,公司需要用十倍甚至更多的努力去补救,挽回不良影响往往比争取良好印象更难。做一次令用户满意的服务并不难,难的是长期为用户提供不厌其烦、不畏其难的优质服务,只有牢固树立"用户至上"的观念,才能始终坚持让用户满意,从而留住老用户,争取新用户。

②安全性。本条安全性是全文的核心条款,本条规定的安全是全面、全过程、全环节的安全工作和安全理念。这里的安全概念是广义的安全,绝不是仅仅限于燃烧爆炸伤亡事故,而是全面体现燃气服务中贯穿的安全主线。燃气作为人们生活必需品,决定了燃气服务的连续性、不间断性。除按照约定或承诺营业时间进行服务外,还须在营业时间外能随时处理应急事件,如燃气泄漏、安全事故等。根据《消费者权益保护法》第七条"消费者在购买、使用商品和接受服务时享有人身、财产安全不受损害的权利"、"消费者有权要求经营者提供的商品和服务,符合保障人身、财产安全的要求"。还包括服务过程的设施、设备与周边环境以及人身安全的关系处置。保护用户信息也属于安全范畴。总则对安全性原则条文做了明确的要求。从燃气经营企业应当向用户持续、稳定、安全供应符合国家质量标准的燃气和服务,应为社会公共危机处理提供供气方面的安全保障,实行全年全天候应急服务,提供的服务过程应当保障人员和使用设施的安全,不因燃气质量和服务质量等问题对人身安全和生产、生活活动及环境等构成不良影响和危害,不应泄露用户信息等7个方面突出安全的要素和要求,进一步阐述了企业重视服务中的安全实际也是企业安全全面管理的有机内容。

《导则》中的4.2.3至4.2.5条针对燃气行业具有公用事业、自然垄断性质以及燃气供应规律,从燃气服务特质出发分别从透明性、及时性、公平性进行要求。

总则是企业达到优质服务要求必须坚持的原则,也是处理企业与用户、企业与政府在服务问题上纠纷的判决准则。

5.5 基本要求

对燃气行业服务的共性问题提出最基本的规范要求

5.5.1 供气质量

《导则》中5.1条是对燃气企业向用户提供的有形产品提出的质量要求,也是《城镇燃气管理条例》中从法律角度所提到的。城镇燃气经营企业要做到两个方面:

从技术标准角度提出如何定义城镇燃气质量;

要求燃气质量的公开性,是落实国家《城镇燃气管理条例》第22条第31条的规定。

GB 50494对燃气质量规定为:4.1.1城镇燃气质量应符合现行国家标准的有关规定,热值和组分的变化应满足城镇燃气互换性的要求。4.1.2 当使用液化石油气与空气的混合气作为城镇燃气气源时,混合气中液化石油气的体积分数应高于其爆炸上限的2倍,在工作压力下管道内混合气体的露点应始终低于管道温度。4.1.3当使用其他燃气与空气的混合气作为城镇燃气气源时,应采取可靠的防止混合气中可燃气体的体积分数达到爆炸极限的措施。4.2.1城镇燃气应具有当其泄漏到空气中并在发生危险之前，嗅觉正常的人可以感知的警示性臭味。4.2.2城镇燃气加臭剂的添加量应符合国家相关标准的要求，其燃烧产物不应对人体有害，并不应腐蚀或损害与此燃烧产物经常接触的材料。

GB 50028、GB/T 13611以及各项具体的气体种类的标准。

5.5.2 新增用户

本条的重点在于"用气条件"和签订合同。

这是《城镇燃气管理条例》规定的内容，强调管道气企业的普遍义务。为保障管道燃气用户的权益，避免企业以强势对待市民，要求燃气企业明确制定供用气条件并公示，让申办管道燃气的用户能了解用气需要什么条件，而不会被企业无故拒绝，以维护自己的权益。同样，要求企业制定安全使用手册并公示，也是要让用户明白如何安全用气，这也是企业的责任。突出强调与用户的供用气合同，是要求燃气经营企业一定要遵守国家合同法，与用户签合同，保护用户的合法利益。本节内容是落实发展用户第一道程序的具体措施之一。

5.5.3 服务窗口

对服务窗口从硬件设施和软环境上进行要求，规定了服务窗口的基本要求和应公布的事项。满足服务用户人性化的需要，是企业从事燃气服务的必要条件。条文强调了服务窗口的首问负责制度，还提出对特殊服务的设施要求。总之，服务窗口既能体现基本的服务功能需要，又要体现信息公开、透明、文明规范、便捷、高效、人性化等要求，这是提高服务质量的必须，也是提高企业形象的自身要求。在瓶装气供应站和汽车加气站有特殊要求的，也在后续条文中结合各自服务特点有所区别的单独提出。

5.5.4 接待服务

就企业对来访（到服务场所、电话）用户的接待服务，从态度、程序、方式、时限、范围规范等进行要求。

5.5.5 投诉处理

服务行为不可能避免投诉，如何处理投诉是企业服务的重要内容之一。本条从城镇燃气服务过程中投诉工作中的具体问题做出了规定，如时限、方式、重复投诉、信息等。

5.5.6 安全宣传

明确企业对用户安全教育的义务和安全宣传的形式、内容。本条的重点是《燃气安全使用手册》，也是《条例》第17条"指导用户安全用气、节约用气"的具体体现和落实第27条的"用户要遵守安全用气规则"的要求。由于这项工作的重要性，《导则》以资料性附录的方式对《燃气安全使用手册》的内容、编制要求等作了规定。安全宣传中要求企业印制安全使用手册发放给用户，是要让用户明白如何安全用气，这是企业的责任。基于目前各燃气企业均已使用《安全用气手册》，因此规定用书名号统一行业内这一项重要的工作文件。这也是在新增用户第一道程序需要燃气经营企业落实的另一项具体措施。

5.5.7 服务人员

对服务人员的执业资格、岗位培训、基本素质、着装、语言、行为等提出了基本要求。由于服务活动的技术性、复杂性要求从业人员具有一定的资格水平。服务人员是服务规范化的核心，服务人员的素质决定了服务水平的高低。

提出"在瓶装燃气供应站、燃气加气站的服务人员，还应熟悉处置服务纠纷和与服务无关人员的危害燃气安全的行为",是针对我国近年在服务场所出现的因为服务纠纷引发的冲突、过激行为或者危险行为以及一些与服务无关人员突发出现的过激、危险行为,由于服务人员事先训练有素,得到较好的控制。所以提出企业要有这种训练培训,提高服务人员的现场应变能力。反之,也让燃气经营企业理解服务一线人员素质要求的重要性和必要性。

5.5.8 信息服务

信息是服务过程中的粘合剂,也是提高服务水平的重要手段。从企业信息功能、提供内容、方式等方面进行了要求。

5.5.9 上门服务

上门服务是燃气行业一项重要的服务项目,是体现企业主动、热情服务,对用户用气状况及需求进行深入了解的重要手段。本条从上门礼仪及程序的角度对上门服务进行了要求。

5.5.10 供气保障

从维护公共安全和企业正当利益出发,提出了企业保障供气的条件及要求。本条围绕城镇燃气的质量特征提出的规范,如何保障实现《城镇燃气管理条例》提出的持续、稳定、安全符合质量的供气这一根本任务和提供均等性的普遍服务。

燃气服务的公共性和作为居民的基本生活用品之一决定其必须具有稳定性和持续性,因此在燃气服务受外部因素干扰时,企业须有临时性的过渡措施,想方设法将社会影响降到最低,并尽快恢复正常。对因受地震、洪水而受灾的人群,对困难群体,家庭用户因灾害、疾病及特殊困难造成无法缴纳燃气费等,燃气经营企业要助地方人民政府提供帮助,体现公益性。特殊服务是体现人文关怀的条款,体现了城镇燃气经营企业的社会责任感和社会公益方面的义务。对特殊群体的服务,体现了城镇燃气行业坚持以人为本、关怀民生的思想。燃气经营企业应协助政府部门提供人文关怀,不得野蛮停供,这也是建设和谐社会的需要。

在燃气经营企业应急抢险救援预案中应当具有保证或维持服务的措施,主要是考虑用户的利益保障以及社会的安定,同时也是对于应急体系和应急技术、设施装备提出的要求,是对于燃气企业编制制度要注意全面性的提示。

5.5.11 用户燃气设施安全检查

这是城镇燃气服务的难点,提出安全检查中一个经常但又重要的现象作出规定,是基于燃气使用安全对于社会公共安全的影响。强调安全检查不能到位(如空房户等等已安装管道供气设施,通气后家中长期无人使用且未报停的用户)的处置意见。具体由燃气企业根据当地实际情况制定工作制度。

从安全检查的频率、程序、组织方法、检查内容、结果处理等方面进行要求。对于安检的一项具体情况提出了要求。

5.6 管道燃气供应服务

本章针对管道燃气服务的特点提出了要求。按照直接面对用户的时间先后和环节,对服务要素做出了全面规定。

条文贯彻符合建筑工程市场化的要求,转变"非本企业安装的管道不予通气"的观念,以安装质量合格为标准,以发展的眼光占据市场。

5.6.1 新增用户

管道燃气企业制定并公示供用气条件,其实属于合同制定过程中的要约。根据《合同法》第十四条,"要约是希望和他人订立合同的意思表示,该意思表示应当符合下列规定:(1)内容具体确定;(2)表明经受要约人承诺,要约人即受该意思表示约束"。

《导则》中的6.1条要求公示用气条件,强调公平性、透明性,对待需要使用管道燃气的市民实行均等服务,是提高服务质量、防止企业风气腐败的措施,是《城镇燃气管理条例》第18条规定的具体落实。

5.6.2 供气服务

本节是管道燃气服务过程中的核心内容,也是长期的、反复发生的服务内容。

原文中6.2.1条文贯彻符合建筑工程市场化的要求,转变"非本企业安装的管道不予通气"的观念,以安装质量为标准,以发展的眼光占据市场。

6.2.2条针对供气服务中抄表、计量和缴费过程中发生纠纷较多的环节,按照计量法的要求,参照国内外的经验,从责任、结算方式的选择、结算周期及方法、价格调整、缴费方式、欠费处置、用户查询等方面对燃气企业提供了操作规范。

6.2.3条对用户要求燃气经营企业帮助或提供改装、拆除、迁移燃气设施时,企业受理方式、时限和处理的规定。

6.2.4条主要是对燃气计量误差或无法计量提出解决途径,一是企业或用户质疑燃气表计量不准时,采用"对损失方有限补偿"和"被提出方非过错不承担费用"的原则;二是燃气表出现故障时,一般发生在自动计量表的情形,适应用户存在过错或用户实际得利的处理,如果用户并无因燃气表坏损实际得利(如居民用户燃气表坏损后房屋实际空置)或用户已经向燃气企业报告燃气表坏损,而企业未进行处理,则无权要求用户补交燃气费;三是燃气表看似出现故障,如自动计量表表显部分出现问题,甚至不需要经过充值仍能继续使用燃气,但此时基表仍在计量,这时只需使用基表数据向燃气用户提出被缴燃气费。为避免纠纷,企业应将此作为一个常识向用户广泛宣传。

6.2.5条对维修抢修工作按照4种不同原因造成的中断供应,所实施的维修抢修程序详细规定和量化要求,是对各地燃气管理条例相应条款的细化,以及保证尽量不停气,减少安全隐患的措施。

管道供气的安全性很重要的一个条件是持续稳定供应,不停气是安全的一个基本要求,也是服务质量的基本特征。《导则》对两种情况下的临时中断供气时的有关事项作出了具体规定,并提出要实施不停气作业技术。1-5款的内容对维修抢修工作按照不同原因造成的中断供应,所应实施的维修抢修程序进行了详细规定和量化要求,是吸收各地燃气管理条例相应条款的内容以及保证尽量不停气,减少安全隐患的必要措施,也是保证管道供气服务的考核内容。

计划性停气是燃气企业为确保燃气管网安全运行一个重要手段,但也会对用户造成暂时的不便,企业有义务将这种不便降到最低。方法一是将停供气时间通过媒体、张贴公告等形式通知用户,让用户能妥善安排生活或生产经营;二是选择影响最小的时段实施施工、维修、检验工作。

为了提高供气服务质量,从本质上保障安全,要求采用不停气施工技术来保障不停气,确实保证用户安全用气和利益,也是从根本上保障了企业利益。

6.2.6条燃气企业对用户在使用燃气时可能发生设施故障负有及时维修义务。当用户报修时,企业应该以故障影响程度或是最大限度内不影响用户使用为原则尽快处理。各地政府对类似事件的处理,有的规定是1小时内到达,有的是2小时内到达。为用户维修,可根据企业情况,向用户收取费用,但必须向用户明示收费标准。其中第2项提出对井室盖损坏的限时更换,是对当前现实生活中突出问题的总结,体现了以人为本,关怀生命,也强调了燃气经营企业的责任。

6.2.7条是《条例》规定的暂停、中止、终止供气服务应遵守的程序,这是国家条例规定的内容。

6.2.8条是燃气燃烧器具前压力检测的规定,这是供气质量的核心指标之一,也是安全指标之一。燃气燃烧器具的前压力是否符合要求既是供应质量的标准,也是安全使用的基本要求之一,同时也涉及燃气使用的效率、效能和环保,是燃气服务质量的重要评价因素。《导则》对燃气燃烧器具前压力检测的周期、地点、气质适应、频次、数量等做了规定。

需要强调的是对压力指标范围的理解,特别是高层楼房的供应。

6.2.9条是关系用户用气安全的关键指标。由于天然气供应环节已经形成多级销售商格局,加臭地点、加臭剂、加臭量、加臭方式等都会影响"加臭质量",加臭成为关系用户用气安全的关键指标。本条对加臭的方法、地点、时限作了明确规定,各地燃气经营企业根据有关标准和当地管网设施实际做出详细规定。

6.2.10此条对燃气服务质量的可追溯性提出要求,是建立用户档案中的一项工作,是对5.8.2条的具体落实表现。强调用户隐患的整改与追溯是运行服务的重要内容,是管道供气服务能否顺利安全的关键。条文内容强调了企业容易轻视的环节,保证供气服务质量,要求燃气企业实现稳定持续供气,燃气用户设施的完整性、良好性是其重要的基础,强调了燃气企业落实用户设施检查、整改这一关键制度。

5.6.3 燃气种类转换

气种转换服务中安全性和对用户的周全性是本章节的中心。

本节针对在天然气发展中出现的气种转换服务作出规定,其中通气前用户调查、提前宣传等工作内容和流程是确保用户安全用气、企业安全供气、转换工作顺利进行的重要措施。

气种转换是燃气发展过程中一项特殊服务。管道燃气企业在取得特许经营的区域内,应保证气种的稳定性,不得随意改变供应气种。只有特殊情况下才能实施转换,一是一个城市或一个区域燃气品种的整体转换,如人工煤气、空混气转换天然气,以后可能在某些地方存在用天然气转换为人工天然气、煤层气;二是现时主管网未到达,而采用小区气化方式供应管道气,将来在主管网到达时,这些管网并入主管网需要转换气种;三是因地震、洪灾或是上游一时无法供应,而需要采取与现时气种不同的应急气源。

转换服务发生频率小,但影响大,必须做到组织严密、确保安全、顺利过渡,所以通气前用户调查、提前宣传等工作内容和流程是为了确保用户安全用气。

5.7 瓶装燃气供应服务

瓶装气在我国依然是主要的供应方式,在管道设施不能覆盖的地区依然存在广大的市场。针对瓶装气供应质量中存在的通病,维护用户的利益,本节规定了充装重量、充装偏差和残液量的要求。

燃气容器和钢瓶是此种燃气使用全过程的设施,对于安全使用意义重大,因此对使用过程中的容器和钢瓶做出了具体要求:

5.7.1 发展用户服务

在实际工作中,瓶装燃气用户发展比较简单,方式灵活。但在用户提出申请时,应告知其供气方式、价格及相关辅助服务等。

根据质量技术监督管理部门要求,从2008年起,全国大部分城市液化气钢瓶完成了产权转让工作,实行钢瓶产权企业集中管理。因此,用户申请用气,企业须向用户提供合格钢瓶。

7.1.4条要求燃气企业提高瓶装燃气的信息化管理水平，实现全过程信息的可追溯性，这是对瓶装气发展重要的技术和管理措施，对于瓶装气市场的规范、容器的管理、安全使用、信息可追溯等都有积极的意义。

7.1.7条从明确安全责任和规范市场秩序出发，"本企业的燃气气瓶"包括两方面，一是新购钢瓶必须喷上本企业标识，二是企业不得使用其他企业标识钢瓶向用户供气，换言之，持其他企业标识瓶的用户，要使用本企业的液化气，必须先成为本企业用户，用本企业标识钢瓶。

7.1.14条根据《液化石油气瓶充装站安全技术条件》（GB 17267-1998）第9条规定液化石油气钢瓶的充装量如下：

钢瓶型号	重量充装允行偏差，kg
YSP-2	1.9 ± 0.1
YSP-5	4.8 ± 0.2
YSP-10	9.5 ± 0.3
YSP-15	14.5 ± 0.5
YSP-50	49.0 ± 1.0

这既是从安全角度保证钢瓶安全压力的充装上线，也是从计量误差上规定充装量所容忍下线，保证用户权益。

残液量的规定是按照国家液化气标准规定碳5以上组分不得大于3%，参考企业运作实际做出。为保护消费者的权益，并规定超过残液量的处置方法、时限、补偿费计算等。

5.7.2 送气服务

瓶装气供应站的建设理应纳入城市建设规划，企业也要按燃气专项规划设置供应站。目前，因城市改造大量供应站被拆迁，导致了大量不规范经营的行为，市场秩序得不到有效维持。瓶装气经营企业面临用户安置的任务和压力更大，代价也更高。送气服务，这是瓶装气经营企业的为用户服务、占领市场、延展服务的主要形式，也是瓶装气经营企业摆脱供气站困境的措施之一。送气服务的理念、方式、形式的发展和提升（如小容器供气），会使瓶装燃气使用的灵活性得到极大的发挥，是城镇燃气不可缺少的组成部分。因此对此项服务行为做出专项规定，同时也是对《城镇燃气管理条例》第25条瓶装气送气事项要求的细化。

5.8 车用燃气服务

燃气汽车加气经营服务是燃气行业新发展的业务，有必要从一开始就严格按规范服务。由于燃气汽车燃气容器的流动性和加气位置的特殊性，需要加强充装前的安全工作程序，应在充气前打开后盖检查容器。因此，规定充装前要检查容器是否符合充装要求，同时要求服务人员履行提醒用户按照国家规定检修容器的义务，以加强充装工作的安全意识，这也是从已造成的事故教训中汲取的经验。加气属于高压操作，不同于加汽油，因此规定不得让用户自行使用加气设施。

由于加气装置在服务区域，高压状态下的振动会造成接头松动，形成重大隐患，因此要求交接班必须检查接头的泄漏与否，作为保障服务安全的措施，这也是事故的教训。

8.1.1条指出，目前，燃气汽车加气主要介质是压缩天然气和石油液化气，以后还会有LNG，由于不同介质的加气工艺参数决然不同，因此必须严格限定被加气容器和气质的一致性。不得超范围充装燃气。使用压缩天然气应符合《车用压缩天然气》(GB 18047-2000)第四条规定的指标要求：

项 目	技术指标
高位发热量（MJ/m³）	>31.4
总硫（以硫计）（mg/m³）	≤200
硫化氢（mg/m³）	≤15
二氧化碳y_{CO_2}（%）	≤3.0
氧气y_{O_2}（%）	≤0.5
水露点（℃）	在汽车驾驶的特定地理区域内，在最高操作压力下，水露点不应高于-13℃；当最低气温低于-8℃，水露点应比最低气温低5℃

注：本标准中气体体积的标准参比条件是101.325千帕，20℃。

使用石油液化气技术要求应符合：

项目		质量指标			试验方法
		1号	2号	3号	
蒸气压（37.8℃，表压）/kPa		≤1430	890~1430	660~1340	GB/T6602*
组分的质量分数/%	丙烷	>85	>65~85	40~65	SH/T 0614ᵇ
	丁烷及以上组分	≤2.5	—	—	
	戊烷及以上组分	—	≤2.0	≤2.0	
	总烯烃	≤10	≤10	≤10	
	丁二烯（1,3-丁二烯）	≤0.5	≤0.5	≤0.5	
残留物	蒸发残留物/（mL/100mL）	≤0.05	≤0.05	≤0.05	SY/T 7509
	油渍观察	通过	通过	通过	
密度（20℃）/（kg/m³）		实测	实测	实测	SH/T 0221ᵈ
铜片腐蚀/级		≤1	≤1	≤1	SH/T 0232
总硫含量/（mg/m³）		<270	<270	<270	SH/T 0222ᵈ
硫化氢		无	无	无	SH/T 0125
游离水		无	无	无	目测

5.9 服务质量考核

如何进行服务质量考核，提出了从"政府监管、协会组织、社会参入、舆论监督、企业互评"的原则，也是从五个方面完成服务考核工作，形成企业考核评价和社会考核评价结合的考核体系，体现实施优质服务需要行业企业自律，政府宏观监管，社会公平参入，协会发挥作用的思想。从两方面来保障标准的监督实施和评价，一是企业自身的评价体系，二是行政部门的监管、社会舆论的监督。使得燃气经营企业落实服务质量有压力和动力。为突出行业自律来提高服务质量，明确主管部门和燃气协会依据本标准对企业的服务质量进行考核评价。

服务质量的考核是一件涉及全社会的事，如何做到公平、公正、公开，客观地反映行业特征和面貌，是提高行业整体水平的一项重要工作。如何促使企业良性竞争，使消费者得到实在的优质服务，考核起着关键作用。在考核机制上，如何体现行业企业自律，政府宏观监管，社会公平参入，协会发挥作用等这些都是《导则》编制中十分关心的问题，标准的编制为考核、监督工作奠定了基础。

考核指标是能否科学正确真实反映企业服务水平的重要参数，因此本标准只是提出必须遵循的4个共性指标，管道供气5个考核指标，瓶装气企业4个考核指标，汽车加气企业1个考核指标作为参考，各地在执行时还可以根据当地实际增加和调整。还有用户满意度的评估，《导则》没有对满意度的因素和满意度分级的符合性作出规定，这是评估考核标准的任务。

（徐姜）

最新"两高"《关于办理盗窃刑事案件适用法律若干问题的解释》相关燃气部分的解读

1 引言

最新"两高"《关于办理盗窃刑事案件适用法律若干问题的解释》法释〔2013〕8号（以下简称《解释》），自2013年4月4日起正式施行。

继2002年天津市率先在全国由天津市高级法院、市检察院、市公安局、市司法局、市质量技术监督局联合制定《关于办理盗窃燃气违法犯罪问题的若干规定》；2009年黑龙江省，2011年郑州市、上海市先后出台类似的"联合规定"之后，各地在办理盗窃燃气相关案件中取得了"统一思想，统一标准，准确适用"，在司法实践中起到积极的指导作用。

而这次两高〔2013〕8号司法解释的出台，将盗窃电力、燃气、自来水犯罪数额的认定作了明确规定，这项规定对燃气企业而言，是刑事法律制度的全新突破，其实际意义非同小可，将在一个很长的时期内，指导查处和办理"不诚信用气或盗窃燃气行为"案件的司法实践，维护燃气企业合法利益，确保燃气市场正常秩序。这一司法解释，为燃气企业依法打击盗窃燃气违法行为提供了坚实的法律支撑。在此，笔者谨对司法解释中与燃气相关的内容，就自己的理解作一点解读并作一些探索性的研究。

2 《解释》的出台背景与特点

2.1 出台背景

继上一次最高人民法院《关于审理盗窃案件具体应用法律若干问题的解释》法释〔1998〕4号（1998年3月10日实施），业已十五年过去。十五年来，国民经济和人民生活及全国各行各业都发生了巨大的变化。在我国《刑法》、《刑诉法》都已经做出了多次修正完善的前提下，有必要对盗窃犯罪做出新的司法解释。

根据有部关门介绍，在2013年春节后，最高人民法院《办理盗窃刑事案件适用法律的若干问题》征求意见稿下发各地高级法院，上海市高级法院也向各基层法院征询意见，要求在第四条"盗窃数额的方法认定"中增加"燃气"部分并及时反馈给最高人民法院。为此，法释〔2013〕8号正式出台，从而完善了盗窃公用事业电气、燃气、自来水的方法认定。（其他省市也可能有同类型的建议）

2.2 制定特点

1998年《关于审理盗窃案件具体应用法律若干问题的解释》，对盗窃电力、煤气、天然气等在法律上的认定，做出具体的规定。

法释〔1998〕4号：

第一条 根据刑法第二百六十四条的规定，以非法占有为目的，秘密窃取公私财物数额较大或者多次盗窃公私财物的行为，构成盗窃罪。盗窃的公私财物，包括电力、煤气、天然气等。

而最新"两高"司法解释，对盗窃电力、燃气、自来水等财物的数额方法认定，做出具体的规定。

法释〔2013〕8号：

第四条 盗窃的数额，按照下列方法认定：

盗窃电力、燃气、自来水等财物，盗窃数量能够查实的，按照查实的数量计算盗窃数额；盗窃数量无法查实的，以盗窃前六个月月均正常用量减去盗窃后计量仪表显示的月均用量推算盗窃数额；盗窃前正常使用不足六个月的，按照正常使用期间的月均用量减去盗窃后计量仪表显示的月均用量推算盗窃数额。

两次司法解释从不同的方面，对盗窃同属于公用事业的"电、气、水"做出了具体的法律规定。

3 《解释》中相关盗窃燃气的主要内容

最新司法解释对盗窃电力、燃气、自来水财物数额的认定方法。

本条文所列电力、燃气、自来水等财物都属于公用事业的公共产品，三者物质形态不同，但输送、供给方式，均为网状输送、管线连接、仪表计量器计量，具有许多相似而特殊的供给方式和交易方法，关系着国计民生，连接着千家万户，与人民生活息息相关。

同时，"电力、燃气"其物理形态都是"稍纵即逝"即"看不见、摸不着"却又客观存在的特性，而本文所述"燃气"包括天然气、人工煤气、管道液化气等管道输送的燃气范畴。

该条文对盗窃"同属于公共事业"等财物的方法认定划分了三个层次：

法释〔2013〕8号第四条 盗窃的数额，按照下列方法认定：

第一个层次：盗窃电力、燃气、自来水等财物，盗窃数量能够查实的，按照查实的数量计算盗窃数额。这是整个条文制定的主要方面。

就盗窃燃气而言，多年来，在办理具体案件中可以依据各地《燃气管理条例》的具体规定；如果在行政法规中没有具体规定，可以依据各地燃气企业的行业规定；如果没有行业规定，只能参照燃气企业在工商、物价或行政主管部门的营业章程或备案文件。

第二个层次：盗窃数量无法查实的，以盗窃前六个月月均正常用量减去盗窃后计量仪表显示的月均用量推算盗窃数额。

这是根据现有证据所进行的推算方法，是尽最大的可能性，客观还原被盗窃的实际数额，这是公用事业长期固定、产品专一、特有的供给方式所决定的，有别于其他类型盗窃数额的计算方式。

第三个层次：盗窃前正常使用不足六个月的，按照正常使用期间的月均用量减去盗窃后计量仪表显示的月均用量推算盗窃数额。

这是根据盗窃公用事业产品实际情况和查处具体案情的一种补救措施或方法。

比如：某餐饮公司盗窃燃气案件，经查，该餐饮公司自2012年11月初开张营业，同年11月、12月，月平均使用燃气费3万元；自2013年1月起至5月涉及盗窃燃气违法行为，每月使用燃气费为1万元，故可以初步认定该餐饮公司盗窃燃气为10万元。

综上，制定盗窃公用事业财物数额的计算方式、方法或规定，最原始是出现在供电、供气、供水的"供应、销售合同"或者企事业的营业章程之中，属于相关企业或行业内规定，经过演化，逐步上升为行政法规乃至被刑事法律所吸收采纳。本次司法解释采纳了在电、气、水行业中具有共性的部分，反映了现阶段盗窃公用事业的严重性、普遍性和依法处罚的重要性、紧迫性。

4 《解释》中相关盗窃燃气有关的内容

4.1 择一重罪，从重处罚

法释〔2013〕8号：

第十一条 盗窃公私财物并造成财物损毁的，按照下列规定处理：

（一）采用破坏性手段盗窃公私财物，造成其他财物损毁的，以盗窃罪从重处罚；同时构成盗窃罪和其他犯罪的，择一重罪从重处罚。

针对相关盗窃燃气案件，多数或大多数都具有燃气设备的破坏及特定财物损毁行为。

比如：私自开挖并镶接地下燃气管道；在地下燃气管网上打洞；开旁通绕越燃气计量表；私自拆开燃气计量表、拆铅封、放磁铁、拨计量表数字、拆燃气计量表表框、在计量表内插针插片等损毁燃气输送设备、计量设备等违法行为。

我国《刑法》：

第一百一十八条 破坏电力、燃气或者其他易燃易爆设备，危害公共安全，尚未造成严重后果的，处三年以上十年以下有期徒刑。

第一百一十九条 破坏交通工具、交通设施、电力设备、燃气设备、易燃易爆设备，造成严重后果的，处十年以上有期徒刑、无期徒刑或者死刑。

回顾多年以来办理的盗窃燃气案件，多数或绝大多数均以破坏、损毁燃气设备从而达到盗窃燃气的目的，对燃气正常、安全供给造成隐患，对周边他人生命财产造成危险，对公共安全造成极大的危害。

现阶段，在办理盗窃燃气同时涉及"破坏易燃易爆设备罪"的案件还不多，燃气企业自身应该多加关注，在实践中探索，积极协助司法机关贯彻最新司法解释，切实维护企业自身合法权益。

4.2 盗窃燃气的共同犯罪

法释〔2013〕8号：

第十三条 单位组织、指使盗窃，符合刑法第二百六十四条及本解释有关规定的，以盗窃罪追究组织者、指使者、直接实施者的刑事责任。

在办理营业性（工商服）用户盗窃燃气案件中，不乏有一定经营规模的餐饮连锁公司、洗浴连锁公司等等，盗窃燃气的主体往往是"单位"。就盗窃燃气的数额，经常有10万、数10万，然而如此巨大数额决非短时期内所能够完成，而是随着时间的推移，逐日、逐月乃至逐年的积累过程。许多经营规模和盗窃燃气数额都比较大的案件，决非一人所能够完成，整个盗窃行为是有单位组织、指使的盗窃行为，"以盗窃罪追究组织者、指使者、直接实施者的刑事责任"是办好此类案件的关键。

我国《刑法》：

第三十条 公司、企业、事业单位、机关、团体实施的危害社会的行为，法律规定为单位犯罪的,应当负刑事责任。

第三十一条 单位犯罪的,对单位判处罚金,并对其直接负责的主管人员和其他直接责任人员判处刑罚。

同时,在办理具体案件中还涉及"共同犯罪"问题,往往许多案件查处中,因为以事论事,案件查办仅到盗窃燃气的"直接实施者",而忽视"组织者、指使者"。

我国《刑法》:

第二十五条 共同犯罪是指二人以上共同故意犯罪。

第二十六条 组织、领导犯罪集团进行犯罪活动的或者在共同犯罪中起主要作用的,是主犯。

典型案例:

(2011)长刑初字第289号"盗窃燃气一案",陈某是某洗浴中心经理,受股东郑某、黄某的授意,伙同工程队负责人张某,蓄谋以该洗浴中心"降低成本"为由而盗窃燃气。由张某负责带领工程队私自开挖并镶接地下燃气管网,绕越燃气计量表盗窃燃气,由陈某负责日常盗用,时间达一年之久,盗用燃气金额近10万元。

此案,经法院审理后定性为"共同犯罪",陈某、张某、郑某、黄某均受到不同程度的刑事处罚和罚金。

5 结语

刑事司法解释是刑事法律规定的组成部分,司法解释来源于司法实践并在实践中指导着审判工作,司法解释适时的修订和完善是社会发展及司法实践的需要,是为司法实践而服务。为此,及时研究和掌握最新司法解释,了解立法的本意和目的很重要,可以在办理具体盗窃燃气案件中更好的贯彻最新司法解释立法本意和立法精神。

最新司法解释中相关盗窃"燃气数额的认定方法"制定,也是燃气企业多年不懈努力的结果,对进一步指导依法打击盗窃燃气违法行为有着积极的现实意义。

(汪庭瑶)

中国燃气行业年鉴 2013
CHINA GAS INDUSTRY YEARBOOK

第五篇

企业风采

气融万物　惠泽万家

——北京市燃气集团有限责任公司2012年又取得丰硕成果

2012年是北京市燃气集团全面推进"十二五"规划,积极进取,砥砺奋进,取得丰硕成果的一年。面对外部更加复杂多变的形势,北燃以"只争朝夕、争创一流"的精神状态,努力加快发展速度,提升发展质量、转变发展方式,实现了企业的快速发展、全面提升。

——各项经济指标增长显著。天然气购入量84.1亿立方米,销售量79.4亿立方米,同比增长22.6%和22.8%,创下历史最大增幅;实现营业收入171.1亿元,同比增长24.1%。全年发展家庭用户33.4万户、公服用户4081个、燃气采暖锅炉5443蒸吨、夏季负荷430蒸吨,均大幅度超额完成全年计划。

截至2012年年底,北京燃气和北燃实业资产总和达到380亿元,天然气、液化石油气、CNG等用户总数达到580万户,运行的燃气管网长度达到15000多公里。两个企业合并规模相当于2012年中国500强企业排名180位。

——市场拓展成绩突出。进一步完善业务布局,加快产业结构调整。实现了郊区市场发展范围的全覆盖,郊区市场发展布局基本形成。对外投资成绩斐然,成为拓展外地项目最多的一年。车用气、三联供、供热、液化石油气市场化、终端产品销售和增值服务等五大新兴业务板块均取得了突破性进展,形成新的增长点。

——内部基础管理不断深化。加强各类体系、制度、流程建设,内控体系进一步完善,工程建设管理能力进一步增强,生产运营精细化水平进一步提升,各类事故总量同比大幅下降。用户管理系统、用户发展系统、SCADA系统、PDA巡检、巡线等一批信息化系统上线运行,凸显了信息化对企业核心业务的支撑作用。

——企业活力不断增强。优化组织职能、组织绩效管理,资源配置的战略及业绩导向更加突出。不断创新市场化选人、用人机制,积极推进以职级职系为支撑的薪酬分配体系改革;科技创新能力明显提升,获得高新技术企业资质,企业发展的内生动力和活力不断增强。

——控制力、影响力大大提升。积极主动承担政治责任和社会责任,在首都城市基础设施建设和市政公用行业运营、服务中发挥了重要作用,得到各级政府、领导的充分理解、肯定和大力支持,国有经济的控制力、企业的社会影响力不断提升。

一、2012年主要工作回顾

（一）强化安全管理，安全保障水平不断提高

2012年各类事故总量与2011年相比减少66起,下降35.3%,其中用户事故总量减少50起,下降34.5%,管网事故量减少16起,下降38%。首次实现事故总量、用户事故、管网事故同步大幅度降低

的目标。

加强安全体系建设，提高安全管控能力。一是全面修订完善了集团公司职业健康安全管理体系，2012年底前已发布实施。二是建立了涵盖职业健康及安全管理、事故隐患和危险源、危险作业管理等十个方面的安全监督考核管理体系，做到了安全管理内容全覆盖。三是以单位自查与集团监察相结合，围绕体系内容全面开展安全监督考核，强化了安全主体责任意识。四是建立了经常性的安全工作分析总结机制，促进安全管理的不断完善、持续提升。

强化安全检查，及时消除安全隐患。一是重点针对20年以上老旧小区、急抢修多发区域开展专项安全检查，将居民自管用户全面纳入集团公司管理范围。二是加强用户巡检，巡检到访入户率提高到57.7%。三是与老旧小区综合整治改造结合，积极推进老旧管网、老旧居民小区的综合改造。四是有效推进重点管网隐患的技术改造。全年共开展消隐工作186项，完成178项，穿二环线工程、西三环次高压工程等一批重点消隐工程已顺利完成。

提高安全管理的科技含量。安全管理信息系统已上线运行，完成了《燃气户内安全防控模型》课题研究，建立了管网技改项目评估模型。高压翻转内衬技术已成功应用在西三环重点消隐工程，为解决多年的高压管道修复难题提供了有力的技术支持。各分公司强化了激光检测设备的配置，对及时发现、处置漏气隐患起到了积极的作用。开展了用户工程监理试点工作，从源头强化了安全管理，提高了工程质量。

加强职工安全教育，倡导安全文化。一是加强安全管理人员的专业素质和能力培训，鼓励专职安全管理人员取得注册安全工程师资格。二是围绕防灾减灾日、安全生产月等主题，组织开展了特色鲜明、形式多样、富有成效的安全活动。集团公司包揽了北京市有限空间作业大比武燃气行业冠亚军。三是将班组安全标准化建设与班组安全竞赛活动有机结合，进一步规范班组安全管理，扩大安全标准化建设班组覆盖面，更多班组获得了全国和北京市"安康杯"优胜班组称号。

（二）加强生产运营管理，全面提升城市运行服务保障能力

北京燃气集团以高于奥运会、国庆60周年燃气服务保障工作的标准，精心准备、周密部署、细化工作预案，全面排查隐患，切实做到责任、措施、重点、演练"四落实"，出色完成"十八大"服务保障工作，为首都城市安全运行做出了积极贡献。

全面推进生产运营管理体系实施，提升生产运营的精细化、标准化水平。一是推进生产运营同质化管理，进一步发挥了集团化运作的规模优势和协同优势。二是补充完善了液化气、压缩天然气的生产运营管理制度，实现了生产运营流程的全覆盖。三是进一步完善应急管理体系，建立了应急平台的突发事件信息库，加强对突发事件的分析管控，强化应急全过程管理。加大应急管理人员培训及应急演练力度，提高了应对突发事故的处置能力。

生产运营基础管理进一步夯实。一是继续做好燃气管线普查，建立了设备设施命名和编码，完善管网基础资料，全面掌握燃气管网设备设施的数量和分布情况。二是完成5800余户自管用户的普查，完善了自管户信息管理平台，对自管用户燃气设备设施进行统一管理。三是继续推进管网可视化管理，统一设备标牌2万个，安装管线标识6万余个。四是启动了分区计量试点工作，为实现购销核算一体化奠定了基础。

完成了SCADA系统升级改造及扩容，为实现"管网调度"向"管网智能化调控"转变提供了硬件支撑。普及管网仿真应用，初步建立了压力管网风险评估机制框架。在第一至第五分公司及高压

管网分公司全面推广实施PDA辅助运行，生产运营管理模式进一步优化。

（三）以销售服务管理为核心，企业效益质量不断增强

继续贯彻"开源节流、挖潜增效"的方针，加强计量销售管理，提高经济效益。一是以效益为核心，优化销售考核指标。首次以"现金回款"作为燃气销售考核指标，促进了资金回笼、加快了资金周转。二是坚持落实"挖潜增效"各项措施不放松。各单位创新催缴欠费模式，千方百计催收欠费，控制新增应收账款，取得显著成效。2012年12月1日，成功实现了我市民用燃气价格平稳顺出。三是进一步规范销售业务流程，完善销售管理制度，初步形成集团公司销售管理制度体系。四是加强计量仪表管控，稳步推进运行维护工作。开展了对家用壁挂炉采暖用户普查。全年确认追损气量157万立方米，收回气费387万元。五是推进计量销售信息化建设。用户系统各模块已全部上线，实现了对计量销售业务的全面支撑，进一步提升了销售管理水平和用户服务能力。全面开展了居民用户PDA巡检工作，巡检服务质量及服务水平得到很大提升。

完善服务体系建设，服务质量进一步提高。一是服务制度体系进一步完善，服务流程进一步优化。颁布实施《非居民用户户内巡检工作管理规定》，强化了对非居民用户户内巡检服务的过程管理。加强用户回访，用户满意度持续提升。二是进一步改进服务设施，大力增强服务能力。积极打造客户服务平台，96777热线呼叫中心完成扩容改造正式运行。一卡通缴费系统成功上线。三是燃气服务社会监督工作成效显著。制定了《行风建设管理办法》，建立行风建设的长效机制。深化民主评议基层站所工作，重新修订北京燃气服务承诺并向社会公开，开展了"优质服务合理化建议征集活动"。

创新社区服务模式，提升服务价值。一是深化社区服务对接机制，丰富燃气社区协作网工作内容。与北京社区服务公司合作，开展燃气宣传、咨询等服务，实现96777服务热线与96156北京市社区服务热线的对接。二是加快燃气社区服务中心（5S店）的标准化建设，打造为用户服务的有形载体。年内建成燃气社区服务中心（5S店）27家。三是以96777热线服务及社区服务为平台，积极打造燃气终端产品销售及增值服务业务板块。拓展了社区服务中心（5S店）的功能，开发增值服务，提供了包含燃气缴费、燃气业务、燃气宣传培训及燃气终端产品销售的一体化综合服务。

积极承担社会责任。进一步将为城区困难用户免费送气服务工作做好做实，已累计送气3.8万余瓶。调整降低了社会福利机构及社区居委会服务设施用气销售价格。为老旧小区改造工程试点提供了液化石油气临时供气保障。我市"7·21"特大暴雨自然灾害发生后，集团公司立即向房山等受灾地区捐款100万元并捐赠安装2100余套液化石油气灶具，赢得社会的广泛赞誉。

（四）抓住首都治理PM2.5契机，市场拓展成绩显著

积极推进上游资源项目。大唐煤制天然气项目捷报频传，大负荷试验已成功，具备了向首都供气的条件。乌审旗LNG项目基本建设已基本完成。加快推进非常规天然气项目，在煤层气领域开展了大量深入的研究，山西古交煤层气项目已取得积极进展；积极参与页岩气开发，参加了国土资源部第二轮页岩气探矿权投标。

加快城市主干管网建设。大力支持和配合中石油陕京三线北京市内工程建设。天然气管网体系进一步完善，接收配送能力得到提升，西六环南北段、西沙屯门站、西集门站等重点工程稳步推进。加快推进四大热电中心燃气工程的实施，华能电厂二期供气工程全线竣工；西南热电中心（草

桥热电厂）供气工程已正式通气；东北（高安屯）、西北（高井）热电中心、大唐煤制天然气接收工程等项目前期工作进展顺利。超额完成全年锅炉煤改气工作计划。

以郊区作为发展重点，加大市场拓展力度。进一步整合郊区燃气资源，怀柔、密云、昌平等收购企业的业务已全面纳入各属地公司。北京燃气延庆公司正式揭牌，北京燃气发展范围已经覆盖北京所有远郊区县，集团公司郊区市场发展布局基本形成。明确了郊区压缩气、液化气的业务发展模式，发挥郊区公司的属地优势和"三气并举"的协同效应，努力扩大郊区市场供应规模，推进郊区清洁能源全覆盖。

车用气市场取得历史性重大进展。气源生产、配送、站点布局、天然气汽车应用推广等工作全面推进。一是积极推进车用气相关政策的出台，主动承担相关政策研究，完成了"十二五"车用气发展规划，为车用气发展创造了良好的环境。二是全面启动CNG、LNG气源建设。北京市第一座LNG中转站——通州次渠LNG储备站已建成投产，并作为"十八大"期间我市LNG公交车的主要供应气源。三是大力推广天然气汽车。制定出台了公交、出租车天然气汽车推广方案。采取捐赠、补贴、合作试点等多种方式，积极开拓天然气汽车市场。四是加速推进加气站点建设。与中石化合资成立了车用气公司并与北京公交合作，共同开展天然气汽车加气业务。与顺义、通州、大兴等区县确立了合作关系，已促成多个项目加气站的建成落地。2012年12月底，已建成加气站15座，发展天然气汽车1700余辆。

三联供分布式能源市场取得突破。一是积极推动三联供相关政策的出台。天然气分布式能源被列为国家优先发展类别。二是确立了能源公司作为三联供项目投资、建设、运营的主体，加快拓展北京地区三联供项目，与海淀区政府签订了海淀北部开发区能源项目合作框架协议。2012年已实现完成2个、开工2个、拓展3个的目标，并形成一批三联供项目储备。

积极加快城市燃气投资。已在山东、东北、北京周边初步形成三大投资区域。同时，我们积极跟踪和寻找，储备了一批有价值的投资项目，为集团公司拓展发展空间，打下了良好基础。

（五）深化企业管理，管理的精细化、科学化水平进一步提升

一是加强战略规划管理。对战略规划实行动态管理，进一步完善了规划内容体系。二是完善综合管控体系，强化组织管控。以修订完善管控集分权手册为核心，强化了集团层面战略协同、综合管控、支持服务和资源配置的功能作用。开展了后组织职能优化工作，实现了组织标准化和职能同质化。三是加强流程管理。编制了集团公司流程管理制度、管控流程手册，为流程体系的实施奠定了基础。四是优化绩效考核管理体系。优化组织绩效体系，突出考核指标的战略及业绩导向。集团公司多级绩效管理工作体系逐步完善。五是组织开展了全面对标管理。先后赴国内13家先进同行业企业，全面开展对标。确定了体现行业特点的对标管理指标体系，在与标杆企业进行指标比较的基础上，分析查找自身存在的薄弱环节，分别研究制定并组织实施了具有针对性的改进措施，并取得了初步成效。

以财务管理、审计监督和法律风险防范为核心的内控体系进一步完善。一是健全财务管理制度，完善财务内控体系建设。开展了货币资金专项检查，提高内控制度执行力，防范企业风险。贯彻财务总监外派制度，提高了对下属单位财务管控水平。二是进一步强化了审计监督职能。进一步完善了审计制度体系，扩大了审计工作覆盖面。在工程建设管理流程中引入第三方监督职能，使不相容职务得以分离。推进工程造价标准化审计，使工程造价审计更加规范、高效。三是重点在合同

管理、授权管理、法律事务管理等方面做好法律风险防范工作。开展格式合同文本库建设，进一步规范了非民用供气合同。探索合同管理信息化，推进合同全过程管理。妥善处理各项法律纠纷，最大限度维护了集团公司合法权益。四是围绕提高执行力，针对生产经营中的薄弱环节有效开展监督检查。2012年集团公司及所属基层单位共确立了37个效能监察项目，提出监察建议87条，积极落实整改，促进了企业内部管理和经营业绩的提升。

完善设备、物资管理体系建设。加大招标采购规模和比重，加强采购过程监管，打造阳光采购形象。积极消纳积压库存，优化库存物资结构。加强知识产权管理，通过申请北京燃气组合商标，提升了企业无形资产价值和品牌影响力。

加强工程建设管理。创新工程建设综合管理模式，开展了工程建设项目总承包管理模式（EPC模式）试点，推行工程建设项目安全预评价。加强技改大修项目的过程管理，加大对重点项目的管控力度，实行全程管控，确保了技改大修项目保质保量完成。档案基础管理进一步夯实，加强内部竣工项目备案档案资料管理，工程档案管理水平稳步提升，档案信息化工作扎实推进。提高后勤管理的规范化水平，车辆、房屋、办公用品、餐饮等服务保障水平进一步提高。

（六）积极推进科技创新和信息化建设，支撑企业高端发展

科技创新能力明显提升。经过艰苦努力，集团公司取得了高新技术企业资质，标志着集团公司的科技创新工作迈上了新台阶。召开了第三届科技大会，进一步明确了近两年科技工作方向和重点工作。科技创新制度体系进一步完善，科研项目管理更加规范，突出了对科技创新的激励导向。科技成果显著，取得13项专利(其中发明专利2项)和3项计算机软件著作权，主持3项、参与7项国家、行业或地方标准的编制工作，发布9项企业技术标准。获国家科学技术进步奖二等奖1项，北京市科学技术进步奖三等奖1项，发表学术论文20余篇。研究院获得了"北京科技研究开发机构证书"。科技成果应用转化方面取得突破，"燕山牌"灶具产品成功上市销售；"商用燃气灶具技术"获得国家重点节能技术推荐资格。

企业信息化水平大幅提升。用户管理系统、用户发展系统、EAM系统（二期）、生产运行管理系统（PDA升级）、SCADA系统、96777话务平台系统、人力资源管理系统等一批信息化系统已经完成上线运行。信息化对用户发展、用户管理、客户服务、企业管理等核心业务的支撑作用明显增强。

（七）进一步优化企业资源配置，企业活力不断增强

合理调整业务布局，企业资源配置得到优化。完成了对绿源达公司股权的收购以及对CNG资产的整合工作。绿源达公司成为北京燃气的全资子公司；签订转让协议收购北燃实业持有的北燃港华公司50%股权。

加快推进设计类业务资产整合进程。完成了设计监理公司的企业改制及增持优奈特公司股权，进一步理顺了产权关系，提升了企业的竞争力，为设计类企业注入上市公司创造了条件。

工程板块市场竞争力进一步提升。工程公司创新经营模式，创建市场开发体系，积极抢占市场，拓宽业务范围。加强与集团公司业务发展的协同配合，加大自主工程项目拓展力度，企业盈利能力显著增强。

积极建立和培育新兴业务板块。组建了北燃实业供热板块，以北京北燃供热公司为投资和运营平台，开展郊区县燃气供热及政策建议研究及供热价格研究，与各区县积极开展供热合作，供热业

务开局良好。

液化石油气公司在做好政府储备和社会供应保障的基础上，积极配合政府部门做好液化气价格并轨方案。北燃液化石油气公司深入落实"三气并举"的郊区发展战略，进一步完善市场化运营机制，采用多种灵活形式积极开发郊区市场；优化销售结构，大力开拓餐饮气市场，终端市场占有率稳中有升，为进一步推进液化气公司市场化改革奠定了良好基础。

焦化厂后转型期各项工作有序推进。548名有岗待业人员顺利实现全员安置，保证了职工队伍稳定。南区土地项目已完成了规划设计和前期行政审批，具备开工条件。唐山佳华在外部市场形势剧烈变化的情况下，及时采取有效应对措施，强化管理、深入挖潜，产能利用率从55%提高到76%，平均装炉煤成本已经接近唐山地区最低水平，初步止住了大幅度亏损的局面。

（八）加快推进人力资源建设，为企业发展提供人才保证

继续深入开展"四好班子"创建活动，扩大"四好班子"建设的覆盖面，促进领导班子自身建设。加强中层管理人员队伍建设，进一步完善了选聘、考核、履职评价和培训机制，打造高素质的经营管理者队伍。

大力加强人才培养工作。一是强化后备人才管理。启动了2012年公开选拔中层后备人才工作，新补充入库80人。对挂职锻炼人员进行跟踪管理，定期组织挂职锻炼人员沟通交流。二是强化技能人才的培训。开展技能人员等级培训，741人次取得等级技能证书。持续开展职工素质建设工程，开展学分银行教育、通用能力培训和重点群体培训等工作，提升职工队伍整体素质。三是建立开放型的人才开发机制。市场化聘任了一批专业公司的高级管理人员，为集团公司高端发展注入活力。加大外埠投资企业人力资源本土化力度，激发了当地员工的积极性。四是深化校企合作人才培养模式,培养企业适用的专业人才。本着早动手、严把关、高标准的原则，引进招收108名高素质的应届毕业生。

积极创新和完善岗位、绩效、薪酬管理。推进以职级职系为支撑的薪酬分配体系建设。完成了信息中心、研究院、运营调度中心、投资中心等七家专业机构的"三定"工作，形成了分公司"三定"工作方案；在信息中心、研究院两家单位开展了薪酬体系改革试点工作。积极推进员工绩效考核，形成了集团公司员工绩效管理体系，在集团总部部室、专业机构开展了员工绩效考核，为绩效考核的全面实施奠定了基础。着力强化离退休人员的管理和服务，全面落实离退休各项方针政策，较好地发挥了离退中心作用。

（九）增强宣传实效，营造有利舆论环境

充分利用各方资源，强化主动宣传意识，不断创新宣传形式，强势推进宣传工作，为企业发展营造良好氛围。一是开拓宣传方式。《北京燃气》等企业报刊围绕中心，深入聚焦一线，鼓舞员工干劲，发挥了"内聚人心，外树形象"的积极作用。开办北京燃气TV，实现了多媒体宣传。二是集中开展了一系列对外宣传活动，宣传效果显著。采取新闻发布、深度采访和专题报道等方式，加大主动宣传力度，强化了企业品牌，提升了企业形象。全年对外发稿136篇，刊登、播出480篇次；针对重点工作，开展了18次新闻发布活动；强势启动"北京气源万里行"媒体采访活动，得到了北京市、中石油领导及广大用户的一致认同；与北京电视台携手走社区活动产生了广泛影响；做客北京广播电台对话广大用户，成为多家媒体关注的热点。

持续推进企业文化建设，提高了企业的凝聚力和文化的影响力。通过开展"十个一"企业文化

活动，大力弘扬燃气文化。组建"工人宣讲团"，获得市国资委宣讲比赛"双十佳"。重点在远郊公司和新入职员工中宣讲集团公司企业文化，增强了员工的认同感、归属感和荣誉感。积极推进企业标识服务形象建设，编制完成了《服务网点企业标识和外观形象建设规范》手册。深入推进精神文明建设，开展"践行北京精神 弘扬企业文化 做文明有礼的北京燃气人"主题教育活动，集团公司连续第三次获"首都文明单位"称号。

二、企业面临的形势分析

纵观国内外形势，北京燃气正处在大有可为战略机遇期，面临着前所未有的发展机遇。

首先，在国家层面，党的"十八大"提出了全面建成小康社会的总体目标，工业化、信息化、城镇化、农业现代化深入发展，经济结构、产业结构的调整升级，带来了对清洁能源需求的迅猛增长。

第二，在行业方面，气源供应环境进一步改善，供应总量日益充足，气源结构、供应渠道不断丰富。在常规天然气市场蓬勃发展的同时，煤制气、煤层气、页岩气等非常规天然气异军突起。以三联供分布式能源、天然气汽车为代表的天然气应用方式不断成熟，市场认可度不断提高。

第三，市委、市政府提出建设有中国特色世界城市的战略目标，对首都能源结构、能源保障提出了新的要求。北京市要大力推进生态文明建设，在全国率先建成资源节约型、环境友好型城市。市政府深化治理PM2.5污染一系列措施的实施，加快了调整能源结构，加大了清洁能源的推广。

第四，随着人民生活水平的不断提高，消费能力和消费水平持续上升，对我们的能源供应以及更加多样化、高品质的服务提出了更高要求。各级政府和广大消费者对保障和改善民生的高度重视和要求，也成为我们不断加快发展的推动力。

在分析机遇的同时，我们也要保持清醒的头脑，认识到面临的任务与挑战，增强责任感、危机感和紧迫感。

第一，"十二五"发展的任务仍然艰巨。2012年我们的气量实现了84亿立方米，创下历史最大增长，但与实现2015年160亿立方米~180亿立方米气量的目标还有相当大的差距。

第二，与行业领先的目标仍存在很大差距。通过与行业先进企业对标，虽然我们目前在经营规模、资产规模、效益水平上仍处于第一集团军前列，但是在投资增长速度、全国性市场占领方面已经远远落后于昆仑、华润等全国性的燃气公司，特别是在适应市场化发展的体制机制方面与这些企业差距更为明显，还需要不断创新突破。

第三，市场竞争更加激烈。随着集团发展的地域和业务领域的不断扩大，市场竞争对手重量化、态势白热化、领域扩大化的趋势日益明显。我们不仅要与拥有强大的资金优势、资源优势、技术优势的大型央企同场竞技，还面临着议价能力不断增强、产业链不断向上延伸的下游集团用户的挑战。

第四，转变发展方式的要求更加迫切。一方面我们在传统领域、城市中心区市场开拓、气量增长的难度越来越大，另一方面由于业务结构、盈利模式比较单一，使得政策因素、价格因素、气候因素等对我们的影响和制约越来越大。我们必须加快转变发展方式，优化资源配置，延伸产业链，实现企业的高端、协调和可持续发展。

在新的历史阶段，在难得的机遇和艰巨的挑战面前，只要我们始终保持激情，胸怀理想，坚定信念，自我超越，创新突破，就一定能够创建一个强大的、现代化的企业，北京燃气集团的梦想就一定能够实现。

三、2013年主要工作

（一）深入贯彻发展战略，加快市场开发步伐

坚持按照发展战略要求，抢抓城镇化的机遇，通过投资和市场"双轮"拉动，加快转变发展方式，培育新的增长点，为集团公司实现跨越式发展开拓更广阔的市场空间。

（1）立足北京，加大北京市场发展力度。

——深化城区市场开发。加大锅炉煤改气项目发展力度，力争在2014年以前实现城六区无煤化的目标。要对成熟市场进一步细分，积极发展餐饮、公服、建筑业等优质用户，紧盯城市发展规划和功能定位，加大对各类功能园区的挖潜，引导和优化用户用能方式。

——加快郊区市场发展。把郊区作为重要的增长极，全力拓展，努力实现较大增长，使郊区县年燃气增量占集团公司全年燃气增量比重显著增加。一是继续按照属地管理、守土有责的原则，以区域分、子公司为核心，相关单位协同配合，充分发挥集团公司"三气并举"、"综合服务"的优势，抢占郊区发展先机。二是积极推进郊区煤改气，确保新建采暖项目使用天然气，形成新的增长点。三是要在竞争区域，明确责任单位，充分利用集团公司资源、技术和价格优势，形成全面包围、挤压态势，增强区域市场控制力。

——加快实施重点工程建设。积极推进西六环续建工程、大唐煤制气市内接收工程、高井热电中心及配套燃气管线、西集LNG液化工厂、LNG中转站、煤改气等重要工程建设。在加快工程建设的同时，加强投资控制，降低工程总造价。

——积极拓展外埠燃气市场。要进一步加大工作力度，积极推进已有项目的落实，加快项目的开发。按照集团公司战略布局，重点发展陕京沿线、东北、华北、环渤海等区域城市燃气市场，年内至少完成5个外地燃气投资项目。

（2）进一步加快产业链延伸，培育新的增长点。

——加大上游资源项目投资力度。上游资源项目在资源保障、价值投资方面的重要性日益凸显。我们要继续加强与中石油战略合作，做好陕京四线等长输管线及省际干线管网投资工作；积极推进页岩气、煤层气等非常规天然气领域投资项目，力争在新一轮天然气资源竞争中抢得先机。

——加快发展天然气三联供业务。能源公司要承担起主体责任。加快推动相关配套政策的落地。重点推进北京科技商务区、海淀北部地区、北京环渤海高端总部基地、丽泽金融商务区、金盏金融服务园、首钢高端产业综合服务区等园区项目，确立三联供市场的主导地位。

——大力发展车用气市场。绿源达公司要承担起主体责任，加快LNG、CNG供应体系建设，打造生产、运输、销售一体化的车用气供应链。要加快建站。做好液化天然气工厂、中转站及CNG母站建设，占住市场高端。进一步加快终端加气站点布局，力争今年在全市范围内建成70座加气站。要加快扩车。继续加大市场推广力度，落实公交车、出租车使用天然气项目，重点突破物流、长途客运等行业天然气汽车的发展，年内要形成1万辆天然气汽车规模。要加强运营。尽快形成覆盖CNG、LNG生产、运输、销售全业务流程的完整运营服务体系，确保业务链条的有效运转。

——积极拓展天然气供热市场。进入燃气供热市场，是我们拓宽业务领域、实现产业链延伸的重要举措。北燃供热公司要承担起主体责任，年内开发供热市场不少于800万平方米。逐步形成以天

然气销售为依托，燃气、供热协同发展的整体格局。

——统筹推进液化石油气板块发展。液化气公司要在继续做好保障政府储备和社会供应的同时，充分利用产业链完整的优势，实现快速规模发展。加快液化石油气议价气市场开拓，力争市场化终端用户的销售量增长10%。

——提升增值服务能力。我们为用户提供的增值服务越多，客户对我们的依赖性也越强。要积极探索研究适应市场需求的服务新模式，拓展增值业务范围，扩大自有品牌的燃气终端产品销售。

（3）在开辟新的业务的同时，我们仍要继续保持和巩固传统业务优势。

——加大力度推进设计板块发展。

——工程业务板块要紧紧跟上集团发展的步伐。

——焦化厂要着眼长远，做好后转型期各项工作。

（二）强化销售管理，提升服务价值

销售工作关系企业的核心利益，是集团公司提升效益、实现利润的最前端环节，要进一步加强销售管理，不断提高经济效益。

以提高收费率为核心，加强销售管理。继续开展查表收费竞赛，提高收费率。建立用户信誉度评价制度，加强对用气规律的分析。提高家用壁挂炉采暖用户普查的入户率。加强应收账款管理，科学安排电厂等大用户收费期，加大催缴欠费力度，控制新增欠费。

以降低购销差率为目标，加强计量管理。加快制定集团公司计量管理方案，强化计量仪表全过程管理。加强内部资源的整合，加大自主知识产权仪表的应用。对运维发现的计量仪表问题，加快整改。上半年，要解决所有计量表加装旁通问题，全部取消协议收费。要在小区域计量试点工作基础上，进一步完善分区计量方案，尽早在集团公司全面实施分区计量。

强化天然气查表收费稽查。实现查表收费计量、燃气门站以及压缩天然气计量稽查的全覆盖。加大稽查力度，对稽查中发现问题全面跟踪，监督及时整改。

持续打击偷盗气。加强与公安、司法等部门的配合，鼓励举报，有效震慑偷盗气行为。堵塞管理漏洞，对内部人员参与偷盗气行为严厉惩处，直至解除劳动合同。

深化服务体系建设，全面提高服务水平。一是进一步完善服务制度体系。二是以用户管理系统应用为支撑，提升服务水平。三是以服务评价综合化为手段，提升服务质量。四是以深化行风建设为抓手，提升社会形象。

推广社区服务新模式，提升服务品牌价值。一是丰富燃气社区协作网工作内容，深化社区服务对接机制。二是以社区服务中心（5S店）为核心，全面打造面向客户服务的有形平台。

（三）深化安全工作，夯实企业发展基础

以宣贯和实施职业健康安全管理体系为主线，促进安全管理工作全面提升。一是将其作为指导安全生产的基础性文件，为启动职业健康安全管理体系认证工作打下基础。二是开展安全生产标准化工作，全面梳理和确定工作方向和内容，率先在燃气高压门站、CNG、LNG加气站和有限空间作业开展安全管理标准化工作。持续推进班组安全标准化建设，促进达标班组再上新台阶。三是加强安全监督考核。明确各级安全管理部门的安全监督职责，充分发挥各级安全管理人员的安全监管作用。要加强安全生产过程的监督检查，确保安全责任落实到位。四是加强安全管理人员专业素质与

能力的培训，督促和要求专职安全管理人员取得注册安全工程师资格。强化员工安全意识教育，激发员工安全生产的主动性、自觉性。五是进一步强化和规范事故、事件的管控和分析。推广事故、事件多维度分析方法。加强危险场所作业现场标准化管控工作，逐步推广应用到带气作业和通复气作业现场。

加大安全投入。提高科学地确定技改大修项目的能力。进一步强化技改大修项目决策、质量控制、进度控制、投资控制和安全保障等方面全过程管理。强化新技术在消隐中的应用，加强新型设备设施的更新配备。积极推进开展管道预防性修复工作，按照消隐"一片清"的理念，开展综合消隐试点工作。进一步扩大监理工作范围，在集团公司全面实行用户发展工程监理。

提升安全社会服务水平。主动走出去，加强与政府、社区和用户的沟通与合作，积极构建全方位的安全服务管理模式，树立安全负责的企业外在形象。加强安全用气知识的社会宣传，提高用户安全意识和防范能力。

（四）提升运营水平，巩固核心竞争优势

加快智能燃气管网建设。一是实现更加强大的资源优化配置能力，显著提升管网的承载能力、输配能力。二是实现更高的安全稳定运行水平。大幅提升抵御突发性事件和严重故障的能力。三是实现高度智能化的管网调度。通过在线智能分析、预警和决策，实现管网调压、调度的精准化控制。四是实现管网资产全生命周期的统筹管理和利用。通过智能管网调度和需求侧管理，大幅度提升管网的资产利用效率。2013年要初步搭建起智能燃气管网的框架体系。

进一步完善生产运营管理体系。上半年，完成LNG、CNG车用气的生产运营管理规范，并逐步将三联供、供热、液化气的运营管理纳入体系范围，实现全业务领域的生产运营流程全覆盖。结合生产运营管理体系，制定并发布管网运行手册，切实提升管网运行到位率和运行质量。建立管网风险评价体系，做好管道防腐及阴极保护管理。加强自管户管理。完善物资管理模式，提升供应保障能力。加强采购过程监管和驻厂监造，确保物资的及时供应。提高库存管理水平，提高供应效率，减少资金占压。

（五）完善管理体制机制，构建集团化管控模式

随着集团发展战略的深入实施，集团化发展的特征日益明显。适应这种发展和变化，必须加快构建符合企业发展战略、功能定位和业务特点的集团化管控模式，进一步完善集团对各经营单位有效管理的体制机制，有效实现管理重心下移。

（1）强化集团总部战略管理和服务职能。全面落实组织职能优化的成果，集团总部和分、子公司按照各自在整体管理架构中的职能定位开展工作。集团总部要继续强化战略规划体系建设和计划预算管理，完善充实战略规划内容，及时制定新业务发展规划，进一步提高计划预算的编制水平和严肃性、权威性，确保战略规划和计划预算目标在分、子公司等执行单元的落实。根据流程体系建设三年规划，抓好流程管理制度的贯彻实施。增强总部服务意识，建立和完善集团总部对分、子公司发展的支撑体系，加强对分、子公司的指导和管理支持，提高总部的办事效率，形成全方位有效的管理对接，为分、子公司的发展创造有利的条件。

（2）强化分、子公司经营主体职责和业绩考核。分、子公司作为集团的战略执行单元，要适应集团管理重心下移的需要，进一步强化经营主体职责，提高执行力。根据集团的战略意图和发展要

求，建立分、子公司责权对应的管理体系，针对不同分、子公司的性质、业务特点，确定不同的目标责任，并通过加强考核加以落实。突出经营理念，在分公司试行"模拟利润"、"购销差率"的考核指标和相应的奖惩办法，树立分公司市场化意识，引导分公司企业化经营。探索建立子公司经营者激励机制，以经营业绩为导向，对经营者进行奖惩，鼓励子公司加快发展。加强对子公司的经营分析和绩效评价，全面跟踪和监测子公司的经营状况，提高管理水平和经营绩效，确保投资回报。

（3）进一步构建和完善集团化的内控体系。

——深化财务管理，着力推进集团化财务管控模式建设。提升融资能力。企业的融资策略决定了企业的发展速度。要尽快为企业的快速发展制定一条可持续、便捷、畅通的融资渠道，同时积极争取股东增资。加强财务核算。建立财务管理系统和业务系统数据的有效衔接，进一步提高报表及财务分析报告的及时性与规范性。加强财务内控。继续实施每年至少两次的财务内控与货币资金检查；加强财务预算管理，加强预算编制和执行情况的审核、分析与执行监督；加强工程投资领域的投资成本分析以及物资采购领域的采购成本分析。贯彻外派财务总监和财务负责人定期履职情况和预算执行情况的分析报告制度。

——发挥审计的内部监督和风险控制作用。加大事前、事中审计，监督关口前移，实现基本建设项目从预算到决算的全过程审计。加大对审计建议落实情况复查力度，并提出相应管理建议。提高经济责任审计的覆盖面，实现经济责任审计由经济责任的履行结果向履行过程转变。

——进一步建立健全法律风险防范机制。提高法律事务综合管理水平，逐步建立全面覆盖、层级清晰的法律管理制度。更加有效地控制合同法律风险，开展合同标准化、精细化的基础管理工作，初步建成合同标准文本库、常用法规库和常用案例库。加强集团公司纠纷案件管理工作，采用"一统两级"的管理方式，加强纠纷案件过程管理和监督，提高应诉水平，更好地维护集团公司合法权益。

——重视并发挥监察工作的监督保障作用。重点围绕查表收费等核心业务确定检查项目。试行效能监察立项"一把手"点题，抓好监察建议的落实。

（4）加大基层建设力度。按照"管理重心下移"的原则，给予基层更多的业务处置权。在各类资源配置上，加大向一线倾斜力度。要将更多高素质人员下沉到基层，结合今年分公司"三定"，采取增设基层助理、将所站"八大员"改为"八个岗位"等有效措施，加强基层人员配备。要将改善基层一线的办公场所、工作条件，列入年度资金计划，确保落实。

（5）进一步做好管理对标工作。要将对标管理作为集团公司实现行业领军企业目标的重要方法和手段，从高端对标、专业对标、基层对标、动态对标四个方面，瞄准国内外行业领先标准学习标杆、寻找差距、逐项改进、实现超越。

（六）以科技创新为驱动，以信息化为支撑，促进企业高端、可持续发展

着重提升科技创新能力。充分利用首都科技资源优势和政府科技政策，扩大产、学、研、用合作的深度和广度，加大关键技术引进、争取获得更多政府支持。加快培育研究院资质，积极申报北京市工程技术研究中心、企业研发中心，稳步推进各类实验室建设。创造全员参与科技创新工作的环境。鼓励各基层单位承担科研项目、成立技术专家工作室，为基层参与科技创新提供良好的机制和平台。加快科研成果转化。坚持科研为发展战略服务、为生产一线服务。积极培育成果转化平台，尽快将科研成果转化为生产力。探索建立科研项目经济效益考核指标。做好高新技术企业资质

维护工作。

信息化是所有业务变革的基础。在提升管理水平、增强集团管控能力、创新业务模式中的作用愈加重要。我们要从全局性、长远性和战略性高度，提高对信息化重要作用的认识。

落实"十二五"信息规划。一是年内完成14个新建系统和19个续建系统，重点抓好财务管理系统、工程管理系统建设，建立统一、全面、集成、实时共享的信息平台。二是要深化生产运营、SCADA监控、用户管理、安全管理等28个已建系统应用。加强业务人员的信息化培训。三是要着重加强信息安全管理，提高运维管理、服务能力。提高信息系统的风险防范和应急处置能力，提升核心业务信息系统的安全等级。

（七）加强人才队伍建设，为实现集团整体战略目标提供保障

加快制定人才队伍建设滚动规划。以集团公司战略发展和多板块业务经营对人才的需求为基础，制定"当期人才队伍补充计划"和"三年人才队伍建设滚动规划"。

优化现有员工队伍。一是加强经营管理人才队伍建设，通过高端培训提升综合素质，通过业绩考核激发职业潜能，为经营管理人才创造"干事创业"的良好环境。要注重外派高管人员的素质培养和综合能力提升；二是加强专业技术人员队伍建设，深化以职级职系为主导的薪酬分配制度，努力培养造就各个专业领军人才。三是加强技能型人才队伍建设，提高技能人才队伍的整体水平，搭建员工展示才能、施展才干的平台。

加强高端人才引进与管理。要实现集团业务发展与高端人才储备与培养同步考虑、同步启动、同步实施。建立专业招聘团队和人才测评模型，严把引进质量关。

做好应届毕业生招聘与培养。积极与重点高校建立定向联系，形成稳定的优秀生源供给渠道。开展新员工职业生涯规划工作，建立"优秀青年人才库"，促进毕业生在基层岗位成长成才。

开展"三定"工作，推进薪酬体系和员工绩效考核体系建设。根据集团公司"三定"工作的整体部署，各分公司制定本单位"三定"工作方案，确保"三定"工作稳步推进实施。以"三定"工作为基础，在分公司和专业机构实施以"职级职系"为主导的薪酬体系；要进一步下放薪酬发放自主权，让基层单位充分运用薪酬杠杆调动员工的工作积极性。全面推行员工绩效考核工作，强化"以绩取酬、奖优罚劣"的激励导向。

构建员工培训体系。大力开展职工培训工作。有计划、有步骤地完成师资、课程、运行三大模块体系文件的编制。积极推行培训学分管理，建立集团公司内训师队伍，搭建在线学习平台，深化与国内著名院校和培训机构的合作，建立多方位的员工培训渠道，形成多层次、立体化的培训管理体系。

（八）加强宣传引导，为企业发展营造良好氛围

强化正能量，调动积极性，增强凝聚力，为集团公司发展创造良好的内外部环境。

重点加大内部宣传力度，强化"内聚人心"作用。依托多种宣传平台，突出全年工作的中心和主线，结合各项重点工作的推进实施，集中开展宣传报道，充分调动和激发广大干部职工为实现"燃气梦"而努力奋斗的激情和干劲。继续做好外部宣传，强化"外树形象"作用。集中内外资源统一开展宣传，广泛采取网络、报纸、电视等现代化媒介手段，树立北京燃气"绿色环保、安全负责，奉献首都、服务市民"的良好公共形象。

加强企业文化建设，发挥企业文化的凝聚和导向作用。加强新业务、对外投资企业的文化宣

贯，扩大企业文化覆盖面和影响力。不断丰富企业文化的形式和载体。举办北京燃气五十五周年庆祝活动，进一步凝聚人心、鼓舞士气。组织"工人宣讲团"等活动，讲述职工身边的故事，实现企业文化由理念到行为的转变。统一集团公司业务站点、营销服务网点的标识，树立企业良好的外在形象。

深化群众性精神文明创建活动。以争创"首都文明行业"为主线，做好未来3~4年创建规划，力争在"十二五"末进入"首都文明行业"行列。继续做好文明单位和呼家楼式文明班站评选推荐工作，大力选树、培养和宣传先进典型，营造比、学、赶、超的环境氛围。

（李雅兰）

上海燃气　让天更蓝
——上海燃气（集团）有限公司

上海煤气始于1865年。新中国成立后，上海城市燃气得到不断发展和壮大，并于20世纪90年代实现城镇全气化。1999年，东海天然气进入上海，开启了上海天然气大发展的新时代，随着西气东输、进口LNG、川气东送等天然气气源相继入沪，至"十二五"期末，上海有望实现管道燃气的全天然气化。

上海燃气（集团）有限公司成立于2003年12月，注册资金42亿元，为申能（集团）有限公司全资子公司。业务领域涵盖天然气管网投资、建设运营与销售，人工煤气生产与销售，以及液化气经营等，上海本地燃气市场占有率超过90%，用户规模与储运能力位居全国首位。旗下包括一家天然气管网公司、三家制气公司、五家燃气销售公司、一家液化气公司，参股燃气设计院、申能新能源、申能能源服务、林内、富士工器等企业。截至2012年底，公司拥有城市燃气高、中、低压管网1.9万余公里；总资产160.7亿元，年产值销售收入189亿元，员工近9000名；燃气用户608万户，其中天然气438万户，人工煤气64万户，液化石油气106万户；年供应天然气62.4亿立方米，人工煤气8.3亿立方米，液化气10.5万吨。

公司秉持"上海燃气，让天更蓝"的理念，正在加快推进天然气发展，并致力于成为国内同行领先的系统能源服务商，为促进上海经济社会发展、改善城市环境质量、提高人民生活水平发挥积极作用。

奉献光热　共创卓越
——重庆燃气集团股份有限公司

重庆燃气集团股份有限公司是重庆市能源投资集团有限公司控股，华润燃气（中国）投资有限公司参股的国有控股企业。

重庆燃气集团主要业务包括城市燃气储、输、配、售，基础设施建设、燃气工程设计、安装、燃气计量检测、压缩天然气经营。截止2012年末，燃气集团资产总额近59亿元，拥有全资子公司15家、分公司10家、参股公司2家、控股公司10家。天然气供应范围已覆盖重庆市24个区县，服务客户突破313万户，主要经济技术指标在全国城市天然气同行中名列前茅。

重庆燃气集团作为关系国计民生的管理服务型企业，始终以"奉献光热，共创卓越"为企业核心理念，秉承"诚信、利民、安全、创新"的企业精神，努力营造"心齐、气顺、风正、劲足"的企业氛围，体现城市燃气供应行业基础性、服务性、公共安全性三大特征。

重庆燃气集团通过全国最大的单体天然气储配站——头塘天然气储配站、重庆市主城区内环、中环、外环主输气管线、燃气输配管网调度自动化监控系统、主营业务信息化等重点项目的建设，以充足的气源、安全合理的燃气输配管网、充分的储气调峰设施和高度自动化的调度手段、完善的抢险应急救援机制及全方位、人性化的优质服务，全力打造重庆市天然气安全供应保障体系。

近年来，重庆燃气集团被授予"全国先进基层党组织"、"全国文明单位"、"全国五一劳动奖状"、"全国工人先锋号"、"中国客户关怀八十强"、全国"安康杯"优胜企业、"全国模范职工之家"、"全国设备管理先进单位"、"全国企业管理现代化创新成果一等奖"、"重庆市工业企业50强"、"重庆市国企贡献奖"、"重庆市消费者满意单位"、市政府"110联动工作先进集体"等荣誉称号。

社会尊重　客户信赖　成员幸福　股东共赢
——中国燃气控股有限公司

中国燃气控股有限公司是中国最大的跨区域能源服务企业之一，在香港联交所主板上市，股票代码0384，中国燃气的主要股东有北京控股集团有限公司、英国富地石油公司、韩国SK集团、印度燃气公司及中国石油化工股份有限公司等。自2002年成立以来，中国燃气专注于在中国大陆从事投资、建设、经营、管理城市燃气管道基础设施和液化石油气的仓储、运输、销售业务，向居民、商业、公建和工业用户输送各种燃气，建设及经营车船燃气加气站，开发与应用石油、天然气及其他新能源等相关技术产品。

经过10年的快速发展，中燃人凭借"梦想、激情、超越"的中燃精神，坚守"社会尊重、客户信赖、成员幸福、股东共赢"的核心价值观，励精图治，引领变革，使中国燃气在激烈的市场竞争中脱颖而出。

中国燃气在全国28个省市自治区进行了广泛的项目布局，形成了以城市燃气业务为主导，液化石油气、车船燃气和分布式能源并举的产业结构。截至2013年3月31日，中国燃气总资产达350多亿元，旗下的公司已达300余家，集团员工总数突破3万，燃气管网总长5万多千米，各类管道燃气用户近1000万户，瓶装液化石油气用户达400多万户，燃气供应覆盖城市人口近1亿。

在资源共享、技术交流和项目运营上，中国燃气先后引进了来自中国、韩国、印度、美国等国家的战略投资者和合作伙伴，搭建了独一无二的国际化能源合作平台。公司先后被纳入了恒生中国内地100指数和富时中国指数系列。

中国燃气在提升人民生活品质、加速产业转型、繁荣地方经济、维护社会稳定、改善生态环境等方面作出了积极贡献。多年来，集团和各地项目公司发起或参与的帮教、赈灾、扶贫等慈善公益活动累计超过1000次，并先后获得"十大品牌企业"、"杰出成就企业"、"中国杰出天然气供应商"、"最具潜力中国企业"、"最佳爱心贡献奖"、香港"商界展关怀奖"等1000多项殊荣。

展望未来，中国燃气将不断致力于提供更高品质的社会公共服务，成为客户信赖、社会尊重的世界级能源服务企业。

外延式扩张与内涵式增长并举
不断延伸产业链发展
——华润燃气控股有限公司

华润集团副总经理、华润燃气控股有限公司董事长 王传栋

华润燃气控股有限公司（以下简称"华润燃气"）是华润集团下属战略业务单元，主要在中国内地投资经营与大众生活息息相关的城市燃气业务，包括管道燃气、车船用燃气、分布式能源及燃气器具销售等。目前已在南京、成都、天津、郑州、济南、福州、重庆、武汉、南昌、昆明、厦门、无锡、苏州等近200座大中城市投资了燃气企业，是中国最大的城市燃气运营商之一。

2007年1月，华润燃气正式成立。华润燃气始终坚持以发展作为第一要务，坚持外延式扩张和内涵式增长并举，在保持规模与效益同步增长的同时，注重增长的质量和效益，不断加强内部管理和组织能力建设，努力塑造优秀的企业文化，打造企业核心竞争力。在短短的六年时间里，华润燃气从小到大，从弱到强，走过了竞争对手15年甚至20年的发展历程，从行业内默默无闻的无名小卒华丽转身为中国最大的城市燃气运营商。华润燃气居民用户数从2007年的218万户增至2012年的1626万户，复合增长率为49%；年销气量从12亿立方米增至107亿立方米，复合增长率达54%；成员企业总数从27家增至146家，拥有员工3万余人。

自2008年底在香港上市以来，华润燃气得到了资本市场的高度青睐。2008年11月3日，华润燃气在香港成功上市。在美国金融危机、欧债危机导致全球经济低靡及全球股市不景气的情况下，华润燃气股票一路凯歌，四年间从上市之初的每股3.42港元，上升到2013年7月15日的每股20.8港元，在香港和国内同行的上市公司中表现最优，实现了国有资产大幅增值保值。2012年以来，华润燃气相继被摩根士丹利、香港的恒生指数以及英国富时指数纳入中国指数成分股，这足以反映其在资本市场的认可度。此外，华润燃气稳健快速的发展也深受信贷界的支持。国际知名信贷评估机构穆迪、惠誉均给予华润燃气在同行中最优的评级。2013年，华润燃气入选2013年普氏全球能源企业250强。

几年来，华润燃气始终坚持"超越利润之上的追求"，以诚信为本，始终恪守商业准则。在并购过程中，认真履行合资承诺，积极维护股东和员工合法权益，平等对待各类股东，真诚对待合作伙伴。各成员企业在和华润合资后，管理逐步规范，经济效益大幅提升，员工发展平台更大，收入稳步上升，超出了政府、股东和员工的期望，也超过了自身的承诺，从而产生了一传十、十传百的效应。很多合作伙伴都是慕名而来，主动要求和华润合作。目前，华润燃气并购了100多家企业，涉及员工30000余人，但没有发生一例群体性事件，从而得到了政府和社会各界的一致好评。

作为与大众生活息息相关的公用事业单位，华润燃气始终秉承以客户为导向的经营理念，为客户提供专业、高效、亲切的服务。自2008年以来，盖洛普（Gallup）、益普索（Lpsos）等国际知名咨询公司对华润燃气的客户满意度调查结果显示，华润燃气连续四年名列当地公用事业单位第一名，在受调查的城市中建立了良好的口碑。

华润燃气大力推广天然气清洁能源，以改善环境质量为己任，对促进城市低碳经济发展，保护生态环境发挥了重要作用。按照华润燃气目前100亿立方米的年供气规模，相当于替代燃煤2760万吨，减少二氧化硫排放量49万吨，年减少烟尘排放量约27.03万吨。2011年，企业荣获《亚洲周刊》评选的"环保新能源企业大奖"。

华润燃气确定了在"十二五"期间成为"中国第一，世界一流"燃气企业的战略目标。届时，居民用户数将超过2000万户，年销气量突破200亿立方米，成员企业将突破200家，无论是企业规模、盈利能力，还是管理水平、企业文化、社会责任等都要力争成为行业标杆。

倡导清洁能源　改善生存环境
提升系统能效　创造客户价值

——新奥能源控股有限公司

新奥能源控股有限公司（原新奥燃气，股票代码02688.HK）于1992年开始从事城市管道燃气业务，是国内规模最大的清洁能源分销商之一。

新奥能源秉承"倡导清洁能源，改善生存环境；提升系统能效，创造客户价值"的企业使命，奉行"以人为本、事求卓越、和谐共生"的核心价值观，通过20多年的经营实践，成功构建了以天然气等清洁能源为主要产品，以城市民用、车船用和工商业用户为终端客户，以城市燃气、园区能源、交通能源和智能能源为主要业务领域的能源分销体系，为客户量身定制能源解决方案。

一、产业定位

成功推动现代能源体系建设，成为区域泛能网运营商。

二、上市情况

（1）2001年在香港联交所创业板挂牌上市；
（2）2002年6月3日，正式转主板交易，股票代码更换为2688；
（3）2010年将名称从"新奥燃气"改为"新奥能源"。

三、主要业务

（1）城市燃气：截至2012年底，公司在全国14个省、直辖市、自治区成功运营117个城市燃气项目，为770多万居民用户和30000多家工商业用户提供城市燃气及各类清洁能源产品与服务，敷设中输及主干管道超过21000千米，天然气最大日供气能力超过4600万立方米，中国大陆市场覆盖城区人口超过5500万。在越南河内、岘港、胡志明市拥有燃气经营权，市场覆盖城区人口900万。

（2）园区能源：公司着力发展各类工业园区能源项目，目前已为近300个工业园区提供清洁能源服务。依靠燃烧设备改造、天然气多联供、余能余热利用等多种能源综合利用技术，增强园区清洁能源的保障能力，改善园区基础设施条件，推动园区节能减排与产业升级。

（3）交通能源：公司积极响应国家发展低碳经济、改善能源结构的号召，依托在LNG生产、储运和分销领域的产业链优势，凭借在CNG、LNG加气站规划、设计、建设与运营方面的丰富经验，全力推进CNG、LNG在车船领域的应用，截至2012年底已建成投运加气站330座，并实现了持续安全稳定运行，为国家经济社会绿色发展，建设美好家园而不懈努力。

（4）智能能源：公司在系统能效理论指导下，利用泛能网技术体系，对能源系统的生产、应用、回收、输配四环节进行全面统筹，以时空优化、结构优化、过程优化、相变优化、驻点优化策略，为客户提供能源规划、能源站方案咨询、可行性研究、施工图设计、全价开发、建设管理及调试运营全过程服务，并提供高效的泛能能效平台、智能终端、能源监管平台、能效增益器等智能产品与服务，通过技术创新，推进符合新能源发展的现代能源体系的建设。

四、安全保障

新奥能源视安全为生命底线，秉承"以人为本，安全发展"的安全管理理念，对标国际HSE标准，率先建立了天然气行业健康安全环境（HSE）管理体系企业标准并严格实施，以领先的地理信息系统（GIS）、遥测遥讯系统（SCADA）、齐全的安全检测设备、集成的指挥调度系统和HSE信息化系统，构筑成以风险预控为核心，全员参与、持续改进的完整安全运营管理系统。公司运行近20年来一直保持着良好的安全记录。

五、超值服务

公司坚持以客户为导向，秉承"客户为尊、创造满意"的服务宗旨，竭诚为客户提供全方位、全流程、一站式、个性化的超值服务。

公司依托全球先进的信息化平台，建设完成全国呼叫中心，开通全国统一的24小时服务热线95158及电子商务平台"新人家"，结合营业厅、体验中心及第三方代收费网点等实体渠道构建立体化的服务渠道，快速响应客户需求；依靠专业高效的服务团队、创造客户满意、超越客户期待；通过服务体系评审、第三方满意度测评、神秘顾客监测及企业督察体系监控等方式，促进服务持续创新与改进，不断提升服务水平，改善客户体验，为客户创造价值。

百五春秋基业为基石　廿一世纪实力助腾飞
——香港中华煤气集团及旗下品牌

一、香港核心业务

香港中华煤气有限公司（中华煤气）始于1862年的香江，是香港历史最悠久的公用事业机构和规模最大的能源供应商之一。公司历经150年时代变迁，与时俱进、稳步成长为一家以管道燃气输配和服务为核心，涉足电讯、工程建设、新兴能源、燃气具等多元业务，并致力于环保和可持续发展的大型能源企业，在香港、内地、东南亚开展多元化公用事业和能源业务。

中华煤气于1960年在香港联交所上市，是恒生指数成分股，更连续两年入选恒生可持续发展指数成分股，市值逾1900亿港币，李兆基先生（恒基地产主席）任董事会主席。公司在香港拥有管网3500多千米，覆盖全港86%的已建成区，生产、输配和管理高度自动化。在香港的雇员约2000人，为超过177万的居民和工商业用户提供清洁燃料和高效服务，年供气量约16亿立方米（折合天然气约8亿立方米），2012年营业额逾249亿港币，企业管理及营运均达到世界级水平，综合实力稳居亚洲燃气界前三位。

二、内地业务

香港中华煤气集团在内地的业务遍布22个省级地区，共有150个项目，包括城市管道燃气项目、上游及中游项目、自来水供应与污水处理、天然气加气站及新兴环保能源项目等。集团在内地的员工逾32000人。

集团于1994年在番禺建立首个燃气项目，10多年来，城市燃气业务迅速增长。2002年在深圳成立"港华投资有限公司"，将中华煤气先进管理经验和优秀企业文化注入，并以"港华燃气"为品牌建立一套规范的城市燃气安全和服务标准。2007年与在香港联合交易所上市的百江燃气进行策略性联盟，成为该公司的大股东，并将之易名为港华燃气有限公司，进一步扩展了公司实力。至2012年，内地城市管道燃气项目107个，服务于1480万用户，2012年的燃气销售量119亿立方米，成为内地领先的城市管道燃气营运商。经过多年的努力开拓，港华旗下各企业取得高速发展，用户受益，政府满意，深获当地政府和市民的赞誉。

2005年，集团成立华衍水务公司进入城市自来水供应与污水处理业务，已分别于芜湖、吴江、苏州工业园营运4个项目，为超过90万用户服务。同年，港华推出时尚燃气具品牌"港华紫荆"，以安全自动熄火装置为特色，倡导安全和节能，广受居民欢迎，累计销售已突破150万台。

三、新能源业务

易高环保投资有限公司是香港中华煤气集团的全资子公司，成立于2000年，不断发展成为具领导地位的、专门从事新能源业务的企业。

易高自2008年在内地发展新能源及环保业务，已设立了20多个项目。以保护环境为宗旨，致力开拓绿色能源业务及技术创新。集团在山西晋城的煤层气液化项目，利用沁水盆地优质丰富的煤层气资源，采用深冷技术就地液化，年产量达2.5亿立方米，具有稳定供气、节能减排和提高资源利用率的多重效益，以及里程碑式的意义。2009年7月5日，时任国家发改委副主任、国家能源局局长张国宝出席了二期工程动工仪式并讲话，对项目的意义和贡献不吝赞誉之词。

因应气候变化和能源需求变化的挑战，配合国家能源政策及结构调整，易高把业务重点集中在开发低排放、少污染的新能源项目上，包括：资源发展（开发非常规能源：如煤层气液化、页岩气开发），资源转化（煤化工、生物质能等），物流销售（能源物流及设施建设）；此外，易高还运营在香港的液化石油气加气站、垃圾堆填区沼气利用以及易高航空燃油储存库等项目；近期更拓展泰国油气开采项目等。

此外，易高还积极联合国内外的研发机构，共同致力于清洁能源最新技术的研发和应用，致力开发更多绿色新能源。

四、其他多元业务

名气通电讯有限公司(简称"名气通")是中华煤气全资子公司，2004年成立，凭借遍及全港的管道网络及丰富的管理经验，在燃气管道内铺设光纤技术 (Glass in Gas Technology)，为香港电讯固网商及服务供应商度身定造高质量的网络服务。目前正在香港将军澳建设2.2万平方米的互联网应用中心，一期于2013年投入使用。

名气通已将此技术推广于内地，为电讯营运商提供低成本、高环保效益的电讯网络设施，并在辽宁、山东、江苏等地陆续成立了7家合资企业。主营业务包括：城市地下弱电管线特许经营业务，及占地超过5.1万平方米之世界级数据中心；业务流程外包服务业务；智能信息化服务等电讯增值业务，以满足内地迅速发展的需求。

港华辉信工程塑料(中山)有限公司(港华辉信)成立于2000年，由中华煤气和英国辉信集团共同筹建。

秉承集团在管道系统上的应用技术及实践经验和英国辉信集团在设计和生产聚乙烯(PE)管道系统及设备的全球领先经验，港华辉信在广东省中山市成立了中国区生产和研发总部，拥有逾10000平方米厂房，10多条生产线，生产高质量的管材和管件，为中国内地和周边地区的燃气和水务企业提供全方位的聚乙烯管道系统解决方案，并在江苏、湖北、陕西、四川省和东北建立了区域服务中心。

港华辉信实验室具备国家聚乙烯检验资格，检测结果可获国家及国际同类认证组织的认可。已成为中国领先的高质量的聚乙烯管应用解决方案和服务商，亦是燃气、水务管道系统的生产技术革新领导者。

卓通管道系统（中山）有限公司于2012年成立，专为聚乙烯管道系统提供全方位解决方案。致力生产优质的聚乙烯管道和管件以及公用事业中聚乙烯管道应用技术的创新领先。

卓度科技有限公司成立于2011年，是以微机电系统(MEMS)技术为基础和丰富的用家经验创立的智能燃气表及计量系统品牌"M-TECH"。M-TECH拥有MEMS质量计量生产技术的自主产权及多项国际专利，并在美国硅谷设有研发中心。MEMS质量燃气表无须外置修正仪进行温度及压力补偿，具有体积小、无可动部件、长期使用精度不劣化、噪音低、压力损失低、高安全性、易于流量监控等优点，是燃气计量技术的一项重大技术变革。

卓诚工程有限公司（卓诚工程）是集团全资子公司，拥有多年操作及维修高科技煤气厂、油库和相关控制系统等经验，提供一站式专业顾问、厂房设备安装及调试服务。在设计、兴建、安装及调试堆填沼气处理厂、液化氮和干冰生产设备建立了优秀的声誉。

卓诚工程积极开拓内地业务，参与了山西晋城液化煤层气项目和内蒙古甲醇项目，提供危害及可操作性研究(HAZOP)、生产设备稽查和调试等服务。

"百五春秋基业为础石，廿一世纪实力助腾飞！"展望未来，香港中华煤气集团将传承150年的辉煌历史和文化，以环保和发展清洁能源为己任，服务大众，关爱社群，在国家清洁能源政策的引导下，未来的发展必将华辉无限，气象万千。

公司网页：www.towngas.com
公司地址：香港北角渣华道363号

香港中华煤气有限公司150年里程碑

1862年	香港中华煤气有限公司于英国成立
1864年	（1）开始在香港供应煤气
	（2）当时全港的煤气管道仅24公里，为500盏街灯和指定大厦供气
1956年	马头角厂的首座煤气鼓正式启用
1960年	中华煤气在香港上市
1967年	中华煤气使用重油取代煤作为生产原料
1973年	全面改使用优质石脑油作为生产原料
1975年	（1）供气网络先后扩展至港岛春坎角和赤柱
	（2）首次与房屋委员会合作，为九龙一个公共屋邨供应煤气
1982年	中华煤气迁往香港
1983年	李兆基先生出任董事会主席
1986年	大埔煤气厂第一期投产
1993年	成立客户服务小组
1994年	（1）中华煤气住宅工程部获国际认可的ISO 9002质量证书
	（2）开始兴建一条3500千帕的高压输气管道，连接荃锦公路及大屿山大壕的输气喉管
	（3）采用先进的监察控制及数据收集系统，监察和控制超过1800个遥测数值的变化，并控制全港主要的调压站
	（4）推出中华煤气服务承诺
1995年	（1）番禺合资公司投产
	（2）屯门代天然气厂、马头角和大埔煤气厂的煤气生产业务获颁ISO9002质量证书
	（3）屯门区代天然气转换煤气工程竣工
	（4）实施定期安全检查服务计划
	（5）推出煤气长者优惠计划
1996年	（1）中山合资公司启业
	（2）中华煤气的气体输送业务获颁ISO 9001质量证书
	（3）开展持续革新计划
1997年	完成兴建一条3500千帕的高压输气管道，为北大屿山及赤鱲角国际机场供应煤气；一条十公里长的配气喉管于7月正式为新界东及西贡地区供应煤气
1998年	（1）在广州经济技术开发区成立第四家合资企业"广州东永港华煤气有限公司"
	（2）成立"卓裕工程有限公司"
	（3）煤气管网总长度达2630公里
1999年	（1）与东亚银行合作推出"名气咭"
	（2）大埔厂应用船湾的沼气生产煤气，成为全港首家机构应用堆填沼气作商业用途
	（3）香港首间公用事业机构推出网上客户中心

续表

年份	事项
2000年	（1）大埔厂获颁ISO 14001环保质量证书 （2）中华煤气占广东液化天然气接收站和输气干线项目3%权益 （3）成立"广州东永港华燃气技术培训中心" （4）成立"港华辉信工程塑料（中山）有限公司"，为国内煤气管道和供水管道生产聚乙烯管道及配件 （5）获发牌在西九龙和柴湾经营两个专营石油气的易高加气站，并成立"易高环保能源有限公司"（现易名为"易高环保投资有限公司"） （6）推出中华煤气品牌TGC，提供优质而多元化的家庭炉具 （7）大埔煤气厂回收煤气生产过程中释出的二氧化碳，用以制造干冰
2001年	（1）在美孚和屯门增设易高加气站 （2）客户数目达到140万 （3）在尖沙咀开设首间"名气廊" （4）城市燃气业务首次由广东省扩展至江苏省和山东省
2002年	（1）在深圳成立"港华投资有限公司"，管理集团在国内的投资项目 （2）煤气管网总长度超逾3000千米，完成将煤气管道伸延至吐露港公路旁的科学园及钢线湾的数码港
2003年	（1）南京合资项目获中央批准成立，为第一个省会级合资项目 （2）武汉成立第二个省会级合资项目
2004年	将天然气引进到宜兴市陶瓷制造业，改善当地空气质素，获国家颁发优秀表现奖项
2005年	成功进军内地水务项目，于江苏省吴江市成立"吴江华衍水务有限公司"，是中华煤气首个水务合资项目
2006年	（1）并购"百江燃气控股有限公司"，其后易名为"港华燃气有限公司"，于内地15个城市拥有60个管道燃气项目，较2005年增加35个 （2）正式引进天然气进入香港作部分生产原料 （3）于陕西省西安市成立合资公司，其最大型城市管道燃气项目正式投入服务，为集团打开通往大西北之门
2007年	（1）港华紫荆之炉具在内地销量突破10万台 （2）位于打鼓岭的新界东北堆填区沼气应用项目正式启用 （3）与东华三院成立首家社会企业"Cook Easy煮餸易" （4）荣获PAS 55-1：2004资产管理认证，成为亚洲首家获此国际认证的燃气供应企业
2008年	（1）推出"单亲家庭煤气费优惠计划" （2）"易高能源有限公司"正式易名为"易高环保投资有限公司"，全力在内地拓展新兴环保能源业务 （3）陕西省兴建之首个大型压缩天然气加气站投入运作
2009年	（1）推出"低碳Action!"环保活动，鼓励香港市民奉行低碳生活 （2）易高位于山西省晋城之液化煤层气厂房正式投产 （3）内地的业务共有100个项目，遍布19个省、直辖市及自治区

续表

2010年	（1）易高位于屯门38区的航空燃油设施正式启用
	（2）开设Mia Cucina高级厨房设计及顾问服务
	（3）尖沙咀名气廊全新餐厅"Flame"
	（4）推出高效能"莲芯火"嵌入式平面炉
2011年	（1）首次发行人民币债券
	（2）完成港币38亿元银团贷款
	（3）易高位于内蒙古之煤制甲醇厂开始投产
	（4）名气通位于济南市之数据中心启用
2012年	（1）集团创立150周年
	（2）集团在内地拥有150个项目，遍布全国22个省、直辖市和自治区
	（3）首次进军海外，投资泰国陆上油田项目
	（4）引入著名厨具品牌Scholtès，打造高级时尚厨房

奉献能源　创造和谐
——中石油昆仑燃气有限公司

中石油昆仑燃气有限公司党委书记、总经理　赵永起

中石油昆仑燃气有限公司（简称昆仑燃气公司）是为实现天然气业务上中下游一体化，更好地履行责任，服务社会，经中国石油天然气集团公司批准、国家工商管理总局核准，于2008年8月6日，由中石油天然气管道燃气投资有限公司、中国华油集团燃气事业部、中油燃气有限责任公司重组整合成立，是中国石油城市燃气运营的专业化公司，公司注册资本金60.6亿元。

昆仑燃气公司主要业务范围包括城市燃气管网建设、城市燃气输配、天然气与液化石油气销售以及售后服务等相关业务。负责中国石油城市燃气业务中长期发展建议规划，参与城市燃气资源的统一协调配置；负责组织城市燃气业务市场开发工作；负责城市燃气业务资本运作及股权管理的具体工作；负责城市燃气业务生产经营管理；负责城市燃气业务管理规范及标准体系建设；负责城市燃气业务的质量安全环保管理等工作。

昆仑燃气公司依托中国石油在天然气资源、资金、人才、品牌等方面的多种优势，实施专业化管理、集约化经营，全力打造中石油昆仑燃气品牌。目前，昆仑燃气公司业务主要分布在全国20多个省、市、自治区，覆盖近100座城市。通过与各地政府的密切合作，确保了安全稳定供气，履行了责任，树立了形象，规范了服务，赢得了市场。

本着合作发展、互利共赢的原则，昆仑燃气公司重视与国内燃气企业之间的合作，现已与多家知名燃气公司开展了合作。我们将发挥各自优势，相互尊重，相互支持，相互信任，进一步扩大合作范围，深化合作深度，与业内企业一起，实现共同发展。

作为中国石油在天然气业务方面服务广大用户的桥梁和纽带，中石油昆仑燃气有限公司秉承中国石油"奉献能源、创造和谐"的企业宗旨，全面履行经济、政治和社会三大责任，为居民、公福、工业用户提供长期稳定的天然气资源保障和优质服务，努力建设国内领先、国际一流的专业化燃气公司，为促进城市节能减排、优化能源结构、创造和谐环境、提高人民生活质量，做出积极的贡献！

有进有为　追求无限

——沈阳燃气集团有限公司助力全运，高擎"中兴"火炬

沈阳燃气集团有限公司一直秉承服务社会、造福百姓的宗旨，牢记并忠实履行企业的社会责任。她麾下的6000子弟兵在市委、市政府的领导下，以90年深厚积淀为底蕴，以十余年大刀阔斧改革发展为动力，为190万户城市燃气用户、600万市民和全市大企业、大宾馆、大酒店等商业用户提供优质、充足、安全的燃气，送去温馨、周到服务。

荣誉的背后是品牌，品牌的背后是实力。打造一个让党和政府满意、让社会和人民群众满意的放心企业，始终是沈阳燃气集团矢志不渝追求的目标。

如今，沈阳燃气事业突飞猛进，真正驶入历史上发展最快、社会评价最好、百姓最满意的"高速路"，生机盎然的燃气事业已经进入到一个崭新的发展时期。供气能力、安全保障、基础建设、优质服务等企业实力空前增强，6000名员工不懈追求的"创建现代燃气企业"宏伟目标，正在变成现实。

第十二届全运会是对沈阳燃气发展成果的最好检验，燃烧13天的全运主火炬将以沈阳燃气提供的优质天然气为燃料，蓝色火焰将光耀奥体中心五里河体育场，为世人瞩目。用燃气精神凝聚起来的所有燃气人将不负时代的希望和重托，不失机遇的垂青和眷顾，像全运健儿一样，在向着更快、更高、更强目标的奋进中，一路高歌猛进，一心一意谋发展，全心全意做服务，以一往无前的气势，让2013真正成为沈阳燃气的中兴之年。

一、助力全运，主火炬用管道天然气点燃

第十二届全运会开幕式火炬点燃仪式，将成为万众瞩目、期待和猜测的焦点。如今，全运主火炬的第一个谜底被沈阳燃气集团有限公司揭晓——燃烧13天的主火炬以该公司提供的优质天然气为燃料，为其输气的双路气源管道工程已于6月初竣工。

全运会主火炬供气采用双路气源，当一路气源发生故障时，另一路气源可实现"零秒切换"，确保万无一失。最大供气量为每小时2000立方米以上，完全可以满足开、闭幕式对气源的特殊要求。

早在2006年沈阳奥体中心五里河体育场建设当中，燃气集团考虑到五里河体育场肯定会承担很多大型赛事，就科学谋划、超前设计，形成了包括火炬在内的一整套燃气配套方案，在五里河体育场周边铺设了配套燃气主管线。

同时，23个全运燃气配套项目中，沈阳燃气集团负责为绿城全运村、全运会运行中心、接待中心、国宾馆、三大会议中心以及T3航站楼等新建项目实施燃气配套工程，全部以最优的队伍、最高的效率，夜以继日地按时完成了工程建设任务。目前，这些工程已全部竣工。此外，燃气集团为涉及全运会的40多家宾馆及比赛场馆全部配备了安保维护人员，确保供气安全。

二、助力全运，让沈阳更多碧水蓝天

全运会的举办，是对沈阳城市环境质量和面貌的一次检验。

天更蓝，水更清，景更美，空气越来越新鲜……近年来，对沈阳城市环境质量发生的改变，市民的感受日益明显。这样的改变不仅得益于沈阳城市和产业转型升级战略的成功实施，天然气利用工程亦功不可没。

自2011年7月沈阳燃气集团引进"西气东输"大气源以来，沈阳彻底突破气源瓶颈，绿色环保的天然气日益成为城市主力能源。目前，沈阳城市燃气供应保障能力、城市燃气基础设施水平，将与北京、上海并列为全国同行业"第一军团"。"十二五"时期沈阳要实现"建设国家中心城市、先进装备制造业基地、生态宜居之都，进而率先实现老工业基地的全面振兴"的宏伟目标，沈阳燃气将提供坚实的能源保障。

近年来，越来越多的居民、工业和餐饮用户用上了清洁、安全的天然气。到目前为止，沈阳日均供气量253.5万立方米，据相关部门测算，一年就能减排二氧化硫1.49万吨。全市已经有190万户居民用户和6000余户工商业用户用上了管道气；还有越来越多的公交车、出租车、重型卡车用上了天然气，仅交通部门登记在册的清洁能源出租车就有近万台，日均碳排放量为加油车的60%，也就是减少了近40%的碳排放量。

要实现可持续发展，不仅需要走节能、降耗之路，更要大力发展高效、环保的新能源，推动经济增长的内在转变，为老工业基地振兴提供支撑。2013年，沈阳燃气集团有限公司签约的供气工业大户越来越多。目前，华晨宝马汽车有限公司二期、米其林沈阳轮胎有限公司、普利司通（沈阳）轮胎有限公司、沃得精机（沈阳）有限公司等100余个工业大项目使用天然气。

为加快建设生态宜居城市，自去年开始，市环保部门开始对三环内的燃煤锅炉进行积极改造。为此，沈阳燃气集团在市内五城区铺设高压燃气管网，为采暖锅炉"煤改气"提供能源支持。2013年，全市燃气锅炉改造共有几十个大项目。目前，沈阳燃气集团有直燃机用户100多户，日均用气量为30万立方米。除此之外，在燃气壁挂炉采暖上，随着城市发展政策的放宽，也取得了突破性进展。

2012年，沈阳燃气集团又建设了10座CNG(压缩天然气）加气站。三年内，还将再规划建设20座CNG以及LNG加气站。2013年，燃气集团为加快LNG(液化天然气)作为车用燃料的应用，目前，移动加气站已投入使用，5座固定加气站正在紧张的建设之中，以保障公交车、长途汽车和重型运输卡车的加气需求。

三、助力全运，让沈城市民平安迎全运

让沈城市民平安迎全会，燃气使用安全是重要基础保障。自去年沈阳燃气集团在全市实施老旧小区室内免费改造燃气管线工程以来，受益市民已达40余万户。

2013年5月1日开始，沈阳燃气集团又以"安全用燃气，平安迎全运"主题，在全市民用燃气户中进行一次有目标、有重点的隐患排查。在民用燃气户当中，一部分因装修，将燃气表后管换成了铝塑复合管（俗称开泰管），这样一来破坏了燃气表的牢固性，而且安在铝塑复合管上的阀门，也存在固定不牢的问题。针对燃气设施晃动易产生漏气的新隐患，燃气集团及时制定措施，建立完善的整改机制，明确职责分工。从5月1日开始的3个多月时间里，近千名维修员每天从早晨6点到9点，

晚上5点到9点，利用大多数居民家中有人的时间，对不稳的燃气表安装表托架，对安在铝塑复合管上阀门，安装管卡子进行固定。

在开展"安全用燃气，平安迎全运"的同时，从2013年3月开展的"燃气安全进社区，文明服务暖万家"活动，正按计划稳步扎实的推进。这项活动在全市选取100个社区进行试点，若全年无因使用不当而引发的燃气事故，将被评为"燃气安全社区"，社区内所有的低保户每户获得300元燃气费。到8月初，燃气安全宣传员深入社区，举办了105场燃气安全讲座，听众达万余人，免费发放燃气专用胶管1.6万米。根据活动方案的规定，有88个社区继续保持获评"燃气安全社区"的资格。

在"安全用燃气，平安迎全运"活动中，燃气集团不断发现新问题，出台新措施，消除燃气安全的死角。

眼下，沈城的租房户很多都来自农村，他们对安全使用燃气知识了解的太少，有的甚至还没使用过燃气。为此，大东营业分公司近期开展了"燃气安全进中介"活动。燃气查表员与辖区内的房屋中介公司建立固定的联系，凡出租人、承租人签订房屋租赁合同时，查表员来到现场，向承租人讲解安全使用燃气知识，提升其燃气安全意识；发给安全宣传单，教授其正确的使用方法。"燃气安全进中介"受到了房屋出租人、承租人和房屋中介公司的一致好评，一个多月里，就对717位房屋承租人进行了燃气常识的宣传。

针对暑假期间，学生独自在家使用燃气烧水、热饭的实际情况，燃气集团与沈阳市教育局合作，让燃气安全宣传走进学校，市教育局下发《关于在全市中小学开展燃气安全知识教育活动的通知》，进一步强化中小学生安全教育，提高中小学生安全用燃气意识和自我防范的能力，消除燃气安全隐患。《燃气安全知识宣传片》已上传沈阳网络教育电视台，方便广大学生、家长观看，掌握安全使用燃气的方法。

四、助力全运，服务提升铸品牌

为提高沈阳燃气的整体服务水平，提升全员服务意识，更好地服务全运，沈阳燃气集团从年初开展争创燃气服务示范单位与"燃气服务示范个人"活动，围绕民生、贴近实际，受到广大燃气用户的好评。

本次活动以窗口服务单位为主，贯穿2013年全年，将开展以"榜样在身边"、"差距在哪里"为主题的系列培训，以及丰富多彩的活动，例如榜样经验座谈，示范服务演艺会等，寓教于乐，展示正确的服务做法。

在活动开展过程中，燃气集团推出了多项服务新举措，如大东营业分公司推出查表员入户"查表定针"的服务，从而避免因燃气用量不清而产生的矛盾，以及免费更换在线使用的自然损坏的燃气表，免费更换因安装燃气热水器需换大流量燃气表等。

这项活动通过服务示范个人候选人选出，培训提升活动开展，服务示范个人、示范单位评选表彰，让沈阳燃气优质服务品牌更加亮丽。

全运会的召开，是对沈阳振兴发展成果和城市文明形象的一次检阅，对沈阳城市发展影响深远。乘全运会的东风，奋进的沈阳燃气将再鼓风帆，迎接更加美好的明天！

立足安全保障　抢抓市场机遇　彰显持续发展
——深圳市燃气集团股份有限公司

深圳市燃气集团有限公司董事长　包德元

深圳市燃气集团股份有限公司（以下简称深圳燃气）是一家以城市管道燃气供应、液化石油气批发、瓶装液化石油气零售和燃气投资为主的大型燃气企业，创立于1982年，2009年12月25日正式在上海证券交易所挂牌上市。

一、锐意进取，彰显实力

深圳燃气坚持"弘道养正，臻于至善"的企业核心价值观，弘扬"行之以专，律之以责；创新之途，务实为基"的企业精神，奉行"承恩于心，泽惠于人"的经营宗旨，综合实力迅速发展壮大。目前，公司拥有总资产近100亿元，年销售收入近90亿元。公司充分利用品牌优势，吸引用户，使用户量快速增长。当前，公司拥有管道气用户151万户，瓶装气用户98.79万户，用户总数近250万户。公司建立现代企业人力资源管理体系，组建专业化、职业化的员工队伍，拥有燃气、管理等各类专业技术人才600余人；公司运用市场化手段，成功控股30多个异地城市的燃气项目。深圳燃气锐意创新、管理高效，领导班子被中央组织部、国务院国资委评为深圳市唯一的"四好领导班子"；2009年被全国总工会授予"全国五一劳动奖状"；2010年凭借深圳天然气利用工程创造的多项国内第一，一举夺得"中国土木工程詹天佑奖"，成为华南地区首家获奖的城市燃气运营企业；公司运用对标管理、流程优化、全面风险管理、知识管理等管理方法和工具，全面优化和提升经营管理系统，不断提高公司运作的效率，获得2011年深圳市市长质量奖；企业运作规范、透明、公开，公司董事会被上海证券交易所评为"2012年度上市公司董事会奖"。

二、追求低碳，保障供应

深圳燃气抓住"天然气时代"的黄金契机，全力打造深圳市"多气源、一张网"供气格局，截至2012年底，已经建设完成天然气门站3座、LNG调峰站2座、LNG气化站1座、调压站19座、高压管网128公里、次高压管网195公里、中压管网3534公里。2010年8月深圳燃气与中石油签署了西气东输二线天然气购销协议、合同气量达每年40亿立方米，与之配套的深圳市天然气高压输配系统工程于2009年9月开工建设，并于2012年8月1日正式投产运行。西二线天然气的到来为深圳市优化能源结构、保障能源供应、发展绿色低碳经济、促进可持续发展提供了坚实的保障。

深圳燃气的大型液化石油气储配基地华安公司拥有5万吨级海港码头，库容16万立方米的液化石油气低温常压储罐，年周转能力100万吨以上，进口液化石油气批发连续多年居全国第一。公司拥有液化石油气储配灌装站3座、瓶装气供应站35座，便民服务点147个。公司推行安全优质的品牌策略，在国内独家经营12千克瓶装气，引进欧洲现代化灌装设备，拥有深圳市规模最大的液化气储配基地，占据深圳市最大的瓶装气市场份额。

深圳燃气专注于天然气新能源的开发和利用，不断拓展客户对清洁能源日益增长的需求。在公司推动下，作为广东液化天然气项目的首批受惠城市之一，深圳于2008年5月全面完成天然气整体转换，使广大管道气客户用上经济、安全、高效、环保的天然气，大大改善深圳的能源结构，缓解能源供应压力，保护大气环境，促进深圳市的可持续发展。

2006年起，深圳燃气运用市场化手段，通过人才、技术、资金、管理的输出，成功控股江西赣州、九江、宜春、景德镇，广西梧州，安徽肥东、肥西、宣城，内蒙古乌审旗，湖北武汉等地的燃气企业，在山东泰安成功建设我国第一个采用国产工艺与设备的天然气液化场站，坚实地迈出了向外发展的步伐。深圳燃气如同一片孕育未来的土地，焕出勃勃生机。

三、安全供气，优质服务

深圳燃气奉行"安全第一，预防为主，综合治理"的安全管理方针，坚持贯彻"安全最优先权"的原则，建立了严密的安全技术管理标准体系，全面推行安全生产责任制，追求"0"责任事故，保障"100%"责任落实，隐患整改落实率和应急处置及时准确率"100%"。深圳燃气开通管道气服务"25199999"及瓶装气服务"83800000"的24小时服务热线电话；推行社会服务承诺制，积极接受市民和社会各界的监督；通过服务回访、首问负责、投诉问责、客户满意度第三方测评体系，切实满足客户需求。燃气供应服务连续多年被中国质量协会列为全国用户满意服务项目、被广东省用户委员会授予用户"三满意"荣誉称号，经广东省质量协会用户评价中心测评，深圳燃气总体服务满意率高达98.2%。

四、志存高远，无限超越

未来，深圳燃气致力于发展天然气事业，全面参与能源市场竞争，倡导和建设舒适、优美、环保、文明的城市新生活，持续发展成长为管理先进、技术领先、鼎足华南、执耳业内的现代城市清洁能源运营企业。

夯实安全服务基础　增强企业竞争实力

——成都城市燃气有限责任公司

　　成都城市燃气有限责任公司始建于1967年3月，前身为成都市煤气总公司，是国内大中城市中最早从事城镇燃气供应的公司之一。2005年3月改制成为中外合资企业，由成都城建投资管理集团有限责任公司、华润燃气有限公司、港华燃气有限公司及成都城市燃气有限责任公司工会四家股东投资组建。经过四十余年的发展，综合实力居国内同行业领先地位。

　　公司总资产近38亿元，日供气能力达600万立方米，年销售天然气逾11亿立方米，服务民用客户238万余户。现有储配气站17座、调压设施1万余座、燃气管线5800余千米、员工2000余人，下属4个分公司、17个参控股公司。公司取得成都市外环路以内中心城区500平方公里的城市燃气特许经营权，同时通过投资公司取得了400余平方公里的经营区域。

　　公司业务涵盖天然气工程规划、设计、施工安装，天然气输配、应用、管理，燃气智能化系统研发、设备制造，燃气专用设备、压力容器、计量装置检测，以及天然气市场拓展等方面。拥有完善的输供气管网体系、先进的技术设备和训练有素的员工队伍，积累了先进的城市燃气管理经验和较高的技术水平，曾参与多部城市燃气管理规范的起草。为促进国内燃气行业的发展和交流，参与发起中国城市燃气协会、四川省和成都市燃气协会，并担任中国城市燃气协会常务理事单位。

　　公司具备大中城市燃气规划、设计、施工能力，曾先后完成澳门、郑州、拉萨、福州、昆明等城市燃气总体规划、设计及建设项目，目前规划、设计业务已覆盖全国18个省及澳门特别行政区，工程建设覆盖四川、云南、广东、湖南以及重庆等四省一市。

　　公司坚持"以情输送温暖，用心点燃幸福"的服务理念，设立供气服务热线"962777"，拥有分布全市的服务网点和抢险应急驻点，建立完善的客户服务、抢险应急、巡检维护体系，以及SCADA、GPS、GIS等信息系统，竭诚为广大用户提供方便快捷的服务、安全可靠的用气保障。合资公司成立至今，未发生安全生产责任事故，并连续12年，荣获住建部以及省、市安全生产先进单位称号。

　　改制以来，得益于政府的大力支持及公司董事会的正确领导，公司努力践行"诚实守信、业绩导向、客户至上、感恩回报"的价值观，积极营造"简单、坦诚、阳光"的组织氛围，率领全体员工开拓进取，使得公司保持了良好发展态势，盈利能力逐年增长。

　　长期以来，公司秉持"成为让社会满意、政府满意、客户满意、股东满意、员工满意的国内最受尊敬燃气服务企业"这一愿景，用心造福民众，为建设绿色环保、可持续发展的燃气事业而不懈努力！

保障社会民生　　提升环保质量　　促进企业发展

——广州燃气集团有限公司

广州燃气集团有限公司（以下简称"广州燃气集团"）是广州发展集团有限公司的全资下属公司。其前身是广州市煤气工程筹建处，成立于1975年。1983年，正式更名为广州市煤气公司。2009年1月16日，广州市煤气公司成建制划归广州发展集团后，改制组建为广州燃气集团有限公司，并于2009年7月2日正式挂牌。2012年7月，广州燃气集团作为发展集团优质资产注入上市公司广州控股，成功实现资产上市。

企业经营范围主要涉及燃气管网及设施的建设和管理，燃气项目的投资、经营、设计、施工、监理和技术咨询，燃气用具的安装、维修、检测，燃气的批发和零售。截至2012年年底，公司拥有固定资产逾50亿元，燃气输配管网2700千米，客户超过115万户，服务网点30多个，全年管道气销售气量超过7亿立方米。供气范围遍及广州中心城区和周边南沙、增城全部区域及花都、萝岗、番禺部分区域，有力保障了广州燃气的稳定连续供应。

目前，广州燃气集团总部设11个职能部室；以地理区域为划分边界设立东、西、南三大区域分公司，负责区域内一体化业务运营；组建高压运行分公司，负责高压管道的工程建设和高压管网运行管理；设立调度与服务两大业务中心；有4个全资子公司，5个参股公司。全集团在岗职工人数约1900人，拥有燃气、管理等各类专业技术人才600余人。

近年来，广州燃气集团被授予"广东省广州亚运会、亚残运会先进集体"、"守合同重信用企业"、"广东省厂务公开民主管理先进单位"、广东省直通车服务重点企业、"全国工人先锋号"单位、全国"安康杯"竞赛优胜企业等荣誉称号。

广州燃气集团作为广州市管道天然气唯一购销主体，统筹全市上游气源的采购和分销，具有稳定的上游气源支持。近年来，广州燃气集团紧紧抓住"天然气入穗"的黄金契机，全面推进广州市天然气利用工程这一民生工程，目前一期、二期、三期工程先后竣工投产。其中，一期工程共建成高压管线110千米、3个接收门站及4座高中压调压站，主要接收广东大鹏进口LNG气。该项目的建成正式揭开了广州天然气时代的序幕，为广州"全市一张网"格局奠定良好基础。二期工程暨广州亚运村项目燃气配套工程，共建设高压输气管道25.6千米，建设门站1座、高中压调压站1座、线路阀室2座，该项目的建成确保了2010年亚运会、亚残运会的供气保障任务圆满完成。三期工程暨"广州西气东输项目"是国家西气东输二线项目的重要组成部分，是广州市重点建设工程，共建成高压输气管道23千米，建设门站3座，接收国家"西气东输"二线气。该项目的建成，使广州成为广东省第一个使用上"西气"的城市，并与广东大鹏进口LNG气形成双气源供应保障系统，全面提升了广州天然气供应保障综合实力，广州"全市一张网"的格局清晰呈现。

广州燃气集团严格按照"安全是根，以人为本，科学发展，绿色节能"的企业安全生产方针，建立了高标准的安健环管理体系、地下管网安全综合评价及风险预警体系，维修、抢险队伍与110联动，综合抢险水平处于同行先进水平，抢险及时率始终保持100%。2012年，广州燃气集团被评为

"广州市开展安全生产隐患排查治理工作突出单位"。广州燃气集团开通了"96833"24小时客户服务热线电话，适时推出银行划扣、电子账单、"网上营业厅"等便民服务，实现了用户足不出户即可办理燃气管道业务，并形成集团网站、营业厅、呼叫中心三位一体的服务系统，为客户提供高质量、高效率的服务。2012年，经广州社情民意研究中心调查显示，广州燃气集团客户满意度维持在优良水平，广大市民对天然气供应服务总体状况表示肯定。

未来，广州燃气集团将秉承"注重认真、追求卓越、持续发展"的企业核心价值观，围绕建设"珠三角燃气龙头企业"的战略发展目标，加大天然气利用工程的投资建设，扩大燃气管网规模，提高天然气气化率和气源安全供应能力，保障广州城市发展对清洁燃气的需求，提升服务市民的水平和质量，努力成为一个让市民满意的公用事业公司，一个保障天然气供应的能源企业，一个安全可靠的燃气企业、一个节能环保的先锋，让市民切实享受到天然气产业的发展成果，为推进广州新型城市化发展做出更多贡献。

希望千家万户在打开燃气灶、点燃天然气那一刻，都能够感受到广州燃气集团送上的一份温暖和祝福。

以客为尊　安全可靠　诚信负责　追求卓越
——长春燃气股份有限公司

1998年，长春燃气股份有限公司（股票代码：600333，以下简称长春燃气）以定向募集方式经过资产重组而设立，并于2000年12月11日在上交所挂牌上市，成为中国A股市场燃气行业第一股。目前，长春燃气是吉林省最大的管道燃气供应企业，其母公司已经具有80多年的供气历史。2007年，长春燃气与具有150多年历史的香港中华煤气合资，引入中华煤气先进的管理理念之后，得到了快速发展。

企业主要产品以燃气为主，拥有为城市民用、工商业、车用等终端客户群服务的完整能源供销体系。主要业务板块分为：以长春市区燃气及分布式能源供应服务等为代表的燃气板块；以焦化产品为代表的东北三省及全国能源化工生产供应服务的焦化板块；以长吉图为轴线辐射延吉等吉林省燃气业务投资板块，长春燃气已经逐渐成为东北区域综合能源利用和发展的引领企业。

目前，长春燃气正在实施新的五年发展战略，将以保证城市安全供气为基础，大力发展清洁能源、不断扩大清洁能源的应用领域和服务半径，为城市蓝天、碧水的绿色宜居环境建设发挥重要作用，为股东、社会、客户创造持续的价值。

厚德博怀　坚韧自强　团结进取

——贵州燃气集团有限责任公司

贵州燃气（集团）有限责任公司（以下简称贵州燃气）是在原贵阳市煤气公司的基础上改制成立的股份制企业，现有员工2062人，经营范围涉及城市管道燃气输配、燃气热力工程规划设计、燃气工程、燃气器具销售服务、燃气计量表具校验、燃气热力设计安装等领域。至2012年，贵州燃气总资产达23.7亿元，拥有管道燃气居民用户100万户，工业、公建和商业用户4500户，供应天然气汽车3000辆，年销售人工煤气2.7亿立方米，天然气2亿立方米。

贵州燃气（集团）有限责任公司党委书记、董事长　黄友兴

贵州燃气起步于1987年，1988年贵阳市煤气输配工程建设指挥部成立；1993年成立贵阳市煤气公司；2003年公司成功改制；2005年更名为贵州燃气（集团）有限责任公司并组建成立贵州燃气集团。贵州燃气以"立足贵阳，服务全省"为战略目标，先后成立了贵州省天然气公司、遵义市燃气公司、安顺市燃气公司、仁怀市燃气公司、都匀市燃气公司、凯里市燃气公司、毕节市燃气公司、贵安新区燃气公司等18家燃气主业子公司，并取得了所在城市的燃气特许经营权。此外，还成立了贵州燃气热力设计有限公司、贵阳鸿源燃气建设发展有限公司等七家辅业子公司。

贵州燃气秉承"厚德博怀、坚韧自强、团结进取"的企业精神，肩负"迈向绿色能源新时代、建设生态和谐新生活"的企业使命，以"致力于一流品质服务、共建卓越能源集团"的企业愿景为己任，在取得良好的经济效益的同时，也取得了突出的社会效益。贵州燃气先后跻身"中国能源企业500强"、"贵州企业100强"，是贵州省最大的城市燃气经营企业。

汇聚清洁能源　共创美好明天

——佛山市燃气集团股份有限公司

佛山市燃气集团股份有限公司是广东省乃至华南地区地级市中最具实力的城市燃气经营企业之一。公司拥有全资或控股企业12家，并投资参股广东大鹏液化天然气有限公司、深圳大鹏液化天然气销售有限公司。

公司经营范围涵盖天然气高压管网建设运营及中游分销、管道天然气终端销售服务、瓶装液化气销售服务、汽车天然气加气、燃气工程设计、施工等业务，经营的主要产品为液化天然气（LNG）、压缩天然气（CNG）、液化石油气（LPG）等。

公司是中国城市燃气协会常务理事单位、广东油气商会副会长单位、广东省燃气协会第五届副会长单位、广东省燃气协会第五届管道气部主任单位和第五届科学技术委员会副主任单位。公司曾荣获中华全国总工会、国家安全生产监督管理总局授予的全国"安康杯"竞赛优秀组织奖、原国家建设部授予的"全国城市环境治理优秀工程"奖、"广东环保先进单位推介活动特别贡献"奖、广东省佛山市"价格·计量信得过单位"等称号。由公司主承建的"佛山市燃气管网资源管理系统"荣获2010年中国地理信息优秀工程金奖。公司客户服务中心2011年4月荣获中华全国总工会授予的"工人先锋号"称号。

公司以"汇聚清洁能源、共创美好明天"为使命，以"创建城市燃气行业的中国典范"为愿景，奉行"正心聚气、承安共生"的核心价值观，坚持"系统化、专业化、品牌化"的经营理念和"合规合情、重行重效"的管理理念，通过进一步整合资源，充分发挥公司在人才、管理、技术、安全、服务及信息化等方面的优势，用心竭力为客户、股东、员工和社会持续创造价值。

助力城市经济　点亮希望灯火

——西安秦华天然气有限公司

西安秦华天然气有限公司是为了贯彻西安市委、市政府提出的加快公用行业改制步伐的要求，由西安城市基础设施建设投资集团有限公司与香港中华煤气有限公司共同组建成立的合资公司，是目前西北地区首家引进外资、改制重组的大型城市燃气企业。

公司拥有西安市城六区特许经营权，主要经营城市管道天然气的供应和相关服务；燃气设施的生产、经营、维护、维修、质量控制、技术服务、科研开发、管网测绘、物资贸易以及燃气项目的设计。

公司下属九个全资子公司、一家分公司，现有员工2000余人，下设管网、客服、工程等部门，具有高中级职称和硕士以上学历者占员工总数的20%以上。

公司供气范围覆盖西安市碑林区、莲湖区、新城区、未央区行政区域范围，以及灞桥区灞河以西、灞河以东、陇海铁路以北和雁塔区南三环以北区域，广泛涉及民用、工业、商业、餐饮、运输、福利和采暖锅炉等各个领域。

截至2013年中，公司所辖天然气管线累计投运4930.77千米，建有调度中心1座、抢险维修中心1座、门站1座、高中压调压站13座、储配站1座(4个一万立方米球罐)、LNG站1座。根据公司发展规划，目前正在建设第二门站。现有天然气居民用户144万户，工商用户6474户，加气站45家，分销商2家；天然气年总供气量已达12.38亿标准立方米，冬季日最大供气量为818万标准立方米。

安全方面，公司具备完善的风险防控体系和安全管理制度，严密高效的管网设备管理、巡查和抢维修运行机制，具有国际领先水平的管网巡查和抢修设备，确保了全市天然气安全稳定供应，达到零安全责任事故。

在运营调度方面，企业具备国内先进水平的SCADA调度系统，实现了远程遥调、遥控、遥测，为天然气均衡供应、管网抢修提供着科学高效的调度指挥。公司自主研发的天然气管网GIS地理信息系统，实现了管网设备电子化管理和自动查寻。

应急储备方面，总储气量达210万立方米LNG气源站为城市燃气供应提供可靠的应急气源保障，四台1万立方米的储气球罐是城市供气调峰的重要场站设施。

服务方面，企业建立了涵盖业务咨询、故障报修、紧急事故抢险、举报投诉为一体的24小时服务热线96777，保证抢维修部门第一时间接到报修、报警信息，抢维修服务实行"一单到底、服务到户"。

遍布全市的近千家代售气网点，10个集客户咨询、售气、安全燃气具销售及售后服务为一体的司属一站式客户服务中心，为客户提供快捷、便利的优质服务。

作为一家公众性专业燃气公司，秦华始终将履行企业社会责任的实践活动，作为企业经营活动中不可分割的一部分。公司秉承"以健康、稳定、持续的发展，促进经济发展、社会和谐"的社会责任观，在追求经济效益、保护股东利益的同时，积极从事环境保护和社会公益事业，促进公司自身与全社会的协调、和谐发展。

完善设施　科技倡导　绿色无碳　服务百姓
——西安华通新能源股份有限公司

西安华通新能源股份有限公司（以下简称：西安华通公司）成立于1999年7月9日，2000年11月16日经西安市人民政府［2000］76号文件批准，整体改制设立为股份有限公司，目前注册资本为2.34亿元。公司以天然气节能、环保等洁净能源技术的研究、开发、推广、利用为主业，始终致力于国家中小城镇民用和工商业用天然气项目的投资、建设和经营，以及天然气加气站的投资、建设和经营。公司拥有城市燃气企业资质证书；通过了ISO9000、ISO14000、GB/T18000质量环保职业健康体系认证，享受国家能源基础产业15%所得税优惠；拥有自主研发的专利产品，被认定为国家高新技术企业；被中国燃气热力协会确定为国内燃气企业排行榜15强企业，中小城镇天然气供应企业中排名第一的龙头企业。公司为陕西省燃气热力协会常务理事单位，中国城市燃气协会理事单位，全国诚信企业，国家标准GB燃气服务标准编制单位。

西安华通公司是陕西省首家进入中小城镇天然气供应的民营企业，和其他燃气企业固守一二线城市一隅的经营方式不同，公司始终致力于县级城市的天然气供应扩展，通过对经过十几年实践检验的县级城市天然气能源供应建设经营管理模式的快速复制，现已在国内八省（区）总共拥有135个燃气项目，包括城市燃气项目30个，12个运营，18个在建；CNG汽车加气站52座，18座运营，34座在建；LNG加注站44座，6座运营，38座在建；CNG母站5座，1座运营，4座在建；LNG加工厂2座在建，船用LNG加注站2座在建，使企业呈现快速发展态势。截至2012年10月，公司总资产7.3亿元，净资产6.3亿元；2012年全年实现主营业务收入3.2亿元，净利润0.8亿元（已审计后数据）；2013年计划收入4.2亿元，利润0.96亿元。

西安华通公司不仅为下游用户提供能源资源和产品的销售，而且从节能减排的高度，依托自身技术优势，向地方政府及不同类型工商业客户提供一揽子清洁能源整体解决方案，为用户提供能源规划、节能设计、节能改造、智能营销、人员培训和安全运行等方面的全方位服务。同时，西安华通公司还拥有管道燃气安全科技产品"磁悬浮三保险自闭阀"等多项专利证书，增强了燃气管网"安全压倒一切"的全面特殊保障体系，使企业的燃气管道成为城镇现代建设的重要标志。

国家"十二五"规划提出在加快转变经济发展方式过程中，将积极稳妥推进城镇化建设，城镇化率从47.5%提高到51.5%，并不断提升城镇化的质量和水平。这使得天然气市场的消费需求逐步从一二线大城市向中小城镇扩大，并不断提高全国2700多个县域的绿色中小城镇经济建设，对天然气洁净能源的使用要求会快速增长。县域中小城镇建设的巨大市场需求对西安华通公司既是机遇也是挑战，不断填补和投资建设中小城镇天然气供应领域的空白，为当地的经济发展提供洁净能源动力，是西安华通公司不断发展的源泉。

西安华通公司根据自身的发展规模，已适时地提出了申请在国内证券市场发行A股并上市的目标，目前相关上市发行申报工作正在开展过程中。

以市场为导向　　以技术为基础　　多元化协调发展

——天信仪表集团有限公司

　　天信仪表集团有限公司是中国燃气计量行业的龙头企业。1995年进入燃气计量领域以来，凭借灵活的经营机制和自主创新，获得了快速的发展。目前，公司构筑了以燃气计量仪表、工业计量仪表、燃气调压设备、自动化控制系统、软件产品开发、电动机保护装置为支柱，集房产开发、矿业开发、金融投资和汽车销售为一体的多元化经营格局；并建立了4个制造基地，2个综合研发中心，5个控股子公司，已发展成为初具规模的企业集团。公司获得"国家级高新技术企业"、"浙江省资信、纳税、'重合同守信用'AAA级企业"、"浙江省绿色企业"、"温州市活力和谐企业"、"苍南县工业模范企业"、温州市安全生产标准化达标企业等荣誉称号。

　　集团现有气体涡轮流量计、智能旋进流量计、CPU卡工业气体流量计、气体腰轮流量计等十二大系列产品，还有与国外公司合作生产的气体罗茨流量计、气体超声流量计、调压器等。产品整体技术处于国际先进水平，并被列入"国家重点新产品项目"、"国家火炬计划项目"和"国家创新基金项目"，产品广泛应用于城市天然气、石油、石化、轻工、冶金、电力、煤炭等行业。公司是2010年上海世博会国内燃气计量设备的指定供应商。

　　公司在北京、上海、四川等地建立了48个销售子公司(办事处)和售后服务中心，构筑了辐射全国快速灵活的销售网络，为产品的安装、调试和使用提供全面的技术支持和24小时全天候快捷服务，并实施了ERP管理系统和售后服务信息系统，实现了用户需求的快速反应和市场信息快速处理。现产品已销售全国各省市自治区，并出口到印尼、孟加拉和中亚等地，在国内天然气计量产品中居全国首位。

　　公司本着"拓展市场空间，促进技术升级，实施国际联盟；做精做强主业，协调发展多元"的发展战略，制定了十年中长期发展规划，到2010年，实现国际化战略，走技术引进及合资合作相结合的道路，与实力雄厚的国外同行业企业合作，把单纯的竞争关系变成竞合关系，以合作促进技术升级，全面提升产品的竞争力和企业运营的竞争力，使天信仪表成为国际上有竞争力的品牌。

　　公司谨奉"为用户提供天然气应用整体解决方案"的营销理念，始终坚持以用户利益为己任的制造和服务原则，打造满足用户动态需求的运营管理体系，一如既往地为用户不断创新，努力实现天信品牌的国际化。

品质如金　服务用心
——金卡高科技股份有限公司

金卡高科技股份有限公司是国内领先的智能燃气表和计量收费系统供应商，技术力量和销售规模居于行业前列。目前公司的产品与解决方案已应用于全国600余家燃气公司。公司成立于1997年，2009年改制为股份公司，2012年8月登陆创业版，股票代码300349，注册资本9000万元。总部位于杭州，在全国各大城市设有23个办事处，现有员工500余人。主要经营产品：民用IC卡燃气表、工商业IC卡皮膜表与流量计、无线燃气表、GPRS远程燃气监控抄表系统以及燃气收费管理软件。经过十几年的研发投入，公司现年产量已超200万台，销售收入逾5亿元。

公司在行业内率先通过ISO9001质量管理体系认证，取得国家计量认证，被评为国家级软件企业、国家高新技术企业、火炬高新技术企业、连续三年信用AAA企业。

公司具有较强的嵌入式软件开发、系统软件开发、模拟与数字通讯技术应用、机械与电子设计等核心能力，是国内最早从事IC卡智能燃气表及收费管理系统研发和生产销售的企业之一。公司历经多年沉淀，已经形成一支50余人的软件开发、硬件设计的技术团队，每年的科研投入资金都占当年销售额的5%~8%。公司与中国计量学院、浙江大学嵌入式软件实验室、温州大学等科研单位深入开展了产、学、研合作，有效提升气流量测控基础研究和嵌入式软件开发能力。

公司运用FPC传感器取样技术、光电直读取样技术、嵌入式软件编程技术、数据集成采集技术、独有加密技术、安全开阀技术等专利技术，开发出国内新一代智能化IC卡燃气表及管理系统，促进了国内智能燃气表行业的发展。

公司率先将GSM/GPRS/CDMA通信技术、自适应调频技术、微功率短距无线自组网通信技术应用于智能燃气表及系统，引领行业发展。公司成功研发出微功率短距无线智能抄表系统、GSM短信智能抄表系统、GPRS/CDMA远程燃气实时监控系统。GPRS远程燃气监控抄表系统已在上海环球金融中心及2010年上海世博会场馆投入使用。

公司目前拥有88项知识产权，其中36项国家专利、37项软件著作权、15项软件产品登记证书、6项专有技术。公司核心技术成员参与多项国家、行业及地方标准的起草工作。

金卡公司始终以客户为中心，秉持"态度、速度、技能"的工作理念，诚挚地期待您的支持与合作。

至精至诚　追求卓越
——浙江苍南仪表厂

浙江苍南仪表厂是中国燃气计量行业和核电流量测量领域的龙头企业。创办于1975年，1998年改为股份制，在流量计量领域有着悠久的历史，改制后通过引进、消化吸收国际先进技术和自主创新，实现了跨越式的发展。目前，企业建立了3个制造基地，4个综合研发中心，2个控股子公司，3个分厂和40多个销售办事处，已发展成为一个集流量计量仪表、燃气调压设备、自动化成套系统和软件产品等研发、生产、销售、服务于一体且具有一定规模的综合性企业。企业被授予"全国'双爱双评'先进企业"、"全国模范劳动关系和谐企业"、"高新技术企业"、"浙江省银行资信、纳税、守合同重信用AAA级企业"、"浙江省诚信民营企业"、"浙江省绿色企业"、"温州市活力和谐企业"、"温州市中小企业三十强"等荣誉称号。

企业现有气体罗茨流量计、气体涡轮流量计、旋进漩涡流量计、CPU卡气体流量计、（IC卡）家用燃气表、热量表、（核级）节流装置、城市燃气调压（计量）装置、气体过滤器、燃气数据远传采集和监控系统等10几个系列产品。产品整体技术处于国际先进水平，并列入"国家重点新产品项目"、"国家级火炬计划项目"、"国家级创新基金项目"和"浙江省装备制造业重点领域首台套产品项目"。产品广泛应用于城市天然气、石油、化工、核电、供热、电力等行业，并畅销国内国际市场。是中国燃气、港华燃气、华润燃气、新奥燃气、昆仑燃气、中石油、中石化、中核集团、中广核集团等合格供应商。

近年来，我们在加强自主创新的同时，积极推行产学研合作，整合优势资源为企业所用。现已与浙江大学、中国计量学院、中国核二院、中广核集团等高等院校和科研院所建立长期紧密的合作关系，协助解决重大技术难题；另外，企业加强对外合作和技术引进，不断增强自主创新能力，现已与捷克艾尔卡斯、巴西GASCAT公司等国外知名企业建立长期友好的合作关系，并在欧洲成立研发机构，不但为企业引进欧洲先进的流量仪表技术和工艺经验提供支持，也为企业快速全面进军国际市场提供强有力的营销和合作平台。

企业始终坚持"苍仪在用户身边，用户在苍仪心中"的服务宗旨。今天，企业已在全国设立了近40多个销售服务网点，依靠强大的服务网络体系，"东星"牌产品已在广大客户中树立起良好的口碑。"至精至诚，追求卓越"，浙江苍南仪表厂全体员工真诚希望能与国内外朋友携手共进，共创辉煌！

以客户需求为导向　实现创新驱动发展

——辽宁思凯科技股份有限公司

辽宁思凯科技股份有限公司坐落于辽宁省丹东市鸭绿江畔，成立于1995年。其产品不仅包括公用事业IC卡消费终端、无线数据远传产品等传统设备，还包括新一代的物联网终端产品和管理平台，以及管网数据监控及销售管理系统，并致力于为燃气、供水、供热等公用事业提供计量、管理、收费、服务等方面的全部物联网解决方案。目前，公司是全国唯一一家同时生产IC卡气、水、热量表的生产单位。截至2012年年底，累计用户近500万户。

公司现有员工近400人，其中：享受国务院特殊津贴并担任信息产业部项目评审专家1人；教授级高工5人、高工8人、工程师22人；博士1人、硕士8人、大专以上学历122人。

思凯公司的多个产品改变了整个行业的发展方向：中国第一块IC卡预付费燃气表就是由公司创始人郑孚博士发明，该发明使我国成为世界上继英国、法国之后第三个能够生产IC卡预付费燃气表的国家，获得了国家专利；2000年推出CPU卡燃气表；2004年于行业内率先研制出基于无线公众网络的非民用物联网远程计量监控系统，大大地提高了燃气公司对非民用户的用气管理，减少了产销差；2006年推出的无线远传IC卡燃气表，解决了预付费用户在调价过程中的囤积问题；2008、2009年相继研制出非接触卡燃气表、非接触CPU卡燃气表与无线远传CPU卡燃气表，产品技术水平居国内领先地位；2010年推出物联网燃气表；2012年推出超声波燃气表。

思凯公司通过了ISO9001：2000质量体系认证、ISO14000环境质量认证、计算机系统集成三级资质认证和CMMI三级认证。公司的研发团队也是行业内唯一一个符合CMMI3级要求，其研发管理流程完整覆盖18个研发过程域，从产品的最源头保证产品的质量。

思凯公司围绕核心技术已获10余项专利，其中3项发明专利均属于国际领先技术，多项核心产品鉴定为省、市级科技成果，所有产品拥有自主知识产权。

另外思凯公司还关注行业技术发展，是国内唯一一家参加了燃气表、水表、热量表三个行业标准的起草单位。目前，公司正参与起草《超声波燃气表》标准。思凯公司始终致力于行走在行业技术的前沿。

产品包括气、水、热多个行业的计量及计量相关设备，其中燃气行业产品涵盖民用及非民用户的燃气终端计量，以及城市级数据采集、数据分析、燃气销售管理、表具管理和维修巡检管理等众多领域。在北京、上海、吉林等城市所使用的管理系统，完全达到城市级应用的要求，可管理100多个营业网点的数据业务，并与多家商业银行实现了实时可靠的数据交换。

超声波燃气表由于其全电子结构特点，无机械传动部分，运行无机械噪声，不受机械磨损及故障影响；并且由于气道的机械尺寸不变，所以整表精度不随时间发生变化。与以往的机械表相比超声波燃气表在体积、精度、重复性以及寿命、维护上都有着无可比拟的优势。正是因为这些优势，思凯公司的超声波燃气表实现了国际上第一只计量范围从1.6~4立方米全量程燃气表，而且计量精度在小流量计量时可以达到1%以下，这是膜式燃气表无法企及的。

超声波燃气表在防窃用方面，由于其具有不分左右表、可自动识别气体流动方向等特性，因此倒装表仍可高精度计量。另一方面，思凯公司为提高表具的计量准确度，在超声波燃气表中增加温压补偿功能，避免由于温度、压力变化而导致的燃气公司计量损失，为燃气公司增加了经济效益。

当前随着管道燃气行业的蓬勃发展，民用管道燃气泄漏而引发的爆炸和人员伤亡事故数目也在显著上升。而安全功能模块可根据管道燃气在不同状态下燃气流速是不一样的原理，利用超声波表计量精度高的特性，检测燃气管道中的异常流量（超大及超小流量、恒流超时使用等），增加燃气表使用安全性。

安全型物联网超声波燃气表目前已经在丹东、大连和上海地区试挂，从试挂的使用情况来看，所有表具运行稳定、计量准确，完全达到表具的设计要求，实现了所有的设计功能，运行状态良好。

构建期货交易平台　服务实体经济发展

——大连商品交易所

大连商品交易所（以下简称大商所）成立于1993年11月18日，是经国务院批准的四家期货交易所之一。大商所现上市交易有玉米、大豆（1号、2号）、豆粕、豆油、棕榈油、线型低密度聚乙烯、聚氯乙烯、焦炭和焦煤等期货品种。

成立20年以来，大商所规范运营、稳步发展，已经成为我国重要的期货交易中心。截至2012年年底，大商所共有会员178家，投资者开户总数156.80万户。2012年单边期货成交量和成交额分别达6.33亿手和33.32万亿元。根据美国期货业协会（FIA）统计，2012年大商所在全球衍生品交易所中排名第11位。

为充分发挥期货市场价格发现和避险功能，服务实体经济，大连商品交易所已经实现了由农产品交易所向综合性交易所的转变。线型低密度聚乙烯（LLDPE）和聚氯乙烯（PVC）两个品种已经成为世界最大塑料期货品种；目前，大连商品交易所正在向能源领域进军，已经成功上市的焦煤、焦炭期货品种已经发展成为全球折合吨数交易量最大的实物交割期货。为丰富品种结构，抢占燃气期货品种战略布局，2013年5月大连商品交易所与中国城市燃气协会签署战略合作协议，重点研发液化石油气（LPG）期货品种，并积极储备液化天然气（LNG）期货。目前，在大商所上市交易的相关品种功能发挥明显，成为企业经营的"指南针"和"避风港"。

2013年，大连商品交易所加快品种创新步伐，气体能源品种研发提速。2013年液化石油气（LPG）期货品种立项申请已经上报中国证监会，并正在加紧研发和储备液化天然气（LNG）及管道天然气（NG）期货品种。此外，2013年国务院已同意鸡蛋品种上市，交易所已做好上市准备；证监会已就我所铁矿石、木材纤维板、胶合板品种上市征求相关部委意见；聚丙烯品种已完成立项，棉纱线、玉米淀粉、淀粉糖、生猪、肉鸡、尿素等农产品种在积极研究推进中。

2007年8月国务院批准的《东北地区振兴规划》中提出要"依托大连商品交易所，大力发展期货贸易，建设亚洲重要的期货交易中心"；2009年国务院通过的《辽宁沿海经济带发展规划》、《关于进一步实施东北地区等老工业基地振兴战略的若干意见》及2012年《东北振兴"十二五"规划》，进一步对大商所建设亚洲重要期货交易中心提出了要求。新的形势下，大商所正以建设亚洲全球重要期货交易中心为目标，以治理结构完善和多层次市场建设为契机，以品种、制度、技术和服务创新为动力，努力将交易所建成国际一流的期货市场，为相关产业和实体经济发展及东北地区振兴做出更大的贡献！

市场核心　品牌发展　质量生命
——成都前锋电子仪器有限责任公司

成都前锋电子仪器有限责任公司是一个拥有辉煌历史、充满生机与活力的现代企业，创建于1958年，是我国第一个自行设计和建设的亚洲最大的电子测量仪器开发和生产基地，为我国的国防现代化建设提供了大量装备和服务，为提高人民生活质量水平不遗余力，是中国人民解放军总装备部和信息产业部共同认定的中国电子仪器行业一厂、一所、一校重点单位，是我国最大的三大类型热水器生产厂家之一，也是中国中西部唯一荣获"中国名牌"称号的品牌。成都前锋电子仪器有限责任公司是成都前锋电子电器集团股份有限公司的全资子公司，公司全面通过ISO9001国际质量体系认证和ISO14001环境体系认证，是成都市高新技术企业和省、市重点优势企业，拥有进出口业务经营权。

占地近300亩的前锋高新技术产业园内拥有完善的研发、生产、质检一条龙体系。涉足的领域包括：电子测量仪器，通信测试设备，数字视听设备，家庭能源智能管理系统，以燃气和电热水器、灶具、抽油烟机、消毒柜、电水壶等为代表的厨卫产品，商用燃油燃气锅炉，暖通设备等，同时还涉足于房地产开发、商业贸易、建筑装饰、绿化工程等领域，具有国内一流的开发能力，主要产品的国内市场占有率多年来名列前茅，在用户中享有很高的声誉。公司目前拥有总资产10亿，员工1400余人。

成都前锋经过55年的发展，总共开发、生产、销售了16个系列、近200个品种、合计超过13万台的电子测量仪器，用户遍布通信、广播电视、国防、交通、能源、教育等各个部门，为国民经济建设和国防建设做出了突出贡献。近十几年来，开发出一系列接近国际先进水平和居国内领先水平的电子测试仪器，分别获得国家科技进步奖5项、部省级科技进步奖44项、国家优秀新产品奖5项和部省级优秀新产品奖27项。其产品在信号产生、信号分析、通信测试、基础测试等方面基本形成了技术和产业化优势，成为军工电子测试仪器行业内公认的，具有较强实力的一厂（766厂）、一所（41所）、一校（电子科大）中的一厂。并于2000年被成都市科委认定为高新技术企业。

同时，改革开放以来，成都前锋坚持以市场为先导，牢固树立"市场核心、品牌发展、质量生命"观念，以追求千百万消费者的最高满意度和对社会进步的最大贡献为经营目标，逐渐从单一的军工企业发展成为多元化的产业。在民品电子如整体厨卫、家庭能源智能管理系统（智能IC卡水、电、气表）、电力、水利、燃气、油田自动化等产品上也有较大发展，已扩展成多品种、多气源、多用途、多系列产品结构的综合开发、制造能力非常强大的体系，每年十多个技术专利诞生。

一、前锋的技术

成都前锋作为军工电子测量器行业内公认的，具有较强实力的一厂、一所、一校中的一厂，经过4年的积累，拥有一批经验丰富的设计开发和生产技术人员，并拥有IC设计软件、高频仿真软件、先进的EDA工具、多种电路仿真软件、结构CAD设计软件等多种开发必需的软硬件设施。由于其突出的技术优势，多次获准参与国家重大项目研究，包括中国航天工程第一次飞行试验和中国"神舟五号载人航天工程"，为国防建设做出了突出贡献。

同时，前锋还不断有计划地进行技术改造，"九五"期间添置了数控加工中心、数控坐标磨床和曲线磨床、组合加工中心等开发、生产设备和加强产品检验试验的大规模集成电路测试仪、燃气分析仪烟气分析仪等检测设备，以及高低温潮湿试验箱、温度冲击箱等型式实验设备，投资改造了EMC电磁兼容实验室，建立了6105校准实验室。"十五"期间投资700万元改造了正温老化试验室、正负温试验室、包装跌落试验台和模拟汽车运输振动台等环境实验设备，增添了排放烟气的氮氧化合物分析仪及遥控器试验的频谱测试仪、相位、噪声测试仪等检测设备，一共建立27个参数的溯源标准，成为西南地区最大的无线电校准实验室，保证了量值的准确溯源。自主研制在线检测的气体泄漏测试仪、负荷综合测试仪及耐久性能试验仪等专用调试、检测设备；不断推进办公自动化和信息化，建设信息网，分批更新了开发、生产、服务等现代办公设备，并配置了ProE、印制板、电路分析仪等开发工具软件和客户服务管理软件，引入ERP管理信息系统，在生产、市场、物流和财务系统推动流程化管理，更快响应、服务于市场。

此外，前锋还与美国福禄克公司、日本安立公司、美国安捷伦公司、德国伦伯杰公司、澳大利亚南方集团、电子科技大学以及中国电子科技集团第29研究所等国内外优势企业、科研部门的广泛交流与合作，随时了解国内外最新的技术信息，取长补短，保证其科研能力长期处于领先水平。

1999年在军工质保体系的基础上，成都前锋依据ISO9001标准建立了新的质量保证体系，2002年通过了2000版的转版认证，并结合ISO9001：2000标准对管理体系进行整合，从产品开发、供应商管理、生产过程、检验控制、服务保证等方面细化管理体系程序文件，修订、完善、增加相应的管理制度20余个，全面清理岗位职责和岗位要求，优化工作流程，全面推动精细化管理，并顺利通过质量、环境管理体系的整合认证。产品实物质量连续15年国家及各省市监督抽查均合格。"前锋"牌系列产品连续六届被四川省人民政府授予"四川名牌"和"四川著名商标"称号，在2002年9月被国家质检总局授予"中国名牌产品"称号后，又先后荣获了"全国用户满意产品"、"全国用户满意企业"和"全国质量管理先进企业"等称号，目前公司正准备导入《卓越绩效评价准则》，引导企业追求卓越，巩固"中国名牌产品"称号，争创世界名牌。

二、前锋智能燃气表产品发展情况简介

成都前锋从1997年开始涉足能源智能管理系统相关产品的研发、生产和销售，至今已经累计销售300多万只智能IC卡气表和数千台套公福用智能IC卡大表、无线远传燃气表，并以良好的服务得到了广大用户和各地燃气公司的认可和好评，目前，在国内同行业中已经具有相当的知名度。

成都前锋利用自身的品牌和渠道优势，已与国内多家燃气公司进行了长期合作，中国燃气控股有限公司等在行业内具有影响力的大型集团公司形成了战略合作伙伴关系，有效拓展了市场，配套提供了大量的产品和服务，产品陆续进入了天津、四川、重庆、湖北、陕西、甘肃、新疆、云南、贵州、福建及山西等地市场。

股票代码：601139

— 企业使命 —
mission

成就绿色品质生活
To create a green life

深圳燃氣
Shenzhen Gas

气聚人和

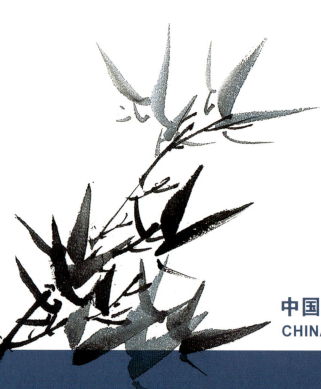

中国燃气控股有限公司
CHINAGAS HOLDINGS LTD.

香港总部：

地址：香港湾仔告士打道151号安盛中心16楼
电话：00852-28770800
传真：00852-28770633
E-mail：384hk@www.chinagasholdings.com.hk

造福社会

深圳总部：

地址：深圳市福田区滨河大道5022号联合广场B座6、10、13、15、18楼 邮编：518033
电话：0755-82900900
传真：0755-82940080
E-mail：384sz@www.chinagasholdings.com

华润燃气控股有限公司
China Resources Gas Group Limited

http://www.crcgas.com
深圳市深南东路5001号华润大厦19楼
电话：(0755) 8266 8008　　传真：(0755) 8269 1109

新奥能源
致力于成功推动现代能源体系建设
成为区域泛能网运营商

　　新奥能源控股有限公司（原新奥燃气，股票代码02688.HK）于1992年开始从事城市管道燃气业务，是国内规模最大的清洁能源分销商之一。

　　新奥能源秉承"倡导清洁能源，改善生存环境；提升系统能效，创造客户价值"的企业使命，奉行"以人为本、事求卓越、和谐共生"的核心价值观，通过二十多年的经营实践，成功构建了以天然气等清洁能源为主要产品，以城市民用、车船用和工商业用户为终端客户，以城市燃气、园区能源、交通能源和智能能源为主要业务领域的能源分销体系，为客户量身定制能源解决方案。

地址：中国河北廊坊市经济技术开发区新源东道
邮编：065001
电话：（86）316 - 2598100
传真：（86）316 - 2598585
网址：www.95158.com

让您满意是新奥人永远的追求

公司坚持以客户为导向，秉承"客户为尊、创造满意"的服务宗旨，竭诚为客户提供全方位、全流程、一站式、个性化的超值服务。

公司依托全球先进的信息化平台，建设完成全国呼叫中心，开通全国统一的24小时服务热线95158及电子商务平台"新人家"，结合营业厅、体验中心及第三方代收费网点等实体渠道构建立体化的服务渠道，快速响应客户需求；依靠专业高效的服务团队、创造客户满意、超越客户期待；通过服务体系评审、第三方满意度测评、神秘顾客监测及企业督察体系监控等方式，促进服务持续创新与改进，不断提升服务水平，改善客户体验，为客户创造价值。

中石油昆仑燃气有限公司
PETROCHINA KUNLUN GAS CO.,LTD

公司致力于向终端用户提供优质、清洁、高效、安全的绿色能源，业务范围覆盖居民、商服和工业用户。公司努力建设"国内领先、国际一流的燃气公司"。主要业务有：

天然气业务： 主要包括管道气、CNG（压缩天然气）。
公司主要负责各所属单位所在地区的天然气支线管网业务、城市燃气输配、城市天然气供应、维抢修等业务。

液化石油气业务： 即LPG（液化石油气）。主要负责液化气的采购、运输和销售。公司承担中国石油液化气的统一销售任务，实施专业化管理、集约化经营、一体化发展，全力打造中石油昆仑燃气品牌。

奉献低碳能源 服务和谐社会

1870-1980年代

伴随香港经济起飞，人口激增，煤气使用推广至普罗大众。自70年代开始采用更为清洁的石脑油为原料，1986年建成大埔制气厂，目前，该厂与马头角厂房的日生产总量达到1226万立方米。

1860-1960年代

香港中华煤气集团（中华煤气）成立于1862年，最初是为香港中环街道提供照明服务。其后业务逐步转向提供热力、煮食等范畴，煤气服务稳步增长。

百五辉煌 鹏飞万里

1990-2000年代

90年代，香港市场成熟稳定，集团成功探步珠三角燃气市场。2000年起，受惠于国家经济腾飞和清洁能源推广，集团属下的港华燃气专注从事城市燃气业务，2012年已遍布20个省级地区合共107个项目，服务约1500万用户，燃气销售量119亿立方米。进而带动集团向上游、中游、新兴能源、水务、电讯、工程服务，及燃器具产品等多领域发展，至2012年内地投资项目已达150个。

- 荣获2012英国《金融时报》全球500强
- 港华燃气有限公司执行董事暨行政总裁黄维义入选福布斯中国【2012年中国上市公司最佳CEO】
- 入选香港恒生可持续发展企业指数成份股

上海燃气（集团）有限公司
SHANGHAI GAS (GROUP) CO., LTD.

上海煤气始于1865年。新中国成立后，上海城市燃气得到不断发展和壮大，并于上世纪90年代实现城镇全气化。1999年，东海天然气进入上海，开启了上海天然气大发展的新时代，随着西气东输、进口LNG、川气东送等天然气气源相继入沪，至"十二五"期末，上海有望实现管道燃气的全天然气化。

上海燃气（集团）有限公司成立于2003年12月，注册资金42亿元，为申能（集团）有限公司全资子公司。业务领域涵盖天然气管网投资、建设运营与销售，人工煤气生产与销售，以及液化气经营等，上海本地燃气市场占有率超过90%，用户规模与储运能力位居全国首位。旗下包括一家天然气管网公司、三家制气公司、五家燃气销售公司、一家液化气公司，参股燃气设计院、申能新能源、申能能源服务、林内、富士工器等企业。截至2012年底，公司拥有城市燃气高、中、低压管网1.9万余公里；总资产160.7亿元，年产值销售收入189亿元，员工近9000名；燃气用户608万户，其中天然气438万户，人工煤气64万户，液化石油气106万户；年供应天然气62.4亿立方米，人工煤气8.3亿立方米，液化气10.5万吨。

公司秉持"上海燃气，让天更蓝"的理念，正在加快推进天然气发展，并致力于成为国内同行领先的系统能源服务商，为促进上海经济社会发展、改善城市环境质量、提高人民生活水平发挥积极作用。

上海燃气·让天更蓝

天然气主干管网系统及调度中心控制台

白鹤首站全貌图

五号沟LNG事故备用站

崇南LNG气化站

五号沟LNG码头卸液臂

洋山LNG接收站全貌图

962777
燃气热线·服务无限

重庆燃气集团股份有限公司简介

重庆燃气集团股份有限公司是重庆市能源投资集团公司控股,华润燃气(中国)投资有限公司参股的国有控股企业。

重庆燃气集团主要业务包括城市燃气储、输、配、售,基础设施建设,燃气工程设计、安装、燃气计量检测、压缩天然气经营。截至2012年末,燃气集团资产总额近59亿元,拥有全资子公司15家、分公司10家、参股公司2家、控股公司10家。天然气供应范围已覆盖重庆市24个区县,服务客户突破313万户,主要经济技术指标在全国城市天然气同行中名列前茅。

重庆燃气集团作为关系国计民生的管理服务型企业,始终以"奉献光热、共创卓越"为企业核心理念,秉承"诚信、利民、安全、创新"的企业精神,努力营造"心齐、气顺、风正、劲足"的企业氛围,体现城市燃气供应行业基础性、服务性、公共安全性三大特征。

重庆燃气集团通过全国最大的单体天然气储配站——头塘天然气储配站、重庆市主城区内环、中环、外环主输气管线、燃气输配管网调度自动化监控系统、主营业务信息化等重点项目的建设,以充足的气源、安全合理的燃气输配管网、充分的储气调峰设施和高度自动化的调度手段、完善的抢险应急救援机制及全方位、人性化的优质服务,全力打造重庆市天然气安全供应保障体系。

近年来,重庆燃气集团被授予"全国先进基层党组织"、"全国文明单位"、"全国五一劳动奖状"、"全国工人先锋号"、"中国客户关怀八十强"、全国"安康杯"优胜企业、"全国模范职工之家"、"全国设备管理先进单位"、"全国企业管理现代化创新成果一等奖"、"重庆市工业企业50强"、"重庆市国企贡献奖"、"重庆市消费者满意单位"、市政府"110联动工作先进集体"等荣誉称号。

光热 卓越

城市燃气储、输、配、售，基础设施建设

提供优质的客户服务

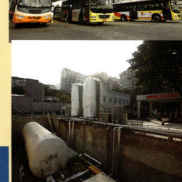

集中供能项目、CNG 加气项目、LNG 项目

奋进有为 追求无限

集团公司办公大楼夜景

沈阳燃气集团有限公司是集燃气生产、输送、销售、管网设计和建设、售后服务为一体的大型公用事业企业，其经营规模和营业收入在全国同行业居前列、东北首位，在沈阳城市基础设施建设和公用事业中占据重要位置。集团公司为全国燃气学术委员会主任单位、中国燃气协会副理事长单位、秘书长单位。

沈阳燃气集团始终牢记并忠实履行社会责任，6000名员工在市委、市政府的领导下，为190万户燃气用户、600万市民和全市大企业、大宾馆、大酒店等商业用户提供优质、充足、安全的燃气，送去温馨、周到的服务。公司相继获得全国文明单位、全国五一劳动奖状、全国安康杯竞赛优胜企业、全国厂务公开先进单位、全国建设系统企业文化建设先进单位等殊荣，成为全国同行业的佼佼者。

始于1923年的沈阳城市燃气，目前拥有5000多公里市街燃气管网，具有输储一体化功能，建有国内最大的城市燃气干式储气柜及LNG储罐等6座。集团公司与中石油、中海油、大唐国际等多家大型能源企业签订战略性供气合同，不仅可以保证沈阳市工业生产、商业和人民群众需求的燃气供应。而且还为今后燃气应用领域的不断扩大奠定了坚实的基础。

集团公司依靠自身的技术人才优势，在国内燃气行业发挥着重要的作用，多次参与全国燃气安全、技术标准制订、修订；参与、组织国内外大型燃气技术学术会议，为国家制定燃气发展战略规划，提供重要建议和意见；曾派技术骨干参加西气东输工程建设。

公司将"把用户放在心上"作为服务理念，客服热线96177受理处结率始终保持100%，客户满意率达到99.9%。

多年来，沈阳燃气集团矢志不渝追求"打造一个让党和政府满意、让人民群众满意的放心企业"目标，卧薪尝胆，励精图治，紧紧抓住公用事业改革的契机，成功实现由管理型向经营型的转变，企业体制也由纯国有变成投资主体多元化，经济效益和社会效益显著提高，一跃成为综合实力较强的城市燃气企业。

www.sygas.com.cn

96177 把用户放在心上

20万立方米储罐

多年免费向用户赠送胶管

20万立方米储罐及附属设备

2LNG罐站及运输车

胜利加气站

集团弘扬雷锋精神、争做时代先锋

沈阳燃气集团有限公司
地址：沈阳市和平区新华路8号
邮编：110005
电话：024-23506462

广州燃气集团有限公司
Guangzhou Gas Group Co., Ltd.

总经理：乔武康

广州燃气集团有限公司（以下简称"广州燃气集团"）是广州发展集团有限公司的全资下属公司。其前身是广州市煤气工程筹建处，成立于1975年。1983年，正式更名为广州市煤气公司。2009年1月16日，广州市煤气公司成建制划归广州发展集团后，改制组建为广州燃气集团有限公司，并于2009年7月2日正式挂牌。2012年7月，广州燃气集团作为发展集团优质资产注入上市公司广州控股，成功实现资产上市。

企业经营范围主要涉及燃气管网及设施的建设和管理，燃气项目的投资、经营、设计、施工、监理和技术咨询，安装、维修、检测燃气用具，（燃气的）批发和零售。截至2012年年底，公司拥有固定资产逾50亿元，燃气输配管网2700公里，客户超过115万户，服务网点30多个，全年管道气销售气量超过7亿立方米。供气范围遍及广州中心城区和周边南沙、增城全部区域及花都、萝岗、番禺部分区域，有力保障了广州燃气的稳定连续供应。

目前，广州燃气集团总部设11个职能部室；以地理区域为划分边界设立东、西、南三大区域分公司，负责区域内一体化业务运营；组建高压运行分公司，负责高压管道的工程建设和高压管网运行管理；设立调度与服务两大业务中心；有4个全资子公司，5个参股公司。全集团在岗职工人数约1900人，拥有燃气、管理等各类专业技术人才600余人。

近年来，广州燃气集团被授予"广东省广州亚运会、亚残运会先进集体"、"守合同重信用企业"、"广东省厂务公开民主管理先进单位"、广东省直通车服务重点企业、"全国工人先锋号"单位、全国"安康杯"竞赛优胜企业等荣誉称号。

广州燃气集团作为广州市管道天然气唯一购销主体，统筹全市上游气源的采购和分销，具有稳定的上游气源支持。近年来，广州燃气紧紧抓住"天然气入穗"的黄金契机，全面推进广州市天然气利用工程这一民生工程，目前一期、二期、三期工程先后竣工投产。其中：一期工程共建成高压管线110公里、3个接收门站及4座高中压调压站，主要接收广东大鹏进口LNG气。该项目的建成正式揭开了广州天然气时代的序幕，为广州"全市一张网"格局

奠定良好基础。二期工程暨广州亚运村项目燃气配套工程，共建设高压输气管道25.6公里，建设门站1座、高中压调压站1座、线路阀室2座，该项目的建成确保了2010年亚运会、亚残运会的供气保障任务圆满完成。三期工程暨"广州西气东输项目"是国家西气东输二线项目的重要组成部分，是广州市重点建设工程，共建成高压输气管道23公里，建设门站3座，接收国家"西气东输"二线气。该项目的建成，使广州成为广东省第一个使用上"西气"的城市，并与广东大鹏进口LNG气形成双气源供应保障系统，全面提升了广州天然气供应保障综合实力，广州"全市一张网"的格局清晰呈现。

广州燃气集团严格按照"安全是根，以人为本，科学发展，绿色节能"的企业安全生产方针，建立了高标准的安健环管理体系、地下管网安全综合评价及风险预警体系，维修、抢险队伍与110联动，综合抢险水平处于同行先进水平，抢险及时率始终保持100%。2012年，广州燃气集团被评为"广州市开展安全生产隐患排查治理工作突出单位"。广州燃气集团开通了"96833"24小时客户服务热线电话，适时推出银行划扣、电子账单、"网上营业厅"等便民服务，实现了用户足不出户即可办理燃气管道业务，并形成集团网站、营业厅、呼叫中心三位一体的服务系统，为客户提供高质量、高效率的服务。2012年，经广州社情民意研究中心调查显示，广州燃气集团客户满意度维持在优良水平，广大市民对天然气供应服务总体状况表示肯定。

未来，广州燃气集团将秉承"注重认真、追求卓越、持续发展"的企业核心价值观，围绕建设"珠三角燃气龙头企业"的战略发展目标，加大天然气利用工程的投资建设，扩大燃气管网规模，提高燃气气化率和气源安全供应能力，保障广州城市发展对清洁燃气的需求，提升服务市民的水平和质量，努力成为一个让市民满意的公用事业公司，一个保障天然气供应的能源企业，一个安全可靠的燃气企业、一个节能环保的先锋，让市民切实享受到天然气产业的发展成果，为推进广州新型城市化发展做出更多贡献。

希望千家万户在打开燃气灶、点燃天然气那一刻，都能够感受到广州燃气集团送上的一份温暖和祝福。

持续发展
追求卓越
注重认真

西安华通新能源股份有限公司
XI'AN HUA TONG NEW ENERGY CO.,LTD

西安华通新能源股份有限公司（以下简称：西安华通公司）成立于1999年7月9日，2000年11月16日经西安市人民政府【2000】76号文件批准，整体改制设立为股份有限公司，目前注册资本为2.34亿元。公司以天然气节能、环保等洁净能源技术的研究、开发、推广、利用为主业，始终致力于国家中小城镇民用和工商业用天然气项目的投资、建设、经营；天然气加气站的投资、建设、经营。公司拥有城市燃气企业资质证书；通过了ISO9000、ISO14000、GB/T18000质量环保职业健康体系认证。

西安华通公司是陕西省首家进入中小城镇天然气供应的民营企业，和其他燃气企业固守一二线城市一隅的经营方式不同，公司始终致力于县级城市的天然气供应扩展，通过十几年实践检验的县级城市天然气能源供应建设经营管理模式的快速复制，现已在国内八省（区）共拥有135个燃气项目。包括城市燃气项目30个，12个运营、18个在建；CNG汽车加气站52座，18座运营，34座在建；LNG加注站44座，6座运营，38座在建；CNG母站5座，1座运营，4座在建；LNG加工厂2座在建，船用LNG加注站2座在建，使企业呈现快速发展态势。西安华通公司不仅为下游用户提供能源资源和产品的销售，而且从节能减排的高度，依托自身技术优势，向地方政府及不同类型工商业客户提供一揽子清洁能源整体解决方案。为用户提供能源规划、节能设计、节能改造、智能营销、人员培训和安全运行等方面的全方位服务。同时，西安华通公司还拥有管道燃气安全科技产品"磁悬浮三保险自闭阀"等多项专利证书，增加了燃气管网"安全压倒一切"的全面特殊保障体系，使企业的燃气管道成为城镇现代建设的重要标志。

随着国家实施能源结构改革，逐步改变以煤炭为支柱能源的单一局面，优化能源结构，我国天然气产业再次进入快速发展时期。从天然气的储量、消费结构的比重及国家环保政策等方面来看，未来15年我国天然气在一次能源消费中的比例将会从目前的3.9%上升到8%，预计到2015年我国天然气消费目标总量将达到2600亿立方米，天然气产业具有巨大的发展空间。目前，我国的天然气消费主要集中在产地和大中城市。国家十二五规划提出在加快转变经济发展方式过程中，将积极稳妥推进城镇化建设，城镇化率从47.5%提高到51.5%，并不断提升城镇化的质量和水平。这使得天然气市场的消费需求逐步从一二线大城市向中小城镇扩大，并不断提高全国2700多个县域的绿色中小城镇经济建设，对天然气洁净能源的使用要求会快速增长。县域中小城镇建设的巨大市场需求对西安华通公司既是机遇也是挑战，不断填补和投资建设中小城镇天然气供应领域的空白，为当地的经济发展提供洁净能源动力，是西安华通公司不断发展的源泉。

地址：西安市环城南路中段118号瑞林大厦
电话：029-87861513
传真：029-87861513-6608
邮编：710054

【追求无止境】

我们将一如既往创新产品，优质服务；只有专注，才能精致；只有专业，才能专业；伴着卓越梦想，我们追求无止境！

TYL型气体腰轮流量计

自主开发生产，技术工艺先进，指标达到国际先进水平，质量稳定可靠，始动流量低，流量范围度宽，并由NMI检测通过欧标认证。

◆ 流量范围：$0.4m^3/h \sim 1600m^3/h$；

◆ 口径：DN25~DN200；

◆ 范围度：40:1~260:1；

◆ 压力等级：1.6MPa；

◆ 准确度：(1) 基表：1.0级，0.5级（特殊要求）

　　　　　(2) 温、压修正：1.5级，1.0级（特殊要求）

◆ 结构形式：机械计数器型、电子体积修正型、机械计数器+体积修正仪型（双显示型），G10还有电子显示型；

◆ 可选配：机械计数器、固体脉冲信号发生器（SSP），TFC-B型、TFC-G型、FCM型、FCM-Ⅴ型体积修正仪。

欧盟型式批准证书

EN12480&R137-1 测试报告

G型气体罗茨流量计（与美国德莱赛公司合作生产）　　TBQZⅡ型气体涡轮流量计　　TBQC型CPU卡气体涡轮流量计　　TBQJ型气体涡轮流量计

G型CPU卡气体罗茨流量计　　TYL型CPU卡气体腰轮流量计　　TBQD型气体涡轮流量计（与美国德莱赛公司合作生产）　　LUM型气体旋进旋涡流量计（煤层气专用）

天信仪表集团有限公司是中国燃气计量行业的龙头企业。

专业生产燃气计量仪表、工业计量仪表、燃气调压设备、自动化控制系统、软件产品开发，现有气体涡轮流量计、气体罗茨流量计、智能旋进流量计、CPU卡工业气体流量计、气体腰轮流量计等十二大系列产品，产品广泛应用于城市天然气、石油、石化、轻工、冶金、电力、煤炭等行业。

集团谨奉"为用户提供天然气应用整体解决方案"的营销理念，始终坚持以用户利益为己任的制造和服务原则，打造满足用户动态需求的运营管理体系，一如既往地为用户不断创新，努力实现天信品牌的国际化。

天信仪表集团有限公司　　地址：浙江省苍南县灵溪镇通福路3468号　　邮编：325800　　销售热线：0577-68856655　68856699
客服热线：400-926-9922　　Http://www.tancy.com　　Email:tancy@tancy.com

以情输送温暖
用心点燃幸福

西安秦华天然气有限公司
Xi'an Qinhua Natural Gas Company Limited

　　西安秦华天然气有限公司是为了贯彻西安市委、市政府提出的加快公用行业改制步伐的要求，由西安城市基础设施建设投资集团有限公司与香港中华煤气有限公司共同组建成立的合资公司，是目前西北地区首家引进外资、改制重组的大型城市燃气企业。

　　公司拥有西安市城六区特许经营权，主要经营城市管道天然气的供应和相关服务；燃气设施的生产、经营、维护、维修、质量控制、技术服务、科研开发、管网测绘、物资贸易以及燃气项目的设计。

　　公司下属九个全资子公司、一家分公司，现有员工2000余人，下设管网、客服、工程等部门。具有高中级职称和硕士以上学历者占员工总数的20%以上。

　　公司供气范围覆盖西安市碑林区、莲湖区、新城区、未央区行政区域范围，以及灞桥区灞河以西、灞河以东、陇海铁路以北和雁塔区南三环以北区域。广泛涉及民用、工业、商业、餐饮、运输、福利和采暖锅炉等各个领域。

01 办公楼前台

　　截至2013年中，公司所辖天然气管线累计投运4930.77公里，建有调度中心1个、抢险维修中心1个、门站1座、高中压调压站13座、储配站1座（4个1万m³球罐）、LNG站1座。根据公司发展规划，目前正在建设第二门站。现有天然气居民用户144万户，工商用户6474家，加气站45座，分销商2家；天然气年总供气量已达12.38亿标准立方米，冬季日最大供气量为818万标准立方米。

　　总储气量达210万m³LNG气源站为城市燃气供应提供可靠的应急气源保障，四台1万m³的储气球罐是城市供气调峰的重要场站设施。

　　作为一家公众性专业燃气公司，秦华始终将履行企业社会责任的实践活动，作为企业经营活动中不可分割的一部分。公司秉承"以健康、稳定、持续的发展，促进经济发展、社会和谐"的社会责任观，在追求经济效益、保护股东利益的同时，积极从事环境保护和社会公益事业，促进公司自身与全社会的协调、和谐发展。

02 调度中心

03 96777全景

安全可靠·以客为尊
卓越运营·惠泽市民

05 秦华公司

04 营业厅场景

06 专业巡线

07 LNG储气站

西安秦华天然气有限公司
Xi'an Qinhua Natural Gas
■ 地址：西安市二环南路西段196号
■ 邮编：710075
■ 电话：029-96777
■ http://www.qhgas.com
■ E-mail:service@qhgas.com

08 储气罐

长春燃气股份有限公司 简介

长春燃气股份有限公司（以下简称长春燃气 股票代码600333）于1998年经过资产重组成立，并于2000年12月11日在上交所挂牌上市，成为中国A股市场燃气行业第一股。长春燃气是吉林省最大的管道燃气供应企业，也是长春市、延吉市、德惠市及双阳区的主要燃气供应商；拥有89万燃气客户，市区管线长度已经超过3000公里，直接服务对象超过300万人；为20多家煤化工产品客户提供相关服务，直接服务区域跨越东北三省。

长春燃气的母体公司已经具有89年的供气历史，上市10年来，特别是在2007年与具有150多年历史的香港中华煤气合资、引入中华煤气先进的管理理念之后，长春燃气得到了快速发展。目前已经拥有17个分子公司、拥有稳定的天然气、人工煤气气源供应基地；拥有完善的安全运营体系，在吉林省公用企业中，率先建立了"遥测遥讯SCADA、地理信息GIS、卫星定位GPS"调度指挥管理系统，在全国同行业中已居于先进水平；拥有先进的客户服务体系，推出了以客户报修、报险、咨询、表后管安装预约、市长热线等一体化的96660"燃气安全直通车"的"全能服务"。

现在，主要产品以燃气、人工煤气、液化石油气、煤化工产品等为主，拥有为城市民用、工商业、钢铁行业、车用等终端客户群服务的完整能源供销体系。公司已经发展成为：以燃气产品为代表的长春、延吉、德惠、双阳等省内市区的燃气务板块；以焦化产品为代表的东北三省及全国能源化工生产供应服务的焦化板块；以投资相关行业为代表的投资板块等三条产业链并进的集团化企业。并在企业"忠诚事业、追求卓越、创造价值、和谐共生"的核心价值观中，为促进城市及企业的经济发展不断释放着的内涵和力量，是目前东北区域综合能源利用和发展的引领企业。

一站式办公服务

开发天然气分布式能源项目建设

入室安检现场

天然气置换

长春市市委书记高广滨视察公司

员工文艺汇演

调度指挥中心

目前，长春燃气已经发展成为城市基础设施建设及市政府民生工作重要实施企业，成为资本市场上代表吉林省的一张厚重的名片，并正在实施第二阶段发展战略：将以保证城市安全供气为基础，大力发展清洁能源、不断扩大清洁能源的应用领域和服务半径，为城市蓝天、碧水的绿色宜居环境建设发挥重要作用；同时，也将借助国家推进分布式能源发展的契机，不断整合、提升企业的能源优势，积极推动长春市的天然气分布式能源建设，使企业在市场发展、经营方式和提高企业经济效益等方面得到一次全方面的延伸和飞跃、助推长春市从传统能源向绿色能源的全面转型，为长春市的天更蓝、水更清做出应有的贡献。

未来，将一如既往地秉持企业使命：为客户供应安全可靠的能源，并提供亲切、专业和高效率的服务，同时，致力于保护及改善环境。

长春燃气——以客为尊，精心呵护您的生活！

天然气储气柜

佛山市燃气集团股份有限公司
FOSHAN GAS GROUP CO., LTD.

【基本情况】

在上级领导和社会各界悉心关怀和大力支持下，通过领导班子和全体员工二十年的共同奋斗，佛山燃气集团已发展成为广东省乃至华南地区地级市中最具实力的城市燃气经营企业。公司属下有12家全资或控股企业，并投资参股广东大鹏、深圳大鹏等上游企业。2012年末，公司资产总额35亿元。2012年，公司销售燃气50余万吨，销售收入30余亿元。二十年来，公司经营规模快速壮大，经营范围由禅城区局部逐渐延伸至三水、高明、顺德，并积极向佛山周边城市拓展发展空间。公司的资产结构不断优化，由全资国有企业变身为国有相对控股、中外合资、员工持股的股份制企业。公司充分汇聚各方股东优势，充分调动各种积极因素，企业治理水平稳步提升。

【业务介绍】

全力构建清洁能源大动脉，提高全市天然气利用水平，让市民享受更多碧水蓝天，享受更加美好的生活，一直是佛燃人的责任、追求和事业。公司经营范围涵盖天然气高压管网建设运营及中游分销、管道天然气终端销售服务、汽车加气、瓶装液化气销售服务，以及燃气工程设计、施工等业务，经营的主要产品为液化天然气（LNG）、压缩天然气（CNG）、液化石油气（LPG）等。2004年以来，公司累计投资超过20亿元，建成高压管网130多公里，市政管网1000多公里，各类场站17座，汽车加气站6座。目前，天然气场站和管网设施的供应能力达20亿立方米/年。近年来，佛山燃气集团借力政府调整产业结构、推进节能减排的政策推动，抓住煤制气、重油窑炉及燃煤锅炉改造的机会，拓展了一批陶瓷、金属加工等大型工业用户。同时，公司还积极拓展居民、车用天然气市场。公司目前供应居民用户50余万户、工商企业用户2000多户、公交车用户300多台、出租车用户3000多辆。管道天然气已覆盖全市约40%的居民，处于全省领先水平。天然气在优化全市能源结构、改善大气环境质量、促进产业转型升级方面扮演着越来越重要的角色。

【安全技术】

佛山燃气集团历来重视安全生产，安全管理体系严谨高效，成立二十年来一直保持重大安全责任事故为零的良好记录。公司抢险、抢修队伍装备、管理均处于同行业领先水平，全天候提供应急抢险、抢修服务，深受广大市民信任。公司积极推进信息化建设，近年来陆续开发了燃气管网资源管理系统（GIS）、燃气管网监测系统(SCADA)、GPS巡检系统、燃气应急抢险指挥系统等先进的信息化管理系统。公司积极推广运用行业新技术、新装备，拥有"不停输带压开孔技术"、"大型桥梁燃气管道施工技术"、"室内暗藏燃气铜管技术"等多项创新技术成果，以及燃气泄漏检测车、激光甲烷检测仪等先进装备。

【企业荣誉】
　　佛山燃气集团是中国城市燃气协会常务理事单位、广东油气商会副会长单位、广东省燃气协会第五届副会长单位、广东省燃气协会第五届管道气部主任单位和第五届科学技术委员会副主任单位。公司曾获中华全国总工会及国家安全生产监督管理总局授予的全国"安康杯"竞赛优秀组织奖、原国家建设部授予的"全国城市环境治理优秀工程"奖、广东环保先进单位推介活动特别贡献奖等荣誉。由公司主承建的"佛山市燃气管网资源管理系统"荣获2010年中国地理信息优秀工程金奖。公司客户服务中心于2011年4月荣获中华全国总工会授予的"工人先锋号"称号。

【企业文化】
　　佛山燃气集团以"汇聚清洁能源，共创美好明天"为使命，以"创建城市燃气行业的中国典范"为愿景。公司奉行"正心聚气，随安共生"的核心价值观，坚持"系统化、专业化、品牌化"的经营理念以及"合规合情，重行重效"的管理理念，将通过进一步整合资源，充分发挥人才、管理、技术、安全、服务及信息化等方面的优势，为客户、股东、员工和社会持续创造价值。

地址：广东省佛山市禅城区季华五路25号　　电话：0757-83367905　　传真：0757-83368528
邮编：528000　　网址：http://www.fsgas.com　　E-mail:fsgas@fsgas.com

贵州燃气集团有限责任公司

金卡高科技股份有限公司

GOLDCARD HIGH - TECH CO., LTD

公司地址：杭州 经济技术开发区 金乔街 158号
总机：0571 - 56633333
传真：0571 - 56617777
邮编：310018

Address: Hangzhou economic and Technological Development Zone Jin Qiao Street No.158
Tel: 0571 - 56633333
Fax: 0571 - 56617777
Zip code: 310018

品质如金　服务用心

系列产品

- IC卡智能燃气表
- 无线智能燃气表
- 远程燃气智能控制系统
- 智能燃气表管理系统

股票名称：金卡股份　　股票代码：300349

www.china-goldcard.com

東星 浙江省著名商标

LUXZ系列智能旋进漩涡流量计

CNiM-TM系列
气体涡轮流量计
（引进欧洲先进技术）

LWQZ系列气体智能涡轮流量计

LLQZ系列气体智能罗茨流量计

miniElcor体积修正仪
（欧洲原产）

IC卡燃气流量计

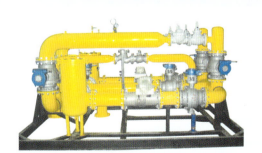

城镇燃气调压计量站

HQ-AU超声波热能表

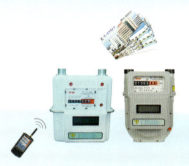

IC卡无线远传燃气表

为城市燃气用户提供创新的燃气计量解决方案

| 欧盟型式批准证书 | EN 12480&R137-1测试报告 | EN 12261测试报告 |

CNiM-RM气体罗茨流量计　　　　　　CNiM-TM气体涡轮流量计

公司简介
Company Profile

　　浙江苍南仪表厂是专业生产流量仪表的高新技术企业，30多年来始终以先进的技术为燃气输配与计量提供优质的产品和服务。1998年通过改制，企业以灵活的经营机制和持续的自主创新，取得了稳步快速发展。目前，企业有气体涡轮流量计，气体罗茨流量计，气体旋进漩涡流量计，气体超声波流量计，核电、石化配套产品，城镇燃气调压计量装置，数据远传采集和监控系统，超声波热量表等十几个系列产品。产品整体技术处于国际先进水平，并列入"国家重点新产品项目"、"国家火炬计划项目"、"国家创新基金项目"、"国家863对接项目"和"国家星火计划项目"。其中CNiM-RM气体罗茨流量计和CNiM-TM气体涡轮流量计获得荷兰NMI认证，为我国城市燃气用户带来创新的燃气计量解决方案。产品广泛应用于城市燃气、油气田、石化、核电等领域。

　　企业拥有强大的技术研发力量和营销服务网络体系，已建立2个省级技术研发中心、1个中国计量学院——浙江苍南仪表厂技术研发中心、1个浙江大学——浙江苍南仪表厂技术研发中心和40多个国内销售服务网点，为用户提供全面的技术支持和24小时全天候的快捷服务，并实施了ERP、OA等管理系统和售后服务信息系统，实现了用户需要的快速反应和市场信息的快速处理。

　　"至精致诚、追求卓越"，苍南仪表始终致力于为用户提供卓越的产品和服务，努力实现东星品牌的全球化。

浙江苍南仪表厂
ZHEJIANG CANGNAN INSTRUMENT FACTORY

地址：浙江省苍南县灵溪镇工业示范园区　邮编：325800
销售热线：4001118885　0577-64839211　传真：64839395
服务热线：4001118882　0577-64839645　传真：64839642
E-mail: cnybc@zjcnyb.com
http://www.zjcnyb.com

辽宁思凯科技股份有限公司
LIAONING SCALER TECHNOLOGY STOCK CO.,LTD

辽宁思凯科技股份有限公司坐落于辽宁省丹东市鸭绿江畔,成立于1995年。其产品不仅包括公用事业IC卡消费终端、无线数据远传产品等传统设备,还包括新一代的物联网终端产品和管理平台,以及管网数据监控及销售管理系统,并致力于为燃气、供水、供热等公用事业提供计量、管理、收费、服务等方面的全部物联网解决方案。目前是全国唯一一家同时生产IC卡气、水、热量表的生产单位。截至2012年底,累计用户近500万户。

安全型物联网超声波燃气表是一款基于超声波计量原理的新一代燃气计量器具,采用最新思凯结构化电子平台,具有计量精度高、耐久性好、防窃气、有安全检测、可扩展等优点,可以实现CPU卡、短距无线通信、GPRS/CDMA通信等众多功能。思凯的安全型物联网超声波燃气表是第一种实现真正意义上的安全的远程控制的无机械运动部件的全电子民用智能燃气表。

安全型物联网超声波燃气表

特点一:无机械运动结构

由于其全电子结构特点,无机械传动部分,运行无机械噪音,不受机械磨损及故障影响,与以往的机械表相比在体积、精度、重复性以及寿命、维护上都有着无可比拟的优势。

特点二:计量精度高

超声波燃气表通过高精度超声波模块检测超声波顺流和逆流的时间,结合当前管道中温度及压力,计算出管道中的燃气流量,实现精确计量。

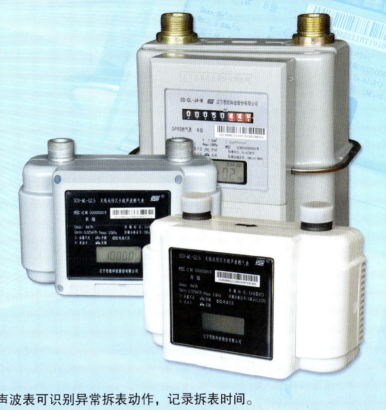

特点三：耐久性好

　　超声波燃气表采用时差法进行计量，测量精度除时差外，只与气道的机械尺寸相关。所以装成整表后，气道的机械尺寸不变，整表精度不随时间发生变化。

特点四：防窃气优势

　　超声波燃气表采用时差计量，不分左右表，自动识别气体流动方向，倒装表仍可高精度计量，同时记录时间及用量。具有拆表检测功能，根据超声波在不同介质中的传播速度不同，超声波表可识别异常拆表动作，记录拆表时间。

特点五：安全功能

　　安全功能模块可根据管道燃气在不同状态下燃气流速是不一样的原理，利用超声波表计量精度高的特性，检测燃气管道中的异常流量（超大及超小流量、恒流超时使用等），一旦突发过流、脱管、长时间的非正常使用、胶管断裂或老化而导致的各类流量异常现象实现瞬间自动关闭，并发送报警信息给燃气公司、物业和用户，加强户内燃气使用安全，提高燃气表使用过程中的安全性能。

地　址：辽宁省丹东市江湾工业区C区黄海大街14号　　邮　编：118008
电　话：0415-3144734　3123254　6270118　　　　　传　真：0415-3144109
E-mail：ddsce@mail.ddptt.ln.cn　　　　　　　　　　网　址：http://www.china-sec.com

東震集團
DONG ZHEN GROUP

团结敬业 拼搏高效

深圳市东震实业有限公司
SHEN ZHEN DONG ZHEN TECHNOLOGY CO.,LTD.

深圳市东震实业有限公司创建于1997年11月，总部设在广东省深圳市。公司主营可燃气体报警器、工业报警器的生产和销售；燃气设备、燃气远程监控系统、燃气自动控制系统及其设备的技术开发与销售。

公司始终坚持以"高质低价、全方位服务市场"为经营理念，拥有一流的生产线和先进的检测设备，充分依托中国科学院的研发平台，不断加快产品的创新力度。公司产品辐射全国，先后在国内成立广东、四川、山东、云南、广西、湖南、安徽等十余个办事处及多个服务中心，并配备了专业的售后服务体系，为及时满足客户需求奠定了良好的基础。

公司在国内同行业中首家通过ISO9001：2000质量体系国际认证，产品通过了国家消防电子产品质量监督检测中心的合格检测，是全国首批通过中国消防产品质量认证委员会认证的企业之一，获得了深圳市政府颁发的《深圳市高新技术企业证书》、省市公安消防部门颁发的《广东省消防产品登记证》，并被国家授予了"国家高新技术企业"的荣誉称号，同时还获得了二十余项国家专利及数十项行业证书。

■ 技术　■ 品质　■ 服务

总部：深圳市福田区香梅北路武警大厦18楼
电话：0755-82891770　82891792
传真：0755—82891771　Email: dabizi@163.com
邮编：518000
网址：www.dabizi.com

十年品质保证
软密封 免维护直埋阀

天津庆成科技发展有限公司
SUCCESS SCIENCE & TECHNOLOGY DEVELOPMENT CO.,LTD.

天津庆成科技发展有限公司为丹麦AVK国际集团授权之中国的独家总代理，负责AVK集团燃气产品在中国地区的销售及服务。成立于1941年的丹麦AVK国际集团的核心业务是生产各种阀门、消防栓和阀门附件，在世界各地有69个生产厂和分公司，产品销往世界上85个国家和地区。AVK燃气阀获得全球认可，产品在全球范围内提供10年品质保证，其寿命达30—50年。安全、可靠、高品质和长寿命是AVK产品提供给用户的有力保障！

Tel:022-23931121, 23931122
Fax:022-23931120
E-mail:success.science@hotmail.com

宁波市宇华电器有限公司
NINGBO YUHUA ELECTRIC CO., LTD.

PE管件球阀
品质销量领先
管道行业首选

宁波市宇华电器有限公司地处具有七千年文化底蕴的河姆渡镇，厂区占地面积80000m²，建筑面积55000 m²，是集PE管件、PE球阀研发、制造、销售、服务于一体的高新技术企业，获中国驰名商标，年生产能力500万台件。PE管件与PE球阀通过部级科技成果鉴定、评估，并列为国家重点新产品。

公司质量保证体系健全，产品执行三检制；于1999年11月通过ISO9001认证；于2003年10月取得国家质量监督检验检疫总局颁发的《特种设备制造许可证》；为《聚乙烯（PE）管件、阀门、钢塑转换》等国家标准起草单位。

公司生产设备先进，测试手段完善，凭借技术优势，不断开发新品，取得十多项国家发明与实用新型专利授权。目前已形成PE电熔、热熔、焊制、钢塑转换管件及PE球阀五大系列，3000多种产品，为国内龙头企业。其中大口径电熔管件、大口径注塑成型管件为用户提供了更为广阔的发展空间；PE球阀的推广使用提高了PE管网整体的可靠性与寿命。

公司以"顾客为关注的焦点，质量是企业的生命"为理念，产品覆盖面达国内二十九个省、市、自治区并出口海外。销售收入逐年提高，用户满意率逐年上升，在赢得市场的同时取得了信誉，树立了品牌。

欢迎国内外朋友来公司考察、指导、交流、合作！

地　址：浙江省余姚市河姆渡镇西路71号　　邮　编：315414　　　电　话：0574-62951602　62950868　　传　真：0574-62950213
董事长：孙兆儿（13805805056）　总经理：孙　斌（15869549870）　　邮　箱：yuhua@cnool.net　　网　址：www.yuhuapipe.com

北京办：卢万春（13511011695）　广东办：梅都绛（13929915808）　新疆办：杜洪彬（13809937255）　吉林办：洪桑梅（13844816618）
辽宁办：陈吉胜（13704282298）　陕西办：邵　亮（13186100335）　黑龙江办：张少军（13633616798）

服务热线：0519-8516 0798

高品质燃气阀门制造商

诚功阀门是一个让人熟悉的名字，阀门行业的佼佼者，现在它已今非昔比，形成集设计、质量控制、技术研发、销售服务于一体的开发型企业。下设四大专业：通用阀门，燃气阀门、水利控制阀、自控阀。产品性能均达到国内先进水平，并按美国ANSI与API，日本JIS与JPI，法国NF，英国BS，德国DIN等标准，实现"以国代进"及出口创汇。无论从技术、管理、还是销售，都有先进的步伐，我们以专业技术，塑阀门精品，我们以人格魅力构筑市场诚信体系。我们以创新管理降低成本，和客户共享利益。公司为使产品更好的适应市场，满足市场与顾客的需求及更好地为顾客服务。

我们将持续以不求最好，只求更好的精神向广大顾客提供优质的产品和满意的服务。

终身技术支持 LIFETIME TECHNICAL SUPPORT

 生产车间

 数控精加工

 立式加工中心

 仓库一角

 使用现场

常州诚功阀门有限公司
CHANGZHOU CHENGGONG VALVE CO.,LTD.

地址：江苏省常州市新北区庆阳路99-1号　邮编：213022
电话：0519-85160798　89880687　传真：0519-85153599
网址：www.cz-valve.com　邮箱：cgfmcsh@163.com

 CNAS ISO9001质量体系认证
 TS A级特种设备制造许可证
AP16D-0482
 CNPC 中石油一级网络成员
 中国城市燃气协会会员
 中国通用机械工业协会阀门分会会员

余姚市河姆渡庆发实业有限公司

余姚市河姆渡庆发实业有限公司距中外闻名的七千年文化河姆渡遗址仅2公里,现有PE电熔管件、热熔管件、PE球阀、钢塑转换接头、凝水缸等在内的全套PE燃气、给水管道系统用配件产品,涵盖D20—D630,共1200多个品种规格。公司拥有15万克等注塑机共20多台,各种数控等精加工设备30余台,年产能达5000吨,为国内PE管件行业中技术含量最高、配套最齐全、规模最大的龙头企业之一。

近年来,公司致力于技术革新,专设技术中心,先后在PE电熔管件、PE球阀、钢塑转换、鞍型旁通等众多产品上取得技术突破,喜获20余项发明、实用新型等专利,技术水平领先于国内同行!

公司坚持"质量第一,信誉至上,诚信服务"的宗旨,全面推行6S管理,导入ISO9001国际质量管理体系,严格按照压力元件制造安全许可认证的要求,建立了从原材料到成品的五级质量管理网络,严把品质关!

强化服务是我们核心工作之一,公司常设客服中心,拥有一支技能过硬、经验丰富的专业技术服务队伍,可随时竭诚为广大客户提供全面周到的售前、售中和售后服务。

时至今日,庆发实业凭借优良的产品品质和良好的服务口碑,已有幸获得国内各大主要燃气集团公司的青睐,成功入围其供应商名录!此外,庆发的精品工程已遍及全球,产品远销美国、澳大利亚等数十个国家,广受赞誉!

拥有150000克注塑机的大口径 PE注塑管件生产企业

地　址:浙江省余姚市河姆渡镇小泾浦工业园区　　联系人:许岳明　13906600717
电　话:0574-62950223　62963885　　　　　　传　真:0574-62952223
http://www.nbqingfa.com　　　　　　　　　　　E-mail:info@nbqingfa.com

您注意到燃气管道和球罐置换空气时的问题了吗？
安全性、经济性、便捷性，能不能兼顾？

燃气工程自控安全置换装置

是实施天然气对空气的安全置换和对储气设施的直接浸灌的新型自动控制设备，是解决天然气管道直接置换和储气设施浸灌的可移动撬装装置。

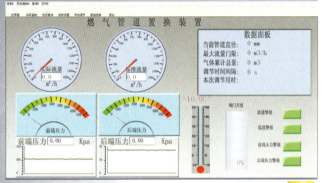

电脑界面

主要特点：

◆ 安全、便捷、节约、低碳；
◆ 自动化、目视化；
◆ 操作简单、控制精准、移动轻便、外形美观；
◆ 国际国内均属首创，国家发明专利。

专利号：2012 1 0368490.1

费用低，可购买、可租用、可试用，欢迎垂询！

膜式燃气表

燃气调压设备

燃气管件及球阀

重庆市山城燃气设备有限公司

地址：重庆市江北区石马河南石路22号　邮编：400021
电话：(023) 88518930　　　　　　　传真：(023) 88518858
邮箱：sales@scgas.cn　　　　　　　网址：www.scgas.cn

研制、生产、销售燃气工程配套设备的专业公司，产品的配套性、系列化、数字化、智能化居全国同行业前列。

| 重庆 | 北京 | 沈阳 | 西安 |

气贯三镇 吐纳荆楚

武汉市燃气热力集团有限公司

武汉市燃气热力集团有限公司（Wuhan Gas&Heat Group Lo,Ltd，简称武燃集团）组建成立于2001年12月，是在原武汉市煤气公司、武汉市管道煤气公司、武汉市煤气工程建设公司三家国有燃气企业的基础上，通过资源整合组建而成，注册资本5.7亿元人民币。武燃集团以34.39亿元的营业收入，排行2012年中国服务业企业500强429位。截至2012年底，武燃集团总资产达64亿元，拥有职工4567人，各类专业技术人才727名，其中中高级技术人才448名。

武燃集团采用母子公司结构，涉足燃气、物流、教育等多个行业，旗下现有八个全资子公司、三个控股公司和六个参股公司。业务范围涵盖城市天然气供应与基础建设投资与经营；液化石油气充装与销售；燃气热力工程设计、施工与监理；燃气计量器具检测、生产与销售；物流项目投资与经营；燃气职业教育；非经营性政府投资城市基础设施项目代建等。

作为华中地区最大的综合性燃气企业，武燃集团承担着全武汉市80%市场的燃气供应，拥有液化石油气储备灌装站9座、气化站9座、瓶装气供应门店71个，客户45万户，管道燃气（天然气）客户130余万户，城市燃气管网5711.3公里，城市天然气门站4座，天然气高、中压调压站9座，另拥有天然气加气母站2座，加气站5座，液化石油气储存能力3300吨，液化天然气储存设施1245万立方米。

在成立的十余年里，武燃集团肩负"服务社会大众，提高生活品质"的企业使命，秉承"以心换心、以变制变、以气争气"的经营理念，不断实践着"一切为了客户，为了一切客户，为了客户一切"的服务宗旨。"十二·五"期间，武燃集团正致力于做强主业，多元发展，实现"气贯三镇、吐纳荆楚"的发展目标，为"十三·五"主业对外扩张积蓄力量。

公司地址：武汉市江汉区台北路225号　　邮编：430015

曲靖市燃气集团有限公司
QUJING GAS GROUP CO.,LTD

安全严谨、开拓进取、尽职尽责、服务社会
专业化 品牌化 效益化 集团化

曲靖市燃气集团有限公司是曲靖市政府授予特许经营权的城市管道燃气投资建设公司和天然气生产、供应商,是云南省投资控股集团有限公司（控股51%）、Sino Gas Construction Limited（中国天然气建设有限公司持股39%）、曲靖市开发投资有限责任公司（持股10%）三方共同投资组建的中外合资企业,注册资本金1.3亿元。

截至2013年9月，曲燃集团拥有全资子公司10家,控股子公司5家,储配气站3座,气源生产厂1座,成功地建立起从自主气源生产、管道/非管道燃气运输、燃气工程建设、燃气建材供销、燃气规划设计研发直到车用燃气加气、城市居民用户、大型工业、商业用户运营输配、售后服务的天然气产业链条,项目范围覆盖云南省曲靖市、红河州建水县、广西省柳州市等,积累了丰富的城市燃气管理经验,形成了较为强大的人才、技术优势,造就了一支精通天然气输配管理和管网场站建设的高素质管理团队和职工队伍。

曲燃集团运输公司 LNG槽车 CNG撬车

曲燃集团车用燃气公司 LNG加气站

曲燃集团车用燃气公司 CNG加气站

曲燃集团居民用户点火通气现场

曲燃集团建水工业输配公司 储配气站

地址：中国 云南 曲靖市麻黄工业园区长征路北侧曲燃公司
电话：0874-3108088　传真：0874-3108089　邮编：655000　邮箱：qujinggas@sina.com

上饶市大通燃气工程有限公司

  上饶市大通燃气工程有限公司坐落在美丽的江西上饶。上饶，位于江西省东北部，自古就有"豫章第一门户"、"八省通衢"和"上乘富饶，生态之都"之称，下辖12个县区市，曾荣获中国优秀旅游城市、中国最具幸福感城市、中国最佳投资城市等多项城市荣誉！

  我公司是一家集供应、销售燃气，燃气工程设计与施工，燃气器具销售、安装及维修为一体的专业管道燃气工程公司。其前身为"上饶市博能管道煤气工程有限公司"，2005年2月由天津大通集团收购，并正式更名为"上饶市大通燃气工程有限公司"。公司承担着上饶市区、上饶县和上饶市经济开发区范围内燃气建设、经营和管理的任务。公司下设15个部门，拥有员工162人，技术力量雄厚，拥有各类专业技术人员100余人，具有先进的生产能力和检测技术装备，丰富的生产施工经验及健全的生产、技术、质量管理体系和管理制度。

  为了适应燃气事业的发展，满足广大用户的需求，上饶县营业厅于2011年9月21日挂牌营业，具体负责上饶县及上饶市经济技术开发区内的管道天然气开户及抢修事宜，内设大型电子监控屏、压力监测仪器等。

  根据上饶市"十二五"规划蓝图，高铁、飞机场的相继落成，将进一步促进上饶市城区的发展，预计人口将突破百万，同时国家西气东输二线经过上饶，大通燃气公司抓住这一有利时机，于2012年9月再投巨资，在上饶经济技术开发区合口片区建设用地面积50亩，供气规模达46万立方米/天的天然气管网工程接收站，内设天然气门站、压缩天然气调峰储配站、液化天然气储配站和相关配套设施及用房。

市领导莅临我公司视察工作   消防应急演练

一流质量·一流服务

http://www.srgas.com

地址：江西省上饶市罗桥公路169号
邮编：334000

成都千嘉科技有限公司
CHENGDU QIANJIA TECHNOLOGY CO.,LTD

　　成都千嘉科技有限公司是由成都城市燃气有限责任公司、成都金地光电科技有限公司、丹东东发（集团）股份有限公司本着优势互补的原则，共同投资组建的高新技术企业。公司占地50余亩，拥有员工500余人，是国内较早拥有的以物联网技术在公用事业行业的应用为研究领域的"千嘉物联网技术研究院"。

　　公司系相关部门认定的高新技术企业，是相关部门《住宅远程抄表系统》国家标准的主要制定单位和宣贯基地，是相关部门《住宅远传抄表系统应用技术规程》行业标准的主要制定单位，也是西部地区较早加入全国信息技术标准化工作组的成员单位，专业从事远程抄表系统、光电传感产品、短距离无线通讯产品、管网监测产品的研究、设计、生产和安装，产品广泛应于燃气、自来水行业的信息化、自动化领域。经过多年发展，成都千嘉科技有限公司已成长为行业技术领先、质量领先、管理领先、规模领先、效益领先，行业市场占有率较高的光电直读远程抄表领军企业。

　　不断追求进步、为社会创造价值是公司恪守的理念。作为一家拥有完全自主知识产权的高新技术企业，我们将依托"千嘉物联网技术研究院"的综合优势，努力成为公用事业智能化系统的最佳供应商，为社会各界、千家万户提供最优良的服务！

真诚打造信誉 · 追求更高品质
Sincerity Builds Credibility · Pursues Higher Quality

地　址：成都双流空港1路1段536号　　　邮编：610211　　　业务电话：028-85874488
总　机：028-85874188　85874367　85874372　传真：028-85874339　售后服务电话：028-85874040
24小时投诉热线：13880316638　　　http://www.cdqj.com　　E-mail：q_jiakeji@163.com

诚信 务实 学习 创新

贵州森瑞管业有限公司
武汉森瑞新材料有限公司

企业简介
COMPANY PROFILE

贵州森瑞管业有限公司成立于2003年9月，位于贵阳市国家高新技术产业开发区，占地面积45000平方米，公司注册资金壹亿元，总资产近拾亿元，是西南地区规模最大的专业从事新型塑料管材、管件研发、制造、销售的优势企业之一，2012年公司与中航工业集团共同投资了贵阳市乌当区罗湾生产基地（占地260000平方米）和武汉市黄陂区临空产业示范园生产基地（占地99000平方米）。

公司目前装备了100余条巴顿菲尔——辛辛那提等国际先进的生产线，配备了完善的检测设备。贵州基地年产能达10万吨，武汉基地年产能达5万吨。主要产品有埋地用聚乙烯（PE）给水管、燃气用埋地聚乙烯（PE）管、煤矿用聚乙烯（PE）管材；埋地排水用HDPE双壁波纹管、PVC-U双壁波纹管、PP单壁波纹管、钢带增强聚乙烯（PE）螺旋波纹管；地下通信管道用管、埋地用PVC-C电力电缆护套管；建筑用PP-R上水管和PVC-U下水管、难燃型PVC电线槽、工业线槽、电工套管等，及与相应管配件，产品覆盖了国家标准和行业标准所列全部规格。

公司以"向社会提供环保、节能、安全、经济的塑料管道系统"为经营方针，坚持内抓质量管理，外抓市场开拓，以顾客为中心，不断提高产品质量和服务质量，满足顾客要求。公司先后通过ISO9001-2000质量管理体系认证，ISO10012计量检测体系认定，ISO14001环境管理体系认证，OHSA18001职业健康安全管理体系认证和压力管道元件认证等。公司先后被评定为"国家高新技术企业"、"省级企业技术中心"、国家级"守合同、重信用"单位，并获得国家质量监督检验检疫总局授权的"聚乙烯（PE）管道焊工考试委员会"单位，中国质量诚信企业协会"副会长单位"，住房和城乡建设部科技发展促进中心《建设科技》"理事单位"等，公司所有产品均被建设部列为"全国建设行业科技成果推广项目"、"贵州省名牌产品"。

产品简介

PE安全燃气管道采用燃气专用聚乙烯生产，规格、尺寸及性能符合GB 15558.1-2003、GB 15558.2-2005标准的要求。管道具有柔韧性好、耐腐蚀性强、质轻、抗冲击性能优良等特点，管道系统采用热熔对接与电熔等连接方式，管材、管件熔为一体，系统安全可靠，施工成本低，在实际应用中发展迅速。大力推广PE燃气安全管道，符合国家建设部、国家经贸委发展化学建材的指导方针，符合人们生活水平提高的发展需要。

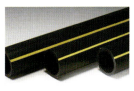

PE 安全燃气管
PE pipes for gas supply

产品特点

- 重量轻，便于运输与装卸。
- 柔韧性好，抗冲击能力优良。管道受外界冲击变形而不影响管道运行，并可回复。柔性管道可实现"管和土共同作用"，有效保证管道安全。
- 耐腐蚀性优异，管道不受外界酸碱盐等腐蚀。内壁无结垢，保证输气畅通。
- 连接安全可靠。采用热熔对接或电熔连接，形成同质连接体系，连接紧密，施工简易。管材重量轻，降低施工劳动强度，有效缩短工期和减少施工费用。
- 使用寿命长。正常使用寿命为50年。

产品主要应用领域

燃气用埋地聚乙烯（PE）管道适用于工作温度在-20~40℃，长期最大工作压力不大于0.7MPa的燃气输送用管道系统。

品质保证

 优质原料+严格质检

原材料是决定管道品质的首要因素。

森瑞管业原料供应商为国际知名的PE原料制造商，如北欧化工、巴赛尔、以及上海石化等化工行业巨头。原料进入工厂后，经过系列严格的科学检测，确保各项性能优越。优质纯正的专用料，从基因上决定管道的卓越性能与环保品质，保障管道输配系统的稳定和安全。道的卓越性能与环保品质，保障您的安全用水与健康生活。

 **德国设备+精湛工艺**

引进国际先进设备，自动化程度高，质量控制精确，确保产品的卓越品质。

引进全套德国巴顿菲尔—辛辛那提（battenfeld-cincinnati）管材挤出生产线

- "CS闭环控制系统"——可自动监控并调整管材各项生产数据
- "集中供料系统"——确保原料供应高效稳定
- "分子筛干燥系统"——确保原料充分干燥
- "重力计量系统"——可精确自动控制管材米重，防止壁厚波动
- "螺旋化模头"——具有塑化效率高等特点
- "超声波壁厚测量控制系统"——精确控制管材壁厚
- "激光打印系统"——可精确计量打印管材标识，确保标识清晰、美观、永久

 **高标准严要求，360°深入细节**

森瑞管业建立了完善的质量管理体系，通过"自检、互检、专检"层层检验，严把质量关。

每批产品出厂前均由专业质检员按内控标准进行检测，从产品外观、尺寸、理化性能、包装等合方面确保产品质量可靠、系统运行安全。

完善的质量保证体系，先进的检测手段，严格的检测制度，保证了公司产品卓尔不群的品质。

贵州森瑞管业有限公司　　地址：贵州省贵阳市金阳高新技术园区都匀路16号　　电话/传真：0851-7990190

上海信东仪器仪表有限公司

上海信东仪器仪表有限公司创立于2002年，地处上海良好的工业及商业环境，建立生产和技术研发基地，主要生产和销售各种高质量的流量仪表，特别是城市燃气所需的各类计量仪表，包括：

涡轮流量计

腰轮流量计

旋进旋涡流量计

一体化V锥流量计等

腰轮流量计

一体化V锥流量计

旋进旋涡流量计

涡轮流量计

上海信东仪器仪表有限公司

地址：上海市松江区九亭镇九亭经济开发区伴亭路480号　　电话：021-57632202　　021-57633871
传真：021-57632025　　021-57633872　　　　　　　　　邮编：201615
网站：www.sinoto.com.cn　　　　　　　　　　　　　　　邮箱：shanghai@sinoto.com.cn

浙江新大塑料管件有限公司
Zhejiang Xinda Plastic Pipe Co., Ltd.

一流的质量·一流的信誉·一流的服务
质量第一·信誉致上·诚信服务

热熔系列 / 球阀系列

电熔系列 / 钢塑系列

  浙江新大塑料管件有限公司是一家专业从事燃气及供给水用的聚乙烯（PE）电熔连接、热熔对接、热熔承插、PE球阀及PPR管件生产企业。公司位于浙江省余姚市七千年原始文化遗址的河姆渡镇江中村，成立于2001年4月，注册资金3080万元，公司下设总经办、总师室、制造部、技术部、国内贸易部、国际贸易部等12个管理部门，现占地面积52000多平方米，建筑面积38000余平方米，拥有资产总额1.13亿元，现有员工300余人，专业技术人员18名，工程师5名，高级工程师2名。2011年公司新征土地130亩，将新建厂房10余平方米，该项目总投资1.8亿人民币为宁波市重点工程。公司拥有专用注塑机40余台（150克～10万克），辅助设备42台，主要生产Φ20mm～Φ1000mm燃气及供给水聚乙烯管件，拥有国内大型注塑机10万克一台,生产管件至1000毫米,到目前为止为国内规格多且齐全的生产PE管件生产企业，年生产能力4100余吨（约250万件以上）。

  本公司检测手段齐全，拥有各种先进检测设备，相继开展了耐压爆破试验、拉力试验、熔融指数试验、氧化诱导，从而确保了产品从原材料到成品各个环节的质量。公司所生产的电熔管件经国家化学建材测试中心测试，各项性能指标均符合GB15558.2/EN1555和GB13663.2/EN12201标准，并通过ISO9001-2000国际标准质量体系认证，又通过国家建设部科技成果评估鉴定，评定为国内领先水平，产品已取得国家技术监督总局颁发的"压力管道元件生产许可证"TS2710485，并加入中国化工防腐蚀技术协会会员单位。在2009年被誉为"中国聚乙烯（PE）管件专业生产基地"。目前公司拥有20余项专利。

  公司坚持以"一流的质量、一流的信誉、一流的服务"经营方针，以"质量第一、信誉致上、诚信服务"的原则，满足广大用户的需要，坚持以"全方位服务"为宗旨，欢迎国内外客户来我司参观指导、交流与合作，共同为推进塑料管道工业水平而多做贡献。

地址：浙江省余姚市河姆渡镇北路66号 邮编：315414 邮箱：xindapipe@xdpipe.com
电话：086-574-62951895 62951760 传真：086-574-62951085 http://www.xdpipe.com

CHIFFO 前锋
创 新 成 就 未 来
Innovation Creates Future

专业品质 源自 1958
Professional Quality Since 1958

CHENGDU CHIFFO ELECTRONIC INSTRUMENTS LIMITED LIABILITY COMPANY

我们属于：前锋集团
我国自行设计和建设的无线电测量仪器厂
亚洲大型电子测量仪器研发和生产基地
涉足智能能源管理系统、物联网、数字化城市管理等领域

我们是：成都前锋电子仪器有限责任公司
前身是1958年建立的"国营前锋电子仪器厂"（国营第七六六厂）
我国研制和生产电子仪器的大型军工骨干企业
中国电子测量仪器研发和生产重点专业厂家
四川省科学技术厅认定的高新技术企业

我们拥有：
130000多平方米的研发、生产基地、先进的防静电生产线、SMT表面贴装生产线、环境例行试验设备、质量检测设备
完善的科研生产管理体系、专业的研发团队、一流的生产工程技术队伍
国家科技进步奖5项、部级科技进步奖44项、国家优秀新产品奖27项
ISO9001质量管理体系认证、GJB9001军工产品质量管理体系
贯军标生产线认证、国家和国防校准/检测实验室认可

我们的产品：
主要涉及智能能源管理系统
重点发展智能燃气表、远传燃气表、物联网领域等
凭借军工技术优势，在智能IC卡燃气表中具有3项实用新型专利发明
产品囊括远传燃气表、IC卡燃气表、IC卡工业皮膜表、IC卡工业流量计、无线路灯控制系统、射频卡冷水水表等系列。

我们的合作伙伴：

前锋集团旗下还有：
燃气热水器、灶具、壁挂炉等优质燃气产品。

www.chiffo.com

成都前锋电子仪器有限责任公司(766厂)

地址：成都市高新西区百草路79号前锋高科技产业园
Add: №79 Baicao Rd, Chiffo Hi-Tech Industry Park, Chengdu Hi-Tech Development Zone(west),Sichuan Province, P.R.C.
电话Tel: 028-87988988　87988723
传真Fax: 028-87988998　邮编P.C.: 611731

CHIFFO 前锋
专业品质　源自1958
Professional Quality Since 1958

Chengdu Chiffo Electronics Limited Corporation(Group)

半个世纪
一路前锋。
HALF A CENTURY
all the way forward.

前锋创建于1958年，是我国第一个自行设计和建设的亚洲最大的电子测量仪器研发和生产基地。历经半个多世纪的风雨，前锋为我国的国防现代化建设提供了大量装备和服务，发展成为拥有11个子公司的企业集团。"前锋"荣获"中国名牌"和"中国驰名商标"，全面通过了ISO9001质量管理体系认证和ISO14001环境管理体系认证。

前锋集团自1997年涉足智能能源管理系统相关产品的研发、生产和销售，始终致力于以军工技术优势不断提升智能IC卡燃气表的品质，在智能IC卡燃气表中具有5项实用新型专利发明，充分保证了产品的可靠性和稳定性，满足了燃气公司的运营管理需要，极大方便了用户的操作和使用。

衷心感谢各地燃气公司（集团）和百万用户的信赖和支持！

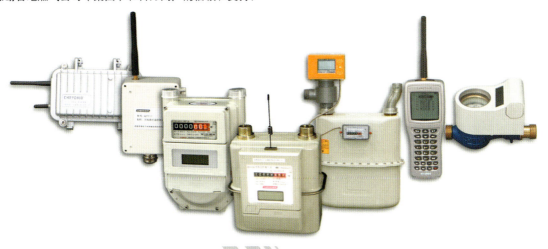

前锋智能IC卡气表产品系列

名　称		规　格
前锋家用IC卡气表	钢壳	J1.6、J2.5、J4
	铝壳	J1.6、J2.5、J4
前锋IC卡工业皮膜表		G6—G40
前锋IC卡工业流量计		DN25—DN150
前锋无线远传阀控气表		J1.6、J2.5、J4
前锋无线远传阀控工业大表		G6—G40
前锋无线远传阀控工业流量计		DN25—DN150

前锋集团旗下还有燃气热水器、燃气灶具、燃气燃油锅炉、双功能燃气壁挂炉等优质燃气产品。

成都前锋电子仪器有限责任公司
CHENGDU CHIFFO ELECTRONIC INSTRUMENTS LIMITED LIABILITY COMPANY

地址：成都市高新西区百草路79号前锋高科技产业园
Add：№79 Baicao Rd，Chiffo Hi-Tech Industry Park,
Chengdu Hi-Tech Development Zone(west),Sicuan Province,P.R.C.
电话Tel：028-87988988，87988723　传真Fax：028-87988998
网址：www.chiffo.com　邮编P.C.：611731

中国驰名商标

众木成「森·普」被天下

四川森普管材股份有限公司
SICHUAN SENPU PIPE CO.,LTD.
地址/ADD:四川德阳高新技术产业园区
Deyang New&High-Tech. Industry Zone
电话/Tel:0838-2801958 2803197
传真/Fax:0838-2801862
邮编/Post:618000
E-mail:senpu@senpu.com
Http://www.senpu.com

天津森普管材有限公司
TIANJIN SENPU PIPE CO.,LTD.
地址/Add:天津市大港区安达工业园通达街362号
No. 362Tongda Street,west Area Dagang Economy Development Zone, Tianjin, China
电话/Tel:022-63212731 63312558
传真/Fax:022-63312558
邮编/Post:300270
Http://www.senpu.com

森普进出口贸易有限公司
SENPU IMPORT AND EXPORT TRADE CO.,LTD.
地址/ADD:四川德阳高新技术产业园区
Deyang New&High-Tech. Industry Zone
电话/Tel:0838-2803048 2801581
传真/Fax:0838-2801536
邮编/Post:618000
Http://www.senpu.com

森普建筑工程有限公司
SENPU ENGINEERING CO.LTD.
地址/ADD:四川德阳高新技术产业园区
Deyang New&High-Tech. Industry Zone
电话/Tel:0838-2802926
传真/Fax:0838-2802926
邮编/Post:618000
Http://www.senpu.com

新天科技 SUNTRONT

更多详情请点击 www.suntront.com
深交所上市企业
股票代码：300259

Suntront Tech
Construct intelligent city
物联网智能表◎构建智慧城市

手机支付、远程自动抄表、远程预付费、
远程阶梯气价调整、在线远程运行监控、统计分析、
报表、能源管理信息系统、手持机抄表

无线远传燃气表　　无源直读燃气表　　非接触IC卡燃气表　　无线远传燃气表

图片仅供参考，产品以实物为准。

专利技术 Patent technology

无线智能燃气表ZL2011 3034 8285.5
燃气表ZL2010 3069 2883.X
智能燃气表ZL2011 3043 5871.3
膜式智能燃气表ZL2009 3011 8406.X
一种直读表系统ZL2009 2008 9343.4
一种具有电源检测功能的无线远传燃气表ZL2010 2012 0573.5
无线智能燃气表控制器结构ZL2011 2037 0596.6
一种基于磁唤醒方式的无线抄表系统ZL2009 2008 9971.2
一种基于磁唤醒方式的无线抄表控制系统ZL2009 2009 1541.4
一种流量数字修正自动补偿测量装置ZL2008 2007 0975.1
智能识别无线中继技术ZL2008 2023 8987.0
一种基于射频卡技术的预付费燃气计量控制器ZL2010 2010 1117.6

下行M-BUS、上行RF无线采集器ZL2010 2010 1079.4
一种高效的网络自动路由的无线抄表方法ZL2009 1022 7754.X
一种智能供电、充电电路ZL2010 2017 2581.4
无线流量检测及数据传输装置ZL2011 3021 5426.6
USB抄表器ZL2011 3029 4937.1
一种无线流量监测及数据传输装置ZL2011 2023 8926.6
一种应用于智能表的双电池供电装置ZL2011 2041 2048.5
无线数码侦听流量测量采样装置ZL2004 2007 4782.5
一种自动触发型宽范围射频天线ZL2008 2006 9937.4
无线基站防水防护模块ZL2008 2006 9979.8
一种混合通道集中抄录控制装置ZL2008 2007 0624.0

扫一扫，了解更多产品信息

河南新天科技股份有限公司　　中国·郑州高新技术产业开发区国槐街19号　欢迎垂询：0371-67990938 67990978 67985828　网址：www.suntront.com

股票代码：601139

企业愿景
vision

最专业的城市清洁能源运营商

The most professional urban clean energy operator

中国燃气行业年鉴 2013
CHINA GAS INDUSTRY YEARBOOK

第六篇

上市燃气企业

上市燃气企业

北京市燃气集团有限责任公司

作为北京控股有限公司（港交所：00392）的全资子公司——北京燃气集团有限责任公司，2012年销售天然气79.4亿立方米，液化石油气销售达到14.3万吨。天然气管线长度达到15000公里，燃气用户数量达到469万户；完成上游及城市燃气投资项目20余个，经营汽车加气站30余座，员工总数达到7300人，客户满意度达到92%。

上海燃气（集团）有限公司

作为申能股份有限公司（上交所：600642）的全资子公司——上海燃气（集团）有限公司，2012年年底销售气量达到72亿立方米，用户数量达到607万户，天然气管网长度达到14000多公里，员工近万名。

新奥能源控股有限公司（港交所：02688）

截至2012年年底，新奥能源控股有限公司销售燃气64.60亿立方米，其中天然气占62.25亿立方米，液化石油气销售达到17785吨；天然气管线长度达到21312公里，燃气用户数量达到775万户；城市燃气项目总数达到117个，在全国71个城市经营汽车加气站330座；员工总数达到23771名；客户满意度达到89.2%，维修及时率达到99.73%。

香港中华煤气有限公司（港交所：0003）

截至2012年年底，香港中华煤气有限公司连同港华燃气在国内22个省市拥有150个项目，燃气销售量达到127亿立方米，其中香港地区燃气销售量达到8亿立方米，客户数量达到177万户；内地业务发展迅速，燃气销售量达到119亿立方米，用户增加至1482万户；在陕西、山西、河南、山东等地建成9座加加气站，在建加气站5座。

华润燃气控股有限公司（港交所：01193）

截至2012年年底，华润燃气控股有限公司销售气量达到93亿立方米，用户数量达到1403万户；在全国20多个省市运营151个城市燃气项目和158座加气站项目。2012年，华润燃气完成郑州燃气私有化事项，以2.37亿美元收购AEI China Gas Limited的全部已发行股本，并收购母公司华润集团15个城市燃气项目和1个中游管道项目。

中国燃气控股有限公司（港交所：0384）

截至2013年3月底，中国燃气控股有限公司天然气销售量达到68亿立方米，液化石油气销售量达到88万吨。公司累计在全国22个省市、自治区、直辖市取得184个城市燃气项目（已接通天然气的城市达到120个），9个天然气长输管道项目，170座汽车加气站项目，1个天然气开发项目和44个液化石油气分销项目，用户数量达到2027万户，天然气管网长度达到35000公里。

昆仑能源有限公司（港交所：00135）

截至2012年底，昆仑能源有限公司旗下LNG接收站全年共接收39艘驳船，合计385万吨液化天然气；拥有LNG加工厂15座，总生产能力达到453万立方米/日，天然气销售量达到48.2亿立方米，开发LNG汽车28000余辆，建设LNG加气站227座，在长江、京杭运河等地开展LNG船舶气化，已开发LNG船舶21艘。

中裕燃气控股有限公司（港交所：03633）

截至2012年底，中裕燃气控股有限公司天然气销售量达到8.4亿立方米，液化石油气销售量达到3800吨。公司累计在全国4个省取得17个城市燃气项目、12座汽车加气站项目，天然气管网长度达到2500公里，用户数量达到近123万户。

中国天伦燃气控股有限公司（港交所：01600）

截至2012年底，中国天伦燃气控股有限公司气量销售达到1.5亿立方米，集团累计在全国8个省、直辖市取得28个城市燃气项目、20座汽车加气站项目、6个天然气开发项目，用户数量达到近46万户。公司已经逐步由位于河南省的区域性公司，转型为立足河南、布局全国的大型清洁能源企业。

陕西省天然气股份有限公司（深交所：002267）

截至2012年底，陕西省天然气股份有限公司销售气量达到28.6亿立方米，建成天然气长输干线10条，总里程超过2600公里；形成了纵贯陕西南北，延伸关中东西两翼，覆盖全省11个市（区）的输气干线网络，在陕西省天然气长输业务领域具有区域优势。2012年，陕西省天然气股份有限公司进一步加快"气化陕西"的步伐，于12月31日建成榆林CNG（压缩天然气）加气母站，标志着"气化陕西"一期任务全面完成。

深圳市燃气集团股份有限公司（上交所：601139）

截至2012年底，深圳市燃气集团股份有限公司天然气销售量达到11.9亿立方米，液化石油气销售量达到14万吨，管道燃气用户数量达到149万户，在江西、安徽、广西的18个城市（区域）开展管道燃气业务经营。2012年报告期公司新增设立两个汽车加气公司，在安徽省黄山市成立全资子公司，主要经营长途客货运天然气汽车加气业务；在深圳市与中石化合资成立深圳中石化深燃天然气有限公司，主要经营天然气汽车加气及相关业务。

长春燃气股份有限公司（上交所：600333）

截至2012年底，长春燃气股份有限公司天然气销售量达到1.45亿立方米，管网长度达到3000千米，用户数量达到95万户。目前，公司已获得包括长春市在内的7个城市的管道燃气特许经营权。

上市燃气企业规模对比图（图1~图4）

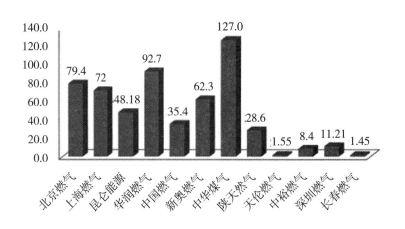

图1：2012年燃气企业销售气量情况

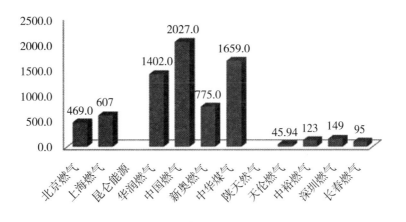

图2：2012年燃气企业用户数量情况

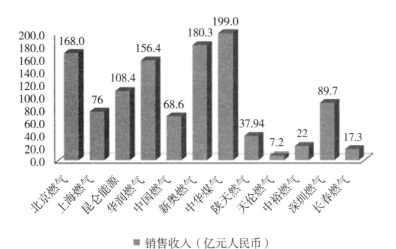

图3：2012年燃气企业销售收入情况

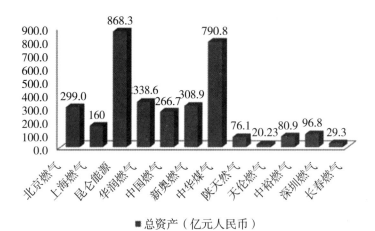

图4：2012年燃气企业总资产情况

中国燃气行业年鉴 2013
CHINA GAS INDUSTRY YEARBOOK

第七篇

国际交流

国际五大燃气会展和组织概况

世界天然气大会（WGC）

世界天然气大会（WGC）暨展览会是由国际天然气联盟（International Gas Union-IGU）主办，每三年举行一次，由各国轮值举办。2009年在阿根廷布谊诺斯艾丽斯举办，当时吸引了来自世界95个国家33000多名专业观众、行业精英和采购商参加此展览，而且来自世界各地的大型知名油气公司和技术及设备企业参加展览的展出面积也超过了36000多平方米。2012年大会在马来西亚吉隆坡举办，是2012年全球第一大油气会议及展览会。中国天然气市场是这届大会的热点话题。国际能源署（IEA）在大会期间召开发布会表明，到2017年，世界的天然气消费增速将为年均2.7%，达到39370亿立方米。未来5年内，中国天然气消费将翻一番，并在2017年成为世界上第三大天然气进口国。中国石油集团总经理周吉平在大会发言上表示，中国天然气消费预计将在2030年超过俄罗斯，成为仅次于美国的世界第二大天然气消费国。

国际天然气联盟成立于1931年，是世界上最重要、最权威的国际能源组织之一。国际天然气联盟的工作覆盖世界范围内的关于天然气产业的各个领域（上、中、下游）及天然气产业的可持续性发展，以及相关的衍生产品、LPG/LNG等。

2012年在马来西亚举办，具体执行由马来西亚国家委员会和马来西亚国家石油公司（Petronas）操作。这届展览会是一个高层次的装备贸易展，也是全球油气公司及国际优秀技术及装备供应商参展最全的一次展览会。

2015年世界天然气大会将在欧洲的中心——巴黎举办。

亚洲西太平洋地区国际燃气技术交流会（GASEX）

两年一度的亚洲西太平洋地区国际燃气技术交流会暨展会(英文简称：GASEX)已经成功举办了21年，在过去的21年里，它为亚太地区的燃气事业发展做出了巨大的贡献，并为当今最先进的燃气技术和国际同行提供了一个非常重要的交流平台。每一届的GASEX大会都会包括主旨发言、全体大会、小组讨论和分会，范围覆盖了当今经济发展形势、地区燃气供应和需求、燃气利用等多方面与燃气相关的信息。

出席GASEX的天然气协会和国家石油天然气公司来自15个国家和地区，包括澳大利亚、文莱达鲁萨兰国、中国、香港、印尼、日本、韩国、马来西亚、新西兰、巴布亚新几内亚、菲律宾、新加坡、中国台湾、泰国、越南，超过3000名专业人士、跨国公司代表。其中，GASEX2006于2006年9月在北京成功举办。

筹划指导委员会成员如下：

澳大利亚燃气协会、文莱能源协会、中国城市燃气协会、中国台北燃气协会、香港中华煤气、印度尼西亚燃气协会、日本燃气协会、韩国燃气联盟、马来西亚燃气协会、新西兰燃气协会、巴布亚新几内亚石油能源部、菲律宾PNOC勘探集团、新加坡燃气协会、泰国国家石油集团、越南国家石油天然气公司。

GASEX是1990年由亚洲14个国家的15个协会或公司发起、成立的非常设性组织，主要目的是为各国会员间燃气的使用安全、相关科技、仪器、价格、设备、节能及环保等方面提供交流平台。目前已经成为亚洲西太平地区燃气行业最重要的国际展览。

世界LNG大会（International Conference on LNG Industry）

世界LNG大会（International Conference on LNG Industry），是全球液化天然气工业界最重要的国际盛会之一。此LNG装备系列展会始于1968年，由LNG生产国和消费国每三年轮流举办。它被视为世界顶级的唯一的LNG设备专业展览会，是由国际天然气联盟(IGU)，气体技术研究所（GTI）和国际制冷学会（IIR）共同主持举办的。2013年的主办城市休斯敦是美国著名的"能源之都"，因此，此次展会吸引了来自世界各地的知名企业参展，同时创纪录的拥有了15000多平方米的超规模展厅，并吸引数以千计的观众。

参展的不仅有美国、英国、法国、俄罗斯、德国、伊朗、卡塔尔、阿曼、阿尔及利亚等石油及天然气大国的能源公司，确定了大面积展台，还有ABB、DSME（大宇造船海洋株式会社）、EXXONMOBIL、CHEVRON、SONATRACH、CONOCOPHILLIPS、GAZPROM、Qatar Petroleum等诸多国际知名天然气供应商。对于中国企业，此展会也是专业的LNG设备生产企业打开国际液化天然气能源领域市场的最佳机会。

世界液化石油气论坛（World LP Gas Forum）

由世界液化石油气协会（WLPGA）主办的世界液化石油气论坛2013年在伦敦举办。自1987年WLPGA成立至今，已成为代表世界液化石油气整个行业各方面的专业协会组织。协会的主要任务是努力为全球液化石油气行业提高利用价值，并促进世界液化石油气的市场和交易，保障其在使用中的安全性。该协会聚集了几乎所有涉及液化石油气行业的私有和公有的企业，为他们提供一个交流的平台。

一年一度的世界液化石油气论坛是一个集大会与展会于一身的世界LPG盛会。本着促进环保、提高用气设备的效率并降低成本、扩大LPG的应用范围、增加供气源头等理念，此论坛已在业界得到了良好的声誉并受到更多的关注。2012年在印度尼西亚巴厘岛举办的第25届世界液化石油气论坛提出了"生活中的LPG"这个主题，并围绕此主题开展了多项有关促进人民群众使用液化石油气进行烹饪的讨论，如何把室内废气污染降到最低和增加LPG使用的安全系数成为当时论坛的讨论中心之一。2013年在伦敦举办的世界液化石油气论坛会带来更多的课题供大家参考学习。

世界石油大会（WPC）

世界石油大会(World Petroleum Congress – WPC)是一个国际性的石油代表机构，是非政府、非盈利的国际石油组织,被公认为世界权威性的石油科技论坛。它的全称是"世界石油大会——石油科学、技术、经济及管理论坛"(World Petroleum Congresses——Forum for Petroleum Science, Technology, Economics and Management)。

世界石油大会1933年8月在伦敦成立,每4年举行一次,从第14届大会以后改为每三年举行一次。第二次世界大战期间曾中断活动。1951年恢复活动。其宗旨是为了人类的利益,加强对世界石油资源的管理,不断促进世界石油工业对先进的石油科学技术的应用和对有关的经济、金融及管理问题的研究;在全世界范围内推动和促进石油科学技术的发展;加强成员国之间的合作;在世界范围内为石油科技人员、管理者和行政人员交流信息和讨论研究提供论坛。组织机构有大会、常任理事会和执行局。总部设在伦敦。主要出版物为《大会公报》。

至2001年9月,该组织共有59个主要石油生产国和石油消费国入会,代表着世界上90%以上的石油天然气主要生产国和消费国。

1979年9月13日,在布加勒斯特举行的第10届大会通过决议,中国国家委员会被接纳为该组织常任理事会成员。1990年开始,我国开始申请举办世界石油大会。经过多方面努力,于1993年4月以压倒性多数票战胜竞争对手,取得了第15届世界石油大会主办权。1997年10月12日至16日,第15届大会曾在中国北京举行。

由于全球的天然气储量非常巨大,并且石油资源正在逐渐减少,其取代石油的趋势越发明显。同时值得注意的是,天然气取代石油将会给我们带来更清洁的环境和更少的污染,也会给运输、生活健康、工业生产以及发电等带来巨大的便利。很多国家都在努力逐渐淘汰煤炭和石油的使用,因为其温室气体的排放量过高。世界石油大会也因为这个趋势受到了影响,越来越多的天然气企业涉足此盛会,为会议带来了新的活力。

欧洲环境下的法国燃气市场发展

1 背景

1998年，欧盟成员国一致通过并采用一项新的天然气指令。新的天然气指令目的在于为欧洲的天然气事业创造一个开放的内部市场环境，并且在充分考虑燃气供给安全的基础上增强行业竞争力。现在欧盟发布的第三项天然气指令已在各成员国间实施，这对欧洲燃气市场无疑是过去十四年来一项非常重要的发展举措。

欧洲燃气输送网络的基础模式变成了"进口–出口"系统。对于天然气输送网络的用户来说，由于燃气进出点输送模式不再由传统的物理路线相连接，这种模式更有助于燃气输送。不同燃气进出点有其固定的燃气定量，在定量范围内燃气输送网络的用户可要求燃气从任意进口输入，只要保证一天内燃气的进口量和出口量能够相互平衡就可以了。另外，用户可选择任意网点进行交易，这大大强化了欧洲燃气市场的竞争力。

在这种大环境下，欧洲能源监管委员会（CEER）于2011年底将欧洲燃气市场的目标模式计划递交给欧洲委员会。目标模式对2014年及未来的燃气市场作出规划，其中包括一系列建议性举措。同时，目标模式旨在建立运行机制优良的欧洲燃气市场。欧洲燃气市场通过虚拟交易网点将国内、国际的燃气输送区域相连接（称为HUB-枢纽中心）。例如，欧洲西北部地区有多个流动枢纽中心，由燃气交易所对供气价格进行调控。近年来，法国、德国已经将燃气进出点数量最小化，并且不断扩大市场区域，欧洲有可能将这种趋势进行区域全面覆盖。当然，要在单个燃气市场和更大的市场范围内实现上述目标，就要具备充足的燃气网络连接能力，并且不断发展每个区域内的核心输送网络。同时，还要配备一个监管框架，不仅提供投资方面的支持，还向燃气输送系统运营商（TSO）提供预算框架，便于其进行资金回笼。

另外，燃气目标模式将保证燃气输送的安全性。事实上，欧盟地区高度依赖燃气进口，根据ENTSOG（欧洲输电系统运营商网络体系）数据显示，需求率预计从2011年的62%上升至2020年的78%。因此，对于保证成员国的燃气安全供给来说，建立一个运行机制良好的市场和吸引新的投资显得尤为必要。同时，额外的天然气进口预计主要来自俄罗斯和中东地区，通过管道或液化天然气接收站输入欧洲大陆。最终，通过强化多源（燃气互联点、液化石油气和页岩气）供气的安全性以及建立更大的燃气进出区域，不仅可以增强市场的竞争力，还可以增加点价交易与长期合同交易间的套利。这将无疑会给终端客户带来利益。

2 法国燃气的特殊现状和发展趋势

几乎所有法国的天然气都依赖于进口，天然气通过国家间的门站或者国内燃气门站进入燃气配送网络（门站将液化天然气接收站与燃气输出口相连接），经过输送网络送往或直接送往主要工业客户，其中部分的燃气输往临近国家。储存的天然气主要用于满足冬季供暖需求，同样也可应对价格资本化的蔓延（经济仲裁）。

燃气高压管道总长超过32260千米。2010年法国GRT gaz公司高压管道的燃气流量达到688太瓦/时（TW/h），不仅满足了489太瓦/时的燃气需求量，而且满足了超过80%法国人口的燃气需求。

GRT gaz公司燃气输送管线具体连接和分布情况如下：

· 连接比利时、德国和瑞士边境的燃气输送管线；
· 法国西南部与另一家燃气输送运营商合作（TIGF），连接西班牙的燃气配送网络；
· 沿海岸线，与Fos、Montoir地区的液化天然气接收站以及挪威境内的GASSCO燃气配送网络；
· 燃气存储设备分布于GRT gaz公司两大业务区域内（见图1）；
· 燃气下游配送网络将燃气送至各终端客户。

法国燃气输送系统划分为两大部分：地区燃气输送网络和全国燃气输送网络。全国燃气输送网络包括：压缩站和输送网络组件，输送网络组件用于连接临近的输送网络、液化天然气接收站和燃气存储点。核心输送管线采用大口径管道，直径大于或等于600毫米。在核心燃气输送管线上的门站安装正反向气流装置，可以实现气流的双向流动，气流方向可每天进行变换，或在指定的一天中进行切换。因此，在核心燃气输送网络结构中确定燃气的具体进出点是不可能的。

法国天然气市场依赖于燃气输送的"进口-出口"系统。在制定燃气进出点方案的过程中，利用现有的燃气输送"进口-出口"系统覆盖区域，可以反映出网络布局中的一些物理条件限制和不可抗力因素。

为了应对多数市场参与者有关简化燃气进出点覆盖区域需求，自2005年以来，GRT gaz公司在燃气网络分布上做出重大改变。2007年至2010年，GRT gaz公司投资3.6亿欧元用于核心燃气输送网络建设，成功合并了法国北部的三个燃气进出点覆盖区域。迄今为止，整个欧洲仍在致力于网络区域整合和燃气安全供给事业，GRT gaz公司也正逐步完善其网络结构，以满足市场的需求。

2009年1月1日起，GRT gaz公司的燃气输送网络简化为两个进出点区域

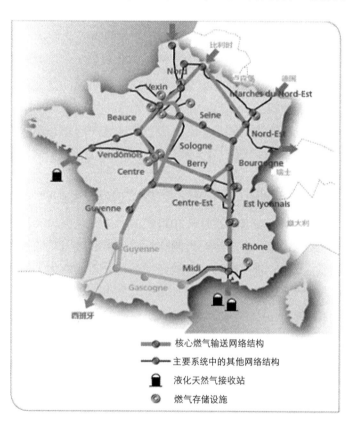

图1：GRT gaz公司核心燃气输送网络主管线图

组成，分别为北部区域和南部区域相互连接。南部区域单独连接至TIGF（法国南部最主要的燃气输送公司）区域，此线路由GRT gaz和TIGF两家输送运营商联合经营。

在欧洲大环境下，结合燃气运营的目标模式和法国的特殊现状，一些市场设计方案已在筹备中，或许未来还有其他的方案出台。这些方案可概括如下：

GRT gaz公司通过两种途径实现方案a：第一种途径为增加投资额，第二种途径为依靠合同机制。GRT gaz公司曾在2009年与法国监管部门和各方市场参与者一同商讨第二种途径，得出结论：由于合同机制部署较为复杂，难以测量，存在一定的限制性（如：燃气流量承诺协议）。

然而自2011年起，这种大环境发生了变化。GRT gaz公司发布了首个天然气联合

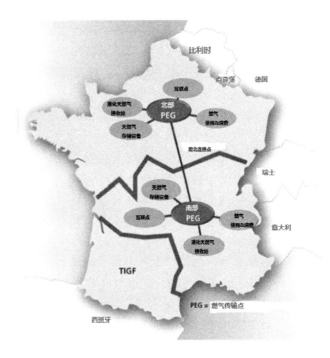

图2：GRT gaz公司现有燃气输送网络结构分布

市场试行方案，试行范围为法国南北部区域（见案例）。此项服务主要致力于市场的整合。它不仅提高了两个虚拟交易点的市场流动性，还促进了价格收敛。法国监管部门通过了两条发展战略，未来将在法国南北部燃气输送系统内施行（见图3）。对于单独的燃气输送网络方案来说，这些项目投资只是进行区域整合的一部分，它们意味着南北部区域将在同时进行发展和市场调整。未来平衡欧洲燃气输送网络的关键在于发展市场流动性和促进区域合并。

法国实现这两个区域的市场合并，需要解除南北网络连接线上存在的物理瓶颈。法国西南部的大部分燃料来源于福斯（Fos）接收站，其他燃气通过Est、勃艮第、里昂和罗纳等城市，从北部运往

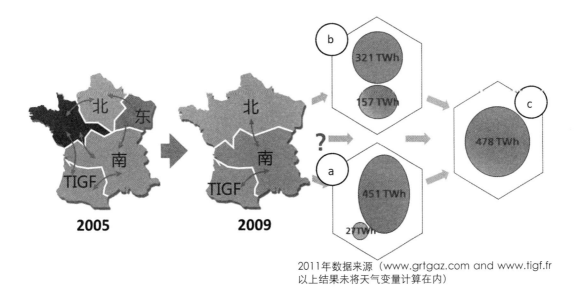

2011年数据来源（www.grtgaz.com and www.tigf.fr 以上结果未将天气变量计算在内）

图3：法国燃气输送网络简化方案

南部（见图1）。南北网络连接线反映出此项燃气供给方案的限量为230太瓦时/天。

为最终完成对现有区域和南北区域的合并，GRT gaz公司对不同方案进行研究，尽量避免把资金完全投入单个市场区域，至少在初始阶段没将资金完全投入单独的市场区域。

TIGF和GRT gaz公司南部区域方案背景（方案b）

为了应对法国能源部提出的要求，2009年9月至2010年6月间，GRT gaz公司联合TIGF公司，共同进行了一项燃气输送网络模拟运行的研究。该研究旨在估算区域跨度存在的物理风险，同时还有对两个市场区域进行整合的运作调整风险。

为了进行此项研究，GRT gaz公司和TIGF共享燃气配送网络普性分析结果，包括燃气输送网络的特征、燃气流量和供气方案。两家公司的分析师组成分析小组，由指导委员会进行监管，委员会成员包括能源部代表、相关管理机构和Storengy公司（法国燃气储库系统运营商）。

研究结果显示，通过结合两个燃气输送网络系统的特点，能够解决单个燃气输送网络上存在的功能限制，从而提高燃气的可用能效（超过30太瓦时/天）。

此外，2013年的气流模式研究结果显示，GRT gaz公司北部区域和TIGF公司网络区域并不存在任何结构性阻塞风险，除了日常维护可能带来输送网络物理机能的降低，或是冬季，南部地区储存燃气用量不均，无法对用气设备进行具体测量。

然而，GRT gaz公司和TIGF公司在这项研究中所持的观点有所不同。GRT gaz公司考虑运用操作规范处理上述特殊配置，这意味着两个市场区域合并方案的可行性。然而，TIGF公司并不赞同这个观点，因为他们并没有看到这种做法能给他们带来任何切实的市场利益。

3 法国燃气市场发展目标

燃气市场区域（如：燃气进出点区域）应该有足够大的空间去容纳所有能源供给的竞争者介入。欧洲监管当局对一个市场运行的有效度有五个评估标准：HHI指数应低于2000；至少拥有三个不同的燃气供应源；一个区域内的燃气需求至少达到200亿立方米（一年中超过95%的天数内）；将用户流失率控制在8%；供给剩余比例（RSI）应超过110%。这些评估标准为一个燃气市场的正常运作提供了合理的基础条件。

一方面，合并现有的燃气进出点区域，不仅对于扩大市场区域面积，而且对于优化市场结构和增强市场竞争力都有益处。进行整合后，将形成一个更大的燃气进出点区域。整合后的区域内燃气年消费量会大幅提高，燃气储存设备和多种燃气源互联装置得到优化，其主要优势表现为市场吸引力的增强。

因此，区域合并可以把市场注意力集中在特定虚拟点上（燃气枢纽中心），从而增强燃气供应商之间的竞争力度，从而建立强健的价格指数。同时，这也是创建重要远期市场的关键因素。

对于燃气托运商来说，由于区域合并减少了互联点的数量，带来了燃气运输的便捷。合并后的大型燃气进出点区域意味着更多的机遇和更大的灵活性，它能够根据各个终端客户的需求，提供不同的燃气供应方式。合并后的区域优势很大程度上取决于每个燃气托运商的供气需求，结合长、短期不同的供气价格，以及合并后的新区域内燃气进出口的可容量。

另一方面，燃气输送系统运营商必须能够应对合并区域后带来的供气不畅的风险。其中主要的就是考虑所有可能的供气模式，结合不同燃气源的竞争因素（包括现货价格/液化天然气价格/非常规天然气的开发/长期进口价格）。以往标准的解决方案是通过增加投资额，然而，也存在其他可能的解决方案，例如与其他合作商签订供气承诺。不同的解决方案耗费不同的成本，因此产生的市场影响和市场竞争力也有所不同。

下章节中具体描述了合并方案研究的总体框架，研究中涉及成本利益分析。首先应当确定物理供气阻塞是否有可能发生在合并后的新区域内。推论假设必须在基础设施建设、需求量和输送网络的使用率等三个因素的基础上进行考虑，并且通过模拟装置确定阻塞实况（即：气体能够通过市场区域内的燃气进出点，却无法在区域内进行传输，这样便可确定会发生供气阻塞）。然后要对解决方案进行分析，其中需要对每个供气阻塞点的情况进行评估，并且提出解决方案，该方案的成本、实施风险和方案可行性等需要计算在内。当一套可选方案出炉后，需制作相应的方案路线图，同时市场方面也应当考虑成本、全球利益和关税影响等问题。

2011年下半年，GRT gaz公司对其南北部区域合并项目按照上述步骤进行了分析。持股者在评估合并方案的利益值中扮演了至关重要的角色，他们在研究过程中积极参与，对问题进行多次磋商，并且进行了分组讨论。另外，GRT gaz公司联合法国监管当局、国家能源部创立了指导委员会。KEMA公司，作为一家欧洲专业的顾问咨询公司，对各套气流方案进行分析，并且对不同的方案机制进行评估。

案例：德国燃气市场区域——法律强制规定降低其市场结构复杂性，并由合同机制进行管制

德国燃气输送网络是在几条主要燃气管道的基础上，加入国内和国际输气线路，最终形成了一个复杂的网络系统。

事实上，德国作为燃气生产国和燃气输出国，燃气路线经过荷兰、挪威、丹麦、俄罗斯、法国、瑞士和奥地利。

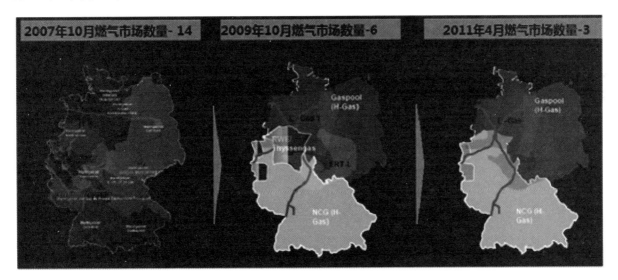

首先，对于市场来说，区域覆盖量是非常重要的。而德国燃气市场之所以进行区域缩减，主要源于法律强制规定。自2007年10月起，德国燃气市场数量骤减。

2010年9月，德国立法强制规定，未来国内的燃气市场将缩减至两个。2011年4月德国天然气市场已将数量减至三个。合并计划会继续按照《德国燃气网络接入法规》（GasNZV）来执行，在规定日期内实现既定目标。《德国燃气网络接入法规》规定，燃气市场数量必须在2011年4月1日前缩减至三个。区域完全合并后将会催生德国首个多级化市场。

德国最大的天然气交易市场是NCG，其输气网络的高压管道全长两万千米左右，连接近500个燃气配送网络。其中，北海岸至阿尔卑斯山段占据了德国全国一半的燃气输送量。

2011年10月，德国另两家天然气交易市场——GASPOOL和Aequamus，最终也合并成为一个多级化交易中心——GASPOOL。全新的GASPOOL交易中心连接近400个燃气配送网络，占近一半的国内天然气市场份额。

参与合并项目的燃气输送运营商，始终面临不同程度的资金成本挑战。特别是L-燃气区域和H-燃气区域的合并，需要大量的资金支持，并且要对每个燃气进出点的气体容量进行复核。自德国出台法律要求燃气市场进行合并，运营商们往往不敢贸然投资，他们普遍认为解决输气网络的物理阻塞问题是一个无底洞。另外，新区域内的燃气进出点的气体容量需重新进行定量。国内运营商们已经采用如"根据条件自由分配容量"或"利用动力分配容量"等方式。

另外，在进行市场区域合并时，由于原先网络间的市场界限被取消，因此有必要签署燃气流量承诺协议。通过承诺协议，运营商根据输气网络实际的物理状态，增加或减少气流定量以确保阻塞风险在可控范围内，从而保证网络长期的供气通畅。任何想要提供流量承诺协议的用户必须通过资格预审，其目的在于确保该用户能在协议有效期内履行其对市场的承诺。

4 法国燃气市场改革方案大纲

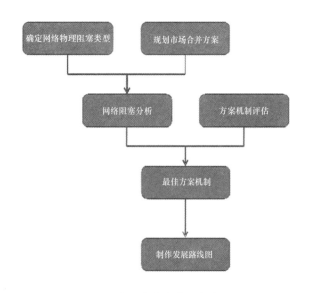

图4：法国市场合并方案研究步骤示意图

图4为GRT gaz公司和KEMA公司对于GRT gaz公司南北区域合并方案研究的一般方法。如图所示，研究通过技术、经济两个层面的分析，获得方案可行性和市场合并成本的综合评估结果。首先，GRT gaz公司对网络进行技术分析，确定合并后的市场区域内潜在的阻塞源。与此同时，KEMA公司研究不同方案对于法国燃气市场在未来发展中的作用（2016年至2020年），其中包括潜在供应源的预测，邻近市场燃气价格、长期供气价格和液化天然气进口价格等因素的预测分析。

KEMA公司上述的预测分析是通过一个简化的市场模型，模拟分析市场合并后的一系列结果，其中最重要的就是通过分析结果获得法国燃气最佳配送模式。不但能够确定网络阻塞情况，还可以通过频率和范围等数据把阻塞情况进行量化。除此之外，它还能针对缓解供气阻塞的物理方法进行评估和量化。这种定量分析是通过定性评估来确定处理阻塞问题的最佳方式。

为了对网络阻塞管理进行细节评估，将进一步结合定量和定性的分析结果。根据相应的结果，最终提交一系列建议措施，用于管理不同类型的燃气网络物理阻塞问题以及相应的管理成本估算。最后，将研究成果制作成市场发展路线图，用于进一步的研究未来战略的实施。

5 供气网络物理阻塞处理方案

此项研究是基于2016年的市场状态进行分析。为此，GRT gaz公司对2016年的燃气网络发展做出一系列假设，同时对合并后的市场区域中潜在的物理阻塞进行预测。除了相关基础设施的描述，在对燃气网络发展的研究分析中，还包括对燃气消费水平发展和燃气地下储存状态的预测（燃气于夏季储存，冬季使用）。为了确认合并后的区域内可能出现的物理阻塞问题并且制定出相应的解决方案，GRT gaz公司随后进行了大量的网络模拟测试和分析。KEMA公司将在项目的初始阶段对研究中的所有的预测数据、分析方法和分析结果进行审核，并确认其有效性。另外，KEMA公司在网络阻塞研究项目的分析中，对每组预测数据和各种阻塞影响进行复审和讨论，如有必要将对情况做更详细的描述。

由于研究是针对2016年的市场状况进行分析，因此包括一系列正在进行中的或计划进行的投资项目，如"Eridan"、"Arc de Dierrey"和"Hauts de France 2"等，同样还有Cuvilly和Chazelle的两大燃气压缩站（见图5）。这些投资将用于燃气进出点的增容，因此，研究中有些预测值是高于现在的进出点容量值的，具体见图6。这里，我们强调所有的定量分析仅以燃气进出点固定容量为研究基础。

根据分析结果，GRT gaz公司确定了燃气输送网络的三种主要物理阻塞类型：

（1）由北向南方向网络阻塞；
（2）由南向北方向网络阻塞；
（3）由西向东方向网络阻塞。

上述三个类型结合了五个不同输送方向上存在的潜在阻塞问题。GRT gaz公司通过一系列不等式进行判断，当进出点实际通过的气体容量在最大值和最小值的范围内，便判定该点无阻塞问题。

例如在由北向南方向上，是否发生网络阻塞的判定标准为图6所示，包括四个不等式。

图5：2016年GRTgaz公司合并区域内的燃气进出点固定容量预测

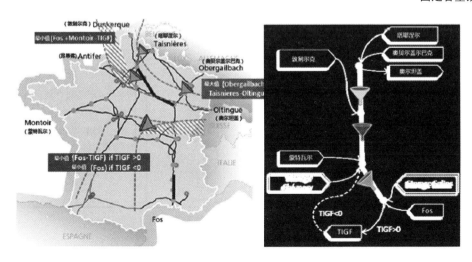

图6：由北向南供气网络主要阻塞位置

图6提供了由北至南方向上的网络阻塞信息，其中又可按"东部走廊"、"西部走廊"划分。图中橙色"漏斗"图标表示了四个不同的物理阻塞区域。上述不等式的限值取决于温度条件。因此，限值可能每天都随温度发生变化。

如图6所示，由北向南方向的网络阻塞点可根据不等式进行判定。与此相同，每个方向上的网络阻塞点（由北向南、由南向北或由西向东）也可由相应的不等式进行判定。

6 初步评估指定方案

研究中的定量分析证实，GRT gaz公司进行南北区域市场合并后，在某些情况下将会引发巨大的网络阻塞隐患。为了制定解决网络阻塞的方案机制并进行方案评估，公司根据2016年法国燃气输送网络发布的网络加强措施进行了概念分析。

如表1所示，如基础设施运营商和燃气系统运营商，概念分析是对各类数据进行测量，从简单的气体容量权限、市场直接干预，再到更为复杂的各运营商间的市场合作、市场额度的分配等。此外，有些产品针对燃气输配和燃气用量权限，而其他产品直接关系到产品的交易量，或者燃气系统运营商燃气销售量的变化。

网络阻塞管理方案　　　　　　　　　　　　　　　　　表1

	管理机制 （强制性限制和调整）	市场机制 （自愿参与原则）	
合约方	燃气托运商	燃气托运商	基础设施运营商
容量	0. 正常运营条件外进行干预 1. 可中断容量 2. 区域限制	3. 容量回购	
燃气销售量	燃气销售量	4. 区间贸易 5. 气体流量协议	6. TSO协议储存 7. 区域间互换 8. TSO对TSO互换 9. 流量改

要进行上述管理机制的分析和区分，可以采取两种截然不同的方法。首先，燃气系统运营商可以通过一系列管理措施来限制燃气托运商的波动性，或者对燃气网络使用方案进行更改。例如容量控制产品的功能定位，其中包括对燃气进出点规定容量的使用限制。通过对潜在供气问题进行干预，这样，燃气系统运营商可以保证供气系统的通畅。另外，燃气系统供应商有权对日常供气市场进行干预。

然而，双向市场主要偏向市场机制，以燃气系统运营商与燃气托运商，或其他基础设施运营商间双方自愿合作为基础。市场机制的目的在于激励燃气托运商调整燃气进出流量，避免出现供气不畅，或采取相应调整措施解决网络阻塞问题。管理性措施对燃气网络运营商不收取任何费用，与此不同的是，市场调控措施通常要对相应的义务或行为进行收费。

表2中包括八个不同标准，可对上述机制进行评估，这些评估标准划分为三类，其性质和重要性如下：

（1）基本目标——作为基础要求，必须达到的标准；

（2）主要目标——这是形成市场一体化、建立流动性大、竞争力强的燃气市场的关键所在；

（3）附加目标——在满足其他标准的基础上尽可能实现，但并不带有强制性，以防附加目标的实现触犯其他标准。

网络阻塞管理机制的评估标准　　　　表2

分类	标准
基础目标	（1）保证燃气网络运行的可靠性
	（2）保证遵守欧盟和本国法律和法规
主要目标	（1）促进经济效益的增长
	（2）保证风险"均摊"
	（3）保证燃气网络运行的强健
附加目标	（1）实现网络轻松运行
	（2）促进区域一体化
	（3）实现市场运行透明化

虽然，本篇内容不包含每项管理机制的具体评估结果，但是根据分析结果显示，并不存在符合所有标准的单项方案。一般来说，由于市场机制对于区域内贸易具有可控性，从经济效益的角度考虑是优选方案。然而，仅仅依靠燃气流量协议、市场调节机制并不能保证燃气网络运行的可靠性。此时，必须加入其他应用方案，如管理机制能够保证燃气网络区域一体化的实现。因此，燃气网络运营商会结合两个方案，根据网络阻塞的具体情况进行调整。

图7中，用图形方式描述了网络阻塞发生的频率、影响与相应网络阻塞管理机制的要求之间的关系。按图7，可以根据具体情况选择合适的解决方案：

（1）燃气需要每日进行购买的地区，区域贸易是最佳选择。

（2）燃气流量承诺协议将降低燃气收费增长的风险，并且缓解市场的潜在影响力，从而保证相应的市场竞争环境。同样，该协议可用于缓解结构性拥堵，而结构性拥堵是伴随缺乏市场竞争环境而产生的。

（3）气量回购机制适用于阻塞频率发生较低的网络，如某地区的区间贸易的经济性或实用性欠佳时。

（4）当还有燃气容量未被流入市场时，可将固定容量转换为可中断容量，适用于管理高发性结构拥堵。

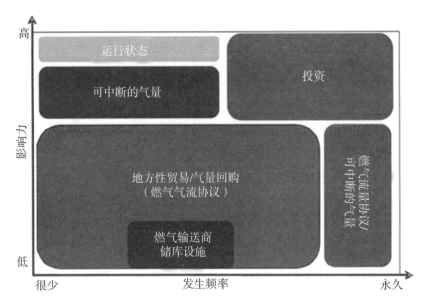

图7：不同网络阻塞问题的管理机制图解说明

GRT gaz公司燃气市场一体化的过渡阶段——市场联合化：欧洲天然气市场首例

2011年7月1日，GRT gaz公司发布了一项新的服务：在南北虚拟贸易点间进行市场联合，由法国电力交易所（Powernext）进行支持。

自2006年这项服务成功运营于电力系统后，现在首次投入欧洲燃气市场使用。市场联合性服务要求通过市场联合机制，对天然气各项指标和贸易形式做出深度调整。

并且，由所有市场参与者、专业性协会和法国燃气监管机构（CRE）对服务内容进行制定和更新。

南北区域的虚拟贸易点经过市场联合化后，GRT gaz公司便可拓宽对燃气托运商的服务范围。这项服务被视为一场隐形拍卖活动，从拍卖价格可以反映出当前市场状况，而事实上，它是将两个虚拟交易点进行合并。Powernext交易所通过其在2011年5月公布的燃气产品情况，通过网络系统对市场联合项目进行管理，另外，也利用了GRT gaz公司燃气连接点的容量数据。

GRT gaz公司在进行南北区域一体化，以及在中期建立一个燃气进出平衡区域的过程中会遇到各种问题，而进行市场联合化标志着GRT gaz公司进行解决方案探索迈出了第一步。而实际上，南北区域的市场联合化作为市场一体化的过渡阶段，即使无法完全解决网络物理阻塞问题，也可以提高燃气运输的流动性，并且逐渐统一区域间燃气价格。另外，联合化服务还可以通过合并南北区域燃气订单，提高法国燃气市场的经济效益。实际上，它是通过南北区域燃气比价，提高法国燃气市场竞争力，尤其是北部区域的市场竞争力。

这项服务开始为试行阶段。首先，GRT gaz公司每个方向的固定燃气容量为10太瓦时/天，其中由北至南、由南至北两条网络上试行效果显著。2012年进一步对气体容量增容。

7 定量评估

如上文所述，研究包括利用简易市场模型，对不同方案的燃气流量状况进行模拟。在模型的基础上，能够对不同市场环境下的潜在风险值、网络阻塞影响值进行测试。图8为两个不同网络阻塞情况所产生的相应结果，分别由北至南方向（左图）和由南至北方向（右图）。具体来说，每个图表的周期为一年，包含五个不同方案的数据记录。

通过将左右两图进行对比可以得出，由北至南方向（左图）在结构性阻塞上具有高风险，而相反方向上此类情况则较少。此外，进一步的分析表明，左图中，当法国南部进口的液化天然气价格较高时，由北至南方向上，网络阻塞发生的频率较高，特别是方案1。相反，右图中，当北部进口的液化天然气价格较高时，由南至北方向上，网络阻塞发生率较低，按照方案2发生率几乎为零。

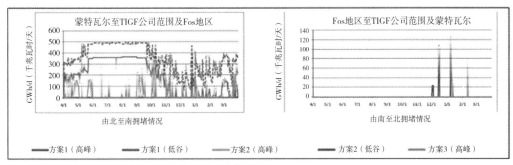

注：上述图标显示每天网络阻塞发生时的数值（单位：千兆瓦时/天）

图8：不同方向及不同方案下的网络阻塞情况

基于上述结果，可以对每种网络阻塞风险发生的频率和数值范围进行估算。第二步，针对不同的解决方案进行分析，例如对不同的气体量进行调整，包括从燃气进出点传输至地下储库的燃气储存量以及传至LNG终端客户、互联点和燃气电厂（CCGT）的燃气量。一些案例中，分析结果表明，无论从每天的数值还是平均数值来看，都能够对网络阻塞现象起到明显的减缓作用，见图9。

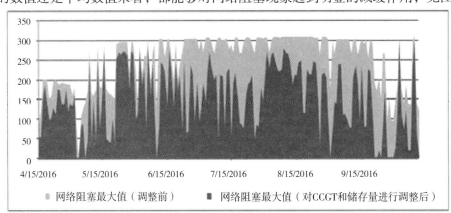

图9：对CCGT流量和燃气地下储库储存量调整后，由北至南
网络的网络阻塞量减少范例

实验表明，上述研究是非常重要的。例如通过研究结果，我们可以针对不同的网络阻塞问题，找出简便的解决方案。根据由北至南方向上发生的阻塞案例，结合气体容量和结构特征进行分析（与图8进行对比），发现仅需使用法国南部两个主要燃气进出点之一即可有效解决问题，如减少法

国西南部市场（由TIGF公司负责运营）的燃气出口点流量，或者增加Fos地区液化天然气终端用户的燃气进口点流量。同时，在对市场合并实施一系列计划措施时，应将液化天然气终端客户的供气安排考虑在内。

最后，定量评定要对缓解网络阻塞的方案进行成本预算。成本预算利用市场模型的提供的初始数据，但与此同时我们也参考以往和现在各地区的供气价格。根据燃气网络供气模式的多样性，以及未来燃气价格的不确定性，预算结果的范围值较大。从而可以得出结论，燃气市场经过合并后可以在不增加成本的基础上继续运营几年，但之后，进行网络阻塞管理的成本可能超过1亿欧元。

8 燃气市场一体化的建议方案

KEMA公司对GRT gaz公司南北市场一体化提出了一系列建议措施。由图10所示，这些措施主要针对一些中短期市场机制。更准确地说，KEMA公司建议GRT gaz公司依靠区域贸易作为默认方法，解决日常燃气供应市场中存在的网络阻塞问题。虽然，Fos地区的液化天然气终端客户对减缓由北至南方向上的网络阻塞问题十分重要，然而，KEMA公司建议提供另外一个备选的中期市场机制。具体来说，Fos地区将采用按月收费的方式，理想方案中可同时向其他地区进行容量回购。

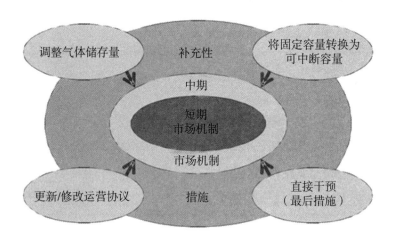

图10：燃气市场一体化的建议方案概图

图10显示，研究进一步提出了四项补充措施。一方面，包括基础设施运营商间的加强性合作（如：相邻网络的燃气运营商，燃气储存运营商和液化天然气终端客户运营商），以及作为最后方案的直接干预措施。考虑到调整燃气地下储库储存量，能够有效解决某些类型的网络阻塞问题，而GRT gaz公司所管辖的燃气市场区域内，仅存在单一的运行系统能够调节所有的地下燃气储存量，因此，为了GRT gaz公司的市场利益，使燃气储存运营商能够实现区域交换，研究进一步建议对现存的储气产品进行区域调整。

最后，研究还发现对于将GRT gaz公司的燃气出口点容量转移至TIGF公司来说最具成本效益的方案，另外对于降低网络阻塞风险还具有显著性功效，并且不会对当前任何燃气托运商的商业和合同地位产生影响。然而，由于区域范围的限制，此次研究并没有覆盖TIGF公司区域。显然，在最终方案确定前会进行进一步分析。

9　结论

区域面积大小对于一个运行良好的燃气市场是非常至关重要的。而整个欧盟地区对于燃气市场区域的扩大持有强烈政治和市场愿景。这是一个极具挑战的问题，传输系统运营商需要利用足够的工具，保证扩大后的区域能够保证市场运行具有高度可靠性。在进行现有燃气进出点区域合并前必须进行"成本–效益"分析。GRT gaz公司研究方案的基本框架，将同样应用于其他类似的研究分析。

研究中的技术分析和经济分析，同时涵盖了定量模拟和概念分析，能够对区域合并扩张后的网络阻塞问题和解决方案进行全面分析。除了定性评估，上述方法使我们可以通过风险频率和风险范围，对网络阻塞风险进行量化，从而制定合适的应对措施，估算相应成本。

此外，分析结果也清晰显示了有几种可能的方案，可结合多个方案或单独使用其中一个方案，对网络阻塞情况进行规避或者减缓。因此，并没有适合所有情况的"万能"解决方案。适当投资对于市场合并是最有效的解决方案，但是方案的实施需要时间（大约需要5年时间进行方案设计、决定和建设新的输气网络基础设施）。同时，在市场区域合并早期可能要签署燃气协议，把保证市场良好运行的各限量记录在案（参照市场联合化）。

进行区域合并甚至不需要进行任何投资，但不同燃气传输系统运营商，不同国家区域的介入就会增加管理的难度。

当需要对区域合并进行投资时，需要所有的市场参与者对协议内容和投资细则共同进行设计和商讨。然而，我们从德国的经验中可以得出，协议成本在不包含绑定付费的情况下，很难进行估算。

最后分析表明市场合并会带给燃气网络用户更多的利益，也会同时影响到全球。

10　法国燃气市场

法国是欧洲第四大的燃气市场，年消费量在450亿立方米，占欧洲燃气需求总量的10%。2009年，GRT gaz公司投资核心燃气输送网络，将市场区域由三个缩减至两个。因此，市场参与者可以依赖两个模拟燃气交易中心，由扩大后的市场作为背景支持，增强所有市场参与者（消费者、供应商、生产商、贸易商等）之间的互动。2011年年底，GRT gaz公司燃气网络共有89名燃气托运商，并且两个虚拟贸易点间的贸易总量为449太瓦时。

如上所述，法国国内对于GRT gaz公司南北区域合并有着强烈的市场需求，合并后的区域将提供国内燃气网络用户一个独特的燃气市场。虽然，最近制定了两项核心燃气配送网络发展方案，一些网络阻塞问题仍然存在，无法实现市场的完全合并。研究现已对不同的方案进行分析，而与此同时，GRT gaz公司南北市场区域合并过渡阶段的市场联合化项目，已经由GRT gaz公司和法国电力交易所Powernext联合发起。市场联合化即使不能解决网络阻塞问题，但是可以不断缩小南北区域的供气价格差。

通过南北区域间的流量限值进行管理的解决方案（包括投资和协议管理机制）可以有助于合并方案的实施。本文中的对于是否能实现区域合并目标，提供了一系列协议管理机制，其中采取的措施和使用的工具都需要进一步的研究，并制定专门的方案路线图，与所有市场参与者进行协商。

GRT gaz公司将于2016年建成一个独特的燃气市场区域。这无疑为不同燃气源的套购提供更多选择，并且会对周边国家的燃气市场起到积极的影响，尤其是德国，将考虑从西班牙或法国进口液化天然气。

（Christophe Poillion、Christian Hewicker）

安全管理流程的发展：信息反馈分析法，人员和组织因素分析法，提高整体运营能力的模拟培训室的创建

1　GrDF公司背景

GrDF是法国燃气苏伊士集团的子公司，主要负责全国天然气输送网络的运营管理。直至2012年年底，GrDF公司修建了19.3万千米的燃气管道，并负责对其进行维护和运营，共服务于9340家政府机构和1100万用户。GrDF公司始终致力于燃气使用的可靠性和安全性。

为了抵御工业风险，GrDF公司出台了一项工业安全政策，目的在于：

（1）保证人身和财产安全；
（2）保证燃气能源质量，进行不间断供给；
（3）保护环境。

工业风险来源于经销商的主要活动：他们代替供应商，将燃气从输送点运至终端用户处。提供这项服务需要一系列的地下管道、装置（阀门，减压阀等）和"输送网络"专用的户内管道。为了尽可能减少工业风险总值，各种领域内的技术已经投入使用，特别是：

（1）在输送网络安装预防性安全设备或矫正性安全设备；
（2）移除高风险设备；
（3）加强维护保养工作。

面对公众对安全的期望度日益增高、媒体曝光率和事故起诉率的日益上升，2008年工业安全政策对于GrDF公司显得尤为重要。

然而，即使风险在技术层面已得到有效控制，但在一线操作者方面仍无法保证达到同样的效果，换句话说：人员因素在起作用。人员因素不仅在"行为和心理"方面，同时也在"能力和专业性"方面发挥着作用。如今，人员因素仍作为工业安全政策中行为调控的杠杆。

2　工业安全：问题和目标

工业安全是GrDF公司进行燃气输送的基本环节。无论对象是第三方、本公司雇员或是具有合作关系公司的员工，GrDF公司坚决承诺：若在其输送网络附近发生事故，不会造成任何人员伤亡。

2008年，为了加强信息反馈工作（FB）和人员、组织因素分析工作（HOF），GrDF公司启动了一个新项目。其中，人员和组织因素分析法是个人和集体进行学习的渐进方法，它能够记录人员和组织在学习过程中的情况。

（1）预见风险：认识到事故或未遂事故发生的根本原因，进行信息共享，实施纠正性或预防性措施来避免此类事件的重复发生并限制其影响。

（2）通过管理方式推进信息反馈的透明度和促进信息交流。

（3）对各层级员工推进企业安全文化。

（4）发展新的管理制度，让每个人都参与缺点分析过程、找出事故发生的根本原因并分享优秀的实践经验，从中赋予他们应有的责任和义务。

（5）为工业安全的不断完善提供支持。

2010年，这个项目补充加入了模拟培训室的内容，从运营经理的工作表现到培训课程的设置进行都可以用模拟器评估其专业性。

2.1 人员因素

人员因素分析法将工业安全和安全预防两者相结合。在经过长达数十年实践后，人员、组织因素分析法已得到重视，它将现实因素考虑在内，清晰易懂，而且似乎将在未来成为安全趋势。这是一种根本性的分析方法，能够给安全管理领域提供足够的空间，并要求管理层在管理实务方面进行"模式的转变"。人员和组织因素属于非技术范畴，在公司机构内有助于或影响个人行为。因此，人员和组织因素将影响个人行为的所有因素都考虑在内。

影响个体的因素有：

（1）个人；

（2）他人（同事、上司和客户）；个体行为取决于他人行为；

（3）工作环境（冷热条件，工具等）；

（4）公司组织架构（企业文化等）；

（5）监管框架：影响方式（法律→公司政策→国家至地方的运营模式等）；同样也存在负面影响：新的监管框架背后存在事故隐患；

（6）个人、社会的价值取向。

其结果就是一些安全机制与一些形式化的制度相悖。这些安全机制不存在于制度内。它们由个体进行管理，尤其是员工代表，这是具有专业性文化。安全机制风险就在于思考形式化的东西如何能满足安全需求。

公司制度内可接受的安全机制要满足以下三个条件范围：

（1）可接受的成本支出范围，由生产力需求决定；

（2）可接受的工作环境范围，与其他条件相一致，如工作环境超出员工承受范围，将会造成员工效率暴跌（具体表现为过度疲劳、压力过大和缺乏工作动力等）；

（3）可接受的风险范围，如风险超出企业与员工的承受范围，客户和社会也同样不能接受。与其他界定范围所不同的是，可接受风险范围带有主观性，例如：其范围并没有被精确定义，具体取决于个人，并不需要与社会和行业的可接受风险标准相一致。

在此范围内，企业的运作主要受两个方面的制约：

（1）生产压力，来源于一切为了寻求更高经济效益的因素；

（2）个人舒适度——企业内各个层级的员工都想要减轻工作的枯燥度，获得更高的薪水，并且赢得更多的认同感等。

这两点相结合，引发个体行为最终"迁移"到更大的风险区域。如果要在同样的工作环境下创造高的经济效益，不得不接受更多的风险。企业中并不存在真正的反作用力，能阻止风险"迁移"现象的发生。

限制风险"迁移"的一条途径就是将风险的界限更加明朗化，使所有人都维持在正常运营的框架内。这具体是人员因素和信息反馈培训的内容：明确风险区域、安全限度范围和风险"迁移"条件。

2.2 GrDF公司内部变化因素

这是GrDF工业安全方案的其中一部分。它衍生于信息反馈分析法（FB），着眼于建立稳定、行之有效的企业安全文化。

GrDF公司的目的在于：

（1）使每个雇员在个人和集体角度上积极思考工业安全问题，保持信息的透明化；并且对个人行为、工作状况和员工代表等情况进行积极研究；

（2）开放平台使每个人都能够自由表达自己的观点；

（3）移除惩罚机制，使员工在表达观点时不用担心因为错误而产生任何禁忌；

（4）使员工都能参与企业安全文化的发展。

同样包括鼓励企业文化变革：

（1）承认现存的企业文化存在不足、模糊性和不确定性，抛弃对企业文化直接和完全掌控的理想化观点，并且对相互矛盾的机制进行取舍；

（2）通过以下措施使规范化的企业文化体系与现实工作情况保持一致：提高一线操作人员和管理人员合作的协调性，承认彼此间存在合作的需求，赋予一线操作人员作业的自主权，强化集体能量（集体价值、集体能力、集体合作），减少作业压力；

（3）重建企业信息交流的透明度：通过观察、分析日常作业情况，改进事件报告和分析工具，发展正直和"公平"的企业文化，发展相互信任，减少制裁在企业文化中的比重等一系列措施；

（4）提高管理企业变化因素的能力：通过制定规章制度，提高对管理失控情况的洞察力，制定非标准化情景的处理方法。

员工参与企业安全文化发展的主要目的在于：

（1）使一线操作者保持信息的透明度，并负责对环境和行为状态进行分析；

（2）通过整体构建达到变革管理的目的，将变革管理引入企业文化中，因此保证企业高效率运作；

（3）确立新的信息交流方式，由管理人员在信息交流方式和信息交流频率方面进行试行并确认其可行性，再由员工执行，建立彼此的信任度。

动机、工具和执行方式：

（1）这是小组内的"自我重建"：由志愿参与者、运营者及管理者作为支撑，以达到培训目的。雇员和所有的管理人员通过对问题的反应展现出他们所关注的真正问题。这个临时组建的管理团队曾对自己在公司内所处的位置感到困扰，现在他们则成为企业各项解决方案的积极助推器，并从中发现了更高的自身价值。

（2）确定采用这种方法是基于组织者/人员因素（HF）的考虑，它们已经帮助激发了员工的渴望和信任，并很可能取得成功。

（3）每天将有组内成员和管理者发表评论，每周有管理人员进行总结和信息反馈以及日常运营信息的追踪（GrDF创建的信息反馈工具对信息进行整合，被称为OCEANIE——资本、信息交换和事故分析工具），每月由小组主管针对未解决问题进行检查并重新拟定解决方案，进行书面报告。

（4）这项方案在全国范围内进行组织，而且各小组的试行情况在全国范围内进行监管。

2.3 结果和主要成功因素

目前GrDF正在部署展开此项方案，从管理者角度获得的人员和组织成效有：

（1）提高团队协作精神/使员工在工作中能有更好的表现；

（2）员工间的高度信任；

（3）对风险有更好的知识储备和掌控力；

（4）简洁的任务报告。

从雇员角度获得的人员因素成效有：

（1）团队凝聚力/信任/信息透明度；

（2）被管理者记住自己的名字；

（3）压力减少；

（4）没有任何信息堆积阻塞的现象；

（5）任何回复信息都给予重视，并在短时间内对问题进行讨论和处理。

企业管理者在这里所扮演的角色是至关重要的。他必须让员工能够自由表达自己的想法，没有任何禁忌也不用担心受到任何制裁，并且管理者在处理问题的过程中不会将自己设立在主动强势的位置。

我们首先对在2008年开始采用此方法的四个小组进行研究分析，然后将这些小组的分析结果反馈至总部，共统计了2200份人员因素的分析报告。

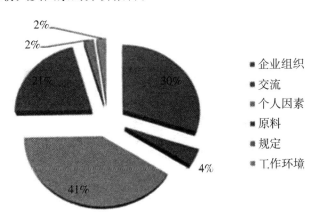

图1：原因分析分布图（四个小组参与）

这份初级数据结果清晰显示了主要影响因素中，个人因素占了41%，企业因素占了30%，原料因素仅占了21%。这些主要影响因素在过去就已凸显。

人员因素分析方法是一种较为深入的分析方法，目的就在于发展企业安全文化、确立社会和管理基准。在信息交流、资源共享和相互信任的基础上，可以对弱化的信息进行修补，对优秀的实践经验进行回顾并加以借鉴。这要求在信息反馈的过程中分析找出原因，为信息交流的透明度和深度创造理想的条件。

3 事故信息反馈

3.1 总则

GrDF公司提供信息反馈服务已有数年,然而在分析方法上仍有许多进步的空间,例如增加对于非技术原因、人员因素或企业组织因素的调查。

因此,在2008年,GrDF公司将运营团队的员工加入信息反馈团队,并给予专业化培训。研究范围扩大至运营事故,并将结合人员和组织因素进行分析。

根据计划工作和紧急事故的信息反馈分析结果,管理者和运营管理者建立了一种新的方法。因为分析结果证实,用于热点问题分析上的时间太过短,并且缺乏结构性分析,因此往往最终将原因力归结于普通技术原因。同时,新的分析方法必须做到:信息接收能够更为便捷,弱化信息能够被察觉,并且能够确定影响人员绩效的个人因素和机体因素。

因此,信息反馈分析方法中有两个关键步骤:

(1)"叙述"阶段:这个阶段,管理者和一线操作者之间进行信息交换,而一线操作人员对事件最具有经验说服力。尽管以往同类事件具有详尽的信息源,但这个阶段相关人员仍可对事件进行亲身叙述。同时,必须促进信息透明度的形成和相互信任观念的灌输。管理人员可以从中提取关键要素,包括对事件发生前后的信息进行提取,这是进行信息分析的基础。然后,决定是否进行事件调查。

(2)"冷分析"阶段:这是"认知可靠性和错误分析法"(CREAM)经过简化和修改后的结果。"认知可靠性和错误分析法"(CREAM)将人员和组织因素进行更细致的分析。这个阶段要对11项参数进行分析,具体包括:伤害预防行为、制图和鉴别、工作量、合作、交流、工作环境、时间管理、技术管理、原料和工具、专业性、规则和程序。这些参数描述了运营者的工作质量,并且将它们的工作环境也考虑在内。同时,所有股东都在运营小组内,这个阶段可以通过回顾技术、人员和企业方面的信息,对事件进行细节化研究。另外,可以根据事件发生的环境,甚至是外部关系者(合作商、消防署等)的信息资料进行研究分析。

各小组主管任命一名信息反馈员支持管理人员实施信息反馈分析法的管理标准。具体管理标准如下:

(1)小组主管在小组内对管理方法进行说明(组织、任命人员负责对热点问题进行简单汇报和冷分析工作的执行,决策链的制定,信息传递等)。

(2)管理者对此方法提供支持,创造条件使每个员工都能够表达自己的想法,并且鼓励相互之间进行交流。

(3)反馈信息分析工作由小组管理层组织进行并贯彻。其中,"顾问性"员工需要扮演专家的角色(例如:健康专家、安全预防专家)。

(4)管理者要保证热点信息的持有量和质量,热点信息的简报必须包括"叙述"阶段,尽可能做到在冷分析后48小时以内,尽可能还原事件本身。根据热点信息简报,管理者配合运营经理确定事件本身是否能成为冷分析的对象并且确立分析的界限,界限随着分析的进行可能发生改变。

(5)负责冷分析的人员要保证,需要保证信息反馈的深度和完整性。事件发生后的一个礼拜内任意时间都可以进行冷分析,最多不超过两个礼拜。外部单位及其他合适的信息源(合作商、消防署和地方政府等)也参加对情况进行后期分析。

（6）检查信息反馈源中信息的完整性和准确性，保持与源数据库中信息一致（特别是基础管理平台数据库）。

（7）管理者确保查出事件发生的根本原因、找出重点因素以及提出相关性建议措施，其中重点因素和建议措施是紧密相关的。同时还要确保信息反馈以对话形式予以记录（保证内容的清晰、确切并且包含事件的要点）。

信息反馈分析法通常被用于信息反馈试点的调查研究，在此基础上可以进行阶段性全球信息整合，并对各小组的信息反馈结果和处理方法进行资源共享，包括其他小组中重要的信息反馈结果。现有制度已有信息整合的环节，目的就在于当同类事件再次发生时可以进行妥善处理，并且能够检测出弱点环节，保证重要信息的质量。同时，在事件发生时能够采取适当行动，并能将事件信息传递给员工。

重要反馈信息是对常规性事件具有高度指导性的信息资源。它可以用于其他小组进行相关预防性或纠正性安全改进措施，强调"基础性"原因的分析（例如：故障类型、存在的缺陷或者内部规定或运营中出现的"偏差"）以及全国燃气网络重复出现瘫痪风险的主要原因的研究。

3.2 结果和主要成功因素

信息反馈分析法在2010年至2011年间发展显著，有1160至1450个分析成果分别被录入我们的OCEANIE数据库（资本、信息交换和事故分析数据库）。

数据观察报告可以显示影响事件的主要因素：

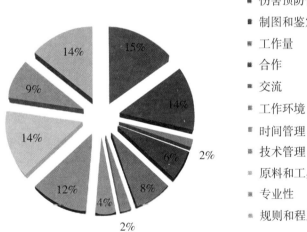

图2：影响实施条件的行为分布图（2010-2011年）

显然，影响实施条件的因素有很多，并没有哪个因素占较为突出的比重。然而以下因素所占比重相对较多：伤害预防性行为，制图和鉴定，原料和工具，规则和程序。

除此之外，从管理角度和集体角度，GrDF公司已在全国范围内确立了信息反馈中的16个重要例证，并且与所有运营小组的管理人员进行资源共享，来提高他们组内交流意识。

加入人员和组织因素分析，有助于通过公司内部的反馈信息分析调整员工的心理状况。这从以往的专家分析转变为基层管理者参与的形式，实现反馈过程的产业化，并且将企业安全文化在全公司上下得到强化。

过去的三十年中，这创新的事件分析方法已在GrDF公司的运营实体部门投入使用，而信息反馈的产业化表现在公司内部网络使用OCEANIE数据库工具（资本、信息交换和事故分析数据库）。

基于新的管理方式和事件分析方法，这种新型方法通过丰富员工对事件的了解，从而强化了他们的风险控制力。特别是通过团队间信息共享或者学习培训，有助于不断改善运营管理和操作的专业性。同样，通过活动交流，不仅增加了企业内部股东之间对于安全文化的信息共享，还特别增加了与合作企业和消防部门之间的信息交流。因此，应尽可能掌握信息反馈法。

4 燃气配送网络管理模拟器培训

4.1 背景

2006年，公布了运营经理在配送网络管理中强调的需引起警示的问题，具体包括：信息共享不足或同一点的专业知识过于分散不集中，不当的操作程序，长期忽视配送网络进入规则，缺少合适的工具。除此之外，管理系统的演化创造了全新的视角，具体表现在运行网络的进化和授权运营商等方面。因此，GrDF公司在"未来运营"项目背景下，发展了企业的管理结构，一些部门在运营网络的小组内创建了运营室。运营经理在距离地面的一定范围内管理着配送网络（包括事故管理、出入通行证的发放），并且配有全国统一的管理工具。除了他自己，工作的小组里还配有两个助理（AOM）。

其显著优势特别表现在：运营经理对事故发生现场具有地理优势，对事故现场能够进行相应的管理，需要团队一同作业，经理和助理之间分工明确，而且实施程序把控严格。

这些变化使GrDF公司为自己设计了一套行为管理培训项目，培训环境与他们日常工作环境相同（模拟器），包含不同的难度等级，目的就在于发展和加强整体团队技能。

4.2 模拟运营室

模拟运营室设在法国燃气苏伊士集团的训练场地，它将工作状态中的运营办公室复制过来。模拟器配备所有的教学设备和办公设备、电话和IT工具，目的就是将模拟空间尽量与现实接近。办公室被分为两块空间：一部分用于员工培训，另一部分用于管理人员进行培训情况观察。

模拟室配有多个工作台和电话，参加培训的员工可以自由进入运营小组并使用其中的管理工具。

模拟训练成功复制法国当前的燃气网络运营室，"支援作业"便能够投入使用。"支援作业"包括：制图，工作时间表，各种管理工具和其他模拟训练，安排都能够反映真实工作场景。

模拟室训练或是真实场景再现，都来源于运营办公室的一般性管理活动。培训者面临的事件都来自于GrDF公司的信息反馈数据库。

因此，培训者利用他们在小组内的工具进行合理的网络运行。他们必须对一个运营办公室的日常活动进行管控，同时还要对偶发事件进行管理，这些事件是根据GrDF公司运营中的真实事件进行数据分析和信息反馈，从而创建的模拟场景。

根据受训者在培训结束时提出的改进建议，模拟运营办公室逐渐成熟。近乎真实的"实验课堂"和模拟课程，让小组内各种运营办公室配备齐全并能正常投入使用，并且使企业内部需求能够得到发展。

小组的管理者包括能源培训专业人员（法国燃气苏伊士集团的燃气技术训练团队），GrDF公司的全职技术专家以及运营经理,他们会对小组的运行状况提出意见和建议。这些员工由小组主管任命,并由小组运营经理提出参考意见。培训活动由两名能源训练专员,外加一名技术专家或一名顾问进行。

4.3 模拟操作训练和评估工具

图3:国家信息中心的同一间运营室内在进行员工培训

这是模拟训练室内的场景——三名受训者来自于同一个运营小组:组长还有两名助理。他们拥有相同的计算机工具——在一天半以内,会有两个培训场景,一是热身训练,另外一个更为复杂,需要处理同时发生的事件。每次培训结束后,都会有培训师对培果进行分析。

这是培训师在控制室的场景——通过玻璃可以观察到受训者在培训时的行为表现。两名培训师通过计算机或电话将网络发生的事件信息不断传递给受训者,另一名培训师则观察受训者是如何处理虚拟危机的。

4.4 集体模拟室训练

2010年4月集体模拟室训练被采用。

受训人员必须快速采取以下措施:

(1)保护区域安全,保证全体人员的人身、财产安全;
(2)从技术和媒体角度评估事件的重要性,并采取必要的措施;
(3)如有必要需通知值班经理;
(4)不对其他事件处理进行干涉(工作许可证的签发等)。

2011年,有7个训练场景,从基础场景到复杂场景不等,根据实地发生的情况,将事件的发生情况和管理方法进行逐层递减。

根据受训者所期望的难度级别,并考虑他们在模拟情景中所能起到的作用,让他们自己思考个人与集体选择的关系,最终决定进入哪个小组进行培训。

事件管理的每个阶段,都会用控制点来评估受训者的知识水平、处理方法和工具使用的掌握程度。让受训员工能够测试出自己对训练任务的主要知识点的掌握程度,并且能够提高自己对争议性事件的控制力。

同样，这也是对安全管理能力的一种测试，测试受训者如何将事件进行优先级排列，如何将分析的信息进行分类，如何进行共享。集体训练的结果通过"认知可靠性和错误分析法"（CREAM）进行评估。这个阶段的自我评估也是学习过程的一部分。

集体模拟室训练的目的在于：

（1）提高训练质量；

（2）将培训成果带入真实工作场景；

（3）提高团队的日常运营水平。

集体模拟室培训包括以下主要阶段：

（1）对模拟室情景进行讨论。

（2）对自身在模拟情景中的行为进行评价。受训者对模拟室的培训情况进行集体讨论和评价（并达成共识），由此就可以看出受训者身上存在的问题。这个环节涉及受训者在模拟训练中的行为和模拟室本身的情况。

（3）受训者对自身在工作中的表现进行评价，并对自己的行为相应调整。受训者对模拟室中的培训情况（特别要将模拟室情景与现实情景相区分）发表观点，同时也包括他们的表现和发展，然后对自己的评论进行说明，一些积极的观点能够使所有参与者从中获益（学习方法）。

从以下两方面进行日后改善工作：

（1）模拟小组的运行状况：确认小组的优势所在。这能够将所有评论集中在运营方面，以此来"记录"进步的各个阶段。

（2）模拟室的运营状况：这是全球实践学习的一部分。要确定进步的空间并不断进行调整，最终使模拟室可以为我们提供精确的培训结果，并且受训者在这里可以得到有效的训练，成为他们学习的良好工具。

小组组织者要激发受训者的兴趣（讨论阶段），鼓励他们进行信息交流并展开讨论（讨论阶段），回顾现实工作中考虑不足的问题，对优秀的实践进行信息共享并给予重视（评价阶段）。

在风险管理方面，需要完成作为运营经理和运营助理的任务，在此过程中期望达到的培训结果有：

（1）第一级：能够快速了解基本任务情况并进行运行程序的操作（实施）；

（2）第二级：能够快速对环境较为恶劣的任务进行判断，并进行运营程序的操作（工具缺失，信息资源不足等）；

（3）第三级 将参照系统调整至与实际场景相符（外出作业流程）。

模拟室的训练课程持续一天半（或者超过两天），两个任务场景的难度也随之增加。培训阶段，首先对培训目标、运营方式和德育培训等情况进行说明，并带领受训者参观了解模拟室的运营环境。然后，将受训者置于模拟工作场景中（让受训者对工作站、作业网络、可使用的工具、支持运营的机构和潜在的联系人等情况有所了解）。

2010年至2011年间，开放了26~31间功能模拟室进行培训，共有222名员工参与了73期培训。

迄今为止，收到的反馈结果显示：

受训者：

（1）运营室的模拟训练非常接近真实工作场景。

（2）受训者可以快速融入"游戏"情景，行为表现自然，可以轻松进行个人和集体活动。

（3）模拟训练的预设情景非常接近现实工作场景，而且始终保持一致。

（4）受训者明确自己在培训和团队合作中需要提高的方面。

（5）让受训者对未知难度的情景（未知联系人，未知网络状况）进行准备。

团队的组织者：

（1）必须对模拟培训场景进行全方位的准备，特别是场景顺序编排、人员角色分配、难度级别的设定，以及观察目标和场景的定位。

（2）培训中，两名组织者必须根据对受训情况的观察，不断调整场景的难度和培训目标。

（3）培训结束后的几分钟内，组织者必须进行简短的培训总结，向受训者指出处理不当之处，根据观察到的受训情况提出改进建议，以提高团队和个人的工作效率。

一般观察结果：

（1）时间因素在模拟训练时是非常重要的。受训者普遍反映，培训任务切换时的间隔时间过少，致使任务积压愈来愈多。与真实场景相比，受训者请求支援的次数增加，形成了高压工作环境。组织者必须对此产生警惕，不要再增加受训团队的压力。

（2）在受训阶段，会发生一些计划外的情况：网络连接出现故障，缺少IT工具、消防设施等，这些都会中断培训的进行。

收集到的数据能够满足团队作业时对专业知识的要求——无论是在行为检测还是操作实施方面。由此提高员工的专业技能，并且在中断状态下能够继续进行作业。

模拟培训室的造价为3万欧元，培训课程设计成本为13万欧元。2011年，平均每名受训者的培训花费为1700欧元。GrDF公司一年在全球范围内的培训费用（扣除成本支出）为50万欧元。

4.5　潜在的创造价值

通过以上培训，企业将会在风险管理和工业安全上有所获益。受训小组在模拟培训中学会如何处理"网络中断"事件，在"尽可能接近真实场景"的情况下进行压力管理，并且不对他人人身和财产安全造成影响。每个受训者要在培训中提高自己的专业技能，更好为团队运作服务。

模拟运营室是对真实工作环境的复制，可以作为备用场地使用，同样也可以作为实验室使用，在这里可以对一项新的IT应用程序进行运行试验。

模拟运营室经过不断发展，最终在2011年底成为GrDF公司新的的培训项目。2008年，在当地现有水平的基础上，GrDF公司推出模拟运营室的项目。2011年，运营经理和运营助理的队伍进入一个更新换代的时期（人员退休、任职期满），影响多达30个部门。

因此，为了及时进行人员进补，在6个月人员晋升的原则上创建了运营经理协会。培训内容包括具体课程、使用运营室评估工具、对个人和团体表现进行评估。

模拟运行室适合对运营经理和运营助理进行初级训练。目的在于对没有燃气知识的员工进行运营经理职能的培训，通过模拟训练，使受训者掌握基础知识、专业技能和生活技能。不仅如此，在培训结束时，会根据受训者在进行运营经理和运营助理培训中的表现进行评分。

模拟运营室训练让受训者学会如何在团队工作中执行任务，能够进入网络并且对运营中的事故进行处理。在为期6个月的培训后，将会对个人和团体表现进行评分，合格的受训者将正式进行运营经理和运营助理的工作。

5 结语

即使多数天然气供应公司已经能对风险管理的技术方面进行控制，但一线操作者并不能保证如此。人员因素在"行为、心理"方面和"能力、专业性"方面，仍作为工业安全政策中行为调控的杠杆。

对于GrDF公司，信息反馈分析法和人员因素分析法无疑是进行工业安全管理最基础的方法，其目的在于推进企业安全文化和管理，为信息的透明化和深入创造了理想的条件。同时，在信息反馈的过程中要找出引起偶发事件的原因。18个小组中有一个小组成功通过了实验阶段，之后，GrDF公司便于2011年展开人员和组织因素方案的部署。

模拟室培训开展团队活动可以增进员工之间的感情，并且有助于改变管理方式，提高员工的专业操作。

GrDF公司通过不断发展，力求将企业文化在运行和技术"全球化"的基础上，以风险管理为主，注重信息反馈和人员因素分析，严格把控操作流程，明确个人和集体的责任和义务。当然，要准确定位员工和管理人员之间的关系，还需要耐心、勇气、坚持不懈和自我否定的精神，这其中还有很长的路要走。GrDF要发展的企业文化真正做到了以人为本，以可持续发展的角度推进员工不断适应企业产业安全链发展需要。

（Jean-Yves Pollard）

德国可再生能源生物质气并入天然气管网的前景及局限性

1 背景

如何采用可再生资源和可持续性资源应对世界范围内日益增长的能源需求，将属于未来世界面临的主要挑战之一。目前，已经有许多技术形式基于可再生资源用于供热、发电和制造运输燃料（图1）。在德国，2010年总的能源消耗中，大约有11%来自可再生资源。到2011年，在整个电力供应中，大约20%由可再生资源发电提供。若将来自可再生资源的燃料气体引入管网，现有的天然气基础设施将在未来能源供应中发挥重要作用。将生物质气引入现有的输送管道和配电网络，有望实现生物质气生产与消费环节跨区域、跨时间的分离。此外，由风能、太阳能光伏生产的不稳定电力，也可以借助于天然气基础设施进行存储。

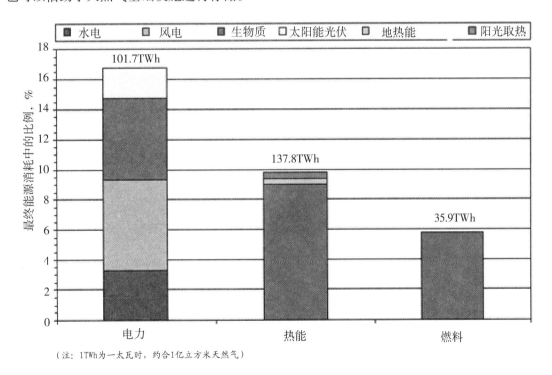

（注：1TWh为一太瓦时，约合1亿立方米天然气）

图1：2010年德国总的能源消耗中可再生资源的贡献量

本文将对由可再生资源生产的天然气在其生产和引入管网时存在的优点、局限性及面临的技术难题进行论述，并结合实际操作经验和存在的问题展开讨论；此外，还将展示Engler-Bunte-Instituts的创新性研究思路。

2 可再生天然气并入管网的法律约束和技术标准

在德国,生物质气入网的法律、技术及经济性要求由EnWG(德国能源法案)、GasNZV(天然气管网接入条例)和EEG(德国可再生能源优先权法案)进行规范。德国管理机构(BNetzA)对入网项目进行控制和监管。例如,保证生物质气生产商进入天然气管网不受区别性对待,生产商和管网经营商对于生物质气入网成本如何分配等问题都属于重要的工作内容。此外,BNetzA还负责对生物质气入网制定技术标准。在2011年,开展了一项评估政府目标实施进展的监管课题研究。在其他方面,把2008年到2010年间生物质气入网的投资、运行费用以及交易价格进行了总结。在2012年,对GasNZV进行修订。根据EnWG的最新修订版本,如果输入的离析气体或能量至少80%源自可再生能源,则将把SNG和H_2划入生物质气的范畴。

在德国,自1859年以来,DVGW(天然气和水工业协会)一直为德国天然气和水工业提供技术和科学支持。DVGW所有的工作都是在考虑效率、经济性的基础上,围绕安全、健康和环保等内容展开的。作为技术标准组织,DVGW着力推动其领域的技术发展。由于能源和饮用水的生产、输送、分配和使用等环节,总是涉及工艺技术、生产厂家等方面,所以在德国天然气和水工业责任范围内,DVGW基于其技术标准对其技术进行自我调整,以保证天然气和水按照国际上的最高标准进行安全供应。因此,DVGW通过制订和发展技术标准,以使生物质气在德国可以引入天然气管网。数个特别任务小组、工作机构对生物质气质量和安全性等内容进行论证,从而对现有技术标准进行修订和改进。另外,把天然气和水的具体指标,作为一个常年性的研究计划进行评估分析。

在2009年世界天然气大会(WGC)召开以来,DVGW标准在多个方面有所改进和修订(表1)。对VP265-1,补充了对生物质气改质和入网进行生产操作、服务和维护的描述文件G265-2。G415规定了建设粗生物质气输送管道的技术要求,其中参考了天然气输送管道建设的技术标准。

最重要的是对G262技术规定文件进行了修订,明确了来自可再生资源的天然气若进入天然气管网对气体质量的要求,其中,对甲烷、二氧化碳、氢气、氧气和水的含量范围进行了修改,配合G260在2012年生效。如果CNG汽车加注站使用入网的生物质气,则必须额外考虑DIN51324的要求。在表2中,汇总了标准修订以后对气体质量的各项要求。

DVGW关于生物质气入网的标准　　　　表1

标注	名称
G262(2011)	源自可再生资源的天然气用作公共天然气气源
VP265-1(2008)	生物质气提质和入网工厂-第一部分:通过发酵法生产天然气的规划、建设、试车及投产
G265-2(2011)	生物质气提质和入网工厂-第二部分:通过发酵法生产天然气的运营、服务和维护
G290(2012)	入网生物质气回注上游输送管道
G415(2011)	粗生物质气管道
G1030(2010)	对于生物质气生产、运输、提质、调剂或入网工厂操作人员资质和组织结构的要求
水资源信息73(2010)	基于土壤和水资源保护种植生物资源用于生产生物质气

德国对于入网生物质气气体质量的要求　　表2

参数	单位	数值	标准
冷凝温度	℃	土壤温度（在管道压力下）	DVGW G206
露点	℃	土壤温度（在管道压力下）	DVGW G206
水含量	mg/m³	200（MOP≤10bar）	G262
水含量	mg/m³	50（MOP＞10bar）	G262
水含量	mg/kg	10	DIN 51264
粉尘，颗粒物	-	技术上为0	DVGW G206
无机氨，有机胺	-	技术上为0	DVGW G206
O_2（干燥管道）	体积%	3	DVGW G262
O_2（干燥管道）	Ppm	10（MOP≥16bar，跨境时和/或地下储存时）	DVGW G262
总硫	mg/m³	30（包括加臭剂）	DVGW G260
总硫	mg/kg	10（CNG，不包括加臭剂）	DIN 51264
硫醇硫	mg/m³	6	DVGW G260
H_2S	mg/m³	5	DVGW G260
CO_2	体积%	10（天然气L）	DVGW G262
CO_2	体积%	5（天然气H）	DVGW G262
H_2	体积%	<10*	DVGW G262
H_2	体积%	2	DIN 51264
CH_4	体积%	≥90（天然气L）	G262
CH_4	体积%	≥95（天然气H）	G262
丙烷	体积%	6	DIN 51264
丁烷	体积%	2	DIN 51264
高热值	kWh/m³（NTP）	8.4-13.1	DVGW G260
相对密度	-	0.55-0.75	DVGW G260
沃泊指数（天然气L）	kWh/m³（NTP）	10.5-13.0	DVGW G260
沃泊指数（天然气H）	kWh/m³（NTP）	12.8-15.7	DVGW G260

*处以技术适应性（例如CNG汽车，涡轮机，PGC）以及更深入的科学研究结果为准。

3 生物质气入网

3.1 生物质气入网在德国的发展

目前，在德国共安装有7100个发电能力大约为2780兆瓦的生物质气生产厂。生产的生物质气主要用作生物质气厂附带的或者就近各个分散发电厂使用。由于生物质气厂位于农村地区，因此对于伴生的热量的有效利用受到限制，最终生物质气存储的化学能中，大约有50%以热的形式散发到大气中。所以，将生物质气送入天然气管网，然后在适宜的地区集中利用热能和发电是政府工作目标指定的内容。按照政策要求，预计至2020年，将有60亿立方米/年的天然气供应量由生物质气替代。只有确认能够持续获取可靠的生物资源，才有望实现这一宏伟目标。

在1980年代，曾经有数个示范项目将垃圾填埋产生的生物质气经过提质以后送入天然气管网，自此以后到2006年又开始有两个生产装置开始将生物质气送入管网。截至2011年底，有72个生物质气生产厂在运，入网气体流量超过45000立方米/小时。每家生产单位的入网气体流量范围从125立方米/小时至5000立方米/小时不等，平均气体流量大约为620立方米/小时。在实际操作中，采用了多种气体提质技术，其中变压吸附、水洗、胺洗是最普遍采用的提质技术。提质技术的具体细节和工艺流程见文献所示。

截至2012年底，有超过40家新的生物质气生产单位将产品接入管网。尽管在过去的数年内，生物质气入网的生产厂家数量快速增长，但是就目前而言，仍然不能满足前述的宏伟目标要求。为了达到政府的工作目标，直至2020年需要每年新引入超过100家生产厂，并且平均入网气体流量大约为700立方米/小时。德国可再生能源优先权法案（EEG）的修改（2012年1月）对生物基甲烷市场起到积极的推动作用，仍然属于一个假设。一方面，新规则对于生物质气入网工厂有利，另一方面，因为限定玉米作为基础原料的比例不超过60%，以避免出现单一种植玉米的局面，所以具体的生产费用将有所增加。因此，在未来必须使用甲烷产率低的其他原料。目前，生物质气入网费用超过进口天然气价格3/4。

德国在未来发展生物质气入网产业的一个方案可能是，生物质气作为可再生能源有利于用作CNG，所以必须在公众论证时对CNG进行重点强调。与其他可再生燃料如生物柴油、生物乙醇相比，生物质气由于具有能效高、兼顾气候影响等特点而受到广泛的拥护和赞成。由于发展生物质气对耕地土质要求较低，因此这有可能对作物种植格局产生影响。随着生物基残渣，以及来自农业和工业的生物废弃物的不断使用，生物质气产业还有可能进一步发展。

在夏季由于管道容量的限制，将入网的生物质气送入上游高压系统代表了一个新的产业方向，其中需要进一步进行干燥、除氧和脱臭等净化步骤。G290规范的DVGW汇总了各种推荐技术（表1）。此外，详细的技术经济性评价结果见DVGW研究报告《在生物质气生产环节避免和脱除氧气》。

在过去的几年内，生物质气技术有了进一步发展，尤其是在生物质气生产和提质环节，开发设计了新工艺过程，对现有工艺的优化工作也从未间断。截至目前，在德国有大量的生物质气生产工艺承包商，生物质气产业发展非常迅速。研发和过程优化工作尤其针对：

（1）过程强化和集成；

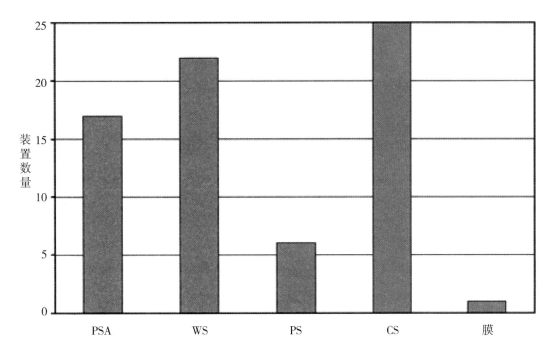

（PSA：变压吸附；WS：水洗；PS：物理洗涤；CS：化学洗涤）
图2：在德国采用的生物质气提质技术

（2）能源效率；
（3）可靠性；
（4）减少投资和操作成本。

总之，生物质气入网具有较强的发展前景，能将可再生资源引入现有已经发展完善的基础设施中，同时推动高效、环保燃气具的使用。

3.2 Engler-Bunte-Instituts 的研发工作

3.2.1 加压发酵

可以通过多级工艺对生物质气生产过程进行改进，以强化过程效率，提高生物质气产率/组成，其中，在数个不同的反应器内在优化的过程工艺条件下（例如温度、pH值）进行生化发酵。

但是，对于典型的发酵生产生物质气过程，目前既没有设计也没有优化后续的气体提质过程。为了生物质气入网，位于Karsruhe技术研究所Engler-Bunte-Instituts的DVGW研究工作站（DVGW-EBI）和Hohenheim大学农业过程和生物能源国家研究所（LAB）在BMBF项目"B2G"中测试了一个对发酵过程进行优化的创新性思路。对于两相加压发酵工艺中，为了提高生物质气的产率，新工艺包括两个步骤：首先将两个主要的分解物相态进行空间分离（水解/酸解和甲烷化），其次在第二（甲烷化）反应器内进行加压发酵。

按照LAB开发的方法，反应底物（能源作物、有机废物、农业土杂肥等）在第一反应器内（水解）在常压条件下通过水解、酸化进行"生物抽提",其中分解的化合物和可溶组分如葡萄糖在流体的浸洗下从反应底物中被提取出来。富养流体或浸出液通过泵送入第二反应器内，第二反应器一般为固定床或流化床放映器,采用加压操作。在加压发酵过程中发生甲烷化反应,即溶解的营养物质分解为甲烷和二氧化碳。因为生物质气组成,生成的生物质气具有优点。传统的生物质气含有大约50%体积的甲烷和50%体积的二氧化碳。这两种主要物质在液相即发酵母液中的溶解性不同。在30℃时,二氧化碳在水中的溶解度大约比甲烷的溶解度高23倍,从而使得在发酵过程的气相中甲烷发生富集。甲烷的含量可达90%体积,最终可节约气体提质过程的费用。

3.2.2 采用离子液体对生物质气提质

在生物质气提质步骤,也进行了创新研究,开发了新型溶剂用于化学溶剂洗涤过程,以减少化学溶剂的再生能耗,并提高其抗氧化的能力。在上述的BMBF项目"B2G"中,对应用离子液体进行生物质气提质进行了研究。基于离子液体,开展了试验和理论研究(例如溶解性试验),以设计适宜的洗涤系统。离子液体(熔融盐,在室温下为液体)作为生物质气提质的洗涤溶剂具有诸多优势,比如对二氧化碳、硫化氢等杂质具有高的溶解性,而另一方面对甲烷的溶解性比较差,最终使得二氧化碳脱除具有很好的选择性(见表3所示)。此外,离子液体具有蒸汽压近似为零的特点,因而不会有溶剂挥发损失,进而避免了污染产物气体的问题,这也意味着降低了溶剂冷凝回收、补充等带来的费用支出。

不同溶剂中CO_2和CH_4的溶解性(亨利常数)、选择性对比　　　　表3

溶剂	H_{CO_2}, bar	H_{CH_4}, bar	$S_{CH_4/CO_2}=H_{CH_4}/H_{CO_2}$
水	1650	40100	24.3
Genosorb	26	400	15.5
离子液体(例如[MMIM][MeSO_4])	130	4500	>34

4 生物质热化学转化生产SNG(合成天然气)

4.1 引言

自20世纪70、80年代第一次石油危机以后,对由煤炭生产SNG的可能性和优点进行了广泛研究。第一家以褐煤为原料生产SNG的工厂于1984年在北达科他州建成投产,该工厂燃料加工能力为2000兆瓦,一直运转良好。煤炭或生物质通过热化学气化进行转化的过程见图3中描述的工艺流程。第一步是原料采用氧气或水蒸气进行气化,生成粗合成气。为了避免SNG催化合成过程中催化剂中毒,必须将粉尘、焦油、酸性气和卤素等组分通过数个气体净化步骤将其除掉。最终,还要从产物气体中把将二氧化碳和水分离出去。若以生物质作为原料,离开甲烷化步骤的产物气体的组成与发酵过程产生的生物质气的组成非常相似。因此,对于热化学气化和生物化学气化过程,最终气体的提质过程基本相同。更多技术细节可参考相关文献。

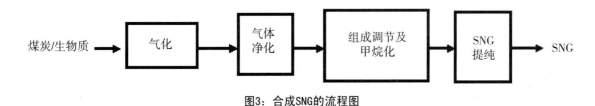

图3:合成SNG的流程图

生物质具有能量密度低、生产分散等特点，而矿石燃料不同，因此将2000兆瓦煤炭生产SNG的工艺过程所采用的技术，不能直接转为以生物质作为气化原料的工厂采用。这些因素要求针对生物质气化开发新的工艺思路，以远远缩小气化厂的产能。近年来，由生物质生产SNG是许多研发项目的研究内容，在Gussing（奥地利）建立了一套SNG产能为1兆瓦的示范装置。

该过程总的能量效率与生产生物质气、然后提质进入天然气管网的能效类似。存在的问题是，具体的生产成本比目前进口天然气的价格高大约5倍。由于生物质资源的获取受限，以及副产的热能收益有限等因素，使得生物质的价格不断上涨，这增加了生物质制SNG项目的资金风险。所以，近年来由生物质生产SNG仍然仅仅属于研发内容。

4.2　Engler-Bunte-Instituts的研发工作

4.2.1　生物质气化，KIT的bioliq®工艺

在未来的发动机燃料比例中，从生物生产的合成燃料（也称为BTL，由生物质到液体）将可能占有巨大的份额。为了克服大量生物质运送到工业应用现场的输送难题，KIT的Karlsruhe技术研究所提出了分布式bioliq®工的思路。该思路是基于在局部地区通过快速热解的方法对生物质进行预处理，以提高其能量密度。热解产物，亦即生物基合成原油，从经济上允许在大范围内进行输送。从数个预处理厂收集到的生物基合成原油，集中转化为合成气，然后进行净化、组成调节，进而在某一联合工厂内按照适宜的规模转化为燃料或者化工品。气化过程在高压气流床气化炉内进行，对其操作压力进行调节以满足后续化学品合成工艺的需要。为了提高对原料的适应性、转化高灰含量的原料，气化炉通常在熔渣操作模式下配有一个冷却滤网。在Karlsruhe现场建有一示范装置，对操作工艺以及整个工艺过程进行示范研究，自2009年已经试验了3兆瓦的快速热解装置。5兆瓦气化炉、热气净化系统以及通过成二甲醚（DME）生产汽油的过程在2012年完成试验，随后将开始联合装置的试车运行。

带有热解和高压气流床气化炉的bioliq®工厂是KIT能源实验室的工作核心。这一大型试验设备将在Karlsruhe进行运行，为未来能源供应系统开发和示范能源转化技术。尽管可再生资源产生的电力非常不稳定，但是所产生的电力巨大，所以电力供应将在未来的能源供应中占有主导地位。但是，必须强调能量存储和输送面临的挑战。在能源实验室即将开发的众多其他技术中，通过生物质为原料的气化炉与燃气轮机和/或甲烷化装置进行耦合集成的技术，目的是对IGCC/合成组合工艺过程进行示范研究，考察其兼顾发电、SNG灵活生产的可能性。若在发电和SNG生产二者之间进行灵活切换，以平衡电力需求和SNG生产，需要对整个工艺流程进行示范研究。

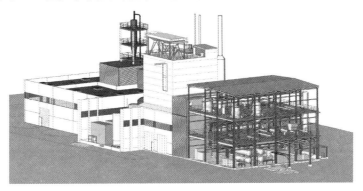

图4：KIT bioliq®示范装置的模型图

4.2.2 气体净化和甲烷化

由生物质通过热化学过程生产SNG，通常建议采用流化床气化炉，因为粗气体产物中不但富含氢气和甲烷，也含有焦油。在转化为SNG之前，需对粗气进行净化和提质。现有粗气提质工艺将一系列在低温下操作的洗涤系统进行串联。该工艺过程单位投资大，运行成本高，硫会以噻吩的形式进入柴油或脂肪酸酯（RME）驱动的焦油洗涤器中。此外，低温为过程限制了能量效率，而且由于高热通量而需要换热器有巨大的热交换面积。典型的SNG生产流程见图5所示。

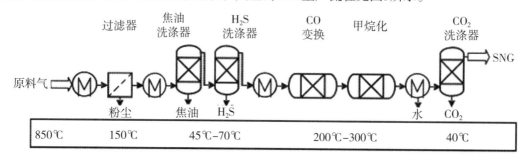

图5：传统的SNG生产流程图

为了提高能量效率，降低单位投资成本，有前景的方法是采用气体高温净化的思路。引用该技术思路时，主要的障碍是工艺过程中采用的催化剂会由于硫而发生中毒，以及合成甲烷对合成气纯度有较高要求。为了克服这些问题，研究了新一代焦油重整催化剂，以允许焦油在中等温度下、在粗合成气中典型硫化物存在的条件下发生转化。另外，该催化剂也能将噻吩、硫醇转化为硫化氢，从而可以简化焦油重整之后的吸附脱硫工艺（图6）。

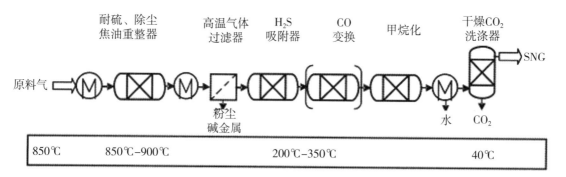

图6：提出的SNG生产过程备选流程图

以上所提出的高温气体净化思路与现有带有洗涤器的净化思路相比，减少了需要的热通量，增加了温位，因此将减少系统的㶲损，如图5所示。

合成气通过催化作用转化为甲烷时，通产蔡永刚镍催化剂，按照如下反应方程式进行：

CO甲烷化

$$CO(g)+3H_2(g)\rightarrow CH_4(g)+H_2O(g) \quad \Delta_RH^0=-206kJ/mol \quad Eq.1$$

对于甲烷化强放热反应（Eq.1），通常采用传统的固定床反应器。采用此种反应器，热量控制非常困难，因为固定床反应的传热速率比较差。最新的过程强化研究结果表明，对于放热反应，金属规整填料具有较大的优势。采用如图7中所示的具有高比表面积的蜂窝状金属作为催化剂载体，将提高传热效率，使得反应器的控温效果得到改善。实验室研究结果显示其具有较强的应用前景。在较低的甲烷化温度下，可以实现较高的转化率（图8）。后续工作将采用真实的气化气体进行测验，以评价其性能。

图7：蜂窝状金属

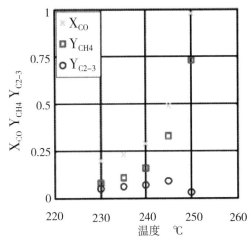

图8：采用蜂窝状金属进行实验室规模甲烷化试验的结果（X_{CO}：CO转化率；Y_i：产物收率）

5 由电力生产天然气

5.1 引言

在德国，风电和太阳能等不稳定电力的生产量日益增加，需要开发新型的电能储存技术。在德国，到2050年预计大约需要有17~25太瓦时的储能容量。若对如此数量的电能进行持续数天或数周的存储，通过电能转化为气体燃料是一种合理的方案。德国现有的天然气基础设施，其化学能存储能力大约为330太瓦时，所以到目前为止，可以满足预计的储能需求。

通过电解制氢，然后送入气体管网，是对PtG技术最简便的实施方式，大约70%~75%的过剩电力可以通过氢气这一通用的能量载体固定为化学能。对于德国国内的燃气具而言，燃气中氢气含量超过体积10%一般不存在问题，但是用作CNG汽车、燃气轮机以及其他各种工业过程时，有可能存在一定问题。如果氢气含量超过标准的上限，将氢气转化为甲烷是一种有前景的技术方案，通过调节工艺参数，将电解产生的氢气与一氧化碳或二氧化碳反应，转化为甲烷。含碳原料气体可以取自气化或燃烧过程，以及气体提质过程（如生物质气提质）的脱除气。由于甲烷化过程进一步有能量损失，因此总的能量效率（电力到SNG）大约在56%~60%的水平。但是，采用适宜的方式，至少利用一部分甲烷化过程中产生的热能，有可能减少能量损失。

5.2 PtG技术

将电能存储到化学能载体中的第一步是，通过电解水制氢。电解过程在加压条件下进行，有利于下游加工过程，如甲烷化和送入高压天然气管网。如表4所示，已有的两种最优的电解水技术为碱性电池电解和PEM（质子交换膜）电解。对于两种技术，典型的操作温度大约为80℃，压力可在

1~30巴之间。就电力不能稳定供应的特点而言，碱性电池电解和PEM电解都具有灵活性。但是，其附属设施，如配水、气体净化等工艺却没有电解池本身那样具有灵活性。

作为已经验证的技术类型，碱性电池电解具有优势，单位投资相对较低，证实的工作寿命可超过30年，单套氢气生产能力$^V\Phi_{H_2, NTP}$达到760立方米/小时的装置在商业上是可实现的。对数套装置进行模块化集成，可以实现更大规模的氢气产能。电解液为KOH水溶液，是过程必须采用的工作介质。

碱性电池电解和PEM（质子交换膜）电解的对比　　表4

技术	碱性电池	PEM
电解质	25%KOH	膜
单套最大规模，m^3/h	760	30
最高操作压力，bar	<30*	<30*
温度，℃	50-80	50-80
能效（1bar时），%	≈80	≈80
电量（1bar时），kWh/m^3	4.1-4.6	>4.3
工作负荷范围，%	20-100	0-100
投资，€Ct/kWh	800-1500（500）	2000-6000（1000）

*压力可以更高，但是在技术上尚未实现（€Ct为货币欧分单位）。

与之对比可知，PEM（质子交换膜）电解池采用一种膜作为电解质，从而相对于现在广泛使用的碱性电解池而言，能够使得系统设计更加简洁，对于不稳定电能具有更大的灵活性。此外，还可以简化耐压配置，也不需要泵对电解液进行泵送循环。目前，PEM（质子交换膜）电解池仅有小规模的应用（$^V\Phi_{H_2, NTP}$<30立方米/小时），但是若有类似的市场应用需求，有可能建造更大规模的装置，寿命更长，单位投资更低。

根据前述第4章讨论的生物质热化学气化制SNG过程，采用相同的方式生产SNG，调节工艺条件将电解产生的氢气与适宜的碳源如一氧化碳或二氧化碳进行反应生成甲烷，遵照的化学方程式为Eq.1或Eq.2。

CO_2甲烷化

$CO_2(g)+4H_2(g)\rightarrow CH_4(g)+2H_2O(g)$　　$\Delta_RH^0=-165kJ/mol$　Eq.2

水气变换反应

$CO(g)+H_2O(g)\rightarrow H_2(g)+CO_2(g)$　$\Delta_RH^0=-41kJ/mol$　　Eq.3

含碳原料气体可以取自气化或燃烧过程，以及其他各种气体提质过程产生的富含一氧化碳或二氧化碳的脱除气。显然，可再生碳源更为有利，可获得一氧化碳或二氧化碳数量可大可小。对于小规模的二氧化碳需求（$^V\Phi_{CO_2, NTP}$≈250-1000立方米/小时），可以取自生物质气生产厂或者热电联合装置。对于非常大规模的二氧化碳需求，可以采用燃煤电厂的烟气作为碳源。另一种数量为$^V\Phi_{i, NTP}$=10000立方米/小时或更多的一氧化碳和二氧化碳碳源，可以取自生物质气化装置，此时，无需将一氧化碳变换为二氧化碳（见Eq.3），因此也无需对二氧化碳进行脱除，两种碳源可以全部与电解的氢气反应，转化为甲烷。

5.3 Engler–Bunte–Instituts 的研发工作

针对过剩电力利用问题，为了探索研究生物质气生产与电解水工艺联合生产的可行性，开发了一套新型的甲烷化工艺过程，使之对波动的氢气流量具有更大的灵活性，这是因为上文讨论的已经建成的两相甲烷化反应器设计，只能在较高的操作要求下才能实现该过程。由于液相具有更高的热容量，因此采用三相反应器（例如浆态鼓泡床或浸泡式固定床）能够蓄积甲烷化反应过程产生的热能，从而以一种巧妙的方式缓冲原料气波动产生的影响。三相甲烷化反应器的另一个优点为：针对甲烷化放热反应，容易控温，容易移除热量，这可以通过将液相泵送出反应器进行外部换热，或者直接在三相反应器内引入热交换器得以实现。联合研究项目"SEE"（由BMBF资助），对所述工艺过程进行了详细的研究，主要研究内容包括对三相系统的传质、流动形态等基础研究，传热液体的热稳定性，以及实验室规模的甲烷化试验。

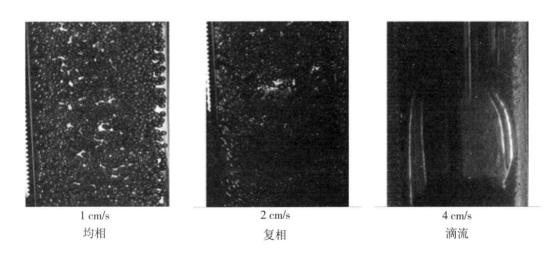

| 1 cm/s | 2 cm/s | 4 cm/s |
| 均相 | 复相 | 滴流 |

图9：在250℃、1bar条件下N_2在聚二甲基硅氧烷中的流动形态

除了对甲烷化过程进行研究以外，还对FT合成制C_3-/C_4-进行了探索研究。此外，DVGW的研究工作还包括一些其他研究课题（如"G 10710电能储存技术方案"），主要研究内容为PtG技术的技术经济可行性、案例评估等。

5.4 对电力生产天然气方案的评估

基于未来对储能的要求，PtG技术有可能作为有益的技术方案，用于存储可再生能源产生的不稳定电力。德国现有的天然气基础设施，其化学能存储能力大约为330太瓦时，到目前为止，可以满足储能需求。从技术角度来看，需要开发必要的技术方案。对于商业应用装置而言，针对可预计的瞬变的工艺条件，该技术的应用性及可靠性需要进行验证。在现阶段，因为年运行时间、电力价格等参数未知，因此很难开展经济性评价。Sterner所做的第一个评估结果显示，对于年运行时间为2000~4000小时，电价为2–5 €Ct/千瓦时（€Ct为欧分货币单位）时，单位SNG生产成本为8€Ct/千瓦时（约合6.3元/立方米）。按照规划，在2013年建设第一套由不稳定电力生产SNG的商业应用装置。

若进行更深入的成本分析，预计的年运行时间是最主要的影响因素。因为富余电力的数量与可再生能源产生的不稳定电力有关，所以必须不断对运行时间进行调整，以得到合理的预测结果。此外，还需要明确政府和法规的激励因素。

6　结论

基于现有的天然气基础设施，提出了数种集成利用可再生能源的技术方案，结合高效的天然气利用技术，可以满足可持续能源系统的要求。当前在德国生物质气入网属于成熟的技术，但是由生物质生产SNG技术，以及借助于天然气基础设施进行电能储存的技术，尽管具有应用前景，但是仍需开展研究以使技术不断成熟，并且需要在未来几年内考察验证其实用性。

（Frank Graf,Thomas Kolb）

日本新一代智能燃气流量计的研发和应用

智能电表和智能计量基础设施（AMI）的技术结合是当下能源行业最热门的趋势之一，全球多数国家都在公用设施中装入这种新式计量系统。智能计量系统的使用可以给用户带来许多实际利益，例如：能源需求的管理控制、用户能源消耗量的可视化、抄表成本的降低和二氧化碳排放量的减少。虽然智能电表拥有显著的发展潜力，但主要的发展需求仍然是：降低操作和设备的成本,巩固数据测量，并且保持计数器的稳定性。在日本，由于读表系统一般依赖公共电话网络运行，因此非常可靠。然而，随着网络基础设施和手机的广泛使用，传统的固定电话用户量已经大大减少，这使得日本燃气市场难以继续提供自动读表（AMR）服务。

为了克服这个困难，东京燃气、大阪燃气和东邦燃气等公司加强了燃气计量中的计算机技术含量，并且共同启动了普适性计量系统的合作项目。普适性计量系统具有高度的可靠性，能效比高，是新一代的智能燃气计量系统。另外，这个项目还联合了日本3家计量器生产龙头企业（爱知时计电机、东洋气表和矢崎集团），3大电子制造商（索尼、东芝和富士电气控股），以及日本最大的无线运营商NTT（日本电报电话公司）。全新的智慧型电表基础设施（AMI）由3个主要部分组成：广域网设备——链接广域网；专用网状网络（U-Bus Air）；配有新一代通信端口的超声波智能流量计（U-Bus）。

普适性计量系统的技术参数包括：智能流量计，U-Bus Air和广域网设备。相配套的设备有的正处于研发和实地测试阶段，有的已经进入批量生产前的试点安装阶段。我们相信普适性计量系统，在不久的将来会生产出新一代性能优良的智能型电表基础设施（AMI），它能满足公共事业部门各种的需求。

（左：爱知时计电机，中：东洋气表，右：矢崎集团）
图1：超声波智能流量计

1 前言

为了减少燃气事故的风险，1983年日本燃气部门开始部署微电脑控制计量器计划，主要服务于住宅用户。除了基本的计量功能，微电脑控制计量器还具有多种安全功能，例如自动关闭功能——此项功能在大地震或气流异常时会自动关闭。考虑到这些功能，1997年日本法律强制规定住宅用户配备的流量计必须具有安全功能，如今几乎所有家用流量计都是微电脑控制计量器。日本燃气部门开始提供相应的增值服务和自动读表服务（使用带有通信功能的微电脑控制器）。这些微电脑控制计量器的使用寿命为10年，这是考虑到家用计量设备每隔10年必须要进行计量精准性的测试而制定的。

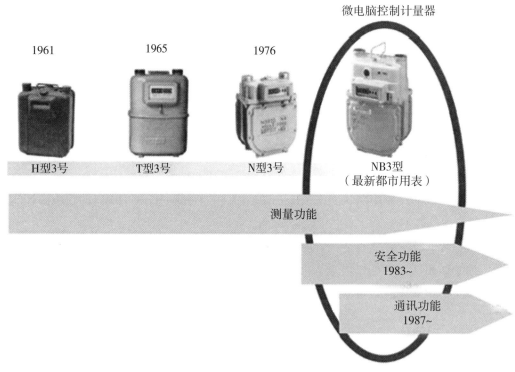

图2：日本家用流量计发展历史

为提高与其他能源供应商相比的竞争力，促进业务的发展，以及满足民众日益增长的产品环境保护意识，越来越需要一款高性能智能流量计的出现来满足以上需求。高性能智能流量计除了更经济适用，能提供更高端的产品服务，还可以使用于网络。传统的膜式燃气表难以实现这些目标，于是便开发了智能家用多功能超声波流量计。

日本现在主要使用膜式微电脑流量计。超声波流量计与其相比，没有机械可动部件，成品更加小巧、轻便，售价也会较低。另外，超声波流量计的测量范围更广，能够进行瞬间流量的测量。因此，通过提高微电脑控制计量器独有的安全功能，可以让用户在更为安全的环境中使用燃气。

2005年7月，东京燃气公司将第一代超声波流量计作为早期试点项目投入商业使用。5年间，东京燃气公司对超过4万支的超声波流量计进行了试点测试，结果显示，与传统膜式流量计相比，超声波流量计不仅安全系数高、具有通信功能，而且在成本方便也更具有竞争力。

试点项目的进行中，东京燃气公司研发出了第二代超声波智能流量计。第二代超声波气量不仅计具有U-Bus功能、新一代通信端口功能，而且在安全系数上也得到进一步升级。2010年10月，该公司安装了2.5万支流量计投入测试，并在2012年底前对第二代流量计的可靠性进行测试。

2 微电脑控制计量器

为了减少燃气事故的发生，日本燃气部门研发出微电脑控制计量器——由微电脑控制的流量计。

1983年：流量计配备安全功能和切断功能（利用内部切断阀关闭燃气）

（1）地震

（2）气流量异常

①气流量过大

②长时间恒定气流量

（3）低压

（4）警报功能；气体漏检结果显示一个月气体泄漏超过3升/小时

1990年：流量计配备通信功能，且低能耗（300bps）

1998年：流量计配备双向阀，可以进行远程开关操作

图3：微电脑模式流量计

3 当前日本自动读表系统

自动读表系统的安装需要达到两个目标。

1990年日本燃气部门开始使用燃气自动读表系统，如今用户已超过120万。在进行自动读表系统

安装时,日本燃气部门设定了两个目标:

(1) 提高业务效率:一些地区的流量计安装在室内,不便于人工进行数据读取。另外一些地区的用户拖延最迟付费日期。因此,燃气部门通过建立区域自动读表系统(AMR)网络来提高业务效率。

(2) 提供安全服务:

①燃气安全服务:通过电话线或互联网,将流量计连接至电脑服务器。当用户处于欠费时,便可以通过远程控制切断燃气供应。

②燃气安全服务:将计算机服务器连接于流量计、温度传感器、磁传感器和气体报警器等装置,通过互联网向4万用户提供安全可靠的燃气服务。

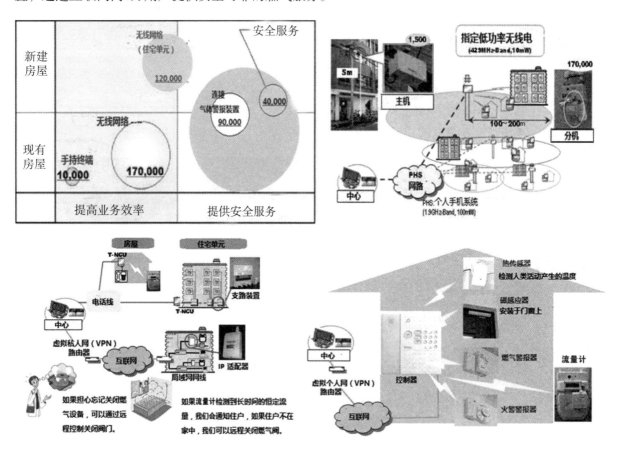

图4

4 现有自动读表系统(AMR)存在的问题

现有自动读表系统(AMR)存在两个主要问题。首先,现有的计量系统依赖于固定电话线路,而随着电话的种类增多,互联网和无线宽带用户的数量急剧上升,其服务的稳定性越来越难得到保证。即使可以使用手机的3G和PHS网络,这些商业无线通信服务仍存在以下缺陷:

(1) 通信技术的快速发展导致通信基础设施品种过于繁杂,同时寿命周期缩短;

(2) 无线通信服务的收费要远远超过固定电话的费用;

(3) 由于无线通信的使用方式,很难将单个电池的寿命维持长达10年。

其次,现有的自动读表系统(AMR)利用特定的低耗能电台设备进行数据传输(速度为

2400bps），这样的速度对于多跳网络配置来说是远远不够的，因此加入了单跳网络配置。然而，多跳无线网络更需要具备高度的适应性，使其能够与其他传感器相互作用。因为现在中高层建筑数量增多，自动门和钢筋混凝土墙壁阻碍了无线电波的传送。同样，基于安全运营的因素，节能服务和远程监控服务的需求也在日益增长，而这都需要更高的技术水平作为支撑。

5 普适性计量系统的概念

为了解决现有自动读表系统（AMR）中存在的问题，日本主要城市的燃气部门联合通信服务供应商、无线设备制造商和计量设备制造商一同探讨了新一代智能型电表基础设施（AMI）和普适性计量系统（UMS）的具体问题。

图5 描述了普适性计量系统（UMS）的概念。普适性计量系统（UMS）由广域网（WAN）设备、专用网状网络和超声波流量计组成，采用新一代的通信线（U-Bus）连接。

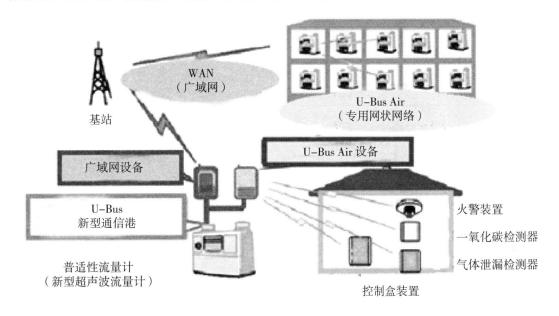

图5：普适性计量系统

6 专用网状网络（U-Bus·Air）

专用网状网络是短距离的无线网络。计量数据从广域网服务区域外的流量计传送至广域网设备内的过程中，专用网状网络充当多跳中继系统。

专用网状网络使多跳无线通信具备高度的灵活性，并且使用的通信设备能耗低。

当无线设备发生故障或无线电波传播不通畅时，数据能够自动变换通信通道。因此，利用专用无线网络进行数据传输具有高度的可靠性。同时，自动化的网络配置也简化了设备安装过程。表1为专用网状网络的规格和特征。

专用网状网络规格和特征　　　　　　　　　　　　　　表1

设备	频带	920MHz（日本）或其他
	标准	日本电波产业会（ARIB）标准—T108电气与电子工程师协会（IEEE）802.15.4g PHY（标准化后）
	输出能耗	10mW/1mW
	数据传输率	100kbps
	使用寿命	10年
	电源	锂电池
网络	网络拓扑	网状结构
	通信方向	双向
	继电器数量	平均值：5个跳点；最大值：15个跳点
	节点数量	最大值：50个
	流量计数量	最大值：50个（1个/每节点）
其他	路由器特征	自动连接路由，多条线路
	网络建设	能够轻松连接磁簧开关

我们对专用网状网络进行了实地操作试验，其中一部分结果如下：

在一幢10层住宅楼的管道井中安装了48个专用网状网络设备，图6和图7是这些设备进行传输数据的试验结果。

图6显示从红色圆圈的终端将通信数据传输到每户住宅终端所需的跳点数量。左侧图片显示，数据通信所需跳点最大值为4个，而右侧图片显示，数据通信所需跳点最大值为3个。

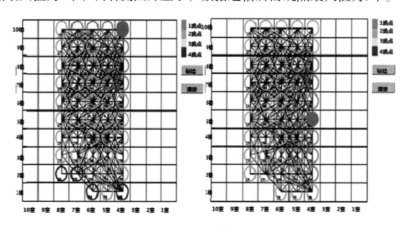

图6：专用网状网络实地测试——所需跳点数

图7显示数据沿着红色箭头输入，沿着蓝色箭头输出。数据输出和数据输入的路线并不一样。右图数据输出路线显示，数据在发送至终端时曾更改过通信路线——数据回到原始终端，然后再从原始终端发送至新的终端。以上测试报告结果证实了数据终端具有自动更改通信线路的能力。同时，也说明数据传输的高度可靠性，因此当一个无线按设备出现故障或者无线电波传输不通畅时，数据就会自动更改通信路线。

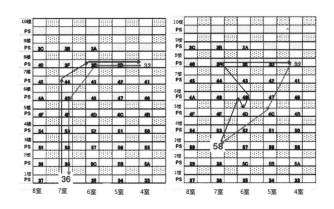

图7：专用网状网络的实地测试——数据传输路线

7 超声波流量计使用新一代通信线路

超声波流量计是电子流量计，它利用传输的时间差进行气流测量。与传统的膜式流量计相比，超声波流量计大小仅为膜式流量计的三分之一，体积仅为膜式流量计的一半不到，使得超声波流量计携带更为轻巧，外形也更为美观。不仅如此，超声波流量计具有更强健的通信能力和更强大的CPU，它们支持新的服务和业务相关的使用。

东京燃气、大阪燃气和东邦燃气联合流量计制造商和电子制造商，研发出超声波流量计，并于2005财年进行安装投入使用。

如今，超声波流量计经过研发，使用了新一代的通信线路（U-Bus）。主要部件包括两个超声波传感器、一个电池、一个控制器、一个切断阀、一个压力传感器以及一个地震传感器。

7.1 研发概念

新型智能超声波流量计不仅在功能上得到提升，而且在成本上也得到控制。同样，与现有的微电脑膜式气体流量计相比，新型智能超声波流量计在测量和安全系数上都更胜一筹。新型超声波流量计的研发目标如下：

（1）为用户提供新的服务，为未来打开新的业务

新型超声波流量计利用通信科技为用户提供新的服务，从而为未来新的业务打开市场。

（2）提高安全功能

通过瞬时气流量的测量，提供迅速、准确的安全数据，增加新型流量计的安全系数，从而为客户提供更便利的服务。

（3）减小体积和重量

流量计需要在体积和重量上进行改良，减少流量计的安装和储存空间，以提高产品的商业竞争力。另外，用户也会更倾向于外形美观的产品。

（4）测量范围广

在日本，无论是最小量的气体泄漏还是异常的大量气体泄漏（极少数情况发生），流量计也必须能够探测到。虽然法令规定的测量范围是从80升/小时~6000升/小时，但新型超声波流量计要能达到传统膜式流量计的测量范围（3升/小时~12000升/小时）。

（5）共享丙烷流量计零部件

日本使用的丙烷流量计有近2500万个基础测量部件，新型超声波流量计的基础测量部件应与丙烷流量计的相同。这不但为超声波流量计提供了更为广阔的市场，并且减少了相同部件的成本开支。

7.2 测量原理

在设计超声波流量计前，我们制定了超声波流量计测量原理——"重复往返传输时间差测量法"。两个超声波传感器穿过气流通道相对而置，如图8。

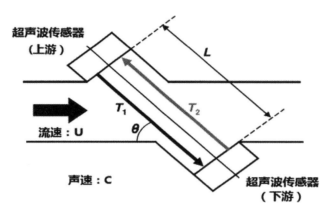

图8：测量原理

超声波从上游传感器发出到达下游传感器，测量出所耗费的时间（T_1）。然后，超声波沿原路返回，从下游传感器发出到达上游传感器，测量出所耗费的时间（T_2）。没有气流经过的情况下，T_1和T_2的时间应该是一样的。然而，当气流以速度U经过时，两者就会产生时间差：T_1所耗费的时间比没有气流经过的情况更少，T_2所耗费的时间则更多。气流的速度（U）可以通过两者的时间差进行计算得出，其中需要使用以下3个方程式：

$$T_1 \approx \frac{L}{C+U\cos\theta} \qquad (1)$$

$$T_2 \approx \frac{L}{C-U\cos\theta} \qquad (2)$$

$$\therefore U \approx \frac{L}{2\cos\theta}\left(\frac{1}{T_1}-\frac{1}{T_2}\right) \qquad (3)$$

7.3 规格

表2为超声波流量计的各种规格。除了具备传统膜式流量计的安全功能，我们的超声波智能流量计的增加了自我诊断的功能，这是这款智能流量计所独有的功能。自我诊断功能能够检测出超声波传感器的错误，以便于及时更换流量计，从而保证燃气输送的安全。

规格		表2
气体流速最大值	6 m³/h	
气体流速最小值	80L/h	
可检测最小泄漏值	3 L/h	
运行温度	零下25℃-60℃	
运行压力值	0-3.5kpa	
体积	170mm（宽）×100mm（深）×140mm（高）	
重量	约2kg	
压力损耗（空气）	气流速度为6m³/h，小于190pa	
电池	锂电池	
电池寿命	10年或更久	
步进电机驱动阀	开关双向阀	
通信端口	U-Bus（9600bps）	连接U-Bus Air、广域网等设备
	300bps端口	连接现在的自动读表系统（AMR）
	接点输入端口	连接警报系统
液晶显示屏	（1）累计流量：4位数显示——m³，3位数显示——L （2）阀状态：开/关 （3）警报显示：5×5点阵	
日历与时钟	年 月 日 时 分 秒	
自我诊断功能	（1）低电量 （2）超声波传感器发生错误 （3）阀门泄漏	
安全功能	（1）地震关闭与重新开启功能（自动安全检测无误后） （2）高/低压自动关闭功能 （3）气流量异常（大）自动关闭功能 （4）低泄漏警报功能 （5）燃气使用时间异常（长）自动关闭和警报功能	
日志	记录每小时气体消耗量或气体压力值	
多级收费	最多每天划分为三档收费时区	

7.4 超声波流量计的结构

图9为超声波流量计的安装说明

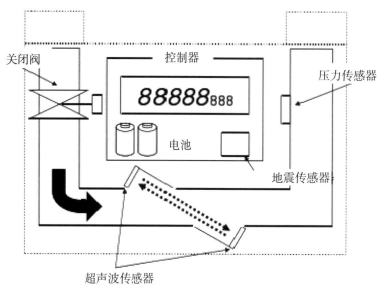

图9：超声波流量计的结构

超声波流量计的主要部件包括：一对超声波传感器、压力传感器、关闭阀和仪表电路。超声波流量计与城市燃气、液化石油气设备共用相同的部件，可以减少成本。超声波传感器在气体测量上进行优化升级，具有高度的敏感性，并且可在低压环境下运行。另外，通过将传感器连接至低耗能控制器（微电脑和测量电路），流量计的电池寿命可以长达10年之久。

关闭阀是通过发动机远程控制开关，与其他电磁阀不同的是，发动机驱动的控制阀不会因为外部条件干扰出现故障，因此，可以将意外关闭的风险降到最低。

7.5 智能功能

（1）通信功能

智能流量计配备了U-Bus和新一代通信端口。表3列出了U-Bus的规格和优势。智能流量计支持数据包通信，并且比传统的城市燃气计量设备的标准通信界面的数据传输速度快30倍。这意味着新型流量计将降低在通信方面的耗能。另外，不同的规格的流量计支持不同配置的网络，包括：广域网、个人局域网（使用无线广域网设备）、专用网状网络等。总线可以利用具有相同通信界面的设备进行通信。因此，U-Bus便可以利用这项通信功能开发出诸如设备控制等的新型服务。

U-Bus的规格和优势 表3

层级	规格	说明
物理层	总线连接	①允许多设备共享。
物理层	高速传输（9600bps）	①由高速传输带来更广泛的应用和更高的服务水平 ②比现用通信端口的速度快近30倍
数据连接	数据分包通信	①各终端间不同的传输速度可优化双向通信 ②更为有效使用通信链接 ③优化阻碍电阻
数据连接	固定数据包长度（每个数据包140个字节）	①提高终端数据处理的效率 ②快速响应（每个数据包响应时间为0.12s）
网络	添加网关功能	支持广域网和中继无线网络地址输入功能
网络	简化终端访问步骤	简化终端安装过程
安全	标准加密	改进访问控制和安全保护

（2）安全功能

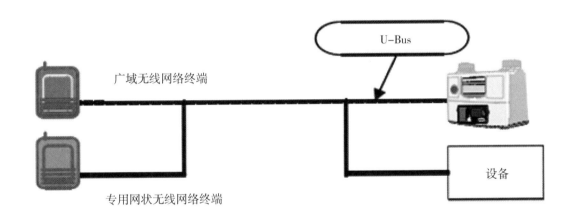

图10：使用U Bus（例）进行终端连接

在日本，超声波流量计经过不断研发，具备了许多独有的安全功能。发生诸如气体泄漏量超过3升/小时，气体流量异常增大，燃气使用时间过长，大地震，燃气供应气压降低等情况时，超声波流量计都可以检测出。根据检测到的情况，流量计中的关闭阀启动，切断了气体输送，同时警报装置启动。流量计配备一个关闭阀、一个压力传感器和地震传感器（如图11所示），这些装置可以保证气体输送的安全。

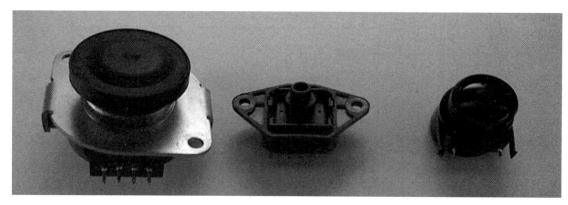

（左起：关闭阀、压力传感器和地震传感器）
图11：安全组件

每个部件分别具有以下特征。

①关闭阀

关闭阀安装在内部流量计的入口，电子控制开关。当流量计的安全设备检测到任何异常情况时，控制器上的微电脑就会发出信号启动关闭阀。关闭阀可以通过手动开启，或者通过电信进行远程控制。传统微电脑控制流量计通常使用电磁阀，而超声波流量计利用步进电机控制关闭阀。因此，传统微电脑控制流量计的关闭阀可能因为遭受到强大的物理冲击而切断气体输送，而超声波流量计则不会发生这种情况。

②压力传感器

压力传感器在检测管道内监控压力值，当供气受到阻时，通过压力值的变化将信息反馈至传感器。气压的测量范围为0~5千帕，分辨率约为10帕。关闭阀安装在内部流量计的入口。因此，当关闭阀切断气体输送时，流量计下游便成为一个密闭的空间。利用这个原理，当关闭阀从关闭状态开启后，我们可以通过监控压力传感器的压力值判定是否有燃气泄漏发生。

压力传感器的绝妙之处在于燃气公司可以远程开启流量计，而不用调派维修工程师去客户现场。同样，远程关闭阀门也没有问题。但是当开启气阀前，通常需要检查房屋内是否有气体泄漏，这就相当于维护工程师提供上门服务。但是压力传感器除了能够通过控制开关阀进行燃气供应，还能够检测管道内的压力值下降，在开启阀门前确认是否有气体泄漏。另外，当压力高于或低于正常值时，传感器同样可以控制换向阀。

③地震传感器

当地震烈度达到5度或5度以上，传感器便能检测到，并将信号发送至微电脑控制器。收到地震信号后，微电脑再发出信号控制阀门开关。

8　未来计划

普适性计量系统的技术规格包括智能流量计、U-Bus Air和广域网设备。相应的设备现在正处于研发、实地测试和大量生产前的试安装阶段。我们相信普适性计量系统将会在不久的将来提供新一代的智能性计量基础设施（AMI），能够满足公服务的各种需求。

（Kenichiro Yuasa，Yasuhiro Fujii）

中国燃气行业年鉴 2013
CHINA GAS INDUSTRY YEARBOOK

第八篇

统计数据

2012年全国各省、自治区、直辖市人工煤气统计资料

地区名称	生产能力 (万m³/d)	储气能力 (万m³)	供气管道长度 (km)	自制气量 (万m³)	供气总量 (万m³)	销售总量 (万m³)	家庭用气量 (万m³)	燃气损失量 (万m³)	用气户数 (户)	家庭用户 (户)	用气人口 (万人)
全国	2656.2	1161.0	33538	487621	769886	738707	215069	30979	7883115	7776176	2442.28
河北	88.1	70.5	3224	10925	89595	84642	14538	4953	569269	565232	187.62
山西	92.2	181.7	4713	20750	87787	85048	21281	2739	604930	589736	236.56
内蒙古	164.0	15.0	507	3361	2786	2603	2603	183	135762	135762	46.16
辽宁	254.6	134.2	5465	41658	59736	55525	40325	4211	2052547	2021090	556.66
吉林	80.0	28.6	1814	27961	17086	15775	9174	1311	646947	631745	188.49
黑龙江	121.9	34.3	709	21287	8185	7930	4476	255	256322	250468	80.90
上海	567.4	301.0	3596	90438	90438	81864	39118	8573	770465	756944	197.73
江苏	43.0	31.0	768	1585	4889	4881	3883	8	89230	89040	27.50
浙江	1.8	1.9	112	650	463	463	454		14901	14889	4.30
福建	8.0	5.0	305	1542	3080	2937	2479	143	52564	52402	19.41
江西	157.3	54.2	1755	13085	48497	46193	8516	2304	262302	256558	80.30
山东	58.1	36.8	1429	10091	21316	19485	6865	1831	277144	274549	88.33
河南	226.1	79.6	1394	60079	85359	84624	11036	735	262800	259580	120.51
湖北			275		5100	5100	1974		39464	39416	12.38
湖南		5.0	425		2707	2513	2157	194	78446	77717	30.70
广东	14.6	1.8	8	2505	2509	2509			1		
广西	10.6	18.2	425	3697	4423	4381	3788	42	127385	127024	45.63
四川	511.0	35.0	550	159925	159925	159623	5568	302	153722	152920	48.66
贵州	187.0	56.0	2903		34167	32549	14259	1618	582058	577734	176.05

续表

地区名称	生产能力 (万m³/d)	储气能力 (万m³)	供气管道长度 (km)	自制气量 (万m³)	供气总量 (万m³)	销售总量 (万m³)	家庭用量 (万m³)	燃气损失量 (万m³)	用气户数 (户)	家庭用户 (户)	用气人口 (万人)
云南	13.6	47.3	2656		37653	36162	18727	1491	820057	818071	265.22
甘肃	10.8	17.0	393	1658	1658	1572	1553	86	555675	54192	18.57
宁夏		5.0	42		137	137	105		9124	9107	3.60
新疆	46.0	2.0	71	16425	2190	2190	2190		22000	22000	7.00

2012年全国各省、自治区、直辖市天然气统计资料

地区名称	储气能力（万m³）	供气管道长度（km）	供气总量（万m³）	销售总量（万m³）	家庭用量（万m³）	燃气损失量（万m³）	用气户数（户）	家庭用户（户）	用气人口（万人）	天然气汽车加气站（座）
全国	50840.33	342751.81	7950377.46	7744031.28	1558310.77	206346.18	75286731	72755133	21207.53	1909
北京	72.00	18656.00	924763.00	883385.00	115401.00	41378.00	5240061	5194068	1366.85	25
天津	115.71	13626.90	256241.10	253749.10	27999.60	2492.00	2945182	2931328	637.23	27
河北	262.92	10249.63	214451.01	206488.94	49317.45	7962.07	2779643	2748952	981.57	100
山西	293.41	5106.81	213501.53	200314.56	43680.43	13186.97	1942295	1911354	584.06	43
内蒙古	289.06	5436.50	113039.52	110540.91	17325.16	2498.61	1051646	1022830	347.14	81
辽宁	662.02	10160.08	85701.01	78214.74	42724.02	7486.27	3198653	3189779	956.61	19
吉林	119.11	5169.72	69696.86	67252.01	19276.29	2444.85	1256690	1240379	387.18	35
黑龙江	72.15	6650.55	88191.24	84778.94	30206.30	3412.30	2311464	2288986	637.62	31
上海	36935.00	21283.37	631126.20	600124.99	99281.20	31001.21	5085285	5028130	1320.90	7
江苏	1560.94	43798.67	691763.28	674088.47	121988.05	17674.81	7168060	6238734	1743.63	131
浙江	313.99	18151.32	191322.40	189550.69	52960.93	1771.71	2443519	2331207	703.82	24
安徽	702.34	13192.42	171251.42	165158.59	53130.56	6092.83	2973843	2923549	911.83	112
福建	270.72	6327.84	95324.73	94502.99	7778.22	821.74	938642	920484	294.56	23
江西	422.57	6478.70	41910.48	39979.65	10821.99	1930.83	987805	980342	321.96	4
山东	934.58	31145.97	518343.66	507733.58	119684.89	10610.08	6356331	6006699	1865.59	276
河南	540.06	15442.32	241272.13	233928.50	65289.00	7343.63	3449784	3389007	1095.08	93
湖北	225.21	15244.13	240806.57	239486.11	54577.77	1320.46	2894216	2842296	945.00	97
湖南	1514.72	9111.18	161273.97	160466.14	44037.41	807.83	1751524	1738216	562.20	51
广东	2823.64	17420.83	1174508.79	1168333.21	64886.45	6175.58	3500039	3456224	1154.71	60

续表

地区名称	储气能力（万m³）	供气管道长度（km）	供气总量（万m³）	销售总量（万m³）	家庭用量（万m³）	燃气损失量（万m³）	用气户数（户）	家庭用户（户）	用气人口（万人）	天然气汽车加气站（座）
广西	375.10	5093.70	16903.76	16775.89	7590.54	127.87	563536	559512	186.83	5
海南	65.25	1725.16	17663.66	17475.45	4229.60	188.21	310904	300966	104.90	25
重庆	121.30	12674.16	324964.88	311095.39	117963.74	13869.49	3580097	3325981	934.02	79
四川	200.71	25895.98	568317.24	553461.13	177642.56	14856.11	6221778	5967949	1382.70	162
贵州	575.20	485.55	9852.93	9735.43	1084.12	117.50	170603	166984	54.81	11
云南	95.80	672.07	1206.62	1193.23	505.63	13.39	52998	52089	32.97	5
陕西	401.95	7842.13	221162.01	214951.98	54997.35	6210.03	2456248	2398830	644.33	94
甘肃	229.97	1701.02	112098.40	111788.85	22183.24	309.55	898143	891584	252.01	39
青海	40.50	948.97	111917.27	109009.57	15403.80	2907.70	178691	172233	108.42	17
宁夏	12.73	3088.63	179132.11	178966.66	53912.62	165.45	559268	554628	141.32	39
新疆	591.67	9971.50	262669.68	261500.58	62430.85	1169.10	2019783	1981813	547.68	194

2012年全国各省、自治区、直辖市液化石油气统计资料

地区名称	储气能力（t）	供气管道长度（km）	供气总量（t）	销售总量（t）	家庭用量（t）	燃气损失量（t）	用气户数（户）	家庭用户（户）	用气人口（万人）	液化气汽车加气站（座）
全国	1665176.6	12651.5	11148032	11065906	6081312	82126	50099699	46084488	15682.86	426
北京	34745.0	414.0	418156	379371	190975	38785	1968349	1941123	416.85	6
天津	6697.6	183.6	49105	49105	22664		59628	55360	12.18	
河北	19168.5	345.6	205388	203802	122089	1585	1286866	1022324	421.51	
山西	5802.5	411.6	90534	90099	75706	435	423034	375841	167.16	
内蒙古	16247.8	176.3	98496	97616	89889	879	936684	819721	347.18	12
辽宁	50225.0	689.5	516426	515521	249960	906	2432761	2154436	665.01	29
吉林	19425.3	107.9	220874	219478	107060	1395	1299420	1103099	443.12	47
黑龙江	17339.8	25.9	206057	205426	114990	632	1265960	1144269	427.17	49
上海	21130.0	516.2	392514	393311	214172	-797	3327913	3282222	861.80	47
江苏	99771.5	820.6	735757	732174	502258	3583	3880297	3658000	1006.52	7
浙江	321483.2	2667.7	776396	775736	518156	659	3970854	3462568	1160.60	3
安徽	39953.0	254.4	537160	529492	143506	7668	1181017	1033381	353.05	2
福建	23285.2	437.2	288978	288472	168761	506	2079832	1732864	745.65	3
江西	18751.3	465.0	204258	200726	163772	3531	1200637	1114105	455.93	
山东	57620.1	817.5	511489	510555	354765	935	3247499	3045916	921.77	36
河南	13001.0	18.7	234450	233550	197610	900	1678472	1510566	575.02	9
湖北	21305.6	643.2	386152	383723	222311	2429	2323740	1871904	767.95	14
湖南	29070.0	19.5	201279	200766	171614	514	2132528	1970239	686.59	8
广东	564619.7	2809.5	3872441	3858789	1692766	13652	9884207	9186606	3287.38	45

续表

地区名称	储气能力（t）	供气管道长度（km）	供气总量（t）	销售总量（t）	家庭用量（t）	燃气损失量（t）	用气户数（户）	家庭用户（户）	用气人口（万人）	液化气汽车加气站（座）
广西	65344.4	76.0	326110	324221	262661	1889	1979828	1818769	631.97	1
海南	6372.0	18.0	55344	55322	43546	22	582931	575824	115.30	51
重庆	7758.6		93315	93115	31468	200	276309	204796	109.56	
四川	16983.0	200.8	180447	179865	102157	582	568046	503324	132.81	4
贵州	4683.8	135.0	66101	65824	60873	277	547086	450769	199.96	
云南	28195.8	214.2	174936	174869	74920	68	806674	723526	275.85	6
西藏	24262.0	103.0	25918	25773	8445	145	53796	35991	16.61	9
陕西	9868.0		31516	31128	29433	388	204162	177402	131.90	
甘肃	107000.0		151392	151168	70372	224	412563	391785	168.75	
青海	1371.0		6834	6813	6783	21	63454	63128	18.47	
宁夏	4378.0		17086	17058	10936	28	503184	409318	64.67	
新疆	9318.0	80.8	73123	73038	56695	85	331968	245312	94.57	38

2012年全国分省县城人工煤气统计资料

地区名称	生产能力 (万m³/d)	储气能力 (万m³)	供气管道长度 (km)	自制气量 (万m³)	供气总量 (万m³)	销售总量 (万m³)	家庭用量 (万m³)	燃气损失量 (万m³)	用气户数 (户)	家庭用户 (户)	用气人口 (万人)
全国	502.10	79.85	1255.19	121584.00	85676.12	83877.59	10786.24	1798.53	152241	146854	53.58
河北		7.00	122.59		5884.53	5835.50	2506.30	49.03	37791	37740	13.21
山西	79.10	67.35	800.66	8340.00	12325.59	11784.09	6536.94	541.50	88174	82942	31.13
山东	410.00	1.00	32.44	113244.00	49634.00	49356.00	209.00	278.00	158	121	0.04
河南			118.00		15482.00	15152.00	184.00	330.00	9898	9881	4.00
四川	13.00	4.50	181.50		2350.00	1750.00	1350.00	600.00	16220	16170	5.20

2012年全国分省县城天然气统计资料

地区名称	储气能力（万m³）	供气管道长度（km）	供气总量（万m³）	销售总量（万m³）	家庭用量（万m³）	燃气损失量（万m³）	用气户数（户）	家庭用户（户）	用气人口（万人）	天然气汽车加气站（座）
全国	4159.16	66696.99	701446.57	684475.16	281132.02	16971.41	8897070	8192656	2925.63	514
天津		102.60	779.00	779.00	109.00		5516	5500	1.22	1
河北	424.79	3597.94	31902.35	31065.55	21641.68	836.80	634006	619312	234.20	29
山西	110.10	3542.62	44667.24	43429.90	16486.59	1237.34	309436	279915	146.81	7
内蒙古	48.00	957.61	12518.06	11981.04	4572.25	537.02	156081	129477	53.79	26
辽宁	39.80	760.61	3094.05	2991.69	1159.99	102.36	182618	180217	56.87	2
吉林	24.00	448.28	3170.22	3141.77	1831.99	28.45	286823	70291	21.69	6
黑龙江	15.23	113.86	89.22	89.22	86.22		11830	11630	4.07	2
江苏	140.99	3420.76	15555.44	15340.39	5487.72	215.05	391536	383306	147.91	14
浙江	135.91	2795.86	12729.13	12688.14	2039.64	40.99	179797	177915	78.97	2
安徽	231.45	3919.41	26651.60	26194.30	8849.45	457.30	428693	405759	157.59	23
福建	280.06	379.12	11710.54	11613.35	5180.77	97.19	20679	18839	6.42	2
江西	495.85	1475.24	7360.07	7252.97	3067.98	107.10	148357	145567	50.59	1
山东	323.28	6266.54	98133.22	96950.98	24528.02	1182.24	1000122	961871	348.70	77
河南	132.61	2909.31	32182.67	31597.28	7672.39	585.39	308683	289729	108.48	34
湖北	64.84	2057.28	8977.33	8571.15	4596.37	406.18	213242	189299	102.64	13
湖南	145.59	2936.15	21676.59	21383.04	6325.72	293.55	333774	317990	114.80	15
广东	168.94	2094.29	1092.98	1087.88	771.66	5.10	16459	15977	13.26	
广西	84.26	147.05	275.58	266.82	89.81	8.76	10510	10162	8.82	
海南	80.00	200.00	7000.50	7000.00	400.00	0.50	4000	3800	1.90	

续表

地区名称	储气能力（万m³）	供气管道长度（km）	供气总量（万m³）	销售总量（万m³）	家庭用量（万m³）	燃气损失量（万m³）	用气户数（户）	家庭用户（户）	用气人口（万人）	天然气汽车加气站（座）
重庆	44.87	6004.26	43875.55	42404.67	21210.44	1470.88	718969	695892	215.39	14
四川	129.57	15162.90	160639.38	154610.86	82774.90	6028.52	2381312	2213500	622.44	66
贵州	2.45	23.80	25.86	25.70	12.40	0.16	562	460	0.21	1
云南	49.62	414.85	2611.53	2306.20	2152.19	305.33	31543	31107	22.49	
陕西	272.05	3215.21	50087.51	49355.79	23781.94	731.72	479774	459176	204.56	57
甘肃	67.63	233.10	5529.05	5503.03	1478.76	26.02	34870	31488	10.46	9
青海	86.21	417.30	19636.85	19488.18	8395.45	148.67	55194	34532	16.19	11
宁夏	2.16	537.10	15833.30	15489.30	4676.30	344.00	123447	122827	21.86	10
新疆	545.99	2294.14	53496.84	52351.79	15064.29	1145.05	385024	343660	140.70	78
新疆兵团	12.91	269.80	10144.91	9515.17	6688.10	629.74	44213	43458	12.60	14

2012年全国分省县城液化石油气统计资料

地区名称	储气能力（t）	供气管道长度（km）	供气总量（t）	销售总量（t）	家庭用量（t）	燃气损失量（t）	用气户数（户）	家庭用户（户）	用气人口（万人）	液化气汽车加气站（座）
全国	320602.64	2773.15	2569445.67	2547317.99	2121338.15	22127.68	18266843	16091273	7241.03	136
天津	1331.20		19964.00	19964.00	19964.00		113800	113800	38.83	
河北	9336.06	110.12	135025.42	134461.10	123627.40	564.32	1279669	1168226	552.24	1
山西	9978.80	74.82	44111.97	43377.95	38454.45	734.02	472641	340534	200.08	
内蒙古	4279.95	30.65	57780.29	57549.52	52157.70	230.77	640190	563064	266.85	5
辽宁	7163.00	50.91	36839.12	36671.45	32394.85	167.67	388870	315884	128.53	
吉林	4417.96	46.00	71951.10	71901.00	69045.00	50.10	322576	242394	109.89	3
黑龙江	6222.00	1.00	44328.60	44216.81	39366.81	111.79	499241	400330	161.24	12
江苏	22000.30	262.93	157026.96	156017.30	127086.00	1009.66	963895	891073	372.03	4
浙江	15353.00	536.10	199662.29	199270.20	150811.38	392.09	1158785	987004	371.18	
安徽	19614.00	506.49	176666.58	174905.30	140520.45	1761.28	1385044	1273266	477.73	2
福建	11223.90	266.37	125721.33	125497.72	108328.74	223.61	895323	826828	342.65	
江西	16790.00	51.19	207034.22	205643.80	186816.24	1390.42	1295420	1161043	596.30	
山东	34484.00	148.86	211313.70	209872.80	116740.06	1440.90	1171385	1023512	495.90	17
河南	12390.55	3.75	109253.24	107775.97	95447.31	1477.27	916435	881282	328.67	4
湖北	9954.48	41.15	65288.43	64473.05	59684.60	815.38	641624	548808	254.27	
湖南	23058.50		198931.82	193875.18	177413.92	5056.64	1476502	1358688	542.65	7
广东	36182.36	228.78	218139.97	216195.07	189285.09	1944.90	1039018	946881	409.66	19
广西	10163.28	79.95	139322.30	137835.77	126357.81	1486.53	937809	896286	398.41	
海南	2846.00		15224.00	15221.00	14304.00	3.00	102572	94883	57.91	

· 419 ·

续表

地区名称	储气能力（t）	供气管道长度（km）	供气总量（t）	销售总量（t）	家庭用量（t）	燃气损失量（t）	用气户数（户）	家庭用户（户）	用气人口（万人）	液化气汽车加气站（座）
重庆	3411.20		28685.50	28672.00	20078.00	13.50	233535	171459	75.22	
四川	6278.00	220.75	39141.60	38666.08	31384.76	475.52	243866	202858	82.96	6
贵州	2578.45	50	35506.05	35301.72	32216.42	204.33	401706	281727	172.85	
云南	16658.70	25.20	53795.13	53168.33	44549.94	626.80	457351	374305	243.83	1
西藏	4657.40	16.54	42900.33	42214.26	5421.08	686.07	47677	39244	31.82	35
陕西	12505.00	3.55	54024.22	53334.13	47835.54	690.09	469463	351138	211.66	1
甘肃	3435.80		23217.66	22860.83	21024.11	356.83	274860	231415	141.54	2
青海	496.50		1056.40	1049.40	1019.73	7.00	14332	13883	8.30	
宁夏	3118.00	10.83	8152.00	8123.00	6632.00	29.00	106167	94371	36.82	
新疆	9371.80	1.41	32674.76	32513.90	26927.14	160.86	216483	198842	103.39	17
新疆兵团	1302.45	5.8	16706.68	16689.35	16443.62	17.33	100604	98245	27.62	

（以上资料来自住建部计划财务与外事司）

2012年液化石油气进口量统计

(单位：t)

进口来源国（地区）	1月	2月	3月	4月	5月	6月	7月	8月	9月	10月	11月	12月	全年合计
中东地区小计	178091.74	60588.15	162413.76	77258.15	298761.79	397759.96	308022.23	459590.72	255133.48	190164.37	145861.53	139522.58	2673168.45
卡塔尔	66483.55	20972.36	23101.62	3160.69	34800.54	111764.91	109746.18	161176.91	62621.51	5249.58	211072.26		620150.09
阿拉伯联合酋长国（阿联酋）	51255.28	39615.79	45441.03	3251.00	46909.45	137172.77	67853.23	106097.66	87693.34	88986.61	55697.51	91864.87	821838.53
伊朗	38343.82		23015.00		26350.25						45991.77	33278.94	166983.78
沙特阿拉伯（沙特）	22009.10		50353.22	55838.35	92203.01	102250.30	71889.82	114010.43	71358.63	22345.50			602258.36
科威特			20498.90	15008.12	98498.54	46571.99	58533.00	78305.72	33460.00	73582.68	23100.00	14378.76	461937.70
亚太地区小计	35.44	12518.65	38296.03	27551.54	22044.82	73.08	98483.95	34126.20	52786.16	42138.34	79621.42	86216.69	493892.31
韩国	19.91	12518.65	38282.89	19951.42	39.40	70.78	48.76	52.80	103.44	5076.29	21040.32	27830.87	125035.53
马来西亚	15.53				22003.62		0.30	20920.00			2198.46	36132.03	81269.93
新加坡					1.80								1.80
日本		0.00			0.01	0.02	0.12		0.01		11545.54		11545.70
澳大利亚			13.14			2.27	95945.98	13153.40	52682.71	37062.05	44837.11	22253.80	265950.44
中国香港				7600.12									7600.12
越南							2488.79						
其他地区小计	20.74	304.31	30.31	30368.08	23646.34	741.56	43849.48	6344.21	1790.99	43551.08	13942.93	1599.77	166189.81

续表

进口来源国（地区）	1月	2月	3月	4月	5月	6月	7月	8月	9月	10月	11月	12月	全年合计
美国			30.27										30.27
德国	20.74	304.31	0.04	0.00	0.28	0.00	23.04	0.11	0.11	0.21	0.06	0.14	23.99
哈萨克斯坦	20.74			480.66	330.07	741.00	1435.62	1567.76	1790.88	1594.42	650.45	1599.63	10515.54
尼日利亚				29887.42	23315.98		42390.00	4776.06					100369.46
瑞士					0.00		0.00	0.00					0.01
法国						0.56		0.28					0.84
英国							0.82						0.82
乌干达							0.00						0.00
安哥拉										41956.45	13292.42		55248.87
合计	178147.92	73411.11	200740.10	135177.77	344452.95	398574.60	450355.66	500061.13	309710.62	275853.79	239425.88	227339.04	3333250.57

2012年液化石油气进口金额统计

(单位：美元)

进口来源国(地区)	1月	2月	3月	4月	5月	6月	7月	8月	9月	10月	11月	12月	全年合计
中东地区小计	156333737	55552030	188900683	79476755	282723094	299429124	229593214	379354866	240211222	193997356	150690046	140882165	2397153292
卡塔尔	59037933	17365111	27230050	3155305	30697007	83717404	79324338	126943809	62453523	5749336	22125869		517803685
阿拉伯联合酋长国(阿联酋)	49948358	38186919	53066547	35574970	43952736	98214945	54160497	87590203	83422619	91012500	57682772	94988019	755351085
伊朗	29353821		27891572		24669799						45487638	30819739	158222569
沙特阿拉伯(沙特)	18443625		56716948	56634738	85548076	77400097	53418076	97080792	64212150	22014651			531469153
科威特			24000566	16111742	97855476	40096678	42690303	67740062	30122930	75220869	25393767	15074407	434306800
亚太地区小计	57664	14114364	46069832	29046092	15588033	180279	67542226	28662717	48380017	45207847	84903918	91900752	471653741
韩国	45118	14114318	46041476	21445969	97993	164475	116130	121734	235792	5706566	25280430	31326909	144696910
马来西亚	12546				15400000		570	17426360			2268807	36862734	71971017
新加坡					83160								83160
日本		46			6880	1921	3464		2584		12471491		12486386
澳大利亚			28356			13883	65430852	11114623	48141641	39501281	44883190	23711109	232824935
中国香港				7600123									7600123
越南							1991210						

· 423 ·

续表

进口来源国（地区）	1月	2月	3月	4月	5月	6月	7月	8月	9月	10月	11月	12月	全年合计
其他地区小计	9806	163266	107208	31171084	21979306	393910	29457035	4313470	817043	44103256	14230752	820229	147566365
美国			105320										105320
德国			1888	553	4166	2416	108848	2053	1938	2980	1497	3187	129526
哈萨克斯坦	9806	163266		237053	166718	383596	656684	583125	815105	839078	356597	817042	5028070
尼日利亚				30933478	21807885		28667582	3722939					85131884
瑞士					537		343	1523					2403
法国						7898		3830					11728
英国							19500						19500
乌干达							4078						4078
安哥拉										43261198	13872658		57133856
合计	156401207	69829660	235086723	139693931	320290433	300003313	326592475	412331053	289408282	283308459	249824716	233603146	3016373398

2012年液化石油气进口平均单价统计

(单位：美元/t)

进口来源国（地区）	1月	2月	3月	4月	5月	6月	7月	8月	9月	10月	11月	12月	平均单价
中东地区	877.83	916.88	1163.14	1028.72	946.32	752.79	745.38	825.42	941.51	1020.16	1033.10	1009.74	896.75
卡塔尔	888.01	828.00	1178.88	998.30	882.08	749.05	722.80	787.61	997.32	1095.20	1050.00		834.97
阿拉伯联合酋长国（阿联酋）	965.72	963.93	1167.81	1099.65	936.97	715.99	798.20	825.56	951.30	1022.77	1035.64	1034.00	919.10
伊朗	765.54		1211.68		936.23						989.04	926.10	947.53
沙特阿拉伯（沙特）	838.00		1126.38	1014.26	927.82	756.97	743.05	851.51	899.85	985.19			882.46
科威特			1170.82	1073.54	993.47	860.96	729.34	865.07	900.27	1022.26	1099.30	1048.38	940.18
亚太地区	1627.23	1127.47	1202.99	1054.25	707.11	2467.01	685.82	839.90	916.53	1072.84	1066.35	1065.93	954.97
韩国	2266.10	1127.46	1202.66	1074.91	2487.32	2323.62	2381.67	2305.48	2279.48	1124.16	1201.52	1125.62	1157.25
马来西亚	808.01				699.88		1900.00	833.00			1032.00	1020.22	885.58
新加坡					46200.00								46200.00
日本		46000.00			688000.00	80041.67	28866.67		287111.11		1080.20		1081.47
澳大利亚			2157.99			6121.25	681.96	845.00	913.80	1065.81	1001.03	1065.49	875.44
中国香港				1000.00									1000.00
越南							800.07						
其他地区	472.81	536.51	3536.93	1026.44	929.50	531.19	671.78	679.91	456.20	1012.68	1020.64	512.72	887.94
美国			3479.24										3479.24

续表

进口来源国（地区）	1月	2月	3月	4月	5月	6月	7月	8月	9月	10月	11月	12月	平均单价
德国			47200.00	553000.00	14825.62	1208000.00	4724.31	18834.86	18283.02	14056.60	24950.00	22443.66	5398.49
哈萨克斯坦	472.81	536.51		493.18	505.10	517.67	457.42	371.95	455.14	526.26	548.23	510.77	478.16
尼日利亚				1035.00	935.32		676.28	779.50					848.19
瑞士					537000.00		343000.00	507666.67					480600.00
法国						14053.38		13629.89					13912.22
英国							23838.63						23838.63
乌干达							1019500.00						1019500.00
安哥拉										1031.10	1043.65		1034.12
平均单价	877.93	951.21	1171.10	1033.41	929.85	752.69	725.19	824.56	934.45	1027.02	1043.43	1027.55	904.93

2012年液化石油气出口量统计

(单位: t)

出口去向	1月	2月	3月	4月	5月	6月	7月	8月	9月	10月	11月	12月	全年合计
越南	21282.85	20810.52	25245.59	18005.80	15207.94	31580.95	16710.68	76138.96	38024.38	13027.22	30995.69	23894.70	330925.29
中国香港	18449.46	36884.38	34250.37	16848.77	40205.14	29696.92	38326.50	40937.95	35568.61	29143.97	20830.16	42077.75	383219.99
菲律宾	15814.18	26107.36	28546.45	10260.67	45232.97	15573.95	41902.00	24797.13	29885.44	26769.25	21498.01	28122.29	314509.71
马来西亚	8789.64	10535.06	1187.09	4110.51	6165.34	3855.28	4990.77		7065.00		2461.44	1952.17	47001.77
中国澳门	3216.66	6178.76	4931.67	11782.74	5325.60	1934.53	1882.87	8210.98	3084.18	2890.47	4399.20		46165.41
韩国	2008.94		30043.46		43450.44	2173.63	2234.74	0.30				19222.39	110916.63
日本	172.20	175.19	122.04	137.32	140.92	70.38	139.26	174.55	265.78	176.71	422.23	453.70	2450.26
朝鲜	131.88	117.14	117.28	171.18	206.35	153.40	199.32	234.15	220.20	264.85	178.30	164.27	2158.31
缅甸	123.31	84.11	87.85	131.13	165.34	92.93	110.45	101.02	122.15	153.13	118.61	163.52	1453.55
澳大利亚	79.20	50.40	57.60	50.40		7.20	64.80	86.40	100.80	72.00	43.20	21.60	633.60
蒙古	78.00	18.00											96.00
中国台湾	55.90	86.50	57.49	43.44	28.11	27.79			115.32	71.61	104.78	86.00	676.93
新加坡	21.27	2531.63	11.46	9.66	2108.97	11.46	9.66	13.41	11.46	99.66	1.80	1.95	4832.40
印度	16.75						20.87				0.60		38.22
阿拉伯联合酋长国（阿联酋）	6.37					29.43					37.10	29.43	102.33
伊拉克	1.14												1.14
柬埔寨		2803.01	1230.89										4033.90
印度尼西亚（印尼）		2497.34	524.25	477.35	1504.15								5003.09
哈萨克斯坦		6.08											6.08
老挝		1.88	3.75	1.88	1.88	1.88		1.88	1.88		1.88	3.75	20.63

续表

出口去向	1月	2月	3月	4月	5月	6月	7月	8月	9月	10月	11月	12月	全年合计
泰国			2500.00										2500.00
马绍尔群岛共和国				20.49	20.49			41.01		20.51	41.01	20.51	164.01
俄罗斯联邦（俄罗斯）				0.20	3.00				5.10	0.08			8.38
荷兰					29.43	39.09	29.43					9.66	107.60
美国					9.90								9.90
喀麦隆						6.68							6.68
巴基斯坦						2.28							2.28
孟加拉国（孟加拉）							50.00			4199.80		4255.40	8505.20
英国									4.46	6.07		3.34	13.88
土耳其										0.78			0.78
巴西											9.70		9.70
巴基斯坦											0.07		0.07
合计	70247.75	108887.36	128917.22	62051.52	159805.96	85257.77	106671.35	150737.74	114474.75	76896.10	81143.78	124878.59	1269969.87

· 428 ·

2012年液化石油气出口金额统计

(单位：美元)

出口去向	1月	2月	3月	4月	5月	6月	7月	8月	9月	10月	11月	12月	全年合计
越南	16639267	17874448	24638005	19339318	15526809	27331077	16402345	63458384	33905170	13268155	29733870	25375234	303492082
中国香港	16161964	37514795	36776825	19764098	45704281	28543492	33852070	33192670	32307600	28417920	20287965	42660700	375184380
菲律宾	13919294	25058632	26965600	11710693	48565352	14051685	36399875	21182760	26946287	26234651	22097596	28507611	301644036
马来西亚	7188002	10385766	1441052	3920667	6981454	3532323	3877824		5852900		2626366	1983709	43869396
中国澳门	2362168	5075475	4572212		5565308	1459882	1459255	6803270	2692192	2799432	4194173		40904034
韩国	1697551		28286809	14510628	51026845	1826935	2782256	1200				23718365	123850589
日本	334526	344728	238132	266775	285268	139626	269876	340473	522942	351746	833322	893872	4821286
朝鲜	270701	214697	203242	237306	289662	205509	264554	358939	360332	465078	321870	289408	3481298
缅甸	129551	90719	108510	163180	175795	87653	108859	111391	139521	183889	150015	202771	1652254
澳大利亚	154000	98000	112600	98000		14560	131040	174720	203840	145600	87360.00	43680	1262800
蒙古	62400	14400											76800
中国台湾	161523	152520	98308	107856	74542	87265			225597	177709	224308	213722	1523350
新加坡	46643	2291763	25337	21977	2125972	27098	22517	33827	27221	142992	4692	3705	4773744
印度	33218						41216				3487		77921
阿拉伯联合酋长国（阿联酋）	14629					22557					39631	26026	102843
伊拉克	5882												5882
柬埔寨		2525613	1351512										3877125
印度尼西亚（印尼）		2497341	456100	415293	1398860								4767594
哈萨克斯坦		27664											27664
老挝		2671	5355	2674	2680	2681		2670	2662		2662	5345	29401

· 429 ·

续表

出口去向	1月	2月	3月	4月	5月	6月	7月	8月	9月	10月	11月	12月	全年合计
泰国			2944176										2944176
马绍尔群岛共和国				30826	37513			75092		39352	82575	39352	304710
俄罗斯联邦（俄罗斯）				796	12600				14596	360			28352
荷兰					22557	46740	22557					24184	116038
美国					26993								26993
喀麦隆						15370							15370
巴基斯坦						26995							26995
孟加拉国（孟加拉）							54250			4311787		4240057	8606094
英国									18463	43545		25492	87500
土耳其										4350			4350
巴西											22009		22009
巴基斯坦											2548		2548
合计	59181319	104169232	128227576	70590087	177822491	77421448	95688494	125735396	103219323	76586566	80714449.00	132622285	1231978666

2012年液化石油气出口平均单价统计

(单位：美元/t)

出口去向	1月	2月	3月	4月	5月	6月	7月	8月	9月	10月	11月	12月	平均单价
越南	781.82	858.91	975.93	1074.06	1020.97	865.43	981.55	833.45	891.67	1018.49	959.29	1061.96	917.10
中国香港	876.01	1017.09	1073.76	1173.03	1136.78	961.16	883.25	810.80	908.32	975.09	973.97	1013.85	979.03
菲律宾	880.18	959.83	944.76	1141.32	1073.67	902.26	868.69	854.24	901.65	980.03	1027.89	1013.70	959.09
马来西亚	817.78	985.83	1213.93		1132.37	916.23	777.00	828.56	828.44		1067.01	1016.16	933.36
中国澳门	734.35	821.44	927.11	953.82	1045.01	754.65	775.02	828.56	872.90	968.50	953.39		886.03
韩国	845.00		941.53	1231.52	1174.37	840.50	1245.00	4000.00				1233.89	1116.61
日本	1942.66	1967.74	1951.34	1942.68	2024.28	1984.03	1938.00	1950.55	1967.61	1990.54	1973.64	1970.18	1967.66
朝鲜	2052.62	1832.79	1532.98	1386.31	1403.78	1339.67	1327.30	1532.95	1636.37	1756.02	1805.24	1761.83	1612.98
缅甸	1050.61	1078.58	1239.73	1244.41	1063.23	943.22	985.60	1102.66	1142.21	1200.87	1264.78	1240.04	1136.70
澳大利亚	1944.44	1944.44	1544.44	1944.44		2022.22	2022.22	2022.22	2022.22	2022.22	2022.22	2022.22	1993.06
蒙古	800.00	800.00											800.00
中国台湾	2889.29	1763.24	1710.06	2483.16	2651.80	3139.82			1956.34	2481.76	2140.85	2485.11	2250.39
新加坡	2192.90	905.25	2210.91	2275.05	1008.06	2364.57	2330.95	2522.52	2375.31	1434.80	2606.67	1900.00	987.86
印度	1983.16						1974.89				5811.67		2038.75
阿拉伯联合酋长国（阿联酋）	2298.35					766.51					1068.11	884.40	1005.06
伊拉克	5159.65												5159.65
柬埔寨		901.04	1098.00										961.14
印度尼西亚（印尼）		1000.00	870.00	870.00	930.00								952.93
哈萨克斯坦		4550.00											4550.00
老挝		1424.53	1428.27	1426.13	1429.33	1429.87		1424.00	1419.73		1419.73	1425.33	1425.50
泰国			1177.67										1177.67

续表

出口去向	1月	2月	3月	4月	5月	6月	7月	8月	9月	10月	11月	12月	平均单价
马绍尔群岛共和国				1504.59	1830.97			1830.98		1919.05	2013.48	1919.05	1857.86
俄罗斯联邦（俄罗斯）				3980.00	4200.00				2861.96	4800.00			3385.31
荷兰					766.51	1195.76	766.51						1078.38
美国					2727.39							2503.52	2727.39
略麦隆						2302.62							2302.62
巴基斯坦						11839.91							11839.91
孟加拉国（孟加拉）							1085.00			1026.66		996.40	1011.86
英国									4140.61	7170.26		7623.21	6305.85
土耳其										5555.56			5555.56
巴西											2268.03		2268.03
巴基斯坦											34432.43		34432.43
平均单价	842.47	956.67	994.65	1137.60	1112.74	908.09	897.04	834.13	901.68	995.97	960.06	1062.01	970.08

2012年液化石油气分省市出口量统计

(单位：t)

省市	1月	2月	3月	4月	5月	6月	7月	8月	9月	10月	11月	12月	全年合计
广东	50384.53	95892.03	56965.48	42182.06	73228.38	55486.14	101882.56	91778.64	92311.42	76023.71	56576.13	89013.12	881724.20
广西	13367.87	11449.32	9947.57	5263.75	4769.20	15941.95	2008.64	58333.30	21400.98	44.15	21947.00	13917.08	178390.81
江苏	4270.88	230.35	189.03	222.27	176.22	101.05	206.04	284.69	314.85	255.24	450.13	477.17	7177.91
浙江	2008.94	1029.75	61560.76	14035.36	81170.09	13396.48	2234.74		4.46	6.15	1795.31	19225.73	196467.77
云南	123.31	28.48	21.95	74.80	87.74	49.94	87.59	70.05	124.03	50.13	66.40	71.23	855.62
黑龙江	38.30				3.08	10.16	12.38	31.89	66.24	46.72	35.40		244.18
山东	29.97	50.15	43.70	14.52	86.72	82.13	29.60	0.30	72.71	118.64	74.63	86.72	689.79
吉林	22.00	57.63	67.27	115.82	157.31	111.56	135.73	133.26	119.10	123.00	74.06	102.14	1218.89
上海	1.95	14.64	1.80	29.38	1.80	1.80		3.75	31.20	30.22	1.80	31.73	150.07
辽宁		59.51	50.01	55.36	45.96	31.68	33.21	60.00		95.12	68.84	62.13	561.80
新疆		57.51	69.65	58.21	66.74	35.45	22.86	32.85		103.00	54.09	96.04	596.40
内蒙古		18.00											18.00
甘肃					12.74								12.74
青海						9.42							9.42
福建							18.00	9.00					27.00
四川									24.66				24.66
北京									5.10				5.10
海南												1795.51	1795.51
合计	70247.75	108887.36	128917.22	62051.52	159805.96	85257.77	106671.35	150737.74	114474.75	76896.10	81143.78	124878.59	1269969.87

2012年液化石油气分省市出口金额统计

(单位：美元)

省市	1月	2月	3月	4月	5月	6月	7月	8月	9月	10月	11月	12月	全年合计
广东	43571087	94268990	63911759	46834407	80518044	50314605	90678301	77406853	84565787	75129002	56963159	90186193	853438187
广西	9491188	8129014	7062774	5843032	4803846	12152758	1426136	47289641	17357744	32674	20360842	15279865	149229514
江苏	4146474	490318	387198	432872	377663	239943	404543	553418	664079	530783	939042	970209	10136542
浙江	1697551	865504	56510290	16994119	91582322	14315108	2782256		18463	43905	1912008	23743857	210465383
云南	129551	30593	27593	92370	92778	48885	86170	77575	142183	63267	87430	93626	972021
黑龙江	90795				8624	28459	34669	57431	137863	62761	44742		465344
山东	30054	63313	34687	111912	66525	98595	23845	1200	57301	130969	60159	80781	659341
吉林	21011	48066	63217	109090	152358	89776	122665	128802	121760	135987	84384	115444	1192560
上海	3608	29606	3360	70585	5954	4596		11284	70504	70266	4692	68342	342797
辽宁		166631	140025	128216	128680	87274	92978	165585		266330	192744	173964	1542427
新疆		62797	86673	73484	71089	32544	22689	36486		120622	65247	114490	686121
内蒙古		14400											14400
甘肃					14608								14608
青海						8905							8905
福建							14242	7121					21363
四川									69043				69043
北京									14596				14596
海南												1795514	1795514
合计	59181319	104169232	128227576	70590087	177822491	77421448	95688494	125735396	103219323	76586566	80714449	132622285	1231978666

2012年液化石油气分省市出口平均单价统计

(单位：美元/t)

省市	1月	2月	3月	4月	5月	6月	7月	8月	9月	10月	11月	12月	平均单价
广东	864.77	983.07	1121.94	1110.29	1099.55	906.80	890.03	843.41	916.09	988.23	1006.84	1013.18	968.95
广西	710.00	710.00	710.00	1110.05	1007.27	762.31	710.00	810.68	811.07	740.00	927.73	1097.92	836.53
江苏	970.87	2128.55	2048.34	1947.54	2143.19	2374.43	1963.42	1943.90	2109.20	2079.58	2086.18	2033.27	1412.19
浙江	845.00	840.50	917.96	1210.81	1128.28	1068.57	1245.00		4140.61	7141.35	1065.00	1235.00	1071.25
云南	1050.61	1074.38	1257.08	1234.98	1057.48	978.97	983.79	1107.50	1146.41	1262.06	1316.82	1314.42	1136.05
黑龙江	2370.75				2800.00	2799.98	2799.95	1800.80	2081.14	1343.23	1263.90		1905.71
山东	1002.67	1262.55	795.75	820.27	767.16	1200.43	805.63	4000.00	788.07	1103.88	806.12	931.56	955.86
吉林	955.05	834.04	935.75	941.89	968.52	804.70	903.76	966.54	1022.33	1105.55	1139.37	1130.29	978.40
上海	1850.26	2022.27	1866.67	2402.48	3307.78	2553.33		3009.07	2259.74	2324.92	2606.67	2153.86	2284.20
辽宁		2799.96	2800.00	2316.12	2800.13	2755.30	2799.95	2759.93		2799.94	2800.05	2800.05	2745.52
新疆		1091.93	1244.41	1262.39	1065.16	918.03	992.52	1110.68		1171.09	1206.27	1192.11	1150.44
内蒙古		800.00											800.00
甘肃					1146.62								1146.62
青海						945.33							945.33
福建							791.22	791.22					791.22
四川									2800.02				2800.02
北京									2861.96				2861.96
海南												1000.00	1000.00
平均单价	842.47	956.67	994.65	1137.60	1112.74	908.09	897.04	834.13	901.68	995.97	994.71	1062.01	970.08

· 435 ·

2012年液化天然气分省市进口数量统计

(单位：t)

省市	1月	2月	3月	4月	5月	6月	7月	8月	9月	10月	11月	12月	全年合计
上海市	111698.00	180158.00	164649.00	59759.53	249618.00	117028.00	246330.00	66260.00	250301.75	177810.00	143567.00	255420.00	2022599.28
福建省	243443.10	190313.92	182458.50	240851.10	182529.31	242777.78	307712.01	271583.98	60541.63	303038.52	181594.42	303922.42	2710766.68
广东省	259378.32	349302.21	552026.59	415046.41	479605.58	625655.09	434662.59	635306.57	259620.45	518071.08	352154.51	504609.48	5385438.87
北京市	688732.22								808487.40				1497219.62
江苏省		112617.63	113014.00	227202.65	113970.00	113314.00	228082.00			114441.00	176464.00	516926.59	1716031.87
辽宁省			114384.00	114131.00	113766.00	112539.00	114567.98	113977.00		114729.69	228601.33	245760.66	1272456.66
浙江省										93638.93			93638.93
合计	1303251.63	832391.75	1126532.08	1056990.69	1139488.89	1211313.87	1331354.57	1087127.55	1378951.22	1321729.22	1082381.26	1826639.15	14698151.88

2012年液化天然气分省市进口金额统计

(单位：美元)

省市	1月	2月	3月	4月	5月	6月	7月	8月	9月	10月	11月	12月	全年合计
上海市	45316533	72815989	66397411	24214171	102516947	47933571	106136712	29901597	113820274	77513510	65855782	100053169	852475666
福建省	54068235	88968475	37777957	52510066	41630396	49120729	85715225	134072192	12268236	62435558	39321741	127278781	785167591
广东省	44492616	130361711	278573574	144782517	209604335	396116502	273141750	329005129	45177276	169695683	129716348	222469847	2372595288
北京市	640251843								737070000				1377321843
江苏省		108178462	109036132	223721487	114585065	119015342	243267027			105234378	156300832	393368863	1572707588
辽宁省			110485180	112348224	114427770	117513264	122135806	119779360		105516423	211296181	174278719	1187780927
浙江省										86286290			86286290
合计	784129227	400324637	602270254	557576465	582764513	729699408	830396520	612758278	908335786	606681842	601948884	1017449379	8234335193

2012年液化天然气分省市进口平均单价统计

(单位：美元/t)

省市	1月	2月	3月	4月	5月	6月	7月	8月	9月	10月	11月	12月	平均单价
上海市	405.71	404.18	403.27	405.19	410.70	409.59	430.87	451.28	454.73	435.93	458.71	391.72	421.48
福建省	222.10	467.48	207.05	218.02	228.08	202.33	278.56	493.67	202.64	206.03	216.54	418.79	289.65
广东省	171.54	373.21	504.64	348.83	437.03	633.12	628.40	517.87	174.01	327.55	366.81	440.88	440.56
北京市	929.61								911.67				919.92
江苏省		960.58	964.80	984.68	1005.40	1050.31	1066.58			919.55	885.74	760.98	916.48
辽宁省			965.91	984.38	1005.82	1044.20	1066.06	1050.91		919.70	924.30	709.14	933.45
浙江省										921.48			921.48
平均单价	601.67	480.93	534.62	527.51	511.43	602.40	623.72	563.65	658.71	459.01	556.13	557.01	560.23

2012年液化天然气分关口进口量统计

(单位：t)

关口	1月	2月	3月	4月	5月	6月	7月	8月	9月	10月	11月	12月	全年合计
上海	111698.00	180158.00	164649.00	59759.53	249618.00	117028.00	246330.00	66260.00	250301.75	177810.00	143567.00	255420.00	2022599.28
大连	125435.31		114384.00	114131.00	113766.00	112539.00	114567.00	113977.00	112932.00	114729.69	228601.33	245760.66	1510823.97
南京	407550.34	112617.63	113014.00	227202.65	113970.00	113314.00	228082.00		225628.00	114441.00	176464.00	516926.59	2349210.20
福州	243443.10	190313.92	182458.50	240851.10	182529.31	242777.78	307712.01	271583.98	187953.16	303038.52	181594.42	303922.42	2838178.20
九龙	415124.89	349302.21	552026.59	415046.41	479605.58	625655.09	434662.59	635306.57	508317.76	518071.08	352154.51	504609.48	5789882.75
宁波									93818.56	93638.93			187457.49
合计	1303251.63	832391.75	1126532.08	1056990.69	1139488.89	1211313.87	1331354.57	1087127.55	1378951.22	1321729.22	1082381.26	1826639.15	14698151.88

2012年液化天然气分关口进口金额统计

(单位：美元)

关口	1月	2月	3月	4月	5月	6月	7月	8月	9月	10月	11月	12月	全年合计
上海	45316533	72815989	66397411	24214171	102516947	47933571	106136712	29901597	113820274	77513510	65855782	100053169	852475666
大连	109171001		110485180	112348224	114427770	117513264	122135806	119779360	110711848	105516423	211296181	174278719	1407663776
南京	382006949	108178462	109036132	223721487	114585065	119015342	243267027		221403186	105234378	156300832	393368863	2176117723
福州	54068235	88968475	37777957	52510066	41630396	49120729	85715225	134072192	94468931	62435558	39321741	127278781	867368286
九龙	193566509	130361711	278573574	144782517	209604335	396116502	273141750	329005129	275794117	169695683	129174348	222469847	2752286022
宁波									92137430	86286290			178423720
合计	784129227	400324637	602270254	557576465	582764513	729699408	830396520	612758278	908335786	606681842	601948884	1017749379	8234335193

2012年液化天然气分关口进口平均单价统计

(单位：美元/t)

关口	1月	2月	3月	4月	5月	6月	7月	8月	9月	10月	11月	12月	平均单价
上海	405.71	404.18	403.27	405.19	410.70	409.59	430.87	451.28	454.73	435.93	458.71	391.72	421.48
大连	870.34		965.91	984.38	1005.82	1044.20	1066.06	1050.91	980.34	919.70	924.30	709.14	931.72
南京	937.32	960.58	964.80	984.68	1005.40	1050.31	1066.58		981.28	919.55	885.74	760.98	926.32
福州	222.10	467.48	207.05	218.02	228.08	202.33	278.56	493.67	502.62	206.03	216.54	418.79	305.61
九龙	466.28	373.21	504.64	348.83	437.03	633.12	628.40	517.87	542.56	327.55	366.81	440.88	475.36
宁波									982.08	921.48			951.81
平均单价	601.67	480.93	534.62	527.51	511.43	602.40	623.72	563.65	658.71	459.01	556.13	557.01	560.23

2012年液化天然气进口量统计

(单位：t)

产销国	1月	2月	3月	4月	5月	6月	7月	8月	9月	10月	11月	12月	全年合计
马来西亚	111698.00	180158.00	113661.00	59751.00	249618.00	117028.00	185162.00	8306.00	250284.00	177810.00	435888.28	255420.00	2144784.28
卡塔尔	498283.81	202703.52	320198.43	431708.62	320697.49	409032.55	525540.72	387479.82	612541.64	322809.62	143567.00	524872.61	4699435.82
阿尔及利亚	61220.42												61220.42
也门共和国（也门）	65797.99	65162.79	136853.24				65018.90		136600.21	65432.18		62000.00	596865.31
澳大利亚	259378.32	259216.31	260213.21	324671.44	323723.65	259168.02	255135.41	388873.15	259620.45	388661.87	259414.57	323723.73	3561800.12
俄罗斯联邦（俄罗斯）	63430.00		62159.71		62920.44			62949.33		63977.03		65164.46	380600.98
印度尼西亚（印尼）	243443.10	125151.13	182458.50	240851.10	182529.31	242777.78	242693.10	239519.24	60541.63	303038.52	181594.42	180404.12	2425001.95
特立尼达和多巴哥（特立—巴哥）			50988.00									114949.64	165937.64
韩国				8.53					17.75				26.28
尼日利亚						119819.03			59345.54			127408.59	306573.17
阿曼						63488.49							63488.49
埃及							57804.44				61917.00	172696.00	292417.44
合计	1303251.63	832391.75	1126532.08	1056990.69	1139488.89	1211313.87	1331354.57	1087127.55	1378951.22	1321729.22	1082381.26	1826639.15	14698151.88

2012年液化天然气进口金额统计

(单位：美元)

产销国	1月	2月	3月	4月	5月	6月	7月	8月	9月	10月	11月	12月	全年合计
马来西亚	45316533	72815989	45704985	24202274	102516947	47933571	80824872	5143556	113794128	77513510	400596367	100053169	1116415901
卡塔尔	467205905	194667500	309254803	425199139	320664779	424418391	558539086	410346573	601051861	297037091	65855782	445907097	4520148007
阿尔及利亚	53488191												53488191
也门共和国（也门）	63568345	62011429	85165743				36724763		92475332	45321208		44033714	429300534
澳大利亚	44492616	43872673	43787470	55653089	56128583	48529441	60095277	67665093	45177276	65604441	43732009	54946141	629684109
俄罗斯联邦（俄罗斯）	55989402		59886870		61823808			66929830		58770034		35679712	339079656
印度尼西亚（印尼）	54068235	26957046	37777957	52510066	41630396	49120729	48990462	62673226	12268236	62435558	39321741	39526582	527280234
特立尼达和多巴哥（特立－巴哥）			20692426	11897								77969889	98662315
韩国									26146				38043
尼日利亚						107709054			43542807			81583476	232835337
阿曼						51988222							51988222
埃及							45222060				52442985	137749599	235414644
合计	784129227	400324637	602270254	557576465	582764513	729699408	830396520	612758278	908335786	606681842	601948884	1017449379	8234335193

·439·

2012年液化天然气进口平均单价统计

(单位：美元/t)

产销国	1月	2月	3月	4月	5月	6月	7月	8月	9月	10月	11月	12月	平均单价
马来西亚	405.71	404.18	402.12	405.05	410.70	409.59	436.51	619.26	454.66	435.93	919.03	391.72	520.53
卡塔尔	937.63	960.36	965.82	984.92	999.90	1037.62	1062.79	1059.01	981.24	920.16	458.71	849.55	961.85
阿尔及利亚	873.70												873.70
也门共和国（也门）	966.11	951.64	622.31				564.83		676.98	692.64		710.22	719.26
澳大利亚	171.54	169.25	168.28	171.41	173.38	187.25	235.54	174.00	174.01	168.80	168.58	169.73	176.79
俄罗斯联邦（俄罗斯）	882.70		963.44		982.57			1063.23		918.61		547.53	890.91
印度尼西亚（印尼）	222.10	215.40	207.05	218.02	228.08	202.33	201.86	261.66	202.64	206.03	216.54	219.10	217.43
特立尼达和多巴哥（特立—巴哥）			405.83									678.30	594.57
韩国				1395.05					1473.26				1447.88
尼日利亚						898.93			733.72			640.33	759.48
阿曼						818.86							818.86
埃及							782.33				846.99	797.64	805.06
平均单价	601.67	480.93	534.62	527.51	511.43	602.40	623.72	563.65	658.71	459.01	556.13	557.01	560.23

2012年气态天然气分省市出口量统计

（单位：t）

省市	1月	2月	3月	4月	5月	6月	7月	8月	9月	10月	11月	12月	全年合计
北京市	34361.07								6041.79				94402.86
广东省	48630.30	74067.56	84820.03	5414.84	127669.42	72171.30	75689.73	43269.32	43807.16	74981.43	74711.29	72645.42	797877.80
海南省	112038.95	71929.29	90963.20	94833.71	96645.57	88869.17	78845.69	75312.23	81581.31	107836.27	105969.01	80651.91	1085476.30
天津市									116490.36				116490.36
合计	195030.32	145996.85	175783.23	100248.55	224314.99	161040.47	154535.42	118581.56	301920.62	182817.70	180680.30	153297.33	2094247.31

2012年气态天然气分省市出口金额统计

（单位：美元）

省市	1月	2月	3月	4月	5月	6月	7月	8月	9月	10月	11月	12月	全年合计
北京市	35601978								67944840				103544818
广东省	11682420	32987029	23623543	5603237	52501316	40766389	44437694	8864626	10815274	44141908	42401409	37912044	355736889
海南省	25898915	15491964	19612335	20463960	20873566	19348655	17210913	16478769	17871691	30855531	35803112	29681141	269590552
天津市									56943483				56943483
合计	73183313	48478993	43235878	26067197	73374882	60115044	61648607	25343395	153575288	74997439	78204521	67593185	785817742

2012年气态天然气分省市出口平均单价统计

（单位：美元/t）

省市	1月	2月	3月	4月	5月	6月	7月	8月	9月	10月	11月	12月	平均单价
北京市	1036.11								1131.63				1096.86
广东省	240.23	445.36	278.51	1034.79	411.23	564.86	587.10	204.87	246.88	588.70	567.54	521.88	445.85
海南省	231.16	215.38	215.51	215.79	215.98	217.72	218.29	218.81	219.07	286.13	337.86	368.02	248.36
天津市									488.83				488.83
平均单价	375.24	332.06	245.36	260.03	327.11	373.29	398.93	213.72	508.66	410.23	432.83	440.93	375.23

2012年气态天然气进口来源统计

月份	产销国	数量（t）	金额（美元）	平均单价（美元/t）
1月	土库曼斯坦	1028743.30	555731454.00	540.20
2月	土库曼斯坦	1284426.50	728391166.00	567.09
3月	土库曼斯坦	1208537.30	698640132.00	578.09
4月	土库曼斯坦	1296223.20	724532890.00	558.96
5月				
6月	土库曼斯坦	1293772.00	690325456.00	533.58
7月	土库曼斯坦	1282333.70	686581844.00	535.42
8月	乌兹别克斯坦	1440.62	687095.00	476.94
8月	土库曼斯坦	1283429.88	681742068.00	531.19
8月	小计	1284870.50	682429163.00	531.13
9月	乌兹别克斯坦	15243.80	7274571.00	477.21
9月	土库曼斯坦	1350277.90	725147350.00	537.04
9月	小计	1365521.70	732421921.00	536.37
10月	乌兹别克斯坦	57387.46	27384437.00	477.19
10月	土库曼斯坦	1382840.44	740202062.00	535.28
10月	小计	1440227.90	767586499.00	532.96
11月	土库曼斯坦	1605953.40	830299925.00	517.01
12月	乌兹别克斯坦	36794.17	17499972.00	475.62
12月	土库曼斯坦	1505154.33	827369973.00	549.69
12月	小计	1541948.50	844869945.00	547.92
全年合计		14632558.00	7941810395.00	542.75

2012年气态天然气出口去向统计

月份	产销国（地区）	数量（t）	金额（美元）	平均单价（美元/t）
1月	中国香港	195030.32	73183313.00	375.24
2月	中国香港	145996.85	48478993.00	332.06
3月	中国香港	175783.23	43235878.00	245.96
4月	中国香港	100248.55	26067197.00	260.03
5月	中国香港	224314.99	73374882.00	327.11
6月	中国香港	161040.47	60115044.00	373.29
7月	中国香港	154535.42	61648607.00	398.93
8月	中国香港	118581.56	25343395.00	213.72
9月	中国香港	301920.62	153575288.00	508.66
10月	中国香港	182817.70	74997439.00	410.23
11月	中国香港	180680.30	78204521.00	432.83
12月	中国香港	153297.33	67593185.00	440.93
全年合计		2094247.31	785817742.00	375.23

2012年气态天然气分关口进口统计

月份	关口	数量（t）	金额（美元）	平均单价（美元/t）
1月	乌鲁木齐	1028743.30	555731454.00	540.20
2月	乌鲁木齐	1284426.50	728391166.00	567.09
3月	乌鲁木齐	1208537.30	698640132.00	578.09
4月	乌鲁木齐	1296223.20	724532890.00	558.96
5月				
6月	乌鲁木齐	1293772.00	690325456.00	533.58
7月	乌鲁木齐	1282333.70	686581844.00	535.42
8月	乌鲁木齐	1284870.50	682429163.00	531.13
9月	乌鲁木齐	1365521.70	732421921.00	536.37
10月	乌鲁木齐	1440227.90	767586499.00	532.96
11月	乌鲁木齐	1605953.40	830299925.00	517.01
12月	乌鲁木齐	1541948.50	844869945.00	547.92
合计		14632558.00	7941810395.00	542.75

国内主要城市(车用)CNG加气站价格统计

城市	价格(元/m³)	城市	价格(元/m³)	城市	价格(元/m³)
北京	4.73	吉林-长春	4.50	山西-太原	3.20
上海	4.70	内蒙古-呼和浩特	3.56	山西-大同	3.30
天津	3.95	安徽-合肥	3.58	山西-晋城	3.30
河北-石家庄	3.00	江苏-南京	4.60	山西-运城	3.50
河北-廊坊	3.56	江苏-无锡	4.50	湖北-武汉	4.50
河北-衡水	3.56	江苏-常州	4.50	湖北-襄阳	4.50
河北-邯郸	3.56	江苏-苏州	4.50	湖北-宜昌	4.50
山东-济南	4.28	海南-海口	4.96	湖北-荆州	4.50
山东-泰安	3.80	广东-广州	5.16	湖北-鄂州	4.50
山东-德州	3.80	广东-中山	5.90	湖北-十堰	4.50
山东-聊城	3.18	广东-江门	4.70	湖北-黄冈	4.50
山东-菏泽	4.10	广东-佛山	5.78	四川-成都	4.00
山东-青岛	4.28	广东-东莞	5.00	四川-雅安	2.70
山东-淄博	3.78	河南-郑州	3.60	四川-达州	2.70
山东-滨州	3.56	河南-三门峡	3.95	四川-广安	2.70
黑龙江-哈尔滨	4.10	河南-安阳	4.50	四川-广元	2.08
黑龙江-齐齐哈尔	4.30	河南-南阳	3.80	陕西-西安	3.55
黑龙江-大庆	3.50	河南-信阳	3.60	陕西-咸阳	3.55
辽宁-沈阳	4.70	河南-驻马店	3.60	陕西-延安	3.55
辽宁-阜新	3.90	甘肃-兰州	2.59	陕西-榆林	3.55
辽宁-朝阳	3.80	新疆-乌鲁木齐	4.07		
辽宁-葫芦岛	4.20	海南	4.96		

(数据截至2013年6月)

国内压缩天然气井口价格统计

产地	价格（元/千m³）
川渝气田(化肥用气)	920.00
川渝气田(直供工业)	1505.00
川渝气田（城市燃气-工业）	1550.00
川渝气田(城市燃气-除工业)	1150.00
长庆油田(化肥用气)	940.00
长庆油田(直供工业)	1355.00
长庆油田（城市燃气-工业）	1400.00
长庆油田(城市燃气-除工业)	1000.00
青海油田(化肥用气)	890.00
青海油田(直供工业)	1290.00
青海油田（城市燃气-工业）	1290
青海油田(城市燃气-除工业)	890.00
新疆各油田(化肥用气)	790.00
新疆各油田(直供工业)	1215.00
新疆各油田（城市燃气-工业）	1190.00
新疆各油田(城市燃气-除工业)	790.00
其他油田(化肥用气)	1210.00
其他油田(直供工业)	1610.00
其他油田（城市燃气-工业）	1610.00
其他油田(城市燃气-除工业)	1210.00
忠武线（化肥用气）	1141.00
忠武线（直供工业）	1541.00
忠武线（城市燃气-工业）	1541.00
忠武线（城市燃气-除工业）	1141.00
陕京线（化肥用气）	1060.00
陕京线（直供工业）	1460.00
陕京线（城市燃气-工业）	1460.00
陕京线（城市燃气-除工业）	1060.00
川气东送	1510.00

（数据截至2013年6月）

"十二五"期间天然气管网重点项目统计

项目	序号	管道名称	长度（km）	输气能力（亿m³/a）	设计压力（MPa）	管径（mm）	投产时间	气源	备注
战略进口管道	1	西气东输二线东段	3000	300	12/10	1219/1016	2011	中亚一期	
	2	中亚天然气管道C线	1833	250~300	10	1219	2013	中亚二期	
	3	西气东输三线	7300	300	12/10	1219/1016	2013	中亚二期	
干线管道	1	陕京四线	1300	230	10	1219	2013	长庆、中亚气	
	2	中卫–贵阳天然气管道	1620	150	10	1016	2013	中亚气、塔里木气	
	3	东北天然气干线管网	1100	90~120	10	1016	2011	俄气、中亚气、大连LNG	
	4	青藏天然气管道	1320	18	10	508	2014	青海	
	5	鄂尔多斯–安平	680	30			2006	鄂尔多斯气、煤制气、晋陕煤层气	
联络线、干线配套支线	1	冀宁联络线复线	904	150	10	1016	2013	长庆气、塔里木气、LNG	
	2	宁鲁输气联络线工程	630	27	8	711	2013	鄂尔多斯气、川气、LNG	
	3	南疆天然气利民工程	2485	14	10	508/219	2013	塔里木气	
	4	海上气田天然气管道	1000			325~813	2013	海上	
	5	储气库配套管道	600			610~1219	2014	储气库	
	6	已有管网改造	700	60			2015	东北、西南	
	7	LNG接收站外输管道及相互间联络线	6000				2015	LNG	
	8	已建干线的新建支线	3500						
煤制天然气和煤层气管道	1	新疆煤制天然气外输管道						新疆煤制天然气	视煤制气项目进展适时建设
	2	煤层气管道	2054	120	6.3/4	408~813	2015	煤层气	

"十二五"期间天然气区域管网项目统计

序号	项目名称	长度（km）	输气能力（亿m³/a）	设计压力（MPa）	管径（mm）	投产时间	气源
四川							
1	四川石化基地供气工程	97	33	6.3	660	2012年	
2	江津-纳溪输气管道	98	46	6.3	813	2013年	
3	自贡-隆昌-荣昌-永川管道	90	10	4	508	2014年	
4	楚雄-攀枝花-西昌输气管道	450	30	6.3	508-711	2014年	
5	大邑-青白江-德阳输气管道	170	36	8	610	2016年	
6	南坝-达州输气管道	68	10	7	323.9	2013年	
北京							
1	古北口-高丽营	107	13	7.8	1016	2012年	大唐煤制气
2	四大热电中心供气专线	102	70	4	1000	2013年	陕京系统
3	西沙屯-大唐煤制气管道密云末站联络线	60	40	6.3	813	2014年	陕京四线
湖北							
1	武汉-宜昌	320	20	6.3	711	2014年	西二线、西二线
2	中石化安山-武石化专线	87	5	6.3	406.4-273	2012年	西二线、川气东送
3	荆州-石首	150	5	6.3	508-323.9	2012年	川气东送
4	豹澥-黄石（复线）	76	7	6.3	323.9	2015年	忠武线

续表

序号	项目名称	长度（km）	输气能力（亿m³/a）	设计压力（MPa）	管径（mm）	投产时间	气源
云南							
1	楚雄-攀枝花-德昌支线	370	30/10	10/4	720/508	2013	中缅天然气
福建							
1	福州-平潭	98	12	6.3	406	2013年6月	中亚
2	武夷山-三明	320	15	6.3	406	2013年6月	中亚
3	福州-福鼎	300	100	10	1016	2013年6月	中亚
4	江西上饶-武夷山支线	45（100）	10	6.3	406.4	2011年底	西二线
5	龙岩-三明-南平支线	252	10	6.3	406	2012年12月	西三线
6	厦门支线	20	8	6.3	406	2012年12月	西三线
7	福州-南平联络线	200	10	6.3	406	2014年12月	西三线
浙江							
1	甬台温天然气输气管道工程	464	95	6.3	干线813支线355.6	2014年	浙江宁波LNG、丽水36-1气田、西气东输二线
2	浙沪天然气联络线工程（浙江段）	40	5	6.3	813	2013年	上海、浙江多种气源互补
3	杭州-金华-衢州天然气管道	200	51	6.3	813	2014年	西二线
4	金华-丽水-温州	258	40	6.3	813	2012年	西二线
5	浙闽天然气联络线工程	50	5	6.3	660	2015年	温州LNG
6	上虞-三门联络线	170	10	6.3	660	2015年	宁波LNG
7	丽水36-1气田连接线	40	5	6.3	660	2013年	丽水36-1
8	温州LNG配套管线	80	50	7	813	2015年	进口LNG
9	衢州-常山支线	48	9.6	6.3	457	2011年底	西二线

续表

序号	项目名称	长度（km）	输气能力（亿m³/a）	设计压力（MPa）	管径（mm）	投产时间	气源
10	衢州–江山	58	7.6	6.3	457	2011年底	西二线
11	金华–义乌支线	39	17.2	6.3	457	2011年底	西二线
湖南							
1	湘潭–九华支线	32	30	6.3	508	2011年	西二线
2	九华–娄底–邵阳	176	10	6.3	508	2011年	西二线
3	湘潭–娄底–邵阳	213	7	6.3	508	2011年	忠武线、西二线、西三线
4	株洲–衡阳支干线	130	20	6.3	508	2015年底	西三线
5	衡阳–耒阳–郴州	133	5	4	457	2015年底	西三线
吉林							
1	吉林–延吉长输管道	263	6	4	600	2014年	陕京线、吉林油田、东北油气分公司
2	松原–白城长输管道	175	8	8	800	2012年	陕京线、吉林油田、东北油气分公司
3	四平–白山长输管道	273	13.6	4	700	2012年	陕京线、中石油吉林油田、中石化东北油气分公司
4	八屋–长春高压外环复线	60	7.8	8	400	2011年	
5	前大–松原复线	76	40	8	800	2014年	
6	后五家–四平复线	64	8.6	6.3	400	2014年	
内蒙古							
1	建平–赤峰	177	8	6.3	450	2013年	锦州–朝阳–建平管道
2	克什克腾旗–赤峰	300	7	8	457	2014年	大唐克旗煤制气

续表

序号	项目名称	长度(km)	输气能力(亿m³/a)	设计压力(MPa)	管径(mm)	投产时间	气源
3	呼和浩特支线	21	10	6.4	406.4	2014年	陕京四线
甘肃							
1	中贵线天水支线	40	5	6.3	273	2012年	中卫-贵阳线
山东							
1	沧淄线阳信支线	8	7.4	4	508	2012年	沧淄线
2	天津LNG项目唐官屯-淄博输气管道（山东段）	244	40	8/6.3	711	2015年	天津LNG项目
陕西							
1	靖西三线系统工程	626	30/90	8	700/900	一期2012年/二期2015年	中石油长庆气田
2	川东北-西安输气管道	134	11	8	650		普光气田
江苏							
1	海门支线	37	10	6.3	323.9	2011年	江苏LNG
2	如东-金鹰电厂支线	36	30	6.3	610	2011年底	江苏LNG
3	南京金陵电厂复线	15	6	6.3	323.9	2011年底	西一线
4	蓝天热电二期	5	6	4	323.9	2011年底	西一线
5	仪征华电热电厂	6	10	4	406	2011年底	西一线
6	常熟开发区燃气电厂支线	66	15	6.3	508	2011年	西一线
7	华能苏州热电厂支线	25	8	4	406.4	2011年	西一线
8	南京东亚电厂支线	2	6	4	323	2011年	西一线
9	淮安-盐城	94	6	6.3	323.9	2011年	冀宁线
10	淮安淮阴电厂	17	6	4	323.9	2011年底	

续表

序号	项目名称	长度（km）	输气能力（亿m³/a）	设计压力（MPa）	管径（mm）	投产时间	气源
11	徐州–商丘联络线	158	13	6.3	610	2015年底	
12	龙池–天长	49	10	4	406.4	2015年	西一线
广东							
1	韶关分输站–韶关支线	64	5	6.3	406.4	2011年	西二线
2	东莞–惠阳区	64	6	6.3	323.9	2011年	西二线
3	肇庆分输站–江门	120	6	6.3	406.4	2011年	西二线
4	清远–花都	33	60	6.3	610	2011年	西二线
5	揭阳–汕头	40	6	6.3	323.9	2014年	西三线
6	潮州支线	5	6.5	6.3	324	2011年	西三线
新疆							
1	西二线奎屯分输站–奎屯石化工业园	1.6	18	6.3	219	2012年7月	西二线
2	西二线乌鲁木齐分输站–乌鲁木齐市	8.5	22	6.3	322	2012年8月	西二线
3	西二线哈密分输站–哈密LNG厂	18.5	5.4	6.3	219	2012年8月	西二线
4	西二线鄯善分输站支线	20	5.2	6.3	219	2013年	西二线
5	达坂城支线	20	6	6.3	323.9	2012年	西二线
6	塔城–北屯支干线	190	40	10	711	2015年	
7	库车–哈密	860	80	10	914	2015年	
8	"彩–乌线"–甘泉堡工业园	12	18.7	6.3	322	2012年5月	新疆油田公司气源
9	英买力–阿克苏–喀什输气管道	668	12.9	6.3	559		英买力气田及柯克亚等

· 451 ·

续表

序号	项目名称	长度（km）	输气能力（亿m³/a）	设计压力（MPa）	管径（mm）	投产时间	气源
10	喀什-泽普段输气管道	260	12.9	6.3	508	2012年	
辽宁							
1	阜新-沈阳	111.1	40	8	900	2013年	大唐阜新煤制天然气
2	沈阳-本溪	98	20	6.3	600/400	2015年	大唐阜新煤制天然气
3	沈阳-铁岭	86	20	6.3	600/450	2015年	大唐阜新煤制天然气
4	沈北-抚顺	49	20	6.3	450	2015年	大唐阜新煤制天然气
5	抚顺支线	65	5.5		250	2013年	大连LNG和秦沈天然气
6	松岚分输站-大连支线	17	20	6.3	610	2011年	大连LNG
7	大连末站-大连石化支线	13	9.8	4	406	2011年	大连LNG
8	营口-盘锦支线	73	10	4	508	2014年	大连LNG
9	沈抚分输站-抚顺支线	98	9	6.3	457	2014年	大连LNG
10	铁岭分输站-法库支线	38	5	4	323.9	2013年	大连LNG
河南							
1	信阳-罗山支线	42	6	6.3	406.4	2013年	西二线
山东							
1	淄博支线末站-沧淄线淄博末站联络线	56	33	6.3	508	2011年底	山东管网
2	沧淄线阳信电厂支线	8	7	4	508	2011年底	沧淄线

续表

序号	项目名称	长度（km）	输气能力（亿m³/a）	设计压力（MPa）	管径（mm）	投产时间	气源
江西							
1	九江支线	20	10	6.3	323.9	2012年	西二线
2	赣州支线	25	5	4	508	2012年	西二线
3	吉安支线	15	5	4	323.9	2012年	西二线
4	贵溪支线	30	5	4	323.9	2012年	西二线
5	樟树-丰城支线	70	5	4	219	2012年	西二线
6	麻丘储气库支线	49	20	10	610	2012年	
广西							
1	南宁-田东支线	175	8	6.3	457	2014年	西二线
2	沂城-桂林支线	205	7.3	6.3	255.6	2013年	中缅天然气管道
3	南宁-北海支线	194	10.9	6.3	610/273	2013年	中缅天然气管道
河北							
1	渤海-海兴-盐山	57	15	4	508	2012年	唐山LNG
天津							
1	丰南-汉沽-空港	150	65	6.3	813	2013年	唐山LNG
2	空港-大港东城-南港	60	65	6.3	813	2012年	唐山LNG和永唐秦
3	宝坻-空港	90	65	6.3	813	2014年	永唐秦
4	南港-临港	40	50	4	711	2011年	永唐秦
上海							
1	海门-崇明-用直	35	150	10	1016	2017年	
山西							
1	河曲-保德-兴县	55	17.5	4	457	2012年	
2	保德-神驰-原平	180	7	4	406.4	2012年	

续表

序号	项目名称	长度 （km）	输气能力 （亿m³/a）	设计压力 （MPa）	管径 （mm）	投产时间	气源
3	大宁吉县-临汾	45	16.1	4	610	2012年	
4	黄家沟-离石	40	13.9	4	508	2012年	
5	离石-太原	200	29.3	4	711	2012年	
6	不白霜-离石	20	15.4	4	508	2015年后	
7	临县-兴县	300	10	6	406.4	2012年	
青海							
1	甘河支线	30	12	6.3	406	2012年	涩宁兰管道

"十二五"期间储气库重点项目统计

序号	地区	储气库	设计工作气量（亿m³）	投资（亿元）
1	辽河	双6	16	84
2	大港	板南	4	13.2
3	华北	苏1	2	67.1
4		苏20	1	
5		苏4	12	
6		苏49	5	
7		顾辛庄	4	
8		文23	4.5	18.5
9	西南	相国寺	23	119.1
10	新疆	呼图壁	45	98.6
11	榆林	榆林储气库	60	180
12	大庆	大庆库群（3个库）	65	65
13	吉林	吉林库群（2个库）	10	
14	辽河	齐13	2.5	7.5
15	江苏	金坛一期盐穴	2.41	10
16	江苏	金坛二期盐穴	1.5	15.4
17	中原	文96	2.95	10
18	胜利	永21	1.43	5
19	中原	文23一期	17	50
20	江汉	黄场盐穴	2.5	13
21	江苏	淮安盐穴	11.9	13
22	云南	安宁盐穴	9.9	10
23	湖北	云应盐穴	5.8	17
24	河南	平顶山盐穴	12.1	15
	合计		257	811

"十二五"期间常规天然气开发重点项目统计

气区	新建产能(亿m³/a)	2015年产量(亿m³/a)
鄂尔多斯盆地	261	390
四川盆地	195	410
塔里木盆地	147	320
南海海域	100	150

(以上资料由博燃网提供,中国城市燃气协会整理)

中国燃气行业年鉴 2013
CHINA GAS INDUSTRY YEARBOOK

第九篇

燃气行业大事记

2012年中国燃气行业大事记

7月

7月1日,江苏省南通市物价局调整市区管道燃气设施工程安装费征收办法,收取对象由业主调整为房地产开发企业。

7月2日,天然气交易在上海石油交易所正式上市,首日成交3960吨。

7月4日,中国城市燃气协会分布式能源专业委员会成立大会在北京举行。

7月10日,发改委披露确立首批4个国家天然气分布式能源示范项目,意味着国家天然气分布式能源示范项目大规模建设的序幕已经拉开。

7月10日,河北省秦皇岛市连接山海关区与海港区的燃气大动脉——龙源大道中压燃气管道建设工程正式运行通气。

7月11日,宁夏中卫-四川南部天然气输气管线开始通气,标志着数千公里外的中亚天然气首度直接进入四川,四川省天然气保障能力将大大提升。

7月12号,沈阳燃气集团有限公司举办了"道德讲堂"启动仪式暨首场宣讲会。

7月13日,国土资源部发布《页岩气资源/储量计算与评价技术要求(试行)(征求意见稿)》,为下一步页岩气的实际开发铺平了技术道路。

7月14日,长春市首例居民天然气置换点火测试成功。

7月中旬,中国住房和城乡建设部发布《全国城镇燃气发展"十二五"规划》。

7月16日,北京公交集团以天然气为能源的公交车达到3086部,成为全世界最大的天然气公交车队。

7月18日,宁夏哈纳斯新能源集团年产80万吨的液化天然气(LNG)项目在银川正式投产。

7月19日,中国石油经济技术研究院在北京发布的《2012年国外石油科技发展报告》中最新公布的全球页岩气资源最新评估结果表明,全球总的页岩气技术可采资源量为187万亿立方米,其中中国约占总量的20%,为360825亿立方米,排名世界第一。

7月23日,中国燃气创始人刘明辉被免于起诉,这也使其有可能重返中国燃气,并为中国石化和新奥能源最终能否完成对中国燃气的收购再度产生变数。

7月下旬,由中石油昆仑燃气有限公司生产的14.2吨、货值8.92万元的液化石油气,经云南大理检验检疫局检验合格,顺利出口缅甸。这是该局首次检验出口液化石油气,也是该局业务辖区企业首次以一般贸易的方式出口液化石油气类产品。

7月25日,上海第一艘LNG运载船——"申海"号,顺利完成气试(气体试验)工作,驶离上海LNG接收站码头,正式投入国际商业运营服务。

7月25日,新版《武汉市燃气管理条例》获武汉市人大常委会议通过,从规划建设、供应使用,到安全与应急处理,全方位保障燃气供应与安全。

7月25日,长江集团旗下各成员包括长江实业、长江基建、电能实业和李嘉诚基金会合组财团,以6.45亿英镑约77.53亿港元作价收购英国八大天然气供应商之一Wales&West Utilities。

7月26日，由山西省国新能源集团投资30亿元建设的国内首个煤层气、天然气综合利用示范园区在山西省阳泉市寿阳县开工建设。

7月27日，由西安西蓝天然气集团成功改装的国内首辆LNG油气双燃料轿车在西安正式亮相。

7月27日，青海油田已具备年生产天然气70亿立方米的能力，最高日供气能力达2083万立方米。

7月28日，大唐能源化工有限责任公司克什克腾旗40亿立方米/年煤制天然气一期甲烷化装置一次试车成功，产出合格天然气、甲烷含量达到94.99%。这标志着我国首个大型利用劣质褐煤制造天然气示范工程实现全流程贯通。

7月31日，中缅油气管道（国内段）扒车岭隧道正式交付线路安装铺管，标志着中缅油气管道隧道安装工程正式启动。

8月

8月1日，西气东输二线正式向深圳供气，深圳市天然气高压输配系统工程投产。

8月6日，由中国能建浙江省火电建设公司承建的萧山天然气热电联产工程5号机组顺利通过168小时满负荷考核运行，正式动态移交商业生产。这是浙江首台正式投产的天然气热电联产抢建项目。

8月6日，安徽省交通运输厅与皖能集团在合肥签署战略合作协议，推进液化天然气在交通运输领域的应用。

8月7日，"气化陕西"的重要工程项目之一的杨凌应急抢险中心建成投运。这也是陕西省首个天然气应急抢险中心。

8月8日，中国最大天然气拖管车检测站落户乌鲁木齐市米东区新捷燃气母站，检测站检测车间面积2800平方米。

8月9日，新疆库尔勒市首条次高压天然气输气项目正式投入使用，彻底缓解城市"气短"现象。

8月12日，人工煤气退出南昌市场，标志着南昌市全面进入天然气时代。

8月15日，河南省南阳市居民用上天然气，南阳成为河南省最后通天然气的城市。

8月15日，武汉天然气有限公司首推居民个人供用气合同。

8月17日，中国燃气召开股东周年大会，刘明辉将接替退任的安曼石油代表，从17日起担任中燃非执行董事。

8月19日，中铁六局北京铁建公司承建的北京草桥电厂燃气管线下穿高铁及普速铁路工程，正进行收尾施工。这次北京市单项工程首次累计10次下穿铁路，也是首次下穿高铁工程施工。

8月19日，中石油华气安塞LNG项目成功产出合格LNG液体，标志着由中石油寰球工程公司自主开发的双循环混合冷剂大型液化技术(DMR)获得成功，弥补了国内天然气液化技术的空白。

8月20日，西气东输二线天然气经南昌-上海支干线进入萧山联络站。这意味着浙江省在原有的西一气、川气、东气后，又用上了"西二气"新气源。

8月20日，辽宁省阜新市首次探明页岩气资源，预计资源量超87亿立方米。

8月23日，华润燃气宣布，斥资24.15亿元，悉数收购母公司华润集团子公司华润石化，令华润燃气的管道燃气项目由原来的80个增加至100多个。

8月28日，山西省公布《城镇燃气经营许可管理办法》。

9月

9月1日，由中国石油西南油气田天然气研究院和中国石油工程设计公司西南分公司负责起草的2012版《天然气》强制性国家标准将正式实施。

9月5日，西气东输二线萧山分输站正式向浙江省天然气管网供气，使该省首次用上清洁高效的中亚进口天然气。

9月6日，南疆天然气利民工程喀什-泽普段铁路穿越工程顺利完工。

9月6日，国电电力首个天然气热电项目-国电湖州南浔天然气热电项目获得浙江省发改委核准。

9月7日，内蒙古呼和浩特市燃气协会正式挂牌成立。

9月10日，我国第二轮页岩气探矿权招投标程序正式启动。

9月18日，"北京燃气96777新话务中心"正式启用。

9月19日，宁波港迎来首艘大型LNG船舶。

9月19日，全国首个页岩油气产能建设项目——中石化梁平页岩油气勘探开发及产能建设示范区8个钻井平台在梁平县全面开钻。

9月24日，陕京三线北京市内配套工程西六环南北段天然气管线建设全线开工。

9月26日，北京市首座LNG中转站和加气站在通州次渠同时投产。

9月28日，北京市四大燃气热电中心项目的最后一个项目——北京东北热电中心举行开工仪式。

9月28日，总投资72亿元的陕西省渭南市富平县煤层气综合利用项目开工奠基仪式隆重举行。

9月底，中石化在北京第一批LNG公交车加气站投入运营。

10月

10月4日，作为我国"川气东送"工程气源地，普光气田120亿立方米的年产能建设任务全面完成，转入开发生产与管理阶段。

10月13日，广州市法制办出台《广州市燃气管理办法(草案征求意见稿)》。

10月15日，山东威海经济技术开发区发生一起管道液化气爆炸事故，造成1人死亡，4人下落不明。

10月15日，在五度延后收购之后，中石化和新奥能源联合发布公告，宣布对中国燃气的收购要约不再继续进行。但同时，中石化将以战略合作的方式加大对中国燃气的投资。

10月16日，西气东输三线管道工程正式开工。

10月20日，中石油大连LNG接收站3号储罐一次性投产成功，标志着大连LNG项目一期工程全面建成投产，成为中石油第一个全面建成投产的LNG项目。

10月24日，温家宝总理主持召开的国务院常务会议，讨论通过《能源发展"十二五"规划》。

10月24日，国务院新闻办公室发布《中国的能源政策》白皮书称，近年来，中国能源对外依存度上升较快，特别是石油对外依存度从21世纪初的32%上升至目前的57%。

10月25日，《天然气发展"十二五"规划》获得国务院批复。

10月25日，国土资源部组织的页岩气第二轮探矿权招标在北京举行开标会议。

10月31日，国家发改委发布《天然气利用政策》，这是自2007年3月该政策出台后的首次调整。

10月31日，天津港首个浮式LNG码头工程主体顺利完工。

11月

11月5日，中华人民共和国国家标准《燃气服务导则》（GB/T 28885-2012）由中华人民共和国国家质量监督检验检疫总局和中国国家标准化管理委员会发布。

11月6日，"中国城市燃气协会（以下简称'中燃协'）第七届会员代表大会"在北京召开，表彰第六届理事会期间对燃气行业做出卓越贡献的会员和优秀会员，并颁发"燃气行业卓越贡献奖"和"燃气行业优秀会员奖"。

11月中旬，土库曼斯坦气源地已累计向我国供应天然气超过400亿立方米。

11月22日，国土资源部发布《关于加强页岩气资源勘查开采和监督管理有关工作的通知》。针对页岩气资源区块与传统油气区块的重叠问题，国土资源部加以限定。

11月23日，山西省晋中市寿阳县一家名为喜羊羊的火锅店发生液化气爆燃事故，造成14人死亡，47人受伤。

11月23日，重新修订后的《南宁市燃气管理条例》经广西南宁市十三届人大常委会第十次会议审议通过。

11月25日，我国首条跨国天然气管道中亚天然气管道累计向国内输气突破400亿立方米，达400.06亿立方米。

11月27日，江西省发布《江西省页岩气勘探、开发、利用规划(2011-2020年)》，这是第一份省级页岩气规划。

11月29日，浙江省海宁市首个建成的加气站通过验收，这是全省首个集液态天然气、压缩天然气供应为一体的"二合一"加气站。

11月，江西省住房城乡建设厅制定的《江西省城镇燃气经营许可证管理办法》开始施行，对全省燃气经营实行许可证制度。

12月

12月1日，我国新版《天然气利用政策》开始实施。

12月1日，北京市民用管道天然气每立方米统一上调0.23元，调整后价格为2.28元/立方米。

12月1日上午，由中石化北京石油分公司承办的LNG加气站开始营业，为北京首批双层LNG公交车加气，意味着北京市LNG公交车已从示范运营迈向全面推广阶段。

12月1日，湖南省长沙、株洲、湘潭三市居民，开始实行生活用天然气试行阶梯气价管理。

12月1日，由中国城市燃气协会主编的国家标准《燃气系统运行安全评价标准》（GB/T50811-2012）实行。

截至12月初，西气东输管道已向上海市供气180亿立方米，可节约900万吨标煤。

12月3日，由国家发展改革委、能源局组织编制的《天然气发展"十二五"规划》发布。

12月6日，全国页岩气第二轮探矿权招标结果出炉，国土资源部在其网站公布19个区块的前三名中标候选企业名单，并进行为期9天的公示。

截至12月7日，川气东送天然气销售量达65.85亿立方米，销售收入达101.24亿元。

12月9日，随着北京市密云县司马台新村居民的大部分迁入，这个离城区150公里的最边远山村成为北京燃气集团最远的"客户"。

12月10日，全球最大的LNG船舶"拉什达"号在江苏洋口港区LNG码头靠泊成功，开始接卸作业。

12月18日，国内首个陆相页岩气开发示范区——延长石油延安国家级陆相页岩气示范区揭牌。

12月18日，中石化以约15亿美元(约合人民币94亿元)交易价格收购加拿大塔利斯曼能源公司英国子公司49%股份项目正式交割。

12月19日，西气东输二线广深支干线求大段管道和香港支线成功投产，具备向香港供气条件。

12月24日，北京市天然气用量达到6257万立方米，创北京市单日历史最高量。

12月27日，国家发改委网站公布《国家发展改革委关于保障当前天然气稳定供应的紧急通知》。

2013年中国燃气行业大事记

1月

1月1日，《广东省物价局关于管道燃气价格的管理办法(试行)》正式实施。

1月1日，中石化液化气统一销售正式上线，构建中石化液化气统一营销网络，充分发挥当地销售部的作用，迅速、高效地服务客户、服务企业。

1月1日，南京民用管道天然气正式执行阶梯式价格。

1月5日，修订后的《西安市燃气管理条例》获西安市十五届人大常委会第六次会议表决通过。

1月6日，武汉市民用采暖用户充值额度，从原有的450立方米/月调整至300立方米/月，以确保天然气管网运行稳定。

1月7日，全国能源工作会议在北京召开。

1月7日，在我国第二大淡水湖洞庭湖的首艘以天然气为动力能源的大型运输船只——编号为湘岳1332的沙砾运输船加注LNG(液化天然气)，并进行为期一个月的试航。

截至1月10日，西南油气田完钻12口井，其中10口气井获得页岩气，采气1290万立方米，在页岩气开发技术方面获得突破。

截至1月11日，涩北气田向涩宁兰管道日供气量达到1360万立方米，缓解了下游用气紧张局面。

截至1月14日，西气东输二线已累计输气超过431亿立方米。

1月18日，深圳首座港区外LNG加气站建成并试运行，首批50辆LNG牵引车也成功交付。

1月20日，西气东输天然气接通至南宁中燃蒲庙门站，意味着"西气"即将进入南宁居民家中，南宁成为广西首个用上长输管道天然气的城市。

1月21日，国土资源部举行新闻发布会公布第二轮页岩气探矿权招标结果，其中有2家民营企业首次入围中标。

1月21日，北京市燃气集团对外发布消息，2012年北京市天然气用量达到84.1亿立方米，同比增长15.51亿立方米，增长幅度为22.6%，创历史最高。

1月23日，国务院办公厅发布《能源发展"十二五"规划》。

1月25日，贵州省页岩气资源调查评价黔南项目"麻页1井"和黔北项目"正页1井"钻探施工正式启动。

2月

2月1日起，江苏省徐州市调整市区新建商品住房民用天然气设施工程安装费收费方式。

2月1日，合肥市执行最新燃气设施维修有偿服务收费项目和标准，有效期为3年。

2月18日，国家发展改革委核准中国海洋石油总公司粤东液化天然气项目。

3月

3月1日，新版《武汉市燃气管理条例》施行。

3月1日，太原市第一批带有芯片的液化气罐投入市场。

3月3日，北京市63辆13.7米的单机天然气公交车上路运营。

3月5日，南京市再度下调民用瓶装液化气基准销售价格，14.5公斤民用瓶装液化气的最高零售价格由111.7元下调为106.7元，降幅为4.5%，较2012年同期下降约5.7%。

3月9日，江苏省苏州市启动今年第一批天然气置换工作。

3月22日，西藏城市燃气工程一期通过竣工验收，日气化能力100万立方米。

3月25日，受一则"4月天然气大幅调价"消息影响，A股天然气板块大幅飙升，长春燃气、陕天然气等开盘即封至涨停。

3月27日，湖南张家界市核心景区武陵源风景名胜区正式启用新能源燃气车——LNG燃气车。

3月28日，浙江舟山市6500立方米全压式液化气船"华昌18"轮顺利下水。这是目前全国同类船舶中最大的一艘，入级CCS检验国际无限航区。

4月

4月2日，由天津市燃气集团与华润集团共同出资的津燃华润燃气有限公司挂牌成立。

4月9日，北京市2013年首个"煤改气"项目大屯供热厂"煤改气"项目正式启动改造，大屯供热厂将在原有锅炉厂房内新装4台燃气热水锅炉。

4月9日，由我国自主研发、亚洲最大的深海油气平台荔湾3—1天然气综合处理平台顺利完工。该平台浮托重量达到3.2万吨，历时21个月建造。

4月10日，世界上最大的LNG船"莎格兰"轮成功靠泊江苏省洋口港。这是该港今年靠泊的第14艘LNG船。

截至4月13日，从新疆霍尔果斯口岸入境的中亚天然气管道，已累计向中国输送天然气达到500亿立方米。

4月13日，由渤海装备公司石油机械厂研制的橇装式LNG加注站，在昆仑华港燃气集团河北省文安市场投用，这是中石油首个自主研制成功的LNG橇装装备。

4月15日，中国有关方面收到国际三大能源联盟正式通知，中国成功获得2019年第十九届国际液化天然气大会的举办权，举办地为北京。

4月16日，中国石油天然气集团公司宣布，周吉平出任中国石油天然气集团公司董事长、党组书记。

4月18日起，北京市已经超过15年使用期限的老旧液化气钢瓶开始回收报废，市民或企业送缴老旧液化气钢瓶，将获得5元至30元不等的补贴。这是北京市首次出台液化气钢瓶回收相关政策。

4月20日，四川省雅安市芦山县发生7.0级强烈地震，天然气发生中断。

4月22日，西气东输香港支线进入调试运维阶段。

4月27日，北京市市政市容委、住建委、首都综治办等部门联合召开新闻发布会，即日起全市启动居民用户燃气隐患排查工作，使用燃气直排热水器的房屋将不允许出租。

4月28日，中石油华北天然气销售公司召开紧急会议，由于上游气源紧张，缺口较大，中石油决定自5月2日起，在全国范围内限气26%。

4月29日，中国燃气控股有限公司与台湾共23家银行在台北市举行银行团联合授信签约仪式，并签订额度4.5亿美元三年期的联合授信协定，以用于集团在大陆地区的燃气项目发展。

5月

截至5月2日，天津市20公里首批燃气旧管网改造完毕，使1.5万户居民受益。

5月5日起，河北、山东、陕西等省下游燃气公司天然气供应开始恢复，而充足供气的前提是价格比2012年同期上涨0.2元/立方米，涨幅达8%。

5月6日，安徽省首艘LNG燃料动力试点船舶"红日166"轮，顺利取得船舶检验证书，成为我国首艘取得船舶检验证书的LNG燃料动力船。

5月9日，西气东输三线东段干线吉安-福州段第一标段正式打火开焊，标志着西三线东段工程建设正式进入管道主体施工阶段。

5月9日，江苏省页岩气资源勘查开发工作专家咨询组成立，江苏正式起步开发利用页岩气。

5月9日，天津市大港垃圾发电厂天然气工程竣工通气，投资960万元。

5月12日，山东天然气管网全线19条定向钻穿越全部实现回拖一次成功。

5月16日，中国城市燃气协会燃气用户服务工作委员会成立大会暨第一次工作会议在武汉市召开。

5月16日，国务院决定取消和下放的117项行政审批项目目录公布，其中，涉及能源、化工的审批权取消9项，下放7项，涉及部门包括国家发改委、能源局和商务部。

5月20日，我国柴达木盆地第一口页岩气探井正式开钻。

5月20日，我国首次在2500米以下的深层煤层应用套管压裂改造获得成功。

6月

6月1日，中华人民共和国国家标准《燃气服务导则》（GB/T 28885-2012）实施。

6月4日，由江苏蓝色船舶动力有限公司筹建的LNG加气站项目正式在淮安水上服务区破土动工，这也是全国内河首家LNG加气项目。

6月7日，由中国城市燃气协会和中国土木工程学会燃气分会共同主办，天津市燃气集团有限公司承办的第四届"中国城市燃气论坛"会议在天津召开。

6月11日，江苏省苏州燃气集团下属液化气经销分公司横山储罐场生活区综合办公楼一楼的职工食堂厨房发生爆炸，死亡11人，初步判定事故是由管道燃气泄漏引发的。

6月19日，山西朔州一家试营业的饭店发生爆炸，造成157人受伤，2人死亡，事故的原因初步确定为天然气管道爆炸。

6月19日，国家发改委下发《关于进一步做好当前天然气供应保障工作的通知》，提出五项措施，确保天然气供需平稳运行。

6月24日，广汇能源股份有限公司宣布，中哈萨拉布雷克-吉木乃跨境天然气管线在实现第二阶段72小时联调后，供气量持续稳定，正式投产通气。这是我国首条由民营企业投资建设的跨国能源通道项目。

6月26日，中石油油气管道合资合作战略协议在北京签署。这是国务院"新36条"颁布后中国石油又一例引入民间资本的国家重点工程项目，标志着国有资本对民间资本的开放迈出实质性步伐，开辟了民营资本参与战略性行业的新通道。

6月28日，国家发改委发出通知，决定自7月10日起调整非居民用天然气价格。

6月30日，西气东输三线霍尔果斯-乌鲁木齐段投入运营，开始承担能源保障和远距离配置的重任。

中国燃气行业年鉴 2013
CHINA GAS INDUSTRY YEARBOOK

第十篇

燃气监管部门

燃气监管部门

城镇燃气行业监管涉及面较广，具体监管职能主要分布在七部委及相关主管部门，七个部委的简介及管理职能如下：

一、中华人民共和国国家发展和改革委员会

（一）主要职责

1. 拟订并组织实施国民经济和社会发展战略、中长期规划和年度计划，统筹协调经济社会发展，研究分析国内外经济形势，提出国民经济发展、价格总水平调控和优化重大经济结构的目标、政策，提出综合运用各种经济手段和政策的建议，受国务院委托向全国人大提交国民经济和社会发展计划的报告。

2. 负责监测宏观经济和社会发展态势，承担预测预警和信息引导的责任，研究宏观经济运行、总量平衡、国家经济安全和总体产业安全等重要问题并提出宏观调控政策建议，负责协调解决经济运行中的重大问题，调节经济运行，负责组织重要物资的紧急调度和交通运输协调。

3. 负责汇总分析财政、金融等方面的情况，参与制定财政政策、货币政策和土地政策，拟订并组织实施价格政策。综合分析财政、金融、土地政策的执行效果，监督检查价格政策的执行。负责组织制定和调整少数由国家管理的重要商品价格和重要收费标准，依法查处价格违法行为和价格垄断行为等。负责全口径外债的总量控制、结构优化和监测工作，促进国际收支平衡。

4. 承担指导推进和综合协调经济体制改革的责任，研究经济体制改革和对外开放的重大问题，组织拟订综合性经济体制改革方案，协调有关专项经济体制改革方案，会同有关部门搞好重要专项经济体制改革之间的衔接，指导经济体制改革试点和改革试验区工作。

5. 承担规划重大建设项目和生产力布局的责任，拟订全社会固定资产投资总规模和投资结构的调控目标、政策及措施，衔接平衡需要安排中央政府投资和涉及重大建设项目的专项规划。安排中央财政性建设资金，按国务院规定权限审批、核准、审核重大建设项目、重大外资项目、境外资源开发类重大投资项目和大额用汇投资项目。指导和监督国外贷款建设资金的使用，引导民间投资的方向，研究提出利用外资和境外投资的战略、规划、总量平衡和结构优化的目标和政策。组织开展重大建设项目稽察，指导工程咨询业发展。

6. 推进经济结构战略性调整。组织拟订综合性产业政策，负责协调第一、二、三产业发展的重大问题并衔接平衡相关发展规划和重大政策，做好与国民经济和社会发展规划、计划的衔接平衡；协调农业和农村经济社会发展的重大问题；会同有关部门拟订服务业发展战略和重大政策，拟订现代物流业发展战略、规划，组织拟订高技术产业发展、产业技术进步的战略、规划和重大政策，协调解决重大技术装备推广应用等方面的重大问题。

7. 承担组织编制主体功能区规划并协调实施和进行监测评估的责任，组织拟订区域协调发展及西部地区开发、振兴东北地区等老工业基地、促进中部地区崛起的战略、规划和重大政策，研究提

出城镇化发展战略和重大政策，负责地区经济协作的统筹协调。

8. 承担重要商品总量平衡和宏观调控的责任，编制重要农产品、工业品和原材料进出口总量计划并监督执行，根据经济运行情况对进出口总量计划进行调整，拟订国家战略物资储备规划，负责组织国家战略物资的收储、动用、轮换和管理，会同有关部门管理国家粮食、棉花和食糖等储备。

9. 负责社会发展与国民经济发展的政策衔接，组织拟订社会发展战略、总体规划和年度计划，参与拟订人口和计划生育、科学技术、教育、文化、卫生、民政等发展政策，推进社会事业建设，研究提出促进就业、调整收入分配、完善社会保障与经济协调发展的政策建议，协调社会事业发展和改革中的重大问题及政策。

10. 推进可持续发展战略，负责节能减排的综合协调工作，组织拟订发展循环经济、全社会能源资源节约和综合利用规划及政策措施并协调实施，参与编制生态建设、环境保护规划，协调生态建设、能源资源节约和综合利用的重大问题，综合协调环保产业和清洁生产促进有关工作。

11. 组织拟订应对气候变化重大战略、规划和政策，与有关部门共同牵头组织参加气候变化国际谈判，负责国家履行联合国气候变化框架公约的相关工作。

12. 起草国民经济和社会发展、经济体制改革和对外开放的有关法律法规草案，制定部门规章。按规定指导和协调全国招投标工作。

13. 组织编制国民经济动员规划、计划，研究国民经济动员与国民经济、国防建设的关系，协调相关重大问题，组织实施国民经济动员有关工作。

14. 承担国家国防动员委员会有关具体工作和国务院西部地区开发领导小组、国务院振兴东北地区等老工业基地领导小组、国家应对气候变化及节能减排工作领导小组的具体工作。

15. 承办国务院交办的其他事项。

（二）与城市燃气行业有关的司局：价格司、外资司、投资司

1. 价格司主要职责

（1）监测、预测居民消费价格，重要商品的零售价格，主要生产、生活资料价格的变动趋势。

（2）分析价格形势，提出年度价格总水平控制目标，研究提出综合运用价格政策和其他经济政策，法律、行政手段调控市场，保持价格稳定的政策建议。

（3）研究起草价格和收费管理的法律、法规和规章。

（4）研究提出政府管理商品、服务价格和收费的原则和作价办法。

（5）组织对重要商品、服务价格项目的成本调查和监审；发布价格信息，引导经营者价格行为。

（6）拟订重要商品价格、服务价格和收费政策并组织实施。

（7）研究提出中央政府管理的商品价格、服务价格、政府机关收费改革方案并组织实施。

（8）审核少数中央政府管理的商品价格、服务价格和收费标准。

（9）指导地方政府价格主管部门、国务院其他部门的价格和收费管理工作；指导行业组织价格自律工作；组织指导价格评估、鉴证工作。

（10）依据《价格法》，组织纳入中央定价目录的价格听证工作。

（11）承办委领导交办的其他工作。

2. 外资司主要职责

（1）研究国际资本的动态，监测分析我国利用外资的状况，提出我国利用外资、境外投资的战略，总量平衡和结构优化目标，拟订中长期发展规划和年度计划。

（2）负责会同有关部门拟订外商投资产业指导目录，以及修订工作；研究协调有关利用外资和境外投资的重大政策，参与研究对外开放的重大问题；研究提出利用外资、境外投资管理体制改革的建议。

（3）起草利用外资、境外投资的有关行政法规和规章，参与有关对外开放的法律、行政法规的起草。

（4）负责我国全口径外债的总量控制、结构优化和监测工作，研究提出防范外债风险措施。

（5）负责组织编制国际金融组织贷款、外国政府贷款和国际商业贷款规划，提出相关备选项目；参与审核利用国外贷款重大项目；指导和监督国外贷款资金的使用。

（6）参与审核外商投资重大项目；负责外资项目进口设备免税确认工作。

（7）审核重大境外资源开发类和大额用汇投资项目；负责拟订境外投资用汇规划。

（8）组织协调多双边投资合作工作。

（9）承办委领导交办的其他事项。

3. 投资司主要职责

（1）监测分析全社会固定资产投资状况，研究提出全社会固定资产投资调控政策，提出固定资产投资总规模、结构和资金来源；提出国家财政性投资（包括预算内投资、国债投资和各类专项建设基金，下同）的规模和投向；引导民间资金用于固定资产投资的方向；指导和监督政策性固定资产贷款的使用方向；参与提出直接融资的政策。

（2）研究提出投融资体制改革建议，起草投资法规和规章，并组织实施。

（3）编制固定资产投资中长期规划；参与编制行业发展建设规划，参与规划国家重大项目布局；研究提出综合性行业投资政策，提出国家财政性投资配置意见。

（4）编制固定资产投资年度指导性计划；提出年度国家财政性投资分行业、分部门、分地区使用方向和安排意见；安排重大项目的国家财政性投资。

（5）负责组织核定和调整国家财政性投资项目和重大项目的概算；委托咨询评估评审机构对国家财政性投资项目和重大项目进行评估、评审；参与提出企业债券的发行总量和资金投向；组织固定资产投资管理信息系统的建设。

（6）会同有关方面编制重大城市基础设施、城市环保设施项目发展建设规划；审核重大城市基础设施、城市环保设施、房地产开发项目；安排国家对城市基础设施、城市环保设施的补助投资；会同有关部门提出房地产投资调控政策，编制全国经济适用房建设指导计划。

（7）负责国务院各部门、全国人大、全国政协（包括民主党派）、中直系统、高检、高法机关建设和事业发展项目的审核和投资安排；安排公检法司设施、国家安全设施建设投资；会同有关方面审核和安排需综合平衡预算内投资的特殊事项。

（8）承办委领导交办的其他事项。

二、中华人民共和国国家能源局

（一）主要职责

1. 研究提出能源发展战略的建议，拟订能源发展规划、产业政策并组织实施，起草有关能源法律法规草案和规章，推进能源体制改革，拟订有关改革方案，协调能源发展和改革中的重大问题。

2. 负责煤炭、石油、天然气、电力（含核电）、新能源和可再生能源等能源的行业管理，组织制定能源行业标准，监测能源发展情况，衔接能源生产建设和供需平衡，指导协调农村能源发展工作。

3. 负责能源行业节能和资源综合利用，组织推进能源重大设备研发，指导能源科技进步、成套设备的引进消化创新，组织协调相关重大示范工程和推广应用新产品、新技术、新设备。

4. 按国务院规定权限，审批、核准、审核国家规划内和年度计划规模内能源固定资产投资项目。

5. 负责能源预测预警，发布能源信息，参与能源运行调节和应急保障。

6. 负责核电管理，拟订核电发展规划、准入条件、技术标准并组织实施，提出核电布局和重大项目审核意见，组织协调和指导核电科研工作，组织核电厂的核事故应急管理工作。

7. 拟订国家石油储备规划、政策并实施管理，监测国内外石油市场供求变化，提出国家石油储备订货、轮换和动用建议并组织实施，按规定权限审批或审核石油储备设施项目，监督管理商业石油储备。

8. 牵头开展能源国际合作，与外国能源主管部门和国际能源组织谈判并签订协议，协调境外能源开发利用工作，按规定权限核准或审核能源（煤炭、石油、天然气、电力、天然铀等）境外重大投资项目。

9. 参与制定与能源相关的资源、财税、环保及应对气候变化等政策，提出能源价格调整和进出口总量建议。

（二）与城市燃气行业有关的司局：油气司、煤炭司

1．油气司主要职责

（1）承担石油、天然气行业（含管道）管理工作；组织拟订相关领域技术法规和行业标准；具体指导相关领域科研工作。

（2）监测石油、天然气发展情况，拟订油气开发（含管道）的发展规划、年度计划（含天然气平衡计划）和政策，衔接平衡各地区和重点企业相关发展规划。

（3）研究石油、天然气体制改革问题，提出体制改革建议，拟订和组织实施改革方案，协调相关重大问题。

（4）提出油气开发（含管道）的发展布局及重大项目审核意见，负责相关固定资产投资管理。

（5）审核石油天然气对外合作区块，会同国际合作司提出石油天然气境外发展布局及重大项目审核意见。

（6）负责国家石油储备工作，监督管理商业石油储备。

（7）提出相关价格建议，参与相关财税、环保政策制定工作。

（8）承办局领导交办的其他事项。

2．煤炭司主要职责

（1）承担煤炭（包括煤炭开发、煤炭洗选、煤层气，下同）行业管理工作；组织拟订煤炭技术法规和行业标准；具体指导相关领域科研工作。

（2）监测煤炭发展情况，拟订煤炭发展规划、年度计划和政策，衔接平衡各地区和重点企业相关发展规划。

（3）研究煤炭体制改革和组建大集团问题，提出体制改革和组建大集团的建议，拟订和组织实施改革方案，协调相关重大问题。

（4）提出煤炭发展布局及重大项目审核意见，负责相关固定资产投资管理。

（5）承担煤矿瓦斯防治部际协调领导小组的具体工作，协调有关部门开展煤层气开发、淘汰煤炭落后产能、煤矿瓦斯治理和利用工作。

（6）提出相关价格建议，参与相关财税、环保政策制定工作。

（7）承办局领导交办的其他事项。

三、中华人民共和国商务部

（一）主要职责

1．拟订国内外贸易和国际经济合作的发展战略、政策，起草国内外贸易、外商投资、对外援助、对外投资和对外经济合作的法律法规草案及制定部门规章，提出我国经济贸易法规之间及其与国际经贸条约、协定之间的衔接意见，研究经济全球化、区域经济合作、现代流通方式的发展趋势和流通体制改革并提出建议。

2．负责推进流通产业结构调整，指导流通企业改革、商贸服务业和社区商业发展，提出促进商贸中小企业发展的政策建议，推动流通标准化和连锁经营、商业特许经营、物流配送、电子商务等现代流通方式的发展。

3．拟订国内贸易发展规划，促进城乡市场发展，研究提出引导国内外资金投向市场体系建设的政策，指导大宗产品批发市场规划和城市商业网点规划、商业体系建设工作，推进农村市场体系建设，组织实施农村现代流通网络工程。

4．承担牵头协调整顿和规范市场经济秩序工作的责任，拟订规范市场运行、流通秩序的政策，推动商务领域信用建设，指导商业信用销售，建立市场诚信公共服务平台，按有关规定对特殊流通行业进行监督管理。

5．承担组织实施重要消费品市场调控和重要生产资料流通管理的责任，负责建立健全生活必需品市场供应应急管理机制，监测分析市场运行、商品供求状况，调查分析商品价格信息，进行预测预警和信息引导，按分工负责重要消费品储备管理和市场调控工作，按有关规定对成品油流通进行监督管理。

6．负责研究拟定药品流通行业发展的规划、政策和相关标准，推进药品流通行业结构调整，指导药品流通企业改革，推动现代药品流通方式的发展。

7．负责制定进出口商品、加工贸易管理办法和进出口管理商品、技术目录，拟订促进外贸增长方式转变的政策措施，组织实施重要工业品、原材料和重要农产品进出口总量计划，会同有关部门协调大宗进出口商品，指导贸易促进活动和外贸促进体系建设。

8. 拟订并执行对外技术贸易、出口管制以及鼓励技术和成套设备进出口的贸易政策，推进进出口贸易标准化工作，依法监督技术引进、设备进口、国家限制出口技术的工作，依法颁发防扩散等与国家安全相关的进出口许可证件。

9. 牵头拟订服务贸易发展规划并开展相关工作，会同有关部门制定促进服务出口和服务外包发展的规划、政策并组织实施，推动服务外包平台建设。

10. 拟订我国多双边（含区域、自由贸易区）经贸合作战略和政策，牵头负责多双边经贸对外谈判，协调谈判意见并签署和监督执行有关文件，建立多双边政府间经济和贸易联系机制并组织相关工作，处理国别（地区）经贸关系中的重要事务，管理同未建交国家的经贸活动，根据授权代表我国政府处理与世界贸易组织的关系，牵头承担我国在世界贸易组织框架下的谈判和贸易政策审议、争端解决、通报咨询等工作，负责对外经济贸易协调工作。

11. 承担组织协调反倾销、反补贴、保障措施及其他与进出口公平贸易相关工作的责任，建立进出口公平贸易预警机制，依法实施对外贸易调查和产业损害调查，指导协调产业安全应对工作及国外对我国出口商品的反倾销、反补贴、保障措施的应诉工作。

12. 宏观指导全国外商投资工作，拟订外商投资政策和改革方案并组织实施，依法核准外商投资企业的设立及变更事项，依法核准重大外商投资项目的合同章程及法律特别规定的重大变更事项，依法监督检查外商投资企业执行有关法律法规规章、合同章程的情况并协调解决有关问题，指导投资促进及外商投资企业审批工作，规范对外招商引资活动，指导国家级经济技术开发区、苏州工业园区、边境经济合作区的有关工作。

13. 负责对外经济合作工作，拟订并执行对外经济合作政策，依法管理和监督对外承包工程、对外劳务合作等，制定中国公民出境就业管理政策，负责牵头外派劳务和境外就业人员的权益保护工作，拟订境外投资的管理办法和具体政策，依法核准境内企业对外投资开办企业（金融企业除外）。

14. 负责对外援助工作，拟订并执行对外援助政策和方案，推进援外方式改革，编制对外援助计划、确定对外援助项目并组织实施，管理具有政府对外援助性质资金的使用，管理多双边对中国的无偿援助和赠款（不含财政合作项下外国政府及国际金融组织对中国赠款）等发展合作业务。

15. 牵头拟订并执行对香港、澳门特别行政区和台湾地区的经贸规划、政策，与香港、澳门特别行政区有关部门和台湾地区受权机构进行经贸磋商并签署有关文件，负责内地与香港、澳门特别行政区商贸联络机制工作，组织实施对台直接通商工作，处理多双边经贸领域的涉台问题。

16. 依法对经营者集中行为进行反垄断审查，指导企业在国外的反垄断应诉工作，开展多双边竞争政策交流与合作。

17. 指导我国驻世界贸易组织代表团、常驻联合国和有关国际组织经贸代表机构以及驻外经济商务机构的有关工作，负责经贸业务指导、队伍建设、人员选派；联系国际多边经贸组织驻中国机构和外国驻中国官方商务机构。

18. 承办国务院交办的其他事项。

（二）与城市燃气行业有关的司局：反垄断局、外资司

1. 反垄断局主要职责

（1）起草经营者集中相关法规，拟订配套规章及规范性文件。

（2）依法对经营者集中行为进行反垄断审查；负责受理经营者集中反垄断磋商和申报，并开展相应的反垄断听证、调查和审查工作。

（3）负责受理并调查向反垄断执法机构举报的经营者集中事项，查处违法行为。

（4）负责依法调查对外贸易中的垄断行为，并采取必要措施消除危害。

（5）负责指导我国企业在国外的反垄断应诉工作。

（6）牵头组织多双边协定中的竞争条款磋商和谈判。

（7）负责开展多双边竞争政策国际交流与合作。

（8）承担国务院反垄断委员会的具体工作。

（9）承担部领导交办的其他事项。

2．外资司主要职责

（1）宏观指导和综合管理全国吸收外商投资工作。分析、研究跨国投资趋势和全国外商投资总体情况，定期向国务院报送有关动态，协调各部门的意见，提出吸收外商投资重大问题的建议；参与制订利用外资的发展战略及中长期规划和产业区域结构优化目标。

（2）起草吸收外商投资的法律、法规，拟订相关规章、政策和改革方案并组织实施，监督检查执行情况；参与拟订《外商投资产业指导目录》并共同发布；拟订向外商转让资产、股权、经营权以及相关的兼并、承包、租赁工作的有关政策；协调相关部门拟订服务贸易领域利用外资方案并组织实施。

（3）管理和指导全国外商投资审批、备案工作。依法核准国家规定的限额以上限制外商投资及法规规章规定的外商投资企业的设立、合同、章程及变更；核准重大外商投资项目合同、章程及法律特别规定的重大变更；会同有关司局核准商业流通领域外商投资项目。

（4）负责统一受理并答复外国投资者并购境内企业申请；会同有关部门建立外国投资者并购境内企业安全审查部际联席会议，参与拟订外国投资者并购境内企业安全审查目录；负责将属于安全审查范围内的并购案提交安全审查部际联席会议进行安全审查。

（5）监督检查外商投资企业执行有关法律法规和合同、章程的情况，协调解决外商投资企业运行过程中的问题；牵头外商投资企业联合年检工作；负责外商投资统计和综合分析工作。

（6）研究拟订投资促进战略、规划和标准，指导和管理全国投资促进工作。建立多双边投资促进机制并开展相关工作，筹划跨地区大型投资促进和外资政策宣传活动；牵头协调多双边、区域谈判中涉及投资议题的中方立场，拟订谈判方案，负责对外谈判工作，参与双边投资保护协定谈判工作。

（7）指导并协调国家级经济技术开发区、苏州工业园区、边境（跨境）经济合作区等经济合作区的有关工作，制订相关发展战略、政策和法律规范并组织实施；联系经济特区、保税区、综合保税区、保税港区、出口加工区等特殊经济区域吸收外商投资工作。

（8）牵头研究推进区域对外开放的政策，协调、推动沿边开放和其他各类区域对外开放。

（9）研究制定区域吸收外资、区域投资合作的规划、政策并组织实施；指导协调产业转移投资促进中心和示范园区等平台建设，优化外资区域布局；协调、指导和监督全国外商投资企业投诉工作。

（10）承办部领导交办的其他事项。

四、中华人民共和国住房和城乡建设部

（一）主要职责

1. 承担保障城镇低收入家庭住房的责任。拟订住房保障相关政策并指导实施。拟订廉租住房规划及政策，会同有关部门做好中央有关廉租住房资金安排，监督地方组织实施。编制住房保障发展规划和年度计划并监督实施。

2. 承担推进住房制度改革的责任。拟订适合国情的住房政策，指导住房建设和住房制度改革，拟订全国住房建设规划并指导实施，研究提出住房和城乡建设重大问题的政策建议。

3. 承担规范住房和城乡建设管理秩序的责任。起草住房和城乡建设的法律法规草案，制定部门规章。依法组织编制和实施城乡规划，拟订城乡规划的政策和规章制度，会同有关部门组织编制全国城镇体系规划，负责国务院交办的城市总体规划、省域城镇体系规划的审查报批和监督实施，参与土地利用总体规划纲要的审查，拟订住房和城乡建设的科技发展规划和经济政策。

4. 承担建立科学规范的工程建设标准体系的责任。组织制定工程建设实施阶段的国家标准，制定和发布工程建设全国统一定额和行业标准，拟订建设项目可行性研究评价方法、经济参数、建设标准和工程造价的管理制度，拟订公共服务设施（不含通信设施）建设标准并监督执行，指导监督各类工程建设标准定额的实施和工程造价计价，组织发布工程造价信息。

5. 承担规范房地产市场秩序、监督管理房地产市场的责任。会同或配合有关部门组织拟订房地产市场监管政策并监督执行，指导城镇土地使用权有偿转让和开发利用工作，提出房地产业的行业发展规划和产业政策，制定房地产开发、房屋权属管理、房屋租赁、房屋面积管理、房地产估价与经纪管理、物业管理、房屋征收拆迁的规章制度并监督执行。

6. 监督管理建筑市场、规范市场各方主体行为。指导全国建筑活动，组织实施房屋和市政工程项目招投标活动的监督执法，拟订勘察设计、施工、建设监理的法规和规章并监督和指导实施，拟订工程建设、建筑业、勘察设计的行业发展战略、中长期规划、改革方案、产业政策、规章制度并监督执行，拟订规范建筑市场各方主体行为的规章制度并监督执行，组织协调建筑企业参与国际工程承包、建筑劳务合作。

7. 研究拟订城市建设的政策、规划并指导实施，指导城市市政公用设施建设、安全和应急管理。拟订全国风景名胜区的发展规划、政策并指导实施，负责国家级风景名胜区的审查报批和监督管理，组织审核世界自然遗产的申报，会同文物等有关主管部门审核世界自然与文化双重遗产的申报，会同文物主管部门负责历史文化名城（镇、村）的保护和监督管理工作。

8. 承担规范村镇建设、指导全国村镇建设的责任。拟订村庄和小城镇建设政策并指导实施，指导村镇规划编制、农村住房建设和安全及危房改造，指导小城镇和村庄人居生态环境的改善工作，指导全国重点镇的建设。

9. 承担建筑工程质量安全监管的责任。拟订建筑工程质量、建筑安全生产和竣工验收备案的政策、规章制度并监督执行，组织或参与工程重大质量、安全事故的调查处理，拟订建筑业、工程勘察设计咨询业的技术政策并指导实施。

10. 承担推进建筑节能、城镇减排的责任。会同有关部门拟订建筑节能的政策、规划并监督实施，组织实施重大建筑节能项目，推进城镇减排。

11. 负责住房公积金监督管理，确保公积金的有效使用和安全。会同有关部门拟订住房公积金政策、发展规划并组织实施，制定住房公积金缴存、使用、管理和监督制度，监督全国住房公积金和

其他住房资金的管理、使用和安全，管理住房公积金信息系统。

12. 开展住房和城乡建设方面的国际交流与合作。

13. 承办国务院交办的其他事项。

（二）与城市燃气行业有关的司局：城建司

城建司的主要职责是拟订城市建设和市政公用事业的发展战略、中长期规划、改革措施、规章；指导城市供水、节水、燃气、热力、市政设施、园林、市容环境治理、城建监察等工作；指导城镇污水处理设施和管网配套建设；指导城市规划区的绿化工作；承担国家级风景名胜区、世界自然遗产项目和世界自然与文化双重遗产项目的有关工作。

五、中华人民共和国国务院法制办公室

（一）主要职责

1. 调查研究依法行政和政府法制建设中出现的新情况、新问题，提出推进依法行政的具体措施和工作建议。协助总理办理法制工作事项。

2. 承担统筹规划国务院立法工作的责任，拟订国务院年度立法工作安排，报国务院批准后组织实施，督促指导。

3. 承担审查各部门报送国务院的法律法规草案，以及需要由国务院批准的重要涉外规章、部门联合规章的责任。负责从法律角度审查部门报送国务院审核的我国缔结或者参加的国际条约。

4. 负责起草或者组织起草有关重要法律草案、行政法规草案。负责对与群众利益密切相关的行政法规草案向社会公开征求意见。

5. 承担地方性法规、地方政府规章和国务院部门规章的备案审查责任，审查其同宪法、法律、行政法规是否抵触以及它们相互之间是否矛盾，根据不同情况提出处理意见。

6. 研究行政诉讼、行政复议、行政赔偿、行政处罚、行政许可、行政收费、行政执行等法律、行政法规实施以及行政执法中带有普遍性的问题，向国务院提出完善制度和解决问题的意见，拟订有关配套的行政法规、文件和答复意见。

7. 负责承办行政法规的立法解释工作。承担协调部门之间在法律法规实施中的争议和问题的有关工作。承办申请国务院裁决的行政复议案件，指导、监督全国的行政复议工作。

8. 负责及时清理、编纂行政法规，编辑国家出版的法律、行政法规汇编正式版本。指导规章清理工作。负责组织翻译、审定国家出版的行政法规外文文本和民族语言文本。

9. 开展政府法制理论、政府法制工作研究和宣传，开展对外法制业务交流。

10. 承办国务院交办的其他事项。

（二）与城市燃气行业有关的司局：农林城建资源环保法制司

主要职责是承办农林、住房和城乡建设、资源、环保方面的法制工作。

六、中华人民共和国国家安全生产监督管理局

1. 承担国务院安全生产委员会办公室的日常工作。具体职责是：研究提出安全生产重大方针政策

和重要措施的建议；监督检查、指导协调国务院有关部门和各省、自治区、直辖市人民政府的安全生产工作；组织国务院安全生产大检查和专项督查；参与研究有关部门在产业政策、资金投入、科技发展等工作中涉及安全生产的相关工作；负责组织国务院特别重大事故调查处理和办理结案工作；组织协调特别重大事故应急救援工作；指导协调全国安全生产行政执法工作；承办国务院安委会召开的会议和重要活动，督促、检查安委会会议决定事项的贯彻落实情况；承办国务院安委会交办的其他事项。

2. 综合管理全国安全生产工作。组织起草安全生产方面的综合性法律和行政法规，研究拟订安全生产工作方针政策，制定发布工矿商贸行业及有关综合性安全生产规章规程，研究拟订工矿商贸安全生产标准，并组织实施。

3. 依法行使国家安全生产综合监督管理职权，指导、协调和监督有关部门安全生产监督管理工作；制定全国安全生产发展规划；定期分析和预测全国安全生产形势，研究、协调和解决安全生产中的重大问题。

4. 依法行使国家煤矿安全监察职权。依法监察煤矿企业贯彻执行安全生产法律、法规情况及其安全生产条件、设备设施安全和作业场所职业卫生情况；对不具备安全生产条件的煤矿企业依法进行查处；组织煤矿建设工程安全设施的设计审查和竣工验收。对设在各地的煤矿安全监察局及煤矿安全监察办事处进行管理。

5. 负责发布全国安全生产信息，综合管理全国生产安全伤亡事故调度统计和安全生产行政执法分析工作；依法组织、协调重大、特大和特别重大事故的调查处理工作，并监督事故查处的落实情况；组织、指挥和协调安全生产应急救援工作。

6. 负责综合监督管理危险化学品和烟花爆竹安全生产工作。

7. 指导、协调全国安全生产检测检验工作；组织实施对工矿商贸企业安全生产条件和有关设备（特种设备除外）进行检测检验、安全评价、安全培训、安全咨询等社会中介组织的资质管理工作，并进行监督检查。

8. 组织、指导全国安全生产宣传教育工作，负责安全生产监督管理人员、煤矿安全监察人员的安全培训、考核工作，依法组织、指导并监督特种作业人员(特种设备作业人员除外)的考核工作和生产经营单位主要经营管理者、安全管理人员的安全资格考核工作；监督检查生产经营单位安全培训工作。

9. 负责监督管理中央管理的工矿商贸企业安全生产工作，依法监督工矿商贸企业贯彻执行安全生产法律、法规情况及其安全生产条件和有关设备(特种设备除外)、材料、劳动防护用品的安全管理工作。

10. 依法监督检查新建、改建、扩建工程项目的安全设施与主体工程同时设计、同时施工、同时投产使用情况；依法监督检查生产经营单位作业场所职业卫生情况和重大危险源监控、重大事故隐患的整改工作，依法查处不具备安全生产条件的生产经营单位。

11. 拟订安全生产科技规划，组织、指导安全生产重大科学技术研究和技术示范工作。

12. 组织实施注册安全工程师执业资格制度，监督和指导注册安全工程师执业资格考试和注册工作。

13. 组织开展与外国政府、国际组织及民间组织安全生产方面的国际交流与合作。

14. 承办国务院交办的其他事项。

七、中华人民共和国国家质量监督检验检疫总局

（一）主要职责

1. 组织起草有关质量监督检验检疫方面的法律、法规草案，研究拟定质量监督检验检疫工作的

方针政策，制定和发布有关规章、制度；组织实施与质量监督检验检疫相关法律、法规，指导、监督质量监督检验检疫的行政执法工作；负责全国与质量监督检验检疫有关的技术法规工作。

2. 宏观管理和指导全国质量工作，组织推广先进的质量管理经验和方法，推进名牌战略的实施；会同有关部门建立重大工程设备质量监理制度；负责组织重大产品质量事故的调查；依法负责产品防伪的监督管理工作。

3. 统一管理计量工作。

4. 拟定出入境检验检疫综合业务规章制度；负责口岸出入境检验检疫业务管理。

5. 组织实施出入境卫生检疫、传染病监测和卫生监督工作；管理国外疫情的收集、分析、整理，提供信息指导和咨询服务。

6. 组织实施出入境动植物检疫和监督管理；管理国内外重大动植物疫情的收集、分析、整理，提供信息指导和咨询服务；依法负责出入境转基因生物及其产品的检验检疫工作。

7. 组织实施进出口食品、化妆品、锅炉、压力容器、电梯等特种设备的安全、卫生、质量监督检验和监督管理；

8. 组织实施进出口商品法定检验和监督管理，监督管理进出口商品鉴定和外商投资财产价值鉴定；管理国家实行进口许可制度的民用商品入境验证工作，审查批准法定检验商品免验和组织办理复验；组织进出口商品检验检疫的前期监督和后续管理；管理出入境检验检疫标志(标识)、进口安全质量许可、出口质量许可，并负责监督管理。

9. 依法监督管理质量检验机构；依法审批并监督管理涉外检验、鉴定机构(含中外合资、合作的检验、鉴定机构)。

10. 管理产品质量监督工作；管理和指导质量监督检查；负责对国内生产企业实施产品质量监控和强制检验；组织实施国家产品免检制度，管理产品质量仲裁的检验、鉴定；管理纤维质量监督检验工作；管理工业产品生产许可证工作；组织依法查处违反标准化、计量、质量法律、法规的违法行为，打击假冒伪劣违法活动。

11. 制定并组织实施质量监督检验检疫的科技发展、实验室建设规划，组织重大科研和技术引进；负责质量监督检验检疫的统计、信息、宣传、教育、培训及相关专业职业资格管理工作；负责质量监督检验检疫的情报信息的收集、分析、整理，提供信息指导和咨询服务。

（二）与城市燃气有关的司局：计量司、特种设备安全监察局

1. 计量司主要职责：统一管理国家计量工作，推行法定计量单位和国家计量制度；管理国家计量基准、标准和标准物质；组织制定国家计量检定系统表、检定规程和技术规范；管理计量器具，组织量值传递和比对工作；监督管理商品量、市场计量行为和计量仲裁检定；监督管理能源计量工作；监督管理计量检定机构、社会公正计量机构及计量检定人员的资质资格。

2. 特种设备安全监察局主要职责：管理锅炉、压力容器、压力管道、电梯、起重机械、客运索道、大型游乐设施、场（厂）内专用机动车辆等特种设备的安全监察、监督工作；监督检查特种设备的设计、制造、安装、改造、维修、使用、检验检测和进出口；按规定权限组织调查处理特种设备事故并进行统计分析；监督管理特种设备检验检测机构和检验检测人员、作业人员的资质资格；监督检查高耗能特种设备节能标准的执行情况。

中国燃气行业年鉴 2013
CHINA GAS INDUSTRY YEARBOOK

第十一篇

政策法规

国资委关于印发《关于国有企业改制重组中积极引入民间投资的指导意见》的通知

国资发产权〔2012〕80号

各中央企业，各省、自治区、直辖市及计划单列市和新疆生产建设兵团国资委：

为贯彻落实《国务院关于鼓励和引导民间投资健康发展的若干意见》（国发〔2010〕13号）和《国务院办公厅关于鼓励和引导民间投资健康发展重点工作分工的通知》（国办函〔2010〕120号）精神，积极引导和鼓励民间投资参与国有企业改制重组，我们商有关部门研究制定了《关于国有企业改制重组中积极引入民间投资的指导意见》，现印发给你们，请认真贯彻执行。

国务院国有资产监督管理委员会
二〇一二年五月二十三日

关于国有企业改制重组中积极引入民间投资的指导意见

根据《国务院关于鼓励和引导民间投资健康发展的若干意见》（国发〔2010〕13号）和《国务院办公厅关于鼓励和引导民间投资健康发展重点工作分工的通知》（国办函〔2010〕120号）精神，为了积极推动民间投资参与国有企业改制重组，现提出以下意见：

一、坚持毫不动摇地巩固和发展公有制经济、毫不动摇地鼓励支持和引导非公有制经济发展，深入推进国有经济战略性调整，完善国有资本有进有退、合理流动机制。

二、积极引入民间投资参与国有企业改制重组，发展混合所有制经济，建立现代产权制度，进一步推动国有企业转换经营机制、转变发展方式。

三、国有企业改制重组中引入民间投资，应当符合国家对国有经济布局与结构调整的总体要求和相关规定，遵循市场规律，尊重企业意愿，平等保护各类相关利益主体的合法权益。

四、国有企业在改制重组中引入民间投资时，应当通过产权市场、媒体和互联网广泛发布拟引入民间投资项目的相关信息。

五、国有企业改制重组引入民间投资，应当优先引入业绩优秀、信誉良好和具有共同目标追求的民间投资主体。

六、民间投资主体参与国有企业改制重组可以用货币出资，也可以用实物、知识产权、土地使用权等法律、行政法规允许的方式出资。

七、民间投资主体可以通过出资入股、收购股权、认购可转债、融资租赁等多种形式参与国有企业改制重组。

八、民间投资主体之间或者民间投资主体与国有企业之间可以共同设立股权投资基金，参与国有企业改制重组，共同投资战略性新兴产业，开展境外投资。

九、国有企业改制上市或国有控股的上市公司增发股票时，应当积极引入民间投资。国有股东通过公开征集方式或通过大宗交易方式转让所持上市公司股权时，不得在意向受让人资质条件中单独对民间投资主体设置附加条件。

十、企业国有产权转让时，除国家相关规定允许协议转让者外，均应当进入由省级以上国资监管机构选择确认的产权市场公开竞价转让，不得在意向受让人资质条件中单独对民间投资主体设置附加条件。

十一、从事国有产权转让的产权交易机构，应当积极发挥市场配置资源功能，有序聚集和组合民间资本，参与受让企业国有产权。

十二、国有企业改制重组引入民间投资，要遵守国家相关法律、行政法规、国有资产监管制度和企业章程，依法履行决策程序，维护出资人权益。

十三、国有企业改制重组引入民间投资，应按规定履行企业改制重组民主程序，依法制定切实可行的职工安置方案，妥善安置职工，做好劳动合同、社会保险关系接续、偿还拖欠职工债务等工作，维护职工合法权益，维护企业和社会的稳定。

十四、改制企业要依法承继债权债务，维护社会信用秩序，保护金融债权人和其他债权人的合法权益。

国家能源局 《关于鼓励和引导民间资本进一步扩大能源领域投资的实施意见》

国能规划〔2012〕179号

各省、自治区、直辖市和新疆生产建设兵团发展改革委（能源局）、煤炭行业管理部门，有关中央企业，有关行业协会：

在中央"必须坚持毫不动摇地巩固和发展公有制经济，必须毫不动摇地鼓励、支持和引导非公有制经济发展"方针政策引导下，能源领域民间投资不断发展壮大，已经成为促进能源发展的重要力量。目前，非国有煤矿产量约占全国的40%，民营水电站装机约占全国的26%，民营风电装机约占全国的20%，民营炼油企业加工能力约占全国的18%，火电、水电、煤炭深加工等领域已经涌现出一批非公有制骨干企业。民间资本在太阳能热利用、生物质能开发以及晶体硅材料、太阳能热水器、太阳能电池制造等领域居于主导地位，在风电设备制造产业发挥着重要的作用。民间资本已经进入西气东输三线等国家"十二五"重点项目建设领域。我国已经是世界能源生产和消费大国，但发展方式粗放的矛盾比较突出。进一步鼓励和引导民间资本扩大能源领域投资，有利于深化改革、完善竞争有序的能源市场体系；有利于促进能源结构调整、推动能源产业由大到强的转变；有利于降低能源生产利用成本、提高能源效率和普遍服务水平。为深入贯彻落实《国务院关于鼓励和引导民间投资健康发展的若干意见》（国发〔2010〕13号），促进能源领域民间投资健康发展，制定本实施意见。

一、拓宽民间资本投资范围

（一）鼓励民间资本参与能源项目建设和运营。列入国家能源规划的项目，除法律法规明确禁止的以外，均向民间资本开放，鼓励符合条件的民营企业以多种形式参与国家重点能源项目建设和运营。

（二）鼓励民间资本参与能源资源勘探开发。继续支持民间资本以多种形式参与煤炭资源勘探、开采和煤矿经营，建设煤炭地下气化示范项目。支持民间资本进入油气勘探开发领域，与国有石油企业合作开展油气勘探开发，以多种形式投资煤层气、页岩气、油页岩等非常规油气资源勘探开发项目，投资建设煤层气和煤矿瓦斯抽采利用项目。

（三）鼓励民间资本发展煤炭加工转化和炼油产业。支持民间资本继续投资煤炭洗选加工产业。鼓励符合条件的民营企业以多种形式投资建设和运营煤制气等煤基燃料示范项目。鼓励民间资本参股建设大型炼油项目，以多种形式建设和运营大型炼油项目中的部分装置或特定生产环节。

（四）鼓励民间资本参与石油和天然气管网建设。支持民间资本与国有石油企业合作，投资建设跨境、跨区石油和天然气干线管道项目；以多种形式建设石油和天然气支线管道、煤层气、煤制气和页岩气管道、区域性输配管网、液化天然气（LNG）生产装置、天然气储存转运设施等，从事相关仓储和转运服务。

（五）鼓励民间资本参与电力建设。支持民间资本扩大投资，以多种形式参与水电站、火电站、余热余压和综合利用电站，以及风电、太阳能、生物质能等新能源发电项目建设，参股建设核电站。鼓励民营企业参与火电站脱硫、脱硝装置的建设、改造和运营。鼓励民间资本参与电网建设。

（六）鼓励民间资本在新能源领域发挥更大作用。继续支持民间资本全面进入新能源和可再生能源产业，鼓励民营资本扩大风能、太阳能、地热能、生物质能领域投资，开发储能技术、材料和装备，参与新能源汽车供能设施建设，参与新能源示范城市、绿色能源示范县和太阳能示范村建设。

二、营造公平和规范的市场环境

（七）完善资源配置机制。深化能源领域体制改革，加快机制创新，为民间资本进入能源领域营造良好的市场环境。加强规划、政策和标准的引导，发挥市场配置资源的基础性作用，保障民间资本公平获得资源开发权利。鼓励符合条件的民营企业，依法合规成为大型煤炭矿区开发主体以及煤层气、页岩气、油页岩等非常规油气开发主体。水电、风电等特许开发权的配置，不得设定限制民间资本进入的歧视性条件。

（八）提高行政服务效率。不断改进能源项目核准（审批）管理，推动管理内容、标准和程序的规范化、公开化，为各类投资主体提供公平、全面、及时、便捷的政策咨询服务，进一步提高服务水平。

（九）加大资金支持力度。支持能源发展的基本建设投资、专项建设资金、创业投资引导资金等财政资金，以及国际金融组织贷款和外国政府贷款等，要明确规则、统一标准，对包括民间投资在内的各类投资主体同等对待。

（十）完善价格支持政策。理顺能源价格，引导民营资本在发展新能源和可再生能源、调整能源结构中发挥更大作用。支持民营企业公平享受可再生能源发电、煤层气（瓦斯）综合利用发电上网电价政策。支持符合条件的民营企业参与大用户直接交易。在具备条件的地区积极开展竞价上网试点。放开页岩气、煤层气、煤制气出厂价格，由供需双方协商确定价格。

（十一）优化企业融资环境。鼓励各类金融机构创新和灵活运用多种金融工具，加大对能源领域民间投资的融资支持，加强对民间投资的金融服务。不断完善民间投资融资担保制度，继续支持符合条件的民营能源企业通过股票、债券市场进行融资，通过促进股权投资基金和创业投资基金规范发展，保护民间投资者权益。

三、提高民营能源企业发展水平

（十二）推动民营能源企业加快向现代能源企业转变。加强市场引导和行业指导，推动民营能源企业加快建立现代企业制度，完善法人治理结构，依法健全企业财务、劳动用工等管理制度，提高企业管理水平。

（十三）支持民营能源企业增强科技创新能力。支持具备条件的骨干民营企业承建国家能源研发中心（重点实验室）。鼓励民营能源企业加大科研投入和人才培训，开展重点领域技术攻关和设备研发，提高自主创新能力。

（十四）促进民营能源企业加快产业升级。鼓励和支持民营能源企业积极发展新能源等战略性新兴产业，改造提升现有产业，淘汰落后产能。支持民营企业以产权为纽带，参与煤炭资源整合和煤矿企业兼并重组；按照"上大压小"等淘汰落后产能的相关政策，关停落后的小火电机组、小煤矿、小炼油装置，整合能力和资源，建设清洁高效、技术先进的大型项目。

（十五）鼓励民营能源企业实施"走出去"战略。加强引导和统筹协调，支持符合条件的民营企业"走出去"，在境外投资建设能源开发与利用项目，承建境外能源建设工程。

四、加强对民间投资的引导和规范管理

（十六）加强投资引导和监管。能源事关国家安全和经济社会发展大局，能源行业具有安全生产要求高、生态环境影响大等特点，特别是当前提高能源开发转化利用效率、调结构转方式的任务紧迫而艰巨。因此，进入能源领域的市场主体，必须树立高度的责任感，严格遵守国家有关法律法规和产业政策要求，不断提高走新型工业化道路的自觉性和主动性。有关政府部门要切实负起责

任，规范行业管理，引导民营企业依法合规开展能源生产和经营活动。

（十七）提高信息服务水平。加强能源市场形势分析和预警预测，及时向全社会公开发布能源产业政策、发展规划、市场准入标准、市场动态等信息，引导民间投资正确判断形势，减少盲目投资。建立能源领域投资项目和科研成果转化信息服务平台，促进民间资本与项目、市场、新技术的有效对接。

（十八）加强技术咨询服务。有关行业协会（学会）和中介机构要充分发挥服务职能，为民营能源企业提供技术、管理、政策等咨询服务。能源科研、设计机构和大专院校要积极与民营企业合作，提供技术和管理支撑。

（十九）严格行业自律。各类投资主体要不断提高自身素质和能力，树立诚信意识、风险意识和责任意识，履行社会责任。严格按照有关规定，计提和规范使用安全生产、环境保护等费用，支付劳动工资报酬，参加社会保险。

各级能源管理部门、中央管理的大型能源企业、有关行业协会要根据本实施意见要求，切实采取有效措施，鼓励和支持民间资本以多种形式扩大能源领域投资。各地要跟踪了解本地区能源领域民间投资发展动态、效果、存在的问题，及时将有关情况和建议反馈国家能源局。

国家能源局
二〇一二年六月十八日

国家发展改革委员会《关于利用价格杠杆鼓励和引导民间投资发展的实施意见》

发改价格〔2012〕1906号

为贯彻落实《国务院关于鼓励和引导民间投资健康发展的若干意见》（国发〔2010〕13号）要求，深化价格改革，完善价格政策，发挥价格杠杆作用，鼓励和引导民间投资发展，现提出以下意见：

一、深化资源性产品价格改革，促进民间资本在资源能源领域投资发展

（一）继续推进电力价格市场化改革。选择部分电力供需较为宽松的地区，开展竞价上网试点，发挥市场配置资源的基础性作用，促进各类企业平等竞争和健康发展。鼓励符合国家产业政策、体现转变经济发展方式要求、具备一定规模的非高耗能企业，按照有关规定与发电企业开展直接交易试点，交易电量、交易价格由双方自愿协商确定，增加电力用户选择权。

（二）进一步理顺天然气价格。建立反映资源稀缺程度和市场供求关系的天然气价格形成机制，逐步理顺天然气价格，为民营资本参与天然气勘探开发业务创造条件。页岩气、煤层气、煤制

气出厂价格由供需双方协商确定，鼓励民营资本进入非常规天然气生产领域。

（三）完善水利工程供水价格形成机制。继续对民办民营的水利工程供水价格实行政府指导价，按照补偿成本、合理收益的原则，合理制定基准价格，扩大上下浮动幅度，为供水、用水双方提供更大的协商空间，吸引民间资本参与水利工程建设。

二、完善公共事业价格政策，调动民间资本参与投资经营的积极性

（一）完善城市供水、供气、供热价格政策。民间资本按照国家有关规定通过特许经营的方式参与城市供水、排水和污水处理以及供气、供热设施建设与运营的，应与国有资本、外资同等对待，其价格水平按补偿成本、合理收益的原则制定。

（二）合理制定保障性住房价格。对廉租住房、公共租赁住房、经济适用住房等保障性住房免收行政事业性收费和政府性基金；合理制定保障性住房租金和销售价格，鼓励和引导民间资本参与保障性住房建设。

（三）健全铁路特殊运价政策。对民间资本参与投资建设的铁路货物运输制定特殊运价，按照满足正常运营需要并有合理回报的原则，并充分考虑社会承受能力，合理确定特殊运价水平。

（四）落实鼓励社会资本办医的价格政策。进一步理顺医药价格，充分反映医务人员技术劳务价值，为鼓励社会资本办医创造良好条件。社会资本举办的非营利医疗机构用电、用水、用气、用热与公立医疗机构同价，提供的医疗服务和药品按照政府规定的相关价格政策执行；营利性医疗机构提供的医疗服务实行自主定价。

三、清费治乱减负，优化民营企业经营环境

（一）加大涉企收费减免力度。落实中央和省级财政、价格主管部门已公布取消的行政事业性收费，贯彻好小微企业减免部分行政事业性收费等减轻企业负担的各项收费优惠政策。在全面梳理的基础上，再取消一批中央和省级设立的管理类、登记类、证照类等行政事业性收费项目，降低一批收费标准。

（二）研究建立收费管理长效机制。进一步完善和强化收费许可证年度审验工作，加大涉企收费审验力度。全面梳理规范涉企收费项目和标准，完善相关收费政策。严格规范企业纳税环节收费行为，并逐步实现税控产品和维护服务免费向企业提供，减轻企业负担。加强垄断性经营服务价格管理，规范涉及行政许可和强制准入的经营服务价格行为。

（三）规范金融服务价格行为。加强商业银行服务价格管理，规范商业银行价格行为，督促其履行明码标价和报告义务。鼓励商业银行提供免费服务，优化和调整银行卡刷卡手续费，开展商业银行收费专项检查，彻查违规行为，减轻商户负担，优化民营企业发展的金融环境。

四、加强价格监管服务，维护市场正常秩序

（一）强化价格监管。指导行业组织加强价格自律，引导民营企业自觉规范价格行为，维护合理的价格秩序，营造诚信、公平的价格环境。大力加强反垄断执法，对达成垄断协议、滥用市场支

配地位和滥用行政权力排除、限制竞争的行为，要依法严肃查处，保护民营企业公平竞争，保障民营企业合法权益。

（二）推进价格和收费信息公开。加快推进价格信息化建设，改进信息公开方式方法，依法及时、便捷公开政府制定价格和收费信息。支持并促进行业组织及时发布市场价格信息，为经营企业特别是民营企业提供方便、快捷、优质的信息服务。

二〇一二年六月二十七日

国土资源部《关于加强页岩气资源勘查开采和监督管理有关工作的通知》

国土资发〔2012〕159号

各省、自治区、直辖市国土资源主管部门，新疆建设兵团国土资源局，中国地质调查局，武警黄金指挥部，各有关单位：

页岩气是一种清洁高效的能源资源。加强页岩气勘查、开采，对提高我国能源资源保障能力，优化能源结构，改善生态环境，促进经济社会可持续发展，具有重要的战略意义。当前，我国页岩气勘查、开采尚处于起步阶段，为了加快推进和规范管理页岩气勘查、开采，根据矿产资源法律法规及有关规定，现将有关事项通知如下：

一、积极稳妥推进页岩气勘查开采。充分发挥市场配置资源的基础性作用，坚持"开放市场、有序竞争，加强调查、科技引领，政策支持、规范管理，创新机制、协调联动"的原则，以机制创新为主线，以开放市场为核心，正确引导和充分调动社会各类投资主体、勘查单位和资源所在地的积极性，加快推进、规范管理页岩气勘查、开采活动，促进我国页岩气勘查开发快速、有序、健康发展。

二、全面开展页岩气资源调查评价。调查评价我国页岩气资源潜力，落实资源基础，优选页岩气远景区、有利目标区，提供勘查靶区，引导页岩气勘查、开采。建立页岩气调查评价、勘查、开采和储量估算等规范、标准体系，规范页岩气地质调查和勘查开采工作。

三、加强页岩气勘查开采科技攻关。加强基础理论研究，加大技术攻关力度，创建我国页岩气勘查、开采理论和技术体系。加强页岩气勘查、开采科学技术国际合作，搭建企业、科研机构和高等院校的合作平台，快速提高我国页岩气勘查、开采技术水平。

四、开展页岩气勘查开采示范。选择部分页岩气区块，充分发挥有关地方和企业的积极性，建设页岩气勘查、开采示范基地和示范工程，引导页岩气勘查开采，促进页岩气产能增长。

五、合理设置页岩气探矿权。国土资源部根据页岩气地质条件、资源潜力、赋存状况等情况，划定重点勘查开采区，统筹部署页岩气勘查、开采工作，综合考虑其他矿产资源勘查、开采，组织优选页岩气勘查区块并设置探矿权。

省级国土资源主管部门可向国土资源部提出页岩气探矿权设置的建议。

六、规范页岩气矿业权管理。国土资源部负责页岩气勘查、开采登记管理，主要通过招标等竞争性方式出让探矿权。

从事页岩气地质调查，应当依法向国土资源部申请办理地质调查证。任何单位或个人不得以地质调查名义开展商业性页岩气勘查、开采活动。

七、鼓励社会各类投资主体依法进入页岩气勘查开采领域。页岩气探矿权申请人应当是独立企业法人，具有相应资金能力、石油天然气或气体矿产勘查资质；申请人不具有石油天然气或气体矿产勘查资质的，可以与具有相应地质勘查资质的勘查单位合作开展页岩气勘查、开采。关于资金能力和勘查资质等的具体要求，在招标文件等竞争性出让文件中另行确定。

鼓励符合条件的民营企业投资勘查、开采页岩气。

鼓励拥有页岩气勘查、开采技术的外国企业以合资、合作形式参与我国页岩气勘查、开采。

八、鼓励开展石油天然气区块内的页岩气勘查开采。石油、天然气（含煤层气，下同）矿业权人可在其矿业权范围内勘查、开采页岩气，但须依法办理矿业权变更手续或增列勘查、开采矿种，并提交页岩气勘查实施方案或开发利用方案。

对具备页岩气资源潜力的石油、天然气勘查区块，其探矿权人不进行页岩气勘查的，由国土资源部组织论证，在妥善衔接石油、天然气、页岩气勘查施工的前提下，另行设置页岩气探矿权。

对石油、天然气勘查投入不足、勘查前景不明朗但具备页岩气资源潜力的区块，现石油、天然气探矿权人不开展页岩气勘查的，应当退出石油、天然气区块，由国土资源部依法设置页岩气探矿权。

已在石油、天然气矿业权区块内进行页岩气勘查、开采的矿业权人，应当在本《通知》发布之日起3个月内向国土资源部申请变更矿业权或增列勘查、开采矿种。

九、统筹协调页岩气与其他矿产资源勘查开采。国土资源部统筹协调页岩气与石油、天然气、煤层气以及其他矿产资源的矿业权布局。申请页岩气矿业权时，对申请区块内已设置的固体矿产探矿权范围，申请人应当做出不进入其勘查范围的承诺；确需进入的，应与固体矿产探矿权人签署协议，确保施工安全，并将协议报国土资源部备案，抄报省级国土资源主管部门。

有关省级国土资源主管部门依据相关规划和国土资源部的工作要求，负责具体协调页岩气与固体矿产的勘查、开采时空关系，并对协议执行情况进行监督检查。

十、实行页岩气勘查承诺制。探矿权申请人在申请页岩气探矿权（含变更和增列申请）时，应向国土资源部承诺勘查责任和义务，包括资金投入、实物工作量、勘查进度、综合勘查、区块退出、违约和失信责任追究等。

十一、鼓励矿业权人加快页岩气勘查开采。页岩气勘查取得突破的，可以申请扩大勘查面积，经国土资源部组织论证后，依法进行变更登记。页岩气勘查过程中可以申请试采或部分区块转入开采，但应当依法申请试采或办理采矿权登记手续。

十二、依法加强环境保护和安全生产。页岩气矿业权人在勘查、开采过程中，应当严格执行相关法律法规和国家标准，保护地下水、地表和大气环境，并确保安全施工。在勘查、开采工作结束后，必须按规定进行土地复垦。

十三、促进资源地经济社会发展。页岩气勘查转入开采阶段的，页岩气矿业权人应当采取在区块所在省（区、市）注册公司等方式，支持资源所在地经济社会发展。

十四、依法减免页岩气矿业权使用费和矿产资源补偿费。页岩气矿业权人可按国家有关规定申请减免探矿权使用费、采矿权使用费和矿产资源补偿费。

十五、保障页岩气勘查开采用地需求。地方各级国土资源主管部门应当积极支持页岩气勘查、开采，可以通过土地租赁试点等方式满足页岩气勘查、开采用地需求。

十六、加强页岩气勘查开采监督管理。省级以上国土资源主管部门依据法律法规和矿业权人的勘查实施方案、开发利用方案、承诺书等，对页岩气区块的勘查、开采活动进行监督管理，按照有关规定建立、完善页岩气监督管理体系，维护页岩气勘查、开采秩序，保护矿业权人合法权益。

国土资源部负责页岩气勘查开采年度检查和督察工作，省级国土资源主管部门承担本行政区域内页岩气勘查开采年度检查和督察实施具体工作。

十七、建立部省协调联动机制。通过部省合作等方式，共同推进页岩气调查评价、勘查开采示范等有关工作，并为页岩气勘查、开采创造良好的环境。

十八、页岩气资源管理其他事项，参照石油天然气的有关规定执行。

十九、本通知自下发之日起施行，有效期5年。

二〇一二年十月二十六日

国家质检总局
《关于承压设备安全监察有关问题的通知》

（质检特函〔2012〕32号）

各省、自治区、直辖市质量技术监督局，各有关企业：

为规范压缩天然气加气子站液压式长管拖车、压缩天然气充装站用储气瓶组、液化天然气（LNG）汽车加气站用移动加气装置（以下分别简称CNG子站车、站用瓶组、LNG移动加气装置）以及气瓶等承压设备安全监察工作，现就有关事项通知如下：

一、CNG子站车和站用瓶组

（一）生产要求

1. CNG子站车设计、制造单位应当分别具有C2级压力容器（仅限长管拖车）设计、制造资质。鉴于目前尚无CNG子站车制造国家标准，生产单位应当制订相应的企业标准，其内容应该包括瓶体、瓶体与走行装置连接、管路布置、安全附件设置和操作箱等要求，其中瓶体设计除强度外还应当考虑疲劳、顶推液体与瓶体材料及瓶内介质的相容性等因素。企业标准应当通过全国锅炉压力容器标准化技术委员会评审并根据《标准化法》进行备案后方可用于生产。

2. 站用瓶组中的气瓶（或瓶式容器）应当满足《气瓶安全监察规程》（或《固定式压力容器安全技术监察规程》）的要求。如站用瓶组无适用的国家标准，生产单位应当制订相应的企业标准，其内容至少包括瓶组瓶体、瓶体与支撑连接、管路布置和安全附件设置等设计、制造、检验等要求，并考虑充装所引起的疲劳。企业标准应该通过全国气瓶标准化技术委员会（或全国锅炉压力容器标准化技术委员会）评审并根据《标准化法》进行备案后方可用于生产。

（二）监督检验要求

CNG子站车和站用瓶组的制造监督检验机构应当参考产品标准和相关特种设备安全技术规范制订监督检验大纲并进行监督检验。

（三）其他要求

1. CNG子站车应当在取得相应充装许可的充装站内使用，禁止在其他场所进行充装作业。CNG子站车按长管拖车办理使用登记和定期检验。站用瓶组应当根据其设计归类办理使用登记和进行定期检验。

2. CNG子站车和站用瓶组的设计和使用还应满足相应的加气站技术规范的要求。

二、LNG移动加气装置

（一）生产要求

LNG移动加气装置中的承压设备应当由取得相应压力容器设计和制造许可证的单位进行设计和制造，其产品质量应当满足相应压力容器安全技术规范及相应产品标准的要求。

（二）其他要求

LNG移动加气装置中的承压设备应当在取得相应充装许可的充装站内使用，禁止在其他场所进行充装作业。LNG移动装置中非罐车类承压罐体应当按照固定式压力容器办理使用登记和检验，并应当在取得移动式压力容器充装许可的充装站进行充装。LNG移动加气装置的设计和使用还应满足相应加气站技术规范的要求。

三、撬装式承压设备系统

撬装式承压设备系统的制造单位应当具有相应级别压力容器制造许可证。系统中的压力容器应当由持相应级别压力容器设计制造许可证的单位进行设计制造，系统中的管道设计可由持相应级别压力管道设计许可证的单位进行设计或由系统中压力容器的设计单位进行设计。

四、移动式压力容器充装

（一）鉴定评审有关事项的说明

1. 评审机构对充装质量现场检查时，如果申请单位充装介质不止一种，评审机构按照《移动式压力容器充装许可规则》（以下简称《规则》）附件C的要求将申请充装的介质分类，选择每类中的典型介质进行试充装质量检查。

2．当取得充装许可的单位(以下简称充装单位)变更充装项目时，应当向发证机关办理《充装许可证》变更手续。发证机关根据充装单位的变更申请，做出同意变更、进行必要的检查后变更、重新申请办理许可等决定，并且通知充装单位。

3．充装站应当设置专用的检查场地，并应当配备相应的压力容器操作人员。充装站技术负责人、检查人员不得兼任充装人员。

4．同一地区同一独立法人的多个充装站（分公司）应当由总公司申请充装许可，证书上分别标注多个充装站地址。充装站的技术负责人可以由1人承担，但安全管理人员应当每站至少配备1名。

（二）有效期的说明

已于2007年通过验收且经简化评审程序取得充装许可证的单位，其许可证有效期为四年，以原发证之日起计算。

五、压力容器新材料的技术评审及批准

对压力容器用新材料，我局委托全国锅炉压力容器标准化技术委员会（以下简称锅容标委），按照《固定式压力容器安全监察规程》1.9条及《移动式压力容器安全监察规程》1.7条的规定进行技术评审，经我局批准的技术评审结果在锅容标委网站（www.cscbpv.org.cn）上予以公布。

六、气瓶安全监察有关问题

（一）关于车用气瓶安装许可

汽车"油改气"工作应在当地政府统一领导下开展，质量技术监督部门负责车用气瓶安全监察。为保障车用气瓶安装质量，促进车用气瓶安装行业健康发展，各地通过制定地方法规和标准，提高准入条件，合理布局车用气瓶安装单位。车用气瓶安装单位从事气瓶安装以外的汽车改装工作须经过有关部门批准。总局将制订专门的车用气瓶安装许可规则，提高准入门槛，规范安装许可工作。车用气瓶安装单位负责气瓶安装，对气瓶安装质量负责。

（二）关于气瓶集束装置监管

组装总容积小于1立方米的气瓶集束装置的单位，目前不纳入特种设备许可管理，集束装置内的气瓶应由具备相应许可的气瓶制造单位制造。

气瓶集束装置的设计制造（含组装）应当满足相应国家标准或行业标准的规定。如果没有相应国家标准或行业标准，制造单位应按经评审备案的企业标准进行生产，并向用户提供使用说明书，对产品安全质量负责。充装单位应严格做好气瓶集束装置的充装前检查，按照安全技术规范和有关标准充装，并指导使用单位安全使用。

气瓶集束装置的使用单位对使用安全负责，应严格执行有关气瓶安全技术规范和燃气、消防、安全生产等有关法规标准的规定。充装天然气、液化石油气等易燃易爆介质的气瓶集束装置不得在

人员密集场所内使用。

目前，《钢制无缝气瓶集束装置》的国家标准正在制定中。气瓶集束装置相关规范、标准颁布后，按照其要求执行。

（三）关于不可拆卸式瓶阀的有关问题

近期，部分省质监局反映按照现行GB 7512-2006《液化石油气瓶阀》生产的瓶阀存在不便于泄露时应急处置的问题。经研究，在保证瓶阀安全性能的基础上，液化石油气瓶阀制造企业可以制订高于国家标准要求的企业标准，制订的企业标准应经全国气瓶标准化技术委员会审查备案，其产品经型式试验合格后，方可进行批量生产。企业标准可规定对GB 7512-2006《液化石油气瓶阀》中的非安全性能项目，包括瓶阀总高尺寸、手轮尺寸等进行自行设计，并将不可拆卸性限定为瓶阀承压元件不可拆卸，对瓶阀进行拆卸仅限于应急处置，拆卸过的瓶阀在应急处置完成后予以更换，使用单位和检验机构不得对瓶阀进行拆卸维修后继续使用。

七、压力管道元件制造许可

有关单位要认真执行《压力管道元件制造许可规则》（TSGD2001-2006），在受理、鉴定评审和发证环节，要严格按照《压力管道元件制造许可规则》中"许可项目及其级别表"的规定执行。表中未列入的其他元件组合装置，应当由国家质检总局确定是否按照《压力管道元件制造许可规则》管理。

二〇一二年五月九日

国务院安委会
《关于深刻吸取近期事故教训进一步加强安全生产工作的通知》

安委明电〔2013〕1号

各省、自治区、直辖市人民政府，新疆生产建设兵团，国务院安委会各成员单位，有关中央企业：

今年以来，全国安全生产形势继续保持稳定好转的发展态势，但近期煤矿、交通等行业领域接连发生多起重大事故。3月18日，云南省保山市隆阳区发生客车翻车事故，造成15人死亡；同日，天津光阳海运有限公司一轮船在渤海山东龙口港海域发生倾覆事故，造成12人死亡、2人失踪；3月29日、4月1日，吉林省通化矿业公司八宝煤矿先后发生两起重大瓦斯爆炸事故，分别造成29人死亡和7人死亡、10人被困，等等，给人民群众生命财产造成重大损失。这些事故的发生，暴露出部分地区、行业领域和生产经营单位安全发展理念不牢固，安全生产责任不落实，安全防范措施不到位，安全隐患长期得不到治理，非法违法行为仍然突出。

党中央、国务院对此高度重视，李克强总理、张高丽副总理和杨晶、王勇国务委员在吉林省八宝煤矿发生瓦斯爆炸事故后立即作出重要批示，强调安全责任重于泰山，要求坚持"安全第一、预防为主、综合治理"，深刻吸取事故教训，开展安全生产大检查，及时发现和消除隐患。

为认真贯彻落实中央领导同志重要批示精神，深刻吸取事故教训，进一步加强安全生产工作，经报国务院领导同志同意，现就有关要求通知如下：

一、坚持安全第一，全面落实安全生产责任

各地区、各有关部门和单位要牢固树立科学发展、安全发展的理念，牢记安全责任重于泰山，坚持"安全第一、预防为主、综合治理"的方针，进一步加强组织领导，层层落实安全责任。各地区要强化对安全生产形势的分析，根据地区环境特点和气候变化等因素，针对重点、难点问题，采取果断措施，严细事故防范。各级行业主管部门要切实落实行业监管责任，加强对本行业领域安全生产工作的指导与监管。各类生产经营单位要全面落实安全生产主体责任，切实加强安全管理。

二、突出重点，立即开展安全生产大检查

各地区、各有关部门和单位要针对近期事故暴露出的突出问题，立即组织开展一次安全生产大检查，全面彻底排查治理事故隐患。要突出煤矿、交通领域的隐患排查。煤矿重点排查安全管理及瓦斯、通风、水害、机电等方面的隐患；道路交通领域重点排查治理危险路段，严格客运车辆的安全检查；水上交通领域要强化对极端恶劣天气的预警，加强重点水域、重点工程、重点船舶和重点时段的安全巡查。对非煤矿山、危险化学品、烟花爆竹、建筑施工、消防等重点行业领域，要进行全面排查，发现隐患，及时整改；不能立即整改的，要限期整改、落实监控措施；对存在重大隐患、严重危及安全生产的，要责令企业停产整改。要强化对煤矿等高危行业企业复工复产的安全检查，严防事故发生。

同时，要针对今年春季异常天气较多和汛期即将来临的实际，超前防范，全面开展汛期隐患排查和隐患点除险加固，认真落实各项安全防范措施，严防自然灾害引发事故灾难。

三、深化"打非治违"，强化煤矿等重点行业领域安全专项整治

各地区、各有关部门和单位要进一步加大工作力度，结合重点行业领域安全专项整治，强化执法检查，深化"打非治违"工作。要继续狠抓《煤矿矿长保护矿工生命安全七条规定》（国家安全监管总局令第58号）的贯彻落实，真正做到"铁规定、刚执行、全覆盖、真落实、见实效"；加强国有重点煤矿安全基础管理和监管监察，严防超能力生产、冒险蛮干。要认真打好非煤矿山整顿关闭攻坚战，深入开展金属非金属地下矿山防中毒窒息专项整治。要强化春夏之交危险化学品安全监管，深入开展危险化学品企业"反三违"、烟花爆竹企业"反三超一改"活动。要继续深化"道路客运安全年"活动，加强客车、货车、面包车等"三车治理"，整顿路面行车秩序。要继续深化建

筑施工、消防等其他行业领域和餐饮场所燃气安全专项治理，确保安全生产。

四、强化督促检查，切实增强工作成效

各地区、各有关部门要加强监督检查，推进各项安全措施落实到位。各地区要上下联动，在组织企业认真开展安全生产自查的同时，组织专门检查督查组，各级领导干部要亲自带队下基层，深入生产一线进行督促检查。各有关部门要组织对本行业领域安全生产工作开展专项督查。各级安全生产委员会及其办公室要加强综合协调，及时研究解决发现的新问题。

五、严肃事故查处，加大责任追究力度

各地区要严格按照"四不放过"和"科学严谨、依法依规、实事求是、注重实效"的原则，对今年以来发生的每一起生产安全事故依法严肃查处，并尽快公布处理结果，接受社会监督。要注重查清事故原因，分清每个环节、每个岗位的责任，严肃追究，并提出有针对性的整改意见。要运用典型事故案例开展警示教育，举一反三，切实完善安全措施，促进安全生产形势持续稳定好转。

国务院安委会
二〇一三年四月二日

国务院法制办
《关于起草涉及民间投资的法律文件草案听取行业协会（商会）和民营企业意见的通知》

国法〔2012〕24号

国务院各部门法制工作机构：

为了贯彻落实《国务院关于鼓励和引导民间投资健康发展的若干意见》（国发〔2010〕13号），为民间投资创造良好法制环境，根据立法法、行政法规制定程序条例、规章制定程序条例和国务院有关文件的规定，现就起草涉及民间投资的法律文件草案听取行业协会（商会）和民营企业意见提出以下要求：

一、在起草涉及民间投资的法律、行政法规、规章草案过程中，应当采取适当方式听取有关行业协会(商会)和民营企业的意见，充分反映民营企业的合理要求，保护民间投资者的合法权益。

二、起草涉及民间投资的法律、行政法规、规章草案，召开座谈会、听证会、论证会的，应当注意邀请有关行业协会(商会)和民营企业参加；就草案书面征求有关机关和其他组织意见的，应当同时印送有关行业协会(商会)征求意见。

三、对有关行业协会(商会)和民营企业提出的意见和建议，应当认真分析研究，采纳合理的意见和建议，并以适当方式反馈意见采纳情况。

二○一二年六月十二日

国家能源局关于《煤层气产业政策》的公告

2013年第2号

煤层气是赋存于煤层及煤系地层中的烃类气体，主要成分是甲烷，发热量与常规天然气相当，是宝贵的能源资源。煤层气产业是新兴能源产业，发展煤层气产业对保障煤矿安全生产、优化能源结构、保护生态环境具有重要意义。为深入贯彻落实科学发展观，推动能源生产和消费革命，科学高效开发利用煤层气资源，加快培育和发展煤层气产业，根据《中华人民共和国煤炭法》、《中华人民共和国矿产资源法》和《国务院办公厅关于加快煤层气（煤矿瓦斯）抽采利用的若干意见》（国办发〔2006〕47号）等法律法规,制定本产业政策。

第一章 发展目标

第一条 坚持市场引导，统筹规划布局，创新体制机制，加大科技攻关，强化政策扶持，强力推进煤层气产业发展，提高安全生产水平，增加清洁能源供应，减少温室气体排放，把煤层气产业发展成为重要的新兴能源产业。

第二条 "十二五"期间，建成沁水盆地和鄂尔多斯盆地东缘煤层气产业化基地，形成勘探开发、生产加工、输送利用一体化发展的产业体系。再用5~10年时间，新建3~5个产业化基地，实现煤层气开发利用与工程技术服务、重大装备制造等相关产业协调发展。

第三条 建立健全以企业为主体、市场为导向、产学研相结合的技术创新体系，总结和推广高阶煤煤层气高效开发技术，加快突破中低阶煤煤层气开发关键技术，形成一批具有自主知识产权的重大技术和装备。

第四条 完善煤层气与煤炭资源综合勘查、合理布局、有序开发、高效利用等政策，加快并妥善解决煤层气与煤炭矿业权重叠问题，形成煤层气与煤炭资源协调开发机制。

第二章 市场准入

第五条 从事煤层气勘探开发的企业应具备与项目勘探开发相适应的投资能力，具有良好的财务状况和健全的财务会计制度。煤层气勘探开发企业应配齐地质勘查、钻探排采等专业技术人员，特种作业人员必须取得相应从业资格。从事煤层气建设项目勘查、设计、施工、监理、安全评价等业务，应按照国家规定具备相应资质。

第六条 鼓励具备条件的各类所有制企业参与煤层气勘探开发利用，鼓励大型煤炭企业和石油天然气企业成立专业化煤层气公司，培育一批具有市场竞争力的煤层气开发利用骨干企业和工程技术服务企业，形成以专业化煤层气公司为主体、中小企业和外资企业共同参与的产业组织结构。

第三章 产业布局

第七条 国务院煤炭（煤层气）行业管理部门负责编制全国煤层气开发利用规划并组织实施。全国煤层气开发利用规划内容包括总体要求、发展目标、勘探开发布局、重大建设项目等。有关地方政府和重点企业应编制本地区、本企业煤层气开发利用规划，落实全国规划发展目标和重点任务。

第八条 加快沁水盆地和鄂尔多斯盆地东缘等煤层气产业化基地建设，大幅度提高煤层气产量。加大新疆、辽宁、黑龙江、河南、四川、贵州、云南、甘肃等地区煤层气资源勘探力度，建设规模化开发示范工程。在河北、吉林、安徽、江西、湖南等地区开展勘探开发试验。

第九条 煤层气以管道输送为主，就近利用、余气外输。煤层气优先用于居民用气、公共服务设施、工业燃料、汽车燃料等。鼓励建设储气库等调峰设施，因地制宜建设分布式能源系统，适度发展液化气或压缩气。统筹规划建设区域性输气管网，鼓励煤层气进入城市公共供气管网和天然气长输管网。输气管网运营企业应为煤层气用户提供公平、公正的管道运输服务。

第四章 勘探开发生产

第十条 煤层气勘探开发应遵循整体部署、分期实施、滚动开发的原则，注重提高区块开发总体效率，努力降低建设运营成本，提高项目经济效益。煤层气勘探开发项目原则上按照评价选区、重点勘探、先导试验、探明储量、编制开发方案、产能建设、生产运营等程序进行。

第十一条 坚持普查与重点勘探相结合，地质研究与勘探工程相结合，鼓励采用低成本的地震、钻探、测井、试井等多种勘探技术进行综合勘探，准确查明煤层气藏地质特征和各项参数，获取探明储量。复杂构造煤层气区块可通过三维地震等先进技术手段进行勘探。

第十二条 煤层气总体开发方案应进行多方案经济技术比选，合理确定煤层气产能规模、建设工期和项目总投资，优化井型井网部署、钻井与完井工艺、排采集输技术，因地制宜采用直井、丛式井或水平井。根据产能建设实际情况，对钻井、完井、增产改造、排采等工艺技术进行动态调整。

第十三条 合理制定煤层气井排采工作制度，有效控制煤粉产出、生产压差和排采速度，实现煤层气井高产稳产。统筹规划建设煤层气田集输管网，合理确定集气站、增压站位置和数量，优先采用低压集输工艺流程。

第五章 技术政策

第十四条 坚持自主研发和引进相结合、基础研究和技术创新相结合，加大科技研发投入，实施国家科技重大专项、科技支撑计划、"863"计划、"973"计划和产业化示范工程，鼓励企业、科研机构和高等院校联合开展科技攻关，加强工程（技术）研究中心、重点实验室等创新平台建设，发展技术咨询服务，提升煤层气产业科技创新能力。

第十五条 加强煤层气富集规律、产出机理等基础理论研究，突破中低阶煤、构造煤、深部煤层、多煤层等不同地质特征的煤层气勘探开发关键技术，掌握水平井钻完井、二氧化碳助排及泡沫压裂、水平井分段压裂、高压水力喷射等工艺技术。

第十六条 鼓励开展煤层气开发利用重大装备自主研发，推进高性能空气钻机、连续油管成套设备国产化，提升水平井钻完井、压裂排采设备性能，研制高效压缩、液化设备和燃气发动机。

第十七条 加快科技成果转化，推广空气钻进、大排量高效压裂、低压集输等先进技术，推进煤层气开采信息化建设。建立健全煤层气标准体系，加快出台勘查开发、生产加工、集输利用标准。

第六章 煤层气与煤炭协调开发

第十八条 煤炭远景区实施"先采气、后采煤"，优先进行煤层气地面开发。煤炭规划生产区实施"先抽后采"、"采煤采气一体化"，鼓励地面、井下联合抽采煤层气资源，煤层瓦斯含量降低到规定标准以下，方可开采煤炭资源。

第十九条 在设置煤层气或煤炭探矿权的区域，探矿权人应对勘查区块范围内的煤层气和煤炭资源进行综合勘查，提交煤层气和煤炭资源综合勘查报告，并按有关规定进行储量评审（估）、备案。

第二十条 在已设置煤炭矿业权但尚未设置煤层气矿业权的区域，经勘查具备煤层气地面规模化开发条件的，应依法办理煤层气勘查或开采许可证手续，由煤炭矿业权人自行或采取合作等方式进行煤层气开发。在已设置煤层气矿业权的区域，根据国家煤炭建设规划5年内需要建设煤矿的，按照煤层气开发服务于煤炭开发的原则，采取合作或调整煤层气矿业权范围等方式，保证煤炭资源开发需要，并有效开发利用煤层气资源。

第二十一条 建立健全煤层气与煤炭资源开发方案相互衔接、项目进展定期通报、资料留存共享等制度。煤层气开发必须兼顾煤矿安全生产，钻井井位应与煤矿采掘部署做好衔接，废弃钻井必须按有关规定封井，不得留下安全隐患。煤层气、煤炭生产企业应妥善保存地质和工程资料，按规定报送有关部门。

第七章 安全节能环保

第二十二条 坚持"安全第一、预防为主、综合治理"方针，煤层气企业应落实安全生产责任制，建立安全生产管理机构，配备专职安全生产管理人员，建立健全安全管理制度和操作规程，保障安全生产投入。煤层气建设项目安全设施应与主体工程同时设计、同时施工、同时投入使用。

第二十三条 加强节能降耗，推进煤层气产业绿色发展、循环发展、低碳发展。煤层气建设项目应依法开展节能评估，推广使用高效节能设备，降低煤层气开发利用过程中的能源消耗。坚持最大化利用原则，加强勘探试采期煤层气的回收利用。

第二十四条 煤层气建设项目应依法开展环境影响评价，项目选址应避开自然保护区、饮用水水源地等生态敏感区域。严格执行煤层气排放标准，禁止煤层气直接排放。煤层气生产过程中产生的废气、废水等做到达标排放，妥善处置固体废物，避免对地下水造成污染。

第二十五条 建立健全煤层气建设项目社会稳定风险评估机制，对有可能在较大范围和较长时间内对人民群众生产生活造成重大社会影响的项目，应按规定进行社会稳定风险评估。

第八章 保障措施

第二十六条 加强煤层气资源调查评价，增加勘探区块投放数量，为煤层气规模化开发提供资源保障。采用市场竞争方式配置煤层气资源，择优确定开发主体。提高煤层气最低勘探投入标准，实行限期开发制度，对于已设置矿业权的区块，勘探投入不足或不能及时开发的，依据有关规定核减其矿业权面积。

第二十七条 统筹安排中央预算内投资支持煤层气开发利用示范工程、关键技术装备研发和创新能力建设。鼓励民间资本、境外资金参与煤层气勘探开发和管网等基础设施建设。拓宽企业融资渠道，鼓励金融机构按照安全、合规、自主的原则为煤层气项目提供授信支持和金融服务，支持符合条件的煤层气企业发行债券、上市融资。完善煤层气价格政策，加强煤层气价格监督检查。

第二十八条 煤层气开发、输送、利用等建设项目应根据项目投资主体、性质和规模，按照国家投资体制改革有关规定报政府主管部门审批、核准或备案。项目未经审批、核准或备案，有关部门不予办理土地使用、银行贷款等手续，不得享受财政补贴、税费优惠等政策。

第二十九条 加强煤层气对外合作管理，鼓励引进国外先进技术和管理经验，督促引导外国合同者加大勘探开发投入，加快推进对外合作区块规模化开发。根据签订的对外合作合同和执行情况，定期调整合作区块。

第三十条 创新人才培养模式，鼓励企业和高等院校建立人才联合培养机制，加强创新型、技能型和复合型人才培养。鼓励企业开展全方位、多层次的在职培训，提高从业人员素质。

第三十一条 加强政策宣传和工作协调，保障现有政策措施落实到位。研究完善煤层气开发利用扶持政策，提高财政补贴标准，加大税费优惠力度，进一步调动企业积极性。优先安排煤层气开发利用项目及建设用地。

第三十二条 加强煤层气行业统计等基础管理工作，完善煤层气开发利用考核机制，对煤层气开发利用年度目标完成情况进行考核通报，根据考核结果在项目审核、中央预算内资金安排等方面实行差别化政策。

本产业政策适用于地面煤层气勘探、开发、生产、加工、集输、销售、储配与利用等，由国家能源局负责解释，自发布之日起实施。

二〇一三年二月二十二日

国务院批转发展改革委员会《关于2013年深化经济体制改革重点工作意见》的通知

国发〔2013〕20号

各省、自治区、直辖市人民政府,国务院各部委、各直属机构:

国务院同意发展改革委《关于2013年深化经济体制改革重点工作的意见》,现转发给你们,请认真贯彻执行。

国务院
二〇一三年五月十八日

发展改革委《关于2013年深化经济体制改革重点工作的意见》

党的十八大提出要加快完善社会主义市场经济体制,全社会热切期待改革取得新突破。顺应人民愿望,把握时代要求,不失时机深化重要领域改革,意义十分重大。现就2013年深化经济体制改革重点工作提出以下意见。

一、指导思想和总体要求

2013年深化经济体制改革工作的指导思想是,以邓小平理论、"三个代表"重要思想、科学发展观为指导,全面贯彻党的十八大精神,坚定不移走中国特色社会主义道路,坚持社会主义市场经济改革方向,以更大的勇气、智慧和韧性,大力推动促进经济转型、民生改善和社会公正的改革,坚决破除妨碍科学发展的体制机制弊端,促进经济持续健康发展与社会和谐稳定,使改革红利更多更公平惠及全体人民,为全面建成小康社会、实现中华民族伟大复兴的中国梦做出积极贡献。

总体要求是,正确处理好政府与市场、政府与社会的关系,处理好加强顶层设计与尊重群众首创精神的关系,处理好增量改革与存量优化的关系,处理好改革创新与依法行政的关系,处理好改革、发展、稳定的关系,确保改革顺利有效推进。

二、大力推进年度重点改革

2013年改革重点工作是,深入推进行政体制改革,加快推进财税、金融、投资、价格等领域改革,积极推动民生保障、城镇化和统筹城乡相关改革。

(一)行政体制改革

1. 深化政府机构改革。完成新组建部门"三定"规定制定和相关部门"三定"规定修订工作。组织推进地方行政体制改革,研究制定关于地方政府机构改革和职能转变的意见。(中央编办牵头)

2. 简政放权,下决心减少审批事项。抓紧清理、分批取消和下放投资项目审批、生产经营活动和资质资格许可等事项,对确需审批、核准、备案的项目,要简化程序、限时办结相关手续。严格控制新增审批项目。(中央编办、发展改革委、人力资源社会保障部、法制办等负责)

3. 创新政府公共服务提供方式。加快出台政府向社会组织购买服务的指导意见,推动公共服务提供主体和提供方式多元化。出台行业协会商会与行政机关脱钩方案。改革工商登记和社会组织登记制度。深化公务用车制度改革。(财政部、中央编办、发展改革委、民政部、人力资源社会保障部、国资委、工商总局、国管局等负责)

(二)财税体制改革

1. 完善财政预算制度,推动建立公开、透明、规范、完整的预算体制。完善财政转移支付制度,减少、合并一批专项转移支付项目,增加一般性转移支付规模和比例。(财政部牵头)

2. 扩大营业税改征增值税试点范围,在全国开展交通运输业和部分现代服务业营改增试点,择机将铁路运输和邮电通信等行业纳入试点范围。合理调整消费税征收范围和税率,将部分严重污染环境、过度消耗资源的产品等纳入征税范围。扩大个人住房房产税改革试点范围。(财政部、税务总局会同住房城乡建设部等负责)

3. 将资源税从价计征范围扩大到煤炭等应税品目,清理煤炭开采和销售中的相关收费基金。开展深化矿产资源有偿使用制度改革试点。(财政部、发展改革委、税务总局、国土资源部等负责)

4. 建立健全覆盖全部国有企业的国有资本经营预算和收益分享制度。落实和完善对成长型、科技型、外向型小微企业的财税支持政策。(财政部、国资委、科技部、工业和信息化部、税务总局等负责)

(三)金融体制改革

1. 稳步推进利率汇率市场化改革。逐步扩大存贷款利率浮动幅度,建立健全市场基准利率体系。完善人民币汇率形成机制,充分发挥市场供求在汇率形成中的基础性作用。稳步推进人民币资本项目可兑换,建立合格境内个人投资者境外投资制度,研究推动符合条件的境外机构在境内发行人民币债券。(人民银行会同发展改革委、财政部、银监会、证监会、外汇局等负责)

2. 完善场外股权交易市场业务规则体系,扩大中小企业股份转让系统试点范围。健全投资者尤其是中小投资者权益保护政策体系。推进煤炭、铁矿石、原油等大宗商品期货和国债期货市场建

设。（证监会、发展改革委、财政部、人民银行、能源局等负责）

3．推进制定存款保险制度实施方案，建立健全金融机构经营失败风险补偿和分担机制，形成有效的风险处置和市场退出机制。加快和规范发展民营金融机构和面向小微企业、"三农"的中小金融机构。（人民银行、银监会、财政部等负责）

（四）投融资体制改革

1．抓紧清理有碍公平竞争的政策法规，推动民间资本有效进入金融、能源、铁路、电信等领域。按照转变政府职能、简政放权的原则，制定政府投资条例、企业投资项目核准和备案管理条例。（法制办、发展改革委、财政部、工业和信息化部、交通运输部、人民银行、国资委、银监会、能源局等负责）

2．改革铁路投融资体制。建立公益性运输补偿制度、经营性铁路合理定价机制，为社会资本进入铁路领域创造条件。支线铁路、城际铁路、资源开发性铁路所有权、经营权率先向社会资本开放，通过股权置换等形式引导社会资本投资既有干线铁路。（发展改革委、财政部、交通运输部、铁路局等负责）

（五）资源性产品价格改革

1．推进电价改革，简化销售电价分类，扩大工商业用电同价实施范围，完善煤电价格联动机制和水电、核电上网价格形成机制。推进全国煤炭交易市场体系建设。推进天然气价格改革，逐步理顺天然气与可替代能源的比价关系。推进大用户直购电和售电侧电力体制改革试点。（发展改革委牵头）

2．在保障人民群众基本生活需求的前提下，综合考虑资源节约利用和环境保护等因素，建立健全居民生活用电、用水、用气等阶梯价格制度。（发展改革委牵头）

（六）基本民生保障制度改革

1．整体推进城乡居民大病保险，整合城乡基本医疗保险管理职能，逐步统一城乡居民基本医疗保险制度，健全全民医保体系。研究制定基础养老金全国统筹方案。健全保障性住房分配制度，有序推进公租房、廉租房并轨。（人力资源社会保障部、卫生计生委、中央编办、财政部、住房城乡建设部等负责）

2．建立健全最低生活保障、就业困难群体就业援助、重特大疾病保障和救助等制度，健全并落实社会救助标准与物价涨幅挂钩的机制。整合社会救助资源，逐步形成保障特困群体基本生存权利和人格尊严的长效保底机制。（民政部、财政部、人力资源社会保障部、发展改革委、卫生计生委等负责）

3．建立最严格的覆盖生产、流通、消费各环节的食品药品安全监管制度。建立健全部门间、区域间食品药品安全监管联动机制。完善食品药品质量标准和安全准入制度。加强基层监管能力建设。充分发挥群众监督、舆论监督作用，全面落实食品安全投诉举报机制。建立实施黑名单制度，形成有效的行业自律机制。（食品药品监管总局牵头）

4．建立健全最严格的环境保护监管制度和规范科学的生态补偿制度。建立区域间环境治理联动和合作机制。完善生态环境保护责任追究制度和环境损害赔偿制度。制定加强大气、水、农村（土壤）污染防治的综合性政策措施。深入推进排污权、碳排放权交易试点，研究建立全国排污权、碳排放交易市场，开展环境污染强制责任保险试点。制定突发环境事件调查处理办法。研究制定生态补偿条例。（环境保护部、发展改革委、财政部、林业局等负责）

（七）城镇化和统筹城乡相关改革

1. 研究制定城镇化发展规划。以增强产业发展、公共服务、吸纳就业、人口集聚功能为重点，开展中小城市综合改革试点。优化行政层级和行政区划。实施好经济发达镇行政管理体制改革试点。有序推进城乡规划、基础设施和公共服务一体化，创新城乡社会管理体制。（发展改革委、中央编办、住房城乡建设部、民政部、农业部等负责）

2. 根据城市综合承载能力和转移人口情况，分类推进户籍制度改革，统筹推进相关公共服务、社会保障制度改革，有序推进农业转移人口市民化，将基本公共服务逐步覆盖到符合条件的常住人口。（公安部、发展改革委、财政部、人力资源社会保障部、卫生计生委、教育部、民政部、农业部、法制办等负责）

3. 积极稳妥推进土地管理制度、投融资体制等促进城镇化健康发展的改革，调研并制定相关配套政策。完善地方债务风险控制措施，规范发展债券、股权、信托等投融资方式，健全鼓励社会资本投资城乡基础设施、公共服务项目的政策和相关机制。（发展改革委、国土资源部、财政部、人民银行、银监会、证监会、保监会等负责）

4. 建立健全农村产权确权、登记、颁证制度。依法保障农民土地承包经营权、宅基地使用权、集体收益分配权。开展国有林场改革试点。研究提出国有林区改革指导意见。探索建立农村产权交易市场。推进小型水利工程管理体制改革。（国土资源部、发展改革委、农业部、财政部、水利部、林业局等负责）

三、继续深化已出台的各项改革

对已经部署并正在推进的各项改革，有关部门按职能分工，切实抓好落实，力求年内取得新的进展。

（一）继续推进国有企业改革

推动大型国有企业公司制股份制改革，大力发展混合所有制经济。推进国有经济战略性调整和国有企业并购重组，着力培育一批具有国际竞争力的大企业。完善各类国有资产监督管理制度。加快解决国有企业办社会负担和历史遗留问题。

（二）继续深化开放型经济体制改革

进一步扩大金融、物流、教育、科技、医疗、体育等服务业对外开放。完善口岸管理体制，推进通关便利化改革。加快海关特殊监管区域整合优化，完善政策和功能，开展保税工厂改革试点。加快制定并出台中国（上海）自由贸易试验区建设方案，推进港澳和内地服务贸易自由化，探索建立与国际接轨的外商投资管理体制。积极实施自由贸易区战略，建立健全双边、多边和区域投资贸易合作新机制。健全境外投资规划、协调、服务和管理机制，完善风险防控体系。继续深化流通体制改革。

（三）加快教育、文化、医药卫生等社会事业各项改革

围绕促进教育公平、提高教育质量，深化教育体制改革。加快推进文化领域政事、政企、政资分开，完善公共文化服务体系，优化促进文化产业创新发展的制度环境。深化医药卫生体制改革，加快公立医院改革，完善社会办医政策，逐步形成多元化办医格局。稳步推进事业单位分类改革，推进事业单位人事、收入分配和社会保险制度等改革，加快管办分离和建立法人治理结构。

（四）加快完善科技创新体制机制

构建以企业为主体、市场为导向、产学研相结合的技术创新体系，扩大国家自主创新示范区先行先试政策试点范围，整合资源实施科技重大专项，完善科技成果转移转化的激励政策，加强科技资源开放共享，发挥科技在经济发展中的支撑作用。

（五）深化收入分配制度改革

贯彻落实深化收入分配制度改革的若干意见，制定出台合理提高劳动报酬、加强国有企业收入分配调控、整顿和规范收入分配秩序等重点配套方案和实施细则。

四、完善改革协调推进机制

各地区、各部门要将改革工作放到更加突出的位置，切实完成各项改革任务，确保取得明显成效。

认真做好改革方案研究制定工作。深入调查研究，充分听取各方面意见，科学制定方案，统筹好改革力度与社会可承受程度，使改革更好地集中民智、体现民意、惠及民生。

扎实抓好改革方案实施和社会引导工作。牵头部门要明确提出工作方案、时间进度和阶段性目标。参与部门要各司其职，积极主动配合。要注重政策宣传和舆情引导，及时回应社会关切，为改革创造良好的舆论氛围和社会环境。

积极推进各项改革试点工作。继续推进综合配套改革试点，优先在试验区部署重大改革任务，发挥其探索创新、示范带动作用。及时总结和推广试点经验。围绕迫切需要推进的重大改革，组织实施一批攻关性试点。鼓励各地因地制宜进行改革试点。

进一步加强组织领导和统筹协调工作。各地区、各部门要把推进改革作为领导干部业绩考核的重要内容。发展改革委要采取建立联席会议、专题会议制度等多种形式，加强统筹安排，健全工作机制，协调解决重大问题，做好督促检查工作，及时将改革进展情况和重要问题报告国务院。

国家税务总局《关于油气田企业开发煤层气页岩气增值税有关问题的公告》

2013年第27号

现将油气田企业开发煤层气、页岩气增值税有关问题公告如下：

油气田企业从事煤层气、页岩气生产，以及为生产煤层气、页岩气提供生产性劳务，按照《油气田企业增值税管理办法》（财税〔2009〕8号文件印发）缴纳增值税。

本公告自2013年7月1日起施行。

特此公告。

国家税务总局
二〇一三年五月三十日

国务院《关于取消和下放一批行政审批项目等事项的决定》

国发〔2013〕19号

各省、自治区、直辖市人民政府，国务院各部委、各直属机构：

第十二届全国人民代表大会第一次会议批准的《国务院机构改革和职能转变方案》明确提出，要减少和下放投资审批事项，减少和下放生产经营活动审批事项，减少资质资格许可和认定，取消不合法不合理的行政事业性收费和政府性基金项目。经研究论证，国务院决定，取消和下放一批行政审批项目等事项，共计117项。其中，取消行政审批项目71项，下放管理层级行政审批项目20项，取消评比达标表彰项目10项，取消行政事业性收费项目3项；取消或下放管理层级的机关内部事项和涉密事项13项（按规定另行通知）。另有16项拟取消或下放的行政审批项目是依据有关法律设立的，国务院将依照法定程序提请全国人民代表大会常务委员会修订相关法律规定。

各地区、各部门要认真做好取消和下放管理层级行政审批项目等事项的落实和衔接工作，切实加强后续监管。要按照深化行政体制改革、加快转变政府职能的要求，继续坚定不移推进行政审批制度改革，清理行政审批等事项，加大简政放权力度。要健全监督制约机制，加强对行政审批权运行的监督，不断提高政府管理科学化、规范化水平。

国务院
二〇一三年五月十五日

国家电网公司《关于做好分布式电源并网服务工作的意见》

一、总则

分布式电源对优化能源结构、推动节能减排、实现经济可持续发展具有重要意义。国家电网公司（以下简称公司）认真贯彻落实国家能源发展战略，积极支持分布式电源加快发展，依据《中华人民共和国电力法》、《中华人民共和国可再生能源法》等法律法规以及有关规程规定，按照优化并网流程、简化并网手续、提高服务效率原则，制订本意见。

二、适用范围

本意见所称分布式电源，是指位于用户附近，所发电能就地利用，以10千伏及以下电压等级接入电网，且单个并网点总装机容量不超过6兆瓦的发电项目。包括太阳能、天然气、生物质能、风能、地热能、海洋能、资源综合利用发电等类型。

以10千伏以上电压等级接入，或以10千伏电压等级接入但需升压送出的发电项目，执行国家电网公司常规电源相关管理规定。小水电项目按国家有关规定执行。

三、一般原则

1. 公司积极为分布式电源项目接入电网提供便利条件，为接入系统工程建设开辟绿色通道。接入公共电网的分布式电源项目，其接入系统工程（含通信专网）以及接入引起的公共电网改造部分由公司投资建设。接入用户侧的分布式电源项目，其接入系统工程由项目业主投资建设，接入引起的公共电网改造部分由公司投资建设（西部地区接入系统工程仍执行国家现行规定）。

2. 分布式电源项目工程设计和施工建设应符合国家相关规定，并网点的电能质量应满足国家和行业相关标准。

3. 建于用户内部场所的分布式电源项目，发电量可以全部上网、全部自用或自发自用余电上网，由用户自行选择，用户不足电量由电网提供。上、下网电量分开结算，电价执行国家相关政策。公司免费提供关口计量装置和发电量计量用电能表。

4. 分布式光伏发电、风电项目不收取系统备用容量费，其他分布式电源项目执行国家有关政策。

5. 公司为享受国家电价补助的分布式电源项目提供补助计量和结算服务，公司收到财政部门拨付补助资金后，及时支付项目业主。

四、并网服务程序

1. 公司地市或县级客户服务中心为分布式电源项目业主提供接入申请受理服务，协助项目业主填写接入申请表，接收相关支持性文件。

2. 公司为分布式电源项目业主提供接入系统方案制订和咨询服务。接入申请受理后40个工作日内（光伏发电项目25个工作日内），公司负责将10千伏接入项目的接入系统方案确认单、接入电网意见函，或380伏接入项目的接入系统方案确认单告知项目业主。项目业主确认后，根据接入电网意见函开展项目核准和工程设计等工作。380伏接入项目，双方确认的接入系统方案等同于接入电网意见函。

3. 建于用户内部场所且以10千伏接入的分布式电源，项目业主在项目核准后、在接入系统工程施工前，将接入系统工程设计相关材料提交客户服务中心，客户服务中心收到材料后出具答复意见并告知项目业主，项目业主根据答复意见开展工程建设等后续工作。

4. 分布式电源项目主体工程和接入系统工程竣工后，客户服务中心受理项目业主并网验收及并网调试申请，接收相关材料。

5. 公司在受理并网验收及并网调试申请后，10个工作日内完成关口电能计量装置安装服务，并与项目业主（或电力用户）签署购售电合同和并网调度协议。合同和协议内容执行国家电力监管委员会和国家工商行政管理总局相关规定。

6. 公司在关口电能计量装置安装完成、合同和协议签署完毕后，10个工作日内组织并网验收及并网调试，向项目业主提供验收意见，调试通过后直接转入并网运行。验收标准按国家有关规定执行。若验收不合格，公司向项目业主提出解决方案。

7. 公司在并网申请受理、接入系统方案制订、接入系统工程设计审查、计量装置安装、合同和协议签署、并网验收和并网调试、政府补助计量和结算服务中，不收取任何服务费用；由用户出资建设的分布式电源及其接入系统工程，其设计单位、施工单位及设备材料供应单位由用户自主选择。

五、咨询服务

国家电网公司为分布式电源并网提供客户服务中心、95598服务热线、网上营业厅等多种咨询渠道，向项目业主提供并网办理流程说明、相关政策规定解释、并网工作进度查询等服务，接受项目业主投诉。

二〇一三年二月二十八日

国家能源局《天然气分布式能源示范项目实施细则》（建议稿）

第一章 总则

第一条 为提高能源利用效率，促进结构调整和节能减排，积极推动天然气分布式能源有序发展，科学、规范的指导示范项目的建设、运营和管理，根据国家发展和改革委员会、财政部、住房和城乡建设部、国家能源局联合下发的《关于发展天然气分布式能源的指导意见》（发改能源〔2011〕2196号），按照示范先行、总结推广的总体思路，特制定本细则。

第二条 本细则所称"天然气分布式能源"是指利用天然气为燃料，通过冷、热、电三联供等方式实现能源的梯级利用，综合能源利用效率在70%以上，并在负荷中心就近实现能源供应的现代能源供应方式，是天然气高效利用的重要方式。

第三条 天然气分布式能源示范项目申报评选工作应遵循突出企业主体、实施动态管理、坚持公开、公平、公正的原则。

第四条 国家能源局负责指导、监督天然气分布式能源示范项目工作。

第五条 省（自治区、直辖市）级能源主管部门负责本地区天然气分布式能源示范项目的评选、审核、管理工作。

第二章 组织与实施

第六条 国家能源局会同有关部门牵头成立国家天然气分布式能源示范项目领导小组，其主要职责为：

（一）确定国家天然气分布式能源示范项目工作方向；

（二）天然气分布式能源项目示范资格的认定、备案；

（三）天然气分布式能源项目示范项目的监督检查、后评估；

（四）天然气分布式能源示范项目奖励补贴政策的制定；

（五）协调、解决相关政策落实中的重大问题；

（六）裁决天然气分布式能源示范项目评选事项中的重大争议；

（七）监督、检查各地区评选，对示范项目申报评选工作中出现重大问题的地区，提出整改意见。

第七条 省（自治区、直辖市）级能源主管部门负责本地区天然气分布式能源示范项目相关工作，其主要职责为：

（一）参照附录1的要求，编制本地区天然气分布式能源发展规划纲要；

（二）负责本地区天然气分布式能源示范项目的评选、审核、管理工作；

（三）负责本地区天然气分布式能源项目示范资格的认定申报工作。

第八条 国家天然气分布式能源示范项目领导小组下设国家天然气分布式能源示范项目办公室，示范项目办公室设在国家能源局，其主要职责为：

（一）负责接收和管理各地区天然气分布式能源示范项目认定、备案材料；

（二）向领导小组提交《天然气分布式能源推荐示范项目认定工作报告》及《天然气分布式能源示范项目后评估工作报告》；

（三）研究建立并管理"天然气分布式能源示范项目工作网"；

（四）负责"天然气分布式能源示范项目在线监测系统"的建设、运行、管理；

（五）受国家天然气分布式能源示范项目领导小组委托组织专家实施天然气分布式能源示范项目的监督检查、后评估；

（六）国家天然气分布式能源示范项目领导小组交办的其他工作。

第三章 示范项目申报

第九条 申报天然气分布式能源示范项目须同时满足以下条件：

（一）能源需求与供给明确。项目应符合本地区天然气分布式能源发展规划纲要要求。大型区域型分布式能源项目应被列入该地区能源规划与电力规划。

（二）总体设计合理。有资质的设计咨询机构，已对该分布式能源系统进行总体研究，提出可行性研究方案，经省（自治区、直辖市）级能源主管部门组织专家审查并得到批准。

（三）能源利用充分。高能高用，低能低用，温度对口，梯级利用，原则上天然气分布式能源项目年平均能源综合利用率（计算公式见附录2）应高于70%。

（四）系统配置科学。符合天然气分布式能源系统供能标准、技术规范，建设规模合理，系统配置优化。

第十条 天然气分布式能源示范项目评选原则

（一）因地制宜。对二次能源需求品种一致、性质相近且用户相对集中的楼宇群，提倡采用楼宇型天然气分布式能源系统；对一定范围内冷、热（包括蒸汽、热水）需求较大，用能品质要求差异较大的，提倡采用区域型天然气分布式能源系统。

（二）规模适当。应以冷热电负荷平衡、系统综合能源利用效率最大化为主要目的，按照服务区域的能源需求品种和预期负荷，开展方案、设备比选，优化系统配置。

（三）梯级利用。应充分利用高温段热量，用于分布式能源系统发电；中温段、低温段热量主要用于服务区域内工业用户的生产工艺，或向公共服务机构、商业、居民等用户集中供冷、供热。

（四）系统优化。应充分利用示范项目所在地自然条件，实现与太阳能、生物质能、地热、风能、水电等可再生能源以及储能装置的有机结合，形成相对独立、互相补充的综合利用系统；应充分利用公用能源系统，形成相互衔接、互相支持的系统关系，增强能源供应可靠性和稳定性。

第十一条 申报企业向本地区省（自治区、直辖市）级能源主管部门提交以下申报材料：

（一）通过审查的项目可行性研究报告及专家评审意见；

（二）天然气分布式能源示范项目申请表（见附录3）。

第四章 示范项目资格评审

第十二条 国家天然气分布式能源示范项目领导小组根据各地区天然气分布式能源规划纲要，统筹考虑分布式能源示范项目的布局与平衡，分期分批地确定各地区天然气分布式能源示范项目规模数量指标。

第十三条 各地区省（自治区、直辖市）级能源主管部门负责组织建立本地区天然气分布式能源示范项目评审专家库。

第十四条 各地区天然气分布式能源示范项目评审专家库应由本领域的高级专业技术人员组成，人选的确定要统筹考虑各方面的需求，应具有广泛的代表性。

第十五条 各地区省（自治区、直辖市）级能源主管部门根据相关规定，从专家库中抽取相关专家组成本地区天然气分布式能源示范项目专家评审组。

第十六条 合规性审查及评审

各地区天然气分布式能源示范项目专家评审组对申报项目的申报材料进行审查评选，依据《天然气分布式能源示范项目评分办法》（见附录4、附录5），对申报项目进行技术评审，提出评选意见，并向本地区省（自治区、直辖市）级能源主管部门提交《天然气分布式能源推荐示范项目评审工作报告》，并提交"天然气分布式能源示范项目推荐名单"。

第十七条 示范资格的审查

各地区省（自治区、直辖市）级能源主管部门根据国家能源局的相关规定对被推荐项目进行示范资格审查。

第十八条 示范资格的认定申报

通过资格审查的天然气分布式能源项目由各地区省（自治区、直辖市）级能源主管部门向国家天然气分布式能源示范项目办公室提请示范资格认定，主要提交以下示范资格认定材料：

（一）本地区天然气分布式能源规划纲要；

（二）本地区天然气分布式能源示范项目推荐名录；

（三）本地区天然气分布式能源示范项目申报、评选过程材料。

第十九条 示范资格的认定、公示与备案

国家天然气分布式能源示范项目领导小组对被推荐项目进行示范资格认定。经认定被列入示范名录的分布式能源项目在网上公示15个工作日；没有异议的，报送领导小组办公室备案，在网上公告认定结果，并向企业颁发统一制作的"天然气分布式能源示范项目资格证书"及"天然气分布式能源示范项目"牌匾。

第五章 示范项目实施、验收、后评估

第二十条 各地区省（自治区、直辖市）级能源主管部门应加强对天然气分布式能源示范项目建设、运营的过程控制，确保示范项目顺利实施、及时验收。

第二十一条 示范项目实施

设计单位应按照通过专家评审的示范项目技术方案进行施工图设计。图审机构应按照项目承担单位提供的施工图设计以及示范项目可行性研究报告对示范项目施工图设计进行审查，并出具项目

审查合格证书。

第二十二条 示范项目验收

示范项目竣工后由建设单位组织设计、施工、监理等单位进行验收，各地区省（自治区、直辖市）级能源主管部门组织示范项目专家评审组参与并监督验收过程。验收合格后，建设单位持各验收单位签字盖章的示范项目竣工验收报告和质量监督部门出具的示范项目质量监督报告，由各地区省（自治区、直辖市）级能源主管部门提交国家天然气分布式能源示范项目办公室备案。

第二十三条 示范项目在线监测

为加强对天然气分布式能源示范项目的指导和监督，发挥示范引领作用，实行绩效跟踪考评和监督管理制度，国家天然气分布式能源示范项目领导小组将研究建立"天然气分布式能源示范项目在线监测系统"，加强对示范项目运营的指导、监督与管理。

第二十四条 示范项目后评估

对建成投产并试运行12个月（经历一个供暖期、一个供冷期运行）的天然气分布式能源示范项目，国家天然气分布式能源示范项目领导小组组织或授权示范项目办公室组织专家评审组依据《天然气分布式能源示范项目后评估办法》（见附录6），对示范项目进行后评估，提出后评估意见。

第二十五条 对于分期完成的天然气分布式能源项目,只对已完成部分进行后评估。享受示范项目荣誉及补贴优惠政策的只包括通过后评估的已完成部分。

第二十六条 对未通过示范项目后评估的天然气分布式能源项目，取消其天然气分布式能源示范项目资格，追回其享受的优惠补贴；对示范项目后评估存在较大问题的地区，在以后的示范项目规模数量认定方面予以考核。

第二十七条 示范项目总结推广

根据能源政策、规划，结合示范项目建设和运行情况，会同有关部门和咨询等中介机构，研究制定天然气分布式能源项目技术规范，提出促进天然气分布式能源项目发展的优惠政策，推动形成投资多元化、管理专业化、应用典型化的天然气分布式能源体系。

第六章 示范项目激励政策

第二十八条 根据国家制定的电力并网规范，符合电力并网条件的天然气分布式能源项目应予并网，电网公司不得以任何理由拒绝其并网，并对并网配套费优惠；并网申报、设计、审核和批准过程原则上应不超过30个工作日。如需容量备用，可根据所在省（市）发改委关于企业自备电厂收费相关政策缴纳容量备用费。

第二十九条 符合电力并网条件的天然气分布式能源项目，多余电力可通过电网直供的方式销售给其他一个或多个用户；直供协议应由项目业主、用户和电网公司三方共同签署；对用户的供电可采用分时电价或均一电价，但总成本应低于市电；过网费由各方商定，应不高于0.05元/千瓦时。电网公司应积极支持此类直供项目，对于符合以上条件的项目不得拒绝签署三方协议。

第三十条 允许天然气分布式能源项目将剩余的热、冷销售给周边一定范围内的用户，享受相关优惠政策。

第三十一条 天然气分布式能源项目可向项目所在地政府有关部门申请批准冷、热、电的特许经营，允许分布式能源企业在该区域内享有供电、供热、供冷经营权利，与用户分享节能效益。

第三十二条　国家及地方财政将研究对天然气分布式能源示范项目给予投资奖励。有条件的地区，可视情况适当提高奖励标准。

第三十三条　符合《关于促进节能服务产业发展增值税、营业税和企业所得税政策问题的通知》（财税〔2010〕110号）要求的示范项目，可享受相关税收优惠政策。

第三十四条　符合《合同能源管理财政奖励办法》（财建〔2010〕249号）要求的示范项目，可享受相应奖励政策。

第三十五条　本应由政府投资，由于区域型天然气分布式能源示范项目投资而节省的基础设施投资，政府应给予相应补偿。

第三十六条　地方价格主管部门及相关部门在确定分布式能源上网机制及运行机制时，应体现其削峰填谷、节能减排的特点，给予示范项目政策优惠；对于示范项目发电上网的，有关部门应在当地燃煤发电上网脱硫电价的基础上给予不低于0.25元/千瓦时的电价补贴。

第三十七条　燃气供应企业在确定天然气分布式能源示范项目气价时，应体现其削峰填谷的特点，给予示范项目天然气价格折让。

第三十八条　鼓励地方政府制定优惠政策给予分布式能源示范项目融资优惠及贷款利率补贴。

第三十九条　分布式能源示范项目可享受重大技术装备进口关税优惠政策。

第四十条　支持发展能源服务公司，鼓励由专业化公司从事天然气分布式能源项目的投资、开发、建设、经营、管理。

第七章　罚则

第四十一条　已认定的天然气分布式能源示范项目企业有下述情况之一的，应取消其资格，并追回已拨付资金：

（一）在申请认定过程中提供虚假信息的；

（二）有偷、骗税等行为的；

（三）发生重大安全、质量事故的；

（四）有违法、违规行为，受到有关部门处罚的。

第四十二条　参与天然气分布式能源示范项目评选工作的各类机构和人员对所承担评选工作负有诚信以及合规义务，并对申报评选企业的有关资料信息负有保密义务。违反天然气分布式能源示范项目评选工作相关要求和纪律的，给予相应处理。

第四十三条　天然气分布式能源示范项目企业经营业务、生产技术活动等发生重大变化（如并购、重组、转业等）的，应在十五日内向评选管理机构报告；变化后不符合本细则规定条件的，应自当年起终止其天然气分布式能源示范项目资格。

天然气分布式能源示范项目企业更名的，由评定机构确认并经公示、备案后重新核发认定证书，编号与有效期不变。

第八章　附则

第四十四条　本办法由国家能源局负责解释。

国务院安委会
《关于深入开展餐饮场所燃气安全专项治理的通知》

安委〔2013〕1号

各省、自治区、直辖市人民政府，新疆生产建设兵团，国务院安委会有关成员单位：

为认真贯彻落实党的十八大及国务院安委会全体会议精神，深刻吸取近年来餐饮场所燃气泄漏爆炸事故教训，切实加强餐饮企业安全生产基础建设，进一步加强餐饮场所燃气安全监管工作，有效遏制重特大事故发生，定于2013年2月至7月在全国深入开展餐饮场所燃气安全专项治理（以下简称专项治理）。现将有关事项通知如下：

一、专项治理的必要性

近年来，餐饮场所燃气泄漏爆炸事故时有发生，教训十分深刻。2012年11月23日，山西省晋中市寿阳县喜羊羊火锅店发生液化石油气泄漏爆炸事故，并引发大火，造成14人死亡、47人受伤（其中17人重伤）。2012年3月6日，辽宁省盘锦市一烧烤店因钢瓶非法倒气严重超装，导致瓶体爆破引发爆炸，造成4人死亡、22人受伤（其中9人重伤）。2011年11月14日，陕西省西安市高新技术开发区内一肉夹馍店因阀门操作不当，导致钢瓶液化石油气泄漏引发爆炸，造成11人死亡、31人受伤。造成这些事故的主要原因，一是部分餐饮企业安全生产主体责任不落实，安全管理规章制度不健全，现场安全管理混乱；二是安全投入不到位，营业场所现场防火、防爆、防泄漏等安全设备设施不完善，隐患排查治理不及时；三是安全教育培训工作不力，从业人员缺乏燃气使用安全知识和安全操作技能，违章指挥、违章作业；四是部分餐饮企业对液化石油气进货渠道把控不严，从无燃气经营资质的气贩手中购置液化石油气，使得超期、超装液化石油气钢瓶混入餐饮场所；五是部分地区对餐饮场所燃气使用安全工作重视不够，对餐饮企业的安全监管主体不明确，打击和取缔非法违法生产经营行为措施不力等。

全国餐饮场所量多面广，绝大多数规模小，安全生产条件差，容易发生燃气泄漏爆炸事故；且多位于人员密集场所，一旦发生事故，将造成严重的人员伤亡和财产损失，社会影响巨大。因此，有必要对餐饮场所集中组织开展燃气安全专项治理，全面排查治理隐患，坚决依法取缔淘汰一批非法违法生产经营和不具备基本安全生产条件的餐饮场所，强化源头治理，建立长效机制，防范和遏制餐饮场所燃气事故的发生。

二、目标任务

本次专项治理的范围是使用天然气（含煤层气）、液化石油气和人工煤气等燃气的餐饮场所，主要目标任务是：依据安全生产、公安消防以及燃气、餐饮行业等有关法律法规、标准规范的规定，对存在燃气使用安全隐患的餐饮场所，责令整改；一时难以整改的，采取停产停业整顿措施，消除安全隐患。

（一）凡存在以下情形的餐饮场所，一律依法取缔：

1. 在地下、半地下空间违规使用燃气的；

2. 相关证照不全的。

（二）凡达不到以下要求的餐饮场所，立即停业整改，整改合格后方可营业：

1. 使用瓶装压缩天然气的，应当建立独立的瓶组气化站，站点防火间距应当不小于18米。

2. 使用液化石油气的，应当符合下列规定：

（1）存瓶总重量超过100千克（折合2瓶50千克或7瓶以上15千克气瓶）时，应当设置专用气瓶间。存瓶总重量小于420千克时，气瓶间可以设置在与用气建筑相邻的单层专用房间内。存瓶总重量大于420千克时，气瓶间应当为与其他民用建筑间距不小于10米的独立建筑。

（2）气瓶间高度应当不低于2.2米，内部须加装可燃气体浓度报警装置，且不得有暖气沟、地漏及其他地下构筑物；外部应当设置明显的安全警示标志；应当使用防爆型照明等电气设备，电器开关设置在室外。

（3）气相瓶和气液两相瓶必须专瓶专用，使用和备用钢瓶应当分开放置或者用防火墙隔开。

（4）放置钢瓶、燃具和用户设备的房间内不得堆放易燃易爆物品和使用明火；同一房间内不得同时使用液化石油气和其他明火。

（5）液化石油气钢瓶减压器正常使用期限为5年，密封圈正常使用期限为3年，到期应当立即更换并记录。

（6）钢瓶供应多台液化石油气灶具的，应当采用硬管连接，并将用气设备固定。钢瓶与单台液化石油气灶具连接使用耐油橡胶软管的，应当用卡箍紧固，软管的长度控制在1.2米到2.0米之间，且没有接口；橡胶软管应当每2年更换一次；若软管出现老化、腐蚀等问题，应当立即更换；软管不得穿越墙壁、窗户和门。

3. 瓶组气化站、燃气管道、用气设备、燃气监控设施及防雷防静电等应当符合《城镇燃气设计规范》（GB 50028-2006）。

4. 用气场所应当按照有关规定安装可燃气体浓度报警装置，配备干粉灭火器等消防器材。

5. 应当使用取得燃气经营许可证的供应企业提供的合格的燃气钢瓶，不得使用无警示标签、无充装标识、过期或者报废的钢瓶。

6. 严禁在液化石油气气瓶中掺混二甲醚。

7. 应当建立健全并严格落实燃气作业安全生产管理制度、操作规程。

8. 从业人员经安全培训合格后，方可上岗；企业负责人、从业人员要定期参加安全教育培训，掌握燃气的危害性及防爆措施。

9. 应当定期进行燃气安全检查，并制定有针对性的应急预案或应急处置方案，保证从业和施救人员掌握相关应急内容。

10. 应当与液化石油气供应单位签订安全供气合同，每次购气后留存购气凭证，购气凭证应当准确记载钢瓶注册登记代码。

三、组织机构和职责分工

各地区要成立由建设和市政管理等燃气管理、公安消防、质监、商务、安全监管、工商、食品药品监管等部门为成员单位的专项治理工作领导小组，相关部门的职责分工如下：

（一）建设和市政管理等燃气管理部门：负责会同有关部门提出餐饮场所使用燃气的基本安全要求；督促燃气供应企业与餐饮企业签订供用气合同；督促燃气供应企业按照法律法规、标准规范和合同的约定承担用户燃气设施巡检、燃气使用安全技术指导和宣传责任；向社会公示合法燃气供应企业名录；对存在违法违规供气行为的燃气供应企业依法追究责任。

（二）公安消防部门：负责对餐饮场所的消防安全实施专项监管；依法查处餐饮场所违反消防法律法规的行为。

（三）质监部门：对餐饮场所使用的判废、超期未检和标记不符合规定的钢瓶出具查验证明，将存在上述问题的钢瓶移送专业检验机构依法处理，并依法追究充装企业责任。

（四）商务部门：负责组织餐饮场所开展燃气使用安全自查工作，主动消除隐患；对未与供气企业签订供用气合同的餐饮场所，督促其与合法供气企业签订安全供用气合同。

（五）安全监管部门：负责对经有关部门确定，在燃气使用方面存在重大隐患的餐饮场所，依法责令其停产停业或者立即停止使用供用气设施、设备。

（六）工商部门：负责对未办理工商营业执照的餐饮场所依法进行查处。

（七）食品药品监督管理部门：负责对未取得卫生许可的餐饮场所依法进行查处。

四、时间安排

（一）调查摸底和制定方案阶段（2月）

各地区要对辖区内的餐饮场所进行一次全面调查摸底，摸清基本情况，建立基础台账，并制定本地区专项治理实施方案。请各省级安委会于2月底前将专项治理实施方案报送国务院安委会办公室。

（二）自查自改和督促整改阶段（3月至5月）

1. 餐饮场所要按照相关规定、标准的要求，认真进行自查自改，对查出的隐患，要逐一登记、建档，强化整改，切实做到整改措施、责任、资金、时限和预案"五落实"，并于3月底前将执行燃气防爆有关规定的情况、存在问题及整改计划报当地燃气管理部门和其他有关部门。各地区要组织专家深入现场，大力宣传燃气防爆安全知识和有关安全管理要求，做好指导和服务工作。

2. 各地区专项治理工作领导小组要组织建设和市政管理等燃气管理、公安消防、质监、商务、安全监管、工商、食药监管等部门，对餐饮场所自查自改情况进行全面督导和检查，督促整改、跟踪问效。对逾期未整改的，要依据有关规定予以处罚。对情节严重的，要通过新闻媒体予以曝光，报请当地政府依法关闭取缔。

（三）上级抽查和全面总结阶段（6月至7月）

地方各级人民政府要通过抽查、互查等多种形式，加强对有关部门及下级人民政府开展专项治理情况的监督检查。请各省级安委会于7月底前，将本地区专项治理工作总结报送国务院安委会办公室。国务院安委会办公室将组织对各地区进行重点检查，并将检查结果予以通报。

五、保障措施

（一）加强组织领导。地方各级人民政府和有关部门要高度重视，切实加强对专项治理的组织领导，采取有效措施，督促落实企业安全生产主体责任、部门监管责任和属地管理责任。要针对专项治理涉及面广、餐饮场所数量多的情况，组织开展联合执法，并充分发挥县（市、区）、乡镇人民政府及街道办事处、居民委员会和村民委员会的作用，及时发现和依法取缔各类非法违法餐饮场所。

（二）加强宣传培训。地方各级人民政府和有关部门在开展专项治理的同时，要结合实际，抓紧建立健全具有针对性的燃气防爆相关规定和标准，并采取制作专题节目、印发宣传资料、举办讲座论坛和培训班、以案说法等多种形式，宣传燃气防爆安全知识。要加强对餐饮场所从业人员的安全培训教育，精心组织编写安全培训教材，充实师资力量，改进培训形式，确保培训工作的质量和覆盖面。

（三）坚持统筹兼顾。各地区要把餐饮场所非法经营和违规违章行为作为"打非治违"工作的重点内容，与企业安全生产标准化和安全隐患排查治理体系建设相结合，与加强安全生产基层基础建设，严格日常安全监管执法，建立安全监管长效机制相结合。要以落实餐饮场所安全生产主体责任为主线，针对餐饮场所的特点，从开展岗位达标入手，提高从业人员的安全意识和操作技能，规范作业行为，减少和杜绝"三违"现象，全面提升餐饮场所现场安全管理水平。

（四）严格责任追究。各地区要注重抓好正反两方面的典型，及时总结推广好的经验和做法，强化典型案例教育警示。对未认真开展专项治理导致事故发生的，要严格按照"四不放过"和"科学严谨、依法依规、实事求是、注重实效"的原则，查明原因，分清责任，依法依规严肃处理，并及时向社会公布调查处理结果。

国务院安全生产委员会
2013年1月30日

国家安全监管总局等部门《关于全面推进全国工贸行业企业安全生产标准化建设的意见》

安监总管四〔2013〕8号

各省、自治区、直辖市及新疆生产建设兵团安全生产监督管理局、工业和信息化主管部门、人力资源社会保障厅（局）、国资委、工商行政管理局、质量技术监督局，各银监局，有关中央企业：

近年来，全国工贸行业企业安全生产标准化建设从宣传动员、基础建设阶段进入了全面铺开、全力推进阶段，有力促进了全国安全生产状况持续稳定好转。但当前企业安全生产标准化建设仍存在认识不到位、发展不平衡、激励约束机制不完善等问题，必须采取切实措施，抓紧研究解决。为全面推进全国工贸行业企业安全生产标准化建设，现提出如下意见：

一、总体要求

深入贯彻落实党的十八大精神，坚持"安全第一、预防为主、综合治理"的方针，牢固树立以人为本、安全发展理念，按照《安全生产"十二五"规划》（国办发〔2011〕47号）的要求，根据《企业安全生产标准化基本规范》（AQ/T9006）及相关行业安全生产标准和规范的规定，全面推进工贸行业企业安全生产标准化建设，实现岗位达标、专业达标和企业达标，落实企业安全生产主体责任，夯实企业安全管理基础，提高企业本质安全水平，推动企业转型升级，为实现科学发展、安全发展，全面建成小康社会做出更大的贡献。

二、主要任务和工作目标

一是进一步建立健全工贸行业企业安全生产标准化建设政策法规体系，加强企业安全生产规范化管理，推进全员、全方位、全过程安全管理；二是完善企业安全生产标准化考评管理体系和信息化管理系统，严格评审管理，提高工作效率；三是督促企业改造或淘汰落后的工艺技术设备，改善作业环境，提高安全保障能力；四是强化企业安全管理制度建设，建立健全事故隐患排查治理制度；五是建立完善工作机制和激励约束机制，推动企业对标检查、对标整改、对标达标，持续改进，建立企业安全生产标准化建设长效机制。通过努力，实现企业安全管理标准化、作业现场标准化和操作过程标准化，2015年底前所有工贸行业企业实现安全生产标准化达标，企业安全生产基础得到明显强化。

三、推进措施

（一）加强领导，强化服务。各有关部门要把工贸行业企业安全生产标准化建设作为实施安全生产分类指导、分级监管的重要依据和创新监管模式、提升监管水平、实施安全发展战略的重要抓手，在各级政府的统一领导下，协调联动，齐抓共管，形成合力，结合实际制定有力的政策措施，大力推进企业安全生产标准化建设。要组织力量深入基层，深入企业，加强对企业安全生产标准化建设工作的服务和指导。

（二）明确责任，全力推进。一是坚持政府推动、企业为主，落实安全生产企业主体责任、部门监管责任和属地管理责任。二是充分发挥基层首创作用，实行重心下移、权力下放，调动各方积极性。三是抓好示范企业创建工作，发挥先进典型的引领作用。四是把企业安全生产标准化建设列入各级各有关部门考核内容。五是要把企业安全生产标准化达标作为相关安全生产许可的前置条件。

（三）加强执法检查。加快安全生产标准化立法工作，实现依法行政。实行分类分级管理，及时向各有关部门、单位通报企业安全生产标准化达标水平情况，向社会公开企业安全生产标准化达标水平信息。加强联合执法，强化对未开展安全生产标准化建设或未达到安全生产标准化规定等级的工贸行业企业的监管。在企业年检中严格审查企业提交的涉及安全生产的前置许可文件，发现因不具备基本安全生产条件被吊销相关前置许可文件的，责令其办理变更登记、注销登记，直至依法吊销营业执照。

（四）淘汰落后产能，促进产业结构调整。将工贸行业企业安全生产标准化建设与促进产业结构调整和企业技术改造、淘汰落后产能相结合，鼓励企业通过技术改造淘汰安全水平低等落后工艺技术装备，开展安全科技课题攻关，推广应用先进适用的安全科技成果，不断提高企业本质安全水平。

（五）发挥国有企业排头兵作用。国有企业尤其是中央企业在安全生产标准化建设中要落实安全生产主体责任，发挥排头兵的示范引领作用，勇于创新，先行先试，为企业安全生产标准化建设积累经验，建立经验推广学习机制，鼓励有条件的企业开展集团整体达标。

（六）加强工伤保险和安全生产责任保险对企业安全生产标准化建设的支持。经核准公告达到国家规定等级的安全生产标准化企业，符合工伤保险费率下浮条件的，按规定下浮其工伤保险费率，对其缴纳的安全生产责任保险按有关政策规定给予支持。

（七）加大信贷支持力度。将企业达标水平作为信贷信用等级评定的重要依据之一。支持鼓励金融信贷机构向符合条件的安全生产标准化达标企业优先提供信贷服务。对未按国家有关规定开展安全生产标准化建设或达不到最低达标等级要求的企业，要从严管理，严格控制贷款。对不具备基本安全生产条件的企业，不予贷款。

（八）加大评先创优支持力度。安全生产标准化达标企业申报国家和地方质量奖励、优秀品牌等资格和荣誉的，予以优先支持或推荐。对符合评选推荐条件的安全生产标准化达标企业，优先推荐其参加各地区、各行业及领域的先进单位（集体）等评选。对未开展安全生产标准化建设和达不到安全生产标准化达标要求的企业，不予受理其申报国家和地方质量奖励、优秀品牌等资格和荣誉。

2013年1月29日

国家发展改革委《关于调整天然气价格的通知》

发改价格〔2013〕1246号

各省、自治区、直辖市、新疆生产建设兵团发展改革委、物价局，中国石油天然气集团公司、中国石油化工集团公司：

根据深化资源性产品价格改革的总体要求，为逐步理顺天然气价格，保障天然气市场供应、促进节能减排，提高资源利用效率，我委会同有关部门在总结广东、广西天然气价格形成机制试点改革经验基础上，研究提出了天然气价格调整方案。现就有关事项通知如下：

一、天然气价格调整的基本思路和范围

（一）基本思路。按照市场化取向，建立起反映市场供求和资源稀缺程度的与可替代能源价格挂钩的动态调整机制，逐步理顺天然气与可替代能源比价关系，为最终实现天然气价格完全市场化奠定基础。

为尽快建立新的天然气定价机制，同时减少对下游现有用户影响，平稳推出价格调整方案，区分存量气和增量气，增量气价格一步调整到与燃料油、液化石油气（权重分别为60%和40%）等可替代能源保持合理比价的水平；存量气价格分步调整，力争"十二五"末调整到位。

（二）适用范围。天然气价格管理由出厂环节调整为门站环节，门站价格为政府指导价，实行最高上限价格管理，供需双方可在国家规定的最高上限价格范围内协商确定具体价格。门站价格适用于国产陆上天然气、进口管道天然气。页岩气、煤层气、煤制气出厂价格，以及液化天然气气源价格放开，由供需双方协商确定，需进入长输管道混合输送并一起销售的（即运输企业和销售企业为同一市场主体），执行统一门站价格；进入长输管道混合输送但单独销售的，气源价格由供需双方协商确定，并按国家规定的管道运输价格向管道运输企业支付运输费用。

二、天然气价格调整的具体安排

（一）增量气门站价格按照广东、广西试点方案中的计价办法，一步调整到2012年下半年以来可替代能源价格85%的水平，并不再按用途进行分类。广东、广西增量气实际门站价格暂按试点方案执行。

（二）存量气门站价格适当提高。其中，化肥用气在现行门站价格基础上实际提价幅度最高不超过每千立方米250元；其他用户用气在现行门站价格基础上实际提价幅度最高不超过每千立方米400元。

（三）居民用气价格不作调整。存量气和增量气中居民用气门站价格此次均不作调整。2013年

新增用气城市居民用气价格按该省存量气门站价格政策执行。

（四）实施时间。上述方案自2013年7月10日起执行。

三、相关问题

（一）关于门站价格。门站价格为国产陆上或进口管道天然气的供应商与下游购买方（包括省内天然气管道经营企业、城镇管道天然气经营企业、直供用户等）在天然气所有权交接点的价格。现行门站价格由天然气出厂（或首站）实际结算价格（含13%增值税）和管道运输价格组成。其中，管道运输价格适用于3%营业税的，按照保持用户购进成本不变的原则，将管道运输价格统一折算成含13%增值税的价格，即：含13%增值税的管道运输价格=1.057×含3%营业税的管道运输价格。

（二）关于存量气和增量气。存量气为2012年实际使用气量，增量气为超出部分。存量气量一经确定，上游供气企业不得随意调整，用户不得互相转让。

上游供气企业与下游用户结算时，可以先结算存量气、后结算增量气，也可以按存量气和增量气用气比例将增量气均衡分摊到每个结算周期进行结算，年度结算期末据实清算，但不得先结算增量气、后结算存量气。2013年新增气量按存量气和增量气用气比例均衡分摊，7月10日前的所有气量均按调价前的价格水平结算。

（三）关于居民用气量。居民用气包括居民生活用气、学校教学和学生生活用气、养老福利机构用气等，不包括集中供热用气。存量气量中居民用气量为2012年居民实际用气量，增量气中居民用气数量，由供需双方据实确定。城镇管道天然气经营企业应为居民气量的核定提供便利。居民用气量经供需双方确认后报当地和省级价格主管部门备案，作为安排天然气销售价格的参考和依据。如供需双方对用气结构和居民用气数量存在争议，由当地价格主管部门协调解决；协调未果的，报上级价格主管部门复核裁定。国家发展改革委对居民气量和价格执行情况进行抽查。

四、工作要求

调整天然气价格是国家深化资源性产品价格改革的重大举措，涉及面广，社会关注度高，各地区、各有关部门和天然气生产经营企业要高度重视、通力配合，共同做好工作。

（一）做好方案组织落实。各地区、各有关部门和天然气生产经营企业要统一思想，加强组织领导、精心部署，把工作做细做实；强化责任、密切合作，认真排查可能出现的问题和风险点，把矛盾和风险消除在萌芽状态；建立应急预案，完善应急措施，并密切跟踪方案实施情况，妥善解决方案实施过程中出现的问题，确保调价方案平稳实施。天然气生产经营企业要从大局出发，主动与地方发改（价格）部门衔接，加强与用气企业的沟通和协商。

（二）合理安排销售价格。门站价格以下销售价格由省级价格主管部门结合当地实际确定，可以实行存量气、增量气单独作价，也可以实行存量气、增量气加权综合作价，具体实施方案尽快报国家发展改革委备案。各地要加强成本监审，从紧核定省内管道运输价格和配气价格，综合考虑天然气采购成本，兼顾用户承受能力，合理安排非居民天然气销售价格；结合当地实际，在保持天然气竞争优势的前提下，合理安排车用天然气销售价格，原则上不疏导以前积累的矛盾。对燃气发电等大型用户，要尽可能减少供气环节，降低企业用气成本。

（三）保障天然气市场供应。有关部门和天然气生产经营企业要加强生产组织，做好供需衔接，强化需求侧管理，进行针对性调节，满足居民生活、化肥生产等重点用气需求，保障市场平稳运行。天然气生产经营企业要根据市场需求，多方组织资源，加大国内生产和进口力度，充分利用已建成的煤制气等气源，确保市场供应；要严格执行国家价格政策，不得单方面扣减居民气量或降低居民用气比例，变相提高居民用气价格水平；对西部地区个别省份以及确有困难的化肥等企业，要给予适当价格优惠。各地要加强天然气价格政策监督检查，严厉查处价格违法行为，维护天然气市场稳定。要切实落实国家放开页岩气、煤层气、煤制气出厂价格政策。

（四）确保出租车等行业稳定。高度重视天然气价格调整对出租车等行业的影响，密切关注行业动向，建立健全应急预案，及时化解可能出现的矛盾和问题，确保出租车行业稳定。各地、各部门要按照"谁主管、谁负责"的原则，做好道路运输行业突发事件的防范工作。各地可根据当地实际情况和已建立的运价与燃料价格联动机制，通过调整出租车运价或燃料附加标准疏导气价调整影响；疏导前要统筹考虑当地用油、用气车燃料成本差异和补贴情况，以及经营者承受能力，由地方政府采取发放临时补贴等措施，缓解气价调整对出租车行业影响；对城市公交和农村道路客运，继续按现行补贴政策执行。

（五）加强宣传引导。各地要加强与当地新闻媒体的沟通和联系，做好政策宣传解读，及时回应社会关切，争取社会各方理解和支持。要做好应急舆情处置预案，及时应对突发舆情。

国家发展改革委
2013年6月28日

附件：各省份天然气最高门站价格表
附件：

各省份天然气最高门站价格表

单位：元/千m³（含增值税）

省份	存量气	增量气	省份	存量气	增量气
北京	2260	3140	湖北	2220	3100
天津	2260	3140	湖南	2220	3100
河北	2240	3120	广东	2740	3320
山西	2170	3050	广西	2570	3150
内蒙古	1600	2480	海南	1920	2780
辽宁	2240	3120	重庆	1920	2780
吉林	2020	2900	四川	1930	2790
黑龙江	2020	2900	贵州	1970	2850
上海	2440	3320	云南	1970	2850

续表

省份	存量气	增量气	省份	存量气	增量气
江苏	2420	3300	陕西	1600	2480
浙江	2430	3310	甘肃	1690	2570
安徽	2350	3230	宁夏	1770	2650
江西	2220	3100	青海	1530	2410
山东	2240	3120	新疆	1410	2290
河南	2270	3150			

注：山东交气点为山东省界。

国家发展改革委关于印发《分布式发电管理暂行办法》的通知

发改能源〔2013〕1381号

各省、自治区、直辖市及计划单列市、新疆生产建设兵团发展改革委、能源局，华能、大唐、国电、华电、中电投集团公司，国家电网公司、南方电网公司，中广核、中节能集团公司，国家开发投资公司，中石油、中石化集团公司，中海油总公司，神华、中煤集团公司、中联煤层气公司：

为推动分布式发电应用，促进节能减排和可再生能源发展，我委组织制定了《分布式发电管理暂行办法》。现印发你们，请按照执行。

附件：分布式发电管理暂行办法

国家发展改革委

二〇一三年七月十八日

附件：

分布式发电管理暂行办法

第一章 总则

第一条 为推进分布式发电发展，加快可再生能源开发利用，提高能源效率，保护生态环境，根据《中华人民共和国可再生能源法》、《中华人民共和国节约能源法》等规定，制定本办法。

第二条 本办法所指分布式发电，是指在用户所在场地或附近建设安装、运行方式以用户端自发自用为主、多余电量上网，且在配电网系统平衡调节为特征的发电设施或有电力输出的能量综合梯级利用多联供设施。

第三条 本办法适用于以下分布式发电方式：

（一）总装机容量5万千瓦及以下的小水电站；

（二）以各个电压等级接入配电网的风能、太阳能、生物质能、海洋能、地热能等新能源发电；

（三）除煤炭直接燃烧以外的各种废弃物发电，多种能源互补发电，余热余压余气发电、煤矿瓦斯发电等资源综合利用发电；

（四）总装机容量5万千瓦及以下的煤层气发电；

（五）综合能源利用效率高于70%且电力就地消纳的天然气热电冷联供等。

第四条 分布式发电应遵循因地制宜、清洁高效、分散布局、就近利用的原则，充分利用当地可再生能源和综合利用资源，替代和减少化石能源消费。

第五条 分布式发电在投资、设计、建设、运营等各个环节均依法实行开放、公平的市场竞争机制。分布式发电项目应符合有关管理要求，保证工程质量和生产安全。

第六条 国务院能源主管部门会同有关部门制定全国分布式发电产业政策，发布技术标准和工程规范，指导和监督各地区分布式发电的发展规划、建设和运行的管理工作。

第二章 资源评价和综合规划

第七条 发展分布式发电的领域包括：

（一）各类企业、工业园区、经济开发区等；

（二）政府机关和事业单位的建筑物或设施；

（三）文化、体育、医疗、教育、交通枢纽等公共建筑物或设施；

（四）商场、宾馆、写字楼等商业建筑物或设施；

（五）城市居民小区、住宅楼及独立的住宅建筑物；

（六）农村地区村庄和乡镇；

（七）偏远农牧区和海岛；

（八）适合分布式发电的其他领域。

第八条 目前适用于分布式发电的技术包括：

（一）小水电发供用一体化技术；

（二）与建筑物结合的用户侧光伏发电技术；

（三）分散布局建设的并网型风电、太阳能发电技术；

（四）小型风光储等多能互补发电技术；

（五）工业余热余压余气发电及多联供技术；

（六）以农林剩余物、畜禽养殖废弃物、有机废水和生活垃圾等为原料的气化、直燃和沼气发电及多联供技术；

（七）地热能、海洋能发电及多联供技术；

（八）天然气多联供技术、煤层气（煤矿瓦斯）发电技术；

（九）其他分布式发电技术。

第九条 省级能源主管部门会同有关部门，对可用于分布式发电的资源进行调查评价，为分布式发电规划编制和项目建设提供科学依据。

第十条 省级能源主管部门会同有关部门，根据各种可用于分布式发电的资源情况和当地用能需求，编制本省、自治区、直辖市分布式发电综合规划，明确分布式发电各重点领域的发展目标、建设规模和总体布局等，报国务院能源主管部门备案。

第十一条 分布式发电综合规划应与经济社会发展总体规划、城市规划、天然气管网规划、配电网建设规划和无电地区电力建设规划等相衔接。

第三章 项目建设和管理

第十二条 鼓励企业、专业化能源服务公司和包括个人在内的各类电力用户投资建设并经营分布式发电项目，豁免分布式发电项目发电业务许可。

第十三条 各省级投资主管部门和能源主管部门组织实施本地区分布式发电建设。依据简化程序、提高效率的原则，实行分级管理。

第十四条 国务院能源主管部门组织分布式发电示范项目建设，推动分布式发电发展和管理方式创新，促进技术进步和产业化。

第四章 电网接入

第十五条 国务院能源主管部门会同有关方面制定分布式发电接入配电网的技术标准、工程规范和相关管理办法。

第十六条 电网企业负责分布式发电外部接网设施以及由接入引起公共电网改造部分的投资建设，并为分布式发电提供便捷、及时、高效的接入电网服务，与投资经营分布式发电设施的项目单位（或个体经营者、家庭用户）签订并网协议和购售电合同。

第十七条 电网企业应制定分布式发电并网工作流程，以城市或县为单位设立并公布接受分布式发电投资人申报的地点及联系方式，提高服务效率，保证无障碍接入。

对于以35千伏及以下电压等级接入配电网的分布式发电，电网企业应按专门设置的简化流程办理并网申请，并提供咨询、调试和并网验收等服务。

对于小水电站和以35千伏以上电压等级接入配电网的分布式发电，电网企业应根据其接入方式、电量使用范围，本着简便和及时高效的原则做好并网管理，提供相关服务。

第十八条 鼓励结合分布式发电应用建设智能电网和微电网，提高分布式能源的利用效率和安全稳定运行水平。

第十九条 国务院能源主管部门派出机构负责建立分布式发电监管和并网争议解决机制，切实保障各方权益。

第五章 运行管理

第二十条 分布式发电有关并网协议、购售电合同的执行及多余上网电量的收购、调剂等事项，由国务院能源主管部门派出机构会同省级能源主管部门协调，或委托下级部门协调。

分布式发电如涉及供电营业范围调整，由国务院能源主管部门派出机构会同省级能源主管部门根据相关法律法规予以明确。

第二十一条 分布式发电以自发自用为主，多余电量上网，电网调剂余缺。采用双向计量电量结算或净电量结算的方式，并可考虑峰谷电价因素。结算周期在合同中商定，原则上按月结算。电网企业应保证分布式发电多余电量的优先上网和全额收购。

第二十二条 国务院能源主管部门派出机构会同省级能源主管部门组织建立分布式发电的监测、统计、信息交换和信息公开等体系，可委托电网企业承担有关信息统计工作，分布式发电项目单位（或个体经营者、家庭用户）应配合提供有关信息。

第二十三条 分布式发电投资方要建立健全运行管理规章制度。包括个人和家庭用户在内的所有投资方，均有义务在电网企业的指导下配合或参与运行维护，保障项目安全可靠运行。

第二十四条 分布式发电设施并网接入点应安装电能计量装置，满足上网电量的结算需要。电网企业负责对电能计量进行管理。

分布式发电在运行过程中应保存完整的能量输出和燃料消耗计量数据。

第二十五条 拥有分布式发电设施的项目单位、个人及家庭用户应接受能源主管部门及相关部门的监督检查，如实提供包括原始数据在内的运行记录。

第二十六条 分布式发电应满足有关发电、供电质量要求，运行管埋应满足有关技术、管理规定和规程规范要求。

电网及电力运行管理机构应优先保障分布式发电正常运行。具备条件的分布式发电在紧急情况下应接受并服从电力运行管理机构的应急调度。

第六章 政策保障及措施

第二十七条 根据有关法律法规及政策规定，对符合条件的分布式发电给予建设资金补贴或单位发电量补贴。建设资金补贴方式仅限于电力普遍服务范围。享受建设资金补贴的，不再给予单位发电量补贴。享受补贴的分布式发电包括：风力发电、太阳能发电、生物质发电、地热发电、海洋能发电等新能源发电。其他分布式发电的补贴政策按相关规定执行。

第二十八条 对农村、牧区、偏远地区和海岛的分布式发电，以及分布式发电的科学技术研究、标准制定和示范工程，国家给予资金支持。

第二十九条 加强科学技术普及和舆论宣传工作，营造有利于加快发展分布式发电的社会氛围。

第七章 附则

第三十条 各省级能源主管部门会同国务院能源主管部门派出机构及价格、财政等主管部门，根据本办法制定分布式发电管理实施细则。

第三十一条 本办法自发布之日起施行。

中国燃气行业年鉴 2013
CHINA GAS INDUSTRY YEARBOOK

第十二篇

燃气器具装备索引

产品名称：工商业用户燃气检测报警系统
生产公司：深圳市东震实业有限公司

产品介绍

采用世界顶级催化燃烧式传感器或电化学式传感器、军工级电子元器件、微型电脑芯片、自动温度补偿、超级防雷抗干扰等技术，结合优良的SMT贴片工艺、标准化生产管理和科学的检测手段制造而成。使得产品具有检测精度高、抗干扰能力强、稳定性好等优点。

应用领域

天然气、液化气、氢气、烷氢类、酮类、醇类、苯类等IIC级T6组可燃气体以及CO、H_2S、CL_2、NH_3、氯化氢、甲醛等毒性气体。

各类气库、气站、工商业用户、宾馆、酒店、锅炉房、石油、化工等存在易燃易爆以及毒性气体的场所。

功能特点

（1）探测器：世界顶级催化燃烧式传感器或电化学式传感器，检测精度高、漂移低、稳定性强；
（2）探测器：传感器采用模块化设计，便于更换；
（3）探测器：遥控器或控制器参数设置，实现探测器免开盖零点校准和量程标定，更符合防爆场合操作；
（4）探测器：传感器自动零点补偿、失效故障自动识别；
（5）探测器：国际化工业设计，更显专业、精密、安全、可靠的品质；探测器上盖防护锁链设计，以防调高空试时跌落伤人，体现公司以人为本之精神；

（6）探测器：LED、数码管和彩色液晶多种显示方式供客户选择，满足用户广泛需求；
（7）控制器：控制器有多路式数码显示和总线制彩色液晶显示，满足不同场合需求；

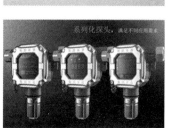

（8）控制器：主备电源自动切换；电源欠压、掉电报警；
（9）控制器：可选配短消息数据收发器，报警信息实时上传监控中心和相关管理人员手机上；
（10）控制器：精密防虫防尘设计,防止1毫米小虫以及油烟粉尘进入控制器,更适合餐馆酒店使用;
（11）控制器：性能优越的485总路线通道，布线简易，调试方便。

相关证书

相关产品的消防产品形式认可证书、防爆检验合格证书、计量器具制造许可证书齐全。

联系方式

地址：深圳市福田区香梅北路武警大厦18楼　　电话：0755-82891770、0755-8291792
传真：0755-82891771　　网址：www.dabizi.com　　电子邮件：dabizi@163.com

产品名称：M-100I家用燃气报警器
生产公司：深圳市东震实业有限公司

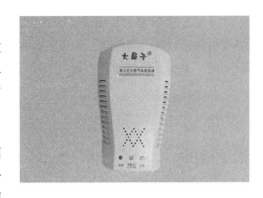

产品介绍

M-100系列家用智能燃气泄漏报警器是我公司结合国内外同类产品的特点，采用世界顶级催化燃烧式传感器、微型电脑芯片、自动温度补偿等技术，结合优良的SMT贴片工艺、标准化生产管理和科学的检测手段制造而成。使得产品具有检测精度高、抗干扰能力强、稳定性好等优点。

（1）适用性强

当您所选购的是检测可燃气体的产品时，该产品可用于检测液化石油气、天然气等家庭因燃气使用不当或意外而产生的泄漏，避免火灾、爆炸事故的发生；当您所选购的是检测一氧化碳的产品时，该产品可用于检测人工煤气和厨房、浴室等由于燃料不完全燃烧而产生的一氧化碳气体，防止中毒事故的发生。

（2）技术先进

该产品选用世界顶级铂金双保险催化燃烧式传感器，具有很高的稳定性和较长的使用寿命；该产品应用目前国内外先进的单片计算机数字处理技术及通信技术设计；该产品科单独构成报警单元独立使用；该产品可多用户联网构成智能化气体泄漏报警系统，各报警单元之间，报警单元与报警控制器之间采用总线传输信号，并可与计算机联网。该产品还可方便地与现代化小区智能管理系统、防盗报警系统及火灾报警系统等联接。

功能特点

该产品二十四小时连续监测被检测环境，当被检测环境中有可燃气体泄露或一氧化碳气体达到危险浓度时即发出声光报警信号；该产品带有报警输出机构，给相应系统主机输出报警信号，可控制排风扇打开、切断电源、切断气源等。可随时对报警器进行报警自检，以确保系统可靠运行。

相关证书

通过了国家消防电子产品质量监督检验中心的型式认可和监督检验，并获得计量器具制造许可证。

联系方式

地址：深圳市福田区香梅北路武警大厦18楼
电话：0755-82891770、0755-8291792
传真：0755-82891771
网址：www.dabizi.com
电子邮件：dabizi@163.com

产品名称：丹麦AVK软密封、免维护直埋闸阀
生产公司：天津庆成科技发展有限公司

产品介绍

丹麦AVK软密封、免维护直埋阀门，以其独特的专利设计、优质的AVK橡胶原材料、高精度、可重复、可追溯的加工制造和几十年的现场实际应用，保证了燃气管道长期的安全、可靠运行。AVK产品安全、可靠，无泄漏，可直接埋地、井内或地上使用，寿命长达30~50年。丹麦AVK对其产品有10年的品质保证。

实际应用

可应用于天然气、液化混空气、煤层气，不推荐用于焦炉煤气。压力范围为PN16和PN10，可直接埋地安装、井内和地上安装均可。

功能特点

（1）软密封，全通径，无底槽，免维护暗杆闸阀；
（2）阀板整体被硫化在丁腈橡胶内，丁腈橡胶有DVGW认证；
（3）有三重独立阀杆密封；
（4）阀杆螺纹为辊压成型；
（5）阀门内外环氧树脂静电粉末涂层，涂层厚度不小于250μ。

认证证书

ISO认证(9001、14001)及OHSAS18001证书、DVGW认证、DVGW CE PED认证、GSK涂层认证

联系方式

地址：天津市滨海高新区华苑产业区开华道20号南开科技大厦主楼1107-1109
电话：022-23931121、022-23931122
传真：022-23931120
电子邮件：success.science@hotmail.com

产品名称：丹麦AVK PE100燃气专用球阀
生产公司：天津庆成科技发展有限公司

产品介绍

丹麦AVK集团以其先进的技术和设备的应用以保证其产品高品质的持续稳定。稳健设计的PE球阀经过了世界领先标准下的全面的型式试验，同时经历了额外的或超过这些标准要求的测试。所有这些可确保AVK PE球阀适用于可能安装的燃气系统的各种环境。丹麦AVK对其产品有10年的品质保证。

实际应用

（1）适用介质：天然气、液化混空气、煤层气，不推荐用于焦炉煤气；

（2）压力等级：PN10；

（3）安装形式：直接埋地、井内和地上均可。

功能特点

（1）稳健可靠的设计，可适用于非常苛刻的使用环境；

（2）所有密封件的装配由阀体的中心来定位，以确保阀球在密封座之间浮动的安全性；

（3）内部的部件全部用聚乙烯（PE100)制造，以保证温度的变化对各个零部件影响的均衡性；

（4）安全的连接器：当操作扭力过大时燃气不会释放到大气中；

（5）所有口径的阀门扭力都很低。

相关证书

ISO9001认证、DVGW认证、EN1555-4认证、V7-2认证

联系方式

公司名称：天津庆成科技发展有限公司

地址：天津市滨海高新区华苑产业区开华道20号南开科技大厦主楼1107-1109

电话：022-23931121、022-23931122

传真：022-23931120

电子邮件：success.science@hotmail.com

产品名称：IC卡智能燃气表
生产公司：金卡高科技股份有限公司

产品介绍

  IC卡智能燃气表是在传统膜式表的基础上增加了公司自行研发的嵌入式软件及电子控制器、阀门及计数采样器、具有预付费功能的智能计量仪表。用户只需拿IC卡到燃气公司营业网点或已开通的各商业银行网点购气，再将购气后的IC卡插入燃气表，气表便显示所购气量并开始供气。当剩余气量不足设定值后，该表会自动提示用户再次购气。公司IC卡智能燃气表以智能家用燃气表为主。

  IC卡燃气收费管理系统是由IC卡智能燃气表、系统管理软件、基于第三方代收费软件等组成。该系统具备开放式软件架构，采用先进的动态数据加密技术，利用国内各大银行网点、连锁超市、自助终端实现了联网售气，方便了广大燃气用户缴费购气，提升了燃气公司信息化管理水平。

功能特点

（1）控制器采用新一代的Microchip芯片，集成度更高、功耗更低、性能更稳定；
（2）取样器的专利设计彻底解决了IC卡表电磁干扰的难题；
（3）具备条形码功能，帮助客户提升质量追溯、信息管理；
（4）带通信接口，实现软件在线升级；
（5）迷宫式设计，防护等级达到IP65。

联系方式

  地址：杭州市经济开发区金乔街158号
  电话：0571-56633333
  传真：0571-56617777
  网址：www.china-goldcard.com

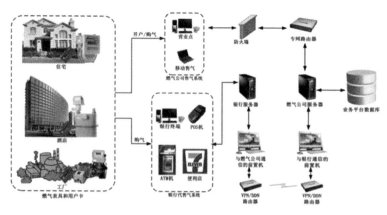

IC卡燃气收费管理系统拓扑图

产品名称：无线智能燃气表和无线燃气抄表系统
生产公司：金卡高科技股份有限公司

产品介绍

无线智能燃气表是基于燃气公司的不同需求，以膜式燃气表为计量基表，加装微功率无线远传智能控制模块，实现远距离用气数据抄收与控制。

无线燃气抄表系统由具有无线自组网功能的智能燃气表、中继器、数据集中器、管理及控制软件以及手抄器等组成。日常使用过程中，当到了抄表周期的时候，无线智能燃气表沿着自动组网的链路逐级将数据自动发送给无线数据中继器，无线中继器将接收到的数据通过微功率无线发送给数据集中器，数据集中器通过GPRS/CDMA等移动网络发送给后台数据中心。燃气用户可以通过燃气公司的营业网点、银行托收、网上银行、手机支付等方式进行燃气费用的缴费。

功能特点

（1）远程抄表监控；（2）提高抄表效率；
（3）实现无卡预付；（4）实现阶梯气价；
（5）动态自动组网。

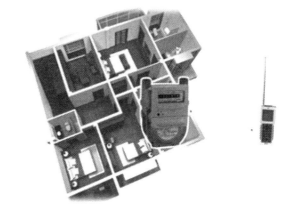

联系方式

地址：杭州市经济开发区金乔街158号
电话：0571-56633333
传真：0571-56617777
网址：www.china-goldcard.com

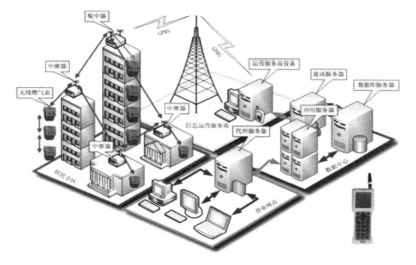

该系统拓扑图

产品名称：基于物联网技术的GPRS/CDMA
　　　　　远程燃气智能控制系统
生产公司：金卡高科技股份有限公司

产品介绍

燃气用户中，居民用户占据了很大的数量，但是他们的用气量却不占多数，工商业用户虽然数量不多，但用气量占据总用气量的60%以上，是燃气公司的用气大户。公司为帮助燃气公司有效地管理工商用户用气情况，实现实时监控，推出了基于物联网技术的GPRS/CDMA远程燃气智能控制系统。

该系统主要由三大部分组成：硬件数据采集部分、网络传输部分、软件处理部分。由数据采集部分的采集模块通过一定的通信协议方式对燃气表进行采集；数据以GPRS/CDMA/3G等网络为依托，发送到数据监控中心；数据中心用计算机通信、信息管理和数据库系统，对用户的燃气表的工作状况进行实时的监控。该系统能够实时采集数据（包括流量、温度、压力等信息），可以进行实时信息监控、数据分析统计、进行远程充值与控制，还可以实现远程实时调价，异常信息短信实时报警。

功能特点

（1）实时了解客户用气情况和表具状态；
（2）可以提供远程充值、网络充值、手机支付多种付费手段；
（3）可以与短信平台、客户中心实现联动，提高燃气公司服务质量和能力；
（4）可解决阶梯价、调价等价格难题；
（5）可以进行远程阀门控制，保证安全用气；
（6）提高燃气公司信息化管理和科学分析能力。

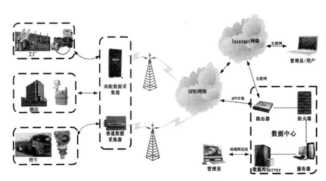

GPRS/CDMA远程燃气智能控制系统拓扑图

联系方式

地址：杭州市经济开发区金乔街158号
电话：0571-56633333
传真：0571-56617777
网址：www.china-goldcard.com

产品名称：燃气工程自动控制安全置换装置
生产公司：重庆山城燃气设备有限公司

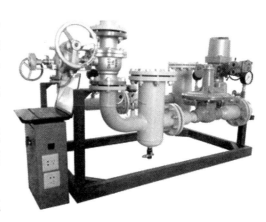

产品介绍

燃气输配管网中的管道和球罐建成投产之前，以及投产后的定期检修、维护和开罐（管）检查，都须经过"置换"工序。目前的"置换"常采用两种方法，一是"间接置换"，即利用氮气、烟气等惰性气体进行置换后，再输入天然气。这种方法虽保证了相对安全性，但既操作繁琐，成本又高且不利于环保；二是"直接置换"法，虽具有一定风险，但省时、节约，而操作控制的难度较大，操作者需具备相当丰富的实践经验。

燃气工程自控安全置换装置是实施天然气对空气的安全置换和对储气设施的直接浸灌的新型自动控制设备，是解决天然气管道直接置换和储气设施浸灌的可移动撬装装置。发明专利号：2012 1 0368490.1

功能特点

（1）自动计算置换量，安全、便捷、节约、低碳；
（2）自动控制与调节流量、流速、压力，安全可靠、控制精准；
（3）数字传输与控制管理直观，全过程目视化，实时准确；
（4）整体体积小，结构紧凑，外形美观；
（5）操作简单、移动轻便；
（6）国际、国内均属首创，取得国家发明专利。

相关证书

2012 1 0368490.1号专利

联系方式

地址：重庆市江北区石马河南石路22号
电话：023-88518893
传真：023-88518858
网址：www.scgas.cn
电子邮件：sales@scgas.cn

产品名称：管道分布式光纤实时监测系统
生产公司：北京埃德尔博珂工程技术有限公司

产品介绍

国内外应用于管线工程监测的技术和方法正在从传统的点式仪器监测向分布式、自动化、高精度和远程监测的方向发展。分布式光纤传感技术是一种新型实时在线监测技术，将探测光缆沿系统管道并行敷设，可实现管道沿线的振动、泄漏、温度突变等异常状况实时监测，具有测量距离远、连续分布式测量、可精确定位、安装简单、安全可靠、扩展性强等优点，对埋地管道不会产生任何破坏或影响其正常生产，对已经稳定的和新发生的泄漏都可以进行识别，适合埋地管道在线监测应用。

应用领域

埋地燃气管道

功能特点

测量距离远、连续分布式测量功能、安装简单、安全可靠、扩展性强。

原理简要说明

"光缆就是传感器"
标准通信光纤

背向散射光提供了每1m的测量

1m光脉冲

完全沿着光纤的测量：10km光纤=10,000传感器

OTDR—光时域反射技术，又称光纤雷达

3/100,000,000 seconds = 3m

*注：光线雷达即利用脉冲光的反射路径的长度和光的传播速度来定位距离光源某点的反射光的强度或者频率偏移，并据此检测出被测点的物理参量的情况，如温度，应力，震动等信息。10亿分之一秒时间（10纳秒）内光传播的路径长度为3米。

联系方式

地址：北京市海淀区中关村南大街甲6号B座22层
电话：010-51581255
传真：010-51581267
网址：www.adler.com.cn
电子邮件：market@adler.com.cn

调压设备

成都华泰燃气设备有限公司
地址：四川省成都市武侯区武青路花龙门工业园区
邮编：610045
传真：028-87485089
电子信箱：cdhtgsyxb@126.com
主要产品：

中低压调压器、高中压调压器、超高压调压器、压缩天然气减压站（CNG站）、液化天然气气化站（LNG站）、天然气微机计量系统、SCADA燃气输配监控系统、燃气场站摄像监控系统等产品。

河北瑞星调压器有限公司
地址：河北省枣强县胜利北路
邮编：053100
传真：0318-8230290
电子信箱：ruixing@rxtyq.com
网站：http://www.rxtyq.com
主要产品：

燃气调压器、调压柜、调压箱、切断阀及各种配套设备，有26大系列近580种规格型号，产品全部具有自主知识产权。

特瑞斯信力（常州）燃气设备有限公司
地址：江苏省常州市新北区泰山路219号
邮编：213022
传真：0519-85112591
电子信箱：vic.wang@terrence-uk.com
主要产品：

天然气输配领域全面解决方案的专业供应商。产品"撬装式液化天然气（LNG）供气终端"及"智能燃气调压箱"获江苏省高新技术产品认定证书，同时拥有"燃气过滤器"、"瓶组型撬装式LNG供气终端"、"燃气智能调压箱"、"储罐型撬装式LNG供气终端"、"氨吸收式空调机组"等数项国家专利。

河北永良燃气设备有限公司

地址：河北省枣强县裕枣东街189号

邮编：053100

传真：0318-7671163

电子信箱：HBYLGSM@126.com

主要产品：

公司是专业从事燃气输配设备的生产企业，是集燃气调压、净化设备的研发、设计、制造、营销及售后服务为一体的专业制造商。主导产品有：燃气调压器（箱）、城市门站、CNG调压站、过滤分离器、旋风分离器等18个系列百余种型号。

宁波力利智能控制设备有限公司

地址：浙江省宁波市北仑区茅洋山路527号

邮编：315800

传真：0574-86807377

电子信箱：nbllzk@126.com

主要产品：

公司要从事燃气调压器（箱）、燃气调压柜的设计、生产，及燃气控制系统的成套等燃气相关产品的设计和制造。

昆山永燃燃气设备有限公司

地址：江苏省昆山市张浦镇永燃路108号

邮编：215321

传真：0512-57455815

电子信箱：vivian.su@yungzian.com.cn

主要产品：

公司是台湾永隆工程股份有限公司于2004年在江苏昆山成立的燃气设备有限公司实体企业，进入国内燃气市场后为众多城市提供了城市门站、高中压调压站、调压及计量设备、管线阀门与执行器等众多具国际水平的设备与系统。

天津华迈燃气装备股份有限公司

地址：天津静海开发区北区二号路

邮编：301600

传真：022-23788310

电子信箱：hmrqxsb@163.com

主要产品：

公司是一家以研发、生产燃气及其他能源装备为主的高新技术企业，主要产品涉及：天然气调压、液化气气化、多气源掺混、压缩天然气（CNG）加气或减压、液化天然气（LNG）加注或气化及中央站控等五大系列的40多个品种。

成都久宇燃气设备有限公司

地址：四川省成都市青羊区蛟龙工业港青羊园区高新区B区33座

邮编：610091

传真：028-61671138

电子信箱：suchang@juyugas.com

主要产品：

公司是致力于燃气输配设备及燃气应用设备的专业性企业。主要产品有：中低压燃气调压器、高中压燃气调压器、紧急安全切断阀、放散阀、各类气体净化设备、城镇燃气调压箱（柜、站）、高中压燃气调压站、压缩天然气减压站（CNG站）、燃气专用数据采集、站控、远传及SCADA系统等。

四川万通输配设备有限公司

地址：四川省彭山县经济开发区工业大道南段17号

邮编：620860

传真：028-37693377

主要产品：

公司是专业从事燃气设备的研究、开发、设计、生产、销售、并提供技术服务的企业。可向国内外用户提供高中压、中低压系列燃气调压器、安全切断阀、气体过滤器、城市门站、燃气调压成套装置（调压柜）等，并可根据用户特殊参数要求进行专门设计生产。

成都天能燃气设备有限公司

地址：四川省成都市双流县蛟龙港汉江路29座

邮编：610200

传真：028-85728095

电子信箱：cdtngas@126.com

主要产品：

公司是一家专业从事油气田、天然气等燃气输配设备研制、开发、设计、生产、营销以及服务为一体的高起点现代化企业。主要产品有：燃气集、输、配设备，包括超高压调压器、高中压调压器、中低压调压器、超低压调压器、楼栋调压器（箱）、紧急切断阀、安全放散阀、燃气过滤器等。

四川川力智能阀业有限公司

地址：四川省邛崃市创业路7号

邮编：611530

传真：028-88747980

电子信箱：529608269@qq.com

主要产品：

公司产品包括高高压、高中压、中低压系列燃气调压器和燃气调压箱（柜）、燃气计量柜、城市门站、CNG减压撬、LNG气化调压撬等成套装置、安全切断阀、放散阀、燃气过滤器、燃气加臭装置、数据采集与监控系统（SCADA系统）和燃气阀门等系列产品。

常州市科信燃气设备有限公司

地址：江苏省常州市中吴大道888号

邮编：213018

传真：0519-88812568

电子信箱：master@coshin.com

主要产品：

公司主要致力于为城市燃气管网的建设与发展提供调压设备并开发相关产品，主要产品为科信系列调压器、调压箱（站）、城市门站、地下调压井及调压器各类配件。

浙江春晖智能控制股份有限公司

地址：浙江省上虞市春晖工业大道288号

邮编：312300

传真：0575-82155855

电子信箱：xl@zjchunhui.com

主要产品：

公司专业从事燃气调压、计量、控制及系统的生产、销售及服务。产品主要包括：调压器、楼栋调压箱、箱式调压站、专用调压站、城市门站、加臭系统SCADA系统等。

常州市信威燃气设备有限公司

地址：江苏省常州市武进区邹区镇安基

邮编：210034

电子信箱：CHENWEIWEN0818@126.COM

主要产品：

公司是燃气设备的专业生产厂家。产品适用于居民小区、公用事业、商业及工业用户，适合于天然气、液化石油气、人工煤气等燃气，公司主要产品：液化石油气汽化器、混气器系列、燃气楼栋调压箱、燃气箱式调压站及城市门站、调压器等。

流量计

浙江金卡高科技股份有限公司

股票简称：金卡股份　股票代码：300349

地址：浙江省杭州经济技术开发区金乔街158号

邮编：310018

传真：0571-56617777

主要产品：

智能燃气表及燃气计量管理系统，具体包括IC卡智能燃气表和IC卡燃气收费管理系统；无线智能燃气表和无线燃气抄表系统；基于物联网技术的GPRS/CDMA远程燃气智能控制系统。

浙江苍南仪表厂

地址：浙江省苍南县灵溪镇工业示范园区

邮编：325800

传真：0577-64839395

电子信箱：cnybc@zjcnyb.com

主要产品：

城市燃气流量计量仪表、热能计量仪表、燃气调压（计量）装置、核级节流装置、自动化控制及信息管理系统等。

天信仪表集团有限公司

地址：浙江省苍南县灵溪镇通福路3468号

邮编：325800

传真：0577-64839090

电子信箱：zjtancy@yahoo.com.cn

主要产品：

气体涡轮流量计、智能旋进流量计、CPU卡工业气体流量计、多功能差压式流量计等十二大系列产品，与国外公司合作生产气体罗茨流量计、气体超声流量计、调压器等。

杭州先锋电子技术股份有限公司

地址：浙江省杭州市滨安路1186-1号

邮编：310052

传真：0571-86791121

主要产品：

公司是IC卡智能燃气表产品的供货商和服务商，旨在为目标燃气公司在产品采购和运营服务方面提供最佳解决方案。主导产品为"IC卡智能燃气表"，年单班生产能力已达100万台。

德闻计量设备(上海)有限公司

地址：上海市浦东新区金桥出口加工区宁桥路999号T15-3幢5楼西侧

邮编：201206

传真：021-58340733

电子信箱：viannaxu@ap-vemmtec.com

主要产品：

公司是一家专业的气体计量仪表供应商，主营IGTM气体涡轮流量计、OMEGA气体罗茨流量计、PTZ-BOX体积修正仪等计量产品。

成都秦川科技发展有限公司

地址：四川省成都市龙泉驿区界牌工业园兴业大道10号

邮编：610100

传真：028-84879878

电子信箱：qinchuankeji@163.com

主要产品：

公司是专业从事燃气表设计、生产、销售的高新技术企业，拥有IC卡智能燃气表和远控智能燃气表的全套核心技术，具有完全自主知识产权。

辽宁思凯科技股份有限公司

地址：辽宁省丹东市江湾工业区C区黄海大街14号

邮编：118008

传真：0415-3151525

电子信箱：13514158405@139.com

主要产品：

公司是旨为公用事业计量领域（燃气、水、热）专业提供从物联网计量终端到系统全套解决方案与服务的产品供应商，以燃气表产品的开发及销售为核心业务，兼具水表、热量表产品的开发及销售。

丹东热工仪表有限公司

地址：辽宁省丹东市元宝区古城路66号

邮编：118003

传真：0415-2825588

电子信箱：ZSS76318@sohu.com

主要产品：

公司是一个集科研、生产、经营于一体的集团公司。生产九十多种规格的家用燃气表、商业、工业用燃气表和涡轮表，以及IC卡家用燃气表、遥读表、标准表、机械式温度补偿表、CII燃气表、超声波燃气表、罗茨表、RYA系列燃气调压箱和YLZ系列自动音速喷嘴气体流量标准装置等产品。

河南新天科技股份有限公司
股票简称：新天科技　股票代码：300259
地址：河南省郑州高新技术开发区国槐街19号
邮编：450001
传真：0371-67996161
主要产品：

公司是中国智能表及系统行业的先行者之一，2000年研发出中国第一只非接触式IC卡智能表，2010年研发出第一套自动路由智能表系统。

重庆市山城燃气设备有限公司
地址：重庆市江北区石马河南石路22号
邮编：400021
传真：023-88518858
电子信箱：service@scgas.cn
主要产品：

公司具有每年生产燃气表260万台、燃气阀门300万只、燃气调压器5万台的产销量，是自主研发、生产、经营燃气设备的专业公司，是中国生产燃气设备品种最为齐全的制造商。

浙江威星智能仪表股份有限公司
地址：浙江省杭州市莫干山路1418-41号6号楼
邮编：310015
传真：0571-88832951
电子信箱：yanglei@viewshine.cn
主要产品：

公司致力于城市公用事业领域系统集成及智能终端的研究开发和生产销售。在燃气计量终端、燃气管理软件和燃气系统集成上形成了拥有自主知识产权、配套齐全的产品线，具备优质的产业基础和良好的发展前景。

山东思达特测控设备有限公司
地址：山东省潍坊市寒亭高新技术产业园2010号4A座
邮编：261061
传真：0536-2200306、0536-8661599
电子信箱：startwf@126.com
主要产品：

公司是爱知时计电机株式会社在中国地区的独家总代理，战略性合作伙伴。代理经营气体超声波流量计、微电脑户用燃气表、电池式电磁流量计、微小型流量计、减压稳压阀等产品。

浙江富马仪表有限公司
地址：浙江省温州市龙湾工业区永中度山
邮编：325025
传真：0577-85983200
电子信箱：603791048@qq.com
主要产品：
　　气体罗茨智能流量计、气体涡轮智能流量计、旋进旋涡智能流量计、IC卡智能控制阀门、电磁流量计、旋涡流量计、流量自控仪、数字压力表、气体喷嘴式流量校准装置及体积管流量校准装置等。

沈阳市航宇星仪表有限责任公司
地址：辽宁省沈阳市大东区文官街50-1号
邮编：110045
传真：024-88263973
电子信箱：421529752@qq.com
主要产品：
　　公司集科研、开发、制造、营销为一体的高科技企业；生产机械式热能表、超声波热能表、IC卡燃气表、远传燃气表、双模燃气表、机械水表、远传水表、智能IC卡水表等。

武汉蓝焰自动化应用技术有限责任公司
地址：湖北省武汉市硚口区古田二路215号
邮编：430034
传真：027-83854985
主要产品：
　　公司是燃气行业智能化方案及产品集成供应商。目前已形成年产25万台智能燃气表的生产规模。产品行销天津、河北、河南、湖南、湖北、广东等省市。

西克麦哈克（北京）仪器有限公司
地址：北京市海淀区北清路160号75幢西侧
邮编：100095
传真：010-62406090
电子信箱：huangtian@sickmaihak.com.cn
主要产品：
　　公司是全球技术领先的专业著名的仪器仪表和工业传感器制造商，也是唯一一家拥有核心超声波传感器技术的气体超声波流量计的生产商，在超声波传感器、流量产品的生产、研发上，有着超过20年的经验和历史。

埃创仪表系统（重庆）有限公司
地址：北京市朝阳区西坝河南路1号金泰大厦2310室
邮编：100028
传真：010- 64403129
电子信箱：zhan.rong@itron.com
主要产品：

　　公司是全球唯一一家集电、气、水、热四大与能源有关计量产品及智能仪表和高级表计架构整体解决方案于一体的著名跨国企业，是全球仪表计量、远程抄表(AMR)/高级表计架构(AMI)和软件解决方案最大的公司。

郑州安然测控设备有限公司
地址：河南省郑州市航海西路1号10504信箱安然公司
邮编：450006
传真：0371-60208618
电子信箱：anran@zzanran.com
主要产品：

　　公司是从事无线数据传输系统的国家级高新技术企业。主要产品产品：物联网WiFi终端、智能气表、智能电表、智能热表。

北京菲舍波特仪器仪表有限公司
地址：北京市朝阳区北苑路红军营南路天良园（傲城融富中心）B座3101室
邮编：100107
传真：010-84833673
电子信箱：linda-llj@163.com
主要产品：

　　公司是专业的流量仪表制造商与服务提供商，产品不仅在国内被广泛应用于石油、化工、天然气、冶金、电力、热力、给排水、食品、制药等领域，还大量出口至欧美、中东、东南亚等国家。

上海真兰仪表科技股份有限公司
地址：上海市青浦区盈港东路6558号
邮编：201703
传真：021-59869333
电子信箱：021-59869333
主要产品：

　　公司是华通机电集团与全球五大水表制造商和欧洲三大能源服务商之一的德国米诺-真兰集团合资成立的股份有限公司，产品主要包括宽量程系列膜式燃气表、家用智能系列燃气表、工商业智能系列燃气表与流量计、远程集中抄表系统等。

天津市第五机床厂

地址：天津市河西区大沽南路1306号
邮编：300222
传真：022-28341353
电子信箱：tjdwjc@126.com
主要产品：

公司开发生产的JLQD系列罗茨气体流量计和TWLQ系列涡轮气体流量计两大系列为主的气体流量仪表。

陕西航天动力高科技股份有限公司

股票简称：航天动力　股票代码：600343
地址：陕西省西安市高新区锦业路78号
邮编：710077
传真：029-81881815
电子信箱：029-81881815
主要产品：

流体计量方面主要有家用膜式燃气表、工业膜式燃气表、HWQZ气体智能涡轮流量计、HLQZ气体智能罗茨流量计、与流量计配套的IC卡控制器、家用IC卡燃气表、工业IC卡燃气表、家用远传表、远传流量计、气体探测器等产品。

郑州海盛电子科技有限公司

地址：河南省郑州市高新区丁香里12号
邮编：451001
传真：0371-67991021
电子信箱：phf8564@126.com
主要产品：

公司是一家专业从事智能燃气表的研发、生产、销售及服务的高新技术企业。相继推出了IC卡智能燃气表、无线（集抄、远传）抄表系统，具备无线抄表功能的新一代IC卡智能燃气表、公福户远程监控系统等产品及应用方案等。

浙江松川仪表科技股份有限公司

地址：浙江省温岭市松门镇林石路8号
邮编：317511
传真：0576-86677168
电子信箱：wlscrq@163.com
主要产品：

公司是国内知名的水、电、气计量解决方案提供商，现有钢壳燃气表、铝壳燃气表、钢壳IC卡专用基表、铝壳IC卡专用基表、IC卡预付费智能燃气表、无线远传智能燃气表，无线远传智能水表七大系列、几十种产品。

上海罗托克自动化仪表有限公司

地址：上海市青浦区新水路579号

邮编：201707

传真：021-59702445

联系人：苏林标

主要产品：

公司是一家专业从事流量仪表和流量检测控制系统研究、开发与生产的高新技术企业。主要生产：智能气体涡轮流量计、智能气体腰轮流量计、智能气体旋进旋涡流量计、智能V锥流量计、智能涡街流量计、差压、压力变送器系列等。

天津市辰星燃气表具技术有限公司

地址：天津市河北区重光路1号

邮编：300250

传真：022-26783502

主要产品：

天津市辰星燃气表具技术有限公司是天津仪表集团下属企业，已有四十多年生产流量仪表的历史。目前已成为国内生产煤气表规格品种最全、产品水平最高、出口量最大的厂家之一，享誉国内外。

管材、管件

沧州明珠塑料股份有限公司
股票名称：沧州明珠 股票代码：002108
地址：河北省沧州市新华西路43号
邮编：061001
传真：0317-2075247
电子信箱：zhangjing-81@163.com
主要产品：
　　PE管道生产企业。主导产品为"陆通"牌压力管道系统（PE燃气、给水管材、管件）、通信管道系统（HDPE硅芯管、子管、硅芯光纤管）、排水管道系统（HDPE大口径双壁波纹管、钢带增强PE螺旋波纹管）、地源热泵PE换热管道系统。

港华辉信工程塑料（中山）有限公司
地址：广东省中山市火炬高技术产业开发区建业东路8号
邮编：528437
传真：0760-85335395
电子信箱：zhang.yuming@gh-fusion.com.cn
主要产品：
　　公司主要生产聚乙烯管件、全自动聚乙烯焊接设备及国际知名燃气专用设备供应商的优质产品。

北京京燃凌云燃气设备有限公司
地址：河北省廊坊市开发区丁香道1号
邮编：065000
传真：0316-2579086
电子信箱：yeyao8088@163.com
主要产品：
　　公司是国内专业研制、生产燃气用聚乙烯（PE）球阀的知名企业。年产标准阀、单放散、双放散阀12000余个/套，产品尺寸涵盖32mm～400mm十三种型号。

亚大集团
地址：河北省涿州市松林店
邮编：072761

传真：0312-3676831
电子信箱：xiazhenl@163.com
主要产品：
　　在亚大集团的河北、上海、深圳、四川和浙江的生产基地，生产的聚乙烯管道系统产品源源不断地进入国内外燃气行业，向国内外燃气行业不断提供高性能的燃气管道系统及解决方案。

宁波市宇华电器有限公司
地址：浙江省宁波市河姆渡镇镇西路71号
邮编：315414
传真：0574-62950213
主要产品：
　　公司是专业生产PE管件、PE球阀的高新技术企业，年生产能力400万台件，目前已形成PE电熔、热熔、焊制、钢塑转换管件及PE球阀五大系列，1000多种产品。

浙江伟星新型建材股份有限公司
股票简称：伟星新材　股票代码：002372
地址：浙江省临海市经济开发区柏叶中路
邮编：317000
传真：0576-85125519
电子信箱：zhouyangchina@qq.com
主要产品：
　　公司专业生产经营各类新型塑料管道，主要产品有无规共聚聚丙烯（PPR）系列管材及管件、聚乙烯（PE）系列管材及管件、高密度聚乙烯（HDPE）双壁波纹管和聚丁烯（PB）管材管件等。

淄博洁林塑料制管有限公司
地址：山东淄博齐鲁化学工业园区清田路6号
邮编：255410
传真：0533-7527111
电子信箱：zbjl@vip.163.com
主要产品：
　　公司制造适用于市政工程和建筑领域的燃气、冷热水用塑料管道和管件产品；适用于液体包装的中型散装容器（IBC）和200L塑料桶。

北京保利泰克塑料制品有限公司
地址：北京市房山区长阳镇北广阳城环路8号
邮编：102445
传真：010-80356041
电子信箱：bjpolytec@126.com

主要产品：

公司是韩国保利泰克株式会社在中国区域的销售总部，在中国国内销售的PE阀门，广泛应用于各燃气管道上，更加适合中国的施工及管网环境。

成都品冠管业有限公司

地址：四川省成都市高新区府城大道西段399号天府新谷9号楼14F

邮编：610000

传真：028-85197928

电子信箱：wu.jining@cdpinguan.com

主要产品：

公司系专业从事燃气用新型管道研发、制造、销售于一体的环保型、节能型科技企业。

山东胜邦塑胶有限公司

地址：山东东营市南二路226号

邮编：257067

传真：0546-8180158

电子信箱：vicomemarket@163.com

主要产品：

公司拥有东营、西安两大生产基地和一个国家级实验室，全面引进世界最先进的聚乙烯管道生产设备与技术，可生产 $\phi 20 \sim \phi 800$ 各种规格的聚乙烯管材及配套管件。

浙江新大塑料管件有限公司

地址：浙江省余姚市河姆渡镇镇北路66号

邮编：315414

传真：0574-62951085

电子信箱：yywanglijun@126.com

主要产品：

公司是一家专业从事燃气及供给水用的聚乙烯（PE）电熔连接、热熔对接、热熔承插、PE球阀及PPR管件生产企业。主要生产 $\Phi 20mm \sim \Phi 1000mm$ 各规格的燃气及供给水聚乙烯管件。

台州同洋管业有限公司

地址：浙江省玉环县大麦屿陈南工业区

邮编：317604

传真：0576-87378711

电子信箱：web@tyzlfr.com

主要产品：

公司主要生产"卓·拉菲尔"（LAFEIER·ZHUO）牌不锈钢波纹软管（材质304），主打产品为燃气管，水管（卫浴管）主销欧盟和中东地区。

科思茂(江苏)管业有限公司

地址：江苏省姜堰市经济开发区扬州路95号

邮编：225500

电话：0523-88818316

电子信箱：web@cosmocn.com

主要产品：

公司是一家专业生产燃气、供水及煤矿等各类聚乙烯（PE）管材、管件的外商合资企业。投资方为韩国科思茂产业株式会社、韩国LS集团成员韩国伊士可株式会社、韩国大德化学株式会社、科思茂（中国）投资有限公司。

上海海骄机电工程有限公司

地址：上海市嘉定区马陆镇励学路525号

邮编：201800

传真：021-69152786

主要产品：

公司是专业致力于塑料焊接机设备研究、开发与生产的高新技术企业，是中国塑料管道焊接设备行业的重要骨干。公司的宗旨是向塑料管道施工者提供安全靠的、高品质的、一流水平的成套焊接设备和焊接技术。

福建亚通新材料科技股份有限公司

地址：福建省福州市东大路8号花开富贵A座28楼F

邮编：350001

传真：0591-28377221

电子信箱：109885943@qq.com

主要产品：

公司是一家专业从事高分子材料及其制品的研究开发和生产制造的国家级重点高新技术企业。2005年，公司在新加坡证券交易所成功上市，成为中国第一家在新加坡上市的塑料管道企业。

吉林市松江塑料管道设备有限责任公司

地址：吉林省吉林市龙潭区华丹大街1号

邮编：132026

传真：0432-63521512

主要产品：

公司是国内最早从事塑料管道熔接技术研究与产品开发的企业，现有聚乙烯塑料管件、熔接设备两大系列，品种规格齐全，可以为聚烯烃类塑料管道的施工提供系统、完善的服务。

余姚市声波管业有限公司

地址：浙江省余姚市河姆渡镇北路79号

邮编：315414

传真：0574-62951433

电子信箱：shengbo.com@126.com

主要产品：

公司引进世界最成熟的PE管道连接件制造技术，专业开发燃气用埋地聚乙烯一次成型裸露式电热丝电熔管件和PE球阀。年生产管件能力在150万件以上。

杭州环众电子设备有限公司

地址：浙江省杭州市江干区丁桥镇新城广场836

邮编：310021

传真：0571-86265919

电子信箱：hzhzdz@163.net

主要产品：

公司是一家专业生产聚乙烯管道熔接设备的高科技企业。形成了以电熔焊机、热熔焊机、全自动焊机为主，PE管配套工具为辅的产品结构，能完全满足各类施工的要求。

常熟瑞特默焊接技术有限公司

地址：江苏省常熟市东南经济开发区新安江路1号

邮编：215500

传真：0512-52830807

电子信箱：mnb518@163.com

主要产品：

公司一直致力于塑料管道焊接机具的研究、开发与生产，产品包括热熔对接焊机系列，电熔焊机系列，承插焊机系列，管件成型焊机系列，以及各种施工工具。

成都明派管业有限公司

地址：四川省成都市温江区海峡两岸科技产业开发园科兴西路188号

邮编：611130

传真：028-82666871

电子信箱：mp-09328@163.com

主要产品：

公司是一家研发、生产、销售新型管材管件的企业。为用户提供环压式衬塑铝合金管，环压式衬不锈钢铝合金管，环压式不锈钢管。

成都共同管业有限公司

地址：四川省成都市温江区成都海峡两岸科技产业开发园海科西段498号

邮编：611130

传真：028-82781670

电子信箱：chiyugongtong@163.com

主要产品：

公司是专业从事不锈钢管道产品研究与生产的中美合资企业，所研制的环压式薄壁不锈钢管材管件拥有17项国家专利，被评为高新技术产品。

宁波联大塑料管件有限公司

地址：浙江省余姚市河姆渡镇翁方村

邮编：315414

传真：0574-62956060

电子信箱：sabow@qq.com

主要产品：

公司所生产的电熔、热熔、球阀、金属等聚乙烯（PE）管件，可广泛用于天然气、给水、煤气、采矿、油田、化工、造船、海洋养殖业等。

杭州博众机电设备有限公司

地址：浙江省杭州市余杭区文一西路科技大道金星工业园

邮编：310023

传真：0571-88730028

电子信箱：hibzjd@yahoo.com.cn

主要产品：

公司是专业从事PE管道施工机具的专业生产厂家，生产的热熔全自动热熔焊机行销全国，广泛应用于城市自来水管网、天然气排污、油田建设工程等领域。

宁波世亚燃气仪表管件有限公司

地址：浙江省慈溪市杭州湾新区金慈路188号

邮编：315336

传真：0574-63073158

电子信箱：148259984@qq.com

主要产品：

公司系主要生产燃气防泄漏球阀制造、铜接头制造、紫铜管件制造等。年产阀门5000万余只，铜接头6000万余只。

阀门

宁波志清实业有限公司
地址：浙江省宁海县跃龙街道外环西路12号
邮编：315600
传真：0574-59958899
电子信箱：zhiqingsynx@zhiqing.com
主要产品：
　　公司主要研发、制造、销售阀门及管件等产品，同时涉足投资、贸易等多个领域。

北京好利集团
地址：北京市东城区广渠门内大街90号新裕商务大厦506
邮编：100062
传真：010-67171220
电子信箱：market@haolitimes.com
主要产品：
　　公司是专门从事高性能阀门研究、生产的专业化企业集团，是一家以现代化高性能阀门为主导产品，集科、工、贸为一体的科技型经济实体。

方圆阀门集团有限公司
地址：浙江省永嘉县瓯北镇五星工业区
邮编：325105
传真：0577-67315262
电子信箱：13706783238@139.com
主要产品：
　　公司是平板闸阀巨头，拥有温州、上海、丽水三大生产基地和丽水铸造基地，拥有数控加工中心及各种大中型设备650多台套，年产量达21000余吨。

宁波忻杰燃气用具实业有限公司
地址：浙江宁波鄞州区栎社联丰工业区
邮编：315100
传真：0574-88441187
主要产品：

公司是一家专业研发设计、生产和销售各类燃气球阀、家用燃气灶、不锈钢波纹管及燃气表附件的股份制企业。

宁波佳明金属制品有限公司

地址：浙江省慈溪杭州湾新区金慈路158号

邮编：315336

传真：0574-63574000

电子信箱：jianpan.lu@nbjiaming.com

主要产品：

公司主要生产、销售各类黄铜球阀、截止阀、闸阀、旋塞阀、铸钢法兰球阀、法兰截止阀、液化石油气瓶阀、水嘴、浮球阀、五金管件及裸铜丝等产品。

浙江达柏林阀门有限公司

地址：浙江省台州市玉环县干江盐盘五金工业区

邮编：317610

传真：0576-87453797

电子信箱：china@double-lin.com

主要产品：

公司经营范围为阀门、水暖管件及紧固件制造及销售，主导产品有球阀、止回阀、截止阀、闸阀、水嘴、过滤阀、地漏、管件、角阀等阀门系列及卫生洁具、水暖配件。

宁波华成阀门有限公司

地址：浙江省宁波市宁海县黄坛车站东路103号

邮编：315608

传真：0574-65278616

电子信箱：hchnx@huachengvalve.com

主要产品：

公司一直致力于各类铜阀门和水暖配件的设计、开发、生产及销售，产品广泛应用于供水、暖通、燃气、设备、建筑工程等。

机化阀门（沈阳）有限公司

地址：辽宁省沈阳市经济技术开发区十四号路10甲1号

邮编：110027

传真：024-25376611

电子信箱：suwenliang@126.com

主要产品：

公司是韩国KMC在中国成立的独资企业，主要产品有集中供热用全焊接球阀、城市燃气用埋地型全焊接球阀、过滤式全焊接球阀、高压焊接球阀等。

广州凯亨阀门有限公司

地址：广东省广州市高新技术产业开发区科学城科研路11号
邮编：510663
传真：020-61302899
电子信箱：kaiheng@gdkh.net
主要产品：

公司是一家致力于研发、生产、销售燃气阀门企业，产品技术领先、外观独创，具有无外泄漏、安装方便、超温保护、过流保护、超压保护、节能减排等功能特点，是天然气民用户内灶前阀及表前总阀的首选品牌。

天津市庆成科技发展有限公司

地址：天津市南开区红旗南路578号仁爱濠景庄园时景园1-05
邮编：300381
传真：022-23931120
电子信箱：success.science@hotmail.com
主要产品：

公司为丹麦AVK国际集团授权之中国销售与服务公司。负责AVK集团产品的销售及服务，主要生产软、硬密封闸阀、蝶阀、止回阀、刀阀、放气阀和消防栓等产品。

常州诚功阀门有限公司

地址：江苏省常州市新北区泰山路229号
邮编：213022
传真：0519-85153599
电子信箱：cgfmcsh@163.com
主要产品：

公司是集设计、质量控制、技术研发、销售服务于一体的开发型企业主要生产通用阀门，燃气阀门、水利控制阀、自控阀。

江苏良正阀门有限公司

地址：江苏省常州市新北区百丈工业园胜利路55号
邮编：213000
传真：0519-83260209
电子信箱：jslzfm01@163.com
主要产品：

公司是一家专业研制、生产、销售各种阀门产品的厂家，所生产的"良正"牌阀门产品被广泛应用于天然气、石化、炼油、化工等领域。公司主要产品有锻钢球阀、天然气球阀、铸钢固定球阀等。

浙江盾安阀门有限公司

地址：浙江省诸暨市店口工业区
邮编：311835
传真：0575-89006200
电子信箱：caoxy@dunan.cn
主要产品：

公司是盾安控股集团旗下专业从事阀门产品研发与制造的一家阀门产业集团。产品涵盖了高、中、低压阀门领域，广泛应用于给排水、燃气、城市供热、暖通空调、电站、石油石化等行业，客户遍布国内外。

宁波金佳佳阀门有限公司

地址：浙江省慈溪市长河镇宁丰北路381号
邮编：315326
传真：0574-63412577
电子信箱：myissuyi@163.com
主要产品：

公司专注于燃气管道球阀、瓶阀、截止阀、旋塞阀、止回阀、过滤阀、五金管件的技术创新与发展。

检测仪器

博恩东方检测技术（北京）有限公司
地址：北京市海淀区上地信息路2号D栋610B室
邮编：100085
传真：010-82895722
电子邮件：info@esders.com.cn
主要产品：
公司专业研制、开发和生产用于城市燃气、供水泄漏检测和压力检测设备、运行软件以及系统方案。主要产品：手持式燃气泄漏检测仪、SAFE乙烷分析仪、压力检测记录仪、车载燃气泄漏检测仪、红外吸收式燃气泄漏观测仪、管网压力记录仪等。

济南市长清计算机应用公司
地址：山东省济南市经济开发区计算机工业园
邮编：250306
传真：0531-86521159
电子信箱：marketing@jncqj.com.cn
主要产品：
公司是可燃及毒性气体检测设备专业生产厂家，主要产品有：报警控制器，点型气体探测器，独立式气体探测器，便携式气体探测器，绝缘法兰接头，防爆电磁阀及调压设备等。

深圳市特安仪器设备销售有限公司
地址：深圳市南山区科技园北区朗山二号路五号洁净阳光园
邮编：518057
传真：0755-86141433
电子信箱：yuanling@exsaf.com
主要产品：
公司专业从事易燃、易爆可燃气体、有毒气体检测及气体泄漏报警设备的研发、制造和销售，同时生产、研制和销售压力变送器、温度变送器等工业自动化控制仪器仪表，产品应用于石油、化工、燃气、冶金、制药等行业。

河南汉威电子股份有限公司
股票简称：汉威电子 股票代码：300007

地址：河南省郑州市国家高新技术产业开发区雪松路169号

邮编：450001

传真：0371-67169000

电子信箱：heyang@hanwei.cn

主要产品：

公司致力于打造从多门类传感器、仪器仪表到物联网行业应用的完整解决方案，目前已形成气体、压力、流量、湿度、热释电等多门类传感器及相关仪器仪表规模产业。

北京新宇宙北方技术服务中心

地址：北京市海淀区紫竹院路33号美林花园1号楼5A室

邮编：100089

传真：010-88550026

电子信箱：duanfang585@sohu.com

主要产品：

公司是日本新宇宙电机株式会社在中国授权设立的产品销售及售后服务机构，负责销售其生产的各种气体检测报警设备。

北京埃德尔公司

地址：北京市海淀区中关村南大街甲6号B座22层

邮编：100086

传真：010-51581267

电子信箱：market@adler.com.cn

主要产品：

公司以应用物联网技术为主线，带动和提升各类管网的探、监、检、控的软硬件技术的应用推广，为生产和工程服务。

成都安可信电子股份有限公司

地址：四川省成都市双流航空港工业区空港一路536号

邮编：610021

传真：028-85874006

电子信箱：gcc@action98.com

主要产品：

公司所研发的智能化气体探测报警系统及火气解决方案被广泛地运用于政府投资项目、半导体、钢铁、石油化工、医药、城市燃气等各个领域数以万计的大中型项目中。

济南双安仪器仪表有限公司

地址：山东省济南市高新区出口加工区港源二路528号1号楼

邮编：250102

传真：0531-86515119
电子信箱：shuangan@vip.163.com
主要产品：
　　公司是从事可燃和有毒有害气体报警控制产品的设计开发、生产、销售和服务的专业生产厂家。

深圳市凌宝电子有限公司
地址：深圳市南山区松白路西丽阳光工业区9栋5楼东
邮编：518055
传真：0755-29810011
电子信箱：282130732@qq.com
主要产品：
　　公司是集研发生产销售于一体的安防新锐企业，被誉称"燃气探测器"的生产专家。特别是其"车用燃气报警器"，在投放市场以来，深受汽车生产厂改装厂的欢迎和一致好评。

珠海创安电子科技有限公司
地址：广东省珠海市香洲区石化西路203号2单元4楼
邮编：519000
传真：0756-2172386
电子信箱：caatm@caatm.com.cn
联系人：陈锡礼
主要产品：
　　公司是一家专业生产家用、工业用智能燃气泄漏报警器（探测器）系列产品的厂商，集科研、开发、生产、销售和服务为一体，在引进日本先进的传感器技术和国外先进生产工艺的基础上，进行改进和创新，使产品质量达到国际先进水平。

陕西大唐智能仪器仪表有限公司
地址：陕西省西安市凤城六路135号
邮编：710016
传真：029-86563831
电子信箱：13759873509@139.com
主要产品：
　　公司是专业从事燃气泄漏报警和安全控制的民营科技型生产企业，拥有享受国务院特殊津贴的电子控制专家在内的高级专业人才，形成了较强的研发实力，获得多项产品专利。

天津费加罗电子有限公司
地址：天津经济技术开发区微山路19号
邮编：300457

传真：022-25326013

电子信箱：sunzhanning@tjfigaro.com

主要产品：

公司主要从事气体传感器及燃气报警器的生产，经营范围包括：气体传感器（TGS）的制造与销售，可燃气体报警器、探测器、控制器的开发、制造与销售。

南京罗越科技实业有限公司

地址：江苏省南京市下关区350号（老学堂创意园）A栋305室

邮编：200236

传真：021-33716923

电子信箱：15105183487@163.com

主要产品：

公司是德国HURNER（亨乐）焊机的中国总代理，负责国内市场的销售及售后服务，并从事其他各类气体检测分析报警装置、呼吸防护设备、机械设备的销售。

鞍山尤尼实业有限公司

地址：辽宁省鞍山市铁东区六道街大商商城国际C-1908

邮编：114000

传真：0412-5921396

电子信箱：uts2002@126.com

主要产品：

在线热值仪、华白仪、比重仪、在线防爆热值分析仪、燃烧比(空燃比)测试仪、成分分析式热值仪、便携式热值仪、燃气管道压力温度智能无线采集系统、利用网络数据远传系统等。

阜阳华信电子仪器有限公司

地址：安徽省阜阳市开发区新阳大道二期综合楼11号

邮编：236000

传真：0558-2226869

电子邮件：hxdz8999@163.com

主要产品：

公司专门研发、生产可燃气体、有毒有害气体探测器、报警控制器的专业厂家，现已开发生产工业报警系统、民用报警系列及检测仪等三大系列50多个品种。

北京兰德瑞特新技术有限公司

地址：北京市丰台区东货场路38号金泰银丰大厦209-211室

邮编：100071

传真：010-63857995

电子信箱：chenxiaohanldrt@sina.com

主要产品：

公司是多家世界知名企业的中国授权代理商。产品主要服务于城市自来水、燃气、排水、电力、电信、市政等公用事业及石油石化等行业。服务内容主要是对地下管线的走向、埋深的探测及管线的泄漏和防腐等方面的检测、监测和评估。

武汉安耐捷科技工程有限公司

地址：湖北省武汉市东湖新技术开发区珞瑜路727号东谷银座26楼

邮编：430070

传真：027-59730217-812

电子信箱：zxj_energywh@126.com

主要产品：

公司是从事管道安全检测设备、仪器开发销售和特种检测服务的专业公司，作为多家国际知名公司在中国的总代理，公司从事引进、开发、经销包括燃气管网气体分析和检漏仪器，供水管网检漏设备，地下管线探测设备，地下管道防腐层状况检测设备及PRAS管道系统风险评估平台软件等。

哈尔滨东方报警设备开发有限公司

地址：黑龙江省哈尔滨市南岗区富水路119号

邮编：150090

传真：0451-82380879

电子信箱：bjdongfang@126.com

主要产品：

公司是一家从事工业用固定式气体检测报警设备研发与生产的专业型企业。

陕西亚泰电器科技有限公司

地址：陕西省西安市高新区锦业路69号创业研发园A区2号

邮编：710065

传真：029-81882312

电子信箱：sxytys@163.com

主要产品：

公司是一家专业从事气体设备科研、开发、生产和销售为一体，具有领先技术的气体安全检测、报警控制、系统监控产品的大型企业。主营产品：YTRB工业气体报警控制器、BS01气体探测器、YTRB-C型家用报警保护器、燃气安全专用紧急切断阀和燃气安全自闭阀。

北京铭尼科科技有限公司

地址：北京海淀区西直门长河湾12号楼3—102

邮编：100044

传真：010-82163570

电子信箱：info@minic.com.cn

主要产品：

公司是一家从事公共事业管道安全检测仪器设备、地质调查探矿仪器设备及海洋海底检测设备的高科技公司。是燃气、供排水、环保、海洋、军事、刑侦领域专业检测仪器设备的销售和服务企业。

北京保利泰达仪器设备有限公司

地址：北京市朝阳区望京阜通东大街6号方恒国际B座1101室

邮编：100102

传真：010-84785433

电子信箱：jinxin@polytide-bj.com

主要产品：

公司始终致力于推动公共事业进步，为客户提供优质的产品和系统解决方案。业务领域：管网检测仪表维修、校准与标定服务；管网检测仪表专业技术培训；管网运行状况评估、地下管线探测仪和探地雷达等物探设备以及相关技术服务、各种在线/远程监测仪表、燃气管网检漏车设计与技术服务等。

济南斯诺电子有限公司

地址：山东省济南市市中区党杨路南段

邮编：250116

传真：0531-87028167

电子信箱：ensure168@163.com

主要产品：

公司主要经营可燃气体报警控制器、点型可燃气体探测器、毒性气体探测器等三大系列产品，是集研、产、销、服务于一体的综合性企业。

大连翰丰科工贸有限公司

地址：辽宁省大连市中山区鲁迅路35号盛世大厦1007室

邮编：116001

传真：0411-82721603

电子信箱：dlhf2007@126.com

主要产品：

公司是燃气设备专业供应商。主要产品：韩国西格玛系列燃气专用紧急切断阀;韩国大连精工聚乙烯（PE）球阀及管件;济南本安SS系列可燃及有毒气体探测报警设备等。

燃气软管

上海近藤薛氏贸易有限公司
地址：上海市长宁区仙霞路345号7B
邮编：200336
传真：021-62730335
电子信箱：zouxuelin@szkondoh.com
主要产品：
　　公司主要业务是代理销售"日本日立金属株式会社"生产的燃气用不锈钢波纹软管，快装型管接头，燃气用相关管件及阀门。

浙江圣字管业股份有限公司
地址：浙江省奉化市西坞街道南路115号
邮编：315500
传真：0574-88988008
电子信箱：huxiaoya@sansee.com
主要产品：
　　公司是生产、销售燃气用不锈钢波纹管和管件、金属波纹膨胀节、燃气用埋地聚乙烯管材和管件的国家高新技术企业。

玉环鑫琦管业有限公司
地址：浙江省玉环县大麦屿中央直属粮库西侧
邮编：317604
传真：0576-87339418
电子邮件：cnxqgy@126.com
主要产品：
　　公司是专业研发和制造不锈钢燃气管道产品的高新技术企业，专业生产燃气用非定尺不锈钢波纹管（可埋管）、不锈钢波纹管专用快装接头、燃气用定尺不锈钢波纹软管(灶具管)、表具用不锈钢波纹软管(表具管)和水用不锈钢波纹管。

杭州万全金属软管有限公司
地址：杭州市余杭区仁和镇
邮编：310007

传真：0571-86337108

电子信箱：zou010@126.com

主要产品：

　　公司是专业从事金属波纹软管研发、制造的省级高新技术企业，主要产品为燃气用不锈钢波纹管、水用不锈钢波纹管、中央空调用风机盘管软接头、金属软管、纹补偿器等。

宁波宏武管业有限公司

地址：浙江省宁波市慈溪市逍林大道与中横线交叉口

邮编：315321

传真：0574-63928169

电子信箱：maohongjie1025@163.com

主要产品：

　　公司主要生产符合国际标准的DN8-DN400mm不锈钢波纹软管和DN40-DN4000mm金属波纹膨胀节，DN6-DN102mm的高压胶管总成和铠装隔热胶管，水道用管连接件，煤气用管连接件，消防喷淋用管和各式管接头等。

宁波庆泰机械有限公司

地址：浙江省宁波市奉化东郊开发区珠峰路51号

邮编：315500

传真：0574-88931970

电子信箱：lisa@nbqtjx.cn

主要产品：

　　公司开发了燃气用不锈钢波纹软管，并创立了自己的品牌"柔泰"。

杭州恒通波纹管有限公司

地址：浙江省杭州市西溪路830号

邮编：310023

传真：0571-88091327

电子信箱：htbwg1990@163.com

主要产品：

　　公司是我国最早成功研究出机械成形金属波纹管的厂家，至今已有23年开发制造金属波纹管的历史。公司生产的通水型和燃气型金属波纹管产品深受国内外用户好评。

佛山市金浩博管业有限公司

地址：广东省佛山市南海区丹灶金沙南达路9号

邮编：528200

传真：0757-86600882

电子信箱：ceocao@126.com

主要产品：

公司是致力于发展新型管道、水暖器材的大型制造企业，重点发展方向之一是成为燃气用户的专业化配套生产商。公司针对燃气用户的产品有燃气用铝塑复合管、燃气用不锈钢波纹管、薄壁不锈钢管、燃气用球阀、燃气用软管。

无锡市钱氏功能塑胶有限公司

地址：江苏省无锡市钱桥工业园锦溢路12-1号
邮编：214151
传真：0510-83205690
电子信箱：qianyi142536@yahoo.cn
主要产品：

公司从事功能塑胶材料和制品的开发，技术转让和成果转化。主要产品有：家用安全燃气软管、防锈包装膜、人造雾设施用高压输送塑料管、各类农用功能塑料制品、纳米农地膜等。

余姚市固力管业有限公司

地址：浙江省余姚市阳明街道舜宇西路369号
邮编：315400
传真：0574-62520178
电子信箱：yuanbang@chinayuanbang.com
主要产品：

公司主要生产"远邦"牌水暖波纹管、燃气用波纹管、工业金属波纹管。

航天晨光股份有限公司上海分公司

股票简称：航天晨光 股票代码：600501
地址：上海市浦东新区川沙路3931号
邮编：201201
传真：021-58383504
电子信箱：xyu413@qq.com
主要产品：

公司是目前国内规模最大，品种最全的金属软管、波纹管、补偿器研发、生产企业。

杭州联发管业科技有限公司

地址：浙江省杭州市西湖区留和路139号65幢
邮编：310023
传真：0571-87989658
电子信箱：hzlf883@sohu.com
主要产品：

公司生产燃气用具连接用不锈钢波纹软管、燃气输送用不锈钢波纹软管及管件、金属波纹管膨胀节、金属丝网管、中央空调用风机盘管及接头、水金属软管。

燃气存储、运输专业设备

中集安瑞科控股有限公司
地址：深圳市南山区蛇口工业区港湾大道2号
邮编：518067
传真：0755-26693117
电子邮件：info@enricgroup.com
主要产品：
　　公司（简称"中集安瑞科"）是香港联合交易所主板上市公司（3899.HK），主要从事于能源（压缩天然气、液化天然气、工业气体、煤层气等）、化工及液态食品行业的各式运输、储存及加工设备的设计、开发、制造、工程及销售。

新兴能源装备股份有限公司
地址：河北省邯郸市开发区和谐大街99号
传真：0310-5807522
公司网站：http://www.xxzjgs.com
主要产品：
　　公司致力于打造中国最大的新能源装备研发制造基地，通过自主设计与开发，向广大客户提供质量优良、性能可靠的天然气储运装备。

北京天海工业有限公司
地址：北京市朝阳区天盈北路9号
传真：67367022
电子邮件：civil@btic.com.cn
公司网站：http://www.btic.cn
主要产品：
　　公司具有六个专业气体储运装备生产基地及一个专用汽车制造基地，可生产800余个品种规格的气瓶及低温储运装备系列产品。公司产品已出口世界五大洲四十多个国家和地区。

查特深冷工程系统（常州）有限公司
地址：江苏省常州市新北区河海西路388号
邮编：213032
传真：0519-85966001
电子邮件：chartchina@chart-ind.com

公司网站：http://www.chartindustries.com

主要产品：

主要产品分为工业气体类和液化天然气类，液化天然气产品包括LNG加注站、LNG加液车、LNG车用瓶等。

河南升辉特种装备有限公司

地址：河南省辉县市东三环南段

邮编：453621

传真：0373-6061555

公司网站：http://www.hnshkj.cn

主要产品：

公司专业从事液氧、液氮、液氩、液化天然气等低温绝热气瓶，车用LNG、CNG气瓶，并承接LNG汽车加气站、LNG车载系统改装等各类LNG应用项目。

河北端星气体机械有限公司

地址：河北省南宫市开发区腾飞路66号

传真：0319-5182283

电子邮件：xzc7345@163.com

主要产品：

公司经营CNG汽车加气站相关设备、CNG集中供气设备、CNG燃气瓶组以及小区供气设备、制氮设备、医疗中心供氧设备等。

江苏秋林重工股份有限公司

地址：江苏省江阴市月城镇月翔路33号

传真：0510-86593127

公司网站：http://www.jsqlzg.com

主要产品：

公司是一家专业从事压力容器、各种非标设备、各种低温液体储罐、低温槽车以及LNG气瓶、船用供气系统、加气站整体装备的设计、研发、制造、销售和相应的技术服务的股份制科技型企业。

江南工业集团有限公司

地址：湖南省湘潭市

传真：0731-57651117

电子邮件：jnscb@sina.com

主要产品：

公司主要从事新能源装备、汽车燃气装置的开发、设计、研制、生产、销售及相关技术服务，压力容器安全检测设备的设计生产、建设和服务。

江苏深绿新能源科技有限公司

地址：江苏省江阴市周庄镇宗言村王家巷

传真：0510-86169199

电子邮件：xl@lngserve.com

主要产品：

公司致力于低温绝热气瓶、汽车用LNG车载气瓶的控制系统、LNG汽车加气站、高真空绝热管道等设备的研发、设计、制造、销售和相关技术服务。

洛阳双瑞特种装备有限公司

地址：河南省洛阳市高新技术开发区滨河路32号

传真：0379-67256968

主要产品：

公司专门从事大容积钢制无缝气瓶、压力容器和特种铸锻件的研发、制造、销售及服务的高科技企业。

南亮压力容器技术（上海）有限公司

地址：上海市宝山区罗东路1505号

传真：021-33851805

公司网站：http://www.nk-sh.com

主要产品：

作为韩国生产高压钢瓶和高压长管拖车的龙头企业，公司在韩国的市场占有率为90%左右，大口径钢瓶在世界市场占有30%的份额。

青岛瑞丰气体有限公司

地址：青岛市崂山区株洲路153号

传真：0532-88258128

电子邮件：qdruifeng@qd-ruifeng.com

公司网站：http://www.qd-ruifeng.com

主要产品：

公司主营焊接低温绝热气瓶、LNG车用瓶、LNG加气站、气化站设计安装等业务。

青岛中能通用机械有限公司

地址：山东省青岛市四方区金华路45号

传真：0532-87032601

主要产品：

公司是制造化工、炼油设备及天然气（特殊气体）运输专用车辆的专业企业，生产压力容器已有近四十年的历史。

山东兴邦工业装备有限公司

地址：山东省泰安市泰山区省庄工业园

传真：0538-2146099

主要产品：

公司主要生产和经营固定式、移动式中低压常温、低温压力容器，大容积无缝气瓶，管束式集装箱（长管拖车），LNG、CNG加气站，运输油罐车等。

天津市奥利达设备工程技术有限公司

地址：天津市高新区海泰发展二路3号

传真：022-83713009

电子邮件：duta@duta.com.cn

公司网站：http://www.duta.com.cn

主要产品：

公司主要从事LNG的生产与槽车运输销售，以及研制生产LNG加气机、加气站，CNG加气站，加气站及气化站控制系统以及相关配套设备。

天津华迈燃气装备股份有限公司

地址：天津静海开发区北区二号路

邮编：301600

传真：022-23788310

电子信箱：hmrqxsb@163.com

主要产品：

公司是一家以研发、生产燃气及其他能源装备为主的高新技术企业，主要产品涉及：天然气调压、液化气气化、多气源掺混、压缩天然气（CNG）加气或减压、液化天然气（LNG）加注或气化及中央站控等五大系列的40多个品种。

北京普发兴业动力科技发展有限责任公司

地址：北京市通州区中关村科技园区金桥科技产业基地景盛南四街15号

邮编：101102

传真：010-57621220

主要产品：

公司专业从事清洁能源设备开发、集成和销售，服务范围涵盖加气站生产组装、气站控制系统研发、CNG/LGG/LCNG加气站设备集成等。

北京金海鑫压力容器制造有限公司

地址：北京市平谷区金海湖镇

传真：010-60985106

主要产品：

公司主要研制生产液化石油气储罐、液化丙烷、液氨储罐、天然气低温储罐等。

燃气相关配套设备、配件

奥盖斯森迪气体设备(苏州)有限公司
地址：江苏省苏州市工业园区胜浦分区银胜路136号1栋
邮编：215126
传真：0512-62812876
电子信箱：lfhu@algas-sdi.com
主要产品：
美国奥盖斯森迪国际公司是世界燃气气化混合方案的开创者和领导者，具有80年设计、制造历史。其制造的各种液化石油气、LPG/空气混合气、天然气/空气混合系统以及工业用氨气化器等设备在世界上一直处于领先地位，畅销一百多个国家和地区。

天津市长龙液化石油气设备制造厂
地址：天津市北辰区南王平
邮编：300406
传真：022-86825773
电子邮件：13802003045@163.com
主要产品：
公司主要产品为液化石油气成套灌装输送设备，其中有电子灌装转盘、钢瓶输送机、电子灌装秤、电子检斤秤、气钢瓶角阀封口机、钢瓶表面清洗机等。

港华科技（武汉）有限公司
地址：湖北省武汉市硚口区沿河大道358号6楼
邮编：430033
传真：027-85863397
电子信箱：huang.jingwei@towngas.com
主要产品：
公司主要负责研发和生产TCIS 2.0客户服务管理系统、GCCS燃气呼叫中心系统、GMS气量管理系统等燃气行业信息化产品，并承担其实施、相关售后服务、业务流程改造的管理咨询服务。

利尔达科技有限公司
地址：浙江省杭州市登云路425号利尔达科技大厦
邮编：310011

传真：0571-89908398
电子信箱：gml@lierda.com
主要产品：

公司是提供物联网嵌入式技术解决方案的高科技企业，重点研究嵌入式微控制器技术、物联网无线RFID技术。

北京广域汇能科技有限公司

地址：北京市朝阳区朝阳路国际创展中心1507室
邮编：100023
传真：010-87734091
电子信箱：lixu023@126.com
主要产品：

公司主要经营范围包括系统集成、工业控制、软件销售及应用等多个方向，涉及行业包括城市燃气、供暖（制冷）、自来水等多个领域。

北京宇泉泰克科技有限公司

地址：北京市海淀区中关村东路66号世纪科贸大厦C座1808室
邮编：100190
传真：86-010-62670209
电子信箱：chenchen@tecocity.com
主要产品：

公司主要经营范围包括软件开发、系统集成、工业控制等多个方向，涉及行业包括城市燃气、自来水等多个领域。多年来致力于燃气行业的应用系统开发。根据不同的需求，为客户提供全面的软硬件技术、系统升级和商务解决方案。

成都千嘉科技有限公司

地址：四川省成都市双流西南航空港空港一路一段536号
邮编：610211
传真：028-85874339
主要产品：

公司是一家高科技企业，专业从事研究、设计和制造的产品所使用的天然气、电力和水行业系统集成工作。公司主要提供水、电、气的无线测量系统、光电传感器产品、短距离无线通信产品、管网监控产品以及行业的信息化解决方案。

成都三丰过滤器材有限公司

地址：四川省成都市青羊区绿杨路306号
邮编：610091
传真：028-66083678

电子信箱：sf66083678@126.com

主要产品：

公司主要从事不锈钢网、不锈钢滤芯、不锈钢烧结网、过滤器、净化设备及相关产品制造与新技术研发。

上海汇平化工有限公司

地址：广东省广州市黄埔大道西159号富星商贸大厦西塔12楼E座

邮编：519620

传真：020-87589500

电子信箱：cqw@scmchem.com

主要产品：

公司是美国雪佛龙菲利普斯化工公司特殊化学品中国区的代理商，产品原装进口。雪佛龙菲利普斯公司是全球含硫产品的最大制造商之一。其生产的 Scentinel®T 是目前国内外普遍认可及使用的燃气示味剂，其主要成分是 THT（四氢噻吩）（纯度 > 98%），在欧洲几乎是一致的被接受并且使用的天然气加臭剂。

北京永诚长信燃气设备有限公司

地址：北京市通州区云景南大街龙鼎园7号楼2单元201

邮编：101101

传真：010-81552169

电子信箱：xiadujia@163.com

主要产品：

公司经营压缩天然气系列产品，主要销售派克（Parker）、MHA、费希尔（Fisher）、塔塔里尼（Tartarini）等国内外知名品牌。

泛亚科技

地址：深圳市福田区华富路5号南光大厦1104室

邮编：518031

传真：0755-83689619

电子信箱：judy@asean-tech.com

主要产品：

公司是以色列TADIRAN电池公司在中国大陆和香港的独家代理商。以色列TADIRAN电池公司是全球首屈一指的气、水表AMR系统电池供应商，拥有全球多项独创技术，能为客户提供安全、可靠、运行寿命长达10年以上的AMR电池解决方案。

北京天宇硕宏科技有限公司

地址：北京市丰台区星火路1号昌宁大厦Q515

邮编：100070

传真：010-52262817
电子信箱：tianyushh@126.com
主要产品：

公司主要经营国际知名品牌的优质燃气设备，并提供系统集成及技术服务，涉及天然气、石化、冶金、自来水等多个领域。

美最时洋行（上海）有限公司
地址：北京市东城区10号长安俱乐部503-504室
邮编：100006
传真：010-65123505
网站：www.melchers-techexport.de
主要产品：

美最时洋行作为众多一流生产商的代理，包括机泵，阀门、管体管材和干燥设备等。

广州多美时燃气设备有限公司
地址：广东省广州市荔湾路小梅大街33号皇上皇大厦A塔13A楼02-06室
邮编：510170
传真：020-81266559
主要产品：

公司所代理的都是来自世界名厂的燃气产品，包括有各类调压器、气化器、加气机、阀门、液位计、监控仪表、烃泵、压缩机，等等。

杭州贝科玻璃钢制品有限公司
地址：浙江省临安市锦溪面路
邮编：311300
传真：0571-61076680
主要产品：

公司专业生产SMC不饱和聚酯玻璃纤维增强模塑料制品，年生产能力20万余套。公司主要产品有电表箱、水表箱及燃气表箱等，广泛应用于电力、水利、城建、燃气等部门。

成都环宇热缩材料有限公司
地址：四川省成都市大邑县晋原镇元通路15号
邮编：611330
传真：028-88220421
电子信箱：hy@cdhuanyu.com
主要产品：

公司是研制开发和生产经营热缩材料的专业厂家，主要产品是石油天然气管道防腐辐射交联聚乙烯热收缩带（套）和通信电缆接续密封热缩套管。

重庆耐仕阀门有限公司

地址：重庆沙坪坝区上桥新街1号H栋
邮编：400037
电话：023-65220766/13368197700
传真：023-65225199
电子信箱：nicevalve@126.com
主要产品：

公司长期致力于各类流体（负压/高、低温/超高、低）电磁阀、燃气电磁阀、电磁铁及电磁阀线圈等系列产品的研制、开发和规模化生产。

天津市红桥区仁和五金制造厂

地址：天津市红桥区佳庆道8号
邮编：300131
传真：022-26662416
主要产品：

公司是一家集生产销售为一体的、专业生产煤气表接头及其配套产品的企业，产品销售到全国20多个省市地区的煤气公司及煤气表厂，并为出口配套服务，现已成为国内生产煤气表接头的重要基地。

北京燕山工业燃气设备有限公司

地址：北京市安定门外外馆东后街35号
邮编：100011
传真：010-64257827
主要产品：

公司在燃气输配设备的研发和生产、燃气计量控制系统、商用燃气设备、新能源与可再生能源利用、燃气节能技术等许多领域都位于全国领先行列，其大型火炬燃烧技术已达世界一流水平。

江苏盛伟过滤设备有限公司

地址：江苏省常州市武进区遥观工业园华昌路1-1号
邮编：213102
传真：0086-519-85572706
电子信箱：gym@jssunway.com
主要产品：

公司是专业致力于燃气领域设备研发、制造及技术服务于一体的国家高新技术企业，产品涵盖气体处理、输送、调压、计量、控制等整个燃气产业链。公司的主要产品带有新型快开装置的天然气管网用压力容器成套设备、燃气轮机用空气滤芯等。

伊藤未来设备贸易（上海）有限公司

地址：上海市莘庄工业区春东路479号D2-2F

邮编：201108

传真：021-64423475

电子信箱：itof@itokoki.com.cn

主要产品：

公司作为顶尖的燃气设备供给制造商，始终秉承着"世界技术先端"的理念，从企划到开发、制造、及至售后服务，自始至终严格贯彻"品质至上"方针，在广大的客户中赢得了绝对的信赖。

余姚市河姆渡庆发实业有限公司

地址：浙江省余姚市河姆渡镇小泾浦村

邮编：315415

传真：0574-62952223

电子信箱：info@nbqingfa.com

主要产品：

公司开发包括PE电熔管件、热熔对接管件、PE球阀、钢塑转换接头在内的全套PE燃气用、给水用、钢丝缠绕管用配件产品，规格涵盖D20-D630，共1200多个品种规格。

上海南方管道燃气有限公司

地址：上海市松江区莘砖公路3911号

邮编：201619

传真：021-57699327

电子信箱：info@southgas.com.cn

主要产品：

公司主要从事民用燃气、工业燃气、工业气体成套工程设计、施工；燃气设备制造以及储运销售LPG、LNG。设计、制造压力管道元件组合装置：燃气调压撬、气化设备等。

西安塑龙熔接设备有限公司

地址：陕西省西安市碑林区火炬路4号楼4层D区

邮编：710043

传真：029-82465662

电子信箱：bfzf@263.net

主要产品：

公司生产经营熔接设备、工程机械、石化和天然气行业机械设备及相关产品的生产、研制、销售。

南京民族塑胶厂（集团）

地址：江苏省南京市六合区竹镇侍郎路109号

邮编：211501

传真：025-57680242

电子信箱：mzsjnjmzsj@126.com

主要产品：

集团致力于各类塑料管道的研发与生产，是一家集研发、生产、销售和服务为一体的综合性企业。

重庆北江机械制造有限责任公司

地址：重庆市江北区建新北路二支路8号12-1

邮编：400020

传真：023-67955308

主要产品：

公司主要从事研制、开发、销售、燃气设备零配件、燃气防腐管件、燃气装置工艺设计、金属机械加工、压力管件制造等。生产和开发中的产品有天然气接地新型燃气引入管、钢塑转换接头、防雷接头、绝缘接头等系列压力管道元件产品。

重庆新大福机械有限责任公司

地址：重庆市沙坪坝区歌乐山镇严家湾天池村天池工业园A栋

邮编：400030

传真：023-65338133

电子信箱：enhc1234@163.com

主要产品：

公司是专门从事压力管道元件制造、销售的公司，目前年生产能力可达：钢塑转换接头30万支；全防腐引入管20万支；绝缘接头5万支；防雷接头30万支。

沈阳万丰机电设备有限公司

地址：辽宁省沈阳市铁西区北二东路22号9门

邮编：110025

传真：024-64691066

电子信箱：wfjs@vip.163.com

主要产品：

公司是一家专业从事燃气相关产品及成套设备的进出口贸易企业，产品远销日本、韩国、中国台湾等国家和地区，是日本光阳产业燃气阀门及燃气配套产品中国地区总代理。

普利莱（天津）燃气设备有限公司

地址：天津市南开区黄河道497号华祥工业园

邮编：300111

传真：022-27692529

电子信箱：dyd1229@126.com

主要产品：

公司是专门从事燃气、石化等行业安全设备的研发、制造、技术支持和服务的科技型企业。公司生产的TJ系列化学药品添加设备（加臭设备），产品已经形成了三大类、二十多种型号的系列产品，以满足多种行业用户不同的使用要求。

阿自倍尔自控工程(上海)有限公司

地址：上海市浦东新区浦建路145号强生大厦1802室

邮编：200127

传真：021-50909625

电子信箱：y.hu.qg@cn.azbil.com

主要产品：

公司依靠阿自倍尔株式会社的高尖端的检测和控制技术以及多年积累的丰富经验，为中国客户竭诚提供优质、先进、节能的元件产品、简易系统、现场仪表、自动化系统和售后服务。

北京马达斯燃气技术发展有限公司

地址：北京市朝阳区广渠门外大街8号优士阁B座1712室

邮编：100022

传真：010-58612701

电子信箱：madas888@yahoo.com.cn

主要产品：

公司是意大利MADAS燃气股份有限公司中国代表处，主要负责开拓亚洲的燃气市场，主要产品为燃气紧急切断安全电磁阀、燃气调压器、燃气安全电磁阀、燃气安全放散阀、燃气超压（欠压）切断阀、燃气压力开关、燃气微压表、燃气火焰检测控制器等。

沈阳光正工业有限公司

地址：辽宁省沈阳市浑南新区文溯街16号国际新兴产业园6楼

邮编：110168

传真：024-23745299

电子信箱：21goldenage@sina.com

主要产品：

公司是专业从事燃气安全技术研发及产品制造的高新技术企业。产品包括：燃气加臭装置、燃气加湿装置、切割气加药撬、天然气门站、LNG（液化天然气）调压箱、CNG（压缩天然气）调压站、LPG（液化石油气）气化器等。

广州联诚能源科技发展有限公司

地址：广东省广州市番禺区番禺大道北555号天安节能科技园发展大厦803室

邮编：511400

传真：020-83511963

电子信箱：helen.zheng@liancheng-china.com

主要产品：

公司以经营燃烧设备和配件为主，是集设计、安装、调试、服务为一体的专业化公司。

慈溪市三洋电子有限公司

地址：浙江省慈溪市坎墩开发区华鹏路119号

邮编：315303

传真：0574-63285633

电子信箱：nbsydz@126.com

主要产品：

公司是一家专业从事内、外置电机阀、电磁阀、卡座、控制器外壳的集研发、生产和销售为一体的公司。阀门年生产能力达到200万只，卡座年生产能力达到200万只。

上海格瑞特科技实业有限公司

地址：上海市浦东新区东方路1359号海富花园5C

邮编：200127

传真：021-63030082

电子信箱：smam@greatgroup.com

主要产品：

代理产品：美国Videx（威泰）巡更系统在中国大陆地区唯一授权总代理和维修服务中心；

自主产品：格瑞特（GREAT）楼宇自控系统、格瑞特（GREAT）设备及管线巡检管理系统、格瑞特（GREAT）保安巡更系统。

北京淳堂科技有限公司

地址：北京市海淀区知春路111号理想大厦5316

邮编：100086

传真：010-82679325转100

电子信箱：shenmeng@elehouse.com.cn

主要产品：

公司主要从事智能仪表抄表收费运行管理模式的研究工作。为国内各公用事业单位提供抄表收费管理系统总体规划和技术方案设计，并为国内各大智能仪表生产厂家提供技术先进、性能稳定的智能仪表电子模块、核心芯片设计。

上海金申橡胶制品厂

地址：上海市嘉定区马陆镇戬浜东陈工业区东陈路28号

邮编：201801

传真：021-59514680

电子信箱：jsfd01@shjsh.com

主要产品：

公司是一家专业生产各种橡胶膜片及橡胶密封件的厂家，产品适用于燃气设备、泵阀设备、液压件、气动元件、电子元件、电器配件及汽摩配件等。

广州荣信热能设备有限公司

地址：广东省广州市越秀区天河路1号锦绣联合商务大厦1315-1316室

邮编：510000

传真：020-62714085

电子信箱：marketing@winsonte.com

主要产品：

公司拥有意大利Elettromeccanica Delta公司燃气紧急切断阀EVRM系列产品在中国的独家代理权及VMH等系列产品的经销权，并与国内优秀的燃气设备生产商合作经销调压、计量等产品。

中国燃气行业年鉴 2013
CHINA GAS INDUSTRY YEARBOOK

第十三篇

附 录

燃气服务导则

1 范围

本标准规定了燃气服务的术语和定义、总则、基本要求、管道燃气供应服务、瓶装燃气供应服务、车用燃气供应服务和服务质量评价。

本标准适用于燃气经营企业向用户提供的供气服务和相关管理部门及机构对供气服务质量的评价。

2 规范性引用文件

下列文件对于本文件的应用是必不可少的。凡是注日期的引用文件，仅所注日期的版本适用于本文件。凡是不注日期的引用文件，其最新版本（包括所有的修改单）适用于本文件。

GB 5842 液化石油气钢瓶

GB/T 13611 城镇燃气分类和基本特性

GB 17267 液化石油气瓶充装站安全技术条件

GB/T 19001 质量管理体系要求

GB 50028 城镇燃气设计规范

GB 50494 城镇燃气技术规范

CJJ 51 城镇燃气设施运行、维护和抢修安全技术规程

3 术语和定义

下列术语和定义适用于本文件。

3.1 燃气服务（gas service）

为满足用户使用燃气的需要，燃气企业向用户提供的供气及相关服务活动。

3.2 燃气经营企业（gas company）

指管道燃气经营企业、瓶装燃气经营企业和燃气汽车加气经营企业的总称。

3.3 上门服务（on-site service）

燃气经营企业的服务人员到用户燃气使用场所提供的服务活动。

3.4 燃气燃烧器具前压力 （gas pressure when gas appliances are being used）

用户使用燃气时，在其燃气燃烧器具入口处测得的运行压力。

3.5 基表 （reference meter）

具有基础计量功能、直接显示用气量原始数据且与其他附加功能分离的计量器具。

3.6 液化石油气残液 （residuals of LPG）

在用户室内环境温度下，液化石油气钢瓶中残存且不再气化的烃类物质和其他杂质。

3.7 服务窗口 （service point）

燃气经营企业为用户提供服务的场所或平台。包括办事处（点）、用户服务中心、维修站（点）、管理站、瓶装燃气供应站、燃气汽车加气站和电子服务平台等。

4 总则

4.1 服务体系

燃气经营企业应建立与其供气规模、用户数量相适应、可持续改进的服务规范体系，满足用户的服务需求。

4.2 服务原则

4.2.1 指导性

燃气行业服务应遵循安全第一、诚信为本、文明规范、用户至上的原则。

4.2.2 安全性

燃气经营企业应向用户持续、稳定、安全供应符合国家质量标准的燃气和提供相应的服务；应为社会公共危机处理提供供气方面的安全保障；应实行全年全天候应急服务；提供的服务过程应保障人员和使用设施的安全；不应因燃气质量和服务质量等问题对人身安全和生产、生活活动及环境等构成不良影响和危害；应依法保护用户信息。

4.2.3 透明性

燃气经营企业应向用户公示服务规范业务程序、条件、时限、收费标准、服务电话等与服务有关的各项信息。

4.2.4 及时性

燃气经营企业的服务系统应在规定或承诺的时限内，响应用户在使用燃气时，对质量、维修和安全等方面的诉求。

4.2.5 公平性

燃气经营企业在其供气范围内，应对符合用气条件的单位和个人提供均等化的普遍服务。

5 基本要求

5.1 供气质量

5.1.1 燃气经营企业供应的燃气应符合GB 50494、GB 50028和GB/T 13611的规定并符合相应燃气种类标准。

5.1.2 燃气经营企业应向用户公布所供应燃气的燃气种类、组分、热值和供气压力等质量信息。

5.2 新增用户

5.2.1 燃气经营企业应根据燃气专项规划、适应当地经济发展和满足居民生活需要，制定和公布燃气用户的用气条件，在其经营范围内履行普遍服务义务。

5.2.2 燃气经营企业应公示用户申请业务的办事流程、办结时限、办理部门和地点，提供多种方式接受用气申请。

5.2.3 燃气经营企业应与用户签订供用气合同。供用气合同除应符合国家对于燃气供用气合同的规定外，还应包括下列内容：

（1）供应燃气的种类、质量和相关数据；
（2）维护用户信息安全；
（3）燃气设施安装、维修、更新的责任；
（4）免费服务的项目、内容。

5.3 服务窗口

5.3.1 燃气经营企业服务窗口的场所和设施应满足用户服务需求。

5.3.2 燃气经营企业服务窗口应按照公示的工作时间准时营业，在营业时间内用户未办理完事项前，不应终止服务。

5.3.3 面对用户的服务窗口场所入口处应设置明显标识牌，设置无障碍通道，并保持畅通；服务设施应齐全、完好，保持整洁；不应放置与服务无关的物品。应符合下列要求：

（1）受理业务的服务柜台高度不应超过1.4m；
（2）采用间隔玻璃式柜台的，应配有扩音器；
（3）有服务电话、时钟、日历牌；
（4）有处理业务需要的办公设备；
（5）有供用户休息的座位；
（6）有公示栏和安全标识；
（7）与服务相适应的其他服务设施。

5.3.4 电子服务平台等服务窗口应使用户得到相同的服务质量。

5.3.5 服务窗口公示的内容应利于用户有效地得到服务，包括下列内容：

（1）办理业务的项目、流程、程序、条件、时限、收费标准、收费依据、免费服务项目和应提交相应的资料；
（2）服务规范、服务承诺、服务问责、服务投诉和处理等制度；

（3）用气条件、供气质量的主要参数、燃气销售价格；
（4）营业站点地址、营业时间；
（5）安全用气、节约用气知识；
（6）服务人员岗位工号；
（7）服务电话和监督电话。

5.4 接待服务

5.4.1 服务人员对用户，应主动接待、热情服务。

5.4.2 接待用户应满足下列要求：

（1）对来电、来访人员不应推诿，按规定做好受理记录；
（2）按照燃气经营企业规定或者承诺的时限内答复、办结；
（3）不属于本企业解决的问题，应告知用户。

5.4.3 燃气服务的通信设施应满足用户规模需要，传统人工电话应做到铃响三声有应答。

5.4.4 服务人员接待应按下列程序：

（1）问候语；
（2）报企业名称及工号；
（3）问清事由，提供相关服务；
（4）道别语。

5.5 投诉处理

5.5.1 燃气经营企业应有投诉处理的接待人员。建立投诉处理的全程记录。

5.5.2 接到用户的投诉应在5个工作日内处置并答复；因非本企业原因无法处理的，应向投诉人做出解释。

5.5.3 对重复投诉人，应告知投诉事项的解决办法及联系方式。

5.5.4 对处理期限内不能解决的投诉，应向用户说明原因，并确定解决时间。

5.5.5 投诉处理应根据调查结果和处理依据，选择合适的处理方式。

5.5.6 应依法对投诉人的个人信息保密。

5.6 安全宣传

5.6.1 燃气经营企业应履行指导用户安全用气、节约用气和宣传安全用气知识的义务。

5.6.2 燃气经营企业应向用户发放《燃气安全使用手册》（参见附录A），向用户宣传燃气使用的科学知识。安全宣传应包括下列内容：

（1）安全使用燃气的基本知识；
（2）正确使用燃气器具的方法；
（3）抢修、抢险、维修和维护等业务的联系方法、联系电话；
（4）防范和处置燃气事故的措施；
（5）保护燃气设施的义务。

5.7 服务人员

5.7.1 燃气经营企业的服务人员,应按国家规定取得相应的从业资格,并进行岗位培训。

5.7.2 在瓶装燃气供应站、燃气加气站的服务人员,应熟悉处置服务纠纷和与服务无关人员的危害燃气安全的行为。

5.7.3 服务人员应着装整洁,举止文明、用语规范、熟悉业务、遵守职业道德、有较好的沟通能力及服务技巧,宜使用普通话。

5.7.4 服务人员不应使用伤害用户自尊、人格和埋怨、责怪、讽刺、挖苦用户的语言。

5.7.5 服务人员在营业时间内,应身着企业标识服,佩戴工作证、牌。工作证牌应具有下列内容:

(1) 企业名称及签章;

(2) 工作证牌编号;

(3) 持证人员的姓名、工号、照片及岗位名称。

5.8 信息服务

5.8.1 燃气经营企业应建立服务信息系统,满足用户查询、咨询、预约、投诉、缴费等业务的需求。

5.8.2 燃气经营企业应建立健全真实、完整的用户服务档案,实现服务的可追溯性。

5.8.3 对用户信息服务的提供方式包括:

(1) 电子服务平台;

(2) 电话、传真、短信等和自助终端设施;

(3) 营业站点;

(4) 气费账单;

(5) 《燃气安全使用手册》和其他宣传材料;

(6) 电视、报纸及其他媒体。

5.8.4 信息服务渠道应保持畅通,并方便用户使用。

5.9 上门服务

5.9.1 服务人员应遵循上门服务规范,规范应包括从入门至离开时全过程的行为要求。应避免多名服务人员为相同的目的或分解服务程序上门干扰用户。

5.9.2 上门服务实行预约制度,应按照与用户约定的时间,准时到达。对不能按时应约的,应及时告知用户需要等待的时间;对不能应约的,应在预约时间前采用有效方式及时通知用户,提前时间不宜小于2小时。

5.9.3 服务人员应着企业标识服,带工作牌,主动说明来因和出示相关证件。

5.9.4 入户服务应尊重用户隐私,非经用户同意,不应进入与服务项目内容无关的场所。

5.9.5 服务完成,应清理现场,并带走作业垃圾。

5.9.6 服务结束,涉及作业记录的,应准确记录,并请用户签字。

5.9.7 对上门服务质量实行跟踪回访。

5.9.8 应有对残、障、孤、老等特殊服务对象的服务规定。

5.10 供气保障

5.10.1 燃气经营企业的燃气安全事故应急预案中应具有保证临时供气和维持服务的措施；

5.10.2 燃气经营企业遇到自然灾害、极端性气候、社会治安、生产事故和气源短缺等严重影响正常供气服务的事件，应遵照燃气应急预案采取相应措施。

5.10.3 燃气经营企业应向用户宣传燃气安全事故应急预案，适时组织用户参加培训或演习。

5.10.4 燃气经营企业应向社会公布24小时报险、抢修电话。

5.10.5 燃气经营企业应协助地方人民政府对特殊情况或残、障、孤、老等特殊人群的用气需求提供服务。

5.10.6 燃气计量和调度等信息应有利于燃气计量技术水平提高和对供求状况监测、预测和预警的实施。

5.11 用户燃气设施的安全检查

5.11.1 燃气经营企业应按照相关法规的规定组织对用户燃气设施的安全检查。

5.11.2 检查前，应提前告知用户，并按约定的时间实施。检查服务的人员应主动表明身份并说明来由。

5.11.3 对初次使用燃气的用户和新住宅用户装修后在供气设施投用前，应按规定或约定进行上门安全检查。不符合安全使用条件的，不应供气。

5.11.4 安全检查记录应有用户签字。

5.11.5 安全检查应符合CJJ 51的规定，并检查下列事项：

（1）嵌入式燃气灶和在隐蔽及不易观察位置安装的连接管道情况；
（2）采用不脱落连接方式的情况；
（3）燃气热水器排烟管的完好情况；
（4）用户燃气存放和使用场所的安全条件及通风情况。

5.11.6 对检查发现存在安全隐患的事项，应履行告知义务，并按照规定的燃气设施维护、更新责任范围实施相关工作，或者提示用户自行整改。向用户发出隐患整改通知书，整改通知书应要求用户签收。

5.11.7 用户要求燃气经营企业协助对其用户燃气设施维护、更新责任范围内的安全隐患整改时，燃气经营企业应组织有资质的施工单位实施。

5.11.8 燃气经营企业在入户检查时，发生下列情况，应做好相关记录。

（1）用户拒绝入户安全检查的；
（2）拒绝在安全检查记录上签字的；
（3）不签收整改通知书的。

5.11.9 因用户原因无法进行安全检查的，燃气经营企业应做好记录，并以书面形式告知用户约定安全检查时间及联系电话号码；发现燃气泄漏等严重安全隐患，燃气经营企业应采取相应措施进行及时处理。

6 管道燃气供应服务

6.1 新增用户

6.1.1 用气条件应包括：市政燃气管网覆盖的区域、管道供应能力、用气场所的安全用气条件。

6.1.2 管道燃气经营企业应公示新增用户的主要流程，应包括下列内容：

（1）前期咨询；

（2）申请受理；

（3）现场查勘；

（4）接气方案确定；

（5）合同签订；

（6）施工；

（7）工程验收；

（8）置换通气等。

6.1.3 管道燃气经营企业不应拒绝符合用气条件的用气申请者。对超出市政燃气管道负荷能力的地段的用气申请者，应告知原因和解决建议。

6.1.4 管道燃气经营企业接受用气申请后，经勘测符合用气条件的，并需要管道燃气经营企业提供安装施工的，应与申请用气者签订施工合同，按照合同约定期限完工。

6.1.5 新增用户的程序、时限应符合下列要求：

（1）管道燃气经营企业接受用气申请后，应在10个工作日内答复；

（2）工程应由具备相应施工资质的单位施工；

（3）管道燃气经营企业组织或参与工程竣工验收；

（4）验收合格后方可通气交付使用。

6.2 供气服务

6.2.1 对于符合国家质量标准，管道燃气经营企业参与工程竣工验收并验收合格的用户燃气设施，应依据供用气合同予以供气。

6.2.2 管道燃气计量、抄表与结算

6.2.2.1 管道燃气经营企业应向用户提供、安装经法定机构检测合格的燃气计量表。选用的燃气计量表应便于燃气经营企业的统一管理和安装、维修。使用预存款方式的燃气计量表应具有余额不足报警提示或者有限透支功能。管道燃气经营企业应按照规定定期更新、检定燃气计量表。非在线检测燃气计量表时，应向用户提供备用燃气计量表或者与用户商定检测期内的计量方式。

6.2.2.2 管道燃气经营企业应在供用气合同中，与用户明确燃气费的结算周期和方式。

6.2.2.3 燃气销售价格调整时，管道燃气经营企业应按照调价时间和价格，分别结算调价前后的燃气费，并告知用户。对使用非预存款方式燃气计量表的用户应及时抄表结算燃气费。

6.2.2.4 管道燃气经营企业应做到抄表作业及时准确：

（1）抄表应按照约定的时间周期进行。若需要变更抄表周期，应提前通知用户；

（2）对居民用户长期不在家而无法上门抄表或暂时无法正确抄表的，计量可按以下方法进行估量并告知用户：
——估量不应高于该用户以往实际用气一年中最高的单月用气量；
——估量后第一次进户抄表作业时，应按照"多退少补"的原则与用户结算。
（3）管道燃气经营企业不应对非居民用户进行估量抄表。

6.2.2.5 管道燃气经营企业抄表后，应按照承诺的时间通知用户缴纳燃气费。缴纳燃气费的期限除非合同另有约定不宜少于10日。

6.2.2.6 管道燃气经营企业的缴纳燃气费通知应包括下列内容：
（1）企业名称；
（2）用户编号、户名、地址；
（3）抄表数和用户当期使用的燃气量；
（4）燃气的价格和用户应缴纳的燃气费金额；
（5）缴纳燃气费的地址、时间和时限及缴费方式的提示；
（6）企业的缴费查询电话、服务投诉电话、监督电话或其他联系方式。

6.2.2.7 管道燃气经营企业应提供多种方式方便用户缴纳燃气费，并向用户提供合法收费凭证。

6.2.2.8 用户逾期未缴纳燃气费时，管道燃气经营企业应以有效方式提醒用户缴费，同时告知违约责任。

6.2.3 管道燃气经营企业接到用户改装、拆除、迁移燃气设施的申请后，应在5个工作日内予以答复。对受理的，居民用户按照约定时间的5个工作日内、非居民用户按照合同约定的时限，实施相关工程；对不予受理的，应以书面形式向用户说明理由。迁移、改装燃气设施的质量保证期应符合国家有关规定。

6.2.4 对燃气计量有异议的，可向法定检测机构提出检定申请：
（1）检定结果超出规定误差标准的，由管道燃气经营企业提供更换使用的燃气计量表并承担相关检定费用；检定结果符合规定的，由提出检定申请方承担检定燃气表的相关费用；
（2）对于超出的误差，应给予损失方按照计量误差累积量补偿，累计时间按照自拆表检定之日前1年计算。该表安装使用不足1年的，按实际使用时间计算；
（3）燃气用户的用气量以基表显示的数据为基准数据。

6.2.5 管道供应临时中断，应进行下列处置：
（1）管道燃气经营企业因管道施工、维修、检修等计划性而非突发性原因确需降压或暂停供气的，应提前48小时将暂停供气及恢复供气的时间公告和通知用户及燃气管理部门。降压或暂停供气的开始时间应避免用气高峰，暂停供气的时间一般不应超过24小时，并按时恢复供气；
（2）供气管道发生泄漏或突发性事件停气，应采取不间断的抢修措施，直至修复投用；
（3）对突发、意外造成停气、降压供气或者停气时间超过24小时以上，应及时通知停气影响范围内的用户，向用户说明情况，并通知用户恢复供气时间和安全注意事项；
（4）居民用户恢复供气时间等事项应按照相关法规的规定实施。再次停气或超时停气应再次通知用户。通知内容包括：停气原因、停气范围、停气开始时间、预计恢复供气时间等；
（5）管道施工、维修和检修提倡采取措施实现不停气作业。

6.2.6 用户燃气管道设施发生故障，向管道燃气经营企业报修，管道燃气经营企业应受理，并按照相关法规规定的时限响应；管道燃气经营企业接到用户室内燃气泄漏的报告，应在接报的同时，提示用户采取常规应对措施，按照相关法规的规定响应并立即赶到现场处置；管道燃气经营企业管理的燃气表井、阀门井等井盖缺损，应自接到报告或发现之时起24小时内修复，未能及时修复的，应采取监护措施。

6.2.7 管道燃气经营企业停业、歇业的，应提前90个工作日报经燃气管理部门同意，由燃气管理部门、管道燃气经营企业事先对供应范围内的用户的用气做出妥善安排并告知用户。

6.2.8 燃气燃烧器具前压力检查应符合下列要求：

（1）管道燃气经营企业应在调压装置出口的近端和最远端实施监测。定期抽查用户燃气燃烧器具前压力，每2个月不应少于一次，每次测试户数按当地实际确定。中压进户的用户燃气燃烧器具前压力检测按照有关规定实施；

（2）检测点应具有随机性和符合燃气种类特性；

（3）燃气燃烧器具前压力应符合GB 50028的规定。

6.2.9 管道燃气经营企业应按照规定定期在管网末端抽查燃气加臭的质量。

6.2.10 管道经营企业建立用户燃气设施隐患整改及跟踪的工作机制，督促用户整改。

6.3 燃气种类转换

6.3.1 管道燃气经营企业应在以下情况下对用户转换供应燃气种类：

（1）燃气专项规划要求转换燃气种类；

（2）其他种类燃气并入城镇燃气市政管网。

6.3.2 管道燃气经营企业在进行燃气种类转换时，应与转换地区的街镇、社区、物业管理等单位取得联系，告知相关工作，并提前7个工作日通知用户转换原因、流程、时间、注意事项、收费项目及标准、新燃气种类的特性、使用新种类燃气的价格及需要用户配合事项等。

6.3.3 管道燃气经营企业应在发布燃气种类转换通知前，至少应完成以下工作：

（1）检查用户燃气设施的安全情况；

（2）登记燃气燃烧器具品牌、型号；

（3）向用户告知安全检查结果并要求用户签字；

（4）对存在安全隐患的，应按照规定，向用户发出整改通知书，要求用户签收；

（5）因用户不在家无法入室进行安全检查的，应做好记录，并以书面形式告知用户联系方式，另行约定安检时间。

6.3.4 管道燃气经营企业应将普查的燃气燃烧器具相关数据提供给相关企业，并组织相关企业做好燃气燃烧器具更换或者改装的前期准备工作。

6.3.5 燃气燃烧器具的更换、改装应符合国家相关标准要求，改装后的燃气燃烧器具应有明显标识，改装情况应详细记录，包括改装企业名称、人员工号、改装内容、检测情况等内容并有用户签字。

管道燃气经营企业应对改装后的燃气燃烧器具和设施进行安全检查；未更新或未改装的燃气燃烧器具不得使用，并应告知用户。

6.3.6 除6.3.3中第（5）项外，管道燃气经营企业应在燃气种类转换前完成抄表和结算工作。

6.3.7 管道燃气经营企业应按公示的时间恢复正常供气，因特殊情况延时供气的应及时公示。

7 瓶装燃气供应服务

7.1 供气服务

7.1.1 瓶装燃气经营企业应向用户提供符合国家规定并经法定检测机构检测合格的燃气气瓶。

7.1.2 瓶装燃气经营企业的瓶装燃气供应站应符合国家设立瓶装燃气供应站的安全技术要求，应配备检查充装质量及检查泄漏的器具和器材。

7.1.3 瓶装燃气经营企业应依照燃气专项规划设置瓶装气供应站，开展瓶装气经营业务。需要撤销或者搬迁瓶装气供应站的，应制定方案，妥善安排用户的用气，并于瓶装气供应站撤销或者搬迁前，按照相关法规规定的时限，在该供应站公开通知。通知应包括下列内容：

（1）瓶装燃气经营企业名称；

（2）撤销或者搬迁的瓶装气供应站名称；

（3）撤销或者搬迁的日期；

（4）妥善安排用户用气措施；

（5）新设或改设供应站的站名、地址、方位图、服务电话或呼叫中心统一电话。

7.1.4 瓶装燃气经营企业应不断提高瓶装燃气的信息化管理水平，实现全过程信息的可追溯性，增强瓶装燃气的使用安全性。

7.1.5 瓶装燃气经营企业的燃气充装质量应符合国家有关规定。并应对其销售的瓶装燃气提供合格标识。

7.1.6 瓶装燃气经营企业应提供多种方式方便用户缴纳燃气费，向用户提供合法收费凭证。

7.1.7 瓶装燃气经营企业应使用本企业的燃气气瓶向用户销售瓶装燃气。用户有权选择瓶装气供应站。

7.1.8 瓶装燃气经营企业应向用户提供瓶装燃气搬运、检查充装质量和检查泄漏等服务。

7.1.9 瓶装燃气经营企业应在燃气气瓶（含检修、检测合格的燃气气瓶）首次投用前，对其进行抽真空处理，并做好记录。

7.1.10 瓶装燃气经营企业接到用户关于换气后，燃气燃烧器具无法正常燃烧的报告时，应提示用户暂停用气，并根据征询的情况及时告知用户可以处置的单位及联系方式，属于本企业解决的问题，应按约定的时间上门解决。

7.1.11 瓶装燃气经营企业接到用户报告瓶装燃气泄漏时，应提示用户采取常规措施，同时按照相关法规规定的时限响应，立即赶到现场处置。

7.1.12 瓶装燃气经营企业受理瓶装燃气用户设施维修的申请，应及时安排具有相应资格的维修人员处置。

7.1.13 瓶装燃气经营企业在服务窗口公示内容还应包括下列内容：

（1）残液标准、超标补偿时限和方法；

（2）国家规定的充装质量标准；

（3）国家规定的燃气气瓶强制检测、报废时间标准。

7.1.14 供应瓶装液化石油气还应符合下列要求：

（1）液化石油气钢瓶应符合GB 5842的规定；

（2）瓶装液化石油气充装质量应符合GB 17267的规定；

（3）瓶装液化石油气经营企业应保证液化气钢瓶内液化气残液量符合下列规定：

① YSP-5 型钢瓶内残液量不大于0.15kg；

② YSP-10型钢瓶内残液量不大于0.30kg；

③ YSP-12型钢瓶内残液量不大于0.36kg；

④ YSP-15型钢瓶内残液量不大于0.45kg；

⑤ YSP-50型钢瓶内残液量不大于1.50kg。

（4）液化石油气残液量超出前款规定的，瓶装燃气经营企业应对用户予以补偿，补偿后请用户签收。

7.2 送气服务

7.2.1 瓶装燃气经营企业应按约定的时间，为用户提供送气服务，并将相关合法收费凭证随同送达。

7.2.2 送气人员应为居民用户安装好燃气气瓶，并对安装部位进行泄漏检查和点火调试，直到使用正常，要求用户签收；若用户明确提出不要求送气人员安装，送气人员应该告知用户正确的安装、调试方法，并在签收单上注明。

7.2.3 应轻搬、轻放燃气气瓶，不应有在地上拖动、滚动燃气气瓶的不当行为。

8 车用燃气供应服务

8.1 加气服务

8.1.1 燃气汽车加气经营企业应保证加入燃气汽车气瓶的充装介质与气瓶规定的充装介质一致，充装程序和加气压力符合国家规定。

8.1.2 燃气汽车加气经营企业使用的加气机计量装置符合国家关于计量器具的规定。

8.1.3 燃气汽车加气经营企业收取加气费时，应向用户出具合法收费凭证。

8.1.4 不应拒绝向符合规定的燃气汽车充装车用燃气。

8.1.5 加气前应问清加气数量，将加气机显示归零并向用户告知。加气结束，应唱收唱付。

8.1.6 加气服务的人员应对有泄漏的燃气气瓶按程序立即处置。

8.1.7 加气站的安全设施应符合国家相关规定，加气站应有明确的运气槽车停车区域并有隔离设施与标识。

8.1.8 在向燃气汽车加气前，加气服务人员应按照规定检查气瓶、气瓶定期检验有效合格证件和气瓶充装合格证，符合规定方可为相应的汽车加气；对临近气瓶检验期限的气瓶，应提示用户检修。应采取措施提高气瓶信息化管理水平，实现全过程信息的可追溯性，增强瓶装燃气的使用安全性。

8.1.9 交接班时应对加气设施进行泄漏检查。

8.1.10 加气站的加气车辆进、出通道应符合要求并明示，有人员维持车辆秩序。

8.1.11 向燃气汽车加气时，应请车内人员下车并熄灭发动机。

8.1.12 不应从事超出经营范围的充装业务。

8.1.13 不应容许用户使用加气设施自行加气。

8.2 服务窗口

除应符合5.3的规定外，还应具有以下设施：

（1）安全监控系统；

（2）卫生间。

9 服务质量评价

9.1 评价方式

燃气服务质量的评价导则应实行企业自我评价和社会评价结合的方式。

9.2 燃气经营企业自我评价

燃气经营企业应依据本标准建立以用户对服务满意度为基础的服务质量自我评价体系。宜按照GB/T 19001的规定实施。

9.3 社会评价

社会评价包括：

（1）按照有关标准定期开展用户满意度测评；

（2）地方人民政府管理部门、协会、社会评价机构以及消费者组织等对服务质量进行的评价；

（3）利用媒体公布燃气服务质量评价结果。

评价数据可由以下渠道获得：市民信访、投诉；社会评价、调查机构对燃气服务进行的定期评价；燃气用户调查、专项服务项目咨询、社会征求意见、专家评议等以及对企业服务窗口和专题用户的调查。

9.4 评价参考指标及计算方法

9.4.1 共性指标

9.4.1.1 服务电话及时接通率

呼叫中心或服务电话及时接通率应大于80%。计算方法应按公式（1）计算：

电话及时接通率 =（按时接通的电话数量 ÷ 打进电话总数量）× 100% ……（1）

9.4.1.2 服务窗口服务用户平均等待时间

服务窗口服务用户平均等待时间不应超过15分钟。计算方法应按公式（2）计算：

平均等待时间 =（被现场抽查人数的等待时间之和 ÷ 现场抽查人数）× 100% ……（2）

9.4.1.3 投诉处理及时率

投诉处理及时率应大于或等于99%。计算方法应按公式（3）计算：

投诉处理及时率 =（规定时间内及时投诉处理次数 ÷ 投诉总次数）× 100% ……（3）

9.4.1.4 投诉办结率

投诉办结率应100%。计算方法应按公式（4）计算：

投诉办结率 =（规定时间内投诉办结次数 ÷ 投诉总次数）× 100% ……（4）

9.4.2 对管道燃气经营企业的服务质量评价考核指标

9.4.2.1 燃气燃烧器具前压力合格率

燃气燃烧器具前压力合格率应大于或等于99%；计算方法应按公式（5）计算：

燃气燃烧器具前压力合格率 =（规定时间内检测合格次数 ÷ 检测总数）× 100% ……（5）

9.4.2.2 管道设施抢修响应率

管道设施抢修响应率应100%。计算方法应按公式（6）计算：

管道设施抢修响应率 =（规定时间内 检查合格次数 ÷ 检查总次数）× 100%……（6）

9.4.2.3 管道设施抢修及时率

管道设施抢修及时率不应低于99%。计算方法应按公式（6）计算。

9.4.2.4 报修处理响应率

对用户设施报修处理响应率应100%，响应率计算方法应按公式（7）计算：

报修处理响应率 =（规定时间内报修处理响应次数 ÷ 报修处理总数）× 100% ……（7）

9.4.2.5 报修处理及时率

对用户设施报修处理及时率不应低于98%。及时率计算方法应按公式（8）计算：

报修处理及时率 =（规定时间内 报修处理及时次数 ÷ 报修处理总数）× 100% ……（8）

9.4.3 对瓶装燃气经营企业的服务质量评价考核指标

9.4.3.1 无泄漏合格率

实瓶出站无泄露,合格率应100%。计算方法应按公式（9）计算：

实瓶出站无泄漏合格率 =（检测无泄漏合格瓶数 ÷ 检测总瓶数）× 100% ……（9）

9.4.3.2 充装合格率

液化石油气实瓶（重瓶）充装合格率应大于或等于98%。计算方法应按公式（10）计算：

液化石油气实瓶（重瓶）充装合格率 =（检测实瓶合格数 ÷ 检测实瓶总数）× 100% ….（10）

9.4.3.3 报修处理响应率

对用户设施报修处理响应率应100%。计算方法应按公式（7）计算。

9.4.3.4 报修处理及时率

对用户设施报修处理及时率不应低于98%。计算方法应按公式（8）计算。

9.4.4 对汽车加气经营企业的服务质量评价考核指标

实瓶出站无泄露,合格率应100%。无泄漏合格率计算方法应按9.4.3.1公式（9）计算。

9.4.5 燃气服务满意度应按照构成满意度的因素和满意度分级的符合性进行测评。

中国城市燃气协会组织机构

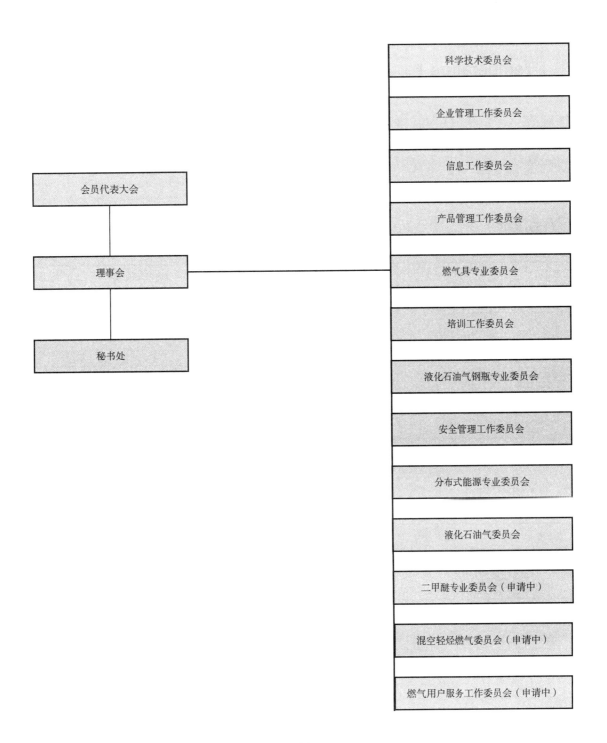

天然气常用单位换算表

温度（Temperature）

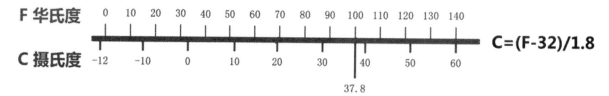

$C=(F-32)/1.8$

长度(Length)

米（m）	英寸（in）	英尺（ft）	码（yd）	英里（mil）	海里（n mile）
1	39.370	3.2808	1.0936	6.2139×10^{-4}	5.3996×10^{-4}
0.0254	1	0.08333	0.027778	1.5783×10^{-5}	1.3715×10^{-5}
0.3048	12	1	0.33333	1.8940×10^{-4}	1.6458×10^{-4}
0.9144	36	3	1	5.6820×10^{-4}	4.9374×10^{-4}
1609	63358	5279.9	1752	1	8.6895×10^{-1}
1852	72913	6076.1	2025.4	1.1508	1

体积（Volume）

立方米（m³）	立方英尺（cf）	美国加仑（US gal）	英国加仑（UK gal）	美国桶（US bbl）
1	35.3147	264.17	219.97	6.2898
0.0283168	1	7.4805	6.2288	1.7811×10^{-1}
0.0037854	1.3368×10^{-1}	1	0.8327	2.3810×10^{-2}
4.546×10^{-3}	0.1605	1.2009	1	2.8594×10^{-2}
0.158988	5.6146	42	25.4344	1

质量（Mass）

公斤（kg）	吨（t）	英国 长吨（UK ton）	美国 短吨（US ton）	英镑（lb）
1	1×10^{-3}	9.84207×10^{-4}	1.10231×10^{-3}	2.20462
1×10^{3}	1	0.984207	1.10231	2.20462×10^{3}
1.10605×10^{3}	1.01605	1	1.12	2.240×10^{3}
9.07185×10^{2}	0.907185	0.892857	1	2×10^{3}
0.453592	4.53592×10^{-4}	4.46429×10^{-4}	5×10^{-4}	1

压力（Pressure）

兆帕（MPa）	巴（bar）	公斤力/平方厘米（kgf/cm^2）	标准大气压（atm）	毫米汞柱（mmHg）
1	10	10.1972	9.86923	7.50062×10^{3}
0.1	1	1.01972	9.86923×10^{-1}	7.50062×10^{2}
9.80665×10^{-2}	9.80665×10^{-1}	1	9.67841×10^{-1}	7.35559×10^{2}
1.01325×10^{-1}	1.01325	1.03323	1	7.60000×10^{2}
1.33322×10^{-4}	1.33322×10^{-3}	1.35951×10^{-3}	1.31579×10^{-3}	1

热量/功/能（Calorific/Mechanical Equivalents）

兆焦耳（MJ）	千卡（kcal）	百万英热单位（MMBtu）	千瓦时（kWh）
1	2.38849×10^{2}	9.4782×10^{-4}	0.27778
4.18674×10^{-3}	1	3.9683×10^{-6}	1.1630×10^{-3}
1.05506×10^{3}	2.5199×10^{5}	1	2.93071×10^{2}
3.6	8.59858×10^{2}	3.4121×10^{-3}	1

天然气及燃料转换表 (Natural Gas Conversion Factors)

天然气 Natural Gas		液化天然气 LNG	原油 Crude Oil	煤 Coal	热量 Calorific Equivalents			
十亿立方米（bcm）	十亿立方英尺（bcf）	百万吨（Mt）	美国桶（bbl）	百万吨（Mt）	百万英热单位（MMBtu）	千卡（kcal）	千瓦时（kWh）	兆焦耳（MJ）
1	34.6154	0.7245	6.4286×10^6	1.2860	3.5687×10^7	9.0×10^{12}	1.0467×10^{10}	3.7681×10^{10}
2.8889×10^{-2}	1	2.0930×10^{-2}	1.8571×10^5	3.7152×10^{-2}	1.0309×10^6	2.60×10^{11}	3.0238×10^8	1.0886×10^9
1.3803	47.7783	1	8.8731×10^6	1.7749	4.9258×10^7	1.2422×10^{13}	1.4447×10^{10}	5.2010×10^{10}
1.5556×10^{-7}	5.3846×10^{-6}	1.1270×10^{-7}	1	2.0006×10^{-7}	5.5514	1.40×10^6	1628.2	5861.52
0.7776	26.9162	0.5634	4.9986 × 10^6	1	2.7771×10^7	6.9983×10^{12}	8.1395×10^9	2.930×10^{10}
2.8021×10^{-8}	9.6996×10^{-7}	2.0301×10^{-8}	0.1801	3.6009×10^{-8}	1	2.5199×10^5	2.9307×10^2	1.0551×10^3
1.1111×10^{-13}	3.8462×10^{-12}	8.0450×10^{-14}	7.1429×10^{-7}	1.4289×10^{-13}	3.9683×10^{-6}	1	1.1630×10^{-3}	4.1867×10^{-3}
9.5538×10^{-11}	3.3071×10^{-9}	6.9218×10^{-11}	6.1418×10^{-4}	1.2286×10^{-10}	3.4121×10^{-3}	8.5986×10^2	1	3.60
2.6538×10^{-11}	9.1864×10^{-10}	1.9227×10^{-11}	1.7060×10^{-4}	3.4130×10^{-11}	9.4782×10^{-4}	2.3885×10^2	0.2778	1

*中国煤当量：29.3MJ/kg

中国城市燃气协会
2013年编制